面向 21 世纪课程教材
Textbook Series for 21st Century

全国高等学校法学专业核心课程教材

刑事诉讼法

（第六版）

主　编　龙宗智　杨建广

副主编　孙长永　周　伟

撰稿人（以姓氏笔画为序排列）

马贵翔　龙宗智　孙长永

杨建广　周　伟　聂立泽

秦宗文　翁晓斌　熊秋红

高等教育出版社·北京

内容提要

本书是教育部"高等教育面向 21 世纪教学内容和课程体系改革计划"的研究成果,是"十一五"国家级规划教材。该教材是在充分吸收、借鉴国内外刑事诉讼法学的教学内容和教学方法的基础上,根据 2018 年《刑事诉讼法》及其他最新法律法规,为适应法学教育改革的发展趋势而设计的新型教材。它的问世将进一步促使现行法律、法学理论与法治实践三者在教与学的过程中有机地结合。与现有同类教材相比,本书的特色主要有三:

1. 内容完整、全面。该教材严格按照教育部制定的法学本科核心课程基本要求和最新国家统一法律职业资格考试大纲编写,具有权威性、新颖性和全面性。它不仅适于各类高校各层次学生和社会读者带着问题自学,也适于教师的讲授式教学和以案例讨论为主的启发式教学。

2. 形式和功能多样。它力图运用系统工程框架(Systems Engineering Framework)、对象导向框架(Objects-Oriented Framework)和法治系统工程(Legal System Engineering)方法,借鉴网络课程集文字、图像、声音于一体的多媒体表现形式,通过纸质教材和网络课程的结合,形成具有整体功能的开放型知识系统。该系统既有真实案例,又有名家高论;既有传统教科书功能,又有专业辞典功能;既保留传统教科书的理论深度,又拓展了现代教育的活动空间。

3. 目标定位于学生综合素质的提高和实际能力的培养。教材注重将法学教学(模型)与法治实践(原型)紧密结合,注重讲述法治系统的实际运筹与实现过程;不仅把"交互研讨型"(Interactive Seminar)的案例教学法引入刑事诉讼法学教学,而且刻意把"问题解决型"(Problem Solving)的现代学习理论融入学生的自学过程。这既有利于强化作为模型(Model)的法学教材与作为原型(Prototype)的法治系统的内在联系,又有利于引导学生综合地运用法律知识和其他多种知识来解决社会系统中的各种实际法律问题。

图书在版编目(CIP)数据

刑事诉讼法 / 龙宗智,杨建广主编 . -- 6 版 . -- 北京:高等教育出版社,2021.9
ISBN 978-7-04-053631-7

Ⅰ . ①刑… Ⅱ . ①龙…②杨… Ⅲ . ①刑事诉讼法 – 中国 – 高等学校 – 教材 Ⅳ . ①D925.2

中国版本图书馆 CIP 数据核字(2020)第 021130 号

Xingshi SusongFa

策划编辑　程传省	责任编辑　程传省	封面设计　杨立新	版式设计　王艳红
责任校对　王　雨	责任印制　朱　琦		

出版发行　高等教育出版社	网　　址	http://www.hep.edu.cn
社　　址　北京市西城区德外大街 4 号		http://www.hep.com.cn
邮政编码　100120	网上订购	http://www.hepmall.com.cn
印　　刷　北京市联华印刷厂		http://www.hepmall.com
开　　本　787 mm×1092 mm　1/16		http://www.hepmall.cn
印　　张　29.5	版　　次	2003 年 8 月第 1 版
		2021 年 9 月第 6 版
字　　数　710 千字	印　　次	2021 年 9 月第 1 次印刷
购书热线　010-58581118		
咨询电话　400-810-0598	定　　价	63.00 元

本书如有缺页、倒页、脱页等质量问题,请到所购图书销售部门联系调换
版权所有　侵权必究
物 料 号　53631-00

Brief Introduction

This textbook is both a fruit of the Ministry of Education's "Reform Project of Higher Education Facing the 21st Century on Teaching Content and Curriculum System" and also a Textbook planned by "The 11th Five-Year-Plan" of the Ministry of Education. It is designed, by observing domestic and foreign teaching materials and methods of Criminal Procedure Law education, and according to the Criminal Procedure Law Amended in 2018 and Other Latest Laws and Regulations, to adapt to the developing trend of legal education reform, and it certainly will promote the integration of current laws, legal theories and practices. Compared with other similar textbook, it shows 3 essential characteristics:

1. Integrated and comprehensive contents. Written strictly according to the Ministry of Education's new requirements on core courses for undergraduate and the newest outline on Unified Qualification Exam for Legal Professionals, this book is authoritative, updated and comprehensive. So it's suitable for self-study of different levels of students in universities and social readers; moreover it can be assisting material for lectures and heuristic method of teaching with case analysis.

2. Various forms and functions. Adopting Systems Engineering Framework, Objects-Oriented Framework and Legal System Engineering, this book utilizes multimedia method consisting of words, images and sound. Thus it realizes the integration of paper material and Internet courses as an open-ended system with holistic function. As both actual cases and masters' theories are shown, the functions of both traditional textbook and profession glossary are provided; this book keeps the profundity of traditional textbook and expands the modern education space.

3. Aiming at improving students' general attainments and training their practical abilities. This book integrates teaching theories and the realistic rule-of-law. Using this book, "Interactive Seminar" as a case-based teaching method can be introduced and modern learning theory of "Problem Solving" can be exercised during learning process. By this way the inner relationship between theories in textbook (Model) and the practice (Prototype) can be strengthened. Students' ability of solving actual law-related problems by legal theories can be improved.

作者简介

姓名	学位 / 任职	代表性著作
龙宗智	法学博士,四川大学教授、博士生导师、原西南政法大学校长,兼任中国法学会学术委员会委员、中国刑事诉讼法学研究会副会长、中国检察学研究会副会长、中国廉政法制研究会副会长	《相对合理主义》《刑事庭审制度研究》《证据法的理念、制度与方法》《检察制度教程》《检察官客观义务论》《司法改革与中国刑事证据制度的完善》等
杨建广	法学博士,中山大学教授、中山大学法学实验教学中心主任、法治社会建设中山大学研究院常务副院长、诉讼法研究所所长,兼任中国刑事诉讼法学研究会理事、广东省诉讼法学研究会会长	《刑事诉讼判例研究》、《刑事诉讼法》(网络课程)(主持人)、《刑事诉讼法》(主编)、《刑事诉讼法通论》(副主编)等
孙长永	法学博士,西南政法大学诉讼法与司法改革研究中心主任、教授、博士生导师,原西南政法大学副校长,兼任中国刑事诉讼法学研究会副会长,国务院学位委员会法学学科评议组成员	《日本刑事诉讼法导论》《侦查程序与人权——比较法考察》《沉默权制度研究》《探索正当程序——比较刑事诉讼法专论》等
周　伟	香港大学博士,原上海交通大学教授、博士生导师、原上海交通大学法学院副院长、上海交通大学诉讼法与司法制度研究所所长,曾兼任中国法学会刑事诉讼法学研究会常务理事	*The Study of Human Rights in the P.R.C*、*The Sources of Law in SAR*、《中国大陆与台港澳刑事诉讼法比较研究》(主编)、《刑事法研究新视角》等
马贵翔	法学博士,复旦大学教授、博士生导师,兼任中国刑事诉讼法学研究会理事	《刑事司法程序正义论》《刑事诉讼结构的效率改造》《刑事证据规则研究》等

续表

姓名	学位 / 任职	代表性著作
熊秋红	法学博士,中国政法大学诉讼法学研究院院长、教授、博士生导师、原中国社会科学院法学研究所研究员、诉讼法研究室主任,兼任中国刑事诉讼法学研究会常务理事	《刑事辩护论》(专著)、《转变中的刑事诉讼法学》(专著)、《司法公正与公民的参与》(论文)、《解读公正审判权——从刑事司法角度的考察》(论文)等
翁晓斌	法学博士,浙江大学教授,博士生导师,浙江大学立法研究院副院长,兼任中国民事诉讼法学研究会常务理事	《民事执行救济制度》(专著)、《民事诉讼法》(执行主编)、《刑事诉讼法》(参编)、《职权探知主义转向辩论主义的思考》(论文)、《论已决事实的预决效力》(论文)等
聂立泽	法学博士、中国人民大学法学博士后,中山大学教授,博士生导师,兼任中国犯罪学研究会理事,广东省刑法学研究会秘书长,广东省犯罪学研究会副会长,广东省人民检察院专家咨询委员,广州市中级人民法院专家咨询委员	《刑法中主客观相统一原则研究》(专著)、《港澳与内地刑事法律比较及刑事司法协助研究》(专著)、《走进刑法——中国刑法基本理论研究》(专著)、《业务过失犯罪比较研究》(主编)等
秦宗文	法学博士、西南政法大学法学博士后,南京大学教授,博士生导师,兼任中国刑事诉讼法学研究会理事	《自由心证研究——以刑事诉讼为中心》(专著)、《徘徊于传统和现代之间——中国刑事诉讼法再修改研究》(参著)、《刑事二审全面审查原则新探》(论文)等

About the Authors

Names	Degree & Position	Representative Works
Long Zongzhi	Doctor of Law, professor of Sichuan University, supervisor of doctor candidates, member of Academic committee of China law society vice-chairman of China Criminal Procedure Law Research Association, China Procuratorial Research Association and China Against Corruption Law Association	*"Relative Reasonableness"*, *"On Criminal Trial System"*, *"Concepts, System and Methods of Evidence Law"*, *"Prosecution System Coursebook"* *"On the objective Obligation of Prosecutors"* *"Judical Reform and Improvement of Evidence System"*
Yang Jianguang	Doctor of Law, professor of Sun Yat-sen University, director of Law Experimental Teaching Center of Sun Yat-sen University, standing vice president of SYSU Research Institute of Law-Ruled Society Construction, head of Procedure Law Researching Center of the Law School of Sun Yat-sen University, director of China Criminal Procedure Law Research Association, chairman of Criminal Procedure Law Research Association in Guangdong.	*"Casebook on Criminal Procedure Law"*, *"Criminal Procedure Law"* (an Internet course, professor Yang worked as its director), *"Criminal Procedure Law"* (a textbook, professor Yang worked as its chief editor), *"General Theories on Criminal Procedure Law"* (chief editor)
Sun Changyong	Doctor of Law, professor of law and director of Procedural Law and Judicatory Reform Research Center, Southwest University of Political Science and Law, former vice president of Southwest University of Political Science and Law, supervisor of doctor candidates, vice-chairman of China Criminal Procedure Law Research Association, member of the review group of laws of Academic Degree Committee under the State Council	*"Introduction to the Japanese Criminal Procedure"*, *"Investigation Process and Human Rights—A comparative Survey"*, *"The Right of Silence"*, *"Exploring Due Process of Law—A Comparative Study on Criminal Procedure"*

continued

Names	Degree & Position	Representative Works
Zhou Wei	Doctor of the University of Hong Kong, professor of Shanghai Jiaotong University, supervisor of doctor candidates, deputy dean of Law School, directors of Procedure Law and Judicial System and Human Rights Law Study Center, standing director of Criminal Procedure Law Research Association of China Law Society	*"The Study of Human Rights in the P.R.C"*, *"China's Human Rights Policy and Its Impact over HK SAR"*, *"On Constitutional Protection of Rights in Criminal Justice"*, *"A Comparative Study on Criminal Procedure Law of Mainland China and Taiwan, Hong Kong, Macao"* (chief editor)
Ma Guixiang	Doctor of Law, professor of Fudan University, supervisor of doctor candidates, director of China Criminal Procedure Law Research Association	*"On the Justice in Criminal Judicatory Process"*, *"On Criminal Litigation Structure in Efficiency Perspective"*, *"On Criminal Evidence Rule"*
Xiong Qiuhong	Doctor of Law, dean of China University of Political science and Law Procedural Law research Institute researcher of the Institute of Law of Chinese Academy of Social Science, subdean of the Procedure Law Researching Center, standing director of China Criminal Procedure Law Research Association	*"On Criminal Defense"*, *"Judicatory Justice and the Citizens' Participation"*, *"An Explanation of the Power of Just Judgement— from the Criminal Judicatory Point of View"*
Weng Xiaobin	Doctor of Law, professor of Zhejiang University, supervisor of doctor candidates, vice president of institute of Legislation of Zhejiang University, director of China Civil Procedure Law Research Association	*"Remedial System for the Execution of Civil Judgement"*, *"Criminal Procedure Law"* (executive chief editor), *"The Converting from Inquisitorial System to Adversary System"*, *"On the Predicting Value of Determined Fact"*
Nie Lize	Doctor of Law, postdoctor of Renmin University of China, professor of Sun Yat-sen University, supervisor of doctor candidates, director of Crime Science Association in China, secretary General of Guangdong Criminal Law Researching Association, vice-chairman of Crime Science Association in Guangdong, expert consultant of People's Procuratorate of Guangdong, expert consultant of Guangzhou Intermediate People's Court	*"Study on the Principle of Integrating the Subject & the Object in Chinese Criminal Law"*, *"Comparison Research on criminal law and criminal judicial Cooperation among Hong Kong, Macao and Mainland of China"*, *"Into the Criminal Law— Study on Basic Theory of Chinese criminal law"*, *"Comparison Research on Crime in Vocational Negligence"*
Qin Zongwen	Doctor of Law, postdoctor of Southwest University of Political Science and Law; Professor of Nanjing University, supervisor of doctor candidates, director of China Criminal Procedure Law Research Association	*"A Study On Free evaluation of evidence: Centered on Criminal Litigation"* (*Monographer*), *"Wandering between Tradition and Modernity: Research on the Revision of China Criminal Procedual Law"* (*Coauthor*), *"A New research on the Principle of Full Review in Criminal Appeal"* (*Article*)

读者向导

以下内容将帮助您更好地使用本教材及其辅助工具,快速提高您的阅读质量。

1. 关键词索引

本书正文后面附有关键词索引,列举出书中出现的主要专业术语及出现在正文中的页码,作为读者查阅相应知识点的线索。读者可利用关键词索引的检索功能,快速确定所查找内容在书中的位置,从而提高查找效率。

例如,欲了解"上诉不加刑"的有关内容,可通过书后关键词索引来快速查找出"上诉不加刑"一词在书中第 332 页。

2. 图表索引

为便于读者查找书中的图表,本书正文后面附有图表索引,列出本书中出现的每一个图表的名称及页码,读者可通过该索引快速定位图表在书中的位置。

3. 扩展知识

扩展知识虽然不是本教材体系必不可少的内容,但它有助于读者更完整地了解刑事诉讼法学的知识体系。读者可以从以下网站获取刑事诉讼法方面的更多知识:

(1) 国家级精品资源共享课(刑事诉讼法)(http://www.icourse 163.org/course/SWUPL-1002102010)

(2) 中山大学精品课程网(http://course.sysu.edu.cn/xsssf/index.htm);

(3) 中国诉讼法律网(http://www.procedurallaw.cn/);

(4) 正义网(http://www.jcrb.com/);

(5) 中国刑事法律网(http://www.criminallaw.com.cn/)。

本教材中出现的某些法律术语或法律制度,若是蕴含比较重要的法律理念或者有独特的法律价值,则通过相对独立的"扩展知识"形式进行阐明,从而将更多的法学知识纳入读者的视野。

Guideline

The following instruction will assist you to use this textbook and its supplementary instruments more efficiently.

1. Keywords Index

The keywords index attached to the end of this book lists the main terms and the respective page numbers in which they appear, thus providing a clue for you to find the related contents. By using the keywords index, the efficiency of your searching activities will be significantly improved.

For example, if you want to find the contents about "no heavier penalty in the appeal instituted by the accused", you can rapidly browse the keywords index and find out that this term appears in page 332 of this book.

2. Index of Figures

The index of figures attached to the end of this book lists the names and page numbers of all figures used, to help you to find the places where they appear in this book.

3. Extended Knowledge

Although not being the indispensable parts of this textbook, but the extended knowledge is quite helpful for you to grasp the whole system of Criminal Procedure Law more thoroughly.For more information about Criminal Procedure Law, please visit the following websites:

(1) National Elite Curricula about Criminal Procedure Law (http://www. icourse 163.org/course/SWUPL-1002102010)

(2) Choice Curricula of Sun Yat-sen University (http://course.sysu.edu.cn/ xsssf/index.htm).

(3) China Procedural Law Research Institution (http://www.procedurallaw. cn/).

(4) Justice (http://www.jcrb.com/).

(5) China Criminal Law (http://www.criminallaw.com.cn).

In this coursebook some legal terms and regulations carry the spirit of law or other unique value. Therefore, the relatively independent extended knowledge elaborating such contents will present a much wider view for you.

第六版修订说明

本书作为教育部"高等教育面向 21 世纪教学内容和课程体系改革计划"的研究成果和"十一五"国家级规划教材,从 2003 年第一版问世至今已有 18 年。在这 18 年里,随着中国的刑事诉讼立法与实践不断变化,书中内容也在不断更新,2007 年、2010 年、2012 年和 2016 年分别出版了第二版、第三版、第四版和第五版。这次修订,是在第五版的基础上,广泛听取读者的建议,根据 2018 年《刑事诉讼法》、2019 年《人民检察院刑事诉讼规则》、2020 年《公安机关办理刑事案件程序规定》、2021 年《最高人民法院关于适用〈中华人民共和国刑事诉讼法〉的解释》等最新变化,总结刑事司法的最新实践经验,由西南政法大学、四川大学、中山大学、上海交通大学、复旦大学、浙江大学、南京大学、中国政法大学的法学教学科研人员共同完成的。

本次修订内容主要有三:一是注意监察法与刑事诉讼法的衔接,对人民检察院的侦查职权作出相应调整;二是吸收反腐败国际追逃追赃的最新成果,新增刑事缺席审判制度;三是补充了认罪认罚从宽制度和速裁程序试点工作的最新经验和法律的最新规定。本教材始终坚持从马克思主义法学的基本观点出发,不断吸收国内外刑事诉讼法理论界与实务界的最新成果,注重对基本概念、性质、原则、制度、程序的全面说理和系统解释。

在结构体系上,本书仍保留前几个版本的一贯风格,注重现行法律、法学理论与法治实践三者在教与学过程中的有机结合。伴随着新媒体等传播手段的进步,本书原第一、二版提供的光盘资源已成为互联网上的公共资源,读者可以通过多种渠道便捷地搜索到最新立法及司法解释、各种典型判例、各地司法操作程序探索。因此,本版不再附送光盘,而是提供二维码和网址等刑事诉讼法网络资源的检索路径,供读者使用。

由于本书对刑事诉讼法学知识系统的构造是一项新的探索,不完善的地方在所难免,恳请读者继续批评指正。衷心感谢所有协助我们完成本书修订的朋友和学生。正是各方的良好合作和不懈努力,使本书得以不断改进并广为流传。

编　者
2021 年 4 月

目录

Contents

本书知识系统基本结构图

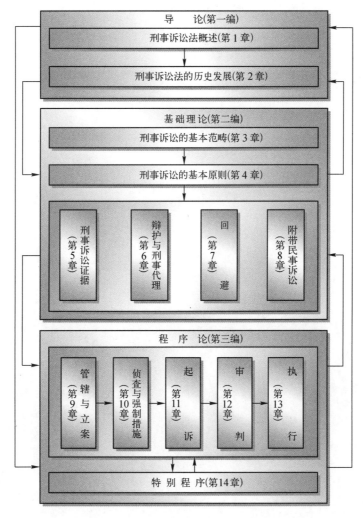

图0①　本书知识系统基本结构　［杨建广、常远,2002］

---

① 序号为 0 的图一般为篇章的基本结构图——编者注。

第一编

导论

第1章 刑事诉讼法概述

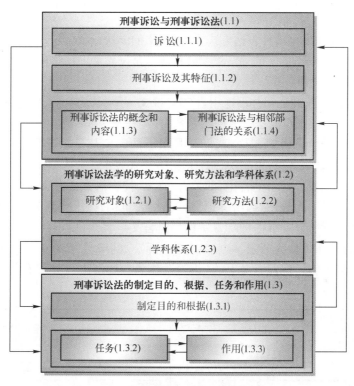

图 1-0 本章基本知识结构 ［常远,2002］

导言

刑事诉讼是指社会系统中发生刑事案件或出现涉及犯罪的纠纷时,国家司法机关以惩罚犯罪、保障人权为目的而进行的活动。刑事诉讼法则是国家以实现刑事司法公正,提高刑事诉讼效率,进而维护社会系统的基本秩序和基本利益为直接目标的法律制度。

法治系统是政治系统的重要组成部分,是人类政治文明的基本标志之一。科学、完善的法治活动构成一项复杂的社会系统工程——法治系统工程(Legal System Engineering),而科学、完善的诉讼活动则是其中基本而重要的组成部分——诉讼系统工程(Proceedings System Engineering)。刑事诉讼法作为法治系统中的一个基本而重要的部门法律系统,和民事诉讼法、刑法以及民法等其他部门法律系统共同在宪法的统领下构筑成法治系统,并通过法治系统从属于国家的政治系统,服务于国家政治文明建设,维护着国家的整体利益和公民的基本权利。同时,刑事诉讼法又是由有关刑事诉讼的各项原则、制度、程序等要素构成的整体,规制着所属要素的组成方式、运动规律以及功能的发挥。我们必须始终注意从整体上科学地把握刑事诉讼法律制度以及整个刑事诉讼法治系统。

1.1 刑事诉讼与刑事诉讼法

1.1.1 诉讼

"诉讼"一词,在外国有多种表达方式,如拉丁文的 *processus*,英文的 process、procedure、proceedings、suit、lawsuit,德文的 prozess 等,其最初是发展和向前推进的意思,用在法律上,是指一个案件的发展过程。

在汉语中,"诉讼"一词最初并不连用。许慎《说文解字》认为:"诉,告也";"讼,争也。……以手曰争,以言曰讼。""讼"也是中国古代著名的《周易》中的一卦。[1] 此卦为上乾(天)下坎(水),中国的基本地势为西北高东南低,而日月星辰的天象却是东升西去,"坎(水)"与"乾(天)"运行方向相反,故"讼"卦用下坎(水)上乾(天)来表示。[2] 从字面上看,"诉"="言"+"斥"[3],指提出或发出排斥对方的言论,即控诉、告发、控告对方;"讼"="言"+"公",指彼此将各执一理而相持不下的争辩、纠纷等提交公共权力机构,以求得到公平、公正的裁断。而"言"则是诉讼各方对所争辩事物(原型)所作的语言文字表达(模型)(见图 1–1)。

尽管早在元朝法律《大元通制》中就有称为"诉讼"的编名,但其表达的内容却与现代意义上的诉讼有一定距离。现代意义上的"诉讼",作为一种解决社会系统中利益冲突的机制

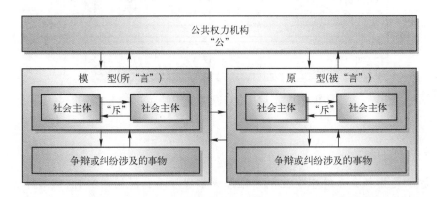

图 1–1 "诉讼"(訴訟)——"言"+"斥"与"言"+"公"〔常远、杨建广,2002〕

---

① 此卦的《周易》经文是:"讼,有孚,窒。惕中吉。终凶。利见大人,不利涉大川。初六:不永所事,小有言,终吉。九二:不克讼,归而逋,其邑人三百户,无眚。六三:食旧德,贞厉,终吉,或从王事,无成。九四:不克讼,复即命渝,安贞,吉。九五:讼元吉。上九:或锡之鞶带,终朝三褫之。"
② 即《象传·大象》所云:"天与水违行,讼。"
③ "斥"字的本义是驱逐、排斥。

和一种专门性法律活动,其主要特征有以下四点:

1. 诉讼是一种有效的"公力救济"方式

在社会系统中,不同社会主体(两方或两方以上)之间由利益冲突引起的争议和纠纷可能以多种方式解决(见图 1-2)。

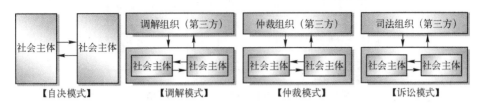

图 1-2　社会系统中处理主体纠纷的双方模式与三方模式 ［杨建广、常远,2002］

(1) 自决,即自行解决与和解。这是最常见的方式,这种方式无须第三方的介入,直接由纠纷双方当事人自己通过协商谈判解决利益冲突。就被损害权益的恢复和补偿而言,这是不动用公共权力的"私力救济"。

(2) 调解与仲裁。这是在自决方式力所不及时可能采用的方式。其特点在于由第三方或新的一方[1]作为居间者,参与解决社会系统主体间的利益冲突。该第三方或新的一方出现的目的,在于劝导发生利益冲突的各方消除对抗,提出争议权益的处置和补偿办法,或对其作出裁决。但调解的基础是争议各方的自由意志,仲裁通常也以争议各方事前约定为前提。

(3) 诉讼。它意味着对国家意志及法律权威的接受与服从。显然,以诉讼这种强制性、权威性的手段实施"公力救济",一方面是由于私力救济的力所不及,另一方面也是维护统治秩序的需要。因为社会冲突的适当解决与否不仅关系到个体权益,而且关系到统治秩序和社会系统的整体利益,因此必须由社会控制系统或国家介入,以社会控制系统或国家强制力进行处置。公共权力的使用、对争议的公正裁决以及对诉讼结果的权威确认,往往使诉讼成为一种合法的、最有效的,从而也是最终的冲突解决手段。

2. 诉讼是一套法定的程序

诉讼的一个基本特点是规范性,这种规范性表现在:

(1) 诉讼请求必须符合法律规范。[2]不仅诉讼请求的根据必须在法律上是存在的,而且诉讼请求本身(如赔偿损失、没收财产、判处徒刑等)也是法律上所允许的。

(2) 诉讼还必须按照法律预先确立的具体程序进行。不仅当事人,即便是法官也不能随心所欲、恣意妄为。

(3) 诉讼裁决的根据还必须是法律规范,任何与法律相抵触的情理或道德规范均不能作为解决冲突的根据。

在这个意义上说,诉讼法也就是程序法。其所体现的这种法律规范性,正是诉讼作为社会系统中利益冲突的重要解决方式所具有的完美形象和能够被当事人及社会所接受和认可的基本根据之一(见图 1-3)。

---

① 精确地说,在 n 方(n≥2)社会主体或当事人发生利益冲突时,介入帮助解决这些社会主体或当事人之间利益冲突的新的一方,便是"第 n+1 方"。显然,n+1≥3,即"第 n+1 方"至少是"第三方"。

② 如法学家理查德·莱姆佩特就将"诉讼"定义为"涉及两方(或两方以上)当事人的争议,每一方各自提出一个特殊的请求:一个合乎规范的权利请求"。

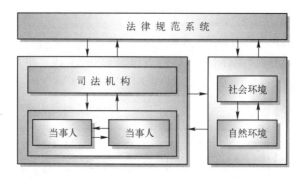

图 1-3　诉讼系统的法律控制 ［常远,2002］

3. 诉讼是一个运作过程

诉讼既是法治系统的一种结构形式,又是这一系统的运作过程。这个过程包括提起诉讼、法院的审理和裁决、执行等。而对这一过程的推进,又是通过调查与辩论,对事实问题与法律问题的争议、对抗、妥协与裁决等多种法定的动态流程来实现的。构成要素的复杂性、程序化处理方式以及时间上的延续性,使得诉讼具有一定的运作成本。而这种诉讼运作的成本和诉讼裁决的权威性,使任何诉讼虽然是一个过程,却不能随意反复运作。

4. 诉讼基本上是一种三元结构系统

诉讼法上通常所说的"三方组合"实际上就是三元结构系统(见图 1-4)。

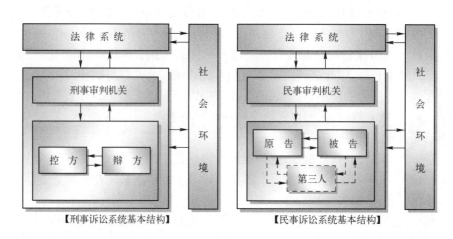

图 1-4　三元结构(Triad Structure):刑事诉讼系统与民事诉讼系统的基本结构
［常远、江晗,2002］

清洁女工"捡"300
万金饰案

典型的"三元结构"(Triad Structure)模式为:原、被告在法律上处于平等的地位,而法官居中作为权威的裁判者解决原、被告之间的争议和冲突。然而,在实际运行过程中,这种诉讼结构为适应社会冲突和诉讼争议的实际状况可能发生一些变形。如在中国的刑事公诉案件中,被害人也是诉讼当事人,他与检察机关各自站在不同的立场同时充当控诉者。而在民事案件中,各国大都将有独立利益的其他人列为诉讼的第三人,在这样的情况下,实际的争议者就不限于原、被告两方。当然,不管怎样变化,三元结构仍然是诉讼系统中的基本结构模式,在诉讼关系和诉讼系统的运行方式中起主导作用。

1.1.2　刑事诉讼及其特征

刑事诉讼是在处理刑事案件的过程中,以实现刑事司法公正、提高刑事诉讼效率,从而维护社会系统的基本秩序和基本利益为直接目标的活动。顾名思义,"刑事"一词,是指有关对犯罪者予以刑罚的事务。因而,刑事案件也就是必须对犯罪者予以刑罚的案件。然而,对于刑事诉讼的概念,不同学者则持不同看法,概括起来,有广义和狭义之分(见表 1-1)。

表 1-1　刑事诉讼的狭义说与广义说　[杨建广,2002]

类型	观点
狭义的刑事诉讼	即严格意义上的刑事诉讼,仅指刑事案件起诉至审判的诉讼程序。起诉即诉讼的提起,从而产生控诉、辩护和裁判"三元结构"的诉讼法律关系,而诉讼进行也只能存在于这三种性质各异的职能相互作用与推动之中,诉讼由法院审理和判决得到解决。终审裁判后的执行程序则是一行政性的非讼程序,其目的在于实现裁判的内容。此时被告的资格已经消失,而且三方诉讼法律关系已不存在。在起诉前的侦查程序,只是诉讼程序的准备阶段,也是具有行政性的非讼程序,由于诉讼主体尚未确定,并未发生诉讼法律关系
广义的刑事诉讼	即扩大意义上的刑事诉讼,指国家为实现刑罚权所实施的全部具有诉讼意义的行为。其程序可分为侦查、起诉、审判、执行四个阶段。侦查是决定应否起诉的前提和基础,对裁判内容的执行是实现诉讼目的的最后保障

在当代社会,广义说已成为一般的立法模式和常用的理论模式。因此,侦查程序和执行程序也被纳入刑事诉讼法的调整范围和刑事诉讼法学的研究对象,尤其是侦查程序中的强制性措施,更是刑事诉讼法严格规范的对象。但是,在特定情况下,特别是在强调"三元结构"的法律关系时,也使用狭义的刑事诉讼概念。

我国立法部门和理论界也大都接受广义说,但与一般意义上的广义说不同的是,我国刑事诉讼的全过程应包括立案、侦查、起诉、审判和执行五个阶段。我国大多数学者所说的刑事诉讼,是指国家专门机关在当事人(即被害人、自诉人、犯罪嫌疑人、被告人、附带民事诉讼的原告人和被告人)及其他诉讼参与人的参加下,依照法律规定的程序,追诉犯罪,解决被追诉人刑事责任的活动。[1]

根据所要解决的社会冲突的不同属性,诉讼除可以划分出刑事诉讼外,还可以划分出民事诉讼和行政诉讼。而每一种诉讼形式,除了具有诉讼的共同属性[2]外,还具有每种类型诉讼的特殊属性。[3]正是在这一视角上考察,本书认为刑事诉讼的特征主要包括以下几个方面:

---

[1] 陈光中主编:《刑事诉讼法》,北京大学出版社、高等教育出版社 2002 年版,第 1 页。

[2] 即类属性(The Attributes of Class)或超类属性(The Attributes of Superclass)。所有属于某一类或超类的子类,都具有该类或超类的全部属性。

[3] 即子类属性(The Attributes of Subclass)。刑事诉讼、民事诉讼、行政诉讼等诉讼形式都是诉讼这一类或超类的子类。

1. 刑事诉讼是法定国家机关行使国家刑罚权的活动

国家的刑罚权,产生于抑制社会越轨行为、维护正常统治秩序的国家基本职能。刑事诉讼,不是单纯寻求个体权益的救济,而是为了通过公正的处罚和有效的矫正,维护社会的正常秩序。刑事诉讼要解决的中心问题,是刑事被告人(即涉嫌犯罪而被起诉到法院的人)的行为是否构成犯罪、构成何种犯罪、应否以处刑罚及处以何种刑罚的问题。这一特征使它在诉讼形式及程序上与其他诉讼相比有着重大区别。

2. 刑事诉讼中国家权力的动用具有主动性、普遍性和深刻性

所谓主动性,是指刑事诉讼通常采取国家机关侦查和国家机关公诉的方式主动发动,而民事诉讼和行政诉讼是由有关的社会个体或群体发动的,有着明显区别。所谓普遍性,是指在一般情况下,从案件调查到提起诉讼,再到裁决和执行,都是国家权力行使的过程,而且在诉讼的每一阶段,都可能涉及国家权力的广泛使用。所谓深刻性,表现在国家权力的行使不是停留在诉讼的表面,而是深入其中,尤其表现在国家强制力的使用,包括对人的强制,如采取监视居住、拘留、逮捕等限制人身自由的强制措施;对物的强制,如采用扣押、搜查等强制获取证据的手段。显然,国家强制力的广泛使用,是刑事诉讼最显著的特征之一。当然,法律虽然赋予司法机关为完成刑事诉讼任务所必需的权力,但同时也对司法机关权力的行使加以限制,以防止国家权力的滥用。

3. 刑事诉讼是诉讼主体遵循诉讼规则的相互作用过程

刑事诉讼不是司法机关单方面的行为,而必须有诉讼当事人和诉讼参与人(即当事人、法定代理人、诉讼代理人、辩护人、证人、鉴定人和翻译人员)的参与,否则就破坏了刑事诉讼的基本结构。为了保证犯罪追究程序的公正,刑事诉讼必须按照诉讼的规律、原则和制度,如根据"三元结构"模式,确认诉讼双方(如公诉人与被告人)的主体地位和平等权利,保障诉讼双方在法庭上展开充分的相互辩论,确保裁决者中立、独立,只服从法律,采用便于兼听各方意见且具有可监督性的公开庭审程序,等等。在中国,不同的诉讼主体遵循诉讼规则进行活动,共同推动着刑事诉讼从立案开始到执行结束的全过程。

4. 刑事诉讼必须严格依照法定的程序进行

标准化、格式化是诉讼的一般特性。刑事诉讼既然以惩罚罪犯和保障无罪的人不受刑事追究为直接目的,就不仅涉及国家的稳定和社会的秩序,而且关系到公民的人身、财产等重大权益。由于刑事诉讼涉及的利益重大,针对的社会冲突尖锐,依法定程序推进就具有更为突出的意义。而前述司法机关权力界限的确定、当事人和其他诉讼参与人合法权利的保证,都需要法定程序的合理设定和严格执行。这就要求司法机关不仅必须依照刑法等实体法的规定正确评断被告人行为的性质,同时必须严格按照程序法规定的方式、方法和步骤实施诉讼行为,以保证刑事案件得到公正、及时的处理。当事人和其他诉讼参与人同样必须根据法律规定的权利和义务,采用法律规定的方式,依照法律规定的程序进行诉讼活动。

1.1.3　刑事诉讼法的概念和内容

刑事诉讼法是一个国家法律系统中的基本要素。它是以实现刑事司法公正、提高刑事诉讼效率、维护社会秩序为直接目标的法律制度。由于刑事诉讼的含义不同,刑事诉讼法也

有多种概念。

　　从概念的外延上观察,刑事诉讼法大致可以分为大、中、小三个范围的概念,即三个概念集合(见图 1-5)。最大范围的概念,是指从立案开始到执行结束的一切有关刑事诉讼的法律规范。我国学界的通说基本采用这种概念。中等范围的概念,是指从侦查程序至审判程序的一切法律规范。最小范围的概念,仅指涉及刑事审判程序的法律规范,主要流行于英美法系国家。

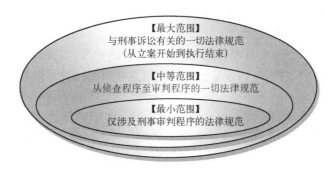

图 1-5　刑事诉讼概念的外延范围　[常远,2002]

　　从法律的表现形式上看有狭义的刑事诉讼法和广义的刑事诉讼法的划分。狭义的刑事诉讼法单指国家制定的刑事诉讼法典,在我国表现为《中华人民共和国刑事诉讼法》。而广义的刑事诉讼法,则是包括刑事诉讼法典在内的一切法律、法规、司法解释中关于刑事诉讼活动的法律规范的整体。例如,我国的宪法、人民法院组织法、人民检察院组织法、法官法、检察官法、律师法、警察法、未成年人保护法、监狱法和其他法律法规中关于刑事诉讼的法律规范,全国人民代表大会常务委员会关于刑事诉讼法的立法解释和最高司法机关的司法解释,国务院的有关法规,公安部、司法部为具体运用刑事诉讼法制定的行政规章等,都是广义的刑事诉讼法所涵盖的内容。

　　综上所述,刑事诉讼法就是由调整刑事诉讼活动的法律规范所构成的有机整体。一般来说,国家确认的规范执法机关、司法机关和诉讼参与人刑事诉讼行为的法律、法规、司法解释和判例都属于刑事诉讼法。其中,判例作为刑事诉讼法的法律渊源,只存在于实行判例法的国家。我国不属于判例法国家,在法律意义上,已生效的判决不能作为今后同样案件的判决依据。

　　刑事诉讼法的基本内容包括:启动刑事诉讼程序的条件、方式,对犯罪和犯罪嫌疑人(即涉嫌犯罪而被立案侦查且尚未被起诉的人)进行侦查(尤其是采用强制性措施的方式和程序)和对刑事被告人进行起诉、审判的方式和程序,对第一审判决有异议而提出上诉或抗诉以及进行第二审审判的程序,对已决犯执行刑罚的程序,等等。刑事诉讼的核心问题是证据问题,因此,搜集、运用和审查判断证据的程序与规则也属于刑事诉讼法的范围,并在关于立案、侦查、起诉和审判的程序中作出具体的规定。此外,在刑事诉讼法典中,对刑事诉讼的目的和任务、司法机关办理刑事案件的职责范围和相互关系、诉讼参与人的范围及其权利义务、进行刑事诉讼活动应当遵守的原则和制度等,也要作出明确规定。我国刑事诉讼法也规定了这些内容。可见,我国现行的刑事诉讼法,不仅是规范审判机关、检察机关、侦查机关、执行机关进行刑事诉讼的法律,还是规范当事人和其他诉讼参与人参加刑事诉讼的法律。

1.1.4 刑事诉讼法与相邻部门法的关系

刑事诉讼法只是一个国家的法律系统中的构成要素之一,与其在同一层面、相互联系和作用的其他法律要素还有很多。这里只就与其相互联系紧密、相互作用较大的要素进行讨论。

1. 刑事诉讼法与刑法的关系

刑事诉讼法与刑法的关系是程序法与实体法之间的关系。它们实质上是一种直接配套的关系。在刑事诉讼中,两者同等重要,密不可分,互相协同,都以惩罚犯罪、保障人权、维护社会秩序为目的。

刑事诉讼的过程既是刑法实现的过程,也是刑事诉讼法实现的过程。在现代社会里,没有刑法就不存在犯罪及刑罚(罪刑法定主义)。刑法是衡量某一行为是否构成犯罪、应否处罚及如何处罚的标准或依据。失去刑法就不知道什么是犯罪、惩罚什么,刑事诉讼法也就无的放矢,徒具形式。同样,没有法定的程序就不能进行刑罚(程序法定主义)。刑事诉讼法是具体揭露、证实、惩罚犯罪的司法程序和国家司法机关及诉讼参与人职责、权利和义务分配的准绳,失去这一实现手段,定罪量刑就成了无本之木、无源之水。正如马克思所说,"诉讼和法二者之间的联系如此密切,就像植物外形和植物本身的联系,动物外形和动物血肉的联系一样"[①]。显然,刑事诉讼法与刑法是一个有机整体中的不可分割的部分。一旦分割,它们也就丧失了原有的功能。

世界各国在制定刑法的同时,必然要制定刑事诉讼法。不仅我国古代诸法合体、刑法突出的许多法典中有刑事诉讼法的内容,即使在今天,也还有像加拿大刑事法典那样将刑法与刑事诉讼法合二为一的范例。事实上,在社会高度分工和复杂化的今天,程序法尤其起到保证诉讼的公正性和科学性的重要作用。我国以往在司法观念和司法实践中长期存在的重实体轻程序的倾向近年来也已有所改变。

2. 刑事诉讼法与民事诉讼法、行政诉讼法的关系

刑事诉讼法、民事诉讼法和行政诉讼法都是程序法,共同构成一个国家的程序法系统。由于三者均为法院审判案件须遵循的程序,因此它们在原则、制度、审判程序安排方面有许多共同点,如以事实为根据、以法律为准绳原则,回避和辩护制度,两审终审制度等。

但基于三者各自特定的任务不同,它们之间在所保障解决的实体问题、遵循的基本原则、起诉和应诉主体、举证责任等方面又存在诸多不同(见表1-2)。

表1-2 刑事诉讼法、民事诉讼法、行政诉讼法的若干区别 [杨建广,2003]

区别点	刑事诉讼法	民事诉讼法	行政诉讼法
保障解决的实体问题	犯罪嫌疑人或被告人的犯罪认定、刑事责任构成和刑罚科处	平等主体间有关人身和财产的权利、义务	由行政机关的行政行为影响行政相对人权利而引起的争议

---

① 《马克思恩格斯全集》第1卷,人民出版社1995年版,第287页。

区别点	刑事诉讼法	民事诉讼法	行政诉讼法
适用的实体法	刑法	主要是民商法、经济法	主要是行政法
调整对象	侦查、控诉、审判机关与犯罪嫌疑人、被告人、被害人及其他诉讼参与人在诉讼中的关系	地位平等的当事人及其他诉讼参与人在诉讼中的关系	行政主体和行政相对人在诉讼中的权利义务关系
指导原则和制度安排	如：三机关分工负责、互相配合、互相制约的原则，侦查权、检察权和审判权分别由专门机关依法行使的原则，死刑复核制度，上诉不加刑制度等	如：调解原则、财产保全制度、先予执行制度等	如：行政行为合法性审查原则、证据保全制度等
起诉、应诉主体及相关法律规定	国家追诉为主、个人自诉为辅原则	"不告不理"原则	将应诉主体资格限定为行政机关
举证责任	控方举证	"谁主张，谁举证"（即原被告均有举证责任）	被告举证

三类诉讼法既相互区别又相互联系，彼此不能相互代替和混淆。但在所解决的实体问题密切关联时，有时会出现在一种诉讼中适用两种不同形式的原则和程序的情况。如在某一刑事诉讼中，当被害人（人身、财产及其他权益受到犯罪行为侵害的人）就被告人的犯罪行为遭受物质损失要求赔偿时，在诉讼程序上就既适用刑事诉讼程序，也适用民事诉讼程序，最终在追究被告人刑事责任的同时，一并处理其民事赔偿问题。

3. 刑事诉讼法与其他相邻部门法的关系

这主要是刑事诉讼法同与刑事诉讼立体密切相关的主要部门法之间的关系。

（1）刑事诉讼法与人民法院组织法、人民检察院组织法、监狱法的关系。人民法院组织法、人民检察院组织法、监狱法是规定法院、检察院、监狱的职权任务、组织设置、活动程序的法律。法院和检察院是追究、审判、惩罚犯罪的专门国家机关，因而组织法、监狱法的规定必然会涉及刑事诉讼问题。相对地，刑事诉讼法在规定刑事诉讼原则、制度和程序时，也必然要就法院、检察院和监狱在刑事诉讼中的具体地位、职责、活动方式、相互关系等作出详细规定，因此它们之间有交叉重叠、互为补充和解释的部分。但它们有各自特定的调整对象和调整方法，既不能相互代替，也不能相互抵触，只能相互协调，共同设定和规范相关司法机关或执行机关的职责及其权力行使。

（2）刑事诉讼法与法官法、检察官法、律师法和警察法的关系。法官法等四部法律分别规定了法官、检察官、律师、警察等四种刑事诉讼的重要角色的资格、权利和义务。例如，律师法是确立律师制度，保障律师依法执业，规范律师行为的法律。它既有律师执业条件、律师事务所和律师协会等的资格、组织性的规定，也有包括刑事诉讼在内的律师诉讼业务活动程序的整体性规定，后者必然指导律师在刑事诉讼代理中的具体活动。而律师作为刑事诉讼中的辩护人、诉讼代理人，也必然要由刑事诉讼法对其在刑事诉讼中的地位、权利义务、办案程序作出规定。显然，律师法与刑事诉讼法就规范律师行业而言，是整体与部分的关系。其他三部法律与刑事诉讼法的关系也是同样的关系，既相互交叉、相互协同，又相互区别。

(3) 监察法与刑事诉讼法的关系。二者仍然属于相邻部门法。监察法主要规定了监察机关的任务、职责、组织设置和活动程序。在涉及职务犯罪方面的工作时,监察机关与审判机关、检察机关、执法部门是"互相配合、互相制约"的关系。监察机关调查职务犯罪主要依据监察法的规定,监察委员会的调查不是刑事诉讼中的侦查。监察委员会调查结束后,才移交检察机关审查起诉。但是,监察机关在收集、固定、审查、运用证据时,应当与刑事审判关于证据的要求和标准相一致。监察法的实施应注意与刑事诉讼法相衔接。

1.2　刑事诉讼法学的研究对象、研究方法和学科体系

1.2.1　刑事诉讼法学的研究对象

刑事诉讼法学,是研究刑事诉讼现象和刑事诉讼客观规律的一门法学分支学科。它的主要研究对象是刑事诉讼的法律制度和司法实践。对某一国家、某一时期的刑事诉讼法学而言,有关这一学科的各种理论也是其研究的对象。

1. 刑事诉讼法律制度

这种研究大致可分为实有研究和应有研究。实有研究,着重于已有的法律规范的结构功能与应用分析,包括论述指导思想,归纳法律规范的结构功能,归纳法律原则,阐释法律条文和立法精神等。例如,关于逮捕的法律规范,应分析逮捕条文的实际含义(如《刑事诉讼法》第 81 条规定逮捕的首要条件是"有证据证明有犯罪事实",如何理解这一规范),应研究如何准确掌握逮捕的条件和严格遵循逮捕的程序以及司法实践中如何合理运用等。研究实有规范,对于指导司法实践,发挥刑事诉讼法律规范的功效,具有重要意义。应有研究,是基于社会生活和司法实践的丰富性与不断发展,根据刑事诉讼的任务和目的以及司法现实与社会发展的要求,同时根据对于法律规范的逻辑分析,提出现行规范存在的问题及改革的方案。

2. 刑事诉讼实践

借用一个比喻:法律条款是灰色的,司法实践之树常青。无限生动和丰富的诉讼实践,是诉讼法学应着力关注的对象,尤其是考虑到诉讼法学是具有应用性特征的部门法学。研究刑事诉讼法学,归根到底,是为了指导中国的刑事诉讼实践,改善中国的刑事诉讼现状。因此,刑事诉讼实践,应当是我们研究的出发点和落脚点,也是刑事诉讼法学理论的生长点。脱离实践的研究,是缺乏根基和说服力的。这也是因为,一个国家的刑事诉讼法律制度,不仅存在于刑事诉讼的法律规范中,而且存在于司法实践中。在诉讼活动中起实际作用的某些原则和方法,即使未明示于法律条款中,也可能是真正有用的法律制度。刑事诉讼法学要分析这些实际做法对诉讼实践的效应,要认真考察其是否合理,为改革刑事诉讼法律制度和改善司法实践提供依据。

3. 刑事诉讼理论

刑事诉讼理论,是分析诉讼法律规范和进行实证研究的思维工具,只有切实掌握刑事诉讼法学理论,才能在具体问题的分析中具有深刻明晰的眼光和高屋建瓴的气魄。刑事诉讼理论研究的重心是如何改造和完善这一系统结构,因此必须加强对刑事诉讼法学基本理论

的研究和创新,例如关于刑事诉讼程序产生的基础以及程序公正的基本要求,刑事诉讼基本规则与原则,刑事诉讼的结构(包括整体结构和阶段性结构),刑事诉讼的目的与价值,刑事诉讼主体、职能与法律关系,等等。这些隐藏在法律条文和司法实践背后的具有普遍性意义的基本理论,体现着刑事诉讼的内在规律性,对于刑事诉讼立法和司法实务均具有指导性作用。而对刑事诉讼理论研究不足和缺乏创新,也是刑事诉讼研究难以深入的基本原因。忽视它们,便难以有良好的刑事诉讼立法和司法实践。

4. 外国的和历史上的刑事诉讼制度、司法实践和刑事诉讼理论

刑事诉讼程序和制度既有阶级性,又有技术性。就后者而言,它反映了人类社会在维持正常秩序,调整社会矛盾方面的一般性规律。因此,外国的、历史上的诉讼制度和诉讼实践,对我们具有一定的借鉴和参考作用。有些社会的制度文明程度较高,其诉讼制度和诉讼理论比较发达,就更值得我们认真研究和学习。对其中符合我国实际的内容,也应适时引进。

5. 国际刑事司法准则

国际刑事司法准则,尤其是联合国文书所确定的刑事司法准则,在很大程度上体现了现代刑事诉讼的特点,在惩罚犯罪的同时高度注重人权保障,在刑事司法中贯彻公平公正理念,是国际社会包括我国应当遵守的准则。研究国际刑事司法准则,对我国刑事诉讼立法和理论的发展都有很好的促进作用。

需要指出,学习和研究具体的刑事诉讼法内容,务必要注意始终将其放在刑事诉讼法的系统框架下进行。任何忽略某一部分与整体的联系,孤立地去学习和研究具体的诉讼原则、诉讼制度和诉讼程序的做法都难以完整、准确地掌握刑事诉讼法的运行机制。因为一项原则、制度或程序孤立存在时的运行规律和作用与其作为刑事诉讼法整体的部分存在时的运行规律和作用是不相同的。

1.2.2 刑事诉讼法学的研究方法

辩证唯物主义和历史唯物主义是中国社会科学研究和社会实践的一般方法,也是学习、研究和应用刑事诉讼法学的基本方法。结合刑事诉讼法学研究的特点和实际情况,在辩证唯物主义和历史唯物主义的指导下,应注意以下几种学习、研究方法的运用:

1. 实证分析方法

刑事诉讼及刑事诉讼法都是从人类社会系统的实践中产生的,随着实践的发展而发展,并为实践服务,受实践检验。只有联系实际,特别是联系人类刑事诉讼立法和司法的实际来思考问题,才能真正理解刑事诉讼产生的社会条件和实际意义,才能不断地研究和解决司法实践中出现的新情况和新问题。

实证分析方法是通过多种渠道和方式收集经验事实,并且按照既定步骤,采用特定方式对这些材料进行分析、推理以检验命题或者建立理论学说的科学方法。[①] 实证分析方法与理论联系实际是既有联系又有区别的概念。虽然两者都重视掌握实际情况,都以实际情况为归属点,但是,理论联系实际相对来说仍是一种宏观和笼统的思想方法和工作态度,它强调

---

① 樊崇义:《迈向理性刑事诉讼法学》,中国人民公安大学出版社 2006 年版,第 51 页。

的是一切从实际出发,强调在实践中发展理论,强调不生搬硬套现成的理论;实证分析方法则是一种更规范、更系统、更具体的研究方法。

运用实证分析方法应注意以下几点:

第一,应当在实践中寻找课题。注重对实践中影响刑事诉讼效能的突出问题进行分析。这种实践性课题有直接和间接两种,后者是对基本理论的研究,虽然不直接解决实际问题,但它为正确回答实际问题奠定了基础,提供了方法,因而是不可忽视的一个重要方面。

第二,应当充分考虑实际作用的因素和条件,注意规范的实际效应。不能脱离这些实际因素考虑制度问题。例如,有的制度本身从规范分析上有其合理性,但一旦脱离当时的实际情况,便缺乏实际执行条件,实践中难以贯彻,因此在理论研究中应有实证的分析。

第三,应当充分运用个案分析方法。对个案的实证分析,应当是学习、研究刑事诉讼理论的基本途径。否则,既不能真正理解法律规范的实际意义和效用,又难以做到学以致用。

2. 利益—价值分析方法

学习、研究、应用刑事诉讼法学要符合中国国情,并充分运用马克思主义利益—价值观和以马克思主义利益—价值观为基础的阶级分析方法。

所谓"利益"(Interests),顾名思义,就是指一切对人来说有利、有益的事物,或有利、有益的状态。就是指能够满足人的生存与发展需要的一切事物,或指人的需要被满足的一切状态。马克思指出:"人们为之奋斗的一切,都同他们的利益有关。"[1]"'思想'一旦离开'利益',就一定会使自己出丑。"[2]追求对自己有利的东西,避免对自己不利的东西,即趋利避害,是包括人在内的所有生物的本能。正像人类的需要总是处于不断的发展变化之中一样,人类的利益也总是处于不断的发展变化之中的。此外,由于每个人都在竭力实现和维护着自己的利益,所以,人们基于共同利益所自觉或不自觉构成的种种组织或群体,也都在竭力维护和实现着自己的利益,无论他们是否高度自觉而充分地意识到这一点。对人类的利益,可以有很多种不同的划分方法,比如:直接的利益、间接的利益,单一的利益、复合的利益,简单的利益、复杂的利益,低级的利益、高级的利益,局部的利益、整体的利益,长期的利益、短期的利益,显露的利益、隐藏的利益,真实的利益、虚假的利益,等等。利益和价值紧密相关。它们都是人类社会系统(包括政治系统或政治文明)研究中的基本范畴。

所谓价值(Value),是指事物能够实现主体利益并满足主体需要的状态或属性,或者指主体利益被实现和需要被满足的程度。人的生命过程,实际上都是探索、认识、追求并实现自身价值的过程,是人走向全面发展的过程,这离不开社会的全面发展。

运用科学的利益—价值观或利益—价值方法分析社会系统,包括政治系统、法治系统,可以帮助我们在纷繁复杂的现象中清醒、深刻而牢固地把握其内在的本质——效率与公平(见图1-6)。这也是本书开篇即强调刑事诉讼法是国家以实现刑事司法公正、提高刑事诉讼效率,从而维护社会系统的基本秩序和基本利益为直接目标的法律制度的根本原因所在。

在刑事诉讼法学中,运用利益—价值分析方法,是通过分析刑事诉讼系统涉及的利益、价值和目的,来研究刑事诉讼程序及程序模式。刑事司法作为社会行为控制系统工程的重要组成部分,其目的是保障社会系统中的特定利益。由于在社会系统中特定的利益—价值

---

[1]《马克思恩格斯全集》第1卷,人民出版社1995年版,第187页。
[2]《马克思恩格斯文集》第1卷,人民出版社2009年版,第286页。

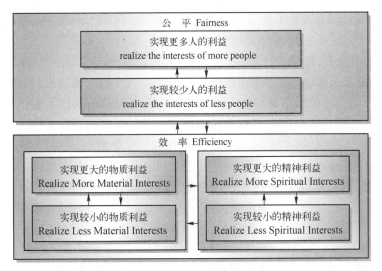

图 1-6　效率—公平：文明的利益法则　［常远、杨建广，2000］

需要产生特定主体的目标系统，并最终决定主体的行为方式，所以，社会主体的不同利益要求（或价值取向）决定了其不同的保护手段——刑事司法制度模式。只有科学地分析特定的利益—价值关系，把握驱动刑事司法系统运行并决定运行方式的利益—价值机制，才能从枯燥的程序规范与技术性措施中感触到丰富的经济、政治、文化、社会底蕴，并从根本上把握刑事司法系统的设计与操作思想，从而在整体上高屋建瓴地考虑诉讼手段与模式的选择及诉讼制度的发展完善。

运用利益—价值分析方法，应注意分析以下问题：(1) 刑事司法系统（包括社会主义刑事司法系统）涉及的主要利益—价值及其界定；(2) 刑事司法系统中社会主体互动过程中的利益—价值关系；(3) 如何从利益—价值观看待刑事司法系统中的公平—效率关系；(4) 刑事司法系统中利益—价值观的当代取向与未来演化；(5) 中国刑事司法系统中既成利益—价值模式的构成、效能和成因分析；(6) 中国刑事司法系统中诉讼利益—价值模式选择的指导观念、设计与操作原则；(7) 在社会主义诉讼利益—价值观指导下，如何进行刑事诉讼制度改革。

3. 比较研究方法

人类文明的迅速发展，使人类社会进入了复杂的世界化时代，空前地开阔眼界，在各个领域充分扬弃全人类的历史上和当代的所有成果，并使充分实现动态综合集成变得越来越可行和必要。刑事诉讼的比较研究，可以使我们以世界化的眼光，充分借鉴全人类在刑事诉讼领域所取得的一切经验和教训，充分实现动态综合集成，使自己刑事诉讼系统的法律制定和法律实施在科学的基础上，变得更明智、更合理、更公平、更高效，并避免那些应该避免而且可以避免的失误。

刑事诉讼法的产生与发展，已经有了数千年的历史。当今世界各国，尤其是一些法律制度比较发达的国家，在刑事程序法制建设上已经有了比较成熟的经验和比较丰富的理论。虽然这些经验和理论可能会有时空局限性和利益局限性，未经深思而简单照搬过来很可能"水土不服"，但就其技术方面而言，有相当大一部分是具有普遍适用性的法律规则。那些依据大量诉讼经验及反复、深入思考而产生的具有普遍性的诉讼理论，完全可以"为我所用"。

实际上,中国刑事司法系统所采用的现代诉讼方式、中国刑事诉讼理论中成为通说的基本原理,有相当一部分是比较研究、学习借鉴的结果。如1996年全国人大修改刑事诉讼法,在一些重要方面的修改,便是考虑到现代法治建设的发展,借鉴了国际上的通例的结果。其中,庭审方式的重大改革、保障律师在侦查阶段提前介入等制度的增加,就是在吸收了英美当事人主义诉讼模式的情况下完成的。2018年10月,《刑事诉讼法》再次修改时新增的认罪认罚从宽制度也带有着美国的辩诉交易程序和德国的刑事处罚令程序的痕迹。因此,我们应当注意采用比较研究的方法,对世界各国当代和历史上的刑事诉讼立法、刑事诉讼实践和刑事诉讼理论进行研究。但是,这种研究不是未经深思的简单照搬,而是在科学的基础上,通过充分的比较研究,萃取适合中国国情的理论知识和实践操作规范;在综合集成的基础上,提高中国刑事诉讼法学的理论水平,为创造世界化时代先进法治文明、先进政治文明作出重要贡献。

4. 数学方法

17世纪,数学研究出现了巨大的转折——人类创造出了变量(变数)概念,从而得以研究事物变化中的量与量之间的相互制约关系和图形间的相互变换,使数学成为描述运动规律和辩证规律的工具。数学理论和方法往往具有非常抽象的表现形式,但正是这种非常抽象的表现形式,极其深刻地反映了现实世界中的各种数量关系和空间形式,因此可以广泛应用于人类科学技术、社会科学和人类活动的所有其他领域。构造和运用各种数学模型[①],成为人类认识和改造世界的先进手段。20世纪中期以来,电脑科技的发展,更使数学的作用凸显。

正如马克思所说:一门科学只有运用了数学,才算达到了真正完善的地步。对刑事诉讼法学的研究,当然也离不开数学的方法。用数学语言来说,对刑事诉讼系统的研究,在整体上是一个具有发散性、收敛性、动态性的不断深化的认识—实践过程(见图1-7)。

第一,发散性。表示研究者针对所要解决的诉讼问题(原型),在其所获信息基础上,发现并提出更多的相关因素(即变量)及联系(即函数关系)的情况(即模型扩展)。[②]

第二,收敛性。表示研究者根据已知知识或实际情况,对原先建立的模型中某些因素(即变量)或联系(即函数关系)予以否定的情况,即模型修改。

第三,动态性。指上述发散—收敛过程不断进行的情况,即模型的不断完善过程。

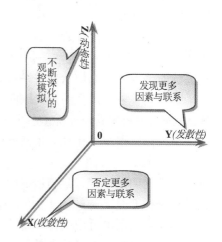

图1-7 数学建模:不断深化的认识—实践 [常远、孙舸,1990]

---

① 数学模型(Mathematical Model),指通过对特定对象(即原型)的现象观察和实践经验总结出的变化规律,用一套能够反映对象主要数量关系的数学符号/数学图形(即模型,如具体的公式、逻辑准则或算法)进行的描述。

② 原型(Prototype),就是原来的类型或形式,指我们所面对的事物本身。模型(Model)就是模仿、模拟出来的类型或形式,指我们用来模仿、模拟和替代原先所面对事物的另外事物。模型之所以能够用来模仿、模拟和替代原型,是因为模型与原型之间存在相似性或一致性。为原型制造出与其具有相似性的模型,以及对模型的使用,叫做模拟(Simulation)。模型和原型也是系统科学—系统工程的基本概念。

应用到刑事诉讼法学中的数学研究方法随着数学研究自身的发展而不断发展完善。

20 世纪 70 年代,英国应用数学家齐曼(E. C. Zeeman)等将法国数学家勒内·汤姆(René Thom)在 20 世纪 60 年代后期所创立的以拓扑学为基础、探索各类系统的非连续性突然变化的新兴数学分支——突变理论(Catastrophe Theory),应用于刑事司法系统的监狱管理领域,取得了富于预见性的成果。[①]

1985 年,中国著名科学家钱学森提出,要"把法学作为人类认识客观世界和改造客观世界的学问,看做科学技术的一个组成部分,而不是独立在外的学问"。他借鉴经济学界的"数量经济学"概念,提出"要搞数量法学"。[②]20 世纪 80 年代中后期,中国学者在上海和武汉分别建立了若干刑事案件电脑辅助量刑系统。

电脑科技日益广泛、深入应用所引发的结果之一,便是以数学方法中数理逻辑(尤其是道义逻辑)为基础的人工智能(Artificial Intelligence,AI)、专家系统(Expert System,ES)技术在法律科学和法治实践中的应用。[③]由于诉讼活动中的流程可以运用数学中的图论(Graph Theory)等方法进行表达和研究,因此,在人工智能、专家系统、知识工程(Knowledge Engineering)等一系列技术的支持下,可以实现诉讼理论的充分精确化、形式化、智能化。

5. 系统方法

系统方法与数学方法紧密联系。系统(System),指由若干部分或因素相互联系构成的具有特定功能的有机整体。系统工程(Systems Engineering)[④],指为实现特定目的,将有关的事物作为系统所进行的复杂的、具有一定规模的运筹活动。显然,任何科学的刑事诉讼活动,都是一项系统工程。系统科学(Systems Science),指对各类系统中的共同规律进行研究的一门科学。通过建立并运用模型系统,充分地观测或控制原型系统,以有效地解决实际问题,叫做对原型的充分观控(Observing and Controlling the Prototype Sufficiently)。能够对原型进行充分观控模拟的模型,叫做充分观控模型(Sufficiently Observable and Controllable Model)。由于任何电脑程序都以对特定事物所建立的充分观控模型为前提,故系统方法的重要实现途径之一便是电脑程序的设计(Design)、实现(Implementation)与运行(Run)。

1979 年 10 月,钱学森提出:"在现代这样一个高度组织起来的社会里,复杂的系统几乎是无所不在的,任何一种社会活动都会形成一个系统,这个系统的组织建立、有效运转就成为一项系统工程。""社会主义法治要有一系列法律、法规、条例,从国家宪法直到部门的规定,集总成为一个法治的体系、严密的科学体系,这也是系统工程,法治系统工程;它的特有基础学科是法学。从我国目前实现四个现代化所迫切需要解决的问题来看……关系到加强社会主义法制,其重要性是很明显的。"[⑤]此后,中国法学界吴世宦等学者积极响应,法治系统

---

① 参见常远:《骚乱模型——突变理论在狱政管理中的应用》,载《青少年犯罪研究》1988 年第 1 期。
② 钱学森:《现代科学技术与法学研究和法制建设》,载熊继宁、何玉、王光进编:《法制系统科学研究——全国首次法制系统科学讨论会论文选》,中国政法大学出版社 1987 年版。
③ 参见杨建广、骆梅芬编著:《法治系统工程》,中山大学出版社 1996 年版,第 206~250 页。
④ 此处的工程(Engineering)为广义概念,指为实现特定目的而进行的具有一定规模的、复杂的活动,相当于哲学上的具有一定规模的实践活动。
⑤ 钱学森:《大力发展系统工程,尽早建立系统科学的体系》,载《光明日报》1979 年 11 月 10 日。

工程探索从此展开。[1] 系统思维和系统方法在法治领域的广泛应用,是人类科学探索法治系统的认识规律的必然体现。

达尔文说:"科学就是整理事实,以便从中得出普遍的规律或结论。"[2] 这里的"整理事实",就是对客观事实进行运筹。所以,可将其含义理解为:科学所做的事情,就是通过对客观事实中内在联系的运筹,发现同类事实(即"类")所共有的特征,对从同类事实中提炼出的"类"建立充分观测模型,并用于对同类事物的观控活动。

爱因斯坦说:"人们总想以最适当的方式来画出一幅简化和易领悟的世界图像。"[3] 这里的"最适当的方式"便是指能够充分观控的方式。

任何科学理论,都是一个对其所研究的事物(或系统)的规律所建立的模型系统,它所研究的事物(或系统)以及事物的规律,就是理论的原型或原型系统(见图 1-8)。

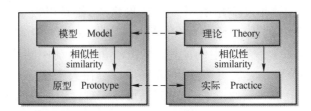

图 1-8 模型—原型、理论—实际 [常远,1981]

任何科学理论系统的演化法则,都在于追求最大限度地观测和控制它所面对的原型系统,有效解决原型系统中的实际问题。也就是说,任何科学的理论系统,都应该成为能够对原型系统进行充分观控模拟的、有效解决原型系统实际问题的模型系统;反之,任何不能充分实现对原型系统的观控,以有效解决原型系统中实际问题的理论系统,都不是好的理论系统。

系统方法,有助于人们把握整体、执简御繁、触类旁通、综合集成,即把分离的局部性的科学领域,用统一的模型在整体上实现更高层次的表达。

钱学森曾专门以刑事司法系统为例,向法学界积极介绍系统方法的应用:"在我们办的案件中,线索很多。这些线索千头万绪,有真有假。如何理出真实的案情? 比如凶犯在逃,各地报来的迹象很多,如何找出凶犯的藏身之处? 解决这个问题,可以用现代系统工程里的技术,即系统辨识。……在一个复杂的案情当中,凭着单一线索很难看清;把所有的线索通盘考虑,就都清楚了。……系统辨识的道理就是:系统内部总是有一些相互的关系,如果你知道的只是系统的某一个输出、某一个输入,而不是所有的输出和输入,还无法理解整个系统。怎么办呢? 只要把所有的输出和所有的输入都纳入这个系统里面,那么不相干的情况自然被淘汰了,而相关的情况也就呈现出来,里面到底是怎么回事儿,就清楚了。"[4]

刑事诉讼系统的目标,是以获取有关证据信息、法律信息等为基础,对各种具体刑事案件的案情真相和法律适用问题建立充分观控模型,以实现刑事司法公正,提高刑事诉讼效

---

① 参见杨建广、骆梅芬:《法治系统工程二十年》(上、下),载《现代法学》1999 年第 5 期、1999 年第 6 期。参见常远:《法治系统工程:实现依法治国方略的科学途径 ——纪念钱学森提创"法治系统工程" 20 年》(上)(下),载《现代法学》1999 年第 5 期、1999 年第 6 期。

② 达尔文:《生活信件》(1888 年)。

③ 转引自吴学谋:《泛系:万悖痴梦(一种形而泛学:哲学与非哲学的创生)》,湖北教育出版社 1998 年版,第 7 页。

④ 钱学森:《现代科学技术与法学研究和法制建设》,载熊继宁、何玉、王光进编:《法制系统科学研究——全国首次法制系统科学讨论会论文选》,中国政法大学出版社 1987 年版。

率,从而维护社会系统的基本秩序和基本利益。

　　而刑事诉讼法学,则是对各种刑事诉讼过程在其相应环境中的具体运行规律所建立的观控模型(见图 1-9)。

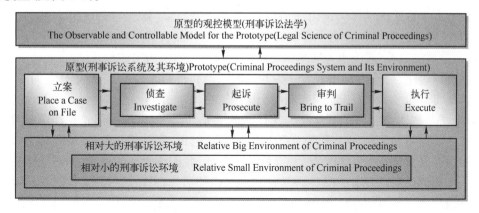

图 1-9　刑事诉讼系统之原型—模型　〔常远,2002〕

　　对刑事诉讼系统建立充分观控模型,需要了解与其有关的所有因素及其动态相互关系。显然,这是一个人类在世界范围内逐渐深化的政治文明探索过程,有些探索结果正确地揭示了客观存在的相关性,有些探索结果则被修改或否定,而有时,原先被否定的相关性又被重新确认。这种旨在对刑事诉讼系统建立充分观控模型的探索过程,在整体上是逐渐涉及更多因素以及因素间更多、更复杂、更隐蔽、更精确联系的过程,充分体现了刑事诉讼系统及其社会环境、自然环境的复杂性。正因为对人类社会系统中充满复杂性的刑事诉讼系统探索过程的艰巨性、复杂性及漫长性,所以,需要以一种统一而合理的科学框架,对世界各地的探索成果予以有效的综合集成,从而得出日益完整的观控模型。这就是系统方法运用于法治领域、刑事诉讼领域的重要意义(见图 1-10)。

　　系统方法要求对刑事诉讼法学的学习、研究和应用,不应仅仅局限于本部门法学的较狭

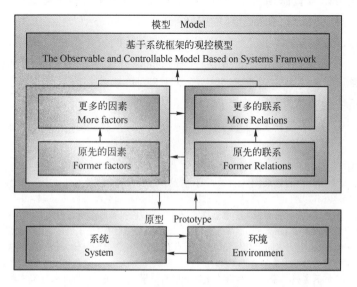

图 1-10　系统化——认识事物规律的必然趋势　〔常远,1981〕

窄领域,而应当拓宽视野,涉猎其他部门法学以及法学以外的众多学科,综合地利用各学科的知识和研究方法,从而使刑事诉讼法的学习、研究和应用向广度拓宽,向纵深掘进,取得更为丰富的成果。

第一,刑事诉讼法学作为部门法学之一,与其他一些部门法学关系密切。例如,刑事司法涉及司法机关的组织和活动方式以及对公民权利的限制,其必须依据宪法;刑事诉讼法的主体首先是司法机关,司法机关的组织与活动原则须在组织法中体现;刑事诉讼法属于程序法,与民事诉讼法、行政诉讼法有着一些共同的基础和密切的关系,需要把握它们的区别与联系;就其使命和性质而言,刑事诉讼法属于刑事法律的一部分,在实际的司法运用过程中,刑事诉讼法与刑法是相应的程序法与实体法的关系,即人们常说的形式和实质的关系,因此,二者之间联系尤为密切。刑事诉讼法规范侦查、起诉、审判和执行活动,与侦查学、检察学、律师学以及监狱法学相互交叉、相互联系。因此,我们要学习宪法学、组织法学、民事诉讼法学、行政诉讼法学、刑法学、侦查学、检察学、律师学、监狱法学等相关法学学科,以吸收这些学科的知识和研究方法。

第二,刑事诉讼法学作为一个法学学科,与其他非法学学科也具有密切关系。刑事诉讼法学与数学、系统科学、电脑科技的关系自不用说,与文化学的关系更是密不可分。例如,有的学者从文化学的角度研究诉讼活动,即研究有关诉讼的社会观念、历史习惯以及用诉讼方式解决社会冲突的社会生活,研究关于诉讼的器物设施、典章制度及思想学说。通过对诉讼做文化上的观察分析,有助于把握诉讼模式的内在生命及变革原因,有助于把握刑事诉讼运行环境的功能效应。在对审判方式采用控辩式的改革研究中,有的学者也着重于做文化分析,提出在中国这样一个具有注重和谐的历史文化传统的社会,要注意解决诉讼的对抗性和传统社会文化之间的矛盾。

诉讼法的功能,是为国家法治系统中的刑事、民事或行政司法系统设立法定的系统结构框架和法定的系统运行机制。从这个意义上说,诉讼程序法即诉讼结构法。诉讼结构(又称诉讼构造)是诉讼系统中各种要素的动态组合与关联方式。

刑事诉讼也可以被看做由许多立场不同的主体[①](要素),如法官、检察官、侦查人员、辩护律师、当事人等共同参与,在特定环境中,经过许多不同环节(相互作用),如侦查、审判、执行等程序的进行,最终在整体上充分实现刑事司法系统的公正目的。根据系统科学(Systems Science)的原理,系统结构决定系统功能。因此,刑事诉讼结构是整个刑事诉讼系统和刑事诉讼活动的基础,它不仅决定着刑事诉讼的基本原则、基本制度和主要程序的设置,而且决定着刑事诉讼系统的整体功能实现程度。

在复杂系统中,追求整体最优时,不一定要求构成整体的所有局部都最优,有时甚至要

---

① 主体(Agent),指适应主体,也可称为适应性主体、可适应主体、具有适应性或适应能力的主体等,指在与外部环境的交互作用中,能够根据自身行为的效果,主动修改自身的行为规则,以便更好地在环境中得以生存和发展的个体,其具有自己的目的、内部结构以及生存、发展动力。该概念由美国圣塔菲研究院(SFI:Santa Fe Institute)主要成员之一、电脑科技"遗传算法"发明人、美国密歇根大学电脑科学与电子工程教授兼心理学教授约翰·H. 霍兰(John H.Holland)在一次介绍复杂适应系统(CAS:Complex Adaptive System)理论的学术演讲中正式提出。由多个适应主体构成的复杂适应系统的演化过程,就是适应主体间及其与环境间相互作用的过程,会出现分化、涌现等种种复杂演化现象。圣塔菲研究院由以诺贝尔物理学奖得主盖尔曼(M.Gell-Mann)、安德森(P.W.Anderson)和诺贝尔经济学奖得主阿罗(K.J.Arrow)等为首的一批多学科的著名科学家于1984年在美国新墨西哥州组建,是一个旨在从事跨学科、跨领域复杂系统或复杂性探索的开放型学术组织,其认为各种复杂适应系统行为或演化均受一些共同规律的支配或控制。

求局部对整体要求的指标最劣。① 诉讼系统中，就有类似的情况。诉讼活动要求"以事实为根据，以法律为准绳"，要求在整体上最实事求是地认识案情，但在诉讼系统却是通过在局部上不甚"实事求是"的对抗方式实现的：控方从受害者和公众利益出发，一味设法证明被告有罪或罪重；辩方则从被告的利益出发，一味设法证明被告罪轻或无罪；在法官有效的主持下，控辩双方通过对抗性的动力竞争机制，使案情向穷尽正反两方面所有可能性的方向演化，真理越辩越明，案情最终在整体上逼近真相，实现了诉讼系统工程的整体优化目标。

因此，系统方法实际上是将刑事诉讼纳入系统框架，对刑事诉讼中各要素及其相互关系进行一种结构功能研究。应用系统方法有助于我们关注各种不同的诉讼主体、各种诉讼法律关系，并且剖析诉讼中影响诉讼关系产生、发展和变化的各要素的性质、作用和所处的环境，从而在整体上确定刑事诉讼结构的功能，正确衡量特定刑事诉讼结构的合理性。这种以系统框架为基础的结构功能分析，最突出的特点是能对复杂的诉讼制度进行整体性分析。

近年来，中国有的学者提出的刑事诉讼的两重结构——三角结构与线形结构理论，也是运用这种分析方法的结果。同时，系统方法既可以对诉讼制度进行全方位的研究，也可以对其进行微观性研究，如对侦查结构、起诉结构、审判结构的系统分析等。如对刑事审判结构的研究，虽然相对来说已是微观研究，但其涉及面仍相当宽广，包括对法官、公诉人、辩护人、刑事被告人与被害人等不同诉讼要素都要加以结构功能研究，因为在这种情况下，这些要素已被赋予了不同性质和不同功能，并以特定方式组合于审判程序中，从而形成特定的审判结构，产生了刑事审判系统的功能。

由于诉讼法学是对诉讼系统所构建的充分可观控模型，同时也是一个知识系统。因此，系统科学得以通过电脑科技应用到刑事诉讼法学中，以便法律研究者与法律学习者通过网络研究、学习刑事诉讼法。以《刑事诉讼法》网络课程② 为例，该网络课件系统通过收集资料，对中国诉讼法学的学术成果进行综合集成，将综合集成后完整、成熟的刑事诉讼法学知识彻底系统化，重组为一个具有多层次系统结构的知识系统，同时，使每个知识点、知识模块、知识子系统、知识系统，都通过文字案例或视频案例的方式建立与原型世界（现实诉讼活动）的联系，通过系统的三元结构——法学理论—实际案例—法律依据（见图 1-11），帮助学者、法

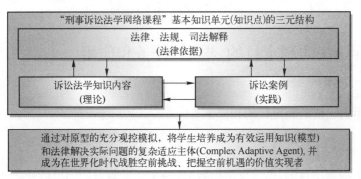

图 1-11　教育部"新世纪网络课程建设工程"项目"刑事诉讼法学网络
课程"知识单元（知识点）的三元结构模型　［杨建广、常远，2001］

① 如中国古代齐国将军田忌赛马的事例，即通过局部最大失败换取整体成功。
② 《刑事诉讼法》网络课程是中国教育部"高等教育面向 21 世纪教学内容和课程体系改革计划"第一批成果之一，它试图通过多主体参与的、实时的、交互性的竞争性实战模拟，将使用者培养成为能够对原型系统进行有效运筹的复杂适应主体（Complex Adaptive Agent），并成为在世界化时代战胜空前挑战、把握空前机遇的价值实现者。

律学习者在大脑中构造对诉讼活动原型的充分可观控认识模型,以培养对原型世界(即诉讼活动)的最优认知、运筹能力。

1.2.3 刑事诉讼法学的学科体系

在一定意义上,体系即系统。根据系统相对性的原则,对刑事诉讼法学的体系可以按不同的原则和要求进行划分,如就知识范围而言,刑事诉讼法学由中国刑事诉讼法学、外国刑事诉讼法学和古代刑事诉讼法学构成;就刑事诉讼理论本体而言,刑事诉讼法学可分为基本理论和应用理论两大部分。基本理论系刑事诉讼的一般原理,应用理论立足于刑事诉讼立法和司法的实际,包含解释刑事诉讼法的规定、分析刑事诉讼中的实际问题等。本书就是一个集刑事诉讼法理论知识和立法制度、司法实践活动于一体的刑事诉讼法知识系统(见图 1-12)。

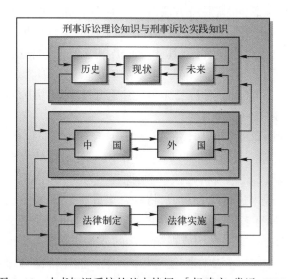

图 1-12 本书知识系统的基本特征 [杨建广、常远,2002]

1.3 刑事诉讼法的制定目的、根据、任务和作用

1.3.1 刑事诉讼法的制定目的和根据

1. 刑事诉讼法的制定目的

刑事诉讼法的制定目的,即其立法宗旨,反映了立法者制定刑事诉讼法的根本意图和凭借立法所要达到的整体目的。中国《刑事诉讼法》第 1 条规定:"为了保证刑法的正确实施,惩罚犯罪,保护人民,保障国家安全和社会公共安全,维护社会主义社会秩序,根据宪法,制定本法。"而《宪法》第 28 条、第 33 条又分别强调了惩罚犯罪、保障人权,因此,中国刑事诉讼法的制定目的是保证刑法的正确实施,惩罚犯罪,保障人权,保障国家安全和社会公共安全,维护社会主义社会秩序(见图 1-13)。

这一制定目的是由中国刑事诉讼的根本性质以及刑事诉讼法与宪法、刑法的关系决定的。社会主义国家的法律,必然要为维护人民民主专政的社会主义社会秩序服务,刑事诉讼法自然也不例外。而保证社会秩序的前提是国家安全稳定和社会公共安全,犯罪是具有巨大社会危害性的行为,是对人民民主专政国家和社会安全最严重的破坏,也是对社会主义秩序最严重的破坏。因此,国家需要刑事法律对犯罪进行惩处、对人民进行保护。中国《刑法》第 1 条规定:"为了惩罚犯罪,保护人民,根据宪法,结合我国同犯罪作斗争的具体经验及实际情况,制定本法。"这表明,刑法的核

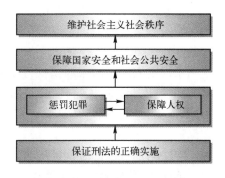

图 1-13　中国刑事诉讼法的目的
［常远,2002］

心目的也是"惩罚犯罪,保护人民"。但是,刑法是通过给出定罪量刑的标准,即专门规定什么行为是犯罪和对犯罪处以什么刑罚等实体性的问题来实现这一目的;刑法适用的对象需要揭露和证实,刑法适用的过程需要规范化、民主化,而这些都必须凭借刑事诉讼法。通过司法程序保障刑法的正确实施正是刑事诉讼法"惩罚犯罪,保护人民"的特定方式之一。在立法宗旨的内部关系上,"保证刑法的正确实施"是制定刑事诉讼法的特别和基本目的,"惩罚犯罪,保护人民,保障国家安全和社会公共安全"既是"保证刑法的正确实施"的进一步目的,又是"维护社会主义社会秩序"这一最终目的的前提和手段。需要指出的是,由于刑事诉讼围绕国家刑罚权的行使展开,这不仅影响到社会整体法益的保护,同时也影响到犯罪嫌疑人、被告人等诉讼参与人合法权利的保护,所以"保障人权"在刑事诉讼法中有着比其在刑法中更为丰富的内涵,除保障刑法正确实施以保护法益外,刑事诉讼法还须有其他途径强化这种保护。与以往更多强调"惩罚犯罪、保护人民"的原则性规定相比,三次修正后的《刑事诉讼法》在"尊重和保障人权"方面体现得越来越充分。2004 年,《宪法》第 33 条增加了"国家尊重和保障人权"的条款。2012 年,《刑事诉讼法》不仅在第 2 条增加了这一内容,而且在许多条文中落实了这一理念。显然,将"保障人权"作为刑事诉讼法的目的要比"保护人民"更恰当。

刑事诉讼法的制定目的既体现了刑事诉讼立法的基本原因,又是刑事诉讼立法和刑事诉讼运作的指导思想。它确定了刑事诉讼活动的最高准则和正确方向,为刑事诉讼的程序设计和诉讼行为的模式选择提供了根本依据。因此,刑事诉讼法制定目的具有指导立法和指引诉讼的双重意义。在国家法治化起步不久,民主和法制需要不断完善的情况下,后一意义更为重大,它主要通过将立法宗旨转化为司法人员的内心理念,来支配和规范其职权行为。司法人员只有深刻领会了立法宗旨,才有可能正确理解刑事诉讼法的内在精神,明确其政治、法律意义和社会意义,从而增强依法办案的自觉性,全面完成刑事诉讼法的各项任务。

2. 刑事诉讼法的制定根据

宪法是国家的根本大法,规定了国家的根本制度和任务,是治国的总章程,在我国社会主义法律体系中具有最高的法律效力,是各种法律、法规制定的依据。刑事诉讼法作为一个部门法,它的制定必须以宪法为根据,不能与之相抵触,否则将失去效力。

中国宪法是人民群众整体意志和利益的最高体现。一方面,《宪法》第 28 条规定,国

家维护社会秩序,镇压叛国和其他危害国家安全的犯罪活动,制裁危害社会治安、破坏社会主义经济和其他犯罪的活动,惩办和改造犯罪分子;另一方面,《宪法》第33条强调了"国家尊重和保障人权",并在其他条款中赋予了公民广泛的权利,而且提供了最高的法律保护。这两条规定表述了国家刑罚权行使的正当理由和有限方式,为刑事诉讼法的性质、任务、基本原则、制度和程序安排提供了法律和制度上最基础的依据,既要求刑事诉讼准确、及时地揭露、证实、惩罚犯罪,又要求其充分顾及公民的自由、权利,对公民的尊严和人权给予尊重和保障。

宪法与刑事诉讼法这种极为密切的关系,使得许多宪法性原则和规定得以直接适用于刑事诉讼法,也使得宪法相关规定具体化和可操作化。比如,宪法"公民在法律面前一律平等"的规定衍生出的刑事诉讼法"对于一切公民,在适用法律上一律平等"原则;宪法"各民族公民都有用本民族语言文字进行诉讼的权利"衍生出刑事诉讼法使用本民族语言文字进行诉讼的原则。又比如,宪法中"人民法院审理案件,除法律规定的特别情况外,一律公开进行"和"被告人有权获得辩护"的规定,具体转化为刑事诉讼法中的公开审判原则以及公开的范围、要求等规定和辩护制度。宪法规定了"国家尊重和保障人权",公民的人身自由和住宅不受侵犯,而刑事诉讼法则规定了公检法机关应当保障诉讼参与人依法享有的诉讼权利,保障无罪的人不受刑事追究,公民人身权利、民主权利受到侵犯时有权提出控告等。宪法中公、检、法各司其职的规定在刑事诉讼法中也都得到了充分的体现。因此,必须从宪法精神的高度理解刑事诉讼法,根据宪法对国家和公民权利义务的整体安排去把握刑事诉讼法的制定目的,而不应孤立地仅从刑事诉讼法的字面规定去了解它的宗旨和原则。

1.3.2　刑事诉讼法的任务

刑事诉讼法的任务与制定目的密切相连,制定目的源于立法者动机,着眼宏观;任务则描述刑事诉讼法担负的使命,是制定目的的具体化和扩展。《刑事诉讼法》第2条规定:"中华人民共和国刑事诉讼法的任务,是保证准确、及时地查明犯罪事实,正确应用法律,惩罚犯罪分子,保障无罪的人不受刑事追究,教育公民自觉遵守法律,积极同犯罪行为作斗争,维护社会主义法制,尊重和保障人权,保护公民的人身权利、财产权利、民主权利和其他权利,保障社会主义建设事业的顺利进行。"根据该条规定,中国刑事诉讼法负有三项具体任务,通过完成这些任务保障根本任务的完成(见图1–14)。

1. 保证准确、及时地查明犯罪事实,正确应用法律,惩罚罪犯

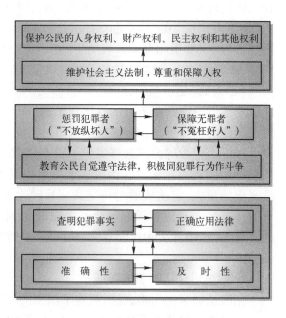

图1–14　中国刑事诉讼法的任务 ［常远,2002］

这是刑事诉讼法的首要任务。理解和实现这一任务,有必要正确认识两对关系。

(1) 查明犯罪事实和正确应用法律的关系。查明犯罪事实和正确应用法律是保证正确处理案件的两个必要条件,缺一不可。

一方面,查明犯罪事实是正确应用法律的前提。查明犯罪事实,就是要查明与犯罪相关的事实及情节,包括犯罪行为是否客观存在、犯罪人是否确定,与刑事责任、量刑相关的基本事实和情节是否清楚等。犯罪事实是否查明,是适用实体法正确与否的事实基础,也是遵循程序法的重要目的所在。如果事实不清或者认定事实错误,就会导致应用法律不准乃至错上加错。在刑事诉讼中,证据是认定犯罪事实的唯一途径,为此,司法人员必须依法全面收集证据,准确地认定犯罪事实。

另一方面,正确应用法律则是查明犯罪事实与公正处理案件的中间环节。它要求正确理解和适用有关法律规定来处理案件,这不仅指司法机关工作人员要在查明案件事实的基础上准确适用实体法,分清罪与非罪、此罪与彼罪的界限,准确认定罪名并适度量刑,合法、公正地解决刑事责任问题,还指司法人员必须严格遵守刑事诉讼法规定的程序进行犯罪证据的收集、犯罪事实的查明活动,依法处理诉讼程序中出现的问题。既要保障查明犯罪事实,惩罚罪犯,也要正确应用法律,尊重犯罪嫌疑人的合法权益,保障无辜的人不受牵连。正确应用法律是查明犯罪事实的正常结果,但并非必然结果。因为在事实清楚的条件下,能否正确应用法律,取决于司法人员的素质(特别是政治素质、业务素质),并可能受个案执法外部环境的影响。司法人员必须排除外来干扰,自觉执法,敢于执法,严于执法,善于执法,才能对案件作出正确处理。

(2) 准确和及时的关系。所谓准确,就是要收集确实、充分的证据证明案件的事实真相,使对于犯罪事实的认定建立在可靠的证据基础上。为此,司法人员在办理刑事案件过程中,必须遵循认识的客观规律和法定的证据规则,实事求是,进行周密的调查研究,充分、切实查明案件的真实情况。所谓及时,就是要不失时机地收集证据,尽快查明犯罪人和有关犯罪事实,在法定的时间内解决案件,提高诉讼效率,防止诉讼拖延。刑事诉讼法从同犯罪作斗争的需要和我国的实际情况出发,对于拘留、批捕、审查起诉等法定行为的时限都作了明确的规定。

准确和及时具有辩证统一的关系。及时是准确的保证,这是由刑事案件本身的特点所决定的,尤其是在犯罪活动日趋复杂,而且大都呈现出危害重、技能化、作案快、销赃毁证快等特征的情况下,司法机关要更加注意提高办案效率,以快制快。只有严格按照刑事诉讼法规定的时限尽快调查事实,才能避免证据的毁损消失;才能有效防止罪犯破坏现场、逃跑、串供和伪造证据,保证尽早准确查明犯罪事实,有效地制止和打击犯罪,减少犯罪给国家和人民造成损失,防止损害进一步扩大;才能使罪犯受到及时的惩罚,充分展示法律的震慑力量和教育力量,从而平息民愤,激发公民同犯罪作斗争的积极性。相反,拖延则会占用过多的司法资源,降低对犯罪的打击力度。但及时绝不能离开准确,两者中准确是关键,它不仅是及时的目的,也是及时的出发点和评价的价值尺度。由于调查犯罪事实是一个回溯已发生事实的过程,认识规律决定了对事实判断的形成必然是一个渐进的过程,不讲准确的及时和盲目求快,不仅无益于查明犯罪事实,还有可能导致误伤无辜,放纵罪犯,即使解决了案件,将来也会因事实不清、证据不足等原因通过审判监督程序"翻案",反而会在总体上增加司法成本,降低办案效率。因此,对准确与及时的辩证关系要有正确的理解,绝不能以牺牲准确为代价去追求速度和"效率",而要牢固树立"准确为本、准中求快、以快求准"的指导思想。

2. 保障无罪的人不受刑事追究

佘祥林"杀妻冤案"

这是中国刑事诉讼法的又一项重要任务。冤枉无辜既侵犯了公民权利,又放纵了真正的罪犯,更破坏了国家的法制,给社会造成的恶劣影响要大于放纵罪犯。因此,不冤枉无辜是古今中外司法公正的一个根本性标志,更是社会主义法治国家在刑事司法方面的必然要求。我国刑事诉讼法不仅要求司法机关通过刑事诉讼正确惩罚犯罪,不放纵一个坏人,同时还要求保障一切无罪的人不受刑事追究,不冤枉一个好人。在中国,公民的人身自由和民主权利受到法律保护,任何公民,只要没有触犯法律,没有构成犯罪,就不应被追究刑事责任。

惩罚罪犯和保障无罪的人不受刑事追究是相辅相成的:将法律打击的锋芒对准罪犯,才能为无罪者多添一道屏障;只有切实保护无罪的人不受刑事追究,才能调动人民群众揭露犯罪、协助司法机关和犯罪作斗争的积极性。刑事诉讼法中的保证无罪的人不受刑事追究又有着区别于惩罚犯罪的独立意义,因为只着眼于惩罚犯罪并不足以保证无罪的人的权益。在法院最终判决作出前,犯罪嫌疑人或被告人是否构成犯罪、是否应处以刑罚均处于未确定状态,不能将其视为犯罪人而加以歧视,更不能在事实上的刑事追究前就损害甚至剥夺其合法权益。为了保障无罪的人不受刑事追究,刑事诉讼法要求司法机关不仅严格按照法定的程序制度办理案件,而且还必须依法保障诉讼参与人充分行使诉讼权利,特别是要保障被告人依法行使辩护权。只有这样,才能有效地防止发生错误。同时,如果发现错误地追究了刑事责任,必须本着对人民负责的精神,实事求是地予以纠正。因此,刑事诉讼法中对辩护、回避、强制措施的行使等涉及公民权利和自由的问题作出了详细的制度性规定,并通过批准逮捕制度、审级制度、审判监督制度等及时纠正错捕错判,并赔偿损失。

虽然,准确、及时地惩罚罪犯和保障无罪的人不受刑事追究是我国刑事诉讼的两项不同任务,但任何一项任务的实现,都必须以另一项任务的实现为条件,任何一项任务没有完成,另一项任务的完成就没有保障。如果只注意惩罚罪犯,忽视保障无罪的人不受刑事追究,就可能伤害无辜;如果只注意保护无罪的人不受刑事追究,忽视惩罚罪犯,则可能放纵罪犯。归根到底,只有坚持"以事实为根据,以法律为准绳"去处理案件,才能做到打击精确,不枉不纵。在查明事实和应用法律准确、及时的关系上,也必须从这两个任务兼顾并重的角度去把握。

此外,值得注意的是,对犯罪嫌疑人和罪犯的合法权益的保护也是我国刑事诉讼法的任务之一。因为犯罪嫌疑人有重大作案嫌疑,所以法律规定司法工作人员有权在法定条件下对其采取强制措施等限制公民权利的手段,但是犯罪嫌疑人是否实施了犯罪行为还不确定,因此不能把他们当罪犯对待,更不能任意剥夺他们拥有的合法权益。对于犯罪嫌疑人拥有的公民权利,如不被刑讯逼供的权利等,应当给予充分的保障。即便被确定为罪犯,其仍拥有法律赋予的一定的合法权利,例如人身不受非法侵害权等,这些合法权利也应当受到充分的尊重和保障。所以,对于罪犯实施的犯罪行为,应该有罪必罚,通过国家刑罚权的行使惩罚犯罪,遏制犯罪。对于罪犯拥有的法律赋予的合法权益,也应当给予充分尊重和保障。

3. 教育公民自觉遵守法律,积极同犯罪行为作斗争

我国刑事诉讼法是我国工人阶级和其他劳动人民意志的反映,是社会主义民主和法制的体现,它本身就具有巨大的教育作用。司法机关通过对刑事案件的处理,彻底揭露各种犯

罪现象及其对社会的严重危害,可以增强公民的法律意识,提高公民遵守法律的自觉性,让他们了解法律保护什么、禁止什么、惩罚什么,做到知法守法;同时调动公民同犯罪作斗争的勇气,促使他们堵塞法律制度上的漏洞,不给罪犯留下可乘之机,并自觉行动起来,同犯罪行为作斗争;对于那些具有犯罪的潜在因素,有可能进行犯罪的人,则有警戒教育的作用,使他们不敢轻举妄动,以身试法,从而放弃犯罪念头。实现刑事诉讼法对公民进行法制教育的任务,对于预防犯罪、减少犯罪,配合对社会治安的综合治理,具有重要意义。

刑事诉讼法的上述三项任务相互联系、紧密结合,必须全面理解,才能正确地贯彻执行,只有圆满完成这三个方面的任务,才能最终完成维护社会主义法制,尊重和保障人权,保护公民的人身权利、财产权利、民主权利和其他权利,保障社会主义建设事业的顺利进行这一根本任务。

1.3.3　刑事诉讼法的作用

刑事诉讼法的制定目的和任务体现在法律条文中,具有指导性和一定程度的约束性,这主要是从立法者的角度出发论述的,是一个"应然"的问题。而刑事诉讼法在具体的实施中实际取得何种效果,表现出何种价值,具有何种功能,即刑事诉讼法的作用,是从它满足了刑事诉讼中不同立场主体的什么需要的角度考察的,是一个"实然"的问题。两者有着密不可分的联系。

关于刑事诉讼法的作用,从作为刑事程序法和刑事实体法的关系上说,国内外学说有若干种意见。绝对工具主义说认为,刑事诉讼法只是用以实现刑事实体目标这一外在于程序本身的目标的工具和手段,其价值作用仅在于具有形成正确的判决结果的能力;程序本位主义说则认为,刑事诉讼法的价值不在于其作为实现实体法的手段的有用性,而在于其独立于实体法的内在作用,即程序本身所固有的优秀品质,如诉讼民主、公开,有效的诉讼参与等。相对工具主义说认为,刑事诉讼法既有保证实体法实施的程序工具作用,又有独立于实体法的自身价值,并且对工具性价值的追求必须受到非工具主义目标的限制。我们认同相对工具主义说,认为作为程序法的刑事诉讼法与作为实体法的刑法作用同等重要,无主次轻重之分,刑事诉讼法既有自身独立的作用,又有保障实体法实施的作用。

1. 刑事诉讼法的独立作用

(1) 保障公民的人权。刑事诉讼作为一种国家活动,涉及国家和公民之间的关系,几乎宪法规定的有关公民的政治权利、人身权利和财产权利,在刑事诉讼中都会涉及。并且刑事诉讼关系到社会最重要的价值——人的生命、财产和自由,是在国家与个人(主要是刑事被告人)的紧张对立的关系中推进的。因此,刑事诉讼法作为调整国家同公民关系的法律,在保障公民的人权方面也有其独特的法律价值。刑事诉讼法使作为个体的诉讼参与人(尤其是犯罪嫌疑人和被告人)在诉讼过程中的合法权益得到保护,从免于受到强大的国家机关的过分侵犯的角度保证公民的自由和安全。这也约束了国家机关的权力,尽管这种权力在个案中可能是以"迅速而准确"地发现犯罪真相为目的的,从而减少司法人员的主观随意性甚至故意非法专断,杜绝"人治"在刑事诉讼中的膨胀,防止国家权力背离公力救济的初衷走向异化和恣意,增进社会的法治化进程。

(2) 促使国家刑罚权的行使乃至司法过程"形式合理化"。刑事诉讼法使主要的诉讼参与人成为刑事诉讼中的主体,保障其在诉讼中得到公正的待遇和对裁判结果的形成施加充分的、积极的影响,并注意对人道主义的张扬。这一方面使个案中判决结果对其有利害影响的主体感到其人格尊严受到尊重,意见观点得以充分主张,主体意识得以满足,有助于从心理和感情上接受争议的解决;另一方面又凭借审判公开等途径使社会公众得以了解诉讼的进程和个人在其中的境遇,切实感受到法律实施过程对民主、自由的保护,通过对"程序公正"的信服增强对司法和整个法律制度的信心,从而起到良好的教育作用和守法意识引导作用。

具体来说,刑事诉讼法对于规范刑事诉讼活动的正确进行,提高办案效率,保证办案质量,起着特殊的重要作用。

第一,它有利于保证侦查机关、检察机关、审判机关正确行使自己的职权,各司其职,各负其责,准确有效地执行法律,提高办案质量和效率,防止滥用职权和个人专横,避免出现差错,即使发生了差错,也能通过必要的机制,及时发现和予以纠正。

第二,它有利于保障当事人及其他诉讼参与人的合法权益,使他们正确地行使诉讼权利,承担诉讼义务,充分发挥他们在刑事诉讼中的积极作用。

第三,它有利于发挥广大群众参与刑事诉讼活动的主动性和积极性,通过刑事诉讼,密切专门机关同广大群众的联系,更好地发挥刑事诉讼的社会效果。

2. 刑事诉讼法对刑法正确实施的保障作用

只要社会上有犯罪存在,就必然要有追究犯罪和惩罚犯罪的刑事诉讼活动存在。在否定私力救济、倡导公力救助的现代社会,刑事诉讼对于恢复被犯罪破坏的法律秩序具有不可替代的作用。而按特定程序办事,是现代有组织社会的一个表征。刑事程序所涉及的社会关系的重要性、诉讼过程的复杂性和对抗性,决定了根据追究刑事责任的特点、方法和步骤编制出科学和细化的特定程序的重要性和必要性。

刑事诉讼法提供使刑法得以正确实施的系统化机制:

(1) 刑事诉讼法为刑法的正确实施,设计、提供了组织机制。刑事诉讼法保证了权力机关职能分工的相对独立化、专业化。其规定:公安机关行使侦查权,人民检察院行使批准逮捕权、公诉权、对直接受理案件的侦查权以及法律监督权,人民法院行使审判权。这样就使刑法的实施由专门机关承担,彼此职权清晰,办案效能提高,不致因无人管事或某一机构承担责任过多而影响法律的实施。

(2) 刑事诉讼法为刑法的正确实施,设计、提供了防错机制。刑事诉讼实际上是一种认识过程和基于认识给予强制的不利益处分的过程。为了避免认识错误的发生和强制力的滥用,就必须有规范认识来源、方式,规制认识主体和处分行为等一套机制加以保证。为此,刑事诉讼法规定了运用证据的规则,不仅规定了"以事实为根据,以法律为准绳"的原则,还规定了证据的法定种类和重证据而不重口供、证据必须经过控辩双方质证才可作为定案根据等证据效力、采用规则,从而促使司法人员按照辩证唯物主义的认识规律收集和运用证据,为正确适用刑法提供事实前提。刑事诉讼法还给予被告人、被害人等诉讼参与人充分的诉讼权利,构建辩护制度,使当事人在诉讼中的地位得以与强大的国家机关平等,充分参与诉讼过程,以对程序结果产生积极有益的影响,从而使事实在各项主张的充分辩驳下得以更准确地认定,刑法得以更准确地适用。而且,刑事诉讼法还通过回避制度、严格禁止刑讯逼供、设置三机关相互配合和制约等,防止和约束由于司法主体的盲目自信或徇私舞弊等原因导致国家权力的滥用,从而使专门机关权力的行使,既有利于打击犯罪,又可有效地防止伤害无辜,侵犯人权。

(3) 刑事诉讼法为刑法的正确实施,设计、提供了纠错机制。任何制度都不能杜绝错误的发生,刑事诉讼法有针对性地设计程序系统,规定整个刑事诉讼由立案、侦查、起诉、审判、执行等相互独立又彼此联系的阶段组成,前一阶段的缺陷、错误,可以通过后一阶段发现、弥补和纠正。比如,侦查中的错误,可以通过审查起诉来纠正;起诉中的错误,可以通过法庭审判来纠正;第一审的错误,可以在第二审程序中纠正;生效判决、裁定的错误,可以通过再审程序予以纠正等。这一程序系统可以使对案件的错误认识在概率上大大缩小,使案件的实体错误发生率降低至一定社会历史和物质条件下尽可能低的程度。

(4) 刑事诉讼法为刑法的正确实施,设计、提供了效率机制。对刑事诉讼中的当事人来说,其不仅希望案件结果公正,而且希望案件能及时解决,以早日摆脱讼累,解除肉体和精神上的痛苦。对国家来说,司法资源有限,只有高效、及时惩罚罪犯或者及早还无辜者以清白,才能产生最佳的社会效果。因此,案件的及时解决是正确实施刑法的必然要求。刑事诉讼法通过科学的设计,规定期限制度、简易程序制度、自诉案件的调解制度等一系列相关的制度,以保证刑法的高效实施。

(5) 刑事诉讼法还在一定情况下影响乃至限制刑法的实施。因为对于在适用刑法裁判案件上有最终决定权的法院而言,实行不告不理原则,即只有当检察机关或刑事自诉人起诉才有可能导致刑法的实施,如果自诉人不起诉或者检察机关根据刑事诉讼法的授权对于犯罪情节显著轻微的案件决定不起诉,则刑法就失去了适用的前提。

小结

刑事诉讼法作为法律系统的基本组成部分,不仅具有一般法律的共性,而且具有刑事程序法律的特性。因此,刑事诉讼法学的研究对象、研究方法和学科体系的建构也明显具有系统化、程序化与标准化特征。刑事诉讼法的一系列基本理念、基本概念和基本原理,不仅可以统领整个刑事诉讼法的知识体系,而且有助于我们从整体上把握刑事诉讼法的目的、作用和运行规律,同时还可能直接影响整个刑事司法系统贯彻落实刑事诉讼法的准确程度。

纵观各国刑事诉讼法的发展,刑事诉讼法的目标都经历了从单纯追求犯罪的揭露、证实和惩罚到惩罚犯罪与保护诉讼参与人各项权益并重,从单纯追求实体真实到同时追求程序公正、制度设计科学化和人道主义化的演进过程。

"正义不仅应当得到实现,而且应以人们看得到的方式得到实现"的古老法谚,正是对刑事诉讼法独特作用的形象而精辟的概括。

思考题

1. 什么是刑事诉讼法?
2. 如何理解刑事诉讼法与相邻部门法的关系?
3. 怎样理解刑事诉讼法学的研究对象?
4. 刑事诉讼法学研究方法分类及其特点是什么?

5. 简要阐释刑事诉讼法的制定目的和根据。

6. 刑事诉讼法的任务在诉讼实践中是怎样被贯彻落实的?

7. 刑事诉讼法在惩罚犯罪、保障人权方面的作用是什么?

第 2 章 刑事诉讼法的历史发展

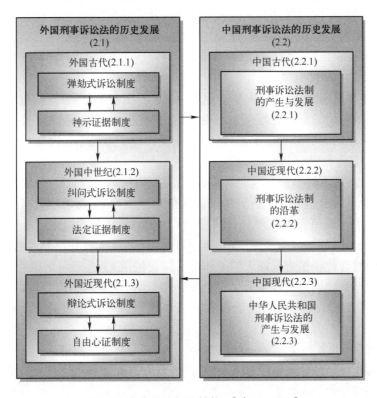

图 2-0 本章基本知识结构 ［常远,2002］

导言

伴随着人类社会的发展,刑事诉讼法也在不断地发展演变,不同的社会背景会催生出不同的诉讼制度和证据制度。刑事诉讼法的历史不是简单地记录人们以往惩罚犯罪、保障人权的轨迹,而是凝聚着人类对诉讼规律的探索成果。无论是外国还是我国的刑事诉讼法律制度,都作为一种法律文化在法律精神层面或司法制度构建层面上传承至今,并将继续影响刑事诉讼制度的发展方向和演进过程,影响具体刑事案件的运作过程和裁判结果。对刑事诉讼历史的学习和研究,不仅有利于我们更准确地了解不同历史时期的刑事诉讼运作过程的背景与特征,还有利于我们更深刻、更全面地把握当代刑事诉讼制度的脉络与价值。

2.1　外国刑事诉讼法的历史发展

2.1.1　外国古代弹劾式诉讼制度和神示证据制度

法律是随着国家的产生而产生的。诸法合体,实体法与程序法并存是古代法的特征。据考古发现,早在公元前 18 世纪,古巴比伦王国第六世国王汉穆拉比(前 1792—前 1750)制定的《汉穆拉比法典》就已有有关传唤证人、举证责任、神明裁判等方面的程序性规定。另外,在至今发现的最早的成文法典——公元前 449 年由古罗马共和国制定的《十二铜表法》中,也有关于传唤当事人和庭审的程序规定。按照诉讼结构的类型划分,当时的古巴比伦、古希腊、古罗马共和时期以及日耳曼(法兰克王国)前期和英国的封建时代,大体上实行的都是一种弹劾式的诉讼制度。

所谓弹劾式诉讼制度,就是个人享有控告犯罪的绝对权利,国家审判机关不主动追究犯罪,而是以居中裁判者的身份处理刑事案件的诉讼制度。这种诉讼制度是人类摒弃原始血亲复仇制度后采用的第一种诉讼形态,其产生在很大程度上受原始氏族社会解决纠纷的传统方式的影响。其主要特征是:

第一,私人告诉,不告不理。这期间,国家没有专门负责追诉犯罪的机关,对犯罪的控诉由公民个人承担。只有当原告起诉到法院或其他裁判机构后,诉讼才会被启动。如果没有原告,裁判者就不主动追究。此外,根据《萨利克法典》第 3 条的规定:"凡传唤别人到法庭者,应偕同证人,一同到被传唤人家,如本人不在,应使其妻子或其他家属通知他本人,前赴法庭。"显然,当时连传唤被告及证人的工作也由原告包揽。

第二,原告与被告诉讼地位平等。在庭审阶段,通常由原告提出控诉的理由和证据,再由被告提出反驳的理由和证据,然后由双方当事人发言和进行辩论,最后由裁判者作出裁判。

第三,裁判者在诉讼中处于消极的裁判地位。裁判者在接到控诉后,不进行专门的调查,不主动收集证据,只是在开庭审理时听取原、被告双方的陈述和辩论,以原、被告双方提供的证据为依据作出裁判。

与弹劾式诉讼模式相对应的证据制度是神示证据制度。所谓神示证据制度,是指法官根据神的启示、借助神的力量来判断证据,确定是非曲直的制度。神示证据制度的证明方式是形形色色、多种多样的,与不同国家、不同地区的宗教信仰和图腾崇拜有密切的关系。诅誓、水审、火审等,是神示证据制度中经常采用的一些证明方法。诅誓,即当事人或证人对神盟誓,保证陈述的内容是真实的。例如,《汉穆拉比法典》第 131 条规定:"倘自由民之妻被其夫发誓诬陷,而她并未被破获有与其他男人同寝之事,则她应对神宣誓,并得回其家。"此外,《汉穆拉比法典》第 2 条也有水审的详细规定:"假若某人控他人行妖术,而又不能证实此事,则被控行妖术的人应走近河边,投入河中。如果他被河水制服,则揭发者可以取得他的房屋;反之,如果河水为他剖白,使之安然无恙,则控他行妖术的人应处死,而投河者取得揭发者的房屋。"

弹劾式诉讼制度是人类文明的一大进步。它已具备了现代诉讼的基本结构。首先,它明确区分了控诉与审判的职能,有利于防止法官集控诉权和审判权于一身,独断专行,滥用职权。其次,原告和被告诉讼地位平等,双方可以在法庭上进行平等的对抗和辩论,法官听取双方意见,居中裁判,有利于案件的公正处理。但这种诉讼模式将追诉犯罪的权利完全赋予被害人或其他公民个人行使,使国家在追究犯罪的问题上处于相对被动的地位,必然影响对犯罪的有效追究和及时惩罚。而且法官在法庭审理时过于消极的态度,也不利于准确查明案情,正确裁判。神示证据制度更是只适合于当时的生产力水平。

2.1.2　外国中世纪纠问式诉讼制度和法定证据制度

476 年西罗马帝国灭亡后,欧洲逐步进入封建时代。这期间,欧洲大陆国家普遍实行纠问式诉讼制度(inquisitory procedure)。所谓纠问式诉讼制度,是指国家司法机关对犯罪行为,不论是否有被害人控告,均依职权主动进行追究和审判的诉讼制度。德意志帝国实行的就是典型的纠问式程序。英国在君主专制时期的星座法庭,实行的也是纠问式诉讼。纠问式诉讼的代表性法典是 1532 年的《加洛林纳法典》(Constituio Criminalis Carolina)。

纠问式诉讼的主要特点是:

第一,司法机关主动追究犯罪。握有司法权力的官员一旦发现犯罪,无论被害人是否提出控告,都可以依职权主动追究并启动诉讼。这期间,只要能够揭发和惩治犯罪,权力怎样使用都可以。由于没有设立专门的侦查起诉机关,侦查权、控诉权与审判权统一由司法官员行使,被告人沦为诉讼客体。

第二,实行有罪推定。在纠问式诉讼中,某个人一旦被指控或怀疑犯罪,在没有确实证据或依诉讼程序证明犯罪之前,先假定其有罪并将其作为罪犯对待。这期间,被告人的口供是定罪的主要依据。为了逼取口供,对被告人广泛采用刑讯逼供。

第三,刑讯逼供制度化、合法化。不仅被告成为刑讯逼供的对象,原告、证人等都会成为刑讯逼供的对象。刑讯的方式五花八门,且由法律明文规定。这是纠问式诉讼的显著特点。

第四,书面审理成为庭审的主要方式。由于纠问式诉讼的审理不允许当事人在法庭上辩论,审讯通常又不公开进行,判决主要以审讯被告人的书面记录为根据,因此这种诉讼模式往往采用书面审理的方式。故这种审判方式又被称为间接审理主义。

与纠问式诉讼模式相对应的证据制度是法定证据制度。法定证据制度的主要特征是,不同种类证据的证明力大小以及它们的取舍和运用,由法律预先加以规定。法律对证据证明力和运用规则的规定,主要是根据证据的形式,而不是证据的内容。法官无权按照自己的判断来分析评价证据,运用证据认定案情需要符合法律规定的各种形式性的规则。此外,法定证据制度明确保护封建等级特权,证人身份的高低贵贱成为区分其证言证明力大小的标准。

法定证据的主要内容就是按其形式把证据分成完全的证据和不完全的证据。一个完全的证据,就是确定案件事实、判断被告人有罪的充分依据。不完全的证据可以作为被告人有犯罪嫌疑、应受刑讯拷问的根据。不完全的证据又分为不太完全的证据、多一半完全的证据和少一半完全的证据,几个不完全的证据凑在一起可以构成一个完全的证据。如表 2-1 所示,1857 年的《俄罗斯帝国法规全书》规定了完全证据和不完全证据:

表 2-1   1857 年《俄罗斯帝国法规全书》规定的完全证据与不完全证据 ［杨建广,2003］

证据类型	证据
完全证据	被告人的口供是所有证据中最好的证据
	书面证据
	裁判者的亲自勘验
	具有专门知识的人的证明
	案外人的证明
不完全证据	同案被告人之间的攀供
	被告人邻居提供的被告人的个人情况和表现
	实施犯罪行为的要件
	表白自己的誓言

法定证据制度还对诉讼中经常出现的一些证据形式,如被告人口供、证人证言、书证等,明确规定了收集和判断的规则。特别是被告人的口供,被认为是"证据之王"。由于口供对案件的判决起决定性的作用,因此,对如何取得和运用被告人口供,有具体而详尽的规定。由于法律过于强调被告人口供的证据价值,侦查人员和审判人员便千方百计来获取这种"证据",导致刑讯逼供泛滥。

法定证据制度在中世纪后期欧洲大陆国家的出现,是与当时中央集权的君主专制国家为打破地方封建割据、限制地方司法权力而创设全国统一的司法体系相呼应的,对消除各地在诉讼中运用证据的混乱状况具有积极意义;同时法定证据制度中的一些规则,在一定程度上总结和反映了当时运用证据的某些经验,与神示证据制度相比,是证据制度发展史上的一大进步。但法定证据制度将证据的内容与形式割裂开来、把审理个案中运用证据的局部经验当做适用于一切案件的普遍规律、把某些证据形式上的一些特征作为评价这类证据证明力的绝对标准是荒谬的。事实上,要求法官根据法律预先规定的每一种证据证明力大小,机械地计算和评价各证据,无疑束缚了法官的手脚,使他们无法综合案件的全部证据材料来审查、判断案情,难以保证办案质量。

纠问式诉讼是封建专制集权在诉讼中的表现。与弹劾式诉讼比较,在诉讼的民主性方面无疑是倒退了,但它摒弃"神明裁判",确立追究犯罪的职责应由国家机关承担的原则,则是诉讼制度的进步。

2.1.3　外国近现代辩论式诉讼制度和自由心证制度

1. 辩论式诉讼制度

17 世纪后期至 19 世纪初期的资产阶级革命,改变了整个人类的历史。资产阶级在猛烈抨击专横黑暗的封建司法制度的斗争中,提出一系列反映资产阶级意志、保障诉讼民主化的诉讼原则,并在政权建立后对原有的刑事诉讼加以扬弃和改造,确立了与纠问式诉讼有质的区别的新的辩论式诉讼制度,将诉讼法制推进到一个新的阶段。

资产阶级思想家、法学家根据自由、民主、人权的理念提出了丰富、系统和具有进步意义的诉讼原则。如英国的平均主义派领袖李尔本(Liburne,1614—1657)在其《人民约法》《英国根本法和自由》等著作中较早地提出了"法律面前人人平等""诉讼程序必须是公开的、直接的、辩论的""被告人有权获得辩护"等主张。法国法学家孟德斯鸠(Montesquieu,1689—1755)在《论法的精神》一书中,指出封建制专制的要害在于立法权、行政权和司法权的合一,提出了三种权力各自分开、互相制衡的"三权鼎立"学说,并把"司法独立"列为一项重要的原则,要求法官凭良心独立行使职权,不受任何方面意见的影响;同时明确提出要对被告人实行人道主义。而意大利法学家贝卡利亚(Beccaria,1738—1794)在其《论犯罪与刑罚》一书中,对刑讯逼供的野蛮性和形式证据制度的荒谬性进行了深刻的剖析与批判,并提出了著名的"无罪推定"原则,主张任何人在法院作出有罪判决之前,都应当被看做无罪而受法律的保护。这一系列思想和原则,尖锐而深刻地批判了封建专制的司法制度,为资产阶级的刑事诉讼奠定了基础。

资产阶级取得政权后,国家通过一系列立法来确保这些新的诉讼原则被遵行。1689 年及 1701 年,英国国会先后通过《权利法案》和《王位继承法》这两个宪法性文件,明确规定了司法机关不受行政机关干涉的"法院独立"原则和"法官终身制"制度。英国法学家宾萨姆(Jeremy Bentham) 提出了主法和助法的理论,把规定权利和义务的实质的法称为主法,把规定保护权利、义务的手段或方法的法称为助法。此后,法国和德国的法学家又将此理论发展为实体法和程序法的理论。1788 年,奥地利制定了历史上第一部刑事诉讼条例。1808 年,拿破仑在法国编纂制定了《治罪法》(Code d'Instruction Criminelle)[①],确立了具有大陆法系鲜明特点的职权主义诉讼模式。其他欧洲大陆国家,如德国、意大利以及亚洲的日本,也纷纷制定刑事诉讼法典。其中,德国于 1877 年制定了《德国刑事诉讼法典》,1879 年生效;日本则先是于 1880 年仿照法国 1808 年的《治罪法》制定了《治罪法》,并于 1882 年实施,后又于 1890 年参照德国 1887 年公布的《刑事诉讼法》制定了《刑事诉讼法》。这些国家的刑事诉讼法确立起一系列现代刑事诉讼的原则和制度,主要有司法独立、无罪推定、法律面前人人平等、控审分离、审判公开、辩护、陪审、平等对抗、口头辩论等,并据此建构起近现代刑事诉讼的系统框架。

大陆法系各国的刑事诉讼法在早期相对稳定。直至第二次世界大战前,一些实行强职权主义诉讼模式的国家,如德国、意大利、日本等,由于战时任意破坏资产阶级民主,践踏资产阶级法制,使得原来许多重要的刑事诉讼原则与程序遭到破坏或废弃。第二次世界大战结束后,随着国际性人权保障运动的蓬勃发展,西方各国总结法西斯专制的惨痛教训并适应新的政治经济形势需要,相继开展刑事司法改革运动,纷纷修改或重新制定刑事诉讼法典。其中,德国于 1950 年彻底废除了纳粹时期颁布的法律,恢复了 1877 年刑事诉讼法典的效力,1965 年又作了重要修改。法国从 20 世纪 50 年代以来,对刑事诉讼法典先后进行了 10 多次修改,其中以 1958 年的修改幅度最大。法、德两国修订后的刑事诉讼法,仍保持大陆法系职权主义诉讼的特点,但增添了许多加强诉讼民主、注意人权保障的内容。日本于 1948 年制定了新的刑事诉讼法典。该法典受美国影响很大,使日本的刑事诉讼制度在传统职权主义背景上糅合了强烈的当事人主义色彩。意大利在战后也对 1930 年颁布的刑事诉讼法典

---

① 国内许多教材均把此法典看做刑事诉讼法。尽管该法典的内容实质上是刑事诉讼法,但立法者选择了不同的名称,这点从随后日本的刑事诉讼法的演变中也可发现。

进行过数次大的修改,尤其是 1988 年对刑事诉讼法的修改,使其基本上从职权主义诉讼模式转向了当事人主义诉讼模式。

英美法系国家刑事诉讼制度的发展与大陆法系国家有所不同。英国在封建时期就实行习惯法制度,法院判例是法律的主要渊源。英国没有编纂统一的、成文的刑事诉讼法典,所谓刑事诉讼法,不过是习惯、判例和单行法规的总称。英国关于刑事诉讼的法规比较零散,早期的单行刑事诉讼法规主要有 1679 年的《人身保护法》、1879 年的《犯罪检举法》、1898年的《刑事证据法》、1907 年的《刑事上诉法》等。第二次世界大战后,英国加强了刑事诉讼法律的成文化,先后制定了一批重要的刑事诉讼单行法规,主要有 1948 年的《刑事审判法》、1952 年的《治安法院法》、1965 年的《刑事证据法》、1965 年的《刑事诉讼程序(证人出庭)法》、1967 年的《刑事审判法》、1968 年的《刑事上诉法》、1974 年的《陪审团法》、1985 年的《刑事起诉法》等。

美国原来是英国的殖民地,独立后基本上仍沿用英国的法律制度,包括诉讼制度。美国至今没有一部统一的成文的刑事诉讼法典。联邦司法系统主要适用 1945 年制定的《联邦刑事诉讼规则》和 1975 年核准生效的《联邦证据规则》等。部分州,如纽约、加利福尼亚等,则有自己的刑事诉讼法典。美国刑事诉讼制度的最大特点,是把刑事程序中一些重要的诉讼权利和诉讼原则直接规定在宪法中,由国家根本大法为公民在诉讼中的人身权利、民主权利提供保障。美国的《权利法案》就规定了一系列刑事诉讼原则,概括起来为:公民不受非法逮捕、住宅不受非法搜查、文件和财产不受无理扣押,由犯罪发生地的公正陪审团予以迅速和公开审理,不得因同一犯罪行为而遭受两次生命或身体的危险,不得在任何刑事案件中被迫自证其罪,获得律师帮助为其辩护,应被告知被指控的性质和理由,以强制手段取得对被告人有利的证据,与对方证人对质,不得被科以过多保释金和过重罚金,不得被科以残酷和非常刑罚,获得平等法律保护等。特别是美国《宪法修正案》第 14 条所谓"正当程序"条款,将现代刑事诉讼一些基本的人权保障和诉讼原则融会在"正当法律程序"的概念之中,强调非经"正当法律程序"不得剥夺任何人的生命、自由或财产,为其他各国在宪法性文件中对刑事诉讼提出基本要求和对公民自由与人权提供基本保障作出了典范。

除美国外,其他一些原先为英国殖民地的国家和地区,如加拿大、澳大利亚等,也基本沿用英国的刑事诉讼制度。但加拿大的情况有些特殊,首先,它拥有一部全国统一适用的刑事法典,该法典自 1892 年问世以来,已历经百余年,虽不断地局部更新,但整体上仍维系旧的框架和格局。其次,该法典融刑事实体法与程序法为一体,是一部综合性刑事法典,这显然与其他成文法国家刑法与刑事诉讼法分立的情况不同。最后,该法典虽然构成加拿大刑事立法的主干,但在适用时又直接受制于宪法,特别是《加拿大权利与自由宪章》,由此又有别于那些在刑事司法中不直接适用宪法规定的国家所施行的制度。

综上,辩论式诉讼模式与纠问式诉讼模式相比,其主要变革在于:

(1) 起诉与审判职能分开,实行不告不理。刑事案件的侦查由警察机关或者由检察机关指挥警察进行,侦查终结后对犯罪嫌疑人的起诉由检察机关或者由检察机关委派公职律师进行,法院不再承担控诉犯罪的职责,而是专门负责对刑事案件进行审判。在起诉与审判的关系上实行不告不理原则。侦查是起诉的准备,起诉是审判的前提。只有经合法有效的起诉,法院才能开始审判活动,而且审理不能超出起诉书指控的范围。这样便克服了纠问式诉讼中起诉、审判合为一体的弊端,保证了审判的客观公正。

（2）实行无罪推定原则，被告人享有广泛的诉讼权利。在被告人
经法庭审判正式确定为有罪之前，先假定其无罪。被告人不再是诉
讼的客体，而是诉讼主体，法律赋予其以辩护权为核心的广泛的诉讼
权利。被告人有权获得律师的帮助、有权保持沉默，刑讯逼供被禁止，
被告人的人格尊严和诉讼权利得到法律的确认和维护。

米兰达诉亚里桑那州案

（3）控诉、辩护、审判三足鼎立，构成刑事诉讼的基本结构。控诉
人、被告人都是诉讼的当事人，与法院一起构成诉讼主体。公诉人或自诉人履行控诉职能，
被告人、辩护人履行辩护职能，法院履行审判职能。控辩双方在平等的地位上互相对抗，法
院在此基础上居中裁断。这就是近现代刑事诉讼的基本结构模式。

2. 辩论式诉讼的两种模式

由于法律传统和法律文化的差异，欧洲大陆国家与英美等国在具有资本主义刑事诉讼
基本结构共性的基础上，在历史演变的进程中各自发展并形成了具有自身特点的诉讼制度。

在诉讼法理论上，称大陆法系国家的诉讼模式为"职权主义诉讼"；称英美法系国家的
诉讼模式为"当事人主义诉讼"（见表 2-2）。

表 2-2　"职权主义"与"当事人主义"诉讼模式　［杨建广，2003］

诉讼模式	基本特点	适用区域
"职权主义"或"审问制"（Inquisitorial System）	注重发挥侦查机关、检察机关、法院在刑事诉讼中的职权作用，特别是法官在审判中的主动指挥作用	大陆法系国家
"当事人主义"或"对抗制"（Adversary System）	强调双方当事人在诉讼中的主体地位，使其在诉讼中积极主动、互相争辩对抗，审判机关相对消极，形式上只起居中公断的作用	英美法系国家

具体说来，大陆法系职权主义诉讼程序的基本状况为：

（1）警察、检察官和其他有侦查权的官员依职权主动追究犯罪。在大陆法系国家，对犯
罪的侦查通常由检察机关进行，或者由检察机关指挥司法警察或刑事警察进行。法国《刑事
诉讼法》第一编"负责公诉与预审的机关"明确规定，共和国检察官受理申诉和告发并作出
相应的评价和处理，应采取或使他人采取一切追查违法犯罪的活动，为此有权指挥辖区内的
司法警察的一切活动，有权决定采取拘留的措施；所有官员和公务人员在履行职责中知晓任
何重罪、轻罪，都应毫不迟疑地通知共和国检察官，并向检察官移送有关情报、笔录和文件；
司法警察在得知发生现行重罪时，应立即报告共和国检察官，并不迟延地到达犯罪发生地
点，进行一切必要的查证工作。德国《刑事诉讼法》第 160 条规定："当检察官通过报告或
其他方式知悉一种可疑的犯罪行为的时候，就要去探查确实情况，以便决定是否应当提起
公诉。"

（2）侦查和预审在刑事诉讼程序中居重要地位，侦查、预审不公开进行。例如，法国《刑
事诉讼法》第 79 条和第 11 条分别明确规定："重罪案件必须进行预审"；"除法律另有规定的
外，侦查和预审程序一律秘密进行"。法律授权一切负责公诉和预审的机关，包括司法警察、
共和国检察官、预审法官以及其他辅助人员，为查明犯罪可以进行一切必要的调查、预审、搜
查、扣押等措施，可以询问证人、犯罪嫌疑人、被告人。奥地利《刑事诉讼法》第 199 条第 1

项规定:"审讯前,预审法官应提醒被告,他须肯定、明确和如实地回答向其提出的问题。"虽然现在犯罪嫌疑人在侦查阶段可以获得律师协助,但总的来说,在侦查中控诉一方的地位要比被告人有利。

(3) 在刑事案件的追诉上,一般采用公诉为主、自诉为辅的方式。德国、奥地利等国均实行公诉与自诉并存的追诉机制。公诉由检察机关代表国家提起。对于某些轻微的刑事案件,被害人可以直接向法院提起自诉,要求追究加害人的刑事责任。为保障自诉权的顺利行使,保护被害人的合法权益,检察机关必要时可以对自诉案件提起公诉,或者在自诉过程中担当自诉。法国规定:旨在适用刑罚的公诉,应由法官或者法律授权的行政官员(主要指共和国检察官)进行。任何遭受重罪、轻罪或违警罪直接损害者,有权提起损害赔偿的民事诉讼。在符合刑事诉讼法规定的条件时被害人也可以提起诉讼。

(4) 法官起主导、指挥作用的审判程序。大陆法系国家刑事诉讼中的职权主义,集中体现在审判阶段。法官在庭审中起主导作用,可以依职权主动讯问被告,询问证人;可以采用足以证明一切事实真相的证据,决定采取必要的一切证明方法;有权对当事人及其他诉讼参与人的申请作出决定。当事人则处于相对被动的接受指挥的地位。例如,法国《刑事诉讼法》规定:审判长有责任维持秩序,并指导审判。德国《刑事诉讼法》也规定:审判长指挥审判,讯问公诉被告人以及采用证据。

(5) 确定的上诉和法律救济程序。大陆法系国家通常实行三审终审制。第二审从事实上进行复审,称事实审;第三审从法律适用上进行审查,称法律审查。为纠正已生效裁判可能存在的错误,大陆法系国家一般规定有两种特殊的法律救济程序,即发生新事实的再审程序和审查适用法律错误的监督审程序。

3. 自由心证制度

在证据制度方面,资产阶级废除了纠问式诉讼时期的法定证据制度,代之以自由心证制度。自由心证制度的特征是,法律不预先规定各种证据的证明力和判断运用证据的规则,证据的取舍、证明力的大小以及对争议事实的认定,均由法官或陪审员自由判断。法官或陪审员通过对证据的审查判断所形成的内心信念称作"心证","心证"达到深信不疑的程度,叫做"确信"。法官或陪审员只根据自己的内心确信来判断证据和认定事实。

最早提出在立法上废除法定证据并建立自由心证制度的是法国的资产阶级代表杜波尔(Duport)。1791 年 1 月,法国制宪法会议通过杜波尔提出的法案,发布训令,明确宣布:法官必须以自己的自由心证作为裁判的唯一根据。1808 年法国《治罪法》第 342 条对自由心证作了详细规定:"法律对于陪审员通过何种方式去认定事实并不计较;法律亦不为陪审员规定任何规则,使他们据以判断证据;法律仅要求陪审员深思明察,并本诸良心,诚实推求已经提出的对被告不利和有利的证据在他们的理智上产生了何种印象。法律未曾对陪审员说,'经若干名证人证明的事实即为真实的事实';法律亦未曾说,'未经某种记录、某种证件、若干证人、若干凭证证明的事实,即不得视为已有充分证明';法律仅对陪审员提出这个问题:'你们已经形成内心的确信否? '此即陪审员职责之所在。"这是关于自由心证的典型表述。现行法国《刑事诉讼法》第 353 条仍有类似规定,只是表述更为简洁。

英美法系国家同样要求法官、陪审员根据从全部法庭审理中获得的内心信念来确定案件事实,对刑事案件的认定要达到"排除合理怀疑"。这一证明标准的适用范围包括被告人是否有罪的问题以及构成犯罪的每一要素。关于"合理怀疑",引用得最为广泛的定义是《加利福尼亚州刑法典》中的表述:"它不是一个可能的怀疑,而是指该案的状态,在经过所有证据总的比较和考虑之后,陪审员的心理处于这种状况,他们不能说他们感到对指控罪行的真实性得出永久的裁决已达到内心确信的程度。"英、美两国同样实行内心确信的证据制度,对于证据的来源、形式和可采性等建立一系列规则,以便引导陪审员正确地判断证据,作出裁决。

自由心证制度使审判人员在办案中可以按照自己的理性自由地判断证据,不受法定条条框框的束缚,有可能从案件实际情况出发运用证据认定事实真相。这与法定证据相比是历史的进步。虽然,这种理论否认了认识案件客观真实的必要性和可能性,但是,外国许多学者认为,确信就是法官主观上相信自己判决的正确,法官对案件事实的认定不能而且不可能达到绝对真实,只能满足于最大程度的盖然性。

2.2　中国刑事诉讼法的历史发展

2.2.1　中国古代刑事诉讼法制的产生与发展

中国古代是指从大约公元前 2600 年黄帝建立早期奴隶制国家时起,直到 1840 年清王朝走向灭亡时止这一历史阶段。法制史的研究成果显示,中国古代刑事诉讼法制是随着奴隶制国家的建立而逐步形成和发展起来的。

1. 中国古代刑事诉讼法制的起源

中国古代刑事诉讼法制究竟起源于何时,因史料甚少,无法准确认定。但是,从现有史料来看,可能在帝舜时期已有某些刑事诉讼制度的存在。

据《舜典》记载,舜命皋陶作司法大臣[①],并把关于五种肉刑的规定刻在器物上颁布天下。同时规定:凡犯五刑之罪而有从宽情节者,可改判流放;凡官吏犯法不够判处五刑者,以鞭刑惩处之;凡一般人犯法不够判处五刑者,以杖刑训诫之;允许出钱赎罪,折免刑罚;凡过失犯罪造成危害者,得从轻处罚,给以宽宥,故意犯罪及怙恶不悛者,则从重处罚直至死刑;在执法中应当严肃慎重,体现爱护百姓的精神。[②]这些规定表明舜时已有较完备的刑法体系。要使这一整套刑法制度得以贯彻,没有与之相配套的刑事诉讼程序是不能实现的。《舜典》记载舜时执法严明,并收到"四罪而天下咸服"[③]的良好社会效果,可见当时的刑事诉讼程序制度也应是相对完备的。

史称"夏有乱政而作禹刑,商有乱政而作汤刑,周有乱政而作九刑"[④],禹刑、汤刑的内容因史料缺乏,无从查考。从《吕刑》记载看,周穆王时制定的新法不仅确立了明法慎刑和宽猛相济的刑法指导思想,还确立了"祥刑"的诉讼指导思想,严格要求司法官员审理案件要依法定程序和抓住关键问题("有伦有要"),以保证审判结果达于"中"的要求。[⑤]《吕刑》对

---

① 《舜典》:"帝曰:'皋陶,……汝作士'。"

② 《舜典》云:"象以典刑,流宥五刑,……惟刑之恤哉。"

③ 指舜命司法大臣皋陶通过刑事审判处罚鲧、共工、欢兜和三苗之事。

④ 见《左传·昭公六年》。

⑤ 《尚书·吕刑》:"故乃明于刑之中。"

诉讼中的立案、讯问、调查和认定证据、判决以及案卷材料的呈报等都作了具体规定。特别强调司法官员对双方当事人的陈述,必须通过察言观色的方式认真听取和仔细分析("两造具备,师听五辞"),注意陈述之间的矛盾("察辞于差"),在必要时还要向群众作广泛调查,对细枝末节,也要一一核对清楚("简孚有众,惟貌有稽")。对未经查实之事,不得用作定案依据("无简不听")。同时还强调办案要"惟察惟法",即一要查清案情,二要依照法律。《吕刑》的这些规定,在距今三千多年前的西周时代,应当说已经是相当完备的了。我国两汉以后历代法典对诉讼制度的规定多引自《吕刑》,充分说明它在我国诉讼史上的地位。

根据《周礼》《礼记》等史籍的记载,西周的司法组织已相当完备。西周称司法官为秋官。中央司法机关设最高法官大司寇卿1人,为秋官之正;设小司寇中大夫2人,为秋官之副。一般法官称士,士下面还有府、史、胥、徒等僚属,相当于现在的秘书、书记员、法警之类。从审级制度看,一个案件要经三个审级才能定案。据《周礼》记载,周初已把刑事诉讼和民事诉讼作了分离。《周礼·大司寇》云:"以两造禁民讼,入束矢于朝,然后听之;以两剂禁民狱,入钧金,三日,乃致于朝,然后听之。"这表明,在诉讼程序上,刑、民案件已有不同。民事案件要求双方当事人("两造")都要到庭,并要交纳一定数量的诉讼费用;刑事案件要求原告人交诉状("剂")、被告人交答辩状,同时也要交纳诉讼费用("钧金")。在交纳"钧金"以后3日就要开庭。重大刑事案件,规定受理后五六天至十来天开庭。[1] 疑难案件,规定3年审结。[2] 关于证据制度,西周刑事诉讼中使用的证据有证人证言、物证、书证以及伤害检查记录等。盟誓不再作为诉讼证据,且神判已从诉讼制度领域消失。

2. 中国古代刑事诉讼法制在封建社会的演变

中国封建刑事诉讼法制是中国奴隶制刑事诉讼法制的自然发展和延续,从审判机关的组织、诉讼原则、审判程序、证据制度等任何方面,都能清楚反映这种发展和变化的脉络。奴隶制时期诉讼文化的深刻影响贯穿于整个封建诉讼制度的始末。

战国魏文侯时相国李悝,"集诸国刑典,造法经六篇",其篇名为盗、贼、囚、捕、杂、具,其中捕法、囚法是关于逮捕、囚禁罪犯的规定,属于刑事诉讼法制范畴。《法经》是当时最具典型意义的封建法典,为后世各朝代封建立法奠定了基础。《秦律》就是以《法经》为蓝本,改法为律而制定的。

秦是统一中国的第一个中央集权封建国家,其诉讼制度具有承前启后的特点。秦的审判机关分为中央、郡、县三级,司法与行政不分。中央设廷尉,主管狱讼,其职能是审理皇帝下令交办的案件(即诏狱),其属下有正、监等协助办案。地方行政长官主管所辖郡、县的司法。《秦律》关于起诉的一些规定,表明当时的刑事诉讼制度已经相当严密。如规定对控告犯罪属实的人给予奖赏[3],对知情不告的给予处罚[4]。《秦律》的捕、囚之法,也基本上沿袭《法经》。

汉《九章律》有关刑事诉讼的内容基本沿袭《秦律》。曹魏在秦汉审判程序中已有的告诉、查封、勘验、审问、判决等具体规则的基础上,于《魏律》十八篇中置"告劾""系讯""断狱""囚律""捕律"诸篇,专门规定刑事案件的审判程序,较秦汉制度更为完善。《魏律》还根据《周礼》中"八辟"之说,在法典中第一次规定了"八议"制度,使皇亲国戚、官僚、士大夫

---

① 《尚书·康诰》:"要囚,服念五六日至于旬时,丕蔽要囚。"

② 《公羊传·宣公元年》:"古者,大夫已去,三年待放。"郑玄注:"疑狱三年而后断。"

③ 《睡虎地秦墓竹简·法律问答》记载:如甲告乙杀伤人确实,应赏甲黄金二两。

④ 《睡虎地秦墓竹简·法律问答》记载:同伍保内知犯罪不告者,负刑事责任。

及其他为封建统治积极效劳的人在犯罪时享有宽免的特权。《晋律》沿袭《魏律》。南北朝的《北魏律》《北齐律》均以《晋律》为蓝本而略有增删。隋初的《开皇律》在刑法方面删除了《北齐律》中一些酷刑,制定了笞、杖、徒、流、死五刑制度,肉刑比过去减少,并在《北齐律》"重罪十条"的基础上置"十恶"之条,规定对"十恶"之罪必须告发,"闻见不告言者",要"坐至死"。刑事诉讼制度更见于"名例""斗讼""断狱"诸篇加以规定。唐初以《开皇律》为依据制定了《唐律》,唐高宗永徽二年(公元 651 年)以《贞观律》为基础,修订颁布了《永徽律》,并由太尉长孙无忌等人对律文逐条注解统一解释,于永徽四年(公元 653 年)颁布,与律文合在一起称《永徽律疏》(元以后称《唐律疏议》,以下简称《唐律》),这是我们今天能见到的最早一部完整的封建法典。《唐律》首篇"名例"规定五刑、十恶、八议及其他刑法、诉讼法原则,在捕亡、斗讼、断狱等篇中规定刑事诉讼制度,程序的周到、全面可谓集前代之大成,标志着中国封建诉讼制度已臻于成熟。这部法典对后世影响极大。《宋刑统》基本沿袭《唐律》。元初循用《金律》,而《金律》也本《唐律》,后制《大元通制》,内容仍沿袭《唐律》,其中有"诉讼"篇集中规定审判程序。《明律》是我国封建制后期的一部重要法典,也是参照《唐律》制定的。清初援用《明律》,后制《大清律》,明、清律都在"刑律"篇内规定刑事诉讼程序和制度。下面分别从几个方面概述秦以后的中国封建刑事诉讼法制的演进情况。

(1) 审判组织。包括中央审判机关和地方审判机关。分述如下:

第一,中央审判机关。汉与秦同,仍为廷尉。汉武帝始,在内廷增设尚书,其属官三公曹也"主断狱"事。三国两晋南北朝时期的中央审判机关,一般仍为廷尉,但吴国为大理。北齐设大理寺,掌决正刑狱,设大理寺卿为主官,少卿、丞各一为从官,下设正、监、平各 1 人,律博士 4 人,明法掾 24 人,司直明法各 10 人,中央司法机构臻于完备。隋唐均仿效北齐设大理寺,其中央司法机构为大理寺、刑部和御史台。唐时大要案均由大理寺卿、刑部侍郎、御史中丞三司会审,此为最高审判组织。宋朝除设大理寺、刑部外,一度于宫中设审刑院。凡上奏案件,须先送达审刑院备案,再交付大理寺、刑部断复并呈送审刑院评议后由皇帝裁决。元朝撤销了大理寺,设刑部御史台,另设管理贵族事务的宗正府为审判机构,主要审理蒙古人、色目人与汉人相犯的案件。明朝设刑部、都察院、大理寺为中央司法机关,称"三法司",刑部为主审机关,大理寺为复核机关,而都察院既有权监督刑部的审判和大理寺的复核,又有权直接审理部分案件和参加"三法司"会审重大疑难案件。清代与明代略同,但刑部"部权特重";此外,设理藩院负责对少数民族犯罪案件的审判。

第二,地方审判机关。汉与秦同,以郡守、县令为地方长官,拥有审判权。郡设决曹掾史、县设县丞作为司法佐吏。三国两晋南北朝时期,地方为州、郡、县三级,州刺史、郡守、县令均兼理司法。隋唐地方只设州、县两级,刺史和县令为地方长官,并"掌察冤滞,听狱讼"[1];州有司法参军等佐官,县有司法、司户等佐吏协助长官处理案件。宋朝地方设州、县两级,州设知州为长官,增设通判协理行政和司法事务,案件由知州和通判共同审理,联名下判;属官有司法参军掌管检法议罪,司理参军负责调查审讯;县以知县为长官,兼管行政、司法;此外,在州以上设"路"为监察区,路的提点刑狱司则作为中央在地方的司法派出机构,监督所辖州县的司法审判工作。元朝地方政权分为行省、路、府(州)、县四级,行省带有中央派出机构的

---

[1] 《唐书·百官志》。

性质,其组织机构的设置与中央政府类同,设行中书省、行枢密院、行御史台;路设总管府,以总管为长官;府设府尹(或知府)、州设州尹(或知州)、县设县尹(或知县),各级长官都有审判权;此外,还于各级设管事官达鲁花赤一人,有权直接鞫勘罪囚。明朝地方设省、府、县三级,省级设提刑按察使司为最高审判机关,直接受皇帝和中央审判机关领导;府设知府一人,"掌一府之政,宣风化,平狱讼",设推官一人"理刑名";县设知县一人,"掌一县之政,严缉捕,听狱讼"。[①]清朝仿效明制,地方设省、府、县(或州)三级,省设总督或巡抚为最高行政、军事和司法长官,督抚之下设布政司(藩司)主持行政,设按察司专理刑狱;府设知府、县设知县为正印官,凡刑名均"以州县正印官为初审"[②],然后由府审转司。

(2) 告诉制度。秦汉以后至明清在告诉制度上大致相同。被害人告诉、其他知情人告诉、官吏举发、犯罪人自首,历朝都是司法机关审理刑事案件的缘由。而审判机关发现犯罪直接进行纠问,则是在隋唐以后才发展起来的。历代对当事人和其他人告诉,都规定必须向最低一级审判机关(县级)提出,对越诉者以及接受越诉案件的官员都要给予处罚,但当事人对受理案件的审判机关判决不服的,准许逐级上诉。

(3) 强制措施。汉唐以后历朝法典都有"捕亡"或类似专篇规定刑事诉讼中的强制措施,其具体强制手段有逮捕、囚禁、追摄、勾问、保候等。《唐律》规定,只有州、县以上官府才能派将吏捕人。民冒官、低官冒高官捕人都要受到惩罚;还规定,凡重大案件人犯必须在30天内捕获,否则要受处罚;犯人拒捕格杀勿论,但如随便伤杀"徒二年"。明清两代法典与唐律规定略同。囚禁,作为强制措施使用时,实际上相当于羁押;历朝法律规定,不仅可以羁押被告人,也可以羁押告诉人和其他与案情有关的人员;且在案情弄清楚之前,不得放回告诉人。对被告人的囚禁原则是轻罪不禁、重罪才禁。《唐律》规定"杖罪以上始令禁","男子犯徒以上,妇女犯奸及死罪,皆应收禁";《清律》也规定"徒犯以上,妇人犯奸,收禁"。追摄,即下捕文书通缉罪犯,汉唐以后历朝都有"直牒"捕人的规定。勾问,一般是被告经传唤不到庭时,即用遣牌派差人拘提其到案。唐以后历朝法典对此都有规定。保候,即取保候审,《唐律》规定,拷讯被告人"拷满不承,取保放之",有病的也可以取保;《明律》规定,无罪无招,而被牵连到案者应取保候审;《清律》规定,囚人重病,笞罪以下,均可取保。

(4) 证据制度。从汉魏至清,所有封建法典都对证据作了专门规定。从种类看,有证人证言、物证和勘验检查笔录、书证、被告人供述等。关于证人证言,汉以后仍很重视它在诉讼中的证明作用,但在取证手段和运用上较秦以前有所不同。汉唐法律都规定对证人可以拷讯[③],作伪证要负刑事责任。[④]《唐律》规定,在仅依靠证人证言定案的情况下,须"据众证定罪",即必须"三人以上明证其事,始合定罪",但"若三人证实,三人证虚",虚实之证等,只能视为疑狱。明清法律也有类似规定。此外,历朝法律都规定属"亲亲相隐"者可不作证,"老幼笃疾"者不得作证。对于物证,汉唐以后更加重视,《唐律》对物证的作用作了明确肯定:"若赃状露验,理不可疑,虽不承引,即据状断之。"唐以后历朝法律继承了唐律这一规定的精神。在勘验检查方面,汉唐以后有重大发展,到宋代,勘验法规臻于完善,南宋孝宗颁发的《检验

①《明史·职官志》。

②《清史稿·刑法志》。

③ 见《汉书·杜周传》《后汉书·戴就传》《唐律·斗讼》。

④ 居延汉简"建武三年候粟君所责寇恩事"案卷记载,东汉已有伪证罪,《唐律·诈伪》《明律·刑律·断狱》均规定"伪证反坐其罪"。

格目》、南宋宁宗颁发的《检验正背人形图》均属专门的勘验法规。宋慈所著《洗冤集录》则是最早的法医学专著，总结了宋代勘验检查的经验与成就，反映了当时刑事诉讼中运用勘验检查方法查明案件事实已达到很高水平。元、明、清将勘验检查正式入律，元称"检尸法式"，明称"尸格""尸图"，清代定为"验尸图格"，颁行各省，并对勘检程序、方法、要求等都作了具体规定。书证，在整个封建诉讼中都是广泛使用的证据之一。至于原告供词，法官一般将其视为原告一方提出的事实主张，不当证据看待；如果所告不实，原告要负"诬告反坐"的责任。而被告口供，历代都被作为定案的重要依据。一般没有被告招供不能定罪，被告招供的，其他证据即使欠缺也可定案，明显表现出口供主义特征。当然，如上所述，即使被告不招供，但其他证据足以证明其罪的，也可以定案。

(5) 庭审制度。主要包括以下几方面：

第一，审判组织。汉以后历代审理刑事案件，一般由一个法官独任审判，少数重大案件则由若干法官会同审判。这是沿袭西周的传统。会审作为一种制度，始于唐朝的三司推事(即大理寺、刑部、御史台共同组成法庭审理大案、疑案)。明朝重大案件除三法司(刑部、大理寺、都察院)外，厂、卫也要参加会审。特别重大案件由九卿会审。清朝沿袭明制。

第二，回避制度。唐以前没有法官回避制度。《唐六典·刑部》规定："凡鞫狱官与被鞫人有亲属仇嫌者，皆听更之。"这是法官回避制度的最早规定。宋朝规定回避的范围更广，包括姻亲、受业师和直接上级都要回避。元朝规定该回避不回避的要受处罚。明、清与元代同。

第三，庭审程序。汉以后与秦以前已有很大不同。秦以前受审双方"皆对坐"，汉以后"对讯"双方都要跪着。曹魏时规定，审判案件，原告必须到庭[1]，一般不允许"命夫命妇"派其部属代理诉讼。[2] 开庭时先审原告，问清情况后，单独再审被告，被告不服，则审证人。若证人证明了原告的指控而与被告所说不同，可唤原、被告与证人对质，法官察言观色，察听词情，据以判断。如有支吾而不说真情者，用笞决勘；如不服，用杖决勘，仔细磨问，求其实情。[3] 对于刑讯，汉以后逐渐形成一套完整的制度，到唐代基本定型。

第四，判决与上诉、申诉。案件的判决，一般是由参加审理的官吏初步决断，然后交长官审议定判。判决要向罪犯宣读并将其内容告知罪犯家属，谓之"读鞫"。这一制度汉代已成定制，唐、宋、明、清各代法律都有类似规定。汉代沿袭秦时的上诉("乞鞫")制度，允许当事人或其他人对判决不服要求再审一次。魏时废除此制。唐律禁止罪犯家属乞鞫，但允许罪犯申诉，只要罪犯不服判决而提出申辩，就进行重审。宋、明、清的法律均准许犯人及其家属上诉。

(6) 执行程序。汉以后，刑事执行制度逐渐完善。一般是笞、杖刑由原审判机关执行；徒、流刑由府、州、县审判机关决定，交专门机关执行；死刑由特定机关监督执行。《魏书·刑罚志》载：魏世祖定制，凡死刑"皆呈帝亲临问，无异辞怨言，乃绝之。诸州国之大辟，皆先谳报，乃施行"。隋朝定为三复奏。唐代规定，决死刑在京师五复奏，在诸州三复奏，犯恶逆以上及部曲、奴婢杀主案件一复奏。唐以后，复奏次数虽有变更，但均实行死刑复奏制度。

综上所述，中国封建刑事诉讼法制是随着社会进步始终向前发展的，其完善程度和先进性，在公元 15 世纪前，一直处于世界领先地位。特别值得一提的是，在中国封建刑事诉讼制

---

① 见《魏书·高柔传》。

② 西周到秦皆采此制。

③ 参见《唐律·断狱》"讯囚察辞理"条、《明会典》。

度中,没有任何神权色彩,神判的痕迹也已基本清除。

2.2.2   中国近现代刑事诉讼法制的沿革

1840 年起,中国进入了半殖民地半封建社会。因此后一百多年间中国政治舞台的多变性,产生了多种多样的刑事诉讼法制。在这之中,既大量引进了西方资产阶级的诉讼理论和诉讼制度,又在相当程度上保留了中国封建主义的诉讼文化和诉讼制度;既出现了当事人主义的英国诉讼模式在香港的推行,又发生了职权主义的葡萄牙诉讼模式在澳门的延伸;既有国民党政府的刑事诉讼法制的全面贯彻,又有中国共产党领导的新民主主义诉讼法制的逐步成长。本节仅就在这一阶段中占主导地位的刑事诉讼法制进行简要评介。

1. 清朝末年的刑事诉讼法制

中国近代社会被称为半殖民地半封建社会,在司法制度上最重要的标志就是领事裁判权的出现。领事裁判权是侵华的帝国主义列强在中国享有的特权之一,始于 1843 年的中英《虎门条约》和 1844 年的中美《望厦条约》。其主要内容是:凡在中国享有领事裁判权的国家的侨民,当其在中国成为刑、民事被告时,只能由该侨民的本国领事进行裁判,中国的司法机关无权裁判。

中国引进西方诉讼理论和诉讼制度是从"戊戌变法"以后开始的。1907 年,清政府任命沈家本为修订法律大臣,主持编订了一批以德、日等大陆法系国家的法典为模式的法律,其中《大清刑事民事诉讼法》于 1906 年起草完成,而《大清刑事诉讼律草案》和《大清民事诉讼律草案》则是在该草案的基础上于 1910 年修订而成的。尽管这三个草案均未颁布施行,但它们却是使程序法与实体法分离,使刑事立法与民事立法分立,从而结束了历代沿袭的"诸法合体"立法形式的标志。"刑事诉讼"一词也正是这时从日本的法典中套用而来的。

2. 北洋军阀政府时期的刑事诉讼法制

孙中山领导的辛亥革命推翻了清政府的统治,但革命成果随即被北洋军阀所窃取。袁世凯掌权时,借口"民国法律未经议定颁布",而下令"暂时援用"前清施行之法律。后来,历届北洋军阀政府也根据其统治需要,颁布了一些法律,其中《各级审判厅试办章程》《法院编制法》和《刑事诉讼条例》(1922 年 7 月 1 日施行)都是在清政府原有的法律基础上修订后公布施行的。此外,北洋军阀政府还模仿英美法系国家的做法,大量援用法院审判中的判例作为处理案件的依据。为了实行独裁统治,北洋军阀政府颁布了一系列关于军事审判和"非常程序"的法规。如通过制定《戒严法》,规定了在宣告戒严的地区,民、刑事案件均由"军事执法处审判",且"不得控诉及上告"。在《惩治盗匪施行法》中规定,凡依该法查获的案犯,"得先行摘叙犯罪事实",电报核准,立即执行。而在《陆军审判条例》和《海军审判条例》中,则规定了"不准旁听""不准请辩护人""不准上诉"等特别程序。尽管这些法规都明确规定只有在戒严或战时才对非军人适用,但是事实上其统治时期几乎一直处于战争状态,因此这些特别程序便成了普通程序。

3. 国民党政府时期的刑事诉讼法制及其发展

1928 年,国民党政府公布了它的第一部《刑事诉讼法》,该法共 9 编 513 条。1935 年,国民党政府又重新修订并公布了这部《刑事诉讼法》,它与修改前的《刑事诉讼法》相比增加了 3 条。这部《刑事诉讼法》是在北洋军阀政府的《刑事诉讼条例》的基础上修订而成的。

1932 年,国民党政府公布了《法院组织法》,共 15 章 91 条。该法规定:"检察官对于法院,独立行使其职权。"但实际上当时在一些县级机构中,县长可以一身三任,既是行政长官,又是法院院长,还是首席检察官。

从形式上看,国民党政府的刑事诉讼法确实引进了许多西方资本主义国家先进的诉讼原则、制度和程序,如"被告人有辩护权""禁止刑讯逼供""公开审判""上诉不加刑""自由心证",等等。国民党政府的 20 多年统治正是中国社会阶级矛盾、民族矛盾以及反动势力内部矛盾斗争最激烈的时期,因此,国民党政府为了维护其统治地位,先后颁布了一系列特别法,设立特别法院和特别程序代替了普通法院和普通程序(见表 2-3)。

表 2-3　中国国民党政府颁布的一些刑事诉讼特别法　［杨建广,2003］

颁布时间	刑事诉讼特别法名称
1927 年	《特别刑事临时法庭组织条例》
1928 年	《特种刑事临时法庭诉讼程序暂行条例》
1929 年	《反革命案件陪审暂行法》
1944 年	《特种刑事案件诉讼条例》
1948 年	《特种刑事法庭组织条例》
	《特种刑事法庭审判条例》

这些特别法的实施,使得国民党政府原先抄袭的资本主义国家的刑事诉讼法形同虚设。

1949 年国民党政府退守中国台湾后,仍然沿用原有的刑事诉讼法。1967 年,该规定在中国台湾地区经第三次修正全文重新颁布时,总条文缩减为 512 条,仍为 9 编,名称则改为"刑事诉讼法"。此即现行的台湾地区适用的"刑事诉讼法"。此后,该规定又于 1968 年、1982 年、1990 年、1993 年、1995 年、2002 年、2003 年、2006 年、2007 年、2009 年、2010 年、2013 年、2014 年分别作了多次修订。总条文变化不大,值得注意的是,2002 年台湾地区通过修改"刑事诉讼法"宣称改采当事人主义,2003 年进一步模仿美国的"辩诉交易"增设了"协商程序"制度。

经过多次修订,台湾地区"刑事诉讼法"逐步形成了兼收两大法系刑事诉讼制度的趋势。具体来说,该法有以下几个主要原则和主要制度:

第一,审检分立原则。审检分立原则是指审判活动与起诉活动分开,审判活动由法官进行,起诉活动由检察官进行。审检分立在各国立法上一般有两种做法,一是审检不仅职务分开,而且任职资格也分开;二是审检仅职务分开,而任职资格不分。台湾地区采取的是后一种方式。根据台湾地区"法院组织法"第 58 条、第 60 条和第 61 条的规定,各级法院及分院各配置检察署;检察官对于法院独立行使提起公诉,实行公诉等职权。该法还规定,法官与检察官资格相同,训练相同,同称为司法官,可以互相调任。

第二,不告不理原则。台湾地区"刑事诉讼法"中的不告不理原则,主要是针对公诉案件而言的。它一般包括两种情形(见表 2-4):

表 2-4　台湾地区"刑事诉讼法"中不告不理原则的两种情形　［杨建广,2003］

情形	法律依据	举例
对事的不告不理原则	台湾地区"刑事诉讼法"第268条规定"法院不得就未经起诉之犯罪审判"	某人因杀人罪被起诉,审理中不能证明,却发现其另犯有抢夺罪,则法院只能就杀人罪作无罪判决,而不得就抢夺罪作判决
对人的不告不理原则	台湾地区"刑事诉讼法"第266条规定"起诉之效力,不及于检察官所指被告以外之人"	在数人犯一罪的共同犯罪中,检察官仅就其中一人起诉,则法院不得对未起诉的其他共犯进行审判
		犯罪人为张三,李四顶替了张三而被检察官起诉,审判中发现是李四顶替张三认罪,但在检察官另行起诉张三之前,法院只能对李四作出无罪判决而不得审判张三

在上述两种情形下,如果法官未告而理或告而不理,台湾地区"刑事诉讼法"第379条规定:属于判决当然违背法令而成为第三审上诉的理由之一

民国妻告夫妨害婚姻诉状

第三,当事人对等原则。当事人对等原则是指刑事诉讼中的双方当事人诉讼地位平等,权利义务对应。台湾地区"刑事诉讼法"第3条明确规定,当事人是指检察官、自诉人和被告。为了贯彻当事人对等原则,该法在审判程序中作了相应的规定。例如,第289条规定,当检察官就事实和法律发表辩论意见后,被告可以先进行反驳,然后辩护人还可以进行反驳。又如,该法第37条规定,自诉人自诉的,可以聘请代理人到场。这显然也是为了使自诉人与被告人的地位持平。另外,为了保证双方当事人在行使诉讼权利的机会上大体持平,台湾地区"刑事诉讼法"注意在审判阶段保证被告比检察官有更多的机会,这可以从该法第173条、第290条和第44条第1款第12项中得到反映,即审判长每次调查完证据都应询问被告有无意见,审判长宣布辩论终结前应询问被告有无陈述。

当然,由于台湾地区"刑事诉讼法"从整体上来说仍反映职权主义特色,因此当事人对等原则仅适用于审判程序,而不适用于侦查程序。

第四,三审终审制度。台湾地区的审级制度原则上采取三级三审制,但也有部分案件采取三级两审制。台湾地区法院从低至高分为"地方法院"或其分院、"高等法院"或其分院和"最高法院"三级。因此,除采取三级两审制的部分案件外,其他所有案件都必须经过上述各级法院或其分院。

采取三级两审制的案件分为两类(见表2-5):

在三级法院中,第一审程序居于整个审判程序的核心地位,是所有案件的必经程序。第二审程序和第三审程序则被视为救济程序。其中,第三审通常为法律审,但根据台湾地区"刑事诉讼法"第394条的规定,第三审法院关于诉讼程序及可以依职权调查的事项,仍可以委托其他法院派人对事实进行调查。

表 2-5　台湾地区刑事审判中采取三级两审制的案件 [杨建广，2002]

案件类型	影响大的犯罪案件	可免除刑罚的犯罪案件
罪行	内乱罪、外患罪和妨害 "国交" 罪①	较轻的盗窃罪、侵占罪、诈欺罪、背信罪、恐吓罪、赃物罪以及部分最重本刑为 3 年以下有期徒刑、拘役或单处罚金的犯罪
法律依据	台湾地区 "刑事诉讼法" 第 4 条	台湾地区 "刑事诉讼法" 第 376 条和 "刑法" 第 61 条
第一审法院	属于 "高等法院"	"地方法院" 或其分院或其分院简易庭
第二审法院 (终审法院)	"最高法院"（因此不可能再有三审）	"高等法院" 或其分院、"地方法院" 或其分院合议庭

① 妨害 "国交" 罪是 1935 年国民党政府刑法中的罪名。

第五，辩护制度。台湾地区理论界认为，设立辩护制度不仅是为了保护被告的正当利益，还是为了实现司法公正，因此，辩护人处于独立地位。依据台湾地区 "刑事诉讼法" 和 "律师法" 的有关规定，辩护人享有广泛的权利，也承担相应的义务。在权利方面，辩护人有与被羁押的犯罪嫌疑人和被告人会见和通信权，有在审判中查阅、摘抄或拍摄卷宗或证物权，有携同速记员到庭记录权，有就事实和法律的辩论权，有紧急拘提后或侦查审判中讯问时的在场权，有发问、申请调查证据权，有收受法律文书并提出异议权，等等。此外，辩护人还可以代行被告人的申请回避、上诉撤回、申请再审等权利。在义务方面，辩护人承担服从诉讼指挥义务、在场或到庭义务、辩护义务、保密义务、诚信执行职务义务、损害赔偿义务等。

第六，奉行证据裁判主义。所谓证据裁判主义，是指法院的裁判必须使用证据来认定事实，无证据则无法进行裁判。台湾地区 "刑事诉讼法" 第 154 条规定："犯罪事实应依证据认定之，无证据不得推定其犯罪事实。" 与此相适应，台湾地区 "刑事诉讼法" 第 156 条第 4 款规定："被告未经自白，又无证据，不得仅因其拒绝陈述或保持缄默，而推断其罪行。" 显然，这里实际上也赋予了被告沉默权。

第七，采用自由心证主义。台湾地区 "刑事诉讼法" 第 155 条第 1 款规定："证据之证明力，由法院本于确信自由判断。" 但是，这种自由判断是在法律不禁止的前提下进行的，如第 155 条第 2 款就规定："无证据能力，未经合法调查之证据，不得作为判断之依据。"

2.2.3　中华人民共和国刑事诉讼法的产生与发展

1. 新民主主义革命时期刑事诉讼法制的产生

1925 年 7 月 1 日，在中国共产党的帮助和推动下，孙中山成立了带有不同程度的新民主主义色彩的广州国民政府。1926 年又公布了《国民政府司法部组织法》，1927 年还制定了《参审陪审条例》，等等。与此同时，在 1925 年的省港工人大罢工运动中，罢工委员会也设置了会审处、特别法庭、军法处和监狱等司法组织。当时的农民协会也设立了自己的司法组织——仲裁部或审判土豪劣绅特别法庭。这些立法和司法活动，实际上可以看成中华人民共和国刑事诉讼法的发端。

中华苏维埃政权于 1931 年在江西瑞金建立后,仅一个月就发布了《处理反革命案件和建立司法程序的训令(第六号)》。随后,又于 1932 年 6 月发布了《裁判部暂行组织及裁判条例》。到了 1934 年,又先后发布了《中华苏维埃共和国司法程序》和《中华苏维埃共和国人民委员会训令》等法律文件,从而建立起了各级司法机关,规定了司法机关审判案件的主要程序和制度。

1939 年 1 月,陕甘宁边区政府公布了《陕甘宁边区高等法院组织条例》;此后,又分别于 1942 年 2 月和 8 月公布了《陕甘宁边区保障人权财权条例》和《陕甘宁边区政府审判委员会组织条例》;1943 年,又先后公布了《陕甘宁边区军民诉讼暂行条例》《陕甘宁边区高等法院分庭组织条例草案》和《陕甘宁边区县司法处组织条例草案》3 个法律文件。1945 年抗日战争结束以后,各解放区除沿用抗日战争时期各根据地的刑事诉讼法规外,又制定了一些新的刑事诉讼法规,如 1947 年的《关东各级司法机关暂行组织条例草案》、1949 年年初的《华东人民政府为清理已决犯及未决犯的训令》、1949 年 2 月的中共中央《关于废除国民党的六法全书与确定解放区的司法原则的指示》以及同年 4 月华北人民政府发布的《为废除国民党的六法全书及一切反动法律的训令》等。这些活动进一步为我国后来的刑事诉讼法立法积累了经验。

2. 社会主义革命时期的刑事诉讼法制的确立

1950 年 7 月,新中国首先公布了《人民法庭组织通则》。1951 年 9 月,又公布了《中华人民共和国人民法院暂行组织条例》《中央人民政府最高人民检察署暂行组织条例》和《各级地方人民检察署组织通则》3 个法律文件。1954 年 9 月,颁布了《中华人民共和国人民法院组织法》和《中华人民共和国人民检察院组织法》;同年 12 月,全国人大常委会通过了《中华人民共和国逮捕拘留条例》;同年,《中华人民共和国刑事诉讼条例》起草完毕。1957 年 5 月,由最高人民法院主持的《中华人民共和国刑事诉讼法草案(草稿)》完成,共 7 编 325 条。1963 年 4 月,由中央政法小组主持完成了《中华人民共和国刑事诉讼法草案(初稿)》,共 200 条。但由于各种原因,这些草案一直没有通过审议。

1979 年 2 月,在全国人大常委会法制委员会主持下,重新组织力量对 1963 年的《中华人民共和国刑事诉讼法草案》进行了修改,并于 1979 年 6 月将修订好的《中华人民共和国刑事诉讼法草案(修正二稿)》提请全国人大审议。1979 年 7 月 1 日,第五届全国人民代表大会第二次会议通过了新中国成立以来第一部社会主义性质的刑事诉讼法,即《中华人民共和国刑事诉讼法》。这部《刑事诉讼法》分为总则和分则两大部分,共 4 编 17 章 164 条。它是对我国从新民主主义革命时期以来刑事诉讼立法和司法经验的科学总结,基本上搭起了我国刑事诉讼法的系统框架。

3.《中华人民共和国刑事诉讼法》的修改

《刑事诉讼法》颁布后,全国人大常委会陆续颁布了一些法律和决定,对陪审制度、审判组织、审判程序、办案期限、死刑复核权等问题作了一些补充和修改。1993 年,全国人大常委会法制工作委员会正式将修改《刑事诉讼法》列入其立法议事日程,并委托刑事诉讼法学方面的专家组织起草《刑事诉讼法》修改建议稿。1995 年 10 月,全国人大法工委拟订了《中华人民共和国刑事诉讼法(修改草案)》(征求意见稿)并印发全国各有关部门征求意见。在此基础上,全国人大法工委对征求意见稿进行了补充、修改,于 1995 年 12 月草拟出《中华人民共和国刑事诉讼法修正案(草案)》,并经委员长会议决定,提交八届全国人大常委会第十七次会议审议。1996 年 2 月,八届全国人大常委会第十七次会议对修改后的《中华人民共和国刑事诉讼法修正案(草案)》进行第二次审议,决定提请八届全国人大四次会议审议。

1996 年 3 月,全国人民代表大会作出了《关于修改〈中华人民共和国刑事诉讼法〉的决定》。该决定同时废止了 7 个法律文件,其中影响较大的有 1983 年 9 月 2 日颁布的《关于迅速审判严重危害社会治安的犯罪分子的程序的决定》和 1984 年 7 月 7 日颁布的《关于刑事案件办案期限的补充规定》。修正后的《刑事诉讼法》共 4 编 17 章 225 条,于 1997 年 1 月 1 日起施行。

针对贯彻新修正的《刑事诉讼法》中出现的问题,1998 年 1 月 19 日,最高人民法院、最高人民检察院、公安部、国家安全部、司法部、全国人大常委会法制工作委员会发布了《关于刑事诉讼法实施中若干问题的规定》(简称六机关《规定》),推动了《刑事诉讼法》的实施。

1996 年 3 月对刑事诉讼法的修改,主要突出了以下几个方面:

第一,通过第 12 条的规定,确立了未经人民法院依法判决,对任何人都不得确定有罪的原则。与此相适应,取消了免予起诉制度,完善了不起诉制度,并在审查起诉与第一审判决中确立了疑罪从无的原则。

第二,通过第 8 条等相关条款的规定,确立了人民检察院依法对刑事诉讼实行法律监督的原则。增加了立案监督程序和执行监督程序,在法律上进一步强化了刑事诉讼的法律监督系统。

第三,明确了诉讼主体的权利义务,加强了对诉讼参与人尤其是被害人的法律保护。该法调整了公安司法机关的职能管辖范围,明确了公安司法机关各自的责任。同时赋予被害人当事人诉讼地位,增设了被害人将公诉案件转为自诉案件的诉讼程序。此外,还增设了诉讼代理人制度。

第四,完善了强制措施。该法放宽了逮捕条件,增加了拘留对象,延长了拘留时间,明确了拘传、取保候审和监视居住等措施的条件与要求。

第五,调整了辩护制度。该法将辩护人行使辩护权的时间,由审判阶段提前到审查起诉阶段,并补充规定,在侦查阶段律师可以为犯罪嫌疑人提供法律帮助,可以会见在押的犯罪嫌疑人。

第六,改革了庭审方式,增加了合议庭的职责。该法取消了开庭前的实体审查,改革了法庭调查程序,实行控辩双方对抗,法官居中裁判的方式。

第七,废除了重罪从快的特别程序,增设了轻罪从快的简易程序。

当然,1996 年《刑事诉讼法》的修改也留下了一些系统结构上的缺陷,如辩护律师的阅卷权和调查权的实际丧失,使控辩双方地位悬殊,不利于"三角结构"的形成。此外,侦查权过于强大、沉默权尚未确立、证据制度过于简单等问题也有待进一步修改和完善。

进入 21 世纪以来,我国刑事诉讼法律系统又有一些新变化。其中,我国《宪法》2004 年修正后,第 33 条增加了"国家尊重和保障人权"的规定,这为我国刑事诉讼法确立"惩罚犯罪,保护人民"的目的提供了宪法依据。另外,2006 年,全国人大常委会作出了《关于修改〈中华人民共和国人民法院组织法〉的决定》,将《人民法院组织法》第 13 条修改为"死刑除依法由最高人民法院判决的以外,应当报请最高人民法院核准"。从 2007 年起,我国不仅在法律规定上,而且在司法实践中,都由最高人民法院统一行使死刑(死缓案件除外)复核权。2008 年,修订后的《律师法》的实施,进一步保障了辩护律师的会见权和阅卷权。这几次的法律修正在中国现代刑事诉讼法发展史上具有积极意义。再有,2010 年《国家赔偿法》也作了重大修订,刑事赔偿制度得到进一步完善。

2012 年 3 月 14 日,十一届全国人民代表大会第五次会议作出了《关于修改〈中华人民共和国刑事诉讼法〉的决定》,对《刑事诉讼法》进行了第二次大修。修正后的《刑事诉讼法》共 5 编 21 章 290 条,于 2013 年 1 月 1 日起施行。这次对《刑事诉讼法》的修改,主要体现在以下几个方面:

第一,完善了证据制度。增加了电子证据等证据种类,明确了证明标准,完善了非法证据排除制度、证人和鉴定人出庭制度、证人保护制度等。

第二,完善了强制措施。完善了逮捕条件,审查逮捕程序进一步细化,区分了取保候审和监视居住的适用条件,完善了监视居住措施,延长了拘传时间等。

第三,完善了辩护制度。规定在侦查阶段可以委托律师作为辩护人,完善了辩护律师会见在押的犯罪嫌疑人、被告人的规定,完善了律师阅卷的相关规定,完善了法律援助制度。

第四,完善了侦查措施。完善了讯问犯罪嫌疑人、被告人的规定,明确了技术侦查、秘密侦查措施,强化了对侦查活动的监督。

第五,完善了审判程序。调整了简易程序适用范围,完善了第一审、第二审程序,完善了死刑复核程序。

第六,完善了执行规定。完善了暂予监外执行规定,加强了检察机关对刑罚执行活动的法律监督,增加了社区矫正规定。

第七,规定了特别程序。设置了未成年人刑事案件诉讼程序,规定了特定范围公诉案件的和解程序,规定了犯罪嫌疑人、被告人逃匿、死亡案件违法所得的没收程序,规定了对实施暴力行为的精神病人的强制医疗程序。

总之,这次《刑事诉讼法》的修改,一方面注重落实"尊重和保障人权"这一宪法原则,另一方面仍强化国家机关对刑事诉讼的主导地位。有效地控制犯罪仍是我国刑事诉讼法的基本面。

2018 年 10 月 26 日,十三届全国人大常委会第六次会议又一次修改了《刑事诉讼法》。修正后的《刑事诉讼法》共 6 编 22 章 308 条,于公布当日施行。

这次修改主要涉及三方面的内容:一是为保障国家监察体制改革顺利进行,确立了监察法与刑事诉讼法的衔接机制;二是为加强反腐败国际追逃追赃的工作力度,丰富反腐败和国际追逃追赃的手段,在特别程序中新增刑事缺席审判制度;三是在总结刑事案件认罪认罚从宽制度和速裁程序试点工作经验的基础上,在基本原则部分确立了刑事案件认罪认罚从宽原则,新增了速裁程序和律师值班制度。

小结

刑事诉讼法在古今中外的历史发展概貌,不仅勾勒出刑事诉讼动态和多元的司法图景,也展示了不同时期、不同国家和地区的法律文化传统和价值观念的形成背景和过程。历史上一切刑事诉讼法律制度的形成和运行,无不根植于特定的政治、文化土壤之中。伴随着我国依法治国、建设社会主义法治国家的历史进程,展开对中西方刑事诉讼法律制度的历史考察和比较研究,总结新中国成立 70 年来在立法和司法层面取得的成功经验和失败教训,对于我们充分发挥自身法律文化的传统优势,借鉴和扬弃西方国家的相关制度,进一步改善我国的刑事诉讼立法和司法现状,具有重要的历史意义和现实价值。

思考题

1. 纠问式诉讼制度有哪些主要特征?
2. 试述法定证据制度的历史背景及其优缺点。
3. 辩论式诉讼制度有哪两种模式? 它们相互间的借鉴融合趋势如何?
4. 如何理解自由心证?
5. 试述我国古代的庭审制度的特征。
6. 国民政府时期从西方国家移植的主要刑事诉讼法律制度有哪些?
7. 2018 年,我国《刑事诉讼法》修改的主要内容有哪些?
8. 论述我国刑事诉讼制度存在的缺陷和完善方向。

第二编

基础理论

第3章　刑事诉讼的基本范畴

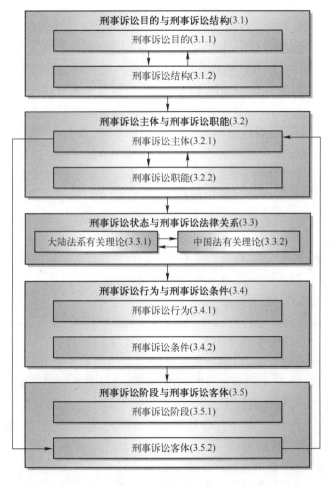

图 3-0　本章基本知识结构　［常远,2002］

导言

　　任何一门学科都有自己特定的基本范畴,刑事诉讼法学也不例外。刑事诉讼的基本范畴体现了刑事诉讼的基本架构和运行规律,是分析和研究刑事诉讼的基本价值取向、把握刑事诉讼不同参与主体活动特征的重要工具,也是从整体上认识刑事诉讼程序、剖析刑事诉讼横向结构和纵向发展过程的重要手段。学习本章知识,不仅需要对刑事诉讼的基本范畴进行识记与辨析,还要通过对相关概念的学习,加深对刑事诉讼基本框架的了解,同时结合法理学、哲学和社会学中关于法与社会的关系、价值权衡等相关理论,培养从刑事诉讼专业角度思考、分析和解决问题的思维能力。

3.1　刑事诉讼目的与刑事诉讼结构

3.1.1　刑事诉讼目的

刑事诉讼目的是指立法者预先设定的、进行刑事诉讼所要达到的具体目标。刑事诉讼是控、辩、审三方共同活动的过程,各方在诉讼中有不同的利益追求,立法者根据占社会主导地位的价值观念对诉讼各方的直接利益及其所反映的潜在利益的权衡,使各方在诉讼中的活动受到统一的目的制约,任何一方都不得毫无限制地追求本方的利益,为自己的诉讼需要而不择手段。因此,刑事诉讼目的与控、辩、审中某一方参加刑事诉讼的目的是不同的。

刑事诉讼目的是整个刑事诉讼程序的灵魂,目的不同,表明在刑事诉讼中保护的利益侧重点不同,体现出国家与个人之间法律上的相互关系不同。在现代社会,从国家方面来看,既有依据宪法和法律管理社会、处罚犯罪的权力,又有尊重法治和个人基本人权的义务;从个人方面来看,既是国家管理的对象,有遵守国家法律的义务,又是相对于国家而存在的社会生活的主体,依法享有不受国家权力侵犯的各项权利和自由。这种基于政治国家与市民社会的分离而产生的国家与个人之间的新型关系,延伸到刑事诉讼中,便要求刑事诉讼不仅是惩罚犯罪的必经程序,也是保障个人基本人权的重要程序。因此,追求惩罚犯罪与保障人权的统一,成为现代各国刑事诉讼的共同目的。

1. 刑事诉讼的惩罚犯罪目的

惩罚犯罪作为刑事诉讼的目的,是国家履行公共管理职能、保护公众利益的需要。现代国家均认为犯罪是对社会公共秩序的严重破坏,而不主要是对被害人个人利益的侵犯。国家既然是社会公共利益的代表者,就有责任保护社会成员不受犯罪行为侵害。在犯罪发生时,国家有义务采取法律允许的手段及时查明犯罪人,并使之受到应得的惩罚,以恢复法律秩序,预防社会再次受到犯罪的侵害,同时满足被害人和社会公众的泄愤心理。根据现代法治原则,刑罚权作为一种公权,是不允许私人擅自动用的,它必须经过法律事先规定的程序,通过刑事诉讼活动才能实现。刑事诉讼成为现代国家追究犯罪、惩罚犯罪的唯一合法渠道,由公正独立的法院经法定的公正程序审理以后所作的生效刑事裁判,成为国家以刑罚方法制裁具体社会成员的唯一合法根据。在这个意义上可以说,刑事诉讼就是国家证实犯罪、惩罚犯罪的活动,刑事程序是实现国家刑罚权的专门程序。

2. 刑事诉讼的保障人权目的

保障人权作为刑事诉讼的目的,是近代以来人权理论和民主制度发展的结果。在现代社会结构中,每个人作为平等的社会主体,在私法自治领域拥有不受公权侵犯的基本权利和自由,即使出于保护社会公共利益的需要也不得侵犯个人作为人而应有的基本人权;相应地,以国家名义出现的政府必须在代表市民意志的法律授权范围内并在合理的限度内依照法律事先规定的程序行使权力,为实现刑罚权而采取的任何措施必须受到法律的严格限制,政府在推进刑事诉讼的每个环节上都必须有法律上的根据和理由。不仅如此,现代民主制度除要求政府权力以及以此权力为后盾的强制手段受到节制并承诺不非法侵犯个人权利外,还要求政府积极创造条件,采取有效措施,为个人基本人权的实现提供切实的保障。在宪法上具有独立地位的司法机关更要在刑事诉讼中担当个人权利的维护者,对政府为追究犯罪、惩罚犯罪而采取的各项强制措施的合法性和合理性进行司法审查,使刑罚权的实现过程及刑罚权本身都符合法律规定的全部公正性要求。在这个意义上,也可以说,刑事诉讼程序是保障个人基本人权不受政府非法或者无理侵犯的程序。

　　刑事诉讼中所谓保障人权,从程序上看,主要有四层含义:一是保障任何公民不因政府非法强制而沦为犯罪嫌疑人或被告人,即保障个人免受无根据的或者非法的刑事追究;二是保障犯罪嫌疑人和被告人在整个刑事诉讼过程中受到公正的待遇,既要保证无罪的人尽早脱离追究程序,又要使有罪的人的合法权益得到适当的维护,特别是犯罪嫌疑人、被告人作为人的尊严必须受到政府的充分尊重;三是保障被依法认定有罪的被告人受到公正的、人道的刑罚处罚,禁止酷刑和其他不人道的刑罚或非刑罚制裁;四是保障自诉人、被害人以及辩护人等其他诉讼参与人的合法权益。需要强调的是,刑事诉讼中保障人权的核心是保障犯罪嫌疑人、被告人的权利和自由,但绝不仅仅是保障犯罪嫌疑人、被告人的权利和自由,而是通过保障犯罪嫌疑人、被告人的权利和自由来捍卫和保障全体社会成员的个人权利。刑事诉讼以保障人权为目的的根本意义在于,面对以保护公共利益的名义提出刑事指控的强大政府,任何受到指控的个人都有足够的能力对抗非法迫害和专横武断的追诉,防止政府在宪法和法律授权外采取损害个人权益的行动,政府与个人在反映国民意志的民主宪法和法律面前平等。个人有反抗暴政的权利,这是刑事诉讼中保障人权的最低要求,也是保障犯罪嫌疑人、被告人权利和自由的逻辑起点。

　　3. 刑事诉讼中惩罚犯罪目的与保障人权目的之间的关系

　　惩罚犯罪与保障人权的关系既是统一的,又是对立的(见图 3-1)。在以民主主义为基础的现代法治社会,由于政府权力本身就是以保障个人权益为存在根据的,惩罚犯罪与保障人权作为刑事诉讼的双重目的从根本上说是一致的。政府依法惩罚犯罪,虽直接出于维护法律秩序、保护社会公共利益的需要,但同时也是每一个社会成员谋求生存和幸福的安全保障,即使是确定无疑的罪犯,也不可能放弃国家的司法保护而容忍他人侵害其合法权益;同样,保障人权虽然核心是保障犯罪嫌疑人和被告人个人的合法权益不受政府的非法侵犯,但也是民主政府赖以存在的合理根据,只要是承认主权在民原则的法治国家,就不可能在惩罚犯罪的过程中完全忽视个人的基本人权。因此,采取民主体制

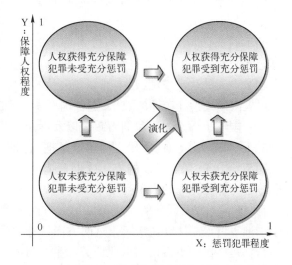

图 3-1　刑事诉讼系统中惩罚犯罪与保障人权的关系
[常远,2002]

的现代各国,不论其实现民主的具体形式以及民主程度如何,无不在刑事诉讼中追求惩罚犯罪与保障人权的尽可能统一。从理论上看,惩罚犯罪与保障人权应当并重,任何一方都没有优越于对方的理性根据。片面强调惩罚犯罪,轻视或者忽视人权保障,必然导致政府权力恶性膨胀、任意拘捕、无理追诉和不公正的审判,甚至不经任何程序非法剥夺个人的自由、财产乃至生命;反之,片面强调保障人权,轻视惩罚犯罪,势必导致过分地限制政府的权力,致使犯罪活动猖獗,社会不得安宁,个人的权利最终还是得不到保障。只有把惩罚犯罪与保障人权紧密结合起来,对二者同等看待,才能在政府权力与个人权利之间达到平衡,使刑事诉讼的过程和结果既符合政府所代表的公共利益需要,又能满足个人作为社会生活的主体所应该受到宪法和法律保护的基本权利需求,使立足于个人自由、平等地追求幸福权利的民主法治社会能够和平地、持久地存在和发展下去。

但在现实的刑事诉讼中,惩罚犯罪与保障人权总是表现出明显的对立。产生对立的原因主要在于特定时空条件下政府与个人在刑事诉讼中所追求的利益的冲突。为了解决这种冲突,立法机关和司法机关必须根据利益权衡原则进行极为慎重的政策选择。至于如何选择,各国学者意见不一,有主张惩罚犯罪优先者,认为在刑事诉讼过程中,可以为了最大限度地实现惩罚犯罪的目的而限制个人权利,甚至即使非法损害个人的基本人权,只要惩罚犯罪的利益确实需要,在诉讼范围内也可默认;也有提倡保障人权优先者,认为个人的基本人权是政府惩罚犯罪时不可逾越的最后一道防线,为了保障个人的基本人权,即使放纵了少部分罪犯,也在所不惜。然而从法律实证主义的角度来考察,除极权主义国家以及法西斯统治的短暂时期外,现代社会没有哪个国家在刑事诉讼目的的选择上采取极端的态度。相反,近代以来的刑事诉讼发展史表明,各国对于惩罚犯罪与保障人权关系的处理,大体上都采取了一种"折中"的立场,即在充分肯定和锐意追求一方面目的的同时,对于另一方面的目的也给予不同程度的关注。不同国家对于政府与个人之间利益冲突的政策选择既受到政治、经济、文化条件的制约,又受到历史传统尤其是社会主流价值观念的影响。即使在同一国家,由于不同历史时期的政治、经济、文化条件,社会治安状况,以及社会价值观念的变化,立法和司法机关对于刑事诉讼双重目的的追求也处于不断变化的过程之中。可以说,刑事诉讼中惩罚犯罪与保障人权的双重目的在本质上的静态统一,总是通过立法和司法机关在特定条件下的不同选择所反映出的动态对立而现实的。不过,就世界范围内刑事诉讼制度发展的整体趋势来看,在惩罚犯罪过程中进一步尊重个人的正当权益,不断扩大和切实保障犯罪嫌疑人和被告人的法定权利,乃中外学者公认的国际性趋势。以最小限度地侵害人权的代价,收到最大限度地惩罚犯罪的效果,是各国刑事诉讼制度发展过程中孜孜以求的理想。

中国刑事诉讼立法和刑事政策以及诉讼实践基本坚持了惩罚犯罪与保障人权相统一的目的观。1979年《刑事诉讼法》第2条把"保证准确、及时地查明犯罪事实,正确应用法律,惩罚犯罪分子,保障无罪的人不受刑事追究"作为我国刑事诉讼的基本任务。其中,惩罚犯罪分子与保障无罪的人不受刑事追究是同一任务不可侵害的两个方面,二者互相联系,互相依存,任何一方面任务的完成都以另一方面任务的实现为条件。但整体上来看,长期以来,中国刑事诉讼立法和司法对于这两方面任务并没有给予同等的重视,"打击敌人,惩罚犯罪"历来都是中国刑事诉讼的首要任务和主要目的。虽然理论界通说主张应当一并关注人权保障,宪法和刑事诉讼法也规定了一些保障诉讼参与人权利的措施,但保障人权似乎还没有上升到与惩罚犯罪并行的高度,实质性的保障措施仍然停留于保障无罪的人不受刑事追究这一点,也就是防止错案上。1996 年对于《刑事诉讼法》的修改,应当说在人权保障方面向前迈进了一大步,如规定未经人民法院判决不得确定有罪的原则、废除公诉机关直接定罪的免予起诉制度、扩大律师的参与权、强化公诉机关的证明责任等,但这些并没有真正从制度上改变中国刑事诉讼的纠问色彩,执法和司法人员的人权保障观念仍比较淡薄。

随着中国市场经济的发展和经济体制改革的深入以及对外交流的扩大,个人的社会地位逐步提高,公民的权利意识和参与意识进一步增强。1998 年 10 月 5 日,中国政府签字加入联合国《公民权利与政治权利国际公约》,表明中国已经承认关于人权保障的国际刑事司法准则。推进司法改革,全面提高司法程序的公正程度,已经成为全社会的共识。因此,从立法上、政策上适当调整刑事诉讼目的观,完善刑事诉讼制度,已经有了广泛的社会基础。2012 年 3 月,第十一届全国人大五次会议通过的《刑事诉讼法修正案》根据惩罚犯罪与保障人权并重的理念,明确将 2004 年《宪法修正案》确立的"尊重和保障人权"原则写入《刑事诉讼法》第 2 条,并在多种具体制度和程序中体现了这一原则的精神。如在证据制度中,明确要求不得强迫任何人证实自己有罪,规定了非法证据排除制度;在强制措施制度中,完善了逮捕条件和人民检察院审查批准逮捕的程序,严格限制采取强制措施后不通知家属的例外规定;在辩护制度中,明确犯罪嫌疑人在侦查阶段可以委托"辩护人",完善了律师会见和阅卷的程序,扩大了法律援助的适用范围;在侦查程序中完善了讯问犯罪嫌疑人的程序规定,强化对侦查活动的监督;在审判程序中,明确了第二审法院应当开庭审理的案件范围,原则上禁止原审人民法院对发回重审的上诉案件在重审以后加刑;在死刑复核程序中,要求最高人民法院在复核死刑案件过程中"应当讯问被告人,辩护律师提出要求的,应当听取辩护律师的意见";在执行程序中,增加了社区矫正的规定;在特别程序中,正式创设了针对未成年人的附条件不起诉和犯罪记录封存制度;等等。这些规定更加充分地体现了我国司法制度的社会主义性质,有利于公安司法机关在刑事诉讼过程中更好地遵循和贯彻"尊重和保障人权"的宪法原则,提升了我国刑事司法过程中的人权保障水平。

2018 年 10 月,第十三届全国人大常委会第六次会议表决通过了《关于修改〈中华人民共和国刑事诉讼法〉的决定》,进一步彰显了惩罚犯罪和保障人权的刑事诉讼目的。如《刑事诉讼法》规定,对于贪污贿赂犯罪案件,以及需要及时进行审判,经最高人民检察院核准的严重的危害国家安全犯罪、恐怖活动犯罪案件,犯罪嫌疑人、被告人在境外,监察机关、公安机关移送起诉,人民检察院认为犯罪事实已经查清,证据确实、充分,依法应当追究刑事责任的,可以向人民法院提起公诉。人民法院进行审查后,对于起诉书中有明确的指控犯罪事实,符合缺席审判程序适用条件的,应当决定开庭审判。2012 年《刑事诉讼法》修改时增设了违法所得没收程序,为犯罪嫌疑人、被告人缺席情况下没收违法所得及其他涉案财产提供了法律依据。2018 年《刑事诉讼法》修改则在违法所得没收程序的基础上,为依法对特定案件的犯罪嫌疑人、被告人在缺席情况下进行有罪认定、以便申请国际协助追逃、追赃等提供了依据。缺席审判制度的建立,将成为以法治手段惩治贪污贿赂犯罪,推进反腐败斗争的有力举措。2018 年《刑事诉讼法》确立了认罪认罚从宽原则,明确犯罪嫌疑人、被告人自愿如实供述自己的罪行,对指控的犯罪事实没有异议,愿意接受处罚的,可以依法从宽处理;完善刑事案件认罪认罚从宽的程序规定,加强对当事人的权利保障,建立值班律师制度,明确将认罪认罚作为采取强制措施时判断社会危险性的考虑因素。同时,2018 年《刑事诉讼法》增加了速裁程序,明确适用速裁程序的条件。刑事诉讼中认罪认罚从宽制度的完善,是对司法改

赵作海故意杀人案

革实践经验的总结和固定,有利于在更高层次上实现惩罚犯罪与保障人权、司法公正与司法效率的统一。

3.1.2　刑事诉讼结构

刑事诉讼结构是指控诉、辩护和审判三方在刑事诉讼过程中的组合方式和相互关系。它是刑事诉讼中的基本框架,反映了刑事诉讼中控、辩、审三方的不同地位以及国家权力与个人权利之间的关系,决定了整个刑事诉讼的基本运行态势,又称刑事诉讼构造或刑事诉讼模式。

刑事诉讼结构受到刑事诉讼目的的明显制约。刑事诉讼的目的不同,必然在刑事诉讼结构上反映出来。在偏重惩罚犯罪的刑事诉讼中,国家机关往往享有较大的权力,而在偏重保障个人权利的刑事诉讼中,犯罪嫌疑人和被告人则被赋予较多的程序性权利。同时,刑事诉讼目的的变化和调整,也必然影响到刑事诉讼结构。但刑事诉讼目的不是决定刑事诉讼结构的唯一因素,目的观基本相同的不同国家的刑事诉讼,在结构上仍然可能会有较大的差别。因为不同诉讼结构的形成和维持,还受诉讼传统、权力分立的具体方式、法治原则等多种因素的影响,不完全是由诉讼目的决定的。

一般认为,人类历史上曾出现过弹劾式诉讼和纠问式诉讼两种类型的诉讼结构,现代西方国家的刑事诉讼结构主要有大陆法系的职权主义诉讼结构与英美法系的当事人主义诉讼结构两种。

当事人主义诉讼又称为对抗制诉讼,它的基本理念是"正当程序",强调控、辩双方当事人在诉讼中的主体地位和积极作用,由中立的法院居中裁断他们之间的争议。其基本特征有二:一是"程序上的当事人推进主义",即诉讼前的准备、诉讼活动的进行、证据的提供或审查、证人的询问等,主要由控、辩双方负责,法院在诉讼中处于被动地位,并且仅仅根据控辩双方的举证、质证和辩论情况进行裁判,而不主动调查案件的事实真相;二是"实体上的当事人处分主义",即指控的事实或罪状由控诉方"主张",实行起诉状一本主义和诉因制度,如果被告人对控诉方的指控表示"认罪",法院即不再进行正式审判,而由法官直接判刑。

职权主义诉讼的基本理念是"实体真实",强调司法机关依职权主动查明案件的事实真相,法院最终对案件的事实负责,其基本特征可以概括为"职权推进主义"与"职权探知主义"。前者指诉讼前的准备、诉讼活动的进行、证据的提供或审查、对证人或被告人的询(讯)问,主要由法院负责,控辩双方在程序上基本上只起配合作用;后者是指法院在起诉的范围内有权利也有义务通过查阅案卷以及主动调查证据,查明案件的事实真相,不受控、辩双方提供的证据的限制,因此案件的事实在很大程度上并非控诉方"证明"的,而是法院主动"查明"的。

随着各国法制的不断发展,特别是国际刑事司法准则的形成和推广,刑事诉讼结构方面也出现了互相借鉴、互相融合的趋势,特别是职权主义诉讼大量借鉴和吸收当事人主义因素的现象较为普遍。

中国学者对于刑事诉讼结构的理论研究始于 20 世纪 80 年代末 90 年代初。围绕如何认识和解释刑事诉讼的结构,学者们似乎尚未达成统一的意见,先后出现了"双重结构"理论、"等腰三角结构"理论、"倒三角结构"理论等学说。我们赞成"双重结构"理论,认为刑事诉讼存在着"三角结构"与"线形结构"双重结构。三角结构是指刑事诉讼以控诉、辩护和审判三方为基本构成要素,并通过控审分离、控辩平等对抗、司法至上等原则形成三方之间的组合关系。它反映了刑事诉讼作为"诉讼"程序区别于行政管理程序的特征,体现着程序公正的基本要求。线形结构是指从侦查、起诉、审判的工序流转以及警察、检察官和法院权力行使的相继性而呈现出的权力互动结构,它以参与刑事诉讼的国家机关之间的同质性和统一性为基础,突出执法、司法机关的能动作用,特别是认可侦查和起诉在诉讼结构中的独立地位和保障审判质量的作用,而犯罪嫌疑人和被告人则可能作为国家权力行使的客体存在。线形结构只是在广义上被称为刑事诉讼结构。现代刑事诉讼普遍以三角结构为基础,而线形结构因带有强烈的行政性程序的意味,存在某些内在的机能缺失。当事人主义刑事诉讼主要表现为三角结构,但其中仍然在一定程度上存在线形结构,而职权主义刑事诉讼线形结构比较明显,是三角结构与线形结构的"混合"。

中国 1979 年《刑事诉讼法》规定的诉讼程序带有浓厚的"强职权主义"色彩,线形结构非常明显。经过 1996 年、2012 年和 2018 年三次修正后的《刑事诉讼法》对这一传统进行了较大幅度的改革,这主要表现为加强了对犯罪嫌疑人、被告人权利的程序保障;充实了辩护制度;改革了庭审方式,增强了公诉人的举证责任和控、辩双方的对抗性,适度限制了法官在证据调查方面的职权行为等,从而使刑事诉讼结构更加公正、合理。

不过,中国刑事诉讼的结构仍然存在一些不够合理的地方,如辩护权相对较弱、侦查权过分强大、检察院仍然享有单方面对法院审判活动的监督权、审判的中心地位和中立性尚未得到足够的保障,而且公、检、法三机关通过"分工负责、互相配合、互相制约"原则形成的"协同作战"关系,仍然支配着刑事诉讼的全过程。可以说,中国刑事诉讼结构由"行政性治罪程序"转向"法治化的公正诉讼程序"的任务尚未完全完成,有待将来进一步加以完善。

3.2　刑事诉讼主体与刑事诉讼职能

3.2.1　刑事诉讼主体

任何诉讼都是围绕带有一定假说性质的诉讼客体而不断发展变化的动态过程,这一过程必须依赖于一定的主体才能形成和推进。对于诉讼的成立和发展所必不可少的主体,即原告、被告和法院三者,在大陆法系的诉讼理论上被称为"诉讼主体"[①](prozesssubjekt)。根据同一理论,刑事诉讼主体专指法院、检察官和被告人。如日本学者平野龙一认为:"诉讼由法院、检察官和被告人三者构成,三者之间持续交涉的过程,就是诉讼,如果没有这三者,诉讼就不成立。在这个意义上,称这三者为诉讼的主体。"[②]可见,作为刑事诉讼主体必须具备两个条件:(1)是刑事诉讼成立所必不可少的一方;(2)是相互之间存在持续的诉讼关系。司法警察、书记员、辩护人等虽然参与诉讼,但他们不是刑事诉讼成立所必不可少的,相互之间也不存在持续的法律关系,因而不是刑事诉讼主体。这种理论显然是以对于刑事诉讼的狭义理解以及刑事程序的"审判中心主义"为前提的。

---

① 参见[日]高田卓尔:《刑事诉讼法》,青林书院(日本)1984 年版,第 31 页。
② [日]平野龙一:《刑事诉讼法》,有斐阁(日本)1958 年版,第 43 页。

　　新中国成立前的诉讼法学者和现在我国台湾地区的诉讼法学者均接受了上述诉讼主体理论。新中国成立后,至 20 世纪 50 年代前期,在苏联刑事诉讼著作的影响下,我国诉讼法学也曾普遍采用诉讼主体论,但后来基本被否定。直到 20 世纪 80 年代中期,仍有学者明确反对用诉讼主体理论解释我国的刑事诉讼。

　　现在,我国刑事诉讼法学界对于诉讼主体论已经基本认同,但关于刑事诉讼主体的范围,尚未形成统一的认识。主要有两种意见:

　　一种意见认为,刑事诉讼主体是所有参与刑事诉讼活动、在刑事诉讼中享有一定权利和承担一定义务的国家专门机关和诉讼参与人,其中承担基本诉讼职能的专门机关和当事人是主要的诉讼主体,其他诉讼参与人是一般诉讼主体。[①]

　　另一种意见认为,刑事诉讼主体是指与诉讼结果有法律上的利害关系,承担一定基本诉讼职能,并对诉讼进行起重要影响作用的国家机关和当事人。根据这种意见,刑事诉讼主体必须同时具备以下三个条件:一是与诉讼结局有法律上的利害关系;二是是刑事诉讼基本职能的主要承担者;三是能够决定刑事诉讼的进程。据此认为,刑事诉讼主体包括:控诉职能的执行者——侦查机关、检察机关、自诉人;辩护职能的承担者——被告人;审判职能的承担者——法院。[②]

　　本书认为,刑事诉讼主体应当是指构成严格意义上的刑事诉讼所不可少的,承担基本诉讼职能的国家机关和诉讼参与人,具体包括检察机关、自诉人、被告人和法院。公安机关和公诉案件的被害人及其他诉讼参与人都不是刑事诉讼的主体。法院作为诉讼主体不是基于其与诉讼结局有法律上的利害关系。理由如下:

　　第一,严格意义上的刑事诉讼仅指起诉后的审判阶段的诉讼活动,审判前的侦查阶段虽然在中国刑事诉讼中非常重要,但侦查程序不具有“诉讼”程序的性质,职权主义的侦查本质上是侦查机关单方面进行的“官方调查”活动,其任务是收集犯罪证据、查获犯罪嫌疑人,目的是提起公诉以及为控方准备审判时需要的证据。这在实行检警一体化的大陆法系国家表现得尤为明显。在中国,虽然承担主要侦查职责的公安机关不隶属于负责公诉的检察院,并且公安机关享有广泛的立案决定权、侦查权以及侦查终结案件的部分处理权(撤销案件)。但是,从刑事诉讼的整体来看,侦查毕竟是公诉的准备,公安机关与检察院之间的关系也不属于严格意义上的“诉讼”法律关系,从刑事程序法治化的立场出发,公安机关在刑事诉讼中只能作为检察院的“辅助”机关。1996 年修改《刑事诉讼法》后不再把侦查阶段的犯罪嫌疑人称为“被告人”,并且加强了检察院对公安机关的立案监督,已经反映出立法机关强化检察院对于侦查阶段的控制权及改善被追诉者在侦查程序中的地位的意向。不能因为公安机关现实地享有强大的侦查权就从理论上承认它的诉讼主体地位。相反,应当旗帜鲜明地认定公安机关不是诉讼主体,不应该与检察院在刑事诉讼中“平起平坐”,只能协助公诉机关执行控诉职能,这样才有利于推动中国司法体制改革,促进刑事诉讼制度的进一步民主化。

　　第二,公诉案件的被害人既不是每个公诉案件的必备成员,也不是公诉案件控诉职能的主要承担者,不能把他作为诉讼主体看待。虽然中国《刑事诉讼法》对加强被害人权利保护

---

① 陈光中、徐静村主编:《刑事诉讼法学》,中国政法大学出版社 1999 年版,第 56 页。

② 徐静村主编:《刑事诉讼法学(上)》,法律出版社 1997 年版,第 72~74 页。

的国际趋势在立法上作出了反应,规定被害人为"当事人"之一,并赋予其申请回避、在检察院审查起诉时提供自己的意见、对不起诉决定提出申诉、在法庭审理中就案情陈述意见并可向被告人和证人及鉴定人提问、对一审未生效判决申请检察院抗诉等重要权利,但这些权利主要是基于被害人与案件在实体上的利害关系而设定的,被害人对公诉案件如何处理没有决定性的影响力,他不能代替检察院履行控诉职能,对于公诉案件控诉职能的落实,只起补充作用。从发展趋势看,被害人在法庭审判中基本上仍然只能作为控方证人,以平衡控辩力量的对比,促进审判公正。至于被害人利益的保护问题,可以通过国家补偿、社会紧急援助、及时告知诉讼进程、尊重参与权、防止程序上第二次被害等多种方法予以解决,不宜在强大的公诉机关之外再把被害人塑造成被告人的强劲对手。

第三,法院作为诉讼主体不是因为其与诉讼结局有法律上的利害关系,而是因为它对于依法起诉的案件有审判的权力和义务。与诉讼结局有利害关系的,通常只能是诉讼的当事人,法院是应原告一方当事人的请求代表国家履行审判职能的,是"利害关系"的裁决者,而不是参与者。凡依法起诉的案件,未经法院裁判,不得终结;未经实体审理,法院不得作出有罪判决;对于控辩双方依法提出的任何诉讼请求或申请,法院必须作出明确的裁判或决定。离开法院,控方的主张得不到确认,辩方的权利得不到维护。正因如此,法院才是刑事诉讼的主体。

从历史上看,诉讼主体论是以近代启蒙思想和古典哲学中的主体性理论为基础的,该理论的基本精神在于尊重人作为个体存在的尊严和理性。研究诉讼主体论的主要目的,在于把被追诉者作为独立的、与法官和检察官平等的人格实体对待,而不是把他作为国家追诉犯罪的工具或者诉讼的客体。在现代各国刑事诉讼中,被追诉者的诉讼主体地位得到普遍承认,这主要表现在:被追诉者受程序法定原则和无罪推定原则的保护,享有不被强迫自证其罪的权利、辩护权和辩护人帮助权,有接受独立、公正的法院公开审判的权利。我国刑事诉讼法也把犯罪嫌疑人、被告人规定为刑事诉讼的主要当事人,享有以辩护权为核心的各项诉讼权利。2012 年 3 月第十一届全国人大五次会议通过的《刑事诉讼法修正案》甚至明确要求"不得强迫任何人证实自己有罪"。但从我国的立法和实务情况看,我国犯罪嫌疑人、被告人的主体地位不够明显,因为无罪推定原则尚未得到明确承认;在侦查阶段,犯罪嫌疑人"对侦查人员的提问,应当如实回答";在审查起诉和法庭审理过程中,有专门的"讯问被告人"的程序,以被告人为讯问调查的对象;立法和实务上都尚未把接受独立、公正的法院公开审判作为每个被告人应有的权利来看待。可以说,我国刑事诉讼中的犯罪嫌疑人、被告人在一定程度上仍然是诉讼客体,刑事程序法治化和民主化的任务仍然相当艰巨。

3.2.2 刑事诉讼职能

刑事诉讼职能是指根据法律规定,刑事诉讼主体在刑事诉讼中所承担的特定职责或可以发挥的特定作用。在现代刑事诉讼中,由于控诉与审判的分离、被告人获得为自己辩护的权利,形成控、辩、审三种基本诉讼职能共存的局面。

1. 控诉职能

控诉职能是指向法院揭露、证实犯罪并要求法院对被告人确定刑罚权的职能。控诉职能与审判职能的分离则主要是为了革除控、审不分的纠问式刑事程序的弊端,保证审判程序的公正,保障个人相对于政府的基本权利和自由,防止司法专断。现代国家普遍要求控诉职能由专门的国家机关(一般是检察机关)行使,并由侦查机关和被害人协助,自诉案件则由自诉人执行控诉职能,多数国家要求检察官在履行控诉职能时必须客观公正,即承担所谓的"客观义务"。在我国刑事诉讼中,公诉案件的控诉职能由人民检察院承担,公安机关通过侦查为检察院履行控诉职能提供必要的准备,但侦查本身也不是一种可以独立于控诉职能而存在的职能。公诉案件的被害人作为当事人对于检察院控诉职能的执行也有一定的辅助作用。在自诉案件中,控诉职能则由被害人承担,必要时可以由法定代理人或委托代理人协助执行。

2. 辩护职能

辩护职能是指针对犯罪嫌疑或指控进行反驳,说明犯罪嫌疑或指控不存在、不成立,要求宣布犯罪嫌疑人、被告人无罪、罪轻或者从轻、减轻、免除刑罚处罚的职能。辩护职能的产生和发展是多种价值理念结合、相互补充、相互作用的结果。人权和民主思想的传播、程序公正观念的进化以及宪法制度的建立,是产生辩护职能的决定性因素;无罪推定原则和诉讼主体论、律师制度的不断发展以及现代诉讼结构科学性的要求则对辩护职能的日益强化发挥了直接的促进作用。与控诉职能不同的是,辩护职能是主体通过行使辩护权的方式实现的。而辩护权是主体的一种基本诉讼权利,而非义务,被告人可以任何合法的方式行使,也可以自由放弃,并不因此产生相应的法律责任。辩护职能的执行主体首先是犯罪嫌疑人和被告人,其次是辩护人。辩护制度的发达程度是一个国家刑事诉讼制度乃至整个法律制度民主程度的重要标志之一。

根据我国《刑事诉讼法》的规定,犯罪嫌疑人在被侦查机关第一次讯问或者采取强制措施之日起,可以聘请律师担任辩护人,为其提供法律咨询、代理申诉和控告、申请取保候审等;自案件移送检察院审查起诉之日起,犯罪嫌疑人可以委托辩护人;在审判阶段,法院在法定的必要情形下,还应当为被告人指定辩护人。但较之辩护制度的国际标准,我国辩护制度还有相当的距离,有待进一步充实和完善。

3. 审判职能

审判职能是指通过审理确定被告人是否犯有被指控的罪行和应否处以刑罚以及处以何种刑罚的职能。审判职能由法院承担,法院是世界各国公认的行使审判权的唯一主体。但是,法院的管辖权限以及在具体诉讼中代表法院出面审判的法庭组成,在不同国家有不同的规定。

法院的审判职能是通过审前准备行为、审理行为、裁判行为以及诉讼指挥行为等实现的。

4. 三种基本诉讼职能的相互关系

赵祥忠工程重大安全事故案

控、辩、审三大诉讼职能是相互联系、相互制约、缺一不可的,审判始终是刑事诉讼的中心。控诉是审判的前提和根据,审判必须限定在控诉的事实和被告人范围内;审判是控诉的法律结果,控诉如果没有审判支持也就毫无意义;辩护必然针对控诉进行,对控诉成立起制衡作用;在审判中必须保障被告人的辩护权,没有辩护的控诉和审判是纠问式的武断专横的诉讼;辩护则促进审判的民主和公正。控诉、辩护和审判共同构成刑事诉讼活动的主要内容,确保刑事诉讼目的的实现。

3.3 刑事诉讼状态与刑事诉讼法律关系

3.3.1 大陆法系有关理论

在刑事诉讼法学史上,关于刑事诉讼的法律性质的学说经历了三个发展阶段。

第一阶段是实体法与诉讼法尚未分化的时期。当时的学说认为,只要发生了犯罪行为,国家对于犯罪人就有刑罚权。为了实现这种刑罚权,检察官可以就犯罪案件向法院提起公诉,要求法院作出有罪判决,并在判决生效后对判决确定的刑罚予以执行。因此,该学说对于刑罚权与公诉权未作明确区分。

第二阶段出现的"诉讼法律关系说"明确区分了刑罚权与公诉权。这一学说认为,是否犯罪,必须等到诉讼终结时才能确定,而公诉权是一种提起诉讼和进行诉讼的权力,把刑罚权作为公诉权的前提,就颠倒了二者的顺序。另外,即使最后判决无罪,仍然是实现了查明事实真相的诉讼目的,就这一点来说,公诉权仍然是存在的。因此,这一学说对于究竟必须具备何种条件才产生公诉权的问题进行了认真研究,认为公诉权的成立要件应当是具备"诉讼条件",基于一定的诉讼条件而成立的刑事诉讼,实际上是法院、检察官、被告人三者之间的法律关系。德国学者比洛(Bulow)在 1886 年发表的《诉讼抗辩论与诉讼要件》一书中最先提出"诉讼法律关系说"[①]。他认为,诉讼是法院与双方当事人三者相互之间发生的权利义务关系,而且是随着诉讼的进程向前发展的统一的法律关系。"诉讼法律关系说"的意义在于,把诉讼上的权利义务关系与实体法上的权利义务关系分开,作为一种单独的、统一的法律现象来把握,为诉讼法学借用民法的有关概念(如意思能力、错误、取消、代理等)解决诉讼法上的具体问题提供了理论依据,特别是它"把被告人与国家之间的关系看做以权利义务为内容的法律关系,对于促进被告人诉讼地位的提高具有不容否认的功绩"[②]。但"诉讼法律关系说"未能把握诉讼的动态特点,因而受到了"诉讼法律状态说"的批判。

第三个阶段出现的"诉讼法律状态说"提出了诉讼程序动态性质的理论。这一学说由德国学者哥尔德斯密特(Goldschmidt)首先提出,并且经过查瓦尔(Sauer)和 E. 斯密特(E. Schmidt)等人的发展。哥尔德斯密特在 1925 年出版的《作为法律状态的诉讼》一书中提出,对于诉讼,必须运用诉讼法学特有的诉讼法的、动态的法律考察方法来把握;运用动态考察方法可以看出,诉讼不是以权利义务为内容的法律关系,而是以既判力为终点的浮动的法律状态;法律(不论实体法,还是诉讼法)不是命令,而是应当由法官适用的判断标准。法官在判决中不一定能够正确地适用法律,但即使适用法律有错误,也不存在违反职务上的义务问题,而只能作为上诉的理由。从当事人角度来看,只是抱有"法院可能会作出有利或不利判决"的期待,并且有为了免受法院作出不利于自己的判决而进行各种诉讼行为的负担。当事人对于预期中的判决的关系,可以称为"诉讼上的法律状态"。可见,在哥尔德斯密特看来,诉讼中当事人的地位完全是期待和负担的关系,而不是权利义务关系,即使可以看到某

---

① 参见[日]阿部纯二主编:《学说判例刑事诉讼法》,青林书院新社(日本)1981 年版,第 27 页。

② [日]平野龙一:《刑事诉讼法》,有斐阁(日本)1958 年版,第 21~22 页。

些权利和义务(如证人的到庭义务),也只是法律上的一般义务,而不是诉讼法上的具体义务。

诉讼既然是这样一种动态的过程,那就不是瞬时终结的,而需要一定的时间。对于诉讼过程的时间性的、发展性的特点进行分析,并且因此而明确诉讼的特殊性的是德国学者查瓦尔。他认为,诉讼虽是发展性的,但并非单一的过程,而是三个相互重叠的发展过程,即实体形成过程、诉讼追行过程和程序过程。实体形成是指作为诉讼对象的实体法律关系的形成;诉讼追行则指以具体的实体形成为目的而进行的诉讼活动;程序过程指在诉讼程序中现实地进行诉追行为的过程。这三个过程前后依次是目的与手段、内容与形式的关系,但性质各不相同,构成各过程的诉讼行为的要件、完成和行为缺陷的治愈等方面,也有各种差别。在哥尔德斯密特那里,诉讼是以当事人对于应当形成的判决所持有的期待背后的利益变动为中心而展开的;在查瓦尔这里,诉讼对象本身的发展放在实体形成过程中予以考察,诉讼主体的利益变动放在诉追过程中加以考察。

德国诉讼法学对于诉讼的动态考察方法经小野清一郎博士的介绍传入日本。小野博士在1933年出版的《刑事诉讼法讲义》(全订三版)中认为,诉讼可以分为基本的诉讼法律关系和派生的诉讼法律关系,后者以前者为基础,并随着诉讼的发展而发生、消灭和变化,将这些关系从整体上进行考察,就构成一种诉讼法律状态。但这里所说的"诉讼法律状态"基本上是指法律关系,与德国学者所指不同。

日本学者中巧妙地把"诉讼法律关系"说与"诉讼法律状态"说进行调和,并提出独特的诉讼理论的,是团藤重光博士。团藤博士对哥尔德斯密特完全否定诉讼法上的权利义务关系的论点进行了批判,指出在诉讼中也存在权利和义务,如证人的到庭、宣誓和提供证言的义务既是国民的一般法律义务,也是为实现诉讼目的而确立的诉讼法上的义务。而且,团藤还指出了查瓦尔"三面过程"论的不足,认为查瓦尔所说的"诉讼追行过程"应当分别列入他的实体形成过程和程序过程,尤其是程序过程。在此基础上,团藤提出了如下基本观点:诉讼的实体形成过程与程序过程并不是两个孤立的过程,而是"不可分的同一诉讼整体的两个侧面,因而称作诉讼的实体面与程序面更为适当"[1];诉讼,从实体面来看是法律状态,从程序面来看是法律关系。诉讼的实体面是指作为诉讼客体的具体的案件随着程序的发展而逐步形成的过程,也就是实体法在诉讼中的形成过程,即开始是侦查机关的主观嫌疑,逐步根据证据证实而成为客观嫌疑,公诉的提起使诉讼的客体特定化,并通过当事人的攻击和防御对其是否存在进行审查,最后当法官形成内心确信时作出有罪判决,使实体的确定力得以固定,"这其实不过是在具体的案件中实体的法律关系由形成直到确定的浮动的、流动的法律状态"。[2] 可见,团藤博士所说的"实体面"与查瓦尔所说的"实体形成过程"基本相同。诉讼的程序面是指舍弃实体面之后纯粹的程序侧面。首先,法院与当事人三者之间的关系就是法律关系,即法院有审判的权利义务,当事人有请求或接受审判的权利义务。这种基本的法律关系是固定不变的,没有动态发展的特性。其次,诉讼的程序面是由直接或间接地以实体面的发展为目的的诉讼行为连起来而构成的,虽然它可因诉讼行为的效力而发展,但诉讼行为的效力可以导致权利义务的产生,因此对于诉讼的程序面原则上可以作为法律关系来把握。

团藤博士认为,对诉讼采取实体面与程序面"两面说"在理论上会产生种种有益的效

---

① [日]团藤重光:《新刑事诉讼法纲要》,创文社(日本)1967年版,第139页。
② [日]团藤重光:《新刑事诉讼法纲要》,创文社(日本)1967年版,第142页。

果。一是对于实体面与程序面的判断标准不同。实体面既然是浮动的法律状态,实体形成就应当以判决为最后的确定基点。如以盗窃罪起诉的案件,如果经审理后查明系侵占,起诉时关于盗窃的认定对法院作出实体判决便没有约束力。起诉书中的诉因与法条对于法院的约束力只是程序上的约束力,不是对于实体形成内容的约束力。与此相反,程序面既然是固定的法律关系,诉讼行为应当以行为时的实体形成为判断标准,即使后来实体形成发生变化,也必须维持当初行为的效力。由于程序面是由诉讼行为前后连结起来的,后续行为以前面的行为为基础,如果允许已经进行的行为以后反复进行,就违反了程序的计划性和诉讼经济的原则。二是通过区分诉讼的实体面与程序面,可以使诉讼法上的各种基本概念体系化,以便作出统一的解释。如诉讼行为可以分为实体形成行为与程序形成行为,判决的确定力可以分为实体的确定力与形式的确定力,等等。团藤的“两面说”得到日本学界多数人的赞同,并对日本战后刑事诉讼法学的发展以及对我国台湾地区刑事诉讼法理论产生了很大的影响。

　　日本学界也有学者不同意团藤的理论。如平野龙一教授对诉讼就采“三面说”。一是“诉讼追行过程”,即与诉因和证据相应的发展过程;二是“实体过程”,即对于诉因事实存在与否的判断变化的过程;三是“程序过程”,即基于诉讼追行而为的各种行为构成的过程。他还对团藤的“两面说”提出了批评,认为:第一,实体面有法律关系,程序面有法律状态,从整体上看,诉讼既是法律状态,也是法律关系。从实体上看,法官的心证虽然是浮动的,但自由心证必须是合理的、受到制约的心证,在符合一定条件时法官有形成合理心证的义务,当事人有要求作出相应判断的权利;从程序上看,对于是否存在诉讼条件(如告诉才处理的犯罪,有没有提出告诉等)、要求回避的申请、管辖移转的请求等作出决定时,仍然会产生期待、负担的关系。[①] 第二,“两面说”是以职权主义诉讼构造为前提的,用来分析职权主义诉讼是适当的,对于已经采取当事人主义诉讼构造的日本法应当采取“三面说”。因为战后制定的日本刑事诉讼法转采起诉状一本主义,法庭审判时法官以“白纸的状态”走上审判席,不再能够继受侦查机关形成的犯罪嫌疑,起诉状中记载的诉因不仅是程序面上对实体形成的反映,也是实体形成的目标。另外,新法的原则是,法庭审理中的实体形成应当在当事人提出的证据范围内进行,法庭不得主动为了探求事实真相而收集证据。诉因和证据这个侧面是决定诉讼是职权主义还是当事人主义性质的关键部分,因此有必要从实体面独立出来,但它又不是单纯的程序面问题,所以应当作为单独的诉讼追行过程来处理。

3.3.2　中国法有关理论

　　我国刑事诉讼法学界对于刑事诉讼法律性质的理论分析,几乎都持“法律关系说”[②],并且按照法理学关于法律关系的主体、客体和内容三方面进行相应的解说,而对于所谓“法律状态说”尚未进行研究。

　　一般认为,刑事诉讼法律关系是指刑事诉讼法规定和调整的、在刑事诉讼活动中司法机关及诉讼参与人之间在诉讼上的权利义务关系。公、检、法三机关之间在诉讼上的权利义务关系,是刑事诉讼法律关系体系的核心成分;公、检、法三机关与诉讼参与人之间在诉讼上的

---

① 参见[日]平野龙一:《刑事诉讼法的基础理论》,日本评论社 1964 年版,第 33~34 页。
② 参见陈光中主编:《刑事诉讼法学(新编)》,中国政法大学出版社 1996 年版,第 12 页;樊崇义主编:《刑事诉讼法学》,中国政法大学出版社 1995 年版,第 43 页。

权利义务关系是刑事诉讼法律关系体系的主要内容;诉讼参与人之间在诉讼上的权利义务关系是诉讼法律关系体系必不可少的组成部分。

公、检、法三机关虽然都是代表国家进行刑事诉讼的,但它们在诉讼中的职能和权限各不相同,它们之间分工负责、互相配合、互相制约的关系,是通过法律规定三机关间的权利义务来确定的。因此,它们之间的关系具有诉讼法律关系的性质。公、检、法机关同诉讼参与人之间在诉讼中的关系,则是刑事诉讼法调整的主要对象,表现在:任何诉讼参与人进入诉讼,必须以公、检、法机关依法进行的诉讼行为为条件;诉讼参与人的诉讼行为受公、检、法机关诉讼行为的制约和指导;诉讼参与人诉讼权利的行使受公、检、法机关的保护,其诉讼义务的履行受公、检、法机关的监督;公、检、法机关在法律上对国家负责,诉讼参与人在法律上对公、检、法机关负责。

所有参加刑事诉讼活动的国家机关和诉讼参与人都是刑事诉讼法律关系的主体,但刑事诉讼法律关系并不是在任何主体之间任意形成的。这种关系一般来说只能在司法机关之间或者在司法机关与诉讼参与人之间形成,只有在个别情况下才在当事人同其他诉讼参与人之间形成。例如,被告人委托辩护人为其辩护而产生辩护人与被告人在诉讼上的权利义务关系,自诉人委托诉讼代理人而产生代理人与自诉人在诉讼上的权利义务关系,等等。总之,在刑事诉讼法律关系中,主体一方必须是司法机关或者当事人。

可见,我国刑事诉讼法学界关于刑事诉讼法律关系的认识与传统大陆法系理论有着显著区别,其突出表现是把公安机关与检察院的关系以及其他诉讼参与人与公、检、法三机关的关系,甚至当事人与其他诉讼参与人的某些关系也看成是一种诉讼法律关系,其逻辑前提显然是基于对刑事诉讼的"广义的理解"。另外,我国诉讼"法律关系说"的着重点在于分析参与刑事诉讼的专门机关与诉讼参与人之间的关系,没有对刑事诉讼的发展性质进行总体上的分析和把握,特别是对诉讼对象在诉讼中的动态变化(即所谓诉讼客体问题),未能作出合理的解释,意见也不够统一;对于引起诉讼法律关系的产生、变更和消灭的诉讼行为尚未进行系统的研究,有待进一步深化。

3.4　刑事诉讼行为与刑事诉讼条件

3.4.1　刑事诉讼行为

刑事诉讼行为是指诉讼主体或其他主体实施的、构成诉讼程序内容的、可以产生诉讼上的特定效果的行为。

刑事诉讼是依一定方向不断发展的过程,这一过程从整体上说就是"程序"。具体来看,它是由参与诉讼的机关和人员的一系列行为构成的,但作为诉讼行为至少必须满足两个条件:第一,必须是足以产生诉讼上的特定效果的行为。例如,起诉使法院对于案件产生具体的审判权,申请回避可以使有关人员暂时或者永远退出特定案件的诉讼程序,被告人委托辩护人的行为可以使被委托人取得辩护人的地位等。不产生诉讼上的特定效果的行为,虽然对于诉讼的进行有重要影响,但不是诉讼行为。例如,开庭审判前书记员的准备行为,辩护人对案卷材料的查阅和摘抄以及与在押被告人的会见等。第二,必须是构成诉讼程序的行为。如果不是构成诉讼程序的行为,例如法官的任免、审判案件的分配等,属于法院内部的司法行政行为,不是诉讼行为。

严格来说,刑事诉讼是指起诉后审判阶段的诉讼程序,侦查与执行并不具有"诉讼"的性质,但我国刑事诉讼法规定侦查与执行为两个独立的阶段。因此,从广义上说,侦查行为与执行行为也是刑事诉讼行为。

对于刑事诉讼行为,可以从不同的角度进行分类(见图 3-2):

1. 根据行为的主体不同,刑事诉讼行为可以分为法院行为、当事人行为和第三人行为

法院行为主要是审理和裁判行为。但为实现审判的目的,法院还得进行一些准备或者附带行为,也是法院的诉讼行为。如为调查核实证据所采取的勘验、检查、扣押、鉴定、查询、冻结,旨在要求被告人到庭的传唤以及为保证被告人于审判时到庭而采取的拘传、取保候审、监视居住、逮捕等强制措施。根据我国刑事诉讼法的规定,只要是以法院名义行使职权的行为,不论该行为具体是独任庭、合议庭或审判长实施的,还是法院书记员(制作笔录)、法警(维持法庭秩序)实施的,都是法院的行为,具有法院行为的效力。

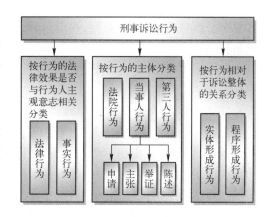

图 3-2 刑事诉讼行为的若干分类
[常远,2002]

当事人行为指自诉案件的自诉人、被告人和被害人实施的行为。我国法律没有规定检察院在刑事诉讼中是当事人,但从诉讼理论上看,公诉人以检察院名义实施的行为毫无疑问相当于当事人的行为,因而也应以当事人的行为对待。辩护人、法定代理人、委托代理人在法定权限范围内代被告人、被害人所为的诉讼行为,也应视为当事人行为。

当事人的诉讼行为又可按形式分为申请、主张、举证和陈述四种。申请指请求法院作出一定决定的意思表示。如申请审判人员和书记员回避、申请恢复被耽误的诉讼期间、提起公诉或自诉、提出上诉或抗诉、申诉要求再审等。对于当事人的申请行为,无论申请的事项是程序问题还是实体问题,法院都应当以裁判形式作出处理结论,并说明理由。主张专指当事人关于事实和法律问题表达意见的行为,如公诉人发表公诉词、辩护人发表辩护词、被告人自行辩护等,通常又称辩论行为。这些行为不能直接作为裁决的依据,但由于是控辩双方争执的主要内容,对于审判人员形成正确的心证具有极大的影响,因此是很重要的当事人行为。举证是指为了证明一定事实而实施的诉讼行为,如公诉人为证明起诉的犯罪事实而提出一定的证据、询问证人和鉴定人、宣读有关证据文书的行为,当事人要求法院通知新的证人到庭、进行重新鉴定或补充鉴定、被告人对于被指控的犯罪事实所作的供述或辩解等。陈述是指关于事实的叙述,大多是对于询问或者反询问(或者叫质问)的回答,原则上以言词方式进行。

第三人行为指上述当事人行为以外的其他诉讼参与人为协助法院查清案件事实而进行的诉讼行为,如证人出庭作证、鉴定人出庭就鉴定意见和鉴定过程陈述意见并回答当事人的提问、翻译人员在庭审中为审判人员与当事人或其他参与人沟通语言等。这种诉讼行为一

般具有义务性、口头陈述性,而没有主张、举证或申请的性质。

2. 根据诉讼行为产生一定法律效果是否与行为人的主观意志相关,刑事诉讼行为可以分为法律行为与事实行为

法律行为是指以产生诉讼上的特定效果作为意思表示的要素,并因此种表示而承认其法律效果的诉讼行为。这种诉讼行为能否产生法律效果与行为人的意思表示有直接的因果关系,无特定意思表示即无特定的法律效果。事实行为是指不以产生诉讼上的特定效果为意思表示的要素,且其所产生的法律效果与行为人的意思没有直接关系的诉讼行为。前者,如提起公诉或自诉、作出裁判、提出上诉或抗诉等;后者,如讯问被告人、调查证据、控辩双方的辩论等。

3. 根据诉讼行为相对于诉讼整体的关系,刑事诉讼行为可以分为实体形成行为与程序形成行为

实体形成行为是指就案件的实体问题使法官产生认识或心证的行为,如证据调查、辩论、评议等。程序形成行为是指推动程序的进行,使诉讼法律关系发生或消灭的诉讼行为,如提起公诉或自诉、提出上诉或抗诉、撤回上诉或抗诉等。这种分类是就诉讼行为的主要作用来说的,不能绝对化,因为诉讼行为虽然也有单纯属于程序行为性质的(如确定审判日期、传唤当事人等),但往往同时具有实体形成和程序形成的功能。一般来说,实体形成行为多为事实行为,程序形成行为多为法律行为。

为了保证诉讼程序的确定性,法律上对于诉讼行为规定了一定的条件,符合这些条件时,诉讼行为才能成立或者产生法律上的特定效果,否则就不成立或者没有法律上的特定效果。这些条件在诉讼理论上被称作“诉讼行为的构成要件”。不同诉讼行为的构成条件不尽相同,但一般都会有主体、内容、方式等方面的要求。

诉讼行为的主体要件包括主体必须适格和主体必须具有行为能力,只有适格的主体所为的诉讼行为(如裁判必须由法院作出、公诉必须由检察院提起、自诉原则上必须由被害人提出)才能成立,也只有具备行为能力的主体所为的诉讼行为才能在法律上产生一定的效果,如果当事人不具备诉讼行为能力,依法可以由法定代理人代为一定的诉讼行为。但是,诉讼法上的“行为能力”不同于民法上的行为能力。民法上的行为能力有明确的年龄界限,以担保行为人作出符合法律要求的意思表示;诉讼法上的行为能力以是否具备意思能力为条件,不受年龄限制。不满18周岁的未成年被告人在精神健全的情况下自愿作出的供述和辩解、不满18周岁的未成年被害人在精神健全的情况下就被害事实所作的陈述,仍然具有证据能力,且不可能由代理人代理。我国《刑事诉讼法》第62条规定:“凡是知道案件情况的人,都有作证的义务。生理上、精神上有缺陷或者年幼,不能辨别是非、不能正确表达的人,不能作证人。”因此,证人作证以知道案件情况为基本条件,并须有辨别是非和正确表达的能力,但没有特定的年龄要求。

诉讼行为的内容是针对以意思表示为要素的诉讼行为而言的,这种诉讼行为要求意思表示内容明确,且不得附条件或者附期限。如果意思表示的内容不明确,则该诉讼行为不成立。但在不违反程序的确定性、不妨碍程序推进的限度内,行为人不是以自己的语言,而是以引用其他书面文件或者笔录的形式为意思表示的,也应当允许。

为了保证程序的确定性,同时防止政府官员恣意动用国家权力,法律对于诉讼行为的一般方式甚至特定诉讼行为的特定方式都作了规定,只有遵守这些规定的诉讼行为才能产生

法律上的效果。一般而言,法庭审理中的诉讼行为,特别是实体形成行为,原则上必须采用口头方式,程序形成行为则通常应当采取书面方式。至于诉讼中所使用的语言,《刑事诉讼法》第 9 条规定:"各民族公民都有用本民族语言文字进行诉讼的权利。人民法院、人民检察院和公安机关对于不通晓当地通用的语言文字的诉讼参与人,应当为他们翻译。在少数民族聚居或者多民族杂居的地区,应当用当地通用的语言进行审讯,用当地通用的文字发布判决书、布告和其他文件。"涉外刑事案件的诉讼活动,根据国家主权原则,应当使用中国官方语言文字,当事人不通晓中国官方语言文字的,应当为他们提供翻译。

对于诉讼行为的评价,应当从成立与不成立、有效与无效、合法与不合法、有理由与无理由四个方面进行。

诉讼行为原则上须具备诉讼法规定的特定要素方可成立,不具备特定要素者则不成立。对于诉讼行为的有效与无效、合法与不合法及是否有理由的判断,都是以其成立为前提的,诉讼行为如果不成立,就不再存在有效与无效、合法与不合法及是否有理由的问题,无须作此种判断。区别诉讼行为是否成立,在实践中的意义在于:第一,诉讼行为如果不成立,在法律上就等于没有发生,因此不需要对它作出特定的判断,可以不予理会;相反,诉讼行为如果成立,即使是无效的行为,也不能放置不管,特别是对于其中当事人的申请行为,必须作出一定的判断和处理。第二,成立的诉讼行为即使在诉讼上无效,也会产生一定的效果;而无效的诉讼行为如果要经过合法追认成为有效的诉讼行为,必须以该诉讼行为成立为前提。

诉讼行为的有效与无效是就诉讼行为是否产生诉讼上的效果所进行的价值判断。无效的诉讼行为虽然没有诉讼上的效果,但并非任何法律效果也没有。例如,提起公诉即使是无效的(如向没有管辖权的法院起诉的),一般认为仍有停止追诉时效的效力,并产生诉讼系属的效果,受诉法院仍应依法作出形式裁判。至于导致诉讼行为无效的原因,则多种多样,有行为人方面的原因,也有行为的内容和方式方面的原因。学说上认为:第一,缺乏诉讼行为能力的人所实施的诉讼行为,如果系程序形成行为,当属无效;如果是实体形成行为,只有在行为人缺乏意思能力时,才能认定为无效。第二,诉讼行为的内容超过法律许可的范围(如在法定刑以上判处刑罚)[①]或者在法理上不允许(如对不存在的人提起公诉),应当认定为无效。第三,行为人在无利可图的情况下实施的行为,特别是已经达到目的后重复实施的诉讼行为,也属于无效行为。第四,内容不明确的诉讼行为无效。第五,违反法定方式的诉讼行为是否有效,不能一概而论。书面方式的诉讼行为如果违反法定的方式,不产生特定的效果;口头方式的诉讼行为,虽不符合法定的要求,但有足够的适当理由时,仍可以据以认定其有效——特别是私人实施的诉讼行为。[②]

诉讼行为除成立要件外,法律上尚有其他方面的要求,如时间、场所、方式等,完全符合这些要求的诉讼行为是合法的诉讼行为,否则即为不合法的诉讼行为。例如,提起公诉应当由人民检察院以特定的书面方式向有管辖权的法院提出"明确的指控犯罪事实",并且附有证据目录、证人名单和主要证据的复印件或者照片;上诉应当在接到第一审判决书后 10 日

[①] 我国《刑法》第 63 条第 2 款规定:"犯罪分子虽然不具有本法规定的减轻处罚情节,但是根据案件的特殊情况,经最高人民法院核准,也可以在法定刑以下判处刑罚。"该规定旨在严格控制在法定刑以下判刑的范围,如下级法院未经最高人民法院核准在法定刑以下判处刑罚,则判决行为应当被认定为无效。

[②] 参见[日]高田卓尔:《刑事诉讼法》,青林书院(日本)1984 年版,第 123~124 页。

内提出等。公诉一经提起,即产生诉讼系属关系,但如果公诉行为不合法,法院就无须审查是否具备诉讼条件,更不存在进入实体审理的问题。诉讼行为是否合法,关系到它的效力。合法的诉讼行为原则上应当判断为有效,不合法的诉讼行为原则上不产生诉讼效果,但如果仅仅违反法律上的训示规定,诉讼行为仍然有效。

诉讼行为有无理由是指对于以意思表示为要素的诉讼行为其意思表示内容是否正当的价值判断,主要是针对当事人的申请行为而进行的。判断诉讼行为有无理由必须以诉讼行为合法为前提,一定的诉讼行为只有在程序方面合法、有效的前提下,才需要从实体上审查其有无理由。例如,公诉或自诉有无理由,应在起诉合法且具备诉讼条件时,才能经实体审理而作出判断。

3.4.2　刑事诉讼条件

刑事诉讼条件是指法院对于起诉案件进行实体审理所应具备的条件。只有具备诉讼条件,法院才需要也才能进行实体审理,否则,应以形式裁判终结诉讼。

诉讼条件论本来是以“诉讼法律关系说”为基础,在民事诉讼法理论中由德国法学家比洛夫(Biilowoskarl)首先提出而逐步发展起来的,后来被引入刑事诉讼理论,并得到大陆法系诉讼法理论的广泛承认。长期以来我国诉讼法理论并未研究诉讼条件问题,以致实践中对于何种条件下应当作出形式裁判、何种情况下应当作出实体裁判理解混乱,做法也很不规范。

实际上,诉讼条件在刑事诉讼中具有重要的意义。刑事诉讼的最终结果在于确定国家的刑罚权之有无和范围,即确定具体的实体法关系,但如果欠缺诉讼条件,法院就不能进入实体审理,而只有作出形式裁判的权力和义务。因此,所谓诉讼条件,也就是法院进行实体审理的条件。

诉讼条件不同于起诉条件。起诉条件是指公诉或自诉是否合法的条件。大陆法系国家和地区通常要求提起公诉须具备以下三个条件:(1)检察官依据侦查所搜集的证据,认为被告人有足够的犯罪嫌疑;(2)有判处刑罚的可能性;(3)有追诉的必要。[1] 这些条件是否具备,应以起诉时的情形加以判断。诉讼条件是法院进行实体审理的条件,也即起诉续存的有效条件,是诉讼提起后,其效果发生问题时据以判断的标准。如果起诉后被告人死亡,虽然起诉时符合法定条件,但起诉不能有效续存,法院无法进行实体审理。在这种情况下,大陆法系的做法是要求法院作出不予受理的判决,我国的做法是“裁定终止审理”,虽名称不同,但只能作出形式裁判的原则一致。要求公诉不仅须具备合法条件,而且须具备诉讼条件,对于保障个人权利不受政府恣意威胁,有极其重要的预防作用。

诉讼条件不同于处罚条件。处罚条件是指实体法上的条件。欠缺处罚条件时,应当作出宣告无罪或者免予刑事处罚的判决;诉讼条件则是在诉讼法上法院进行实体审判的条件,欠缺诉讼条件时,应当作出免诉、不受理或管辖错误的判决。[2]

---

① 参见陈朴生:《刑事诉讼法实务》,台湾海天印刷厂有限公司 1981 年版,第 111 页。

② 在大陆法系国家,“免诉判决”一般适用于以下几种情形:(1)案件已经判决确定的;(2)依据犯罪后的法律已经废止其刑罚的;(3)已经大赦的;(4)已过追诉时效的。具体参见日本《刑事诉讼法》第 337 条。我国法院在遇到类似情形时,应当依据《刑事诉讼法》第 16 条规定作出终止审理的裁定。

诉讼条件也不同于各个具体诉讼行为的条件。诉讼条件是法院进行实体审判的条件，也就是以实体审理为目标的所有诉讼行为的共同有效条件。在这个意义上，可以说，诉讼条件也是这些诉讼行为的条件。但具体诉讼行为多种多样，每个诉讼行为的条件并不相同，如上诉的条件、公诉的条件、申请再审的条件、反诉的条件等。具体诉讼行为欠缺法定条件时，法院可以限期补正，逾期未补正的，法院才能以裁判予以驳回；欠缺诉讼条件时，法院不可能要求当事人补正，只是不能进入实体审理。

对刑事诉讼条件可以从不同的角度进行分类。

第一，一般诉讼条件与特殊诉讼条件。一般诉讼条件指一般刑事案件所应具备的诉讼条件。特殊诉讼条件则指特殊刑事案件所应具备的诉讼条件。前者如法院的管辖权，后者如告诉才处理案件中的告诉等。

第二，绝对诉讼条件与相对诉讼条件。绝对诉讼条件指不论当事人是否提出主张，法院原则上可依职权调查其是否存在的诉讼条件，如是否有管辖权、是否已过追诉时效期限等；相对诉讼条件是指原则上必须由当事人提出主张后，法院才能加以调查的诉讼条件。大陆法系国家和地区规定的诉讼条件基本上都是绝对诉讼条件，但特殊情况下仍允许相对诉讼条件的存在。例如，日本《刑事诉讼法》第 331 条规定，如果没有被告人的申请，法院不得就地区管辖作出管辖错误的宣告。即受诉法院对于案件有无地区管辖权，只有在被告人提出反对主张的前提下，才能进行调查和宣告。

第三，积极诉讼条件与消极诉讼条件。以一定事实的存在为诉讼条件的，为积极诉讼条件；以一定事实的不存在为诉讼条件的，则为消极诉讼条件，又称"诉讼障碍"。例如，法院对于受诉案件有管辖权属于前者，对同一案件尚未提起过公诉、追诉时效尚未完成、未经确定判决等属于后者。

第四，形式诉讼条件与实体诉讼条件。形式诉讼条件指仅涉及诉讼的程序面，与诉讼的实体没有直接关联的诉讼条件，它只产生诉讼上的效果；实体诉讼条件涉及诉讼的实体面，以实体上是否存在某种事项作为诉讼条件，它产生实体上的法律效果，受一事不再理原则的约束。

大陆法系的立法对于形式诉讼条件的规定不尽相同，理论上也有不同看法，但一般认为形式诉讼条件至少应包括 6 种，而实体诉讼条件通常指 4 种（见表 3-1）：

大陆法诉讼理论认为，诉讼条件不仅与当事人特别是被告人的利益息息相关，而且具有重要的公益性质。因此，诉讼条件是否存在，属于法院应当依职权进行调查的事项，并不以当事人特别是被告人提出主张为条件，立法上要求在当事人提出异议的情况下才进行调查的情形极少。英美法诉讼理论则从尊重当事人的主体性和保证程序公正的立场出发，大多要求在当事人对于诉讼条件是否存在提出主张的情况下，根据控辩双方举证辩论情况由法院作出判断，法院依职权调查的情形较少。

表 3-1　大陆法系中形式诉讼条件和实体诉讼条件的一般内容　[孙长永, 2002]

形式诉讼条件	实体诉讼条件
被告人存在(被告自然人生存、被告法人续存)	对于同一案件没有确定判决
被告人有当事人能力	犯罪后的法律没有废止其刑罚

形式诉讼条件	实体诉讼条件
法院对受诉案件有审判权和管辖权	追诉时效尚未完成
同一案件未在同一或不同法院起诉	未经大赦
提起公诉的程序有效,且公诉效力续存	
撤回起诉后重新起诉时符合法定条件	

由于诉讼条件是从起诉后到终局裁判前必须始终存在的条件,因此从职权主义的立场来看,法院在作出终局裁判之前对于诉讼条件必须始终如一地予以注意,而不能只在起诉时审查其是否合法、有效。起诉时虽然具备诉讼条件,但起诉后诉讼条件发生欠缺的(如被告人死亡或者精神失常),法院不得进行实体审理。但是,地区管辖以被告人居住地为根据产生时,居住地以起诉时为界限加以确定,起诉后、实体审理或者裁判之前,如果居住地发生变化,不影响诉讼条件的续存。当事人对诉讼条件提出异议的,法律一般要求在法庭审理的证据调查阶段开始以前提出。[①]

判断是否存在诉讼条件,有时需要以对于案件的实体有一定的认识为前提。例如,关于是否属于"同一案件"、是不是"告诉才处理的犯罪"等,都要触及犯罪这一实体问题。在这种情况下,法院以起诉时指控的事实(即诉因或公诉事实)为根据加以判断,还是在对实体形成一定程度的心证后才作出判断,理论上有不同的学说,但多数学者认为应以起诉书的记载为准加以判断,以保护辩护方的权利。[②]

欠缺诉讼条件时,法院应以形式裁判终结诉讼程序。至于以何种形式裁判,应视所欠缺的诉讼条件而定。根据大陆法系的立法和诉讼理论,欠缺形式诉讼条件时,应当作出不受理或者管辖错误的裁判;欠缺实体诉讼条件时,应当作出免诉的判决。我国立法未作统一规定,实践中做法五花八门,有裁定终止审理、宣告无罪、移送有管辖权的法院等诸种,但理论和实践中都不承认法院可以拒绝受理公诉或者作出驳回公诉的裁判。这都需要通过进一步的理论研究,从立法上加以规范,以期每一种裁判都有法律上和理论上的合理根据。

3.5　刑事诉讼阶段与刑事诉讼客体

3.5.1　刑事诉讼阶段

刑事诉讼是按照法定的顺序、程序、步骤解决具体犯罪嫌疑人、被告人的刑事责任问题的连续过程,这个过程虽然都是为最终确定和落实被告人对国家有无刑事责任以及刑事责任的大小服务的,但可以划分为一些相对独立而又互相联系的"组成部分"。各个组成部分有着自己特定的具体任务、参与主体、行为方式、诉讼期限,并以不同的法律文书对它的活动加以总结。刑事诉讼过程中这种按照法定顺序进行的相对独立而又互相联系的各个组成部

---

① 参见日本《刑事诉讼法》第 331 条第 2 款。

② 参见[日]高田卓尔:《刑事诉讼法》,青林书院(日本)1984 年版,第 134~135 页。

分,叫做"刑事诉讼阶段"。

　　将统一的刑事诉讼过程区分为不同的诉讼阶段,这是人类诉讼经验不断积累的结果。古代弹劾式诉讼建立在私人追诉的基础之上,诉讼过程集中表现为法庭审判,不存在侦查、起诉、审判或上诉的阶段划分。在封建纠问式诉讼中,司法官集调查、起诉和审判等多种权力于一身,特别是追诉与审判职能不分,因此,严格意义上的不同诉讼阶段是不存在的。在欧洲大陆纠问式诉讼制度的后期,随着预审制度的产生和发展,审判前的"预审阶段"已经粗具雏形。判决以后的上诉阶段也最先在欧洲大陆国家产生。近代以来,由于控诉职能与审判职能的分离,侦查、起诉等活动不再由法官负责进行,而由专门的警察或司法官进行,上诉制度在两大法系特别是英美法系日益健全,刑事诉讼呈现出明显的审判前阶段、审判阶段和判决后的上诉阶段三个主要阶段。

　　一般认为,大陆法系国家传统上预审制度比较发达,在警察侦查与法院的正式审判之间,存在一个明确的预审阶段。德国、意大利、日本等国废除预审制度以后,侦查的领导责任转交检察官,审判前阶段至少在形式上表现为"侦、检一体化"。大陆法系理论似乎很少将"起诉"作为一个独立的阶段对待,而把它与侦查一并视为"审判前阶段",因为侦查就是为起诉做准备的,起诉不过是侦查的正常发展结果。同时,大陆法系的上诉制度也比较发达,事实审和法律审的区分相对明确,而且原则上控、辩双方的上诉权利是平等的。英美法系国家不存在欧洲大陆那种由带有"客观全面收集取证"任务的司法官预审阶段,侦查几乎完全由警察独立完成,起诉则由警察、检察官或大陪审团共同完成。英国于 1985 年颁布了新的《犯罪追诉法》,据此在英格兰和威尔士建立了中央检察机构属下的皇家检察署(Crown Prosecution Service),具体负责各类刑事案件的审查起诉和出庭公诉工作,形成全国统一的检察机关。此后,起诉职能逐渐划归皇家检察署行使,"起诉阶段"日益明朗化。但是,英美法系的上诉制度不够发达,英国直到 19 世纪末甚至几乎不存在上诉制度,至今英美法系国家对上诉(尤其是控方上诉)仍有严格的限制。两大法系诉讼阶段上的区别,反映了各自在诉讼目的上对实体真实或正当程序的偏重,也与各自诉讼结构上的职权主义或当事人主义有着密切的关系。不过,如果撇开名称上或者形式上的区别不论,就实际运行中的现代各国刑事诉讼来看,刑事诉讼大体上可以分为侦查、起诉、审判、上诉和执行几个阶段。这种阶段区分上的"共识"体现了刑事诉讼活动的共同规律。

　　我国刑事诉讼程序受苏联法律和法学理论的影响,将"立案"作为一个独立的阶段对待,把公诉案件的刑事诉讼划分为立案、侦查、起诉、审判和执行五个阶段,但通说不认为"上诉"是一个与侦查、审判并列的独立诉讼阶段,而把它视为"审判"阶段的一个具体程序。

　　刑事诉讼阶段与各个阶段的具体诉讼程序既有联系,又有区别。刑事诉讼阶段由于其特定的直接任务等因素而使它在处理刑事案件的全过程中具有相当独立性。例如,立案阶段决定是否开始追究刑事责任,侦查阶段负责收集证据、查获犯罪嫌疑人、查明涉嫌犯罪的事实,起诉阶段决定是否对某一具体的犯罪嫌疑人向法院提出指控,审判阶段确定被告人是否犯有被指控的罪行以及应当受到的刑罚惩罚,执行阶段落实生效裁判所确定的刑罚处罚或其他内容。各个阶段的具体诉讼程序是指为完成该阶段的直接任务而实施一定诉讼行为所应遵循的步骤和方式,如审判阶段要经过开庭、证据调查、总结辩论、被告人最后陈述、评议和宣判等具体程序。诉讼阶段受具体的诉讼程序的制约,具体的诉讼程序应当服务于所在诉讼阶段要求完成的任务。

刑事诉讼阶段的划分是顺利实现刑事诉讼目的的保障。经过合理划分所确定的诉讼阶段,是侦查、起诉机关和审判机关进行刑事诉讼所必须经过的程序,各个诉讼阶段依次进行,环环相扣,前一阶段任务的完成将会为下一阶段任务的顺利完成奠定良好的基础。国家专门机关在办理刑事案件中如果随意越过某一诉讼阶段,或者在某一诉讼阶段预定的任务尚未完成的情况下直接进入下一个诉讼阶段,将会使以后各个阶段的任务难以有效地完成,刑事诉讼的目的也将无法顺利实现。

刑事诉讼阶段与刑事诉讼职能也有密切的联系。从一定意义上说,现代刑事诉讼中审判前阶段与审判阶段的划分,是诉讼职能分化的结果。警察、检察制度的不断发展,进一步导致大陆法系预审制度司法化或者被废除以及英美法系国家侦查、起诉职能分离,进而使侦查、起诉阶段的划分更加彻底。

既然刑事诉讼的各个阶段是前后依次进行的,而且反映了诉讼职能分化的结果,那么体现不同诉讼职能的各个阶段之间必然互相影响、互相作用。关于不同诉讼阶段之间的相互关系,理论上有"审判中心论"和"诉讼阶段论"之争。"审判中心论"认为,审判阶段尤其是第一审的法庭审判是整个刑事诉讼的中心,因为只有在这个阶段,控诉、辩护、审判三方组合关系才能得到集中的体现,被告人的刑事责任问题(也是刑事诉讼的核心问题)才能得到最终的确定;侦查、起诉等审判前的程序不过是审判的准备程序,上诉程序则是对第一审裁判的审查和补救,而执行只是审判所产生的生效法律结论的实现程序。"诉讼阶段论"则认为,"审判中心论"是传统刑事诉讼的构建原则,由于司法领域分工越来越细、分权学说的影响、人权思想的发达以及适应同犯罪作斗争的需要,诉讼职能在不断地分化、发展并不断地整合,传统的"审判中心论"已为"诉讼阶段论"所取代,从"审判中心论"走向"诉讼阶段论"应为刑事诉讼制度今后的发展趋势。在这种学说看来,侦查、起诉、审判和执行是平行的诉讼阶段,它们各自有相对独立的诉讼任务,互相之间形成配合、制约的关系,各个诉讼阶段都是发挥诉讼整体功能的组成部分,对于实现刑事诉讼目的具有同等重要的作用。

"诉讼阶段论"关于各个诉讼阶段都有相对独立的任务、互相之间存在配合和制约的关系的观点有一定道理。但是,所谓"审判中心论"已经为"诉讼阶段论"取代以及刑事诉讼制度的发展趋势在于从"审判中心论"走向"诉讼阶段论"的论断,是不能成立的,既不符合现代各国刑事诉讼发展的实际情况,也有悖于刑事诉讼作为"诉讼活动"的基本性质。因为:

第一,"审判中心论"并不否定诉讼阶段的划分,诉讼阶段的分化也不影响审判阶段的中心地位。尽管刑事诉讼的具体阶段在逐渐增多,诉讼职能在不断分化,具体程序也越来越复杂,但总体来看,两大法系刑事诉讼各个阶段和具体程序,仍然是以审判为中心进行构建的。

第二,近几十年来,职权主义诉讼普遍进行了结构性的改革,主要内容是不断扩大审判前程序的人权保障、限制侦查机关的权力、强化控诉方的举证责任、增强审判程序的公正性和权威性。这说明,刑事诉讼制度的发展趋势是审判阶段的中心地位在不断得到加强,而不是被削弱。

第三,中国司法现实中侦查、起诉、审判三阶段"平分秋色"和公、检、法三机关"各管一段"的状况,不能成为理论上否定"审判中心论"的根据。相反,这恰恰说明我国的刑事诉讼"行政性治罪程序"的色彩过于浓厚,需要根据"诉讼"的基本原理加以根本改革,确立司法裁判的中心地位和权威性。

当然,"审判中心论"也并非简单地指"审判阶段"的中心地位,而是指作为一种诉讼职能的"司法裁判"在刑事诉讼中的核心地位。不仅关于被告人是否有罪这一实体问题只有法院才能作出最终的裁决,而且侦查、起诉机关搜查、扣押、监听、羁押等侵犯个人基本人权的活动,原则上也应当受到法院的司法审查和控制,由法院作出相应的"程序性裁判",使审判前的程序也呈现出一定的"诉讼"特征。只有裁判前的整个诉讼过程普遍采用了"诉讼"的形式,法院的司法裁判才能始终居于刑事诉讼的中心地位,从而更好地实现保障人权的目的。

3.5.2　刑事诉讼客体

　　刑事诉讼客体指诉讼主体实施诉讼行为所针对的对象,从法院的角度来看,也就是审判的对象。检察官或自诉人提起刑事诉讼、被告人反驳指控、法院对于控辩双方的诉求和主张进行审判,都是针对一定的事实进行的。因此,控、辩、审三方组合的诉讼法律关系共同的指向,是特定被告人被指控的特定犯罪事实,俗称"案件"。刑法规定的国家对于犯罪人的抽象刑罚权,只能在通过刑事诉讼活动确定特定犯罪人的特定犯罪事实以后才能成为具体的刑罚权,刑事诉讼客体反映的正是这一特定事实背后的实体法关系。

　　刑事诉讼客体是被告的刑事案件,即特定被告人被指控的特定犯罪事实,是控方所主张的观念形态的犯罪事实(嫌疑事实),不是客观存在的犯罪事实本身。客观上是否存在犯罪事实,是诉讼中应当尽可能查明的问题,但从理论上说,它不是刑事诉讼的客体。在现代刑事诉讼中,普遍采用控、审分离的原则,审判对象的确定以起诉书的记载为准,对于未经起诉的被告人和事实,法院不得审判;而且控方起诉的事实在法律上是否构成犯罪,只有待法院依法进行审理后才能确定。简单地把犯罪事实作为刑事诉讼的客体,实际上违背了这一原则,很可能导致法院超出起诉范围进行审判,使诉讼程序纠问化。

　　刑事案件在正式起诉以后称为"被告案件",在起诉以前称为"被疑案件",二者均由两部分内容构成:一是假定的犯罪嫌疑人或被告人,二是认为应当归责于犯罪嫌疑人或被告人的犯罪事实。刑事诉讼客体指被告案件,而非被疑案件,因为控、辩、审三方诉讼法律关系只有在起诉以后才形成,即只有通过起诉才能使犯罪事实以控方主张的形式明确化,也只有通过起诉才能使对该事实负责的主体即被告人特定化。而在侦查阶段,虽然观念形态上针对"案件"进行侦查,但侦查过程恰恰是查明犯罪嫌疑人和被疑犯罪事实的过程,尚未形成特定的"诉讼"法律关系。

　　学习和研究刑事诉讼客体,应当主要明确刑事案件的"单一性"和"同一性"及其法律效果。

　　刑事案件的单一性与同一性是着眼于诉讼的特殊性质而考察诉讼行为的法律效果以及判断诉讼条件是否具备时使用的两个重要概念。这两个概念在传统的大陆法系诉讼理论上并没有严格区分,直到日本学者小野清一郎明确提出应当从静态和动态两方面分别考察刑事诉讼客体,才使二者的区别在理论上得到公认[①],并为我国台湾地区学者所承认。[②]

　　刑事案件的单一性从静态的横断面来考察刑事诉讼是否为一个不可分割的整体。它取决于被告人的单一性和公诉事实的单一性。只有被告人单一并且公诉事实单一(即一人被

---

① 参见[日]高田卓尔:《刑事诉讼法》,青林书院(日本)1984 年版,第 136 页。
② 参见陈朴生:《刑事诉讼法实务》,台湾海天印刷厂有限公司 1981 年版,第 87~98 页。

指控犯一罪）时，才是单一的刑事案件；被告人为数人（数人被指控犯同一罪），或者公诉事实为数个（一人被指控犯数罪）时，或者被告人与公诉事实同为数个（数人被指控犯数罪）时，均为数个刑事案件，而非单一刑事案件。

被告人的人数是决定案件数量的重要因素。数名被告人被控犯同一罪时，即为数个刑事案件，虽然审判时可以合并审判，但各被告人的罪责仍然是可分的。因此对于共同犯罪案件，如果检察官或自诉人只对部分人起诉，从法律原则上讲，应该是允许的。

在被告人单一的条件下，公诉犯罪事实也要单一，刑事案件才是单一的。如果一名被告人被控犯有数罪，从理论上说仍然是数个案件，各个罪的刑事责任仍然是可分的，因此如果被全部认定为有罪，法院应当分别定罪判刑，然后按数罪并罚的原则决定执行的刑罚，而不能笼统定一个罪、宣告一个执行刑。是否为单一公诉犯罪事实，应当依据犯罪构成理论确定。

确认案件单一时，产生如下的法律效果：

第一，起诉的效力及于单一案件的整体。此即公诉不可分原则（Prinzip der Unteilbarkeit des Prozessgegenstandes）。也就是说，不允许只对一个案件的部分事实进行起诉，如果发现检察官只对部分事实起诉，公诉效力及于全部事实，不得再对其他部分事实另行起诉。但是否因此产生审判不可分的效力，职权主义诉讼与当事人主义诉讼有所不同。在职权主义诉讼中，法院有发现真实的义务，只要使法院产生足够的犯罪嫌疑即可起诉，检察官对于一个案件只起诉部分事实时，法院对于全部事实都有审判权，可以依职权对于全案事实进行调查审理，并作出判决。在当事人主义诉讼中，公诉事实以诉因的形式明示，法院并无脱离诉因事实而查明"客观"事实的义务，相反，它受到诉因事实的严格限制，未经检察官依法变更或追加诉因，法院不得对未起诉的事实进行审理。

第二，判决的效力也及于单一案件的整体。也就是说，仅对一个案件的部分事实作出判决时，判决对于整个刑事案件产生"一事不再理"的效力。判决生效后，不允许再对判决中没有判断的部分事实另行起诉，这也是公诉不可分原则在理论上的必然归结。例如，侵入他人住宅并进行盗窃的，因属于牵连犯罪，检察官仅就盗窃罪起诉时，对盗窃罪不论作出有罪或无罪判决，判决生效后，检察官将不得再以侵入他人住宅罪另行起诉，法院也不得以此罪名另行审判。

刑事案件的同一性从动态的、发展的角度考察刑事诉讼是否为一个不可分割的整体，特别是在不同的诉讼系属关系中，判断案件是否已经起诉、是否已经判决确定。审查刑事案件是否同一，要看诉讼后期的发展与起诉时的被告人与公诉事实是否一致，以决定起诉的效力及审判的范围。"同一"案件以被告人同一和公诉犯罪事实同一为必要条件。

无论是提起公诉，还是提起自诉，都必须明确指明被告人。被告人是否同一，原则上应当以起诉书的记载为准，但在使用化名或者自报的姓名起诉时，应以检察官或自诉人实际指控的人为被告人。如果在审理中查明了被告人的真实姓名，只要检察官或自诉人确实对他提起了诉讼，只需订正起诉书的记载即可，并不影响被告人的同一性。如果庭审中没有查明真实姓名，而仍以化名或者自报的姓名判决的，判决的效力及于检察官或者自诉人实际指控的被告人，如果化名或自报的姓名系冒用他人姓名的，被冒名的人不受判决的约束。

被告人的同一性与被告人是否单一无关，即使在数名被告人同犯一罪或数罪的情况下，就其整体考察，也有一个前后是否同一的问题。

公诉事实同一也是认定刑事案件"同一"的必要条件。在不同诉讼系属关系中，如果公诉事实不同,就不是同一案件。按照现代诉讼控、审分离的基本原则,法院的审判应当以公诉事实确定其审判范围,判决事实必须与公诉事实保持同一性。公诉事实的同一性与单一性无关,一个案件有一个案件的同一性问题,数个案件有数个案件的同一性问题。例如,检察官以被告人犯甲、乙两罪为由提起公诉,法院审理后查明所控的两项事实只构成一罪时,只要不损害公诉事实的同一性,便可以一罪判决。

如何认定公诉事实的同一性,诉讼理论上有基本事实同一说、罪质同一说、构成要件共同说、诉因共同说、指导形象类似说、社会嫌疑同一说等不同意见。[①] 日本的判例及我国台湾地区的实务都曾采用基本事实同一说,"其基本事实关系是否同一,以社会事实为准。如数诉事实及起诉事实与判决事实,其社会事实关系相同,纵犯罪之日时、处所、方法、被害物体、行为人人数、犯罪形态(共犯态样或既遂未遂)、被害法益、程序及罪名有差异,于事实的同一性并无影响"[②]。

应当说,公诉事实确实是以客观存在的社会事实为基础而成立的事实。但是,它毕竟不同于社会事实,而是经过检察官从法律角度提炼出来的、成为起诉对象的事实,即检察官从社会事实中划定的符合一定的犯罪构成要件的事实。因此,公诉事实是以客观社会事实为基础而从法律上圈定的事实。如果以基本事实关系是否同一为标准认定公诉事实的同一性,那么法院可以自由调查和认定犯罪事实,这对于保护被告人的辩护权显然是不利的。即使在职权主义诉讼中,法院审理的范围也不得违反不告不理的原则,而只能在起诉范围内自由调查审理,并且可以变更起诉书引用的处罚条款或罪名。因此,现代职权主义诉讼中专门采用基本事实同一说的逐渐减少,对于公诉事实同一性的认定一般倾向于从起诉的目的和被控行为的内容是否相同加以审查,即以起诉方请求确认的犯罪行为事实及其所反映的社会关系为准。在同一诉讼系属关系中,判决的事实虽然与起诉的事实所依据的社会事实相同,但判决所确认的事实没有反映起诉目的的,如变侵占为行贿、变走私为盗窃、变玩忽职守为工程重大责任事故等,都不是同一事实。

确认刑事案件的同一性,对于公诉的效力以及判决的效力均产生一定的法律效果。从提起公诉的效力上说,在案件同一性的范围内应当维持公诉的效力。因此,第一,即使案件的个数发生变化,也必须维持公诉的效力。对于以数罪起诉的案件可以一罪判决,而以一罪起诉的案件,经依法变更起诉或者诉因后,也可以数罪判决。第二,在公诉事实同一性的范围内,允许控方申请变更诉因或处罚条款,基于不同立法例,也可允许法院依职权变更处罚条款或罪名(如日本即采此例),但在判决时需要变轻罪为重罪时,应当经过法定的变更控诉程序,以保障被告人的辩护权。第三,对于同一案件向同一法院两次起诉的,对于后一起诉应当以判决驳回;对于同一案件向数家法院提起刑事诉讼的,没有管辖权的法院应当依法作出不予受理的裁定,以形式裁判终结诉讼。从判决的效力上说,同一案件已经由生效裁判确定的,即产生一事不再理的效力,不允许重复追诉,如果检察官错误地再次提起公诉,受诉法院不得再进行实体审理,而应当直接判决免诉。

王某为境外窃取、刺探、收买、
非法提供国家秘密、情报案

---

① 参见[日]铃木茂嗣:《刑事诉讼的基本构造》,成文堂(日本)1982年版,第222页。

② 陈朴生:《刑事诉讼法实务》,台湾海天印刷厂有限公司1981年版,第93~94页。

小结

　　本章简要地介绍了刑事诉讼的基本理论范畴。刑事诉讼目的是指立法者预先设定的进行刑事诉讼所要达到的具体目标，它能够体现刑事诉讼的价值取向；刑事诉讼结构是指控诉、辩护和审判三方在刑事诉讼过程中的组合方式和相互关系，它能够反映刑事诉讼的基本框架以及不同诉讼主体之间的相互关系；刑事诉讼主体是指构成严格意义上的刑事诉讼所不可缺少的、承担基本诉讼职能的国家机关和诉讼参与人；刑事诉讼职能是刑事诉讼主体依法在刑事诉讼中承担特定职责或可以发挥的特定作用，主要包括控诉、辩护和审判三种职能；刑事诉讼状态与刑事诉讼法律关系是大陆法系诉讼理论分别从动态和静态的角度解释刑事诉讼过程的一对范畴，在我国得到认可的是"法律关系说"；刑事诉讼行为是指诉讼主体或其他主体实施的、构成诉讼程序内容的、可以产生诉讼上的特定效果的行为，它能够反映不同诉讼主体在刑事诉讼中的活动特点；刑事诉讼条件专指法院进行实体审理的条件，它主要影响的是法院审理的法律效力以及相应的裁判类型；刑事诉讼阶段是指按照法定的顺序和步骤解决具体被追诉人刑事责任问题的连续过程中相对独立又相互联系的"组织部分"，它能够反映刑事诉讼的历史演变以及"流动性"特征；刑事诉讼客体是指诉讼主体实施诉讼行为所针对的对象，具体到审判阶段指特定被告人被指控的特定犯罪事实，即"案件"，区分案件的单一性和同一性是判断起诉效力和裁判效力的基本依据。

思考题

1. 如何理解刑事诉讼的目的？当惩罚犯罪与保障人权发生冲突时，应当如何选择？
2. 刑事诉讼结构的基本含义是什么？简述我国刑事诉讼结构的特点。
3. 简述刑事诉讼中的三种基本职能及其相互关系。
4. 简述刑事案件的单一性与同一性。

第4章 刑事诉讼的基本原则

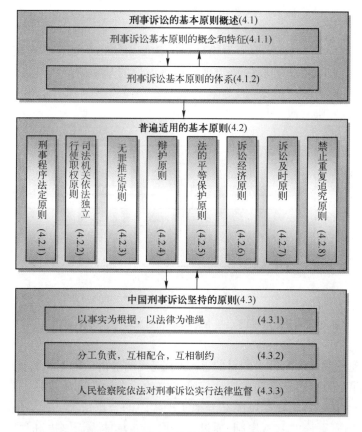

图4-0 本章基本知识结构 ［常远,2002］

导言

刑事诉讼基本原则是刑事诉讼法的基本精神和价值理念的载体,它们贯穿于刑事诉讼全过程,对现代刑事诉讼立法和司法具有普遍的指导意义,因而在刑事诉讼立法和司法实践中占有相当重要的地位。其中,有些基本原则在现代各国刑事诉讼中已经得到普遍采纳,本章称之为"普遍适用的基本原则",如刑事程序法定原则、司法机关依法独立行使职权原则、无罪推定原则、辩护原则、法的平等保护原则、诉讼经济原则、诉讼及时原则、禁止重复追究原则等；另一些基本原则只是在我国刑事诉讼立法和司法实践中才存在或被特别强调，本章称之为"中国刑事诉讼特有的原则"，如"以事实为根据，以法律为准绳"原则，公、检、法三机关分工负责、互相配合、互相制约原则，人民检察院对刑事诉讼实行法律监督原则等。普遍适用的基本原则主要反映了对被追诉人基本权利的保护，中国刑事诉讼特有的原则主要体现了对刑事诉讼中国家权力的限制。

4.1　刑事诉讼的基本原则概述

4.1.1　刑事诉讼基本原则的概念和特征

刑事诉讼基本原则，是现代刑事诉讼理论经常使用的一个概念。它是指贯穿刑事诉讼全过程，体现现代刑事诉讼的目的，决定现代刑事诉讼的基本特征，并对一国乃至各国刑事诉讼的立法和司法具有普遍指导意义的行为规范。

刑事诉讼基本原则有以下特征（见图 4-1）：

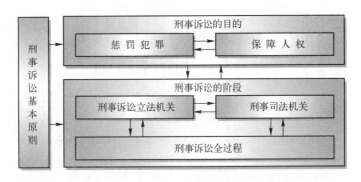

图 4-1　刑事诉讼基本原则的涵盖范围　［常远，2002］

1. 集中体现了现代刑事诉讼的目的，决定了现代刑事诉讼的基本特征

现代刑事诉讼的目的是惩罚犯罪和保障人权的平衡。为了实现这一目的，刑事诉讼既要追求控制犯罪的效率，又要尽可能充分地实现程序的公正价值。能够体现和协调这两大价值的，首先是刑事诉讼的基本原则，通过这些原则在具体诉讼制度和程序中的落实，现代刑事诉讼的基本特征如控审分离、法官中立、控辩平等、证据裁判、自由心证等得以显现。现代刑事诉讼的发展过程正是以自由主义政治哲学所倡导的价值理念为导向、以基本原则为统率对实际运行中的诉讼程序不断加以改造的过程，其中以现代刑事诉讼目的和价值取向为灵魂的基本原则对推动各国（尤其是大陆法系国家）刑事诉讼程序的改革和完善起到了决定性的作用。就某个特定的国家而言，对刑事诉讼基本原则的确认和贯彻，也在总体上决定了该国刑事诉讼的基本特征。

2. 贯穿刑事诉讼全过程，而不仅仅适用于某个诉讼阶段

刑事诉讼各个阶段都存在一些原则，这些原则体现了不同的政策选择以及各个诉讼阶段的特点。例如，在起诉阶段，有不告不理原则、国家公诉原则、起诉法定原则或起诉裁量原

则;在审判阶段,有言词原则、直接原则、公开审判原则、集中审理原则等。这些原则尽管都很重要,但它们并不具有"刑事诉讼基本原则"的地位。只有那些作用于刑事诉讼全过程或者多个诉讼阶段,对国家专门机关和诉讼参与人的诉讼行为具有普遍规范和指导作用,对刑事诉讼目的的实现和刑事诉讼法的贯彻执行具有整体性保障作用的原则,才是刑事诉讼的基本原则。

3. 对现代刑事诉讼立法和司法具有普遍指导意义

每一个国家的刑事诉讼都有自己的基本原则,这些原则对于本国刑事诉讼立法和司法具有普遍指导意义,所有刑事诉讼制度和具体程序的设计必须贯彻这些原则的精神,所有参与刑事诉讼的专门机关和诉讼参与人必须遵守这些原则。同时,随着世界范围内法律制度的互相融合、互相渗透,很多基本原则得到各国国内法的普遍承认,它们反映了人类制度文明在刑事诉讼程序方面的共同要求,体现了现代刑事诉讼中的基本价值取向。在此基础上,形成了关于刑事司法的国际准则,这些准则又反过来对各国国内法的完善以及国际司法协助起到指导和推动作用。

刑事诉讼基本原则可以是在成文法中有明确规定的,也可以是在成文法中没有明确规定但在法的实际实施过程中确实起到指导和规范作用的。例如,无罪推定原则是现代各国刑事诉讼的通行原则,但并非每个国家的法律都对它作出了明文规定。即使像法国这样的法典化国家,在 2000 年 6 月 15 日修改刑事诉讼法典之前,无罪推定原则也没有被载入法典,但我们并不能说在此之前法国刑事诉讼中不承认无罪推定原则。同样,日本宪法和刑事诉讼法至今也没有规定无罪推定,但这不妨碍日本法学界和司法界把无罪推定原则当做日本刑事诉讼的基石之一。

特别需要指出的是,在法治国家,刑事诉讼基本原则对于国家专门机关和诉讼参与人并不仅仅具有"指导"意义,也具有"规范"意义,即可以像其他的法律规定一样在具体案件中加以适用(enforceability)。因此,刑事诉讼基本原则并不因为其高度的概括性而失去其强制性,国家专门机关或诉讼参与人违反刑事诉讼基本原则时,同样会导致违反法律的后果。

4.1.2　刑事诉讼基本原则的体系

根据对刑事诉讼基本原则的上述理解,本书认为刑事诉讼基本原则可以分为两大类:一类是现代各国刑事诉讼中普遍适用的基本原则,另一类是我国刑事诉讼坚持的基本原则。前一类原则体现了现代刑事诉讼的共同特征和公理性价值取向,它们在我国刑事诉讼中都有不同程度的体现,但未必都得到了完全的确认;后一类原则体现了我国刑事诉讼的"特质",是对我国长期司法实践经验的总结。从法治原则出发,要实现刑事诉讼的任务,达到立法者预定的诉讼目的,对这两类原则都必须给予同等重视,以便既充分把握现代刑事诉讼的普遍规律和发展趋势,又深刻认识我国转型时期刑事诉讼的特殊性,进而通过法制宣传和法制改革等措施,使我国刑事诉讼基本原则形成一个内在和谐、互相统一的整体。

现代刑事诉讼普遍适用的基本原则主要有以下几项:(1) 刑事程序法定原则。(2) 司法机关依法独立行使职权原则。(3) 无罪推定原则。(4) 辩护原则。(5) 法的平等保护原则。(6) 诉讼经济原则。(7) 诉讼及时原则。(8) 禁止重复追究原则。

我国刑事诉讼坚持的基本原则包括:(1) 以事实为根据,以法律为准绳的原则。(2) 公、检、法三机关分工负责、互相配合、互相制约的原则。(3) 人民检察院依法对刑事诉讼实行法律监督的原则。

需要指出的是,关于刑事诉讼的基本原则,学界尚有不同的认识,大体上集中在"概念之争"与"内容之争"两个方面。关于概念方面的争议,主要有"刑事诉讼的基本原则""刑事诉讼法的基本原则""刑事诉讼原则"三种不同的提法。关于内容方面的争议,主要表现在四个问题上:(1) 是否必须是我国刑事诉讼法明确规定的。(2) 是否必须贯穿刑事诉讼全过程。(3) 是否必须对公安司法机关和诉讼参与人都有指导或约束作用。(4) 是仅仅指导刑事诉讼司法活动,还是同时指导刑事诉讼的立法活动。由于对刑事诉讼基本原则的概念和内容在理解上存在分歧,关于基本原则的体系自然也有不同看法,如有学者把我国《刑事诉讼法》第 3 条至第 17 条的规定一律作为基本原则对待,有学者把公开审判作为基本原则对待,有学者认为刑事诉讼原则有实然性原则与应然性原则之分,等等。

我们之所以采用"刑事诉讼基本原则"的提法,是因为在我们看来,基本原则不一定具有"法定性",即使在法律上有明文规定,也主要是为了对具体的诉讼过程起到指导和规范作用,而非"法律上的宣言"或训示性规定;同时,也是为了突出"基本原则"的重要地位,以区别于各个诉讼阶段的特有原则。至于将刑事诉讼基本原则分为"普遍适用的基本原则"与"我国刑事诉讼特有的基本原则",是因为考虑到我国尚处于传统社会向现代社会的转型时期,刑事诉讼尚未完全实现"法治化",不少公理性的基本原则在我国立法上尚未得到确认,实践中也没有贯彻这些原则的精神,有待进一步研究、落实;另外,我国刑事诉讼在结构和精神方面确实存在一些区别于其他国家的特点,其中一个重要原因在于一些带有"中国特色"的基本原则,如三机关"分工负责、互相配合、互相制约"及"以事实为根据,以法律为准绳"等,不能用公理性的原则对它们作出直接的解释,因为它们有较为独特的含义、意义和适用背景。这种两分法有助于我们深入思考刑事诉讼的一般规律性,发现我国刑事诉讼中存在的具有整体影响的重大问题,以便通过总结自身的经验教训和借鉴外国先进经验,逐步加以妥善解决。

4.2　普遍适用的基本原则

4.2.1　刑事程序法定原则

刑事程序法定原则是现代法治的基本原则在刑事诉讼领域的具体表现,重在规范和限制刑事诉讼过程中的公共权力。其基本含义包括两个方面:一是立法方面,为了追究犯罪和保障人权,国家应当通过宪法和法律确立公正的刑事程序,对于限制个人基本人权的强制方法及其适用条件、期限、诉讼手段和诉讼规则等,作出明确的规定;二是执法和司法方面,要求侦查、起诉和审判机关必须在遵守法定程序的前提下动用限制人身自由、损害财产权益等强制性措施、追诉手段和刑罚方法。具体要求是:

第一,国家应当保证刑事程序的法治化。刑事诉讼的法律依据必须是宪法和立法机关制定的"法律",不得以行政法规或者部门规章、司法解释的名义限制个人权利,或者在法律之外规定限制甚至剥夺个人权利的程序;程序法的规定必须是明确的,对刑事程序的基本问题,如参与刑事诉讼的国家专门机关及其职权和职责、诉讼参与人的权利和义务、具体诉讼行为的程序要件等,作出严密的规定,不应当因为过于粗疏而生歧义或者留有过大的随意处置的余地,更不应当存在不受法律调整的"死角";程序法的规定必须是公开的,而不能是秘密的"内部规定";程序法的规定必须是民主的,不仅其立法程序必须符合民主的要求,而且其内容也必须充分体现宪法所保障的基本人权和自由以及对本国有约束力的国际法准则;程序法的规定必须是协调的,与相关的法律如法院组织法、检察院组织法、律师法、民事诉讼法、行政诉讼法、监狱法等相一致;程序法的规定还必须是权威的,一切立法解释、司法解释、部门规章、行政法规和地方性法规,必须服从宪法和法律的规定,与宪法和法律的规定或其精神相符,否则无效。

第二,参与刑事诉讼的国家机关及其公务人员必须严格遵守和执行宪法与法律的规定。任何国家机关在刑事诉讼中的权限都只能由宪法和法律事先授予,宪法和法律没有明确授予的权力,有关国家机关不得自行代表国家行使,否则就是越权;即使行使宪法和法律授予的职权,也只能在遵守法定条件和程序的前提下进行,否则就是知法违法。对于国家专门机关超越法定职权或者违法行使职权的行为,一切利害关系人均有权加以抵制,并获得公正的法律救济。历史和现实的经验证明,刑事程序法能否得到有效执行,刑事诉讼中能否贯彻法治原则,关键在于以国家专门机关为代表的政府在职务活动中是否遵守法律。

第三,确立违法制裁。法律效力体现在它的强制性,违法者必须承担相应的法律后果。刑事程序法定原则的贯彻也必须以违法制裁为后盾。对于国家专门机关及其官员违反程序法的行为,除从实体法上给予有关人员必要的处罚以外,法治国家还广泛采用程序上的措施予以"制裁"。这主要包括:第一,通过合理的司法程序排除政府官员以违法方法收集的证据;第二,经过中立的司法官员批准,立即释放被违法拘捕或者羁押的犯罪嫌疑人或被告人;第三,应利害关系人申请,由中立的司法官员宣布违法程序无效;第四,根据法定的上诉程序,由上诉审法院裁定撤销因违反法定程序而导致的有罪判决。具体在何种情形下采取何种制裁方法,不同国家基于自己的价值取向和司法传统等因素可能会有不同的选择,通常情况下还会赋予法官一定的裁量权。

第四,实行诉讼监督。为了保证法定程序得到遵守,必须建立一定的诉讼监督机制。国外通行的监督办法主要有三种:一是由检察官监督甚至指挥司法警察的侦查活动;二是由法官对侦查、起诉行为进行审查,并允许权利受到侵害的公民向法官提出救济的请求,由法官决定是否立即释放被捕的犯罪嫌疑人、是否排除相应的证据、是否宣布搜查程序无效等;三是由上诉审法院对此前的诉讼活动的程序与结果的合法性进行审查,特别是各国最高法院通过个案审理所发布的司法解释,对于统一侦查官员的行为准则以及强制侦查、起诉官员遵守法定的程序,具有重要的作用。一些国际组织如欧洲人权法院等,对于监督各主权国家遵守自己所签署的国际公约或其他国际规范性文件所规定的国际准则,也发挥了日益明显的作用。

刑事程序法定原则在大陆法系国家与罪刑法定原则相伴而生、形影不离。罪刑法定原则要求"法无规定不为罪""法无规定不处罚";与此相适应,刑事程序法定原则要求追究犯罪、行使国家刑罚权的活动程序必须事先以法的形式加以明确规定,参与刑事诉讼的国家机关只能在法律范围内依照法定程序行使职权,未经法定程序,不得对任何人进行指控、逮捕、审判和处刑。这一原则最先由法国 1789 年《人权宣言》第 7 条加以规定:"除非在法律规定的情况下,并按照法律所规定的程序,不得控告、逮捕和拘留任何人。"1791 年法国《宪法》对此加以确认,随后传播到整个欧洲大陆。日本 1899 年《宪法》第 231 条也仿效《普鲁士宪法》第 8 条规定:"日本臣民,非依法律规定,不受逮捕、监禁、审讯和处罚。"苏联《宪法》第 160 条规定:"非经法院判决和根据法律,任何人都不能被认为是罪犯和受刑事惩罚。"《苏联和各加盟共和国刑事诉讼纲要》第 4 条规定:"非依法定根据和法定程序,不得把任何人当做刑事被告人追究。"这些规定表明,苏联实质上也是承认刑事程序法定原则的,理论上称之为"刑事诉讼中的社会主义法制原则"[①]。目前,法国《宪法》序言、德国《基本法》第 104 条、意大利《宪法》第 13 条和第 14 条、日本《宪法》第 31 条、比利时《宪法》第 7 条,都对此原则作了明确规定。大陆法系国家不厌其详地以法典化的方式对刑事程序的基本方面进行系统、周密的规定,正是刑事程序法定原则的具体表现。

刑事程序法定原则在英美法系国家,则表现为"法的正当程序"(due process of law)原则。这一原则的现代形态最先规定在英国 1628 年的《权利请愿书》第 4 条,后被美国联邦《宪法》第 5 修正案和第 14 修正案、菲律宾《宪法》第 4 条、加拿大 1982 年《权利与自由宪章》第 7 条以及其他一些英美法系国家所承认。虽然英美学者对于正当程序的解释不尽相同,但根据权威的解释,其基本含义在于:"除非事先经过依据调整司法程序的既定规则进行的审判,任何人不得被剥夺生命、自由、财产或者法律赋予的其他权利。"[②] 因此,"法的正当程序"原则要求在剥夺公民的生命、自由和财产或其他权益时,必须经过公正合理的审判程序,个人权益受到侵犯时,享有司法救济的权利,政府有责任保证个人得到公正审判,并且以被追诉人的一种宪法权利直接体现出来。法的正当程序原则与普通法上的人身保护令制度相结合,构成英美法系刑事程序法特有的人权保障机制。

刑事程序法定原则不仅为法治国家所广泛确认,而且已经成为国际人权法上的一条基本准则。《公民权利与政治权利国际公约》第 9 条第 1 款规定:"每个人都享有人身自由与安全的权利,任何人不得被任意逮捕或羁押,除非依据法律所规定的理由并遵守法定的程序,任何人不得被剥夺自由。"《欧洲人权公约》第 5 条第 1 款、《美洲人权公约》第 7 条、《非洲人权宪章》第 6 条也有类似的规定。

需要说明的是,刑事程序法定原则侧重于限制刑事诉讼过程中的公共权力,要求任何官方的决定必须有程序上和实体上的根据,但这并不是说官方权力在实际行使过程中不能有任何灵活性。事实上,法治国家普遍承认侦查官、检察官和法官的裁量权,关键在于如何在程序法定与官方的裁量权之间寻求适当的平衡。如果程序过于粗疏,官方的裁量权太大,就会导致权力失控,甚至被滥用,使相对人的合法权益受到侵害,而且即使侵害了,也难以有效地予以救济;相反,如果程序过于死板,限制过严,就有可能抑制侦查官、检察官和法官认真履行职责的积极性和主动性,导致收集证据、查获犯罪嫌疑人、决定追诉和公正审判等方面的效率低下,放纵犯罪,直接影响到社会安全。

中国《宪法》第 37 条规定:"中华人民共和国公民的人身自由不受侵犯。任何公民,非经人民检察院批准或者决定或者人民法院决定,并由公安机关执行,不受逮捕。禁止非法拘禁和以其他方法非法剥夺或者限制公民的人身自由,禁止非法搜查公民的身体。"《刑事诉

---

① И.В. 蒂里切夫等编著:《苏维埃刑事诉讼》,张仲麟等译,法律出版社 1984 年版,第 62 页。

② *Black's Law Dictionary*, p. 346(abridged sixth ed., 1991).

讼法》第 3 条第 2 款也规定：“人民法院、人民检察院和公安机关进行刑事诉讼，必须严格遵守本法和其他法律的有关规定。”这些规定强调依照既定的法律程序进行刑事诉讼，与刑事程序法定原则的基本精神相符。《刑事诉讼法》第 52 条还明确规定，审判人员、检察人员、侦查人员必须依照法定程序收集证据，“严禁刑讯逼供和以威胁、引诱、欺骗以及其他非法方法收集证据，不得强迫任何人证实自己有罪”。这是从收集证据方面对该原则的具体落实。

从总的方面看，我国已承认刑事程序法定原则。我国公、检、法机关进行刑事诉讼是有法可依的，它们在办理刑事案件时基本上是按照宪法和法律规定的程序进行的。1996 年《刑事诉讼法》实施以后，由于公安司法人员乃至全社会程序意识的提高，程序法的作用显著增强，社会公众对于依据程序法办事的呼声日渐高涨，刑事诉讼的法治化程度不断提高。2012年修改的《刑事诉讼法》进一步加强了人权保障，明确规定了非法证据排除规则，对公安司法机关收集、调查证据以及起诉、审判、执行程序提出了更加严格的法律要求。2018 年《刑事诉讼法》修正案则落实了宪法规定，完善了监察法与刑事诉讼法的衔接机制，同时将认罪认罚从宽制度和刑事速裁程序入法，确立了刑事缺席审判制度，以法治方法推动我国刑事司法改革。

然而，也必须看到，中国宪法和法律并没有明文确认刑事程序法定原则。从刑事程序法定原则的要求来看，中国刑事诉讼的立法以及刑事司法过程仍然存在一些现实问题。概括起来主要有：(1) 刑事诉讼法律化程度不高，一些涉及公民基本人权的重大问题（如无罪推定原则）缺乏规定，或者有关规定尚不够明确（如技术侦查等），为司法擅断、滥用职权留下可乘之机；(2) 立法内容未能充分反映刑事诉讼科学化、民主化的要求，赋予了公安机关过大的裁量权，带有明显的国家主义倾向；(3) 公安、检察机关在刑事诉讼中执法不严、法院司法违法的现象尚有一定的普遍性，法律在一定程度上仍然依附于权力，刑事程序被当做办理刑事案件的“手续”，对公权力的约束力不强；(4) 对刑事诉讼法的有权解释相当混乱，不仅一些没有法定解释权的机关或部门参与解释，而且一些行政解释与司法解释、司法解释与司法解释之间相互矛盾，甚至有的法律解释公然违反法律，成为主管机关自行扩充权力的“法外之法”；(5) 宪法不能进入刑事诉讼，刑事诉讼必须“以法律为准绳”，却不需要“以宪法为准绳”，公民的宪法性权利（如人身自由、人格尊严、辩护权等）在刑事诉讼中受到侵犯时几乎缺乏有效的救济。

上述问题的存在，既有体制上的原因，也有观念上的原因，还有立法、司法和执法人员素质等方面的原因。需要通过改革体制、更新观念、健全立法、提高素质等多种方法“综合治理”，以便最终实现刑事程序的法治化。

4.2.2 司法机关依法独立行使职权原则

司法机关通常包括法院和检察院，但各国公认的司法机关只有法院。从这个意义上来说，司法机关依法独立行使职权原则主要包括两层含义：一是审判权的“专属性”，即国家的审判权只能由宪法和法律规定的依法设立的法院和具有法定资格的法官专门行使，其他任何机关、组织、个人都不能行使；二是法官职务行为的“独立性”，即法官行使审判权时只服从宪法和法律，既不受行政机关的干涉，也不受上级法院或本法院其他法官的影响。例如，日本《宪法》第 76 条规定：“一切司法权属于最高法院及依法律规定设置的下级法院；所有法官依良心独立行使职权,只受本宪法和法律的约束。"

在西方法治国家,司法机关依法独立行使职权原则既是调整国家政治体制的一项宪法原则,也是解决政府和人民直接利益冲突的刑事诉讼的一项基本原则,具有政治性和技术性双重属性,其理论基础是关于"三权鼎立"的国家学说。近代启蒙思想家孟德斯鸠指出:"如果司法权不同立法权和行政权分立,自由就不存在了。如果司法权同立法权合二为一,则将对公民的生命和自由实行专断的权力,因为法官就是立法者。如果司法权同行政权合二为一,法官便将握有压迫者的力量。"① 根据这一学说,法治国家普遍将司法机关依法独立行使职权原则规定为一项宪法原则。第二次世界大战以后,司法机关依法独立行使职权原则演变为一项国际刑事司法准则,得到国际社会的广泛认同和多个国际规范性文件的确认。例如,1948 年联合国大会通过并颁布的《世界人权宣言》第 10 条规定:"人人完全平等地有权由一个独立而无偏倚的法庭进行公正的和公开的审讯,以确定他的权利和义务并判定对他提出的任何刑事指控。"《公民权利与政治权利国际公约》第 14 条第 1 款规定:"在判定对任何人提出的任何刑事指控或者确定他在一件诉讼案件中的权利和义务时,人人有资格由一个依法设立的合格的、独立的和无偏倚的法庭进行公正的和公开的审讯。"联合国 1985 年11 月 29 日通过的《关于司法机关作用的基本原则》首先就强调"司法机关的独立",并且具体规定:各国应保证司法机关的独立,并将此项原则正式载入其本国的宪法或法律之中;尊重并遵守司法机关的独立,是各国政府机构及其他机构的职责;司法机关应不偏不倚、以事实为根据并依法律规定来裁决其所受理的案件,而不应有任何约束,也不应为任何直接间接的不当影响、怂恿、压力、威胁或干涉所左右,不论其来自何方或出于何种理由;司法机关应对所有司法性质的问题享有管辖权;不应对司法程序进行任何不适当或无根据的干涉。

司法机关依法独立行使职权原则在现代西方政治法律制度中具有重要的意义。从政治上讲,司法机关依法独立行使职权是现代西方民主法治的基础,其本质是要求在政府与政府权力的相对人之间的利益发生冲突时,始终由独立的司法机关进行裁决,把政治问题纳入司法程序,予以技术化,既维护政府的政治权威,又保障个人的基本人权,从而维护社会的持久和平与稳定,防止社会因为政治势力的起伏而出现动荡。这样,社会便真正成为自由人的自治与联合体,人的个性能够得到充分的发展。从技术上讲,司法机关依法独立行使职权是司法公正的前提,是法院排除各方面的干扰、公正处理具体案件的保障。只有实行司法机关依法独立行使职权原则,才能使处于弱势地位的个体或社会群体得到公平的司法救济。具体到刑事诉讼而言,只有实行司法机关依法独立行使职权原则,才能保证被告人接受公正审判的权利,使受到政府追究的个人在程序上受到公平的对待、在实体上受到公正的处理。从民主法治的角度来看,司法机关依法独立行使职权不仅仅是对法院和法官的制度性保护,更重要的是所有的社会成员在法治状态下应该享有的一项基本权利。没有司法机关依法独立行使职权,受到损害的不止是个案中的一方当事人或者政府权力的具体相对人,而是全体社会成员。

中国《宪法》第 131 条规定:"人民法院依照法律规定独立行使审判权,不受行政机关、社会团体和个人的干涉。"第 136 条规定:"人民检察院依照法律规定独立行使检察权,不受行政机关、社会团体和个人的干涉。"《刑事诉讼法》第 5 条、《人民法院组织法》第 4 条以及

① [法]孟德斯鸠:《论法的精神》(上册),张雁深译,商务印书馆 1982 年版,第 156 页。

《人民检察院组织法》第 4 条也有相同的规定。这是司法机关依法独立行使职权原则在我国宪法和法律中的体现。与国际社会普遍采用的司法机关依法独立行使职权原则相比,中国的司法机关依法独立行使职权具有一些明显的特点(见表 4-1)。

在中国现阶段,尽管法院、检察院依法独立行使职权面临不少困难,但事实证明,认真贯彻司法机关依法独立行使职权原则,仍然有极其重要的现实意义。因为切实保障法院、检察院排除外来干涉,公正、合法地行使职权,既是具体刑事案件得到妥善处理的重要条件,也是维护社会稳定的重要保证,同时还是维持司法程序公信力的必要条件。越是社会影响大、涉及面广的案件,法院、检察院独立司法的社会效果也越好。

表 4-1　中国与西方司法机关依法独立行使职权原则的特点比较　[孙长永,2002]

比较点	西方国家	中国
司法机关依法独立行使职权的根据	均以"三权鼎立"理论为依据	中国宪法和法律以及主流意识形态不承认"三权鼎立"理论,因此,中国的司法机关依法独立行使职权是人民代表大会制度和共产党领导前提下的司法机关依法独立行使职权,它是统一的国家权力在不同国家机关之间合理分工的产物
司法机关依法独立行使职权的主体	仅仅是法官独立,不包括检察官独立。检察官一般隶属于行政机关,虽然在业务活动中具有相当的独立性,但没有达到法官那样的独立程度,一些国家的检察官也不享有法官一样的身份保障	既包括法院依法独立行使职权,也包括检察院依法独立行使职权,但主要是指法院或检察院作为一个整体在行使职权的时候是独立的。在同一个法院或检察院内部,法官或检察官则不完全是独立的,法官或合议庭必须服从审判委员会的决定,检察官则必须服从检察委员会或检察长的决定
司法机关依法独立行使职权的范围	司法机关依法独立行使职权的核心,是法官行使职权时只服从宪法和法律,不受任何外来的干涉或影响,特别是不受执政党、政府或议会的干涉	法院、检察院由人民代表大会产生。根据宪法,它们必须对人民代表大会及其常委会负责,向其报告工作,并且接受其监督;同时,与其他所有国家机关一样,法院和检察院必须服从共产党的领导。执政党对法院、检察院工作的领导以及国家权力机关依法对法院、检察院工作的监督,不属于"干涉",不在法院、检察院"独立"的范围之内
司法机关依法独立行使职权的性质	具有政治性和技术性双重属性	法院和检察院都是执政党贯彻自己的政策、维护社会稳定的工具。因此,在中国,独立行使审判权、检察权仅仅具有诉讼意义,而没有明显的政治性,其作用主要是保证法院、检察院能够按照执政党的意图和法律的规定公正地处理具体的诉讼案件,防止行政机关、社会团体和个人不适当地干涉司法工作,影响执政党的政策和法律的正确执行
司法机关依法独立行使职权的保障	有一整套相应的制度予以保障,如法官任职终身制、高薪制、司法豁免制度等,以保障法官在人、财、物等方面不受制于外力	虽然有宪法和法律的诸项条款予以规定,但由于体制、政策、具体制度等多方面的原因,法院和检察院独立行使职权的主要保障在于执政党的政策,独立的程度和效果往往"因地制宜""因时制宜"。随着司法改革的深入和法官、检察官制度的完善,法院、检察院依法独立行使职权将得到越来越充分的保障

为了使法院、检察院能够真正独立行使职权,确保司法公正,有必要通过司法改革,处理好执政党、国家权力机关、行政机关、新闻媒体与司法机关之间的关系,上下级司法机关之间的关系,以及法院内部法官与院(庭)长之间、合议庭与审判委员会之间的关系。从根本上看,实现人民法院、人民检察院分别依法独立公正行使审判权、检察权是我国司法改革的目标之一,也是把我国建成"社会主义法治国家"的基本前提。

4.2.3　无罪推定原则

无罪推定是指任何人在经过法定的司法程序最终被确认为有罪之前,在法律上应把他视为无罪的人。其基本含义有以下两个方面:

第一,如何确定一个法律上无罪的人有罪? 提供证据并且证明法律上无罪的人有罪的责任由控诉机关或人员承担,犯罪嫌疑人或者被告人没有协助控诉一方证明自己有罪的责任,更不能要求他证明自己无罪;犯罪嫌疑人或被告人对于指控享有保持沉默的权利,对于侦查、起诉、审判官员的具体提问有拒绝回答的权利;控方履行证明责任必须达到确实、充分或者无合理疑问的程度,才能认定被告人有罪,若不能证明其有罪或者证明达不到法定的证明标准,则应判决宣告被告人无罪,即"罪疑从无";最终认定被告人有罪的权力专属于独立公正的司法机关即法院,其他任何机关,特别是直接受到政府控制的警察或检察机关无权行使;法院必须经过合法、公正的审判程序才能作出有罪判决,在这种程序中,被追诉人应当拥有对抗国家追诉权所必备的程序保障,如被告获知罪状的权利、获得律师帮助的权利、与控方证人对质的权利、传唤有利于自己的证人的权利,等等。

第二,在法律上无罪的人被定罪之前如何对待他? 任何人于法院最后定罪之前在法律上是无罪的人,因此政府如果怀疑某个人犯罪或者决定采取拘留、逮捕措施时,必须有合理根据,不得随意决定追究个人的刑事责任;犯罪嫌疑人或被告人,即使是因为现行犯罪而被拘捕的,在被依法审判确认有罪之前,也不能把他当作罪犯对待,特别是不能采取刑讯逼供等非法方法搜集证据,侵犯犯罪嫌疑人或被告人的人格尊严;一切限制或剥夺人身自由、损害财产权或隐私权的强制措施必须受到法律的严格限制,把可能造成的损害减少到最低限度。

从历史上看,无罪推定是在否定以犯罪嫌疑人或者被告人有罪为出发点的纠问制刑事程序的基础上形成并发展起来的一项法律原则。它与刑事程序法定原则一起,构成现代刑事诉讼制度的基石。无罪推定首先出现于英国普通法的诉讼理论中,后来为美国宪法及其诉讼实务所采用,英美法系刑事程序的各个环节如逮捕、羁押与保释、预审、陪审裁决等以及证明责任的分配规则、被追诉者"不被强迫自证其罪的特权"(privilege against self-incrimination),都体现了这一原则。在大陆法系,意大利法学家贝卡利亚最早在理论上提出了无罪推定的思想,他在《论犯罪与刑罚》一书中批判刑讯时指出,"在法官判决之前,一个人是不能被称为罪犯的。只要还不能断定他已经侵犯了给予他公共保护的契约,社会就不能取消对他的公共保护","如果犯罪是不肯定的,就不应折磨一个无辜者,因为在法律看来,他的罪行并没有得到证实"[①]。法国1789年《人权宣言》第9条明确规定"任何人在其被宣告为犯罪以前,应当被假定为无罪",从而把无罪推定正式确定为一项法治原则,并为后来各国

① [意]贝卡利亚:《论犯罪与刑罚》,黄风译,中国大百科全书出版社1993年版,第31页。

所广泛接受,成为许多国家宪法性公民权利的重要组成部分。1948 年 12 月 10 日联合国大会通过的《世界人权宣言》首次在联合国文件中确认无罪推定原则,为在全球范围内贯彻这一原则提供了法律依据。该宣言第 11 条第 1 款规定:"凡受刑事控告者,在未经获得辩护上所需的一切保证的公开审判而依法证实有罪以前,有权被视为无罪。"1950 年 11 月 4 日在罗马签订的《欧洲人权公约》第 6 条第 2 款也作了类似的规定。1966 年 12 月 16 日联合国大会通过《公民权利与政治权利国际公约》,再次确认无罪推定原则,在第 14 条第 2 款规定"凡受刑事控告者,在未依法证实有罪之前,应有权被视为无罪",将无罪推定作为人类家庭成员应当享有的一项公民权利和政治权利,并要求各缔约国采取必要措施加以保障。1969 年《美洲人权公约》第 8 条第 2 款以及后来联合国制定的一系列有关刑事司法的标准和规范,如联合国《少年司法最低限度标准规则》《禁止酷刑和其他残忍、不人道或有辱人格的待遇或处罚公约》《保护所有遭受任何形式拘留或监禁的人的原则》,均将无罪推定作为刑事司法领域国际公认的法律标准和基本人权之一。此外,一些刑事方面的重要国际性学术团体、机构和会议也都有涉及无罪推定的决议和宣言。如 1994 年 9 月 10 日在巴西召开的世界刑法学协会第十五届代表大会通过的《关于刑事诉讼法中的人权问题的决议》第 2 条规定:"被告人在直到判决生效为止的整个诉讼过程中享有无罪推定的待遇。无罪推定也适用于有免责理由或减轻情节的案件。"

　　无罪推定原则的核心思想是限制政府动用强制手段威胁个人自由、财产等基本权益,保障个人相对于强大的政府的独立、自治的主体地位。虽然无罪推定原则的具体受益者主要是已经进入刑事程序、正在被追究的犯罪嫌疑人和被告人,但它同时也要求阻止政府随意决定开始刑事追究、无根据地决定采取程序外的措施侵犯公民的基本人权。因此,这一原则的确立不仅带动了整个刑事程序的法治化和民主化,而且对丁提高公民在政治生活和社会生活中的地位,保护个人不受政治权力干预的"市民生活"的安定性,都具有十分重要的意义。从这个意义上说,无罪推定不仅是一项基本的诉讼原则,更是一项关系到每个公民切身利益的宪法原则,多数国家都把这一原则作为每个公民的基本人权规定在宪法之中,就是明证。

　　中国对于无罪推定原则曾经长期持批判态度。但在 1991 年 12 月 29 日全国人大常委会批准加入《儿童权利公约》时,对其中第 40 条"在依法判定有罪之前应视为无罪"的规定,没有声明保留,标志着我国在国际上已经接受无罪推定原则。1990 年 4 月 4 日七届全国人大三次会议通过的《中华人民共和国香港特别行政区基本法》第 87 条第 2 款规定:"任何人在被合法拘捕后,享有尽早接受司法机关公正审判的权利,未经司法机关判罪之前均假定无罪。"1993 年通过的《中华人民共和国澳门特别行政区基本法》第 29 条第 2 款规定:"澳门居民在被指控犯罪时,享有尽早接受法院审判的权利,在法院判罪之前均假定无罪。"1998 年 10 月 5 日,我国政府签字加入联合国《公民权利与政治权利国际公约》。所有这些都说明,我国已经对国际社会承诺采纳无罪推定原则,并保证我国香港、澳门特别行政区居民享有无罪推定的基本权利。

　　然而,在中国内地直到 20 世纪 80 年代末才通过最高人民法院的司法解释确认疑罪从无的原则。[①]1996 年修改《刑事诉讼法》时,对是否确立无罪推定原则进行了热烈的讨论,最终通过的 1996 年《刑事诉讼法》在第 12 条规定:"未经人民法院依法判决,对任何人都不

---

① 参见 1989 年 11 月 4 日最高人民法院《关于一审判决宣告无罪的公诉案件如何适用法律问题的批复》。

得确定有罪。"为此,取消了人民检察院原来的免予起诉决定权;同时 1996 年《刑事诉讼法》在第 162 条规定,经人民法院依法审判,对"证据不足,不能认定被告人有罪的,应当作出证据不足、指控的犯罪不能成立的无罪判决";还对受到刑事追究的人以起诉为界线分别称为"犯罪嫌疑人"和"被告人"。2012 年修改的《刑事诉讼法》进一步明确规定:"公诉案件中被告人有罪的举证责任由人民检察院承担"(第 49 条);"不得强迫任何人证实自己有罪"(第 50 条);"对于二次补充侦查的案件,人民检察院仍然认为证据不足,不符合起诉条件的,应当作出不起诉的决定"(第 171 条第 4 款);对于第二审人民法院发回重审的上诉、抗诉案件,原审人民法院重新审判后被告人提出上诉或者人民检察院提出抗诉的,第二审人民法院"应当依法作出判决或者裁定,不得再发回原审人民法院重新审判"(第 225 条第 2 款);对于第二审人民法院发回重审的上诉案件,"除有新的犯罪事实,人民检察院补充起诉的以外,原审人民法院也不得加重被告人的刑罚"(第 226 条第 1 款)。这些规定结合起来表明,我国立法已经吸收了无罪推定原则的基本精神。

但是,在学术界,关于《刑事诉讼法》第 12 条规定的理解,仍然存在不同意见。"肯定说"认为,该条规定表明我国刑事诉讼中确认了无罪推定原则;"否定说"认为,该条规定并不是无罪推定,中国刑事诉讼采用的是实事求是原则,而非无罪推定原则;"折中说"认为,该条规定在一定程度上吸收了无罪推定原则的精神,但并没有采用"无罪推定"的表述,以免引起思想混乱。本书认为,判断我国刑事诉讼中是否确立了无罪推定原则,不能仅仅依据立法上的规定,更不能完全依据《刑事诉讼法》第 12 条的规定,而必须充分考虑到法律上的其他规定以及刑事司法的实际情况。在我们看来,我国刑事诉讼中并没有承认无罪推定原则,理由如下:

第一,《刑事诉讼法》第 12 条没有确认无罪推定原则。结合修改《刑事诉讼法》的其他内容考察,可以看出,该条规定只包含以下两层意思:(1)定罪权由人民法院统一行使,在经法院判决有罪以前,对任何人都不得以罪犯对待,而不管他事实上是否犯罪。公安机关和人民检察院可以在审判前对犯罪嫌疑人或被告人作出有罪的认定,但这种认定只具有程序意义,不是最后的结论,在程序外没有法律上的效果。(2)人民法院确定任何人有罪,必须经过依法判决,即依据刑事诉讼法规定的程序开庭审理,依据刑法规定作出有罪判决,并正式宣告。

第二,参与立法的人员也不承认无罪推定原则。对中国立法上要不要确立无罪推定原则的问题,一直是有争议的。1957 年草拟《中华人民共和国刑事诉讼法草案(草稿)》时曾经规定"被告人在有罪判决发生法律效力以前,应当假定为无罪的人",但 1963 年对这个草稿进行修改时,经过讨论,认为它不利于同犯罪作斗争,因而予以废除。1979 年全国人大常委会法制委员会组织人员对 1963 年修订的《中华人民共和国刑事诉讼法草案(初稿)》进行讨论修改时,参加修改的人员和被征求意见的单位都没有提出应当规定无罪推定的意见。在全国人大常委会法制委员会讨论修正稿和第五届全国人大二次会议审议过程中,也无人主张应当增加无罪推定的规定。[①] 因此,1979 年《刑事诉讼法》实际上否定了无罪推定原则。1996 年修改《刑事诉讼法》过程中,专家建议稿草案建议明确规定无罪推定原则,但没有被立法机关采纳。据负责修法的官员解释:"封建社会采取有罪推定的原则,资产阶级针对有

---

① 陈一云主编:《证据学》,中国人民大学出版社 1991 年版,第 172~173 页。

罪推定,提出了无罪推定。我们坚决反对有罪推定,但也不是西方国家那种无罪推定,而是以客观事实为根据。"① 参与立法的有关人员也认为:"我们反对有罪推定,但也不是西方国家的那种无罪推定,而是实事求是地进行侦查,客观地收集有罪或无罪、罪轻或罪重的各种证据,在人民法院作出有罪判决以前,我们不称被告人为罪犯,但也不说他没有罪或者假定他无罪,如果假定他无罪,那么侦查机关对他进行侦查、采取强制措施就没有根据了。"② 可见,立法者在思想上对无罪推定原则是不接受的。在 2011 年《刑事诉讼法修正案(草案)》公开向全社会征求意见过程中,学术界和律师界再次提出在立法中明确规定无罪推定原则的建议,但仍然未被立法机关接受。

第三,司法实践中,国家专门机关并没有按照无罪推定原则的要求对待犯罪嫌疑人、被告人。根据《刑事诉讼法》规定的精神和司法实践中的一贯做法,国家专门机关对待犯罪嫌疑人、被告人的基本态度是"实事求是"。正是在这种思想的指导下,我国《刑事诉讼法》没有承认犯罪嫌疑人及被告人的沉默权,而是一如既往地规定"犯罪嫌疑人对侦查人员的提问,应当如实回答";同时,在审查起诉和法庭审判程序中分别设置了"讯问犯罪嫌疑人"和"讯问被告人"的程序。根据"坦白从宽、抗拒从严"的刑事政策,如果犯罪嫌疑人、被告人拒绝回答侦查、检察、审判人员的提问,或者在回答提问的过程中故意撒谎,或者对明显需要他作出解释的事实,一味消极否认,会被视为"抗拒",如果法院最终判决他有罪,他将会被"酌情"从重处罚。这实际上就是要求犯罪嫌疑人、被告人协助国家专门机关查明他所被指控的犯罪事实。如果再考虑到我国绝大多数犯罪嫌疑人、被告人在定案处理以前都处于被羁押的状态以及刑讯逼供仍然带有一定的普遍性等因素,可以认为,我国刑事司法实践中也是不承认无罪推定原则的。

我国立法上没有确认无罪推定原则,有政治、社会、文化传统和思想观念以及立法人员的业务素质等多方面的原因,其中,思想观念上的障碍是至关重要的。不少人或多或少地都持有这样的想法:无罪推定不符合实事求是原则。实际上,无罪推定原则与在有合理根据的前提下对犯罪嫌疑人或被告人采取强制措施、提起公诉根本不矛盾,只是要求侦查、起诉机关采取这样的措施必须有真凭实据,遵守法定的程序,并且不能强制受到刑事追究的人"自证其罪",以保护个人的基本自由和权利。实事求是原则只是在事实完全查明的情况下作出结论时应当适用的基本原则,它解决不了罪行确定以前的诉讼过程中犯罪嫌疑人或被告人的法律地位问题,以实事求是原则否定无罪推定原则,实质上就是要求被追究刑事责任的个人履行协助义务。这就违背了我国已经签字加入的一系列国际公约的规定,不利于保障公民依据宪法所享有的基本自由和权利,特别是不利于保障犯罪嫌疑人、被告人的辩护权以及接受公正审判的权利,与世界范围内刑事诉讼制度的民主化趋势不相协调。因此,从发展趋势看,我国刑事诉讼中最终必然要确认无罪推定原则。

最高检督办广东徐辉
申诉案再审改判无罪

---

① 顾昂然先生 1996 年 1 月 15 日在刑事诉讼法座谈会上的发言,载《法制日报》1996 年 2 月 3 日,第 2 版。

② 胡康生、李福成主编:《中华人民共和国刑事诉讼法释义》,法律出版社 1996 年版,第 15 页。

4.2.4　辩护原则

辩护是指在刑事诉讼中,犯罪嫌疑人、被告人及其辩护人从事实上和法律上反驳指控,提出有利于犯罪嫌疑人、被告人的材料和意见,说明犯罪嫌疑人、被告人无罪、罪轻或者应当减轻、免除刑事责任的诉讼活动。辩护原则是指在法律上确认犯罪嫌疑人、被告人享有辩护权,并在刑事诉讼过程中体现和保障这一权利的诉讼原则。

辩护原则的主要内容是:犯罪嫌疑人、被告人在刑事诉讼的任何阶段都有权进行辩护,既可以自行辩护,也可以通过律师或其他人进行辩护。第二次世界大战以后,不断扩大和充实辩护权,成为法治国家刑事诉讼法发展的主流趋势之一,辩护原则由国内法的原则演变为国际刑事司法准则。为了保障犯罪嫌疑人、被告人的辩护权,国际人权法和各国国内法普遍规定应当赋予犯罪嫌疑人、被告人一系列相应的诉讼权利,如有权知悉被指控犯罪的性质和理由;有权被告知可以获得律师的法律帮助;有相当的时间和便利准备辩护,并与自己的律师进行联络;有权询问证人和鉴定人;有权借助于国家的力量强制有利于自己的证人出庭作证;有权对判决、裁定提出上诉,等等。我国《宪法》第 130 条规定"被告人有权获得辩护"。《刑事诉讼法》第 11 条也规定,"被告人有权获得辩护,人民法院有义务保证被告人获得辩护",并在侦查、审查起诉和审判程序中具体规定了犯罪嫌疑人、被告人委托辩护人的范围、程序以及法院指定辩护的条件。可见,辩护原则也是我国刑事诉讼中的一项重要原则。

辩护原则的基本要求有以下三点:

第一,犯罪嫌疑人、被告人在整个刑事诉讼过程中享有辩解和自我辩护的权利。

第二,犯罪嫌疑人、被告人享有获得辩护人帮助的权利。犯罪嫌疑人、被告人通过与检察官具有相当法律专业水平和能力的律师的辩护,一般能够有效地维护自己的合法权益。

第三,公安司法机关应当保证犯罪嫌疑人、被告人获得辩护。这不仅是指在符合法律规定的条件下,为没有委托辩护人的被告人指定辩护人,而且包括告知犯罪嫌疑人、被告人受到指控的犯罪性质和理由,并且为犯罪嫌疑人、被告人及其辩护人行使辩护权提供必要的便利,如至迟在开庭审理以前向辩护人公开控诉证据,保障辩护人与犯罪嫌疑人、被告人之间的会见交流权,保证辩护律师的会见权,调查取证权和法庭举证、质证权,在侦查终结以前以及审查批捕、审查起诉、复核死刑案件过程中认真听取辩护律师的意见,等等。

辩护原则的确立,是刑事诉讼制度民主化的一项重要成果,是被告人由诉讼客体演变为诉讼主体的重要标志。从刑事诉讼的任务来看,确立辩护原则也是维持合理的诉讼结构、抑制控诉权、保证公正审判的需要。因此,在具体贯彻辩护原则时,必须充分认识到辩护原则的民主价值和诉讼价值,正确对待犯罪嫌疑人、被告人的辩解和自我辩护以及辩护人的辩护意见,特别是要正确处理控诉与辩护的关系以及审判与辩护的关系,严格依据法定程序全面听取控、辩双方的意见,使案件的处理建立在切实保障辩护权的基础之上。在我国这样一个受封建思想影响较深的国家,认真贯彻辩护原则,尤其具有重要的现实意义。对此,公安司法机关负有特殊的历史重任,所有的侦查人员、检察人员和审判人员必须自觉地遵守宪法和法律的规定,在任何情况下,不得以任何理由剥夺或者限制任何犯罪嫌疑人、被告人的辩护权。我国《律师法》以及最高人民检察院《关于依法保障律师执业权利的规定》等司法解释都对此作出了规定。

4.2.5　法的平等保护原则

　　法的平等保护原则，又称为"权利平等原则"，是现代法治国家的一项宪法原则，也是各国刑事诉讼中普遍确认的基本原则之一。在刑事诉讼中，它的基本含义是指国家专门机关对所有的犯罪嫌疑人、被告人必须一视同仁，平等地保护他们依法享有的诉讼权利，根据案件事实和法律对类似的案件作出类似的处理，不能因为社会地位、出生、政治背景、宗教信仰等因素，对一部分犯罪嫌疑人、被告人给予"优待"，而对另一部分人则予以歧视。例如，美国联邦《宪法》第 14 修正案规定："任何州，如未经适当法律程序，均不得剥夺任何人的生命、自由或财产；亦不得对任何在其管辖下的人，拒绝给予平等的法律保护。"为了保证在刑事诉讼中贯彻这一原则，美国联邦司法部在《联邦检察官指南》中规定："在提起或者建议起诉或采取其他行动时，政府律师不得受到下列因素的影响：(1)嫌疑人的种族、宗教信仰、性别、国籍或者政治上的结社、活动或信仰。(2)自己对嫌疑人或其同伙、被害人的个人感情。(3)此项决定对自己的职业或个人境况可能产生的影响。"[1]

　　第二次世界大战以后，法的平等保护原则成为一项国际刑事司法准则。《世界人权宣言》第 1 条规定："人人生而自由，在尊严和权利上一律平等。他们具有理性和良心，并应以兄弟关系的精神相对待。"第 7 条更加明确地规定："法律之前人人平等，并有权享受法律的平等保护，不受任何歧视……"《公民权利与政治权利国际公约》第 2 条也规定："本公约每一缔约国承担尊重和保证在其领土内和受其管辖的一切个人享有本公约所承认的权利，不分种族、肤色、性别、语言、宗教、政治或其他见解、国籍或社会出身、财产、出生或其他身份等任何区别。"第 14 条第 1 款进一步规定"所有的人在法庭和裁判所前一律平等"。

　　中国《刑事诉讼法》第 6 条规定："人民法院、人民检察院和公安机关进行刑事诉讼，必须……对于一切公民，在适用法律上一律平等，在法律面前，不允许有任何特权。"这一规定是国际通行的法的平等保护原则和中国宪法规定的法律面前人人平等原则在中国刑事诉讼中的具体体现，学界通常称之为在适用法律上一律平等原则。它包括两个方面的含义：其一，公安司法机关进行刑事诉讼时，对于任何公民的犯罪行为，不管其社会地位高低、家庭出身如何，都必须严格依据法律规定进行处理，该立案的立案，该拘捕的拘捕，该起诉的起诉，该定罪判刑的定罪判刑，并且在定罪判刑时按照罪刑相适应原则平等地适用刑法规范。决不允许任何人置身于法律之外或者凌驾于法律之上。其二，公安司法机关进行刑事诉讼时，对一切公民的合法权益，一律依法予以保护。包括犯罪嫌疑人、被告人甚至被执行刑罚的罪犯的合法权益，都要依法保护，不得以任何借口限制或者剥夺诉讼参与人依法享有的诉讼权利，侵犯公民的合法权益。

　　要在刑事诉讼中真正贯彻对一切公民在适用法律上一律平等的原则，应当注意以下几个问题：

　　首先，公安司法机关进行刑事诉讼时，必须严格依法办事，坚决反对任何特权。这不仅要求在实体法上要防止以党纪、政纪代替刑事处罚或者以经济处罚代替刑事处罚的现象，还要求在程序法上防止某些"特殊的"犯罪嫌疑人、被告人受到优待，并且确保任何诉讼参与人必须依法履行法定的诉讼义务。事实证明，在中国这样一个封建残余尚未肃清的国家，能

---

① United States Attorneys' Manual, §9–27.220 A.

否防止和杜绝特权现象是切实落实对一切公民在适用法律上一律平等原则的关键。

其次,公安司法机关自身要树立平等观念,采取有效措施切实保障处于弱势地位的诉讼参与人的诉讼权利,从实质上体现法律的平等保护精神。例如,根据法律规定的指定辩护制度,为某些符合条件的被告人指定辩护人;依法平等地保障所有在押犯罪嫌疑人、被告人与其辩护人之间的会见交流权;对符合取保候审条件的犯罪嫌疑人、被告人,依法平等地采取取保候审措施;等等。

最后,要不断完善国家的各项法律制度以及刑事诉讼程序,堵塞一切可能滋生特权的漏洞。同时,切实保障公安司法机关有能力、有条件排除一切特权的干扰,公正执法、司法。

4.2.6　诉讼经济原则

诉讼经济原则是指国家专门机关进行刑事诉讼,要在确保诉讼公正的前提下,尽可能采用较少的人力、财力和物力耗费来完成刑事诉讼的任务。其基本内容包括两个方面:一是从总体上看,刑事诉讼的"投入"与"产出"比应当尽量低一些,不能为了追究犯罪而不惜一切代价,而应当充分考虑刑事诉讼的直接成本、错误成本和机会成本;二是在具体案件的诉讼过程中,为了实现特定的诉讼目的,应当选择成本最低的方法。具体而言,这一原则可以分解为以下两个具体原则:

一是立法上的繁简分流原则。也就是说,在刑事诉讼立法中,要针对性质和复杂程度不同的案件,以司法公正得以维持为前提,设计不同的诉讼程序,在诉讼周期的长短、程序规则的繁简、预计司法资源的投入等方面,充分体现出程序"适应"司法实践需要的灵活性。在这方面,各国共同的做法是针对重罪案件,特别是被告人有争议的案件适用正规、严格的程序,针对轻罪以及被告人没有争议的案件适用简易的或速决的程序。前一种程序侧重于体现法的公正价值,后一种程序侧重于体现法的效率价值,二者的结合,使得诉讼程序在整体上达到公正与效率的兼顾和平衡。20 世纪以来,就世界范围而言,法治国家在坚持正当程序的同时,普遍扩大了简易程序的适用范围,以解决案件积压、诉讼效率低下的问题;与此同时,传统的大陆法系国家以及一些新兴民主国家,在改进和扩大简易程序的同时,也在不断增强正规程序的公正性和民主性。我国 1996 年《刑事诉讼法》规定了适用于轻微刑事案件的简易程序,2012 年修改的《刑事诉讼法》进一步将简易程序扩大适用于基层人民法院有权管辖的、被告人认罪且对适用简易程序没有异议的所有刑事案件,并对侦查羁押、审查起诉、第一审、第二审的办案期限作了明确规定,还对"证据不足"的案件在审查批捕、审查起诉、第一审、第二审中分别如何处理作了严格的规定。在司法实践中,司法机关也不断总结经验,创设了轻罪案件的迅速批捕、起诉和审判程序。这些规定和做法都体现了诉讼经济的精神,有利于降低刑事诉讼的直接成本。2018 年《刑事诉讼法》修正案明确了刑事案件认罪认罚可以依法从宽处理的原则,完善了刑事案件认罪认罚从宽的程序规定。《刑事诉讼法》第 15 条规定:"犯罪嫌疑人、被告人自愿如实供述自己的罪行,承认指控的犯罪事实,愿意接受处罚的,可以依法从宽处理。"认罪认罚从宽要求,实体上对认罪认罚的犯罪嫌疑人、被告人从宽处理,在程序上对认罪认罚的案件进行从简、从快办理。为追求诉讼经济的同时保证司法公正,保障当事人的合法权利,《刑事诉讼法》规定了诉讼权利告知义务,公安司法机关应当告知犯罪嫌疑人、被告人享有的诉讼权利和认罪认罚的法律规定,以保障犯罪嫌疑人、被告人认罪认罚的自愿性;检察院决定是否批准逮捕时,应当考虑犯罪嫌疑人认罪认罚的情况;审查起诉阶段,犯罪嫌疑人认罪认罚的,人民检察院应当听取犯罪嫌疑人、辩护人或者值班律师、被害人及其诉讼代理人对涉嫌的犯罪事实、罪名及适用的法律规定,从轻、减轻或者免除处罚等从宽处罚的建议,以及认罪认罚后案件审理适用的程序等方面的意见,并记录在案;被告人认罪认罚的,审判长在开庭时应当告知被告人享有的诉讼权利和认罪认罚的法律规定,审查认罪认罚的自愿性和认罪认罚具结书内容的真实性、合法性。最高院《解释》(2021)第 12 章对"认罪"和"认罚"的认定、定罪量刑等问题进行了细化,进一步提升了司法效率,在确保司法公正的前提下尊重控辩双方意见,激励犯罪嫌疑人、被告人认罪认罚。

《刑事诉讼法》确立的速裁程序比简易程序更为简化,基层人民法院管辖的可能判处 3 年有期徒刑以下刑罚的案件,案件事实清楚,证据确实、充分,被告人认罪认罚并同意适用速裁程序的,一般均可适用速裁程序快速审理。认罪认罚从宽制度以及速裁程序入法,进一步促进了刑事案件的繁简分流,优化了司法资源的配置。

二是司法上的手段节制原则。这是指在刑事诉讼中采取的诉讼手段,特别是限制或剥夺公民基本权利的强制性措施(如逮捕、羁押、搜查、扣押、监听等),在种类、轻重、力度上,应当与所追究的犯罪的严重性以及被追诉者的人身危险性相适应,又称为"相应性原则"或者"比例原则"。为了贯彻这一原则,通常立法上对于采取强制性措施的实质要件和程序要件都会作出明确的规定,如必须具有"合理的根据"和必要性、必须经过司法官员的批准或者事后确认、不得超过一定的期限,等等。我国《刑事诉讼法》规定逮捕措施仅仅适用于"有证据证明有犯罪事实,可能判处徒刑以上刑罚"并且有逮捕必要的犯罪嫌疑人、被告人,也是为了限制逮捕的适用,如无逮捕必要,检察机关或法院就不应当批准或决定逮捕,必须采取强制措施的,可以适用监视居住或取保候审,这就体现了手段节制的原则。从实际效果看,贯彻手段节制原则的主要目的在于尽可能减少司法资源的耗费,防止国家专门机关的职务活动对公民的合法权益造成不应有的损害,从而降低诉讼成本和机会成本。

诉讼经济原则,对于实现刑事诉讼的目的,完成刑事诉讼任务具有重要的意义。首先,它体现了在司法资源有限的前提下实现司法高效、控制犯罪的客观需要。烦琐的诉讼程序、拖延的诉讼以及不受节制的司法投入,既难以实现必要的司法效率,也难以达到有效控制犯罪的目的。其次,它是司法公正的内在要求。不分案件性质和复杂程度一律适用同一程序进行处理,甚至不计代价地追究犯罪,必然会浪费大量的资源,这对被追究的公民个人乃至整个社会,都是不公正的。最后,它也是保障人权的需要。根据无罪推定原则,犯罪嫌疑人、被告人在法律上仍然是"无罪"的,如果对他们采取的诉讼手段缺乏必要的节制,就可能会侵害他们的合法权益,甚至会造成无法弥补的损失。至于被害人的利益,则更应当受到公安司法机关的特别保护,不能因为诉讼手段不当而使其受到"二次"侵害。

在刑事诉讼中贯彻诉讼经济原则,应注意以下几个问题:

第一,立法的内容要根据社会情况的变化和司法技术的发展不断完善,使刑事诉讼程序与时俱进,适应公正、高效地追究犯罪和保障基本人权的客观需要。

第二,公安司法机关要树立诉讼经济的观念。要依据宪法和法律规定的程序办事,尽可能地少犯错误,发现错误并及时纠正。特别是在采取强制措施时,必须严格遵守法定的实质要件和程序要件,坚决杜绝执法违法的现象。还要树立比例原则观念,节制使用诉讼手段,防止过度使用强制措施。

第三,作为一项司法政策和法治原则,公安司法机关要始终如一地履行自己的职责,不能在追究犯罪的问题上采取"运动"的方法,否则,既浪费了太多的人力、财力,也难以真正达到控制犯罪、稳定社会的目的。

4.2.7 诉讼及时原则

诉讼及时原则是指国家专门机关要依法尽可能快地进行刑事诉讼活动,使刑事案件得到及时的处理,避免一切不必要的延误。这一原则的要求可以概括为三个方面:

第一,国家专门机关要积极主动地履行自己的法定职责,除审判程序的启动必须有合法的控诉以外,侦查、起诉活动必须体现"职权原则",该立案侦查的要及时立案侦查,该决定拘留、逮捕的要当机立断决定拘留、逮捕,绝不能拖延。

第二,拘留、逮捕、取保候审或监视居住等强制措施以及侦查期间的羁押、审查起诉、第一审、第二审、执行等诉讼行为必须遵守法定的期限,符合法定延长期限条件的,也要经过规定的延期手续。绝不允许以任何理由变相延长强制措施的期限或者办案期限。

第三,在诉讼过程中,国家专门机关要在法定期限内尽量缩短办案时间,在保证案件质量的前提下尽快处理刑事案件。

实行诉讼及时原则是实现刑事诉讼目的的需要。从控制犯罪的角度看,实行诉讼及时原则有利于查明案件事实,实现国家的刑罚权。因为刑事案件的特殊性质,如果不及时进行诉讼,犯罪现场可能被破坏,证据可能因自然或人为的因素而灭失,证人可能下落不明甚至死亡,从而给侦查、审判工作造成困难,甚至可能导致部分案件无法侦破,成为死案或悬案,或者由于证据不足而定不了案,使真正的罪犯逃避惩罚。司法实践证明,对于刑事案件,尤其是重大案件,只有及时破案、及时审判,才能最大限度地收到刑罚的威慑和教育效果,也才能给权益受到侵害的受害人以最大限度的精神抚慰,消除公众对社会治安的恐惧心理,恢复社会秩序。从保障人权的角度看,实行诉讼及时原则是维护犯罪嫌疑人、被告人合法权益的重要保证。拖延的诉讼,会使犯罪嫌疑人、被告人长期处于被怀疑、被控告的状态,人身自由受到长期限制或剥夺,严重影响其身心健康以及经济活动、社会交往和政治生活,如果这种拖延导致超期羁押或者非法羁押的结果,其侵犯人权的危害性就更为严重。可见,诉讼及时原则对于保护社会公共利益和维护被害人、犯罪嫌疑人、被告人的合法权益都具有重要的作用。

当然,由于价值观念不同,诉讼及时原则的实际作用在不同的国家可能是不一样的。在法治国家,通常把"接受迅速的公开审判"作为被追诉者的一项重要诉讼权利,有的国家甚至把它规定为公民的一项宪法权利。例如,美国联邦《宪法》第6修正案规定:在一切刑事案件中,被告人享有获得迅速、公开审判的权利。日本《宪法》第37条也有类似的规定。不仅如此,诉讼及时作为被追诉者的诉讼权利实际上已经成为一项国际刑事司法准则。如《公民权利与政治权利国际公约》第14条把"受审时间不被无故拖延"作为每一个人面临刑事指控时所应当平等享受的"最低限度的保证"之一。《欧洲人权公约》第6条也规定:"在决定某人的公民权利与义务或者在决定对某人的任何刑事罪名时,任何人有权在合理的时间内受到依法设立的独立与公正的法庭之公平与公开的审理。"而在我国,诉讼及时原则侧重于实现国家控制犯罪的目的,着眼于公共利益的保护,如要求贯彻"从重从快"打击严重刑事犯罪的刑事政策等。

在司法实践中贯彻诉讼及时原则,要注意处理好以下两种关系:

一是"从重从快"与依法办事的关系。对严重刑事犯罪"从重从快"予以打击,是中央确定的刑事政策,旨在扭转一定时期社会治安状况,稳定社会秩序。公安司法机关必须严格执行这一政策,坚持不懈地履行揭露、证实、惩罚、控制犯罪的职责。但是,"从重"绝不是离开刑法规定,一律"顶格"判刑;"从快"也绝不是越快越好,甚至完全抛开法定的诉讼程序而随意处置。"从重从快"必须依法进行,那种不顾法律关于公、检、法职责的分工而要求"联合办案"或以变相方式联合办案,或者不待第一审判决的上诉期满就交付执行,或者对不符合法定的逮捕、起诉或者定罪证据标准,但属于"严打"范围的犯罪案件,也强行"从快"逮捕、起诉或者定罪判刑等,都完全违背法治精神,也不符合诉讼及时原则的要求。

二是诉讼及时与办案质量的关系。诉讼及时本意在于有效地控制犯罪,保障人权。它必须以保证办案质量为前提。如果因为追求诉讼及时,该收集的证据未能收集,该追究的遗漏犯罪未能得到追究,那就有可能导致放纵犯罪,或者因为案件质量下降而出现反复退回补充侦查、超越办案期限的现象,从而侵害公民的合法权益。因此,坚持诉讼及时原则,要求在法定的办案期限内优先保证办案质量,在扎扎实实调查取证、认真仔细地审查证据、切实保障犯罪嫌疑人和被告人诉讼权利的基础上,争取从快结案。既不能为了追求办案质量而违反法定的办案期限,也不能一味地强调诉讼及时而放松对案件质量的要求,甚至"先抓人后找证据"或者在法律规定以外"创造性"地适用简化速决程序。

4.2.8　禁止重复追究原则

禁止重复追究原则的基本含义是,对被追诉者的同一行为,一旦作出有罪或者无罪的确定判决,即不得再次启动刑事诉讼程序予以实体审理或处罚。这一原则在大陆法系国家的诉讼制度和理论中被称为一事不再理原则,侧重于强调生效判决的"既判力",以维持法的安定性,维护司法程序的权威性;在英美法系国家的诉讼制度和理论中被称为禁止双重危险原则,侧重于强调任何人不得因同一行为而遭受两次不利的处置,以防止官方滥用追究犯罪的权力,保障公民个人的基本人权。

禁止重复追究原则不是绝对的。在大陆法系国家,如果出现确实的新证据证明原生效判决认定的事实确有错误,利害关系人可依法定程序申请再审。在英美法系国家,在符合法定的条件时,被告一方也可以特定的理由申请撤销已经生效的有罪判决;在英国,甚至控诉一方在成文法规定的特定情形下也可以申请对无罪判决已经生效的案件进行重新审判。

禁止重复追究原则在许多国家的宪法或法律中都有明确规定。例如,美国联邦《宪法》第 5 修正案规定:"人民不得因为同一罪行而两次被置于危及生命或肢体之处境。"日本《宪法》第 39 条规定:"对于同一犯罪,不得重复追究刑事责任。"加拿大《宪法》第 11 条也规定,被追诉者如果已经终局性地被宣告无罪,就不得因该行为再次受到审理;如果已经终局性地被认定为有罪并且已因该犯罪受到处罚,不得因该犯罪再次受到审理或者处罚。

第二次世界大战以后,禁止重复追究原则得到国际人权法的确认,成为国际刑事司法准则的组成部分以及国际刑事诉讼的重要原则。《公民权利与政治权利国际公约》第 14 条第 7 款规定:"任何人不得因为已经依据一国的法律和刑事程序最终宣告有罪或者无罪的犯罪而再次受到审判和惩罚。"1988 年的《欧洲人权公约》第七次补充议定书第 4 条也规定:"(一)任何人不得因为已经依据一国的法律和刑事程序最终宣告无罪或者有罪的犯罪而在同一国家的刑事诉讼中再次受到审判和惩罚。(二)如果有证据证明存在新的事实或新发现的事实,或者以前的诉讼程序存在可能影响案件结果的根本性缺陷,前款规定不妨碍根据有关国家的法律和刑事程序重新进行诉讼。"此外,联合国安理会 1993 年通过的《前南斯拉夫国际刑事法庭规约》第 10 条和《卢旺达国际刑事法庭规约》第 9 条,以及 1998 年签署的《国际刑事法院罗马规约》第 20 条也规定了禁止重复追究原则。

中国宪法和法律没有规定禁止重复追究原则,司法实践中也没有完全贯彻这一原则的精神。根据中国刑事诉讼法的规定,生效判决如果在认定事实或者适用法律上确有错误,有关机关可以依法提起"审判监督程序",对原判案件进行重新审判。同时,2021 年《最高人民法院关于适用〈中华人民共和国刑事诉讼法〉的解释》[简称最高院《解释》(2021)]第219 条规定,对于人民法院依据《刑事诉讼法》第 200 条规定,以控诉证据不足而宣告被告人无罪的案件,如果人民检察院依据新的事实、证据材料重新起诉的,人民法院"应当依法受理"。这一规定实际上意味着对被告人的同一行为可以重复加以审理。从程序法治化的立场来看,上述司法解释的规定违反了国际上通行的司法准则,应当废除。学界通说认为,我国将来修改《刑事诉讼法》时,应当遵循正当程序的精神,对有关的程序规则加以完善,明确肯定禁止重复追究原则。

4.3　中国刑事诉讼坚持的原则

4.3.1　以事实为根据,以法律为准绳

我国《刑事诉讼法》第 6 条规定:"人民法院、人民检察院和公安机关进行刑事诉讼……必须以事实为根据,以法律为准绳……"这一规定确立了我国刑事诉讼"以事实为根据,以法律为准绳"的基本原则,体现了实事求是的思想路线和依法办事的法制精神(见图 4-2)。

以事实为根据,是指公安司法机关决定提起刑事诉讼、采取具体的诉讼措施以推进刑事诉讼的进程和最终定案处理时,必须以业已查明的案件事实为基础。它要求公安司法机关必须依法收集证据,尽可能地查明案件的事实真相,使案件的实体问题或程序问题的解决都建立在证据能够证明的事实基础之上,而不允许把主观想象、推测、怀疑作为处理案件的根据。为此,《刑事诉讼法》第 53 条进一步规定:"公安机关提请批准逮捕书、人民检察院起诉书、人民法院判决书,必须忠实于事实真象。故意隐瞒事实真象的,应当追究责任。"为了保证公安司法机关能够查明案件的事实真相,《刑事诉讼法》对拘留、逮捕等强制措施的适用条件以及立案、侦查终结、提起公诉和判决的事实条件均作出了明确的规定,还具体

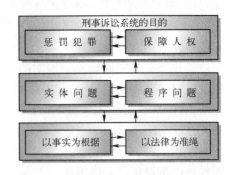

图 4-2　中国刑事诉讼中"以事实为根据、以法律为准绳"原则　[常远,2002]

规定了证据的种类、证人的资格、收集证据的一般原则和审查判断证据的方法。

以法律为准绳,是指公安司法机关在刑事诉讼过程中以及在各个诉讼阶段对案件作出最终的结论时,必须严格遵守程序法和组织法等法律关于国家专门机关的职权分配、相互关系以及办案程序的规定,并根据实体法关于犯罪的构成要件、量刑标准、量刑原则等规定作出适当的处理。

以事实为根据与以法律为准绳二者之间是相互依存、密不可分的。查明案件事实真相是依据法律规定推进诉讼进程或对案件作出处理结论的前提,如果案件事实没有查清,或者弄错了,就很难正确适用法律;以法律为准绳,又是正确处理刑事案件的关键,如果违反程序法和组织法的规定,就是执法违法或越权办案,导致已经进行的诉讼活动无效,也难以查明案件的事实真相;如果违反实体法的规定,就会在采取拘留、逮捕等强制措施和定案处理时,作出错误的决定,其结果不是放纵犯罪,就是侵犯人权。因此,以事实为根据与以法律为准绳是一个有机的整体,必须在刑事诉讼中全面贯彻执行。

"以事实为根据,以法律为准绳"的原则,是我国人民司法工作长期实践经验的科学总结,在我国刑事诉讼基本原则体系中居于核心地位,是对公安司法机关进行刑事诉讼的最基本的要求,也是贯彻执行其他诉讼原则的根本保证。即使在公安司法人员的素质已经得到明显提高、国家法律制度基本健全的今天,这一原则仍然具有重要的现实意义。实践证明,公安司法机关在刑事诉讼中遵守这一原则,既有利于准确、及时地查明犯罪事实,惩罚犯罪分子,又有利于保障无罪的人不受刑事追究,保护诉讼参与人的合法权益,树立法律的权威;反之,违反这一原则,就会产生冤、假、错案,侵犯公民的基本人权,损害法律的尊严。

要在刑事诉讼中正确贯彻执行"以事实为根据,以法律为准绳"的原则,必须注意以下几个问题:

第一,查明案件的事实真相必须受法定程序的约束,特别是要坚持"重证据,重调查研究,不轻信口供"的指导原则,严禁刑讯逼供和以威胁、引诱、欺骗以及其他非法的方法收集证据。为此,要进一步肃清"有罪推定"的流毒,确立无罪推定原则,强化证据意识和程序意识,充分保障犯罪嫌疑人、被告人的辩护权,决不允许为了追求主观想象的所谓"客观真实"而不择手段,随意抓人、越权办案、非法取证。

第二,要正确认识和妥善处理事实不清、证据不足的案件。根据辩证唯物主义认识论的原理和司法实践经验,案件事实在多数情况下是可以查清的。但是,由于主客观多方面的原因,一些案件事实在法定期限内没有查清或者定案处理时发现证据不足的情况,也是存在的。对于这样的案件,公安司法人员必须严格依据法律的规定作出相应的处理,如不批准逮捕、变更强制措施、退回补充侦查、决定不起诉或者宣告无罪等。不允许在法定办案期限已满的情况下,为了查明案件事实而继续羁押犯罪嫌疑人、被告人,更不允许为了追求控制犯罪的效果而通过相关部门的"协调"把本来证据不足的案件勉强定罪处罚。

第三,公安司法人员要不断提高业务素质,培养忠于事实、忠于法律的敬业精神,更新诉讼观念,增强法律意识,坚决排除外来干扰,严格依法办案。

4.3.2　分工负责,互相配合,互相制约

《刑事诉讼法》第 7 条规定:"人民法院、人民检察院和公安机关进行刑事诉讼,应当分工

负责,互相配合,互相制约,以保证准确有效地执行法律。"(见图4-3)这是调整公、检、法三机关在刑事诉讼中相互关系的基本准则,已经为《宪法》第140条所肯定,成为一项重要的宪法原则。

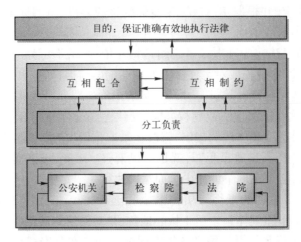

图4-3　中国刑事诉讼系统中公、检、法三机关分工负责、
互相配合、互相制约原则　〔常远、曹康,2002〕

分工负责,是指人民法院、人民检察院和公安机关在刑事诉讼中应当根据法律规定的职权分工,在各自的职权范围内活动,各司其职,各负其责,既不能互相代替,也不能互相推诿。

互相配合,是指人民法院、人民检察院和公安机关进行刑事诉讼,应当在分工负责的基础上,互相支持,通力合作,使案件的处理能够前后衔接,协调一致,共同完成查明案件事实、揭露、证实、惩罚犯罪的任务。

互相制约,是指人民法院、人民检察院和公安机关在刑事诉讼过程中,应当按照职能的分工和程序的设置,互相制衡,互相监督,以防止发生错误或及时纠正错误,力争做到不错不漏,不枉不纵。

根据《刑事诉讼法》的规定,公、检、法三机关在刑事诉讼中的分工负责主要体现在两个方面:一是职能上的分工:公安机关负责侦查、拘留、执行逮捕、预审;人民检察院负责检察、批准逮捕、对直接受理的案件的侦查、提起公诉;人民法院有权决定逮捕,同时负责对所有案件的审判。二是案件管辖上的分工:人民法院直接受理自诉案件。人民检察院在对诉讼活动实行法律监督中发现的司法工作人员利用职权实施的非法拘禁、刑讯逼供、非法搜查等侵犯公民权利、损害司法公正的犯罪,可以立案侦查。经省级以上人民检察院决定,对于公安机关管辖的国家机关工作人员利用职权实施的重大犯罪案件,需要由人民检察院直接受理时,可以由人民检察院立案侦查。公安机关则负责人民法院直接受理和人民检察院自行侦查的案件以外的案件的立案侦查。

公、检、法三机关互相配合、互相制约的关系体现在刑事诉讼的各个阶段。在侦查过程中,公安机关需要逮捕犯罪嫌疑人时,必须提请人民检察院审查批准,人民检察院对不符合逮捕条件的案件,可以作出不批准逮捕的决定;公安机关如果认为人民检察院不批准逮捕的决定有错误,可以要求复议,如果意见不被接受,可以提请上一级人民检察院复核。公安机关侦查终结的案件,认为需要追究刑事责任的,应当写出起诉意见书,连同案卷材料、证据一并移送人民检察院审查起诉;人民检察院审查后,如果认为符合起诉条件,应当依法决定提起公诉,如果认为案件事实不清、证据不足,可以退回公安机关补充侦查,也可以自行补充侦查;如果认为不应追究刑事责任,或者犯罪情节轻微、不需要判处刑罚或可以免除刑罚处罚,则依法作出不起诉决定;公安机关认为人民检察院不起诉决定有错误的,可以要求复议,如果意见不被接受,可以提请上一级人民检察院复核。在审判阶段,人民法院对于人民检察院依法起诉的案件,应当进行审查,对符合条件的,应当决定开庭审判;人民检察院应当派员出席法庭支持公诉;人民法院经过审理以后,应当依法对被告人是否犯有被指控的罪行、应否判刑以及如何判刑作出判决;人民检察院认为人民法院的判决确有错误的,可以依据法定程序提出抗诉。

在"分工负责,互相配合,互相制约"的原则中,分工负责是互相配合、互相制约的前提和基础,没有分工,配合与制约就无从谈起。互相配合、互相制约是同一问题的两个方面,二者不可偏废。互相配合主要要求各机关认真履行自己的职责,依法完成本机关的诉讼任务,就是对其他机关的支持和配合,如果公、检、法三机关都能按照法律的规定尽职尽责,依法前后协调、上下衔接,将有利于共同完成代表国家揭露犯罪、证实犯罪、惩罚犯罪的任务。互相制约则要求三机关互相监督,防止或减少工作中的偏差和错误,及时发现和纠正违法现象。从保证法律正确实施的角度来看,在分工的前提下互相制约是正确处理公、检、法三机关相互关系的关键。因为诉讼职能的分工和侦查、起诉与审判权的制衡正是现代法制为保障诉讼的民主性、科学性而确立的一种基本结构,如果没有互相制约,三机关的分设与权力的分立就失去了意义。

"分工负责,互相配合,互相制约"的原则突出地体现了我国刑事诉讼在组织结构方面的特点,即国家专门机关在处理刑事案件过程中形成一种"线形结构"关系,这种结构关系与控、辩、审之间存在的"三角结构"关系同时存在,共同发挥作用。该原则不仅直接决定了我国侦查、起诉、审判三大主要诉讼阶段之间的前后衔接关系以及审判在整个刑事诉讼中的地位,而且对证据制度乃至判决以后的救济程序也产生了深远的影响。

即使在现行司法体制之下,公、检、法三机关的"互相制约"也不是"平分秋色"或平起平坐,而是有主次之分的。在侦查、起诉阶段,人民检察院主要行使侦查监督和审查起诉权,对公安机关的侦查活动和侦查结果进行监督、审查,而公安机关在法律上只能对人民检察院不批捕、不起诉的决定要求复议、复核,其侦查工作必须服从和服务于人民检察院提起公诉和支持公诉的客观需要,因此,在公安与检察的互相制约关系中,人民检察院显然处于主导地位。在审判阶段,人民检察院主要行使支持公诉的权力,人民法院负责在控、辩双方的参与之下对所指控的犯罪是否发生、被告人是否有罪进行审理,公诉权相对于审判权而言毕竟只是一种"请求权",最终决定被告人命运的权力即裁判权属于人民法院。可见,在人民检察院与人民法院之间的互相制约关系中,人民法院处于主导地位。在具体案件的诉讼过程中,人民检察院不应当迁就公安机关的意见,人民法院也不应当迁就人民检察院的意见,而应当依法独立行使检察权和审判权,坚持原则,根据事实和法律对案件作出适当的处理。但这种主次之分在实践并没有得到很好的体现,反而形成了"侦查中心主义"。检察院起诉和法院审判主要以侦查形成的卷宗为依据,庭审"走过场"问题突出,侦查结果很大程度上决定了审判结果。这一定程度上影响了案件质量,出现了"起点错、跟着错、错到底"的现象,是错案形成的重要原因。近年来,"以审判为中心诉讼制度改革"力推庭审实质化和以有罪判决证明标准指导侦查、起诉工作,意图解决"侦查中心主义"问题,提高案件质量。此改革与"分工负责,互相配合,互相制约"原则并不矛盾,而是在坚持这一原则的基础上,恢复案件流程上后一程序对前一程序的制约与指导功能。

4.3.3 人民检察院依法对刑事诉讼实行法律监督

《刑事诉讼法》第 8 条规定:"人民检察院依法对刑事诉讼实行法律监督。"这是根据我国宪法关于"中华人民共和国人民检察院是国家的法律监督机关"的规定,在 1996 年 3 月修改《刑事诉讼法》时新增加的一项基本原则。2012 年《刑事诉讼法》进一步加强了检察机关的侦查监督、审判监督和执行监督职能,充分反映了我国刑事诉讼法的社会主义性质和中国特色(见图 4-4)。

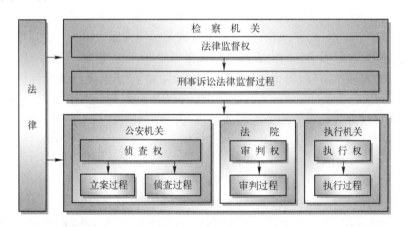

图 4-4 中国刑事诉讼系统中检察机关之法律监督权 〔常远、程相会,2002〕

根据列宁的检察权理论,社会主义国家普遍把检察机关作为独立于行政机关之外,与同级行政机关和法院具有同等宪法地位的专门法律监督机关,而不像资本主义国家那样,把检察机关作为单纯的公诉机关,隶属于政府行政系统。与这种性质和地位相适应,社会主义国家的检察机关在刑事诉讼中不仅拥有公诉权和必要的侦查权,而且对整个刑事诉讼的合法性负有监督职责。我国的人民检察院就是在这种理论指导下建立和发展起来的;但我国人民检察院的职权经过了多次变化,没有苏联检察机关那么大的权力。宪法把人民检察院规定为国家的法律监督机关,赋予它监督权力及相应手段,其中对刑事诉讼实行法律监督,正是检察监督的一般原则在刑事诉讼中的具体落实。

人民检察院对刑事诉讼实行法律监督是贯穿刑事诉讼全过程的一项基本原则。在不同诉讼阶段,监督的对象、内容、方式和程序是不完全相同的。人民检察院行使法律监督权时,必须严格按照法律的规定进行。概括起来,人民检察院对刑事诉讼的法律监督主要包括四个方面的内容:

第一,立案监督。人民检察院认为公安机关对应当立案侦查的案件而不立案的,或者被害人认为公安机关对应当立案侦查的案件而不立案侦查,向人民检察院提出的,人民检察院应当要求公安机关说明不立案的理由;人民检察院认为公安机关不立案理由不能成立的,应当通知公安机关立案,公安机关接到通知后应当立案。

　　第二，侦查监督。人民检察院在审查批捕、审查起诉过程中,应当对公安机关的侦查活动是否合法进行监督,发现有违法情况的,应当通知公安机关纠正,公安机关应当将纠正情况通知人民检察院;同时,人民检察院根据需要可以派员参加公安机关对于重大案件的讨论和其他侦查活动,发现违法行为时,应当监督纠正;人民检察院在审查案件时,还可以要求公安机关提供法庭审判所必需的证据材料,认为可能存在以非法方法收集证据情形的,可以要求公安机关对证据收集的合法性作出说明。人民检察院接到报案、控告、举报或者发现侦查人员以非法方法收集证据的,应当进行调查核实;对确有以非法方法收集证据情形的,应当提出纠正意见;构成犯罪的,依法追究刑事责任。

　　第三,审判监督。对于公诉案件,人民检察院应当派员出庭支持公诉,并对审判活动是否合法进行监督;如果发现庭审活动违反法定的诉讼程序,应当在庭审以后向人民法院提出纠正意见;人民检察院认为人民法院的判决、裁定确有错误的,可以通过第二审程序或者审判监督程序提出抗诉;在复核死刑案件过程中,最高人民检察院可以向最高人民法院提出意见,最高人民法院应当将死刑复核结果通报最高人民检察院。

　　第四,执行监督。人民检察院对执行机关执行刑罚的活动是否合法实行监督,如果发现有违法的情况,应当通知执行机关纠正;监狱、看守所提出暂予监外执行的书面意见以及刑罚执行机关提出对罪犯予以减刑、假释建议的,应当将书面意见或者建议的副本抄送人民检察院,人民检察院可以向决定或者批准监外执行机关或者受理减刑、假释案件的人民法院提出书面意见;如果认为主管机关对罪犯监外执行的决定或者人民法院对罪犯的减刑、假释裁定不当,应当依法提出纠正意见,有关机关必须在法定期限内重新审查处理。

　　除上述监督职能外,《刑事诉讼法》还将检察机关的监督职能与诉讼参与人的权利救济手段结合起来,要求法律监督机关通过履行监督职能加强对当事人及其辩护人、诉讼代理人和其他诉讼参与人的权利保障。如《刑事诉讼法》第 49 条规定:"辩护人、诉讼代理人认为公安机关、人民检察院、人民法院及其工作人员阻碍其依法行使诉讼权利的,有权向同级或者上一级人民检察院申诉或者控告。人民检察院对申诉或者控告应当及时进行审查,情况属实的,通知有关机关予以纠正。"第 117 条规定:"当事人和辩护人、诉讼代理人、利害关系人对于司法机关及其工作人员有下列行为之一的,有权向该机关申诉或者控告:(一)采取强制措施法定期限届满,不予以释放、解除或者变更的;(二)应当退还取保候审保证金不退还的;(三)对与案件无关的财物采取查封、扣押、冻结措施的;(四)应当解除查封、扣押、冻结不解除的;(五)贪污、挪用、私分、调换、违反规定使用查封、扣押、冻结的财物的。受理申诉或者控告的机关应当及时处理。对处理不服的,可以向同级人民检察院申诉;人民检察院直接受理的案件,可以向上一级人民检察院申诉。人民检察院对申诉应当及时进行审查,情况属实的,通知有关机关予以纠正。"

　　2012 年修改《刑事诉讼法》时还增设了"犯罪嫌疑人、被告人逃匿、死亡案件违法所得的没收程序"和"对依法不负刑事责任的精神病人的强制医疗程序"。《刑事诉讼法》第 298条、第 299 条规定,对于贪污贿赂犯罪、恐怖活动犯罪等重大犯罪案件,犯罪嫌疑人、被告人逃匿,在通缉一年后不能到案,或者犯罪嫌疑人、被告人死亡,依照刑法规定应当追缴其违法所得及其他涉案财产的,人民检察院可以向人民法院提出没收违法所得的申请,由人民法院依法组成合议庭进行审理后作出裁定;对于人民法院的裁定,人民检察院可以提出抗诉。《刑事诉讼法》第 307 条规定:"人民检察院对强制医疗的决定和执行实行监督。"2018 年《刑事诉讼法》修正案增设了缺席审判程序。根据《刑事诉讼法》第 291 条、第 294 条的规定，对于贪污贿赂犯罪案件，以及需要及时进行审判，经最高人民检察院核准的严重危害国家安全犯罪、恐怖活动犯罪案件，犯罪嫌疑人、被告人在境外，监察机关、公安机关移送起诉，人民检察院认为犯罪事实已经查清，证据确实、充分，依法应当追究刑事责任的，可以向人民法院提起公诉。人民法院进行审查后，对于起诉书中有明确的指控犯罪事实，符合缺席审判程序适用条件的，应当决定开庭审判。人民检察院认为人民法院的判决确有错误的，应当向上一级人民法院提出抗诉。这些规定，一方面进一步完善了我国的刑事诉讼程序，另一方面也大大拓展了检察机关的法律监督职能。

需要说明的是，人民检察院对刑事诉讼实行法律监督与公、检、法三机关之间的互相制约是不同的。因为互相制约是双向的，三机关都有制约权，而检察监督是单向的，是人民检察院依法享有的一项专门职权，其监督对象是公安机关的立案侦查活动、人民法院的审判活动和执行机关的执行活动；不仅如此，检察监督的方式和程序也是法定的、特有的，如提出口头纠正意见、提出书面纠正意见、提出抗诉等，与程序上的互相制约措施是有区别的。

小结

现代刑事诉讼的基本原则是"程序正义的基石"，体现了现代刑事诉讼的目的，决定了现代刑事诉讼的基本特征，集中反映了现代刑事诉讼的价值理念。随着世界范围内法律制度的互相融合、互相渗透，很多基本原则不仅得到各国国内法的普遍承认，而且被联合国或其他国际组织通过的一系列规范性文件所确认，它们反映了人类制度文明在刑事诉讼程序方面的共同要求，这在我国刑事诉讼中也有不同程度的体现。我国刑事诉讼特有的基本原则体现了我国刑事诉讼法的特点，反映了在我国特殊国情条件下开展刑事诉讼活动的特殊需要，对于推动我国刑事诉讼制度的法治化和民主化、保证准确公正地适用法律，同样具有不可忽视的意义。

思考题

1. 如何理解刑事程序法定原则及其在我国刑事诉讼法中的体现？
2. 简述我国法院依法独立行使审判权的特点。
3. 如何理解无罪推定原则的诉讼法意义？我国《刑事诉讼法》是否确认了这一原则？
4. 辩护原则的基本要求是什么？
5. 如何在刑事诉讼中贯彻法的平等保护原则？
6. 如何理解和贯彻诉讼经济原则和诉讼及时原则？
7. 如何理解认罪认罚从宽原则？
8. 什么叫禁止重复追究原则？
9. 如何理解公、检、法三机关在刑事诉讼中"分工负责，互相配合，互相制约"的原则？
10. 如何理解人民检察院依法对刑事诉讼实行法律监督的原则？

第5章 刑事诉讼证据

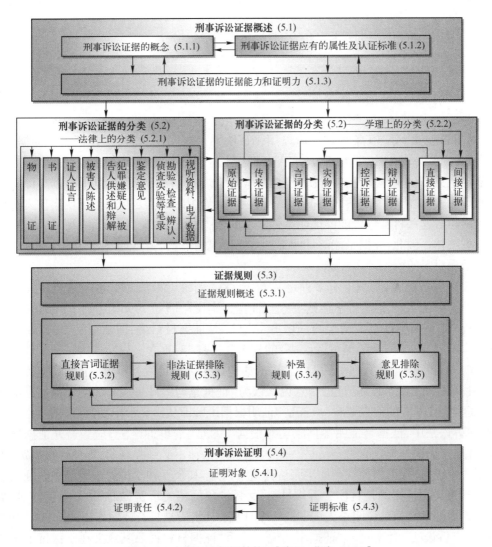

图 5-0 本章基本知识结构 〔常远、曹康,2012〕

导言

　　证据问题是刑事诉讼中最重要、最复杂的问题。整个刑事诉讼程序就是发现和搜集证据并运用证据证明案件事实的过程。正确地把握和运用证据是完成刑事诉讼任务、实现刑事司法公正的前提。本章概述部分对于证据概念、属性及其分类的介绍,可以帮助我们适当理解和把握证据的外延与内涵。证据规则是合理运用证据的制度保障。随着我国刑事诉讼模式的变革及证据制度的完善,有必要建立完善的证据规则体系。而对证明对象、证明责任和证明标准的分析论述,则从证明的角度回答了证据运用及事实认定的相关问题。

5.1　刑事诉讼证据概述

5.1.1　刑事诉讼证据的概念

　　《刑事诉讼法》第 50 条规定:"可以用于证明案件事实的材料,都是证据。证据包括:(一)物证;(二)书证;(三)证人证言;(四)被害人陈述;(五)犯罪嫌疑人、被告人供述和辩解;(六)鉴定意见;(七)勘验、检查、辨认、侦查实验等笔录;(八)视听资料、电子数据。证据必须经过查证属实,才能作为定案的根据。"据此,刑事诉讼中的证据是指用于证明案件真实情况的各种材料。这些材料包含能够证明案件事实的信息,具体表现为人证、书证、物证、视听资料等证据载体。因此,证据是能够证明案件真实情况的信息内容与承载信息的证据形式,即具体的证据材料的统一。

　　对于证据的概念,学理上有多种定义方式。在《刑事诉讼法》修改中,这也是一个有争议的问题。学界大体上有几种意见:一是"证据事实说",即如 1996 年《刑事诉讼法》规定,证据是能够"证明案件真实情况的一切事实"。二是证据材料说,即证据是"可以用于证明案件事实的材料",即现行《刑事诉讼法》的规定。三是"双重含义说",认为证据是证据的内容(事实)与证据的形式(证明手段)的统一,亦即认为证据可以指事实,也可以指其表现形式——物证、书证等。四是"证据信息说",认为"证据是与案件事实有关的任何信息",或者"能够证明案件事实的信息资料"。五是"证明根据说",即从语义学出发,称证据就是证明的根据,在诉讼法中,证据是证明案件事实的根据。六是《刑事诉讼法》应当避开证据概念的定义,直接作证据分类。因为定义是一个学理问题,法律不必勉强规定,即使作出规定,也难以周全。应当说,除第六种观点即主张法律避开以外,其余五种学说对于准确理解证据的含义都有其意义。证据既是具体的诉讼材料,又是抽象的相关事实(如张某杀人案件,张某买刀作为凶器的事实就是证明杀人事实的一个证据),其实质是具有证明作用的信息。2012 年修改《刑事诉讼法》时废除了"证据事实说",采用"证据材料说",其意义在于保持了这条法律规定第 1 款的定义与第 2 款分类的逻辑一致性(第 1 款规定证据是证明材料,第 2 款规定具体包含哪些材料)。但有学者认为,这种调整仍有以偏概全之嫌。因为它并不能包容证据事实也是证据的含义;不能准确反映证言、口供等人证的规范表达形式是作证人在法庭上直接提供的言辞,而非书面陈述材料;也不能包容"情态证据",即作证人表情姿态等具有证明作用的信息。

关于《刑事诉讼法》对证据的规定,还应当注意的一点是,证据只有经过查证属实,才能作为定案根据。也就是说,定案根据是具有证明作用并经查证属实的证据材料,是确认案件事实的依据。我国的司法解释与司法实践经常使用"定案根据"一词,以区别于进入诉讼但尚待司法确认的诉讼证明材料。这两个概念的异同需要注意。

5.1.2　刑事诉讼证据应有的属性及认证标准

通说认为,刑事诉讼证据具有客观性、相关性和合法性三大属性。不过,这里所称证据,是指具有证明价值,能够作为定案根据的证据材料。而进入诉讼的证据材料,并不当然具有这三种属性。这三大属性也是司法实践中证据质证、认证的三项基本标准,刑事法庭的质证与认证均围绕这三项标准展开,只有具备这"三性"的证据才能被采信作为认定案件事实的根据。因此"三性"概念不仅有理论意义,更有实践价值。

1. 客观性

证据的客观性是指,证据应当是客观事实的真实反映,应当具有可靠性。在理论上,其具有三层含义:第一,证据的客观性以证据方法的客观性为前提,如果证据方法缺乏客观性,则证据信息即证据内容的客观性就无法成立。例如,以所谓人体"特异功能"查明事实,目前并无科学依据,因此,不能作为具有客观性的证据方法。又如,测谎仪测谎、警犬同一鉴别等取证方法,虽有科学基础,但我国目前尚未承认其具有作为鉴定方法的必要的客观性,因此,只能为侦查提供信息,而不能作为鉴定方法提供诉讼证据。第二,证据的客观性还包括证据形式的客观性。如书证的签名、印章应是真实的,不是伪造的。这种形式客观性往往是书证等证据材料作为定案依据的关键要素。第三,证据客观性包括证据内容的客观性。即证据所包含或记载的内容是客观事实的真实反映,如证人证言的内容是真实的;作为书证的合同,真实地记录了合同签订时双方的意思表示。强调证据的客观性并不是要否认或排除人的主观性对于证据的影响。如证据作为一种事实,必然是一种经验事实,是特定的人对客观情况的反映,这种反映必然受到该主体的主观因素的影响,如判断者的判断能力、判断方法、判断角度等。因此,在实际应用中,证据的客观性具有两种含义:一是指一种独立于主观认识的客观存在,它是证明活动所追求的结果。二是一种经验事实的客观性。在这种意义上,证据的客观性是指证据对于客观事实的真实反映,但这个反映已经有人的主观认识因素的介入。由于证据事实——在这里是指由证据所确立的事实,需要经过人的认识、判断的过程,因此固然应当尽可能接近"客观真实",但是历史事实的不可逆性以及人的认识能力的有限性决定了人们不可能绝对还原已发生的事实。因此,区别于作为证明活动终极目标的客观性,即独立于人们认识的客观存在,司法中所实现的证据客观性与案件事实的客观性,乃有别于"客观真实"的"法律真实"。"法律真实"以发现"客观真实"为目标,但不一定能够完全地、绝对地达到"客观真实"的程度。

2. 相关性

相关性是指证据必须与案件事实有客观的实质性联系并对案件事实有证明作用。证据的相关性主要从四个方面理解:

第一,相关性是证据的一种客观属性,即证据事实同案件事实之间的联系是客观联系,而不是办案人员的主观想象和强加的联系。它是案件事实作用于客观外界以及有关人员的主观知觉所产生的。

第二,证据的相关性应具有实质性意义,即与案件的基本事实相关。在刑事案件中,是指关系当事人是否犯罪、犯罪性质及罪责的轻重等的证据,与这些基本事实无关的证据材料则不具有相关性。

第三,相关的形式或渠道是多种多样的。联系的基本类型包括直接关联和间接关联、必然关联与偶然关联、肯定性关联与否定性关联、单因素关联及复合关联,等等。但联系如果过于间接,相关性十分微弱,这样的证据便可能被视为不具有相关性。例如对一盗窃案犯举证,证实其多年前有一件很小数额的偷窃行为,这一证据事实虽然不能说与本案中的盗窃行为全无联系,但很可能因相关性太弱而被排斥。

第四,相关性的实质意义在于证明力,即有助于证明案件事实。因此可以说考察分析证据的相关性,其落脚点在于证据的证明力。

3. 合法性

合法性是指用于诉讼证明的证据材料,其产生或收集需符合法律规定的程序和条件。诉讼证据的合法性包括以下三方面的含义:

第一,证据必须由合法的主体提出和收集。《刑事诉讼法》规定,凡是知道案件情况的人,都有作证义务。但生理上、精神上有缺陷或者年幼,不能辨别是非、不能正确表达的人,则不能作证人。鉴定意见只能由具有特定资格和鉴定权的人员出具才可以被采纳为证据。收集证据也是这样,比如搜查只能由具有侦查权的国家机关实施。又如行政机关在行政执法和查办案件过程中收集的物证、书证、视听资料、电子数据等证据材料,在刑事诉讼中可以作为证据使用。

第二,证据的取得必须符合法定程序。审判人员、检察人员、侦查人员必须依照法定程序,收集能够证实犯罪嫌疑人、被告人有罪或者无罪、犯罪情节轻重的各种证据。法律严禁通过刑讯逼供和以威胁、引诱、欺骗以及其他非法的方法收集证据。违反排除非法证据的法律规定所搜集的证据,应当予以排除,不能作为定案的根据。同时,证据材料只有依法经过审查才能成为合法的证据。证据材料必须经过当庭出示、辨认、质证等法庭调查程序查证属实,否则不能作为定案的根据。对于出庭作证的证人,必须在法庭上经过公诉人、被害人和被告人、辩护人等双方询问、质证,其证言经过审查属实后,才能作为定案的根据;未出庭证人的证言宣读后经当庭查证属实的,可以作为定案的根据。总之,只有依照法定程序收集、审查和运用的证据,才具有法律效力。

第三,证据必须符合法定形式。我国《刑事诉讼法》第50条规定了证据的八种形式。而且,并未像有的国家那样规定具有灵活性的“兜底”条款,如“其他具有证明作用的材料也可以作为证据”。所以,在我国,只有符合这八种形式的证据材料才能作为诉讼证据。

合法性是诉讼证据应当具有的属性,也是证据可采性的决定因素之一。但是,合法性不足的证据并非一律不能作为诉讼证据。根据法律和有关司法解释,一般的合法性瑕疵,可以补正与作出合理解释。只有触犯非法证据排除规则,或者证据的基本规范要素不具备(如出具鉴定意见的主体不合法),或者有瑕疵且不能补正与作出合理解释时,该证据材料才被禁止使用。

综上所述,客观性、相关性和合法性是刑事诉讼证据应当具有的三大属性,体现了对证据的内容和形式的基本要求。对案件事实的有效证明而言,证据的客观性是前提和基础,没有证据的客观性就不能发现客观事实;相关性是关键,因为其实质为证明力,证明力就是证据材料与待证事实之间的逻辑桥梁;而合法性是保障,既是对客观性的保障,也是对证明过程需要尊重的其他价值如人权与法治的保障。因此,这三项要求是质证、认证的基本标准。

5.1.3　刑事诉讼证据的证据能力和证明力

对证据的三大属性的判断,围绕两个基本问题展开,即证据的证据能力和证明力。因此,证据能力和证明力问题也是证据学中的重要问题,是司法实践中证据判断所面临的基本任务。

证据能力又称证据资格、证据的适格性,指事实材料成为诉讼中的证据所必须具备的条件。只有具有证据能力的事实材料才是诉讼证据,才能用来证明案件事实。我国台湾学者蔡墩铭认为:“对于犯罪事实之证明,只有具备证据能力之证据,方能加以适用,无证据能力之证据,不能用以证明犯罪。基此,即使有价值之证据,但在形式上缺少证据能力实不能作为犯罪事实认定之资料予以使用。”[①] 刑事诉讼中,虚假的事实材料、没有相关性的事实材料、根据法定证据规则应当排除的事实材料,都不具有证据能力。司法实践中,判断证据能力的主要依据是证据禁止规则,如根据非法证据排除规则,以刑讯逼供手段获取的口供即不具有证据能力。

证据的证明力,又称证据力、证据价值,是指证据对于待证事实的证明作用的有无及大小。判断证据证明力也就是判断证据的相关性,即相关性越强,证明力越强。

证据能力判断,用来解决证据材料能否作为证据在诉讼中使用的问题。而证明力判断,除了作为证据能力判断的依据外(没有证明力的材料也不具有证据能力),主要解决进入诉讼的证据材料如何发挥证明作用的问题。二者相互联系,但功用不同。

5.2　刑事诉讼证据的分类

刑事诉讼证据的分类是指在法律上或学理上将刑事诉讼证据按照不同标准划分为不同类型。分类的目的,在于更好地把握各种证据的特点及适用要求,以便在司法实践中更好地运用各类证据来查明案件事实。

5.2.1　刑事诉讼证据在法律上的分类

刑事诉讼证据在法律上的分类,也被一些教材称为证据的种类。它实际上是按照刑事诉讼证据在外部形式及证据方法上的特征所进行的一种分类。《刑事诉讼法》第 50 条第 2 款规定了刑事诉讼证据的八大种类:(1) 物证;(2) 书证;(3) 证人证言;(4) 被害人陈述;(5) 犯罪嫌疑人、被告人供述和辩解;(6) 鉴定意见;(7) 勘验、检查、辨认、侦查实验等笔录;(8) 视听资料、电子数据。

1. 物证

物证是指以其外部特征、存在场所和物质属性证明案件事实的实物和痕迹。所谓物证

---

① 蔡墩铭:《刑事诉讼法论》,台湾五南图书出版公司 1993 年版,第 209 页。

的外部特征,是指其客观存在的形状、大小、数量、颜色、新旧破损程度等。所谓物证的存在场所,是指其客观存在的地方。所谓物证的物质属性,是指其所具有的质量、重量、材料、成分、结构、性能等。物证就是以这三个方面的特征来证明案件的事实的。在司法实践中,常见的物证主要有以下几种(见表5-1):

表 5-1　司法实践中常见的物证 ［龙宗智、翁晓斌,2012］

物证类型	各类型物证举例
犯罪遗留下来的客观痕迹,即犯罪人在作案过程中留在某种物质或人体上的犯罪痕迹	犯罪人遗留在现场的指纹、脚印、血迹,强奸案中的精斑,被害人身上的伤痕,等等
犯罪行为过程中遗留下来的物品	犯罪人遗留在现场的衣物、票证、烟头、火柴棒,等等
犯罪使用的工具	杀人的匕首、刀枪,伤人的木棍,盗窃用的钳子,等等
犯罪行为侵犯的客体物	被犯罪人杀害的被害人的尸体,盗窃案中被盗走的财物、机密文件,等等
犯罪行为所产生的物品	非法制造的枪支弹药,盗版的音像制品,假冒伪劣药品,等等
其他可供查明案件真实情况的实物和痕迹	上述情形之外的实物和痕迹,如用于盗窃他人 QQ 号的电脑硬盘,等等

　　刑事诉讼中的物证之所以能成为证据,是因为它具有相对稳定性,能在一定时间内保持相对的静止和稳定,使其自身所含的信息具有相对的确定性,从而起到证明案件事实的作用。但是,在司法实践中,并非所有的物证都能长期保存而被直接纳入诉讼轨道发挥证明作用,比如犯罪现场的指纹、足迹易于消失,交通肇事中被毁坏的车辆不便移动等。在这些情况下,只有通过照相、复制模型等方法来提取、固定和保全物证,才能使原有的物证发挥证明作用。对于这些物证的摄影照片或复制模型是否属于物证范畴,法学界有不同的看法。有人认为,用以提取、固定和保全物证的摄影照片、复制模型,属于物证范畴。也有人持相反意见,认为现场照片属于现场勘验笔录的组成部分,对某个物证照相或制作模型,只是提取、固定和保全物证的一种方法,作为物证的仍是被拍摄的照片、复制的模型所固定和保全下来的原痕迹和物品,当然不是这些照片和模型本身。

　　物证是以客观存在的实在物对案件起证明作用的,这也是物证与言词证据最重要的区别。它必须通过发挥人的主观能动性才能成就物证的证明作用,而不能仅以其自身的特征来自我说明案件事实。比如物证需要司法人员的搜集、固定、保全,有时甚至需要鉴定之后才能发挥它的证明作用。

　　也正因为物证只是客观存在的实在物,所以它在对案件事实的证明上只能起到间接证据的作用。它不能直接证明案件的主要事实,必须与其他证据相结合才能实现对案件事实的确定。比如在犯罪现场留有被告人的脚印,这并不能直接证明该被告人就是犯罪人,是该被告人实施了犯罪行为。只有将这个证据与其他能证明被告人是犯罪人的证据相结合才是充分的,才能认定该被告人的犯罪行为。

　　2. 书证

　　书证是指以文字、符号、图画等记载的内容和表达的思想来证明案件事实的书面文件或其他物品。刑事诉讼中常见的书证有:贪污案件中证实经济犯罪的账册、发票、收据、计账凭证;投寄间谍组织的情报信件,泄露国家机密案中的机密文件;一般犯罪中反映犯罪故意的书信、日记,等等。

书证与物证有相似之处,也有不同之处。书证以一定的物质材料作为载体,表现为客观存在的实在物,这与物证的物质属性有异曲同工之处。所以,在证据理论分类中书证与物证同属于实物证据,以区别于言词证据;从广义上来讲,书证也被纳入物证的范畴。

但是,从狭义上来讲,书证与物证是不同的。其一,物证主要通过其外部特征、存在场所和物质属性来证明案件事实,强调用物质的外在状态来证明案件事实;书证则主要通过文字、符号、图画等记载的内容和表达的思想来证明案件事实,强调用物质的内在思想来证明案件事实。作为证据的物品,上面记载着文字、符号或图画,如果用它所表达的思想内容来证明案件事实,而非用物品这一总体的外部特征来证明案件事实,它就是书证;反之,则是物证。如果既用其表达的思想内容,又用其外部特征来证明案件事实,它就既是书证又是物证。比如某机密文件被偷,最后在甲的住处发现了该机密文件。从文件的文字所记载的内容来看,它能从一定程度上证明甲泄露国家机密,它是书证;从文件的外部特征和发现文件的地点来看,它能从一定程度上证明窃得文件的人是甲,因而它又是物证。所以在确定书证与物证的时候,其标准是不一样的,两者的侧重点是不一样的。其二,物证的证明力较弱,起到间接证据的作用,大都只能与其他的证据相结合才能起到证明作用;书证证明作用的直接性较强,通常能较为直接地反映案件的某一事实情节甚至反映案件的主要事实。特别是在贪污、诬告陷害、伪造票证等案件中,书证起着决定性作用。

书证的形式多种多样,依据不同的标准可以将书证划分为多种类型(见表 5-2)。在刑事诉讼证明中,以运用书面材料的书证为主。

表 5-2　司法实践中常见的书证　[龙宗智、翁晓斌,2012]

划分标准	书证的类型	
表现形式	以文字形式表现的书证	
	以符号、图形等表现的书证	
载体	书面材料的书证	公文性书证(国家机关等依职权制作)
		非公文性书证(不属国家机关等依职权制作)
	以其他材料为载体的书证	
制作要求	一般书证(制作时无特殊要求)	
	特殊书证(制作时有特殊要求)	
内容	处分性书证	
	记述性书证	
制作方法与书证意义	原本	
	正本	
	副本	
	节录、摘抄本	
	复印、影印本等	

3. 证人证言

按照审判中心主义和直接言词原则,证人证言是指证人就所知道的案件情况向法庭所作的陈述。但我国实行按阶段划分的刑事诉讼体制,因此,在侦查、起诉、审判阶段,证人依法向公安、司法机关办案人员和辩护律师所作的陈述,均属证人证言。证人证言一般是口头陈述,以证言笔录或庭审笔录形式加以固定。经办案人员要求或同意,由证人亲笔书写的书面证词,也属证人证言。

《刑事诉讼法》第 62 条规定:"凡是知道案件情况的人,都有作证的义务。生理上、精神上有缺陷或者年幼,不能辨别是非、不能正确表达的人,不能作证人。"故证人需要具备一定的条件(见表 5-3)。

表 5-3   刑事诉讼证人必须具备的条件 [龙宗智、翁晓斌,2012]

证人必须具备的条件	说明
必须知道案件情况(成为刑事诉讼中证人的前提条件)	证人是能证明案件事实的人。只有在诉讼之前就对案件情况有所了解,才能起到证明的作用;反之,则不能成为证人。但就案件中程序事实作证的证人除外
必须能够辨别是非、能够正确表达(对刑事诉讼中证人能力的限制条件)	若证人对客观事物辨别不清,不能正确反映,不能正确表达,那就丧失了对案件事实的证明作用。根据法律规定,生理上、精神上有缺陷或者年幼,以致不能辨别是非、不能正确表达的,就不能提供对案件事实有意义的情况,当然不能作证人;虽然生理上、精神上有缺陷或年幼,但能辨别是非,能对自己所了解的案件事实进行正确表达的,仍旧可以作证人。所以,"生理上、精神上有缺陷或者年幼"只是丧失证人资格的相对条件;"能够辨别是非、正确表达"是取得证人资格的必要条件
必须是当事人以外的人(成为刑事诉讼中证人的主体资格限制条件)	证人必须知道案件情况,但知道案件情况的人不都是证人。证人是当事人以外的知道案件事实情况的人。某些证人与案件有利害关系不影响其证人资格,但影响其证言的证明作用,因为其证言可能受到利害关系影响而缺乏客观性
必须是自然人,而非法人或其他非法人组织(既是对刑事诉讼中证人的主体资格限制,又是对证人能力限制的延续)	因为对案件事实的了解必须通过感官才能取得,而感官只有自然人拥有,法人及非法人组织不具有该功能。并且,自然人作证应当履行相应的法律义务,故作伪证或隐匿罪证的必须依法处理,构成犯罪的要予以刑事处罚,而法人及非法人组织不具备伪证罪的刑事责任能力。因此,证人只能限于自然人

一旦自然人具备了上述条件,就取得了证人资格。证人具有不可替代性。已经成为某案件的证人的人不得再担任该案的侦查、检察、审判人员,或者鉴定人、翻译人员、书记员和辩护人、代理人。有多人同时知道案件事实的,他们都可以作为证人。但其作证应当个别进行,不应该相互影响,避免人云亦云。

《刑事诉讼法》在 2012 年修改时还着重强调了关于证人的人身安全保护和证人作证的补助与保障的规定。《刑事诉讼法》第 63 条、第 64 条规定了人民法院、人民检察院和公安机关应当保障证人及其近亲属的安全,还规定证人、鉴定人、被害人因在诉讼中作证,本人或者其近亲属的人身安全面临危险的,可以向人民法院、人民检察院、公安机关请求予以保护。人民法院、人民检察院、公安机关依法采取保护措施,有关单位和个人应当配合。《刑事

《诉讼法》第 65 条规定,对于证人因履行作证义务而支出的交通、住宿、就餐等费用,应当给予补助。证人作证的补助列入司法机关业务经费,由同级政府财政予以保障。有工作单位的证人作证,所在单位不得克扣或者变相克扣其工资、奖金及其他福利待遇。最高院《解释》(2021)、《人民检察院刑事诉讼规则》(2019)〔简称:最高检《规则》(2019)〕和《公安机关办理刑事案件程序规定》〔简称:公安部《规定》(2020)〕中也有相似规定。

与证人证言的审查、判断和运用有关的主要证据规则是排除传闻证据规则和排除意见证据规则(参见本章后文关于证据规则的专门介绍)。

4. 被害人陈述

被害人陈述是犯罪行为的直接受害人就其了解的案件情况向公安司法机关办案人员和辩护律师所作的陈述。它既包括公诉案件被害人所作的陈述,也包括自诉案件中作为自诉人的被害人和刑事附带民事诉讼中作为附带民事诉讼原告人的被害人关于案件事实的陈述。由于被害人直接受到犯罪行为的侵害,所以对整个案件的经过、犯罪人的作案手段、犯罪人的样貌等都可能有所了解,所以被害人陈述对于查清案件事实具有直接重要的意义。

一般意义上理解的被害人陈述包含两个方面的内容:其一,被害人对案件事实的陈述;其二,被害人的诉讼请求,即对犯罪人所应得到的惩罚的要求及被害人要求得到的赔偿等。但在刑事诉讼中作为证据的陈述只能是前者,因为只有前者才能证明案件事实。

根据中国《刑事诉讼法》的规定,被害人陈述和证人证言是两种独立的诉讼证据,二者存在一定差别(见表 5-4)。

表 5-4　被害人陈述与证人证言的差别　〔龙宗智、翁晓斌,2012〕

比较点	被害人陈述	证人证言
证据主体不同	被害人陈述的主体是被害人,是犯罪行为的直接受害者。他与案件有着直接的利害关系,在诉讼中享有当事人的诉讼权利	证人证言的主体是当事人以外的知道案件事实的人。他与案件通常没有直接利害关系;在诉讼中不享有当事人的诉讼权利,只享有证人的权利
证据收集的难易程度不同	被害人由于其身份的特殊性,主观上有要求惩罚犯罪人的强烈愿望,所以一般会积极主动向司法工作人员揭露犯罪人的犯罪事实。被害人陈述也就相对比较容易取得	证人与案件的关系并不密切;再加上有些证人为了自身利益有种种顾虑,不愿或不敢作证,尤其是出庭作证。所以相较被害人陈述而言,证人证言较难取得
证据特点不同	被害人由于受犯罪行为所害,通常痛恨犯罪嫌疑人,在陈述案件事实时可能受情绪影响,不自觉地带有夸大、偏激的成分	普通无利害关系的证人提供的证言通常不会因情绪影响而产生偏激和夸大
故意作虚伪陈述的法律后果不同	被害人捏造事实陷害他人,企图使他人受刑事追究的,应当根据《刑法》第 243 条的规定依法追究其诬陷罪的刑事责任,依据该条规定,需"情节严重"才构成犯罪	证人对与案件有重要关系的情节,故意作假证明,意图陷害他人或者隐匿罪证的,应当根据《刑法》第 305 条的规定依法追究其伪证罪的刑事责任

5. 犯罪嫌疑人、被告人供述和辩解

犯罪嫌疑人、被告人供述和辩解,是指犯罪嫌疑人、被告人在刑事诉讼中就其被指控的犯罪事实以及其他相关案件事实向公安司法机关办案人员及辩护律师所作的陈述,即通常所称的口供。它一般是指犯罪嫌疑人、被告人向公安司法机关所作的口头陈述及对这种陈述的记录。但经办案人员同意或要求,由犯罪嫌疑人、被告人亲笔书写的书面陈述,也是其供述和辩解。

在日常生活中,犯罪嫌疑人、被告人的供述和辩解常常被误解为只是犯罪嫌疑人、被告人对自身是否有犯罪行为的交代。实际上,它主要包括以下三个方面的内容:

一是犯罪嫌疑人、被告人的供述,即其承认自身实施犯罪行为的陈述,包括对犯罪事实和犯罪情节的陈述。这一供述表现为自首、坦白和供认等。需要注意的是,犯罪嫌疑人、被告人供述的情况较为复杂,有些是真实的,也有些是虚假的。这就需要公安司法人员将其与其他的证据相结合,作出正确的判断。

二是犯罪嫌疑人、被告人的辩解,即其否认自身曾经实施过犯罪行为,或虽然承认了自身曾经实施过犯罪行为,但有依法不应追究刑事责任或者有从轻、减轻或免除刑罚等情况而作的申辩和解释。这一辩解表现为否认、申辩、反驳、提供反证等。犯罪嫌疑人、被告人进行辩解的态度是积极的,因为他总是要竭力替自己洗脱罪名。但这也使这些辩解变得不那么单纯。有些是有根据的辩解,也有些是完全没有根据的辩解。

三是犯罪嫌疑人、被告人的攀供,即其检举揭发同案中他人共同犯罪行为的陈述。在这些陈述中,犯罪嫌疑人、被告人的动机是多种多样的。有些是为了立功,有些是为了推脱自己的责任,也有些是为了报复、诬陷他人,等等。所以,犯罪嫌疑人、被告人的攀供也是有真有假。从内容上讲,它只是对同案中他人共同犯罪行为的检举揭发,因为只有这种内容的揭发才是与本案事实有关的,才能作为本案的证据使用。当然,如果是对非同案的其他犯罪人或同案犯罪人其他犯罪行为的检举揭发,经查证属实,虽不属于口供内容,但可作为犯罪嫌疑人、被告人自身从轻处罚的根据。

由于刑事诉讼总是围绕着犯罪嫌疑人、被告人的有罪无罪、罪轻罪重而进行,所以犯罪嫌疑人、被告人成了刑事诉讼案件的核心人物。他的重要而特殊的诉讼地位决定了其供述和辩解具有其他证据所没有的以下特点:

一是犯罪嫌疑人、被告人的供述和辩解很可能对证明案件事实起到极其重要的作用。犯罪嫌疑人、被告人是案件的当事人,他对自己是否犯罪、为何犯罪、怎样犯罪,比其他任何人都清楚。因此,如果他如实地供述自己的犯罪行为,那将直接地反映案件事实,包括其作案的动机、过程、情节。如果他如实地申辩和解释,相关人员将有效地了解到他有无犯罪的事实,或知晓他是否存在从轻、减轻或免除刑罚的情况。如果他如实地攀供,将全面地反映整个犯罪的形成、分工和具体实施犯罪的全过程。

二是犯罪嫌疑人、被告人的供述和辩解很可能带有极大的虚假成分。刑事诉讼将犯罪嫌疑人、被告人作为诉讼被追究的对象,就意味着一旦罪名成立,犯罪嫌疑人、被告人将受到刑事制裁,包括有期徒刑、无期徒刑、死刑等。所以,诉讼结果与犯罪嫌疑人、被告人有着直接的重大的利害关系。在这种情况下,他很有可能为了逃避法律的制裁,隐瞒罪行,避重就轻,或者干脆否认犯罪事实,甚至编造谎言,进行狡辩。这一特点也是犯罪嫌疑人、被告人供述和辩解的最大特点。

三是犯罪嫌疑人、被告人的供述和辩解易有反复性。犯罪嫌疑人、被告人作为诉讼中被讯问、被追究刑事责任的对象,其思想容易受各种主客观因素的影响而产生波动。在诉讼中主要表现为犯罪嫌疑人、被告人随时可能翻供,甚至时供时翻、屡供屡翻。

由于犯罪嫌疑人、被告人的供述和辩解具有上述特点,因此,在司法实践中要遵守相关证据规则,正确取证与认证。其一,由于口供证明作用大,在司法实践中办案机关特别重视,获取口供常常成为破案关键,因此,需要防止采用刑讯逼供等违法方法获取证据,不得强迫嫌疑人证实自己有罪。其二,坚持不轻信口供的原则。《刑事诉讼法》第55条第1款规定:"对一切案件的判处都要重证据,重调查研究,不轻信口供。只有被告人供述,没有其他证据的,不能认定被告人有罪和处以刑罚;没有被告人供述,证据确实、充分的,可以认定被告人有罪和处以刑罚。"与其他证据相比,我国法律对口供作了某些特殊规定。对其他证据,刑事诉讼法基于自由心证原则,一般只是对证据的证明能力作某些限制(如禁止非法取证等),对证据的证明力则不作更多限制,而是交由法官自由判断。但对口供,中国法律限制其证明力,不承认其对案件事实的独立和完全的证明作用,禁止以被告人口供作为有罪判决的唯一证据,而要求提供其他证据予以"补强"。这也就是刑事证据学上所谓的"补强证据规则"(参见本章后文关于证据规则的介绍)。其三,针对被告人翻供的情况,要对口供进行全面审查。根据"两高三部"[①]颁布的《关于办理死刑案件审查判断证据若干问题的规定》第22条规定的精神,在被告人翻供的情况下,对被告人供述和辩解的审查,应当结合控辩双方提供的所有证据以及被告人本人的全部供述和辩解进行:一是要注意被告人庭前供述是否一致;二是要注意被告人能否合理说明翻供理由及证据上的矛盾;三是看其口供与其他证据能否相互印证。而最后一点尤为重要。

6. 鉴定意见

鉴定意见是指公安司法机关为了了解案件中某些专门性的问题,聘请具有这方面专业知识和技能的人进行鉴定后所作的书面结论及言辞陈述。

从刑事诉讼中需要鉴定的专门性问题来看,常见的鉴定意见有法医鉴定意见(用于确定死亡原因、伤害情况等)、司法精神病鉴定意见(用于确定犯罪嫌疑人、被告人、被害人、证人的精神状态是否正常)、痕迹鉴定意见(通过对指纹、脚印、工具、枪弹、轮胎等痕迹的鉴定确认是否同一)、化学鉴定意见(用于确定毒物的化学性质和剂量,对人体的危害程度、伤害程度)、会计鉴定意见(用于确定账目、表册是否真实,是否符合有关规定)、文件书法鉴定意见(用于确定文件的书写、签名是否伪造或同一)以及其他鉴定意见(如对交通运输、产品质量等鉴定后作出的意见,以确定事故等发生的性质、原因和后果)。

在英美法系国家,证据立法和理论将鉴定人看成证人,把鉴定意见看成证人证言,即所谓的"专家证人"和"意见证据"。不过,专家证人范围较宽,包括鉴定专家和不进行专门鉴定而仅对鉴定发表质证意见或独立提供某些专门知识的非鉴定专家。在我国刑事诉讼中,两种证据存在着重要区别(见表5-5)。鉴定意见和证人证言不得混淆。鉴定意见是一种独立的诉讼证据,也是一种通过科学技术方法所获得的科技证据。

在中国刑事诉讼中,鉴定意见对于揭露犯罪、证实犯罪、认定案情有十分重要的作用。当案件涉及各种各样的专门性问题时,鉴定人员就成为一个必不可少的角色,因为普通人员(甚至包括法官)对专门性问题不具有运用科学技术和设备得出科学判断性意见的能力。只有具备专门知识和技能的专业人员才能作出鉴定意见,从而确切地解答办案人员无法直接

[①] 指最高人民法院、最高人民检察院、公安部、国家安全部、司法部。

表 5-5　鉴定意见与证人证言的差别 ［龙宗智、翁晓斌，2012］

比较点	鉴定意见	证人证言
主体的确定	由公安司法机关聘请的人员所作。鉴定人是可以选择的,也是可以更换和替代的	必须由了解案情的人员担当。证人是不可选择和不可替代的
主体的能力	必须由具有专门知识和技能的人员作出	在作证时不需要具备任何专门性的知识和技能,只需要了解案件的事实情况,能够辨别是非、正确表达即可
内容的范围	是对案件中某些专门性问题进行分析研究,并从科学的角度提出判断性意见。它不是对案件事实的陈述。比如司法精神病鉴定只需解决犯罪嫌疑人、被告人是否精神正常的问题,而非对犯罪嫌疑人、被告人犯罪事实的陈述	是证人对案件事实所作的陈述
作出的前提	成为鉴定人的前提是在案件发生时,他并不了解案件事实。如果他在案件发生时就对案件事实有所了解,比如目睹了案件的发生等,那么他就应当作证人,而不能作鉴定人	必须是在案件发生时就对案件事实有所了解,对程序事实作证应了解程序发生情况
回避的运用	鉴定人必须遵循回避制度。如果他与案件或案件当事人有利害关系或其他法定情况,那他就不能成为案件的鉴定人,他必须回避	只要了解案件的事实情况就有作证义务,不存在回避的问题
案情的作出	鉴定人虽然在案件发生时不了解案件的事实情况,但为了作出科学的鉴定意见,他可以在案件发生后查阅相关卷宗材料;有几个鉴定人的时候,他们还可以相互讨论,共同书写鉴定意见	为了保证作证的真实客观性,证人在案后不能要求了解案情;并且法律明确规定询问证人应当个别进行,证人之间不能互相讨论,以免相互影响,导致证言失实

判明的问题或事实。比如从死者手指缝里提取的皮肤纤维,只有经过鉴定以后,才能确定是否与犯罪嫌疑人、被告人的纤维相同,从而使物质起到物证的作用。

　　需要注意的是:其一,鉴定意见只应回答专业技术问题,不能回答法律问题。这是由鉴定人员和鉴定意见的性质决定的。比如对与案件有关的账务账目、单据和报表进行鉴定,鉴定意见所回答的问题只是账务与单据是否真实、财务收支是否平衡以及资金流向等问题,而不能回答犯罪嫌疑人、被告人是否构成贪污或侵占罪的问题。其二,鉴定意见不能因其所具有的科技性而获得预定的证明效力。因为在实践中,鉴定人员可能受到主客观因素的影响或限制,而使鉴定意见不准确。如鉴定人员的鉴定方法存在缺陷,或鉴定材料不够充分,其所作的鉴定意见就会缺乏客观性和准确性。所以,鉴定意见和其他证据一样,必须经过查证属实后,才能成为定案的根据。其三,鉴定意见包括鉴定人做鉴定所形成的书面结论,也包括鉴定人在公安司法机关尤其是在法庭作证时陈述的意见。该类证据原称"鉴定结论",2012 年《刑事诉讼法》改为"鉴定意见",同时强化了对鉴定人出庭作证的要求。根据《刑事诉讼法》第 192 条第 3 款规定,经人民法院通知,鉴定人拒不出庭作证的,鉴定意见不得作为定案的根据。该条的修改意义在于,鉴定证据不仅包括鉴定的书面结论,而且包括在质证过程中鉴定人对鉴定过程、方法、结论等问题所作的解释说明等陈述。

7. 勘验、检查、辨认、侦查实验等笔录

勘验、检查、辨认、侦查实验等笔录指公安司法机关办案人员从事勘验、检查、辨认、侦查实验等取证活动为固定证据所形成的记录。我国《刑事诉讼法》在 2012 年修改时,采纳学者的建议,将证据分类中的“勘验、检查笔录”扩展规定为“勘验、检查、辨认、侦查实验等笔录”。这一修改使笔录证据获得周延性,符合司法实践的情况和需求。其中,勘验、检查笔录是指办案人员对与犯罪有关的场所、物品、尸体、人身等进行勘验、检查所作的书面记录,包括文字记录及现场图和现场照片等附件。根据行为针对的对象的不同,可以将勘验、检查笔录分为勘验笔录和检查笔录。勘验笔录是指办案人员针对与案件有关的场所、物品、尸体等“死”的物体进行观察、测量、检验、拍照、绘图等活动所作的书面记录,可以分为现场勘验笔录、物证检验笔录、尸体检验笔录。该笔录的目的是直接了解案件的有关场所、物品、尸体,发现和收集证据材料。检查笔录,又称人身检查笔录,是指办案人员针对与案件有关的“活着”的人进行观察、检验等活动所作的书面记录。其目的是确定犯罪嫌疑人、被告人、被害人的某些特征、伤害情况或者生理状态。

在司法实践中,由于刑事诉讼案件总是与一定的现场、物品、尸体、人身相联系,所以科学、及时地勘验、检查,能客观、全面地记录与案件有关的各种情况,有利于证明犯罪的时间、地点、作案方法、作案手段、作案过程及案犯的特点等案件事实。并且,这样周全的记录使其成为收集固定证据的重要手段。特别对于那些会随着时间和环境条件的变化而逐渐丧失重复观察可能的证据来说,勘验、检查笔录将起到极其重要的证明作用。比如被害人人身的伤害痕迹会随着治疗的进展而逐渐愈合、尸体的特征会随着腐化而不能辨识、场所的环境情况会随着时间的推移而逐渐遭到破坏。在这些情况下,勘验、检查笔录就会发挥它无可比拟的作用;必要时还可以根据笔录记载,进行侦查实验。

辨认笔录,是公安司法机关办案人员组织证人、被害人或者犯罪嫌疑人对与案件有关的人身、尸体、物品、现场等进行辨认活动所作的记录。辨认是侦查机关收集刑事证据的常用方法之一,在刑事诉讼实践中被广泛采用,是重要的侦查手段。辨认笔录也是重要的诉讼证据。

对辨认笔录应当认真审查。根据“两高三部”《关于办理死刑案件审查判断证据若干问题的规定》第 30 条规定,辨认活动必须在侦查人员主持下进行;辨认前不能使辨认人见到辨认对象;辨认活动应当个别进行;辨认对象应当混杂在具有类似特征的其他对象中,供辨认的对象数量需符合有关规定(尸体、场所等特定辨认对象除外);辨认中不能给予辨认人暗示或者指认。否则,辨认结论因不能确定其真实性,不能作为定案依据。

侦查实验笔录,是指侦查人员为了验证在某种条件下某一事件或现象是否发生和后果如何,而实验性地重演该事件的进程所作的书面笔录。《刑事诉讼法》第 135 条第 1 款规定:“为了查明案情,在必要的时候,经公安机关负责人批准,可以进行侦查实验。”

侦查实验可独立进行,亦可与现场勘查同时进行。进行侦查实验应当遵循的规则包括:(1) 必须经有关领导批准。(2) 实验条件应尽可能地接近案件发生时的状况,如天气状况、时间状况、环境状况等都应尽量与原条件相接近。(3) 对同一情况应反复实验,以便得出确切结论。(4) 要禁止一切足以造成危险或有伤风化的行为。(5) 应当由侦查人员进行侦查实验。实验开始时，要邀请两名见证人到场。如实验目的是查明当事人或证人的陈述是否真实，应允许他们亲自参加。(6) 要做好实验笔录，记载实验的经过和结果。参加实验的人应在笔录上签字或盖章。

笔录证据，除列举的勘验、检查、辨认、侦查实验笔录外，还包括搜查笔录，查封笔录，扣押、提取物证笔录等。这些笔录在司法实践中也经常被使用，是反映书证、物证和现场相关情况，固定证据，实现书证、物证与案件事实相关联的重要证据。

勘验、检查、辨认、侦查实验等笔录，因其形成与功能的特殊性，法律将其规定为一种独立的证据类型。这类笔录证据与物证、书证、鉴定意见既有联系，又有区别。以勘验、检查笔录为例，主要区别如表 5-6 所示。

表 5-6　勘验、检查笔录与其他证据的区别　[龙宗智、翁晓斌，2012]

勘验、检查笔录	其他证据
勘验、检查笔录虽然要详细记载现场、物品、人身、尸体的情况，并附加绘图、照片等，但这只是对物证的某些情况加以固定，它本身不是物证，只是反映物证的一种方法。并且，作为运用物证的根据，它不仅能提供物证进入诉讼，而且能反映与犯罪现场有关的各种痕迹，物品存在或形成的环境、条件及其相互关系，从而提供物证本身并不携带的证据信息。它在案件发生后制作	物证是在案件发生过程中使用的物品或形成的痕迹
勘验、检查笔录虽然和书证一样，都是以其内容来证明案件事实的书面材料，但是，二者形成的时间、提供的主体以及记载的内容有区别。勘验、检查笔录是办案人员在案发后制作的，反映侦查取证的有关情况	书证通常是在案发前形成的，有的书证（如嫌疑人串供的信件）可能在案发后产生，但并非办案人员制作，也不是对侦查取证活动的记录
勘验、检查笔录是办案人员依据职权，凭借自己的感觉（视觉、听觉、嗅觉、味觉和触觉），直接感知被验证对象而形成的一定的认识，是就观察所见作出的如实记录	鉴定意见是鉴定人运用自己的专门知识和技能，凭借科学仪器和设备，分析研究案内有关专门性问题的结果。它的产生依靠的是鉴定人，依据的是科学技术方法，表述的是鉴定人的判断意见

8. 视听资料、电子数据

视听资料是指以录音、录像方法取得的能够证明案件事实的音像资料。这类证据材料随着科技的发展与普及被纳入诉讼。我国《刑事诉讼法》在 1996 年修订的时候，才把它作为一种独立的证据类型。但在当时，电脑等科技设备储存的信息也属于视听资料。2012 年《刑事诉讼法》将电子数据与视听资料分开，该类证据才回归其语义，即录音、录像资料。视听资料与其他证据有一定的区别(见表 5-7)。

表 5-7　视听资料与其他证据的区别 ［龙宗智、翁晓斌，2012］

视听资料	其他证据
视听资料没有特殊的外形，它只是以其存储的内容来证明案件事实	物证以其外形、属性和构成来达到证明案件事实的目的
视听资料与书证都以它们的内容来证明案件情况，但视听资料是以声像的动态复原来反映案件事实的	书证以文字、符号、图案的静态实在来反映案件事实
视听资料与人证虽对案件事实都有一定的动态反映性，但视听资料比人证更能客观反映案件相关事实。案件发生过程中形成的视听资料，是对有关声音和形象的客观记录，不受人的主观因素影响	人证是在案件发生后的诉讼中形成的，它不免受作证人主观因素包括记忆、表达能力以及情感利益等因素的影响

视听资料作为一种新兴的证据，具有如下优点：

第一，仿真性强。视听资料是一种采用科技手段获得的证据，它以科技设备作为信息载体，技术性较强。比如在用摄像机将整个案件事实摄录下的情况下，摄像机能较为客观、逼真地记载案件事实，人的主观因素较小，失真率也小；若将摄录的信息刻录于光盘中，则信息不易被毁坏，并能在相当长的时间里保持原样。因此，视听资料具有较客观地反映有关案件事实情况的特征。

第二，直观性强。视听资料能够通过各种声音、图像再现与案件有关的各种情况，不仅信息量大，而且能直接作用于人的感官，使人感知当时发生的案件有关情况。比如关于某人谈话的视听资料，它能够再现说话人的音质、音量、语言习惯，说话时的动作、表情等。这种直观性是其他证据所不能及的。

第三，具有动态连续性。视听资料能够通过在一定时间范围内持续的声音和图像，来反映案件事实，再现案件发生的动态过程。这一点相对于物证、书证来讲具有很大的优势。

但是，视听资料也有其弱点，主要是篡改、伪造较方便，而且不易发现。如剪辑录音带、录像带容易，而且剪辑后难以辨识。因此，使用视听资料应当注意其可能虚假，需要仔细鉴别其真伪。

电子数据，是案件发生过程中形成的，以数字化形式存储、处理、传输的，能够证明案件事实的数据。限定在"案件发生过程中"，是为了将案件发生后形成的证人证言、被害人陈述以及犯罪嫌疑人、被告人供述和辩解等电子化的言词证据排除在外。需要注意的是，对"案件发生过程中"不应作过于狭义的把握，从而理解为必须是实行行为发生过程中。例如，性侵犯罪发生前行为人与被害人往来的短信、网络诈骗实施前行为人设立的钓鱼网站等，只要与案件事实相关，均可以视为"案件发生过程中"形成的电子数据。电子数据包括但不限于下列信息、电子文件：(1) 网页、博客、微博客、朋友圈、贴吧、网盘等网络平台发布的信息；(2) 手机短信、电子邮件、即时通信、通信群组等网络应用服务的通信信息；(3) 用户注册信息、身份认证信息、电子交易记录、通信记录、登录日志等信息；(4) 文档、图片、音视频、数字证书、计算机程序等电子文件。需要注意的是，以数字化形式存储的音视频属于电子数据而非视听资料，而以模拟信号存储的磁带、录像带等音视频仍然属于视听资料。[①] 电子数据是最具现代高科技特征的一类证据，而且随着科技的发展，其形式和功用也不断发展。电子数据在当今社会具有重要的社会功用，在刑事诉讼证明中的意义也越来越大。不过，电子数据同样

---

① 周加海、喻海松：《〈关于办理刑事案件收集提取和审查判断电子数据若干问题的规定〉的理解与适用》，载《人民司法（应用）》2017 年第 28 期。

可能被篡改和伪造,应当注意审查。在应用电子数据的证据实践中,应当主要审查以下内容:

第一,电子数据的真实性。对电子数据是否真实,应当着重审查以下内容:(1) 是否移送原始存储介质;在原始存储介质无法封存、不便移动时,有无说明原因,并注明收集、提取过程及原始存储介质的存放地点或者电子数据的来源等情况;(2) 电子数据是否具有数字签名、数字证书等特殊标识;(3) 电子数据的收集、提取过程是否可以重现;(4) 电子数据如有增加、删除、修改等情形的,是否附有说明;(5) 电子数据的完整性是否可以保证。

第二,电子数据的完整性。对电子数据是否完整,应当根据保护电子数据完整性的相应方法进行验证:(1) 审查原始存储介质的扣押、封存状态;(2) 审查电子数据的收集、提取过程,查看录像;(3) 比对电子数据完整性校验值;(4) 与备份的电子数据进行比较;(5) 审查冻结后的访问操作日志。

第三,电子数据收集、提取的合法性。对收集、提取电子数据是否合法,应当着重审查以下内容:(1) 收集、提取电子数据是否由 2 名以上侦查人员进行,取证方法是否符合相关技术标准。(2) 收集、提取电子数据,是否附有笔录、清单,并经侦查人员、电子数据持有人(提供人)、见证人签名或者盖章;没有持有人(提供人)签名或者盖章的,是否注明原因;对电子数据的类别、文件格式等是否标注清楚。(3) 是否依照有关规定由符合条件的人员担任见证人,是否对相关活动进行录像;(4) 电子数据检查是否将电子数据存储介质通过写保护设备接入到检查设备;有条件的,是否制作电子数据备份,并对备份进行检查;无法制作备份且无法使用写保护设备的,是否附有录像。

第四,电子数据的相关性。司法实践中经常遇到虚拟身份与真实身份对应以及存储介质的关联判断问题。认定犯罪嫌疑人、被告人的网络身份与现实身份的同一性,可以通过核查相关 IP 地址、网络活动记录、上网终端归属、相关证人证言以及犯罪嫌疑人、被告人供述和辩解等进行综合判断。认定犯罪嫌疑人、被告人与存储介质的关联性,可以通过核查相关证人证言以及犯罪嫌疑人、被告人供述和辩解等进行综合判断。对于存储介质的关联性判断,还可以提取必要的指纹、DNA 等痕迹物证进行综合判断。

电子数据的收集、提取程序有下列瑕疵,经补正或者作出合理解释的,可以采用;不能补正或者作出合理解释的,不得作为定案的根据:(1) 未以封存状态移送的;(2) 笔录或者清单上没有侦查人员、电子数据持有人(提供人)、见证人签名或者盖章的;(3) 对电子数据的名称、类别、格式等注明不清的;(4) 有其他瑕疵的。

湖北孝感市检察院:
电子取证助破案

电子数据具有下列情形之一的,不得作为定案的根据:(1) 电子数据系篡改、伪造或者无法确定真伪的;(2) 电子数据有增加、删除、修改等情形,影响电子数据真实性的;(3) 其他无法保证电子数据真实性的情形。

5.2.2 刑事诉讼证据在学理上的分类

刑事诉讼证据的分类是指在学理上将刑事诉讼证据按照不同标准划分为不同类型。分类的目的,在于更好地把握各种证据的特点,以便在司法实践中更好地运用各类证据来查明案件事实。中国法学界在学理上通常将刑事诉讼证据分为原始证据与传来证据、言词证据与实物证据、控诉证据与辩护证据、直接证据与间接证据。

1. 原始证据与传来证据

根据证据的来源不同,可以将证据分为原始证据和传来证据。

原始证据是直接来源于案件事实的证据,即通常所说的"第一手材料"。比如物证、书证的原件,证人、被害人、犯罪嫌疑人、被告人根据对案件事实的亲眼所见、亲身感受、亲自所为所作的陈述,辨认笔录,视听资料的"母带"、原盘,电子数据的原始存储介质,等等。

传来证据不是原生于案件真实的证据,而是经过传抄、复制、转述等中间环节后形成的"第二手材料"。它是由原始证据派生出来的证据,比如物证、书证的复制品,证人转述他人告知的案情,鉴定意见,勘验、检查笔录,侦查实验笔录,视听资料、电子数据的复制品,等等。

在英美法系证据理论中还有传闻证据这一概念,并且,在通常情况下,传来证据被归入传闻证据。而我国证据理论中的传来证据与英美法系证据理论中的传闻证据有所不同(见表5-8)。

表 5-8　传闻证据与传来证据的区别　[龙宗智、翁晓斌,2012]

比较点	传闻证据(英美法系证据理论)	传来证据(中国证据理论)
外延	仅指传闻陈述,不含物证、视听资料等	囊括了由"第一手"材料派生出来的所有证据,包括"第二手"以上的物证、书证、人证、视听资料等
内涵	以审判为标准,坚持直接言词原则。所以凡在审判前和审判外取得的言词证据,只要未能在审判中以言词方式提出,则无论其内容是否为陈述人亲身感知,均为传闻证据。它主要包括以下内容:一为直接感知案件事实的人在审判期日以外亲笔所写的陈述及他人制作并经本人同意的陈述笔录;二为没有直接感知案件事实的人在审判期日以外就他人所感知的事实亲笔所写的转述及他人制作并经本人同意的陈述笔录;三为没有直接感知案件事实的人在审判期日就他人所感知的事实向法庭所作的转述	判定证据是否为传来证据的标准是陈述人是否对案件事实直接感知。只要陈述人是对案件事实亲自所为、亲身感受、亲耳所闻,无论其在审判期日作出,还是在审判期日以外作出,也无论证据的表现形式是书面形式还是言词形式,这一证据都是原始证据,而非传来证据。所以,按照中国的标准,传闻证据中包含的第一种情况的证据都是原始证据,而非传来证据。传来证据只包括第二种和第三种情况的传闻证据
作用	因传闻证据具有易于失实的特点,因此区分传闻证据与非传闻证据,通过设置"排除传闻证据规则"等制度来限制传闻证据进入实际的司法诉讼程序,从而避免传闻证据误导法官和缺乏法律知识的平民陪审员	原始证据和传来证据的区分是在学理上的区分,通常并不涉及在司法实践中证据的可采性问题,即原始证据、传来证据都可以被纳入司法诉讼程序。区分两者的唯一目的只是提醒办案人员应注意不同来源的证据可靠性和证明力不同

可见,传来证据不等同于传闻证据,传来证据具有自身的含义与特点。

中国刑事诉讼通常并不排斥传来证据,只是要求注意其可靠性与证明力。一般来说,证据材料被转手传递,失真可能性就增大,转手次数越多,失真的可能性越大。因为转述者可能有意无意地将事实扭曲,所以,在通常情况下,原始证据要比传来证据更可靠,证明力更强。但是,在一定情况下,传来证据可以替代原始证据。如对于那些易于消失或难以搬动的物证来讲,只有通过在法庭上出示照相、复制模型等方法形成的物证的复制品,才能使原有的物证发挥证明作用。并且,传来证据还具有以下作用:它可作为发现原始证据的线索,可作为检验原始证据是否真实的手段,可作为加强原始证据证明力的工具,在无法获得原始证据的情况下,合法查获的传来证据还可作为定案的根据。

2. 言词证据与实物证据

根据证据的表现形式不同,可以将证据分为言词证据和实物证据。

言词证据是以人的陈述为存在和表现形式的证据。它是案件事实在人的头脑中的反映。通常它经过人的思维而以口头或书面叙述的形式提供。法庭调查言词证据是通过询问、讯问和宣读进行的。从范围上讲,它包括证人证言,被害人陈述,犯罪嫌疑人、被告人供述和辩解。鉴定意见和勘验、检查笔录,辨认笔录,侦查实验笔录也属于言词证据。鉴定意见和勘验、检查笔录虽然表面上以书面实物的形式出现,但其实质是鉴定人就案件中某些专门性问题进行鉴定等思维活动后所作的判断,或办案人员就案件的现场、物品、尸体、人身等进行勘验、检查等主观活动后所作的记录,而且在法庭审理时,当事人有权对鉴定人或进行勘验、检查笔录的办案人员就鉴定意见或勘验、检查笔录发问,鉴定人、办案人员有义务以口头回答、解释或补充其鉴定意见或勘验、检查笔录。所以,鉴定意见和勘验、检查笔录带有很强的人的因素,实际是以人的陈述形式所表现的证据。

实物证据是以实物形态为存在和表现形式的证据,是广义上的物证。法庭调查实物证据的方式是出示和宣读。从范围上讲,它包括物证和书证。对于视听资料、电子数据是否属于实物证据,存在不同的意见。一般认为视听资料、电子数据贮存有特殊的信息,是以其记载的内容来证明案件事实的,属于实物证据。也有人认为应当具体分析,区别对待。多数视听资料属于实物证据,但涉及讯问犯罪嫌疑人、被告人,询问证人、被害人时的录音、电子资料时,认为其相当于对人的陈述的笔录,应当划为言词证据。

言词证据与实物证据的主要区别是作证主体不同:言词证据以活生生的人作为作证主体;实物证据则以客观存在的实在物作为作证主体。言词证据与实物证据的具体区别主要表现如下(见表5-9):

表 5-9　言词证据与实物证据的区别　[龙宗智、翁晓斌,2012]

比较点	言词证据	实物证据
能动性	言词证据能够直接反映与案件有关的事实,而且能够动态地揭示案件发生的起因、过程和具体情节,从而有助于判断案件事实	作为物证的实物证据不能直接发挥对案件事实的证明作用,可谓"哑巴证据"。只有依靠人的认知活动甚至依赖于科技手段(鉴定)才能发挥它的证明作用
信息携带	一般而言,言词证据含有的信息量大。它可能反映案件基本事实,也能揭示案件的某一事实过程	实物证据储存的信息量不如言词证据大,往往不能仅凭实物证据来认识案件主要事实,但有时实物证据对证明主要事实能起关键作用,如嫌疑人的现场遗留物
稳定性	言词证据具有不稳定性。由于受客观因素和主观因素的影响,提供言词证据的主体对案件客观事实的反映可能发生变化,即改变其表述的内容。在诉讼中该类证据的易变性较大,客观上容易导致真假难辨	实物证据由于表现为客观存在的实在物,不易受其他情况的影响,所以客观性较强,稳定性较大

　　学理上区分言词证据和实物证据的意义在于,提醒办案人员根据不同证据的特点和作用,采取相应的方法进行收集、固定、保全、审查和运用。

　　3. 控诉证据与辩护证据

　　根据证据对案件主要事实的证明作用,可以将证据分为控诉证据和辩护证据。

　　控诉证据是能够证明犯罪事实的发生,犯罪嫌疑人、被告人犯罪,或者是能够从重或加重犯罪嫌疑人、被告人刑事处罚的证据。它一般是由控诉人对犯罪嫌疑人、被告人进行指控时提出的。比如鉴定意见显示留于犯罪工具上的指纹与犯罪嫌疑人、被告人的指纹一致,等等。

　　辩护证据是能够证明案件事实没有发生,犯罪嫌疑人、被告人无罪、罪轻,或者是能够减轻、免除犯罪嫌疑人、被告人刑事责任的证据。它一般是由犯罪嫌疑人、被告人及其辩护人进行辩护时提出的。比如证人证明被告人不是出于故意,而是出于正当防卫,等等。

　　区分控诉证据和辩护证据的意义在于:

　　第一,不同的证据类型具有不同的特点与使用要求。控诉证据和辩护证据的区分预示了两者不同的使用要求。控诉证据为达到控诉之目的,必须使控诉证据为案件事实的充分条件。即控诉证据必须组成一个完整的证明体系,才能起到证据的证明作用。辩护证据则不然,它只需要有一两个关键证据或一组证据能够打破控诉证据的证据锁链,使控诉证据构建的推理与逻辑出现破绽,对指控事实产生合理怀疑,就达到了证明作用。

　　第二,由于刑事诉讼中存在着控诉和辩护这两种相互对抗的诉讼职能,所以,控诉证据和辩护证据的区分是与之相适应的。控诉证据服务于控诉职能,辩护证据服务于辩护职能。这样,有利于指导不同职能的人员各司其职,运用不同类型的证据完成其控诉犯罪的义务或有效地行使其辩护权利。

　　第三,有利于各办案人员真正、全面地了解案件事实,作出正确的判断。因为只有客观、全面地收集证据,才能从整体上把握案件的事实真相。片面地注意一方证据而忽视另一方证据是不能得出正确结论的。就此,中国《刑事诉讼法》第 52 条也作了相应的规定:"审判人员、检察人员、侦查人员必须依照法定程序,收集能够证实犯罪嫌疑人、被告人有罪或者无罪、犯罪情节轻重的各种证据……"

　　需要注意的是,控诉证据和辩护证据的区分并不代表它们之间绝对的划分。在某些情况下,控诉证据和辩护证据存在着重叠性,即一个证据可能既包含着控诉证据的信息又包含着辩护证据的信息。如证人作证时证明嫌疑人从事了被指控的犯罪行为,同时又在事后努力减轻犯罪所造成的危害。这一证据就既包含了有利指控的因素,又包含了有利辩护的情节。

　　此外,在一定的条件下,控诉证据和辩护证据是可以相互转化的。在不同的案件中,此案的控诉证据有可能就是彼案的辩护证据,彼案的辩护证据有可能就是此案的控诉证据。比如能证明被告人过失杀人的证据,相对于被指控故意杀人的案件来说,是一项辩护证据;但如果是在被指控过失杀人的案件中,相对于一项无罪辩护而言,它就是控诉证据。即使在同一案件中,有时随着情况的变化或案件的进展,证据在诉讼中的作用也会发生相应的变化,对证据是控诉证据还是辩护证据的定性也会随之改变。比如犯罪嫌疑人交出一份各方面完好无瑕疵的财务报表,以证明自身没有经济犯罪,这一财务报表则是辩护证据;但随着案件的深入,通过资深鉴定人的鉴定,发现这一完好报表纯属伪造,则它就转化为指控犯罪嫌疑人做贼心虚、欲盖弥彰的控诉证据。

因此,在实践中运用控诉证据和辩护证据的时候,要注意它们的特点和使用要求;要根据现实情况的不断变化,加深对它们的认识,以保证全面、正确收集和运用控诉证据和辩护证据。

4. 直接证据与间接证据

根据证据与案件主要事实的证明关系不同,可以将证据分为直接证据和间接证据。

直接证据是能够独立地、直接地说明案件主要事实的证据。也就是说,直接证据不必经过推理过程即可对案件主要事实予以肯定或否定。常见的直接证据有:证人、被害人目击犯罪行为发生的证言或陈述,犯罪嫌疑人、被告人对自己实施犯罪行为的供述,等等。应当注意的是,虽然直接证据说明了案件主要事实,但仍需查证属实,亦即需要其他证据印证,才能认定案件主要事实。

这里所讲的案件的主要事实,相对于肯定意义上的直接证据来说,包括犯罪事实是否发生和犯罪嫌疑人、被告人是否实施了该犯罪行为这两个方面,即一项肯定被告人犯罪的直接证据必须同时证明这两个方面的内容;但相对于否定意义上的直接证据来说,它只需证明上述两方面的其中任何一个方面,即否定性证据只要能够据以否定其中任何一个方面的内容,就是直接证据,比如证明被告人不在犯罪现场的证据。

间接证据是不能够独立地、直接地证明,而需要通过推论并与其他证据结合起来才能证明案件主要事实的证据。也就是说,就单个的间接证据而言,它只能证明与案件主要事实有关的某一事实或某一个情节。只有把各个间接证据结合起来,形成一个具有内在联系的证据体系,通过逻辑分析与推论,才能对案件的主要事实作出肯定或否定的结论。如现场留下嫌疑人的指纹,虽然是十分重要的定罪证据,它可以推断出嫌疑人到过现场,但要确定他是否作案(案件主要事实),还必须结合其他证据分析,包括排除嫌疑人因其他机会到现场留下指纹的可能。常见的间接证据有物证、鉴定意见等。

不论直接证据还是间接证据,按来源来说,都有可能是原始证据或传来证据;按表现形式来说,都有可能是言词证据或实物证据;按对控诉的关系来说,也都有可能是控诉证据或辩护证据。

直接证据和间接证据具有各自不同的特征,见表5–10。

表 5–10　直接证据与间接证据不同特征举例　[龙宗智、翁晓斌,2012]

证据类型	举例	特征说明
直接证据	一证人证明,他看见被告人用刀砍死了被害人	证人的证言如果审查属实,就可直接肯定被告人是杀人犯
间接证据	一证人证明,他看见被告人的内衣上有血渍	纵然证人证言真实无误,最多也只能推论杀人犯可能是被告人,而不能肯定被告人就是杀人犯,只有在搜集到关于被告人和被害人素有仇恨、被告人曾以杀害威胁过被害人,以及从被告人家中搜出凶器等证据事实以后,才能证实被告人实施了杀人的罪行

由此可见,直接证据对案件的证明方法比较简单,无须经过复杂的逻辑推理过程,只要

直接证据属实,就可据以定案。但是直接证据通常数量较少,往往不易取得,而且多为言词证据,其受主观影响较大,失真的可能性大,不稳定性较强。相对来说,间接证据与案件主要事实的关联方式往往是间接的,用以证明案件主要事实必须对一个"间接证据群"经过复杂的逻辑推理。所以各个间接证据之间在证明作用上具有极大的相互依赖性。但是,在大多数情况下,间接证据数量较大,容易收集,且多为物证、书证、鉴定意见等,一般不容易受人的主观因素影响,失真的可能性较小,稳定性相对较高。

据此,在司法实践中应尽量使用直接证据,以尽快、直接地证明案件主要事实。但认定案件主要事实不能单凭个别直接证据,即所谓的"孤证不能定案"。一般还需要与其他直接证据或间接证据相互鉴别,相互印证,相互核实,才能作出综合判断,获得对案件主要事实的正确认识。我国《刑事诉讼法》第 55 条第 1 款规定:"对一切案件的判处都要重证据,重调查研究,不轻信口供。只有被告人供述,没有其他证据的,不能认定被告人有罪和处以刑罚……"这就说明在运用直接证据时应注意查证核实,防止失真之直接证据的错误使用。

虽然间接证据的证明范围存在局限性,证明方法也较为复杂,但不能忽视或抹杀间接证据在司法实践中的作用:在侦查初期,间接证据往往是发现犯罪分子、确定侦查方向的先导,是获取直接证据的线索;它是鉴别、印证、强化直接证据的重要手段;在特定的情况下,特别在缺乏直接证据的情况下,多个间接证据所形成的符合证明条件的"证据群"能证明案件的主要事实。所以,只要审查仔细,运用正确,间接证据对于证明案件事实同样是非常有力的。

根据最高院《解释》(2021)第 140 条规定,虽没有直接证据,但间接证据同时符合下列条件的,可以认定被告人有罪:(1) 证据已经查证属实;(2) 证据之间相互印证,不存在无法排除的矛盾和无法解释的疑问;(3) 全案证据形成完整的证据链;(4) 根据证据认定案件事实足以排除合理怀疑,结论具有唯一性;(5) 运用证据进行的推理符合逻辑和经验。

违反上述证明规则,便会因间接证据不确实或不充分而无法定罪。比如在一起杀人案件中,证明被告人实施杀人罪行的主要控诉证据都是间接证据:证明被告人杀人动机的威胁信,现场有部分血迹且经鉴定与被告人同一,等等。它们组成了一个完整的证明体系以证明杀人事实的存在、被告人实施了该犯罪行为。但是,如果现场的部分血迹这一关键物证在提取和保存时不符合法律规定的程序,其合法性与可靠性便受到质疑。如果辩方又提出证据证明被告人缺乏作案时间,那么从总体上判断,现存证据难以合理排除其他的可能性,犯罪指控就不能成立。

总之,在司法实践中,办案人员应充分掌握直接证据和间接证据的特点,以正确地运用这两类证据,提高办案效率。

5.3　证据规则

5.3.1　证据规则概述

司法活动中的证明,是运用证据资料按照思维逻辑判断某种事实真相的过程。为防止主观臆断,保证判断的准确性,对于证据的取舍与运用,不能不受某些规则的制约。这些规则在法律上体现为证据规则。因此从广义上讲,规定收集证据、运用证据和判断证据的法律准则即为证据规则。证据规则的存在,首先受诉讼基本结构的制约。

当今世界存在当事人主义和职权主义两种基本的诉讼结构,对证据规则的简繁及内容有不同要求。英美法系国家的当事人主义确立了详细而复杂的证据规则。过去人们认为,这与英美法系国家实行陪审制度有关,因为陪审员来自社会各界,多数不熟悉法律,为防止对陪审员的误导,法律要设定详细的规则,以限制当事人的举证和证明活动。但是,根本原因并不在此,如日本并不实行陪审制,但当它从职权主义转向当事人主义时,就同时借鉴了对抗制的证据规则,可见对证据规则的要求的根本原因在于诉讼结构。在当事人主义条件下,控、辩双方对抗并推进诉讼进程,如果对双方立证不设定严格的规则,当事人难免随意使用证据,从而导致拖延诉讼,模糊讼争要点,甚至造成真假难辨。而在法官职权主义诉讼中,一切证据虽然可以由控辩双方提出,但裁量和采纳何种证据则却取决于法庭调查。证据调查和诉讼推进完全受制于法院,因此虽无详尽的证据规则,但不用担心诉讼拖延和争议点模糊。尤其是法官职权主义鼓励法官运用各种法律允许的方法主动发现证据,查明案件真相,这种实体真实主义的要求,也在一定程度上排斥那种严格而程序化的证据规则的约束。因此现代国家凡采取法官职权主义的,都强调法官的自由心证而无详尽的证据规则。我国过去的刑事审判采取法官职权推进方式,因此少有证据规则。随着《刑事诉讼法》的修改完善,以控辩双方进行法庭举证和辩论为特点的所谓"控辩式"诉讼模式建立,这必然要求我国确立和完善符合我国诉讼结构特点的证据规则。

在完善我国刑事证据制度的过程中,一些证据规则在《刑事诉讼法》以及关于刑事证据的司法解释与相关法律文件中显现。应当说,各类证据的使用,都有相应的规则,下面仅对几项较为重要的证据规则进行列举分析。

5.3.2 直接言词证据规则

直接言词证据规则,是指言词证据应当由作证人直接出庭作证,以其言语陈述相关事实,并接受法官和控辩双方的询问与质询。违背出庭作证要求的言词证据将不被采纳。

1. 规则渊源与规则意义

言词证据的作证人直接出庭作证,是维系审判的正当性和有效性的基本要求。在大陆法系,这一要求体现在直接言词原则中;在英美法系,则以传闻排除法则体现这一要求。

直接言词原则是直接原则和言词原则的并称。直接原则又称在场原则,言词原则又称口证原则。由于二者在制度要求和实践操作上相互关联,我国学界通常将其合为一项原则。这一原则的基本含义是,法官必须在法庭上直接听取被告人、证人及其他诉讼参与人的陈述,案件事实和证据应以口头方式向法庭提出,控辩双方的攻击防御均以言词方式展开(详见本教材"审判"一章"刑事审判的原则"部分)。直接言词原则体现为一种证据规则时,就被称为直接言词证据规则。后者与前者有两点区别:(1) 前者主要是一种诉讼程序要求,即诉讼法原则,同时产生证据法影响;后者系证据法的要求,产生证据适用和证据禁止的后果。(2) 前者内容更为广泛,是对法官、控辩方律师(公诉案件控方律师即检察官)、当事人及作证人即各种诉讼程序主体的多元化要求。即使涉及举证问题,也是对各种证据举证的基本要求;后者则仅针对作证人及人证,即以人的陈述为内容的证据,是就其证据方法提出的要求。可见证据法意义上的直接言词证据规则来源于诉讼法中的直接言词原则,二者既有紧密联系,又有一定区别。

直接言词证据规则的建立,主要是为了有效审判,防止冤假错案。一方当事人制作的书面证言,其形成条件和环境是不确定的,有些甚至是不可靠的。而且,诉讼对方不能对原始人证(即作证人本人)进行有效质证,法官不能通过控辩方的交叉询问和法官自己的直接询问,在听取其作证内容并察言观色中辨别证言的真伪,就难以形成可靠心证。同时,证言内容有争议的证人不出庭,剥夺了被告人面对反对自己的证人的权利,即对质权,这在程序上也是不公正的。

2. 传闻法则

英美法系以传闻法则(或称传闻证据规则、传闻排除法则)表达直接言词证据规则的要求。传闻证据是指两种证据资料:一是证明人在审判期日以外对直接感知的案件事实亲笔所写的陈述书及他人制作并经本人认可的陈述笔录;二是证明人在审判期日就他人所感知的事实向法庭所作的转述。传闻证据有三个特点:(1) 是以人的陈述为内容的陈述证据;(2) 不是直接感知案件事实的人亲自到法庭所作的陈述,而是对感知事实的书面的或者口头形式的转述;(3) 是没有给予当事人对原始人证进行反询问的机会的证据。

传闻法则,是指原则上排斥传闻证据作为认定犯罪事实的根据的证据规则。根据这一规则,如无法定理由,在庭审或庭审准备期日外所作的陈述不得作为证据使用。此外,记载检察官或司法警察勘验结果的笔录不具有当然的证据能力,只有当勘验人在公审期日作为证人接受询问和反询问,并陈述确实系其根据正确的观察和认识作成时,才能作为证据使用。鉴定人制作的鉴定意见亦同。只有鉴定人在庭审时作为证人接受询问和反询问,说明其鉴定书系其以正确方法作成时,鉴定意见才具有证据能力。

传闻法则的确立理由主要有两点:(1) 传闻证据不可靠和不可信,容易导致误判。"由于传播过程中的错误以及人为的欺骗,传闻证据很容易被歪曲。同时,它来源于不在场的证人,该证人既不能对其证据起誓,也不会受到质证,因而其可信程度得不到检验。"[①] 如果使用传闻证据,就会使法官不能直接听取原始人证陈述,不能从陈述的环境和条件,陈述的内容和陈述时的态度、表情、姿势等各方面对陈述的客观性进行审查,从而不利于法官获得正确的心证。(2) 传闻证据在诉讼中的使用剥夺了诉讼双方包括被告人对原始人证的询问和反询问的权利,导致无法以交叉询问进行质证,违背了对抗制诉讼的基本精神。也正是基于这个原因,英美法系将传闻证据规则视为英美法系当事人主义诉讼中最重要的证据规则。

不过,由于在许多情况下,实际上做不到绝对排除传闻证据,或造成诉讼成本太高,因此,传闻法则设置了一系列例外,以致传闻法则在英美法系有时被称为"例外的规则"。如证人死亡、重病或去向不明,无法出庭。又如某些书面证据所证问题清楚,诉讼双方均无异议,或者所证问题不重要,不到庭对案件事实的确认没有实质影响。此外,保护作证人有时也成为证人不出庭的原因。

英美证据理论认为,适用传闻法则的例外,需要具备两个条件:一是具有"可信性的情况保障",即传闻证据从多种情况看具有高度的可信性,即使不经过当事人反询问,也不至于损害当事人的利益。二是具有"必要性",即存在无法对原始人证进行反询问的客观情形,因而不得不适用传闻证据。如原始证人死亡、病重、旅居海外或去向不明等。但从近期发展看,

---

① [英]J. W. 塞西尔·特纳:《肯尼刑法原理》,王国庆,李启家等译,华夏出版社 1989 年版,第 530 页。

20 世纪以来放松传闻法则严格性的趋势在英美法系不同国家有分道扬镳之势。美国出于保障对方当事人对质权的考虑,联邦最高法院的判例仍然强调排除传闻的严格性;英国则通过最近的立法进一步增加了传闻证据可采的机会。

日本刑诉法规定,传闻证据可基于当事人双方同意或合意而取得证据能力,被告人在庭前陈述对自己不利事实的供述书或供述笔录,在特别可以信赖的情况下形成,也可以作为庭审证据。因此,其对传闻证据的使用更为宽泛。

我国直接言词证据规则还处于初步建立阶段,而且并未采用传闻法则的立法模式,但传闻法则的法理以及传闻区分和传闻例外的一系列技术性处理方式,可以为我们所借鉴。

3. 中国刑事诉讼法中关于直接言词证据规则的规定

2012 年《刑事诉讼法》修改后,开始在法律上确立实行直接言词证据规则。《刑事诉讼法》第 61 条规定:"证人证言必须在法庭上经过公诉人、被害人和被告人、辩护人双方质证并且查实以后,才能作为定案的根据……"《刑事诉讼法》第 192 条第 1 款规定:"公诉人、当事人或者辩护人、诉讼代理人对证人证言有异议,且该证人证言对案件定罪量刑有重大影响,人民法院认为证人有必要出庭作证的,证人应当出庭作证。"同时,法律对警察出庭、鉴定人出庭以及对证人不出庭时允许使用的强制措施作出了明确规定,对证人的保护措施及补偿也作出了明确规定。这些规定体现了直接言词证据规则的要求。

应当注意,对于出庭作证,法律对亲属出庭作了例外规定。《刑事诉讼法》第 193 条第 1 款规定:"经人民法院通知,证人没有正当理由不出庭作证的,人民法院可以强制其到庭,但是被告人的配偶、父母、子女除外。"这一规定,在一定程度上体现了亲属免证权的要求,体现了国家对亲情伦理的尊重。但是,不强制到庭,并不意味着免除作证义务,只是免除其必须出庭作证的义务,并不排除其庭前在警察与检察官面前的作证,因此只能将其看作直接言词证据规则的一种例外情况。

直接言词证据规则在制度上不仅要求证人出庭,还要求限制庭前获得的书面证言在诉讼中的使用,除法律特别规定的情况外,禁止书面证言作为定案依据。然而,对证人却未能贯彻这一要求。第 195 条沿用过去所作的规定,要求"对未到庭的证人的证言笔录……应当当庭宣读"。由于对书面证言未作明确限制,而书面证言使用更方便,控方提供的书面证言更有利于定罪,因此在司法实践中,直接言词证据规则的贯彻势必遇到障碍。

5.3.3　非法证据排除规则

1. 非法证据排除规则的含义

非法证据排除规则,是指因证据收集违反法律的禁止性规定而应依法在诉讼中予以排除的证据规则,亦称证据禁止规则。我国的司法实践与研究和教学已习惯将证据禁止的规则称为非法证据排除规则。但在国外,证据禁止可能表现为不同的证据规则。如对于口供,证据禁止规则是"自白任意性法则";对于排除非法搜查、扣押获得的物证(含书证),才称为非法证据(物证)排除规则。

现代任何国家的刑事诉讼法都禁止以违反法律的方式获取证据。中国刑事诉讼法律也有类似的规定。中国《刑事诉讼法》第 52 条规定:"审判人员、检察人员、侦查人员必须依照法定程序,收集能够证实犯罪嫌疑人、被告人有罪或者无罪、犯罪情节轻重的各种证据。严禁刑讯逼供和以威胁、引诱、欺骗以及其他非法方法收集证据,不得强迫任何人证实自己有罪……"但是,各国对非法获得的证据能否获得证据能力,成为定案根据,却既有共识,又有不同的意见和相异的处置。

2. 非法证据排除的法理和比较

非法收集的证据,大体上可以分为两大类型:一类是以非法方法获取的言词证据,另一类是违反法定程序(主要是搜查、扣押程序)取得的实物证据。对这两类证据适用排除规则的一般做法是:

第一,对非法获取的言词证据,特别是对非法获取的口供应当排除。当代各国刑事证据法普遍禁止将刑讯逼供和以其他非法的方法获取的言词证据材料作为证据使用。其基本理由为:(1)以非法方法获取言词证据对基本人权损害极大,应当严格禁止。而禁止使用这类证据,不使违法者从中获得利益,是遏制这类违法行为,保护公民权利的有效手段。(2)以非法方法获取言词证据亦可能妨害获得案件的实质真实。因为"捶楚之下,无求不得"[①],违法获取的言词证据的虚假可能性较大。

排除违法获取的言词证据的域外法则一般称为自白任意性法则。自白任意性法则要求,凡是通过违法或不恰当的方式取得的并非出于陈述人自由意志的自白应当绝对排除。而且,如果对自白的任意性有疑问也应当排除。对自白的任意性,如果自白人方面提出异议,检察官有义务向法庭证明其确属自由意志,可传唤原讯问或询问人员到庭作为证人加以询问。自白任意性法则早在 18 世纪后半叶就为英国所采用。到 19 世纪前叶,因受法国资产阶级革命人权保障思想的影响,自白任意性法则受到西方国家的普遍重视。无论是大陆法系还是英美法系,都把言词证据具有任意性作为其取得证据能力的要件。

第二,对违反法定程序获取的实物证据,适用利益权衡原则。对违法获取的能够证明案件真实情况的物证是否排除,从根本上讲是一种价值选择,或者着眼于保护被告人和其他诉讼参与人的合法权益而否定非法取得的证据材料的证据能力,或者为追求案件的客观真实并有效地实现国家的刑罚权而肯定其证据能力,这里体现了现代刑事诉讼中追求实体真实以惩罚犯罪与严守正当程序以保障基本人权两大目的的尖锐对立。

美国是实行非法实物证据排除规则的主要国家。它通过一系列判例确定,通过违法的、无根据的搜查和没收所获得的证据,以及通过间接的违法方式发现和收集的证据(即违法获得口供或证言,再由此获得物证,即"毒树之果")均应排除。但由于犯罪浪潮的冲击,美国联邦最高法院通过判例对排除规则建立并增加了一些例外的情况,如"最终或必然发现"的证据不适用排除规则;侦查人员不是明知搜查和扣押是违宪的,即出于"善意"也不适用排除规则。此外,最高法院还进一步提出,警察的非法行为必须与犯罪给社会造成的损失一起衡量,也就是要作利益权衡。

英国、德国和法国等西方国家与美国的态度有所区别,这些国家并不一般地排斥违法取得的实物证据,而是注意违法的严重程度以及排除违法证据对国家利益的损害程度,并将这两者进行利益权衡;同时赋予法官一定程度的对于证据取舍的自由裁量权。当然,由于价值观念的差别等原因,这些国家对违法证据取舍的倾向性也有一定区别。

[①] 语出《晋书·刘隗传》。捶楚:杖刑。

3. 中国刑事诉讼法中的非法证据排除规则

2010年6月，"两高三部"颁布《关于办理刑事案件排除非法证据若干问题的规定》，对我国刑事诉讼中排除非法证据的范围和程序作了明确规定，由此开始建立中国刑事诉讼中的非法证据排除规则。2012年修改《刑事诉讼法》后，在法律的层面对非法证据排除规则作了具体规定。《刑事诉讼法》第56条第1款规定："采用刑讯逼供等非法方法收集的犯罪嫌疑人、被告人供述和采用暴力、威胁等非法方法收集的证人证言、被害人陈述，应当予以排除。收集物证、书证不符合法定程序，可能严重影响司法公正的，应当予以补正或者作出合理解释；不能补正或者作出合理解释的，对该证据应当予以排除。"根据这一规定，可以看出，《刑事诉讼法》主要要求排除非法的言词证据，即以刑讯逼供等非法方法收集的犯罪嫌疑人、被告人供述和采用暴力、威胁等非法方法收集的证人证言、被害人陈述。其理由亦如上述，因为言词证据的取证非法，不仅严重违背法律、侵犯人权，而且可能产生虚假证据、导致冤假错案。根据最高院《解释》(2021)第123条的规定，采用下列非法方法收集的被告人供述，应当予以排除：(1) 采用殴打、违法使用戒具等暴力方法或者变相肉刑的恶劣手段，使被告人遭受难以忍受的痛苦而违背意愿作出的供述；(2) 采用以暴力或者严重损害本人及其近亲属合法权益等相威胁的方法，使被告人遭受难以忍受的痛苦而违背意愿作出的供述；(3) 采用非法拘禁等非法限制人身自由的方法收集的被告人供述。

法律对非法获取的物证、书证的使用条件设置较为宽松。学界普遍认为，对违反法定程序获取的实物证据一概抹杀其证据能力是不适当的。仅仅因搜查、扣押手续或程序上的小的瑕疵而让重大犯罪丧失定罪条件，未免顾此失彼、因小失大，这种做法在我国社会尤其不被认可。但是，公民的合法权益又应当受到充分的保障，尤其是随着国家民主与法制的发展，公民的人身自由权、通信自由权、隐私权、合法财产和住宅不受侵犯等权利受到进一步的重视，对这些权利的司法保护更应加强。对违法获取的证据，既不能一概排斥，也不能一律准用，而应依利益权衡原则，视违法轻重以及待证犯罪的轻重予以区别对待。现行法规定禁止非法获取的物证、书证，需符合违法性、可能严重影响司法公正以及不能补正与合理解释三项条件。其中，严重影响司法公正，应当包括严重影响程序公正和可能损害实体公正这两种情况。在司法实践中，很难同时实现这三方面要求，因此非法获取的实物证据一般仍具有证据能力。但是，《刑事诉讼法》的规定毕竟是在程序公正性方面的进步，对规范侦查取证行为有积极的意义。

《关于办理刑事案件排除
非法证据若干问题的规定》
的理解与适用

最高人民法院 最高人民
检察院 公安部 国家安全部
司法部关于办理刑事案件排除
非法证据若干问题的规定

最高院《解释》(2021)、《关于办理刑事案件排除非法证据若干问题的规定》《关于办理刑事案件严格排除非法证据若干问题的规定》《人民法院办理刑事案件排除非法证据规程(试行)》等对非法证据排除的程序、证明责任、证明标准等问题也作出了规定，从而使我国的非法证据排除规则具有可操作性。

5.3.4　补强规则

1. 补强规则的含义和立足点

补强规则，是指禁止以被告人口供作为定案的唯一依据，必须有其他证据对其予以补强的规则。现代各国刑事诉讼法基于自由心证原则，一般只是对证据的证明能力作某些限制（如排除传闻证据、禁止非法取证等），对证据的证明力不作更多限制，而是交由法官自由判断，但对口供有例外。许多国家限制口供的证明能力，不承认其对案件事实的独立和完全的证明力，禁止以被告人口供作为有罪判决的唯一证据，而要求提供其他证据予以"补强"。中国《刑事诉讼法》第 55 条第 1 款规定："对一切案件的判处都要重证据，重调查研究，不轻信口供。只有被告人供述，没有其他证据的，不能认定被告人有罪和处以刑罚；没有被告人供述，证据确实、充分的，可以认定被告人有罪和处以刑罚。"也明确规定了口供的补强规则。

刑事诉讼法补强规则作为自由心证原则的例外，其立足点主要在于：

（1）有利于防止偏重口供的倾向。由于真实的口供具有极强的证明力，如果允许将口供作为定案的唯一证据，势必使侦查、审判人员过分依赖口供，有时甚至会利用严刑逼供等非法手段来取得口供，这将极大地侵害犯罪嫌疑人、被告人的人权。

（2）有利于保障证据的客观性，避免以假口供误导判决。不管从理论还是从实践的角度讲，因种种原因，口供确实存在很大可能的虚假性，即使口供是自愿作出，且取得的手段也完全合法，也仍旧存在虚伪供述的危险。因此，为了防止采用虚假口供而导致错误判决，有必要确立补强规则。

（3）基于历史的教训。无论是国内还是国外的诉讼史，都有制度性的偏重口供的情况，即以口供为"证据之王"，为获取口供而使刑讯合法化、制度化，形成了"罪从供定"的传统，从而造成了较多的冤假错案。在当今社会，也有口供主义的回潮。鉴于历史教训，确立并认真遵循证据补强规则是完全必要的。

2. 补强规则的适用范围和补强程度

在英美当事人主义刑事诉讼中，补强规则的适用较为广泛，不仅适用于口供，而且及于其他证言。对其他证言的补强作用主要体现在两种情况：一是对证明力较薄弱的主证据予以补强，如未宣誓的幼童的证言、共犯的证言以及性犯罪中女性被害人的证言。二是担保重大犯罪（如叛逆罪）或特殊犯罪（如伪证罪）主证据的证明力。而对被告人的供述，由于重视诉讼当事人的意愿和自决权利，对于被告人在法官面前作出有罪供述，法官在查明其自愿性的前提下，可径行作出有罪判决，不要求提供其他证据予以补强。只有对审判庭外的自白，鉴于对被告人身心进行强制的可能性大，其可信度较低，因而须有补强证据担保其客观性。

而在大陆法系国家，补强规则一般只适用于口供。日本《刑事诉讼法》第 319 条第 2 款规定："被告人在其自白是对自己不利的唯一证据时，不论该自白是否在公审庭上的自白，不得被认定为有罪。"要求对被告人的有罪供述以其他证据作补强证明，从而确认了对口供的补强规则。

对于补强规则中补强证据所要达到的"补强"程度问题，一般说来，对补强证据不要求达到其单独使法官确认犯罪事实的程度，但也能不仅仅是对口供稍有支撑。在理论上和司法实践中主要有两种主张：一种要求补强证据大体上能独立证明犯罪事实的存在，这是较高的要求;另一种要求达到与供述一致,并能保证有罪供认的客观性,这是低限度要求。

中国法学界一般认为,补强证据的目的在于担保口供的客观性,所以补强证据无须单独证明犯罪。因为如果补强证据本身就达到确实、充分的程度,能令法官形成充分的心证,那么口供的有无就显得不再重要了。况且,中国《刑事诉讼法》本身就规定"没有被告人供述,证据确实、充分的,可以认定被告人有罪和处以刑罚"。因此,补强证据的补强程度只要达到低限度的要求,保证被告人口供的真实性即可。

3. 补强规则在理论与实践中的问题

口供补强规则在理论与实践中不容回避的一个问题,是在共同犯罪案件中,共犯的口供能否互为补强证据,即仅凭共犯间一致的口供而无其他补强证据能否定案。

对此,各国有不同的实践和学说。在英国和美国,一般要求对共犯的口供予以补强证明。但日本最高法院的判例认为,共犯不论是否同案审理,他犯的自白不属于"本人的自白",对于"本人的自白"不再需要补强证据。这是将共犯口供区别于"本人自白"、对其不适用补强规则的主张。对于补强规则,中国法学界主要有四种观点(见表 5–11)。

表 5–11　中国法学界对共同犯罪案件中共犯口供适用补强
规则的不同观点　[龙宗智、翁晓斌,2012]

观点	说明		
肯定说	认为共同被告人的供述可以互相印证,在供述一致的情况下,可据以定案		
否定说	认为共同被告人的供述仍然是"被告人供述",同样具有真实性和虚伪性并存的特点,应受《刑事诉讼法》第 55 条的制约,适用证据补强规则		
区别说	认为同案处理的共犯的供述应均视为"被告人供述",适用补强规则。但不同案处理的共犯,可以互作证人,不适用补强规则		
折中说	认为共同被告人供述一致,符合一定条件即可认定被告人有罪和处以刑罚	条件	(1) 经过各种艰苦努力仍无法取得其他证据 (2) 共同被告人之间无串供可能 (3) 排除了以指供、诱供、刑讯逼供等非法手段获取口供的情况

从中国《刑事诉讼法》第 55 条的立法精神看,口供不能作为定案的唯一证据。这实际上也就认同了即使口供是通过合法手段取得的,仍具有真实性和可靠性无法确定的特点,存在如被告人自陷于罪、替人顶罪以及避重就轻、互相推诿等可能。特别是在共同被告人的口供中,这种不可靠的缺陷可能体现得更加严重,因为同案共犯之间存在着罪行大小、量刑轻重的直接利害关系。如果以共同被告人的统一供述来定罪,那就是以口供证口供。这无异于以一个不确定的因素去证实另一个不确定的因素,其结论必然还是不确定的;互证的一致性并不等于口供的真实性。因此,从法理上分析,否定说较为有理。即不能仅凭同案被告的一致口供定案,而应当有其他证据佐证。但考虑到共同被告的口供毕竟能起到一定的相互支撑的作用,这种情况下,对补强证据不应作较高要求,只要补强证据能基本证明共犯口供的真实性即可。

5.3.5　意见排除规则

1. 意见排除规则的含义

意见排除规则,或称意见规则,将作为证据的陈述分为两类:第一类是体验陈述,指陈述人就自己所体验之事实而为陈述;第二类是意见陈述,指陈述人依其特别知识和经验,陈述其判断某一事项之意见。第一类陈述为证人(包括被害人和被告人)的陈述,第二类陈述为鉴定人的陈述。意见规则就是要求证人作证只能陈述自己体验的过去的事实,而不能将自己的判断意见和推测作为证言的内容。意见规则是对抗制诉讼中一项重要的证据规则,但其精神同样适用于非对抗制诉讼。意见规则在中国司法实践中是一项重要的适用规则。

在英美法系国家,法律明确规定了意见规则。在这些国家的对抗诉讼制中,证人被区分为普通证人和专家证人。普通证人仅被要求就其直接知道的事实陈述证言,他们不得对那些具备合理知识的普通陪审员可以得出正确结论的问题表达意见和信念。而且,普通证人也不得随便对超出其能力范围的事项发表意见和信念。如美国《联邦证据规则》第 602条规定:"除非有证据足以确定证人对待证事项具有亲身体验,否则其不能作证。"如果违反这一点,普通证人的意见陈述将根据意见规则被限制采纳为证据。意见规则最大的例外是专家证人提供的意见证据不在排除之列。专家证言应具备的四个基本条件是:(1) 该意见、推论或结论,依靠专门性的知识、技能或培训作出,而不是依靠陪审团的普通经验作出;(2) 该证人必须出示自己作为真正的专家在该专门性领域内所具有的经验,并被证明合格;(3) 该证人必须对自己的意见、推论或结论作出合理的肯定程度的证明;(4) 专家证人必须首先叙述自己对该证据(事实)的意见、推论或结论是有根据的,必须对依事实提出的假设性问题作出回答。

在大陆法系国家和地区,虽然对证人和鉴定人明确加以区分,但对意见规则一般不作规定。这是因为英美法系国家由陪审团审理事实,规定意见规则的目的是避免意见证言影响陪审员对事实的认定,而大陆法系国家和地区通常由职业法官审理事实,证言的证明力由法官自由心证作出判断,因此不认为法律规定有明显的必要性。但我国台湾地区和日本则属于例外。我国台湾地区"刑事诉讼法"第 160 条规定:"证人之个人意见或推测之词,除以实际经验为基础者外,不得作为证据。"日本《刑事诉讼法》第 156 条对此规定为:"对证人,可以使其供述根据实际经历过的事实推测的事项。前款的供述,即使属于鉴定的事项,也不妨碍作为证言的效力。"日本的这一规定,实际上是在认可意见规则的基础上,明确意见规则的例外情况。

2. 意见排除规则的运用

意见规则确立的理由是:(1) 认定事实、作出判断系法官职责所在,证人的责任在于提供法官判断事实的材料,而不能代行法官的判定职能。(2) 法庭需要证人提供其经历事实,而意见和推测并非证人的体验,因此在证据上并无用途,而且容易导致立证混乱,可能会因提供有偏见的推测意见而影响法官客观、公正地认定案件事实。

意见规则适用的前提是区分事实和意见。一般说来,观察体验的情况为事实,推测、判断的陈述为意见。但在某些情况下,两者关系密切,难以完全分开,因此,对于直接基于经历事实的某些常识性判断,不得作为意见证据予以排除。例如:(1) 比较事物的同一性和相似性。(2) 某种状态。如车辆的快慢,人的感情等心理状态。(3) 年龄与容貌。(4) 气候。(5) 物品的价值、数量、性质及色彩。(6) 精神正常与否。(7) 物的占有和所有等。这些事实情况,实际上难以用非判断方式来表达。因此可以视为意见规则的现实性例外。我国台湾地区学者陈朴生在其所著《刑事证据法》中举两例说明两者的区别。一例是证人于车祸发生时,并未在场,仅事后经过现场,竟称被害人并非穿越轨道而被碾毙,系出于推测,又未说明其根据,属于意见陈述,应予排除;第二例是,证人被询问:"你看见被害人时,他是否酒醉?"证人答:"我看见他,手持酒瓶,走路颠颠倒倒,有酒醉的样子。"因其体验的事实,虽含有推断的要素,但不是单纯的意见和推测之词,因此不适用意见排除规则。

意见排除规则正被明文规定在法律文件中。"两高三部"制定的《关于办理死刑案件审查判断证据若干问题的规定》最高院《解释》(2021)第 88 条第 2 款规定,证人的猜测性、评论性、推断性的证言,不能作为证据使用,但根据一般生活经验判断符合事实的除外。

5.4 刑事诉讼证明

在刑事诉讼中,证明是最重要的诉讼活动,是确定案件事实的唯一方法,是正确适用法律的基础,对司法公正具有重要意义。

刑事诉讼中的证明,是指刑事诉讼中的证明主体利用诉讼证据确定刑事案件事实的活动。刑事证明贯穿于侦查、起诉、审判各个阶段,因而侦查、起诉和审判机关都是证明主体;同时,诉讼当事人为了自身的利益,也要从事有关的证明活动,因此也属于证明主体。但不同主体的证明责任是不相同的,不同阶段的证明内容也是不相同的。审判阶段是刑事诉讼证明集中进行和最终完成的阶段,因此,对诉讼证明问题的研究集中在审判阶段,着重于如何解决被告人的刑事责任问题。

刑事诉讼证明是一项目的明确的系统性的思维活动,为保证其有效性,这种证明活动须确立一定的规范,应当明确证明对象、证明责任、证明标准和证据规则。弄清这些问题,就可以解决哪些问题需要证明、由谁来证明、证明需要达到何种程度以及如何证明等问题。

5.4.1 证明对象

1. 证明对象的概述

证明对象,又称为待证事实或要证事实,是指公安司法机关和当事人在诉讼证明活动中需要运用证据加以证明的事实。它决定着案件调查研究的范围,也就是说,决定着公安司法机关和当事人应搜集、研究哪些证据,应舍弃哪些事实材料而不作为证据。

只有明确证明对象,才能确定举证责任承担的范围,才能在诉讼证明中明确目标,集中注意力,准确、及时地查明案件事实。一方面,如果把证明对象的范围任意缩小,许多对案件有意义的情况应查明而未及时查明,不仅会影响量刑的幅度,有时会造成对案件事实情况判断上的根本错误。另一方面,如果把证明对象的范围任意扩大,则有可能对与案件无关的事实情况也都进行了详细的调查研究,这就不仅拖延了诉讼时间,造成人力、物力的浪费,也会影响集中力量更深入地调查与案件有关的事实情况。

刑事诉讼中的证明对象有两个特征:一是与案件有关,具有诉讼意义。与案件有关的事实构成刑事案件处理的事实基础;与案件无关的事实不具有诉讼意义,不能成为证明对象。

二是具有证明的必要性。某些事实如属于众所周知的事实或者已为法律所确认的事实,为保证诉讼的效率,没有必要运用证据进行证明。

2. 证明对象的范围

刑事诉讼所要解决的中心问题是被告人的刑事责任问题,即被告人的行为是否构成犯罪、所犯何罪、罪重还是罪轻、应否处以刑罚以及处以何种刑罚的问题。确定证明对象的范围,必须以此为出发点并受它的制约。

根据有关司法解释和司法实践,我国刑事诉讼中的证明对象,主要包括以下几类:

(1) 实体法事实。实体法事实是指对解决刑事案件的实体处理即定罪量刑问题具有法律意义的事实。这是刑事诉讼中基本的、主要的证明对象。案件的实体法事实,由刑事实体法规定。具体内容包括:

第一,有关犯罪构成要件的事实。这是证明对象的核心部分,也是刑事案件首先需要查明的问题。它包括犯罪主体、犯罪的主观方面、犯罪客体和犯罪的客观方面四个方面的事实。在证据法理论和司法实践中,犯罪构成要件的事实一般被概括为"七何"要素,即何人、何地、何时、何事、何原因、何手段、何结果。

第二,影响量刑轻重的事实情节。除了犯罪构成必备要件方面的事实外,证明对象还应当包括作为从重、加重或者从轻、减轻、免除刑事处罚理由的事实情节。这对于正确量刑、罚当其罪具有重要意义。根据刑法规定,该类量刑情节包括法定情节和酌定情节。如累犯、主犯、教唆不满 18 周岁的人犯罪等,都是法定的从重处罚情节;预备犯、未遂犯、中止犯、从犯、胁从犯、未成年人犯罪、又聋又哑的人或者盲人犯罪等,都是法定的从轻或减轻处罚之情节。此外,被告人犯罪动机的恶劣与否,实施犯罪行为后态度、表现的好坏,犯罪手段的残忍程度等,都是对量刑具有重要意义的酌定情节。

第三,排除行为的违法性、可罚性或行为人刑事责任的事实。排除行为违法性的事实,如正当防卫、紧急避险以及行使职权等,虽然造成一定危害后果,但是为了保护国家、集体和公民个人的合法利益。排除行为可罚性的事实,指法律规定的犯罪已过追诉时效期限的,经特赦令免除刑罚的,依照《刑法》告诉才处理的犯罪没有告诉或者撤回告诉的,犯罪嫌疑人、被告人死亡的等事实。排除行为人刑事责任的事实,如该犯罪行为非其所为;情节显著轻微,危害不大,不认为是犯罪;行为人未达到刑事责任年龄而无刑事责任能力;或行为人在实施犯罪行为时正因精神病而处于不能辨别、控制自己的行为因而依法不负刑事责任的时期等。

第四,被告人的个人情况。包括被告人的姓名、性别、年龄、籍贯、民族、文化程度、职业、住址、道德品质以及有无前科等。在被告人的个人情况中,有些是与犯罪构成要件中犯罪主体的事实相重合的,如年龄、职业等。具体如不满 14 周岁的人犯罪不负刑事责任;不是国家工作人员的人犯罪不构成渎职罪等。此外,确定被告人身份,对于避免张冠李戴发生错案、评定被告人的人身危险程度以及确定刑事责任的有无和轻重都具有一定意义。

(2) 程序法事实。程序法事实是指对于解决案件的诉讼程序问题具有法律意义的事实。由于程序问题涉及案件处理的程序公正与实体公正,而且诉讼过程中,公安司法机关有责任依法办案并证明其行为的合法性,因此,关系程序法适用的事实也是证明对象。在刑事诉讼中视案件的具体情况需要加以证明的程序法事实主要有:① 关于应否受理和管辖的事实;② 关于申请回避的事实;③ 关于对嫌疑人和被告人采取人身强制措施是否符合法定条件的事实;④ 关于对案件采取搜查、扣押等强制性侦查措施是否合法的事实;⑤ 关于讯问嫌疑人、询问证人以及其他取证程序合法性的事实;⑥ 关于诉讼期间延长或被延误的事实;⑦ 关于法定辩护、语言翻译以及其他关于程序法的事实。

在司法实践中,某些事实属于无须证明的事实,即免证事实。对这些事实,不必用证据加以证明即直接确认,证据法学上将这种确认方式称为"司法认知"。这些事实主要是指属于常识的事实,或在一定区域内为大多数人所知道的事实,它们因众所周知而不必证明。此外,法律推定的事实和法律已经确认的事实,也不需要运用证据予以证明,如生效判决中所确认的事实等,它们因已被确认或证明而无须重新证明。

5.4.2 证明责任

1. 证明责任

证明责任又称举证责任,是证明主体为使自己的主张成立而收集、提供证据并运用证据证明其主张成立的责任。如证明主体不能履行这种责任,将承担主张不能成立的风险。因此,证明责任包括提供证据的行为责任,以及承担不利后果的结果责任。

在诉讼史上,最著名的证明责任原则是罗马法所确认的"谁主张,谁举证"。它可具体化为两条规则:一是当事人对主张的事实,有提出证据证明的义务,否认的一方没有证明责任;二是双方当事人对自己的主张都提不出足够证据的,则负证明责任的一方败诉。由此可见,证明责任的主体是当事人。证明的责任由积极主张的人负担,而不是由消极否定的人负担。当事人应向法院举证,法院仅就当事人所主张的事实及提出的证据进行审判,是消极仲裁者。

在现代国家的刑事诉讼中,英美法系国家奉行当事人主义的原则,主要责成原告即控诉人承担证明责任。检察官有责任提出证据并进而履行说服责任,即在举出证据的基础上运用证据"说服"裁判者,使其产生确信,并使待证事实达到无合理怀疑的程度,否则应承担败诉的法律后果。被告对于自己无罪和罪轻不负证明责任。但英美法系国家为了维护公共利益,也确认被告应就某些特殊事项承担证明责任,如对实施正当防卫等作积极抗辩,以及辩护受胁迫、对方挑拨、适用免责条款以及精神障碍等,被告应负证明责任。

大陆法系国家奉行职权主义的原则,在确认检察官证明责任的同时,也非常重视法官的审理义务,法院不再是消极的仲裁者。因此,对检察官证明责任的要求低于当事人主义。因为在当事人主义条件下,检察官提出的证据未能达到无合理怀疑,即应承担败诉后果;而在职权主义诉讼中,检察官提出的证据只要能达到相当程度,即使未能够使法官排除合理怀疑的确认指控事实,也不一定败诉,此时法官应依职权搜集、调查证据,以判明指控事实是否存在。法院根据调查的证据,未能确信指控事实的存在的,应作无罪裁判。同时,由于法官的积极审理功能,检察官一般不负法庭说服责任。

中国刑事诉讼中的证明责任是指控诉机关或某些当事人应当承担收集或提供证据以证明其所认定的案件事实或有利于自己之主张的责任,否则,将承担其认定或主张不能成立的风险。可见,中国刑事诉讼中的证明责任是与控诉机关的认定以及当事人的主张相联系的。控诉机关必须就其认定进行证明,当事人必须就其主张进行证明。

在诉讼证据制度中,之所以提出证明责任问题,出于两个需要:其一,推动诉讼顺利进行的需要。诉讼证明活动,除必须解决对证据的要求,证明对象,证明任务,收集、审查、判断证据的原则和程序外,也必须解决在诉讼中谁负责提供证据的问题。只有明确证明责任,才能使控诉机关或当事人主动、有序地收集或提供证据以证明其所认定的案件事实或有利于自己的主张,有助于准确、及时地查明案件事实,惩治犯罪,保障人权。其二,解决诉讼结束时案件事实真伪不明时由哪一方承担败诉后果的需要。诉讼结束时,案件事实并非都能达到黑白分明,有可能是"灰色"的,此时由哪一方承担败诉的结果只能根据证明责任予以解决。明确证明责任,则依法承担证明责任的控诉机关没有收集到或提供确实、充分的证据,其认定即不能成立;依法承担证明责任的当事人没有收集到或提供足够证据,控诉机关也没有收集到或提供必要的证据,该当事人的主张即不能成立。在二者中,败诉风险的承担在证明责任中居于核心位置,正是由于败诉的可能性,承担证明责任的主体才会积极地收集、提供证据,推动诉讼的顺利进行。

2. 中国刑事诉讼中证明责任的划分

(1) 公诉案件中实体法事实的证明责任。《刑事诉讼法》第 51 条规定:"公诉案件中被告人有罪的举证责任由人民检察院承担……"应当认为,这里规定的举证责任,是向法院提出证据并证明指控事实的责任。这种责任由检察机关直接承担。

检察机关因其控诉职能,对公诉案件中的控诉事实承担证明责任。它的证明责任主要表现在:对自行侦查终结的案件和公安机关监察机关移送起诉的案件,在提起公诉和支持公诉时,必须就所认定的案件事实提出确实、充分的证据,否则,将承担其指控的事实不被审判确认的风险。同时,检察机关对自行侦查的案件必须全面收集证据。

由检察机关的证明责任,派生出公安机关、监察机关辅助检察机关举证的证明责任。确立这种责任的出发点和目的是保证侦查取证及调查取证的效率和效益,及时、有效地查明案件事实,同时按照检察机关的要求收集和补充证据,协助检察机关完成举证责任。公安机关、监察机关辅助检察机关举证的证明责任主要体现在:① 公安机关对其负责侦查的案件、监察机关对其负责调查的案件必须全面收集证据。② 公安机关侦查终结的案件、监察机关调查结束的案件移送检察机关提起公诉的,必须就所认定的事实,提出确实、充分的证据。③ 当证据不足或证据发生变化时,公安机关应当按照检察机关的要求补充侦查,监察机关应当按照检察机关的要求补充调查,获取证明案件事实的必要证据。

在中国的审判制度中,法院有义务采用法律所允许的必要手段查明案件客观真实,这是基于法院担负的裁判职责而要求的审理义务和查证责任。它主要表现在:① 在必要时,人民法院有责任积极、主动地调查核实证据,可以进行勘验、检查、扣押、鉴定和查询、冻结。在法庭审理中,法院可以讯问被告人,询问证人、鉴定人,以查明案件事实真相。② 人民法院对被告人定罪量刑,必须建立在犯罪事实清楚,证据确实、充分的基础上。第一审法院的未生效判决如果证据不足,将由第二审法院予以撤销或改判。即使是生效判决,如果证据不足或出现影响定罪量刑的新证据,也将由法定的机关按照审判监督程序对案件进行再审。但不能因此认为法院承担证明责任。究其原因,一是法院在刑事诉讼中不存在自己的主张,其职能是中立地进行审判,既没有独立的控诉主张,也不存在辩护的要求,其调查核实证据只是在控方履行证明责任不够充分或对某些证据的客观性有疑问时,为保障判决事实的真实性而采取的行动,是审判权正确行使的要求。在诉讼中,这一权力可能行使也可能不行使,取决于诉讼进程的需要。而证明责任在诉讼中的存在则不可能是或然的。审判机关自行启动审判监督程序也不能视为其提出了独立的诉讼主张,只是其纠正自身错误的一种机制。二是法院承担证明责任与证明责任最核心的意义——风险承担相冲突,法院作为中立的审判机关不可能也无法承担败诉责任。

为了准确、全面地查明案件事实,切实保障无罪的人不受刑事追究,控诉机关需要全面履行自己的职责,不但有责任收集能够证实犯罪嫌疑人、被告人有罪、罪重的证据,而且有责任收集能够证实犯罪嫌疑人、被告人无罪或罪轻的证据。

在公诉案件中,犯罪嫌疑人、被告人一般不承担证明责任,也就是没有提出证据证明自己无罪的义务。所以,不能因为犯罪嫌疑人、被告人不能证明自己无罪便得出犯罪嫌疑人、被告人有罪的结论。但是,根据我国现行刑事诉讼法律的规定,犯罪嫌疑人、被告人并不享有沉默权;对于公安司法人员的提问,他有如实回答的义务。值得注意的是,犯罪嫌疑人、被告人之如实回答的义务并不等于其负有证明责任,两者不能混为一谈。因为,"如实回答"对犯罪嫌疑人、被告人来讲,只是要求他必须如实回答侦查人员的提问,而不是强迫他自证其罪。即使犯罪嫌疑人、被告人回答的某些内容有利于指控其犯罪,证明犯罪嫌疑人、被告人有罪的法律责任仍由控诉方承担。

犯罪嫌疑人、被告人不负证明责任的例外,是在"巨额财产来源不明"等法律有明确规定的案件中。我国《刑法》第 395 条第 1 款规定:"国家工作人员的财产、支出明显超过合法收入,差额巨大的,可以责令该国家工作人员说明来源,不能说明来源的,差额部分以非法所得论……"根据这一规定,对于此类案件,首先承担证明责任的仍是控诉机关,当控诉机关收集到足够证据,证明某国家工作人员的财产和支出明显超出其合法收入且差额巨大时,一定程度的证明责任即转移到犯罪嫌疑人身上。他需要合理解释差额部分的来源是合法的,如果不能说明,差额部分以非法所得论。法律的这一规定,是为了加大打击国家工作人员贪污贿赂犯罪的力度,促进廉政建设。这也是世界上比较普遍的做法。

在证据理论上,上述的这一制度被称为"举证责任倒置和推定"。所谓推定,是一种法律拟制,即在缺乏充分证据直接证实某一情况时,根据某些合理的因素和情况,即案例的基础事实,推断某一事实情况的存在。推定的前提是应承担证明责任而未能有效承担。如巨额财产来源不明罪,嫌疑人如不承担说明财产合法来源的责任,即依法推定此项财产为非法所得,予以定罪处罚。因此,推定问题实际上也是一个证明责任的问题。

(2) 公诉案件中程序法事实的证明责任。控诉机关对有关程序法事实负有证明责任。例如,公安机关没收取保候审的犯罪嫌疑人、被告人的保证金的,应当证明被取保候审人有违反《刑事诉讼法》第 71 条规定的事实;根据《刑事诉讼法》第 74 条的规定,对应当逮捕的犯罪嫌疑人、被告人,采取监视居住措施的,应当查明该犯罪嫌疑人、被告人符合法律规定的五种情况之一。

对于某些程序法事实,提出主张的诉讼当事人负有举证责任。如被告人申请审判人员回避,必须说明理由并提供相应的证据;又如,依照法律,当事人由于不能抗拒的原因或者其他正当理由而耽误期限的,在障碍消除后 5 日内,可以申请继续进行应当在期满以前完成的诉讼活动。如果有关当事人提出此项申请,则必须提供有关耽误期限是由于不能抗拒的原因或者其他正当理由的证据。再如,根据《刑事诉讼法》第 58 条第 2 款的规定,当事人及其辩护人、诉讼代理人申请排除以非法方法收集的证据的,应当提供相关线索或者材料。

（3）自诉案件中的证明责任。《刑事诉讼法》第 51 条规定："……自诉案件中被告人有罪的举证责任由自诉人承担。"第 211 条第 1 款第 2 项规定："缺乏罪证的自诉案件，如果自诉人提不出补充证据，应当说服自诉人撤回自诉，或者裁定驳回。"同时，与在公诉案件中一样，在法庭审理中，审判人员若对证据有疑问，可以休庭对证据进行调查核实，可以进行勘验、检查、扣押、鉴定和查询、冻结。法院经过调查核实，认为证据已经确实、充分，才能作出有罪判决。自诉案件中的被告人同样不负证明责任。如果被告人在诉讼过程中对自诉提出反诉，则他在反诉中为自诉人，应对反诉的主张和事实负举证责任。

5.4.3　证明标准

证明标准，是指诉讼中对案件事实等待证事项的证明所须达到的要求。也就是说，承担证明责任的诉讼主体提出证据进行证明应达到何种程度方能确认待证事实的真伪，从而卸除其证明责任。若从"标准"的含义上来讲，它是一种事物的质的上限，也是另一种事物的质的下限。在司法实践中，证明标准就是证据充分与证据不足的分界线。由此可见，证明标准的确立至少有两重意义：一是实体法意义，在证据量及其证明力不变的情况下，证明标准设置和实际掌握的宽严在一定情况下决定着案件的实体处理；二是程序法意义，证明标准是证明任务完成从而使证明责任得以卸除的客观标志。

1. 证明标准的历史发展及一般理论

从诉讼的历史发展来看，不同的证据制度下有不同的证明标准，不同的证明标准也决定了不同证据制度的区别。

历史上最早出现也是最古老的证据制度是神示证据制度。它是指法官根据神的旨意来判断是非曲直的证据制度，主要实行于古代奴隶制国家和欧洲封建国家前期的刑事诉讼中。由于受到生产力水平低下、认识能力差等因素的限制，当时对刑事诉讼中难以查明的案情和不易判断的争端，往往借助神的旨意，即通过诅誓、水审、火审等愚昧的方法来判断谁是谁非。凡能经受住这种严峻考验者，就被认为是有神佑护，表明其清白无辜；反之则被认为遭到神的惩罚，而被判定为有罪过。可见，这种证据制度以某种现象显示出的神的意志，即"神示真实"为判定事实的证据标准。

之后，法定证据制度取代了神示证据制度。法定证据制度是指各种证据有无证明力、证明力大小，均由法律预先明文规定，法官只是按照法律的明文规定进行计算和评定，并据以认定案件事实，而不能根据自己的认识来判断证据和认定案件事实的证据制度，主要盛行于欧洲 16~18 世纪封建君主专制国家的刑事诉讼中。这种证据制度以法定真实为判断事实的证据标准。

不能否认，法定证据制度及其"法定真实"的证明标准在诉讼制度史上有一定的进步意义。它否定了中世纪欧洲刑事诉讼中神意的作用，更多地体现了人的理性作用，使证据裁判原则开始确立。但是，这种证据制度及其证明标准也存在着巨大的局限性。主要表现在：

首先，在这样的证据制度下，刑讯逼供可以成为正当的、合法的获取证据的手段。法定证据制度的各种证据被分为完善的证据和不完善的证据，或完全的证据和不完全的证据。完全的证据就是能够据以认定案情的充分、确实的证据，不完全的证据就是证明力不充分因而不能据以认定案情的证据。同时，不完全的证据又划分为不太完全的证据、多一半完全的证据、少一半完全的证据等,几个不完全的证据可以构成一个完全的证据。针对这一证据划分,该证据制度确定了总的证明规则,即只要有一个完全的证据就可以确定案件事实,而不完全的证据可以作为对被告人进行刑讯的合法根据。

其次,由于中世纪封建君主专制国家以封建等级特权为前提,所以证据效力的确定也是以证据提供者的等级地位为基础的。这就出现了以下规定:男子的证言优于妇女,学者的证言优于非学者,显贵者的证言优于普通人,僧侣的证言优于世俗人。

最后,法定证据制度的思想基础是中世纪的经院哲学。这种哲学认为,生活中可能发生的一切,均可由一系列先验的、抽象的规则作出形式上的规定。这就导致了该证据制度将由复杂的多种因素决定的证据证明力简化为由某种单一的因素(如作证人的身份)决定,将需要根据法官的经验和知识综合判断证据和事实,变成对一个个证据的证明力作简单的加减计算,并以此决定案件的事实真相。这种形式主义的、僵化的证据判断方式显然难以获得对客观真实的准确认识。

现代各国,如英、美、法、德等国,普遍抛弃法定证据制度,而在不同程度上实行自由心证证据制度。自由心证证据制度的特征,是对于证据的取舍和证明力的大小及其如何运用,法律不作预先规定,完全由法官凭借"良心""理性"自由判断,形成内心确信,从而对案件事实作出结论。它是欧洲资产阶级革命的产物。1808年法国颁布的《刑事诉讼法》第一次将自由心证证据制度写入法典。此后,各西方国家相继确立了自由心证制度。

关于自由心证制度的证明标准,可以从正反两个方面加以释明。正面界定为"内心确信"。如根据法国1808年《刑事诉讼法》第342条规定,法律要求陪审官掌握的判断证据和事实的全部尺度一言以蔽之:"你们是真诚的确信吗?"法国1957年《刑事诉讼法》第304条规定,陪审官应以"诚实自由的人们所应有的公平与严正,根据指控证据和辩护理由,凭借自己的良心和确信作出判断"。可以说,内心确信就是刑事证明标准的正面表述("自由心证"一词,按俄文和法文都有"内心确信"之意)。

自由心证(内心确信)的本来意义是无须法官说明形成心证的理由,但这种完全依靠法官判断的做法引起了很多批评。因此,后来为了准确发现案件真实,防止法官主观臆断,禁止纯粹的自由裁量,在立法、法理解释和司法上都对自由心证作了一些限制:第一种限制是要求法官运用自由心证原则时须站在客观立场并遵循逻辑上和经验上的一般法则,从而对证据的证明力作出合理的判断;第二种限制是法官必须叙明根据和理由,以利于法官理清形成心证的原因和思路,让法官的心证接受各方面的检验;第三种限制是通过一些证据适用和判断的规则来影响法官对证据效力的判断,进一步保证法官判断的客观性,如质证和辩论规则要求证据需经法庭各方面的质询、核验和辩论才能作为定案的根据,又如自白任意性规则不允许将违背被告意志以逼迫、引诱、欺骗等方法获取的口供作为证据等,这些规则对于保证证据的客观性有一定意义。

西方国家对该证明标准的另一种表述,是以试错法和反证法来表述证明标准,即以"排除合理怀疑"为刑事证明标准(此标准的确立也许是受英美怀疑主义思维传统的影响)。根据有关资料,英国最初适用的证明标准乃对被告人的定罪量刑必须有"明白的根据"。嗣后交替使用过各种不同的用语,旨在表示"信念"的不同程度。直到1789年在都柏林审理的叛逆案件中,才将信念程度落在"疑"字上,形成了沿用至今的刑事证明标准——"排除合理怀疑"。而正是在这一证明标准正式确立之后,无罪推定才引申出这样一条著名规则:如果对被告人有罪的证明存在合理的怀疑,则应作有利于被告的推定或解释。因此现代意义上的无罪推定,只有在"排除合理怀疑"证明标准的配合下,才能展示出完整的内容。而所谓"排除合理怀疑",并非要求排除一切可能的怀疑,而仅要求此种被排除的怀疑,必须能够说出理由,摆出道理,经得起理性论证,而不是无故置疑,吹毛求疵。

　　以上所述西方国家对证明标准的两种表述,大体上可以区分为:前者,即"内心确信",主要是大陆法系国家的刑事证明标准;而后者,即"排除合理怀疑",为英美法系国家的刑事证明标准。但二者具有明显的同一性,这种同一性表现在:其一,二者相互依存。内心确信,就意味着排除合理怀疑,反之亦然。如英国的塞西尔·特纳(J. W. C. Turner)说:"所谓合理的怀疑,指的是陪审员在对控告的事实缺乏道德上的确信、对有罪判决的可靠性没有把握时所存在的心理状态。因为,控诉一方只证明一种有罪的可能性(即使是根据或然性的原则提出的一种很强的可能性)是不够的,而必须将事实证明到道德上的确信程度。"[1]因此可以说,二者只是一个标准的两个方面,或者说,是一项标准的两种操作性表述。其二,排除合理怀疑与内心确信均以主观方面为主线。从 13 世纪神示证据制度被废除开始,西方世界共享一个理念,即只有事实认定者有高度确信时,才能判决被告人有罪。[2]这种从主观方面界定证明标准的理念,为现代英美排除合理怀疑和欧陆内心确信标准所沿袭。如德国判例指出:"证据自由评价的含义便是,在回答罪责问题时,我们只需考虑事实裁判者是否已就特定事实状态形成了内心确信。这一内心确信是判定被告人有罪的充分且必要条件。"[3]美国学者劳丹(Laudan)认为:"当前美国刑事审判的证明标准就是对犯罪的坚定信念,除此以外别无其他。……这个制度对陪审员是如何获得主观确信的,没有施加任何制约。"[4]当然,这并不否认证据在事实认定中的基础作用,但最终犯罪是否成立,仍根本取决于裁判者能否成立有罪确信。其三,二者相互渗透。因基本立场的一致及近代法系融汇的潮流,大陆法系与英美法系在证明标准上已互相借鉴,兼采并用,而使其刑事证明标准趋于完善。

　　2. 中国刑事诉讼的证明标准

　　根据《刑事诉讼法》第 55 条的规定,对案件的判处,都要"证据确实、充分",方可认定被告人有罪和处以刑罚。

　　《刑事诉讼法》第 162 条规定:"公安机关侦查终结的案件,应当做到犯罪事实清楚,证据确实、充分……"

　　《刑事诉讼法》第 171 条规定,人民检察院审查移送起诉的案件,必须查明"犯罪事实、情节是否清楚,证据是否确实、充分"。第 176 条第 1 款规定:"人民检察院认为犯罪嫌疑人的犯罪事实已经查清,证据确实、充分,依法应当追究刑事责任的,应当作出起诉决定,按照审判管辖的规定,向人民法院提起公诉,并将案卷材料、证据移送人民法院。"

　　《刑事诉讼法》第 200 条规定,经合议庭评议,对于"案件事实清楚,证据确实、充分,依

---

① ［英］J. W. 塞西尔·特纳:《肯尼刑法原理》,王国庆、李启家等译,华夏出版社 1989 年版,第 549 页。

② See LarryLaudan & Harry D. Saunders, Re-Thinking the Criminal Standard of Proof: Seeking Consensus about the Utilities of Trial Outcomes, International Commentary on Evidence: Vol. 7, No.2,p.1 (2009). 达马斯卡教授认为,有关法定证据制度强迫法官违背自己信念作出裁决的看法,是建立在对法律历史的普遍误解之上的。无论就宗旨还是适用而言,罗马教会证据法都很少强迫法官作出违背其判断或"良知"的裁决。参见［美］米尔建·R. 达马斯卡:《漂移的证据法》,李学军等译,中国政法大学出版社 2003 年版,第 26 页。

③ ［美］史蒂芬·沙曼:《比较刑事诉讼:案例教科书》,施鹏鹏译,中国政法大学出版社 2018 年版,第 191 页。

④ ［美］拉里·劳丹:《错案的哲学:刑事诉讼认识论》,李昌盛译,北京大学出版社 2015 年版,第 87 页。

据法律认定被告人有罪的,应当作出有罪判决"。

可见,根据中国《刑事诉讼法》、有关司法解释以及司法实践,在中国刑事诉讼中,应当以"案件事实清楚,证据确实、充分"为确认案件事实并据以作出有罪裁判的证明标准。

所谓犯罪事实清楚,是指凡是与定罪量刑有关的事实和情节,都必须查清。至于那些不影响对被告人定罪量刑的细枝末节,则不必都查清。所谓证据确实、充分,是对作为定案根据的证据质和量的总的要求。其中,证据确实要求每一个定案的证据都兼具证明力和证明能力,能够反映客观事实,具有真实性;证据充分,是指现有证据整体所具有的证明力,足以证明要证事实。

为了帮助司法人员正确理解"证据确实、充分"的要求,2012 年修改《刑事诉讼法》时明确规定:"证据确实充分,应当符合以下条件:(一)定罪量刑的事实都有证据证明;(二)据以定案的证据均经法定程序查证属实;(三)综合全案证据,对所认定事实已排除合理怀疑。""证据确实、充分"侧重客观性,曾遭受"可操作性不强"的质疑。为此,该次修法借鉴英美法的证明标准,增加了"排除合理怀疑"的主观要求,以增强证明标准的可操作性。这使我国的证明标准具备了主客观两个层面。[①] "证据确实、充分"与"排除合理怀疑",是理解证明标准的两个方面:一是正面的证明,即证据必须达到确实、充分的量和质的要求,这一要求强调证明的客观性;二是反面的排除,即对事实的认定达到了排除合理怀疑的程度,这一要求则着眼于证据判断者的主观意识。但不宜将其简单理解为一个硬币的两面:"证据确实、充分"一定能让办案人员"排除合理怀疑";或者办案人员主观上能"排除合理怀疑",案件就一定符合"证据确实、充分"的要求。司法实践中,二者可能错位。如某些案件中,办案人员可能会感觉"证据看起来是够了,但总感觉有点不对劲"。这是因为"证据确实、充分"具有共识性,是某一范围内司法人员群体的一般性看法,是相对客观的;而"排除合理怀疑"是具体案件承办人员的主观感受,具有个别性。我国司法传统上强调集体决策,所以只要案件证明达到"证据确实、充分"即可定案;但随着司法责任制的落实,应给予"排除合理怀疑"合理的定位,在办案人员心存疑虑的情况下定罪,有违司法责任制的本义。

除上述法律规定外,从学理上阐述证据确实、充分,可以认为证明应具有四种特性(见表 5-12)。

表 5-12 证明的四种特性 [龙宗智、翁晓斌,2002]

证明的特性	说明
相互印证性	证据之间应当相互印证,能够互相支撑、互相说明。证据不能靠自身来确证,而需要其他证据的印证来说明,因此,证据法学认为"孤证不能定案"
不矛盾性	证据之间、证据与已证实的事实之间、证据与情理之间应当是协调统一的,不应当存在不能解释、无法解决的矛盾
证据锁链的闭合性	证据之间、证据与事实之间、各事实要素之间环环相扣,不出现断裂,以保证各个事实环节均有足够的证明,实现全案事实清楚
排他性	即证明结论的唯一性。在对事实的综合认定上,结论应当是唯一的,合理排除了其他可能

[①] 秦宗文:《认罪案件证明标准层次化研究——基于证明标准结构理论的分析》,载《当代法学》2019 年第 4 期。

犯罪事实清楚,证据确实、充分,是对刑事案件定案时认定有罪的证明标准,不是在诉讼一开始就能达到的。在刑事诉讼的各个阶段,由于诉讼行为的不同,对证明标准的具体要求也有所不同。例如,在刑事案件立案阶段,只要求确定有犯罪事实并且需要追究刑事责任。逮捕犯罪嫌疑人时,要求有证据证明有犯罪事实。当侦查机关侦查终结、人民检察院提起公诉以及人民法院作出有罪判决时,刑事诉讼法都规定,应当符合犯罪事实清楚,证据确实、充分的标准。从各国的通例看,起诉的证明标准一般低于作出有罪判决的标准,这是因为检察院或自诉人起诉时,案件中尚有一些不确定的因素,而法院是最终的裁决者,判决的执行效力要求有罪判决的证明标准在证明标准体系中处于最高的一级。由于我国诉讼制度的特殊性,我国刑事诉讼法对侦查终结、提起公诉和有罪判决未设定不同的证明标准,以避免在审前阶段降低证明标准,影响案件质量。当前以审判为中心诉讼制度改革的任务之一,就是以审判的证据要求规范侦查、审查起诉阶段中的取证和证据审查工作,这进一步要求保持三阶段证明标准的一致性。

应当注意,“两高三部”《关于办理死刑案件审查判断证据若干问题的规定》第 5 条对死刑案件的证明标准,在确认必须达到证据确实、充分标准的基础上,对证据确实、充分的把握,提出了具体和最严格的要求。包括:(1) 定罪量刑的事实都有证据证明。(2) 每一个定案的证据均已经法定程序查证属实。(3) 证据与证据之间、证据与案件事实之间不存在矛盾或者矛盾得以合理排除。(4) 共同犯罪案件中,被告人的地位、作用均已查清。(5) 根据证据认定案件事实的过程符合逻辑和经验规则,由证据得出的结论为唯一结论。

鉴于死刑案件是最严重的刑事案件,死刑立即执行的判决在执行后不能逆转,死刑案件对证据确实、充分的把握应当最为严格。

3. 疑案处理

在刑事诉讼中研究证明标准的时候,必然要涉及对疑案的处理问题。所谓疑案,又叫疑罪,是指虽有相当的证据说明犯罪嫌疑人、被告人有犯罪嫌疑,但全案的诉讼证据并未达到确实、充分的要求,不能确定无疑地作出犯罪嫌疑人、被告人有罪的结论。这种由于案情复杂或者受到主客观条件的限制,处断难明的“疑案”在司法实践中时有出现。

不同的证据制度对“疑案”采用不同的处理原则。在具有国家专制主义特征的诉讼中,常常根据有罪推定的原则,对“疑案”实行“疑罪从有”原则。我国古代则分别实行过“罪疑从轻”“罪疑从去”“罪疑从赎”的处理原则,对“疑案”或从轻处罚,或不处罚(“从去”),或以钱代刑(“从赎”)。当代各国的刑事诉讼,根据无罪推定的原则,对“疑案”实行有利于犯罪嫌疑人、被告人的解释与处理。即犯罪嫌疑人、被告人有罪无罪难以确定时,按无罪处理;犯罪嫌疑人、被告人罪重罪轻难以确定时,按罪轻处理。这一原则,被称为“有利被告原则”。

根据我国《刑事诉讼法》的规定,只有达到法定证据标准,才能采取有关的程序法措施或作出有罪判决;反之,没有达到证明标准的,司法机关不能采取相应措施或作出有罪判决。如就被告人的处置而言,当被告人疑罪而不能证明时,以无罪处理;当被告人罪重罪轻难以确定时,按轻罪处理,体现了“有利被告”的证据原则。这一原则在我国司法实践中,习惯表述为“就低不就高”。

为了体现上述原则,我国《刑事诉讼法》对“疑案”的处理作了如下明确规定:(1)《刑事诉讼法》第 175 条第 4 款规定,在审查起诉中,“对于二次补充侦查的案件,人民检察院仍然认为证据不足,不符合起诉条件的,应当作出不起诉的决定”。(2)《刑事诉讼法》第 200 条第

3 项规定,人民法院在审判阶段,经过法庭审理,合议庭对"证据不足,不能认定被告人有罪的,应当作出证据不足、指控的犯罪不能成立的无罪判决"。此外,《刑事诉讼法》第 236 条第 3 项,第 253 条第 1、2 项,第 254 条第 2 款等,还分别就二审案件和针对生效判决的申诉、抗诉案件中,人民法院发现原判决事实不清、证据不足时应当采取法律规定的方式进行纠正的问题,作出了明确规定。

实行"有利被告"的处理原则,是重视人权保障所作出的利益权衡和价值选择。这种做法虽然可能放纵犯罪,但可以防止无罪的人受到刑事追究。如果采用"疑罪从有"即不利被告的处理原则,则既有可能放纵真正的犯罪人,又有可能使无罪之人受到刑事追究即冤枉无辜。所以,两者相权,实行"就低不就高"是最好的选择,体现了国家对刑罚权运用的谨慎态度和对人权的尊重与保障。

小结

证据是可以用于证明案件事实的材料。这种材料只有经过查证属实,才能作为定案根据,因此要注意证据材料与定案根据的联系与区别。证据材料作为定案根据,应当具有客观性、相关性与合法性三大属性,在司法实践中,"三性"也是质证、认证的三项基本标准。证据能力判断和证明力判断,是司法实践中证据判断的基本任务。证据能力是指证据的适格性,证明力指证据对于待证事实的证明价值。刑事证据在法律上分为八类,八类证据各有其规定性、特点和不同的适用要求。在学理上,证据根据来源不同可分为原始证据与传来证据;根据表现形式不同可分为言词证据与实物证据;根据证明作用不同,可以分为控诉证据和辩护证据;根据对案件主要事实的证明关系不同,可以分为直接证据和间接证据。应用证据,需要把握证据规则,包括直接言词证据规则、非法证据排除规则、补强规则、意见排除规则等。刑事诉讼证明要明确证明对象,即实体法事实与程序法事实。众所周知的事实不需要证明而直接作司法认知。证明责任包括提供证据的行为责任以及承担不利后果的结果责任。公诉案件的举证责任由人民检察院承担,公安机关承担辅助检察机关举证的证明责任。被告人在法律规定的特定情况下承担证明责任。自诉案件中被告人有罪的举证责任由自诉人承担。证明标准,是指诉讼中对案件事实等待证事项的证明所须达到的要求。在中国刑事诉讼中,确认案件事实并作出有罪裁判的证明标准是"案件事实清楚,证据确实、充分"和"排除合理怀疑"。该证明标准贯彻到疑罪的处理上,体现为"疑罪从无"的原则。

思考题

1. 怎样理解证据的概念?
2. 怎样理解证据的属性与质证、认证的标准?
3. 怎样理解我国刑事诉讼法关于证人资格的规定?
4. 如何对证据进行学理上的分类?
5. 怎样理解我国法律规定的违法证据排除的范围?
6. 我国直接言词证据规则的规定有何意义? 有何特点?
7. 如何理解口供补强规则?

8. 利用间接证据定案的证明规则是什么？

9. 我国刑事诉讼中的证明对象范围是什么？

10. 我国刑事诉讼中证明责任如何分配？

11. 如何理解和把握我国刑事诉讼的证明标准？

12. 对刑事疑案的处理原则应当如何设定与解释？

第6章　辩护与刑事代理

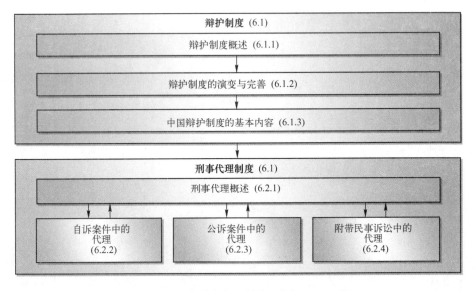

图 6-0　本章基本知识结构　［常远, 2002］

导言

在刑事诉讼中, 辩护人协助公诉案件和自诉案件中的犯罪嫌疑人、被告人行使辩护权, 代理人代理公诉案件中的被害人、自诉案件中的自诉人、附带民事诉讼中的原告人和被告人参加诉讼, 由此形成了辩护制度和刑事代理制度。辩护制度的存在以犯罪嫌疑人、被告人拥有辩护权为前提, 辩护制度包括辩护种类、辩护方式、辩护人的范围、辩护人的权利和义务、辩护人的责任等一系列内容。刑事代理制度的设立主要基于保护刑事诉讼中除受刑事追诉者之外的其他当事人合法利益之需要, 刑事代理制度包括代理种类、代理人的范围、代理人的权利和义务等内容。刑事诉讼中的辩护人和代理人主要由专门为社会提供法律服务的律师担任, 其目的在于弥补当事人法律知识和诉讼经验之不足, 促进公安机关、人民检察院、人民法院依法进行刑事诉讼活动, 保障当事人的合法权益。

6.1　辩护制度

6.1.1　辩护制度概述

1. 辩护

依据中国现行法律，"辩护"是一个专属于刑事诉讼的名词。它是指犯罪嫌疑人、被告人及其辩护人为维护犯罪嫌疑人、被告人的诉讼权利和其他合法权益，从事实和法律方面反驳控诉，提出有利于犯罪嫌疑人、被告人的证据和理由，证明犯罪嫌疑人、被告人无罪、罪轻或者应当减轻、免除其刑事责任的诉讼活动。如果将辩护视为一种活动或者一种行为，那么可以说，辩护现象从古至今都存在。只是在不同的历史条件下，对这种现象采取不同的态度。辩护在刑事诉讼中首先作为一种活动、一种行为而存在，法律将其明确认可为一种权利，是一定历史条件下的产物，是刑事司法制度民主化的重要标志。

2. 辩护权

辩护权是法律赋予刑事诉讼中犯罪嫌疑人、被告人的一项民主权利。人们通常在广义、狭义两种意义上使用"辩护权"这一概念。在中国，一般认为，犯罪嫌疑人、被告人拥有下列诉讼权利：适用法律上一律平等权，使用本民族语言文字进行诉讼权，依法不被追究刑事责任权，辩护权，各种申请权，上诉权，申诉权，要求公开审判权，要求释放权，要求出示法律文书权，要求按诉讼期限进行诉讼权，核对、补充、修改笔录权，自诉案件中的反诉权，对专门机关侵犯其诉讼权利的控告权等。其中，"辩护权"指的是犯罪嫌疑人、被告人针对指控进行反驳、辩解以及获得辩护人帮助的权利。这里的"辩护权"即狭义辩护权。狭义的辩护权又通过陈述权、提供证据权、提问权、辩论权、获得辩护人帮助权等得以具体化。辩护权与其他诉讼权利之间是一种并列关系，它们共同构成犯罪嫌疑人、被告人诉讼权利体系。其中辩护权是犯罪嫌疑人、被告人最重要的诉讼权利，是犯罪嫌疑人、被告人诉讼权利体系之核心。广义的辩护权除狭义辩护权之外，还包括其延伸部分，如证据调查请求权、上诉权、申诉权等，甚至可以说辩护权是犯罪嫌疑人、被告人所有诉讼权利的总和，因为犯罪嫌疑人、被告人各项诉讼权利的行使，其总体目的均在于针对刑事追诉进行防御，维护自身的合法权益。

辩护权具有以下特征（见表 6-1）：

表 6-1　辩护权的基本特征　[熊秋红,2002]

特征	说明
专属性	辩护权专属于犯罪嫌疑人、被告人，在刑事诉讼中唯有犯罪嫌疑人、被告人享有辩护权。辩护权的获得基于犯罪嫌疑人、被告人在刑事诉讼中所处的当事人地位。辩护人协助犯罪嫌疑人、被告人行使辩护权
防御性	辩护权针对控诉权而存在，没有控诉，就没有辩护。控诉权具有攻击性，辩护权则具有防御性，辩护权的行使旨在对抗控诉方的指控，抵消或弱化其控诉效果，辩护权是犯罪嫌疑人、被告人进行自我保护的一种手段

续表

特征	说明
绝对性	（1）当一个公民被认为具有犯罪嫌疑而受到刑事追诉时，他就拥有辩护权。刑事诉讼启动之时，就是犯罪嫌疑人、被告人开始行使辩护权之时。辩护权的行使贯穿于刑事诉讼始终，尽管在不同的诉讼阶段，辩护权行使的方式及侧重点有所不同 （2）犯罪行为有严重、一般、轻微之分，无论犯罪性质、严重程度如何，在国家专门机关办理所有刑事案件过程中，犯罪嫌疑人、被告人均享有辩护权。即使是非常严重的犯罪，也不能剥夺犯罪嫌疑人、被告人的辩护权。相反，在死刑案件等重大复杂案件中更应当保障犯罪嫌疑人、被告人充分行使辩护权

3. 辩护职能

在刑事诉讼中存在控诉、辩护、裁判三种基本职能。辩护职能指根据事实和法律提出并论证对犯罪嫌疑人、被告人有利的材料和理由，维护犯罪嫌疑人、被告人的合法权益，由犯罪嫌疑人、被告人及其辩护人行使。辩护职能相对于控诉职能而存在。在刑事诉讼制度发展过程中，犯罪嫌疑人、被告人的辩护权不断得到强化、扩充，使得辩护作为一种诉讼职能逐步走向独立和自治。刑事诉讼中的辩护有实质辩护和形式辩护之分。前者指控诉方和裁判方所承担的保护犯罪嫌疑人、被告人正当利益之义务；后者指犯罪嫌疑人、被告人及其辩护人为维护犯罪嫌疑人、被告人利益所进行的防御活动。实质辩护的观念及其法律规定使犯罪嫌疑人、被告人即便未为自己辩护，仍不致必然遭受于己不利的诉讼结果。当然，犯罪嫌疑人、被告人为了保护自己的利益，仍然需要积极为自己辩护或依赖辩护人为自己辩护。因为形式辩护才是本来意义上的辩护，而实质辩护只不过是对形式辩护的补充，是对刑事诉讼中控、辩职能不平衡的实际状况进行弥补的一种方式。

4. 辩护制度

辩护制度是由法律规定的关于辩护权的内容、行使的程序、原则、方式、保障措施等一整套规则的总称。简言之，它是围绕犯罪嫌疑人、被告人辩护权的行使而形成的一项诉讼制度。刑事辩护制度完善与否，是衡量一国刑事诉讼制度科学、民主程度的重要标志。

各国刑事诉讼法对辩护制度的规定主要涉及以下内容：（1）犯罪嫌疑人、被告人选任辩护人的时间、人数。（2）辩护人的资格，即哪些人可以担任辩护人。（3）指定辩护人的条件、时间、人数。（4）辩护人的更换或放弃。（5）适用强制辩护的情形。（6）排除辩护人参加诉讼的条件及程序。（7）诉讼过程中辩护人缺席时的处理。（8）共同辩护的规定。（9）辩护人的责任和义务。（10）诉讼各阶段犯罪嫌疑人、被告人及其辩护人的具体权利。（11）辩护人无效辩护时的处理。（12）司法机关保障犯罪嫌疑人、被告人及其辩护人充分行使辩护权的义务，如依法告知犯罪嫌疑人、被告人有权委托辩护人为自己辩护，按时送达诉讼文书，对被追诉方正确的辩护意见予以采纳等。

辩护制度自产生以来，一直处于不断丰富、完善、发展的过程之中，它被视为刑事司法制度变革的焦点。

辩护制度与律师制度之间存在十分密切的关系。二者从内容上看有交叉之处。辩护制度中含有律师接受犯罪嫌疑人、被告人委托或受公安司法机关指派协助犯罪嫌疑人、被告人行使辩护权，以及由此而产生的辩护律师在诉讼中的权利、义务、责任等的规定；律师制度则是围绕律师执业问题形成的一项行业管理制度,其中也含有律师为刑事诉讼中的犯罪嫌疑人、被告人提供法律服务的有关规定,刑事辩护是律师业务活动的重要组成部分。辩护制度和律师制度在发展过程中呈现出相互依存、相互促进的特点。

同时,辩护制度和律师制度有很大的区别。首先,它们是两种性质不同的制度。辩护制度是围绕犯罪嫌疑人、被告人辩护权的行使形成的一项诉讼制度。辩护制度的产生以犯罪嫌疑人、被告人拥有辩护权为前提,在人类社会早期的弹劾式诉讼中,就存在着辩护制度的历史雏形。律师制度则是围绕律师执业问题形成的一项行业管理制度。律师制度的产生,以律师作为一种职业出现于社会舞台为前提。律师职业最重要的特征是律师以其所掌握的法律知识为社会提供法律服务。其次,辩护制度和律师制度各自有其独立的内容。一方面,刑事辩护除了律师辩护之外,还包括犯罪嫌疑人、被告人自行辩护和非律师的辩护,如犯罪嫌疑人、被告人的近亲属、监护人为其辩护;另一方面,律师的业务活动除了刑事辩护外,还包括刑事诉讼代理、民事诉讼代理、行政诉讼代理以及其他非诉讼业务等,这些内容也非辩护制度所能容纳。

5. 中国辩护制度的理论基础

中国宪法、刑事诉讼法、律师法等法律确立的辩护制度,是以马克思列宁主义、毛泽东思想为理论基础制定的,特别是马克思主义认识论、马克思主义哲学中的“对立统一规律”对中国辩护制度更具有指导意义。对立统一规律即矛盾规律,揭示了世界上的一切现象和过程内部包含着两个相互关联又相互排斥的方面,这两个方面既统一又斗争,推动着事物的运动和发展,没有矛盾,就没有世界。依照对立统一规律,对待事物应采取矛盾分析方法,即按照事物矛盾的本质面目去认识世界和改造世界的方法。辩护制度是马克思主义科学世界观和方法论在刑事诉讼中的具体运用和体现。

刑事诉讼的基本内容是查明已经发生的客观存在的案件事实,在此基础上正确适用法律,惩罚犯罪分子,保障无辜的人不受刑事追究。作为一种认识活动或者证明活动,它离不开唯物辩证法的指导。在刑事诉讼中,控诉与辩护是对立的两个方面,处于一个矛盾统一体中,缺一不可。没有控诉,就没有辩护。辩护是针对控诉而存在的,控诉也需要经过辩护考察、验证。控诉与辩护的论争过程是案件事实真相进一步暴露的过程,也是人们对案件认识的深化过程。对立统一规律要求在刑事诉讼中控辩双方同时存在、斗争,在尊重事实和法律的基础上统一起来。对于案件的审判者来说,辩护制度的建立有利于其“兼听则明”。刑事案件是已经发生了的过去,案件的审判者并没有目睹犯罪事实发生,要使审判公正,就必须全面、客观地审查判断证据。因为从控诉方那里得到的往往是不利于被告人的材料,如果过于相信,势必产生偏见。而控辩双方平等地进行辩论,可以各扬其长,克服偏见,互相补充、修正对方的意见,弥补和纠正错误和遗漏,使有关事实和证据越辩越明,从而为正确处理案件奠定可靠的基础。此外,刑事诉讼还追求在查明案件事实的前提下对法律的正确适用,如认定是此罪还是彼罪,罪轻罪重,控辩双方各自提出自己对适用法律的意见,可以丰富审判者对案件的认识,为正确适用法律打下良好的基础。

辩护制度的设置将刑事诉讼中的矛盾制度化,有利于社会冲突的妥善解决。辩护制度的建立使得刑事诉讼中所要解决的问题能以对话、辩论的形式处理,允许控辩双方相互“攻击”,使得社会矛盾有机会在浓缩的、受到控制的条件下显露出来。控辩双方的讨论、辩驳、说服均围绕犯罪嫌疑人、被告人的刑事责任问题,这样有助于使诉讼的参加者对案件的认识在直接的碰撞中逐步升华,最后解决问题。这样,便增强了裁判结果的可接受性。在妥善解决社会冲突方面,对立统一规律也具有指导意义。

辩护制度的建立与世界范围内的人权保障运动具有密不可分的联系。英国资产阶级革命时期,为了反对封建专制,提出了"人权"口号,并分别于 1679 年、1689 年经由国会制定了《人身保护法》《权利法案》。18 世纪资产阶级启蒙思想家孟德斯鸠、卢梭等人提出了"天赋人权说"。1776 年美国大陆会议通过了《独立宣言》,1789 年法国制宪会议通过了《人权宣言》,人权问题逐渐成为国际社会普遍关心的重大问题之一。1948 年 12 月 10 日,联合国第三次会议通过了《世界人权宣言》,之后又通过了一些有关人权的公约,如 1966 年 12 月 16 日的《公民权利与政治权利国际公约》规定,被告人在刑事诉讼中享有获得公正审判的权利。中国政府对《世界人权宣言》给予了积极评价,先后签署批准加入了一系列国际人权公约,特别是 1998 年 10 月 5 日签署了《公民权利与政治权利国际公约》。犯罪嫌疑人、被告人有权获得辩护原则及有关辩护制度的确立和实施,既有利于我国在刑事诉讼的各个阶段切实维护和保障人权,也有利于与有关国际规则相协调。

中国刑事辩护制度在发展过程中几经曲折,至今在贯彻中仍阻力颇多。原因之一在于,不少人对于辩护制度建立的理论基础、辩护制度在保障人权中的重要作用缺乏深刻的认识。因此,从理论上充分认识和理解我国辩护制度的必要性和重要性,对于坚持和完善我国辩护制度无疑具有重要意义。

6. 实行辩护制度的意义

辩护制度作为现代法治国家法律制度的重要组成部分,鲜明地反映了一国刑事诉讼制度的民主性和公正性程度,对促进和保障司法公正、诉讼民主有着十分重要的意义。具体而言,它在刑事诉讼中的意义突出地表现在以下几个方面:

(1) 它有助于刑事诉讼中形成合理的诉讼结构。控诉、辩护、审判三种诉讼职能相分离,裁判者中立、控诉方和辩护方平等对抗,这是现代刑事诉讼中的基本格局。在诉讼发展史上有过两次重要分工,第一次是司法权从行政权中独立出来,第二次则为控诉权与审判权相分离。这两次分工为刑事诉讼中形成合理的诉讼结构提供了前提。然而,如果不建立辩护制度,控诉方就失去了对立面,审判者的中立地位也就无从谈起,刑事司法就会带有强烈的"行政"色彩。辩护制度的建立,是诉讼过程中被告方与控诉方拥有平等地位的基础,也是审判者相对中立的重要条件,它是保障诉讼过程中对国家专门机关单方发现案件事实进行有争论的说明,充分体现刑事程序的诉讼性质,形成合理的刑事诉讼结构、保障诉讼公正的不可或缺的重要因素。

(2) 它使犯罪嫌疑人、被告人能够积极参与诉讼过程。犯罪嫌疑人、被告人是刑事诉讼的中心人物。如何对待犯罪嫌疑人、被告人是诉讼程序公正与否的重要标志。公正的诉讼程序应当确保犯罪嫌疑人、被告人的合法权益受到尊重,应尽可能防止错罚无辜。辩护制度的建立使犯罪嫌疑人、被告人有机会反对控诉方的指控,并对证据提出质疑及申明己方的理由。犯罪嫌疑人、被告人享有部分的程序控制权,对诉讼过程的积极参与使其能够富有成效地影响诉讼结局,真正成为诉讼的主体,而非单纯的被追究者和受处罚者。辩护制度是保障犯罪嫌疑人、被告人参与诉讼程序、保护自己合法权益的最重要的形式。

(3) 它是对国家权力的一种监督和制约。在刑事诉讼中,控诉与审判分立是国家权力的内部制衡,而辩护制度则是对国家权力的外部制约。辩护制度的存在意味着犯罪嫌疑人、被告人及其辩护人可以向国家专门机关提出异议,防止国家专门机关滥用权力,以维护犯罪嫌疑人、被告人的合法权益。辩护制度是刑事司法制度民主化的重要标志。确定犯罪嫌疑人、被告人是否应被认定有罪、应受到惩罚,控诉方必须提供证据,而犯罪嫌疑人、被告人享有公平的辩护机会,这是程序公正的基本要求。

(4) 它有助于司法人员正确处理刑事案件。在刑事诉讼中,司法人员对案件的正确处理主要包括两方面内容:一是正确认识案件事实;二是正确适用法律。对案件事实的认识主要通过收集证据和审查判断证据这两个过程完成,辩护制度在其中能够起到积极的作用。从收集证据的过程看,辩护制度的作用表现在:第一,增强收集证据的全面性;第二,保障收集证据的真实性。从法官审查判断证据过程看,被告方的辩护有利于案件事实真相的揭示,也有利于抑制法官的片面性和随意性。刑事诉讼分阶段进行,每一个诉讼阶段司法人员都要依据事实和法律对案件作出处理。犯罪嫌疑人、被告人及其辩护人的辩护可以促使司法人员全面考虑案件情况,从而对案件作出正确处理。

6.1.2 辩护制度的演变与完善

1. 外国辩护制度的演变

外国辩护制度的产生,可以追溯到公元前 4—前 5 世纪的雅典共和国时期,当时王者执行官审理案件时,允许被告人进行答辩、申辩。雅典的法律制度对以后的罗马法有着直接的影响。古罗马《十二铜表法》中第一表第 7 条规定:"若(当事人双方)不能和解,则(他们)应在午前到市场或会议场进行诉讼。出庭双方应依次申辩(自己案件)。"在古罗马弹劾式诉讼中,被告人与原告人处于平等地位,享有同等的权利,承担同等的义务。审理案件的程序通常是由原告提出控诉的理由和证据,再由被告提出反驳理由和证据,然后由法官作出裁决。被告人拥有辩护权,可为自己的利益从事诉讼防御。审判采取对质、言辞、公开的方式,被告人可以提出反证,证明自己无罪。被告人还可以请精通辩术的辩护人为自己辩护。法官居中裁判。辩护权的存在以及代言人、辩护人等的出现,标志着早期辩护制度已基本形成。古罗马辩护制度是古代司法民主产生和发展的产物,它为以后辩护制度的进一步完善提供了可贵的历史雏形。

纠问式诉讼是继弹劾式诉讼之后出现的一种诉讼形式,它是适应王权不断加强而产生的,是封建专制主义在诉讼中的体现。纠问式诉讼制度重视口供,为了获取被告人口供,不惜对被告人施以酷刑。被告人成为调查、审理的客体,毫无诉讼权利可言,纠问式诉讼没有采取控诉、辩护和裁判三种诉讼职能相互区分的机制,控诉与裁判职能由同一机构承担,被告人也因此只拥有极少的辩护机会,辩护作为一种权利和一种职能事实上并不存在。纠问式诉讼导致辩护制度萎缩乃至消亡。

在英国刑事诉讼制度的发展过程中,弹劾式诉讼一直占有支配地位,1640 年英国爆发了资产阶级革命,标志着世界近代史的开端。英国平均主义派首领李尔本(John Lilburne)提出了许多资产阶级民主的原则,他在《人民约法》和《英国根本法和自由》等著作中主张:法律面前人人平等;陪审官应有广泛权限及自由心证原则;废除特权,保护公民的人身权利;诉讼必须采用公开、直接和辩论的形式;被告人有辩护权等。他认为辩护人除了自行辩护外,还享有请他人为其辩护的权利。1679 年英国颁布了《人身保护法》,该法第 19 条规定:"关于本律所称犯法行为之控诉,各被告得同具原案总争点之答辩。"1695 年威廉三世以敕令规定严重叛国案的被告人可以请辩护人。1836 年英国威廉四世颁布的法律规定:"不论任何案件的预审或审判,被告人都享有辩护权。"从此取消了对辩护的种种限制。

美国 1776 年宣布独立后,在《弗吉尼亚权利法案》中肯定了被告人的辩护权。1791 年美国《宪法》修正案第 6 条规定:在一切刑事诉讼中,被告人享有获得辩护的权利。

法国在 1789 年的《人权宣言》中明确规定了"无罪推定"的原则。同年 10 月制宪会议的一项法令规定从追究被告犯罪时起,就允许辩护人参加。1791 年 9 月 16 日颁布的法律规定了法庭审理的辩论原则。1793 年法国《雅各宾宪法》进一步规定,国家要设"公设辩护人"。1808 年的《法国刑事诉讼法典》规定了被告人享有辩护权的原则。1897 年,准许辩护人介入审判前的程序。法国的刑事程序对包括德国在内的欧洲大陆国家产生了深远影响。在德国,1877 年颁布的《德意志帝国刑事诉讼法典》规定了与法国大致相同的"辩论原则",1965 年公布的《德国刑事诉讼法典》第 137 条第 1 款规定:"被告人可以在诉讼程序的任何阶段选定辩护人,帮助自己辩护。"

日本明治维新之后,开始引进以法、德为代表的大陆法系国家的司法制度。1880 年公布的《治罪法》允许被告人有辩护人,并且,对于重罪案件,被告不选任辩护人时,裁判所为其选任辩护人,称为国选辩护人。1893 年又制定了《律师法》。1922 年颁布的《刑事诉讼法》规定:"被告人被提起公诉后,不论何时都可以聘请辩护人。"1946 年 11 月 3 日公布的《日本国宪法》第 34 条规定:"任何人,未直接告知理由,并未直接给予聘请辩护人权利时,不受拘留或者拘禁。"该法第 37 条第 3 款规定:"刑事被告人,不论在任何场合都可以聘请有资格的辩护人。被告人自己不能聘请辩护人的,由国家提供辩护人。"日本 1947 年制定的《关于实施日本国宪法时刑事诉讼法应急性措施的法律》第 3 条规定:"被疑人在人身自由受到限制时,可以聘请辩护人。"1948 年 4 月 10 日,日本国会通过的现行《刑事诉讼法》的第 30 条进一步规定:"被告人或者被疑人在任何时候都可以聘请辩护人。"即无论被疑人的人身自由是否受到限制,均可聘请辩护人。此外,该法还赋予被告人国选辩护人委托权,而且扩大了强制辩护的范围,辩护制度由此获得显著发展。

2. 中国辩护制度的演变与改善

中国古代奴隶社会和封建社会的法律中缺乏辩护制度方面的规定。现有史料表明,在周朝的刑事诉讼中,司法官吏审判案件,一般在双方当事人到齐之后,用察听"五辞"的办法审查判断其陈述的真伪,并据此定罪量刑。1975 年 2 月,陕西省岐山县董家村出土的西周青铜器《候匜》有铭文 157 字,记载西周法庭除了原、被告到庭外,还允许诉讼代理人和证人出庭,并向法庭提供诉词、辩护词。春秋时期,出现过类似今天的在法庭上为被告人辩护的人。但从当时刑事诉讼的总体状况来看,被告人在诉讼中的地位较为低下,这表现在对被告人的刑讯逼供以及疑罪从有。中国奴隶社会政治上实行君主专制统治,相应地,刑事诉讼带有明显的纠问特征,没有形成像古罗马那样的刑事辩护制度。

中国从公元前 475 年至 1840 年长达两千余年的封建社会中,皇权至上,实行专制统治,在刑事诉讼中进一步推行纠问式诉讼。被告人只是一个被追究刑事责任的客体、一个被拷问的对象和供词的提供者,他甚至不能自我辩护,更谈不上请他人为自己辩护。缺乏辩护的规定成为中国封建刑事诉讼法律制度的特点之一。

中国古代绝大多数民众未受过教育,不识文字。一旦涉讼,不仅不知法律条款,就连如何告状、如何应诉、如何撰写诉状也都一无所知。因此,以帮助当事人撰写诉状、介绍诉讼程序及注意事项为业的"讼师"应运而生。但是,由于古代法律的目的在于维护统治秩序,而非保护当事人的权利,因此,尽管"讼师"的存在有其适应社会需要的理由,但法律仍禁止其活动,"讼师"只能作为一种法外职业,半公开地存在于民间。清朝中期曾设立"代书"制度,从百姓之中选取受过一定教育、诚实可靠者接受官府考核,合格者可从事"代书"职业,专门为欲告状而又不识字、需要法律帮助者提供服务。但是,由纠问式诉讼方式所决定,"讼师"和"代书"只能在诉讼之外为当事人提供一定的法律帮助,而不能像辩护人、代理人那样在诉讼中为当事人提供法律帮助。

在清末变法中,沈家本提出了设置辩护制度的主张。1906 年,在沈家本主持下制订了《大清刑事民事诉讼法》,规定律师可协助被告人进行辩护。但是,该法未能公布施行。1910年,沈家本又制订出单独的《大清刑事诉讼律草案》,规定:原则上非律师不得为辩护人,每一被告的辩护人以不得过 2 人为限,辩护人有阅卷、会见在押被告人、与在押被告人通信等诉讼权利。1911 年,辛亥革命推翻了清王朝统治。南京临时政府存续期间,要求实行文明办案,允许律师为被告人辩护。1912 年 9 月,民国政府颁布了《律师暂行章程》,从此创立了民国时期的律师制度。北洋政府时期,继续推行辩护制度,并对《律师暂行章程》进行了多次修订。南京国民政府 1928 年 7 月公布的《刑事诉讼法》第 165 条规定,被告于起诉后得随时选任辩护人;第 176 条规定,辩护人得接见羁押之被告等。1945 年公布了《公设辩护人服务规则》,对公设辩护人的监督管理与其职责等内容作了简略规定。南京国民政府时期,形成了比较完备的辩护制度。近代中国的辩护制度产生和存在于中国的半殖民地半封建社会,它在司法实践中所能发挥的作用十分有限。

在新民主主义革命时期,各地的红色政权就开始推行辩护制度。初期的辩护制度以法规的形式赋予被告人辩护权,前提是须得到法庭的许可。辩护人必须是有公民权的劳动者,剥削分子不具备辩护人资格。抗日战争时期,辩护制度有了进一步发展。一些地方的司法机关在审理案件时,除被告人自己辩护外,还允许其亲属或聘请具有法律知识的人出庭辩护。

新中国成立后,废除了国民党的《六法全书》和旧法统,明令取缔了国民党的旧律师制度,解散了旧的律师组织,并停止了旧律师的活动。与此同时,新的辩护制度和律师制度开始建立。1950 年 7 月,中央人民政府政务院公布的《人民法庭组织通则》第 6 条规定:"县(市)人民法庭及其分庭审判时,应保障被告有辩护及请人辩护的权利……"其后,中央人民政府法制委员会在关于《人民法院暂行组织条例》的说明中又强调指出:公开审判要做到"当事人和他的合法辩护人在法庭上有充分的发言权和辩护权"。1954 年中国颁布了第一部《宪法》,其中第 76 条明确规定"被告人有权获得辩护"。同时公布的《人民法院组织法》也规定:"被告人除自己行使辩护权外,可以委托律师为他辩护;可以由人民团体介绍的或者经人民法院许可的公民为他辩护,可以由被告人的近亲属、监护人为他辩护。人民法院认为必要的时候,也可以指定辩护人为他辩护。"从 1956 年至 1957 年上半年,全国人大常委会、司法部、最高人民法院、公安部以决定、通知、批复等形式对刑事辩护制度中涉及的若干具体问题作了规定。但是,自 1957 年下半年起,由于受"左倾"思潮影响,辩护制度受到很大冲击,律师出庭为被告人辩护被说成是"丧失阶级立场""替坏人说话""替罪犯开脱罪责"等。其后

20 多年特别是"文革"期间,"砸烂公、检、法""群众专政"盛行,大量施用刑讯逼供,被告人的辩护权被剥夺,社会主义法制遭到践踏,辩护制度实际上已名存实亡。

1978 年 3 月 5 日,五届全国人大通过的《宪法》重新确立了辩护制度在国家法制中的地位。1979 年 7 月,五届全国人大二次会议通过了《刑事诉讼法》。这部法律除明确规定"被告人有权获得辩护,人民法院有义务保证被告人获得辩护"原则之外,还对辩护作了专章规定。被告人除自己行使辩护权外,有权按照自己的意愿委托律师、近亲属、监护人、人民团体或所在单位推荐的辩护人为他辩护;辩护人在审判阶段介入刑事诉讼,享有阅卷、同在押被告人会见、通信等权利;公诉人出庭的案件,被告人没有委托辩护人的,法院可以为其指定辩护人;被告人是聋、哑或者未成年人而没有委托辩护人的,法院应当为其指定辩护人。1980年颁布的《律师暂行条例》对律师的性质、任务、职责、权利、义务、资格条件及工作机构等作了明确规定。中国刑事辩护制度和律师制度得以恢复和发展。

1996 年 3 月,中国对《刑事诉讼法》作出了重大修改。"加强对犯罪嫌疑人、被告人合法权益的保障,改善犯罪嫌疑人、被告人在刑事诉讼中的地位"是此次改革的目标之一。修改后的《刑事诉讼法》大大提前了律师或者其他辩护人参加刑事诉讼的时间,明确规定了辩护人的数量、资格;扩大了指定辩护的范围;扩大了律师或其他辩护人的诉讼权利。1996 年 5月,中国颁布了《律师法》。该法对律师的执业条件、律师事务所、律师的业务、执业律师的权利和义务、法律援助、律师协会、律师的法律责任等作了系统规定。2007 年 10 月,全国人大常委会对《律师法》进行了较大幅度的修改,在保障律师辩护权方面大大向前迈进了一步。2012 年 3 月,中国再次对《刑事诉讼法》作出重大修改。修改后的《刑事诉讼法》明确了侦查阶段律师的辩护人身份,扩大了法律援助的范围,完善了律师与在押犯罪嫌疑人、被告人会见制度,扩大了辩护律师的阅卷权,完善了辩护人申请调查取证权,修改了追究辩护人刑事责任的规定,确立了辩护律师对委托人涉案信息的保密权,加强了辩护权受到侵犯时的救济性规定。2012 年 10 月,与《刑事诉讼法》的修改相呼应,全国人大常委会对《律师法》做了再次修改,肯定并吸收了《刑事诉讼法》对律师辩护权的进步规定。2017 年 9 月,《律师法》再次进行修改,增加了对律师代理权限来源的规定,将律师的工作范围进一步前移,并且增加了先进的理念,进一步完善和保障了律师的辩护权。2018 年,《刑事诉讼法》再次进行修改,增加了关于值班律师的规定,法律援助机构可以在人民法院、看守所等场所派驻值班律师,通过值班律师制度更好地确保被告人辩护权的实现。

6.1.3 中国辩护制度的基本内容

1. 辩护人的概念和范围

(1) 辩护人的概念。辩护人,是指接受犯罪嫌疑人、被告人的委托或是人民法院的指定,帮助犯罪嫌疑人、被告人行使辩护权,维护其诉讼权利和其他合法权益的人。

在刑事诉讼中,赋予犯罪嫌疑人、被告人获得辩护人帮助的权利,其必要性主要体现在:

第一,犯罪嫌疑人、被告人自我保护具有极大的局限性。在法律上虽然赋予犯罪嫌疑人、被告人种种权利以保护自己,但在通常情况下,犯罪嫌疑人、被告人无力进行适当而有效的辩护。因为绝大多数犯罪嫌疑人、被告人不具备充分的法律知识,对于刑法和刑事诉讼法的规定一无所知或知之甚少,不能正确运用法律维护自己的合法权益。同时,由于被追诉而造成的恐惧、懊恼、愤怒、沮丧、绝望等心理,犯罪嫌疑人、被告人很难清醒而理智地针对指控事实进行辩护。犯罪嫌疑人、被告人常常被采取某种强制措施,人身自由受到不同程度的限制,从而不能全面深入地了解案件,收集有利于自己的情况和材料。特别是受到羁押的犯罪嫌疑人、被告人,他们所拥有的辩护能力更加薄弱,有时甚至会失去自行辩护的基础。因此,有必要由辩护人协助犯罪嫌疑人、被告人行使辩护权。

第二,依靠司法人员保护犯罪嫌疑人、被告人利益具有很大的局限性。在理论上,整个诉讼过程应在警察、检察官、法官的公正态度下进行,他们负有保护犯罪嫌疑人、被告人正当利益的责任。在诉讼过程中,对于有利于和不利于犯罪嫌疑人、被告人的情形,应当一并予以注意。但是,在司法实践中,由于警察、检察官行使控诉职能,站在与犯罪嫌疑人、被告人相反的立场,他们通常只注意对犯罪嫌疑人、被告人不利的情形,对犯罪嫌疑人、被告人有利的情形却易被忽略。法官在诉讼中处于中立地位,也不能协助被告人从事辩护活动。此外,犯罪嫌疑人、被告人对于司法人员存有戒心,在诉讼过程中,往往不愿据实相告。在这种情况下,不仅犯罪嫌疑人、被告人的合法权益得不到保护,刑事追诉和审判工作也会受到阻碍。因此,在刑事诉讼中需要设立辩护人,使其站在犯罪嫌疑人、被告人可信赖的立场,充当犯罪嫌疑人、被告人与公安司法机关之间的桥梁,同时又使辩护人居于诉讼进行之监督者的地位,以减少诉讼过程中人为的错误。

第三,辩护人的专业性与独立性可以加强对犯罪嫌疑人、被告人的权益保障。辩护人参与刑事诉讼,承担保护犯罪嫌疑人、被告人正当利益的任务,特别是律师作为辩护人,以其法律专业知识与控诉方对抗,有助于提高犯罪嫌疑人、被告人的诉讼主体地位,促进控辩双方诉讼地位的实质平等,保障诉讼公正。此外,辩护人尤其是辩护律师为犯罪嫌疑人、被告人提供法律帮助,告知犯罪嫌疑人、被告人及其亲属与案件相关的法律知识,有利于他们理解国家法律,信任国家司法制度,从而在思想上接受裁判,消除抵触心理。这样,便起到了宣传和维护国家法制的作用。

(2) 辩护人的范围。根据《刑事诉讼法》第 33 条的规定,辩护人的范围包括:

第一,律师。律师是指依法取得律师执业证书,接受委托或者指定,为当事人提供法律服务的执业人员。虽然取得律师资格但未取得执业证书并经注册登记的人,不得以律师身份接受委托,履行辩护职责。在刑事诉讼中,律师担任辩护人比其他公民担任辩护人具有不可比拟的优越性。因为其他公民一般不精通法律,加之没有或缺乏辩护经验或存在怕受牵连等思想顾虑,往往表现为不敢大胆为犯罪嫌疑人、被告人辩护或辩护不得力等。律师掌握法律专业知识,有丰富的辩护经验,能够有效地从事辩护活动;并且辩护律师受其职业道德约束,能够积极地依法履行辩护职责,充分发挥辩护人的应有作用。因此,律师辩护制度被认为是犯罪嫌疑人、被告人行使辩护权最重要的保障。

现役军人成为犯罪嫌疑人、被告人的,可以聘请军队中的或者地方的律师作为辩护人。

外国人、无国籍的犯罪嫌疑人、被告人委托律师辩护的,只能委托中国律师作为辩护人。

第二,人民团体或者犯罪嫌疑人、被告人所在单位推荐的人。在中国,尽管律师队伍发展迅速,但仍不能适应实际需要,因此,法律允许律师之外的其他人充当辩护人。这里的人民团体,指工会、妇联、共青团、学联等群众性团体。犯罪嫌疑人、被告人可向上述团体要求提供法律帮助,由这些团体推荐合适人选为其辩护。如犯罪嫌疑人、被告人隶属于某工作单位,则可由所在单位推荐熟悉法律、有辩护能力的人为其辩护。

第三,犯罪嫌疑人、被告人的监护人、亲友。犯罪嫌疑人、被告人为未成年人的,其父母是未成年人的监护人。其父母已经死亡或者没有监护能力的,其祖父母、外祖父母、兄、姐或者关系密切的其他亲友可能依法成为监护人。犯罪嫌疑人、被告人为精神病人的,其配偶、父母、成年子女、其他近亲属或关系密切的亲友可能成为监护人。"亲友"是犯罪嫌疑人、被告人的亲属和关系较密切的朋友。一般而言,监护人作为辩护人仅适用于未成年或患精神病的犯罪嫌疑人、被告人;亲友作辩护人则适用于所有犯罪嫌疑人、被告人。此类辩护人由于了解犯罪嫌疑人、被告人,可以较好地维护犯罪嫌疑人、被告人的合法权益。

(3) 不得担任辩护人的情形。并不是所有公民都能担任辩护人。根据刑事诉讼法及其司法解释、其他相关的法律,下列人员不得担任辩护人:

第一,刑事诉讼法规定的例外情形。《刑事诉讼法》第 33 条第 2 款明确规定:"正在被执行刑罚或者依法被剥夺、限制人身自由的人,不得担任辩护人。"正在被执行刑罚包括正在被执行主刑和附加刑。尤其应当注意的是,主刑执行完毕后仍被执行剥夺政治权利的人也不能担任辩护人。其他被依法剥夺、限制人身自由的人包括被公安司法机关采取逮捕、拘留、取保候审、监视居住等强制措施并正被执行的人。同时 2018 年《刑事诉讼法》在 2012 年《刑事诉讼法》第 32 条基础上增加了第 3 款:"被开除公职和被吊销律师、公证员执业证书的人,不得担任辩护人,但系犯罪嫌疑人、被告人的监护人、近亲属的除外。"

第二,司法解释规定的例外情形。最高院《解释》(2021)第 40 条规定:"人民法院审判案件,应当充分保障被告人依法享有的辩护权利。被告人除自己行使辩护权以外,还可以委托辩护人辩护。下列人员不得担任辩护人:(一)正在被执行刑罚或者处于缓刑、假释考验期间的人;(二)依法被剥夺、限制人身自由的人;(三)被开除公职或者被吊销律师、公证员执业证书的人;(四)人民法院、人民检察院、监察机关、公安机关、国家安全机关、监狱的现职人员;(五)人民陪审员;(六)与本案审理结果有利害关系的人;(七)外国人或者无国籍人;(八)无行为能力或者限制行为能力的人。前款第三项至第七项规定的人员,如果是被告人的监护人、近亲属,由被告人委托担任辩护人的,可以准许。"此外,最高人民法院《关于审判人员在诉讼活动中执行回避制度若干问题的规定》(2011)第 8 条、第 9 条、第 10 条明确规定:审判人员及法院其他工作人员从人民法院离任后 2 年内,不得以律师身份担任诉讼代理人或者辩护人。审判人员及法院其他工作人员从人民法院离任后,不得担任原任职法院所审理案件的诉讼代理人或者辩护人,但是作为当事人的监护人或者近亲属代理诉讼或者进行辩护的除外。审判人员及法院其他工作人员的配偶、子女或者父母不得担任其所任职法院审理案件的诉讼代理人或者辩护人。人民法院发现诉讼代理人或者辩护人违反本规定第 8 条、第 9 条的规定的,应当责令其停止相关诉讼代理或者辩护行为。

第三,其他相关法律规定的例外情形。《律师法》第 11 条规定:"公务员不得兼任执业律师。律师担任各级人民代表大会常务委员会组成人员的,任职期间不得从事诉讼代理或者辩护业务。"第 41 条规定:"曾经担任法官、检察官的律师,从人民法院、人民检察院离任后二年内,不得担任诉讼代理人或者辩护人。"《法官法》第 22 条规定:"法官不得兼任人民代表大会常务委员会的组成人员,不得兼任行政机关、监察机关、检察机关的职务,不得兼任企业或者其他营利性组织、事业单位的职务,不得兼任律师、仲裁员和公证员。"第 36 条第 1、2 款规定:"法官从人民法院离任后两年内,不得以律师身份担任诉讼代理人或者辩护人,法官从人民法院离任后,不得担任原任职法院办理案件的诉讼代理人或者辩护人,但是作为当事人的监护人或者近亲属代理诉讼或者进行辩护的除外。"《检察官法》第 23 条规定:"检察官不得兼任人民代表大会常务委员会的组成人员,不得兼任行政机关、监察机关、审判机关的职务,不得兼任企业或者其他营利性组织、事业单位的职务,不得兼任律师、仲裁员和公证员。"第 37 条第 1、2 款规定:"检察官从人民检察院离任后两年内,不得以律师身份担任诉讼代理人或者辩护人。检察官从人民检察院离任后,不得担任原任职检察院办理案件的诉讼代理人或者辩护人,但是作为当事人的监护人或者近亲属代理诉讼或者进行辩护的除外。"

《刑事诉讼法》第 33 条对辩护人的数量作了明确规定,即犯罪嫌疑人、被告人"可以委托一至二人作为辩护人"。这就是说,一名犯罪嫌疑人、被告人最多可以委托两名辩护人,其中可以都是律师,也可以都是犯罪嫌疑人、被告人的监护人、亲友,还可以一名是律师、一名是其他公民。关于指定辩护的人数,法律未作明确规定,司法实践中一般为一个犯罪嫌疑人、被告人仅指定一名辩护人。在共同犯罪案件中,由于犯罪嫌疑人、被告人之间存在着利害冲突,因此,一名辩护人不能同时接受两名以上犯罪嫌疑人、被告人的委托,作他们的共同辩护人。公安部《规定》(2020)第 43 条第 2 款规定:"对于同案的犯罪嫌疑人委托同一名辩护律师的,或者两名以上未同案处理但实施的犯罪存在关联的犯罪嫌疑人委托同一名辩护律师的,公安机关应当要求其更换辩护律师。"最高院《解释》(2021)第 43 条第 2 款规定:"一名辩护人不得为两名以上的同案被告人,或者未同案处理但犯罪事实存在关联的被告人辩护。"显然,在中国司法实践中是不允许进行共同辩护的。

2. 辩护人的诉讼地位和责任

(1) 辩护人的诉讼地位。辩护人的诉讼地位是指辩护人在刑事诉讼法律关系中所处的位置。辩护人,包括辩护律师,在刑事诉讼中的法律地位是独立的诉讼参与人,是犯罪嫌疑人、被告人合法权益的专门维护者。辩护人诉讼地位的独立性通过两个方面得以体现:

第一,从辩护职能的行使者——辩护人与犯罪嫌疑人、被告人之间的内部关系看,辩护人是因为和犯罪嫌疑人、被告人有着特殊关系而参与刑事诉讼的,但原则上,辩护人的活动不受犯罪嫌疑人、被告人意志的约束,辩护人根据自己的经验、知识等,按照自己的判断、估计进行工作。法律赋予辩护人许多不需犯罪嫌疑人、被告人明示或暗示同意而能够独立行使的重要权利。如与在押犯罪嫌疑人、被告人会见通信权、阅卷权、辩论权、申请调查证据权等。由于辩护人协助犯罪嫌疑人、被告人行使辩护权,法律也规定了辩护人某些权利的行使必须符合犯罪嫌疑人、被告人意志,如申请上诉权。但是,从总体上看,辩护人在刑事诉讼中的活动主要不是以犯罪嫌疑人、被告人的授权为基础,而是以法律上赋予辩护人的权限为基础。

第二,辩护人与犯罪嫌疑人、被告人作为辩护职能的共同行使者,他们相对于公、检、法三机关产生一种外部关系,这种关系体现为诉讼职能之间的相互制约,从某种意义上讲,也是一种相互配合。从辩护人与公安司法机关之间的关系看,辩护人独立于公安司法机关之外起作用,不受司法人员意志的支配。

尽管辩护人在刑事诉讼中具有极其重要的作用,但他不属于诉讼主体。刑事诉讼主体是刑事诉讼法学中的基本范畴,将刑事诉讼的参加者分为诉讼主体与非诉讼主体,有利于认识刑事诉讼法律关系主体在诉讼活动中所处的不同地位、把握刑事诉讼的基本结构。诉讼主体是诉讼职能的主要承担者,非诉讼主体则对诉讼主体所承担的诉讼职能起协助和加强作用。辩护是刑事诉讼中的一种基本职能,它的主要承担者为犯罪嫌疑人、被告人,辩护人处于协助犯罪嫌疑人、被告人行使辩护职能的地位,因此在刑事诉讼中,犯罪嫌疑人、被告人为诉讼主体,辩护人则属于非诉讼主体。

(2) 律师在侦查阶段的诉讼地位及权限。《刑事诉讼法》第 34 条规定,犯罪嫌疑人自被侦查机关第一次讯问或者采取强制措施之日起,有权委托辩护人;在侦查期间,只能委托律师作为辩护人。被告人有权随时委托辩护人。侦查机关在第一次讯问犯罪嫌疑人或者对犯罪嫌疑人采取强制措施的时候,应当告知犯罪嫌疑人有权委托辩护人。犯罪嫌疑人、被告人在押的,也可以由其监护人、近亲属代为委托辩护人。第 38 条规定,辩护律师在侦查期间可以为犯罪嫌疑人提供法律帮助;代理申诉、控告;申请变更强制措施;向侦查机关了解犯罪嫌疑人涉嫌的罪名和案件有关情况,提出意见。第 39 条规定,辩护律师可以同在押的犯罪嫌疑人、被告人会见和通信。其他辩护人经人民法院、人民检察院许可,也可以同在押的犯罪嫌疑人、被告人会见和通信。辩护律师持律师执业证书、律师事务所证明和委托书或者法律援助公函要求会见在押的犯罪嫌疑人、被告人的,看守所应当及时安排会见,至迟不得超过48 小时。危害国家安全犯罪、恐怖活动犯罪、特别重大贿赂犯罪案件,在侦查期间辩护律师会见在押的犯罪嫌疑人,应当经侦查机关许可。上述案件,侦查机关应当事先通知看守所。辩护律师会见在押的犯罪嫌疑人、被告人,可以了解案件有关情况,提供法律咨询等;自案件移送审查起诉之日起,可以向犯罪嫌疑人、被告人核实有关证据。辩护律师会见犯罪嫌疑人、被告人时不被监听。依据上述规定,律师在案件的侦查阶段就有权接受犯罪嫌疑人及其监护人、近亲属的委托作为辩护人介入刑事诉讼,行使法律赋予的重要权利。

1996 年修改《刑事诉讼法》之后,学术界对于律师在侦查阶段的诉讼地位存在争议。一些学者认为,律师介入侦查阶段的依据是接受犯罪嫌疑人的委托,他要根据犯罪嫌疑人的授权进行活动,受犯罪嫌疑人的意志约束,因此他不享有辩护人的独立诉讼地位,属一般诉讼参与人,可以称之为"受犯罪嫌疑人委托的律师""法律帮助人"或"犯罪嫌疑人的法律顾问"。但是,根据《刑事诉讼法》第 108 条第 4 项的规定,律师参加刑事诉讼要么是诉讼代理人,要么是辩护人,不能成为其他诉讼参与人。而该条第 5 项对诉讼代理人作了明确的界定,因此,侦查阶段接受犯罪嫌疑人的委托介入刑事诉讼的律师,只能是辩护人。鉴于 1996 年《刑事诉讼法》未明确赋予律师在侦查阶段的辩护人身份,因此,有学者建议将辩护人分为狭义辩护人和广义辩护人。公诉案件自案件移送审查起诉之日起犯罪嫌疑人有权委托辩护人。这里的辩护人属狭义辩护人,即严格意义上的辩护人,他可以根据案件事实、证据和法律,独立地发表对犯罪嫌疑人、被告人应当从轻、减轻、免除刑事处罚的辩护意见。而侦查阶段的律师可以视为广义上的辩护人,他协助犯罪嫌疑人行使辩护权,他所进行的申诉、控告、会见等活动,可以视为行使辩护职能。代理诉讼、控告同犯罪嫌疑人狭义辩护权的行使直接相关,有权向侦查机关了解犯罪嫌疑人涉嫌的罪名、会见犯罪嫌疑人,是为严格意义上的辩护做准备,并且这两项权利的行使不受犯罪嫌疑人意志的约束。将律师在侦查阶段的诉讼地位界定为"广义辩护人",能够较为准确地揭示出律师在侦查阶段进行诉讼活动的特点。2012 年《刑事诉讼法》明确了律师在侦查阶段的辩护人身份,结束了有关律师诉讼地位的争议。

(3) 辩护人的责任。辩护人的责任是指辩护人参与刑事诉讼应当承担的职责。辩护人在刑事诉讼中的责任与辩护人在刑事诉讼中的地位是密切相关的两个问题。从某种意义上说,辩护人在刑事诉讼中的责任也是辩护人诉讼地位的一种体现。

《刑事诉讼法》第 37 条规定:"辩护人的责任是根据事实和法律,提出犯罪嫌疑人、被告人无罪、罪轻或者减轻、免除其刑事责任的材料和意见,维护犯罪嫌疑人、被告人的诉讼权利和其他合法权益。"《律师法》第 31 条也规定:"律师担任辩护人的,应当根据事实和法律,提出犯罪嫌疑人、被告人无罪、罪轻或者减轻、免除其刑事责任的材料和意见,维护犯罪嫌疑人、被告人的诉讼权利和其他合法权益。"根据上述规定,辩护人(辩护律师)的责任具体包括以下几个方面:

第一,为犯罪嫌疑人、被告人辩护,应当依据事实和法律。辩护人在履行职责过程中,不得帮助犯罪嫌疑人、被告人隐匿、毁灭、伪造证据或者串供、威胁、引诱证人作伪证。辩护人必须忠实于事实真相,依据刑法和刑事诉讼法的规定,提出中肯的辩护意见,才会收到应有的辩护效果。

第二,辩护人的主要职责是提出犯罪嫌疑人、被告人无罪、罪轻或者减轻、免除其刑事责任的材料和意见,以维护其诉讼权利和其他合法权益。

所谓提出犯罪嫌疑人、被告人无罪的材料和意见,亦称无罪辩护。主要是指:根据事实和法律证明犯罪嫌疑人、被告人被指控的犯罪行为不是其所为;犯罪嫌疑人、被告人的行为,情节显著轻微,危害不大,依照法律不构成犯罪;行为虽然在客观上造成了损害结果,但不是出于故意或者过失,而是属于正当防卫、紧急避险、行使职权以及意外事故;无刑事责任能力的人,包括未满 14 周岁的人或者精神病人,在不能辨认或者控制自己行为的时候造成危害后果;中国公民在中国领域外的某些犯罪,按照当地的法律不受处罚等。

所谓提出犯罪嫌疑人、被告人罪轻或者减轻、免除其刑事责任的材料和意见,主要是指提出符合刑法规定的可以或者应当从轻、减轻、免除处罚的材料和意见。如已满 14 周岁不满 18 周岁的人犯罪,尚未完全丧失辨认或者控制自己行为能力的精神病人犯罪,预备犯,又聋又哑的人或者盲人犯罪,未遂犯,从犯,自首,正当防卫超过必要限度造成不应有的损害,紧急避险超过必要限度造成不应有的损害,造成损害的中止犯,胁迫犯,被教唆的人没有犯被教唆的罪,有重大立功表现等。当然,也可结合犯罪嫌疑人、被告人的一贯表现、认罪、悔罪态度等提出若干酌定从轻处罚的情节。同时,还可针对具体案情,提出对被告人适用缓刑、监外执行等相关的材料和意见。

所谓维护犯罪嫌疑人、被告人的诉讼权利和其他合法权益,即依照法律应当予以维护的权益,不是犯罪嫌疑人、被告人的所有利益,更不是依法应予以限制或者剥夺的权益。依据刑法进行实体性辩护是辩护人维护犯罪嫌疑人、被告人利益的重要方式,与此同时,依据刑事诉讼法进行程序性辩护也是维护犯罪嫌疑人、被告人利益的重要途径。如辩护人协助犯罪嫌疑人、被告人提出回避申请、提出上诉、提出申诉或者控告等。总之,维护犯罪嫌疑人、被告人的合法权益是设立辩护人制度的宗旨。辩护人必须坚持使用法律允许的一切手段、方法和法律知识,尽可能地把犯罪嫌疑人、被告人的正当权益反映到诉讼中去,在诉讼中体现对犯罪嫌疑人、被告人正当权益的维护。

第三,辩护人只有辩护的职责,没有控诉的义务。在刑事诉讼中,辩护人是以增强犯罪嫌疑人、被告人辩护能力为职责的辅助者,是犯罪嫌疑人、被告人合法权益的维护者,他不应当采取对犯罪嫌疑人、被告人不利的行为。

在实践中,一个突出的问题是,辩护人在履行职务过程中,发现不利于犯罪嫌疑人、被告人的情况,应当怎么办? 对此,《律师法》第 38 条第 2 款规定:"律师对在执业活动中知悉的委托人和其他人不愿泄露的有关情况和信息,应当予以保密。但是,委托人或者其他人准备或者正在实施危害国家安全、公共安全以及严重危害他人人身安全的犯罪事实和信息除外。"《刑事诉讼法》第48条规定,辩护律师对在执业活动中知悉的委托人的有关情况和信息,有权予以保密。但是,辩护律师在执业活动中知悉委托人或者其他人,准备或者正在实施危害国家安全、公共安全以及严重危害他人人身安全的犯罪的,应当及时告知司法机关。

3. 辩护的种类和方式

根据《刑事诉讼法》第33条至第35条的规定,我国辩护制度中辩护的种类有如下三种:

(1) 自行辩护。自行辩护是指犯罪嫌疑人、被告人自己针对指控进行反驳、申辩和辩解的行为。这种辩护贯穿于刑事诉讼全过程,无论在侦查阶段、审查起诉阶段还是审判阶段,犯罪嫌疑人、被告人都可以为自己辩护。由于犯罪嫌疑人、被告人是刑事诉讼中的当事人,他对自己是否实施了被指控的犯罪行为以及实施的具体情况最为了解,加之出于维护自己合法权益的强烈愿望,必然会竭力提出证据证明自己无罪、罪轻或者应当减轻或者免除处罚。自行辩护是犯罪嫌疑人、被告人行使辩护权的重要方式。

(2) 委托辩护。委托辩护是指犯罪嫌疑人或者被告人为维护其合法权益,依法委托律师或者其他公民协助其进行辩护。在刑事诉讼中,犯罪嫌疑人、被告人拥有获得辩护人帮助的权利,犯罪嫌疑人、被告人可以按照自己的意愿,选择特定的人为自己辩护。这类辩护又可分为以下几种情况:

一是自诉案件,被告人有权随时委托辩护人。人民法院自受理自诉案件之日起3日以内,应当告知被告人有权委托辩护人。

二是公诉案件,犯罪嫌疑人自被侦查机关第一次讯问或者采取强制措施之日起,有权委托辩护人;在侦查期间,只能委托律师作为辩护人。被告人有权随时委托辩护人。侦查机关在第一次讯问犯罪嫌疑人或者对犯罪嫌疑人采取强制措施的时候,应当告知犯罪嫌疑人有权委托辩护人;人民检察院自收到移送审查起诉的案件材料之日起3日以内,应当告知犯罪嫌疑人有权委托辩护人。人民法院自受理案件之日起3日以内,应当告知被告人有权委托辩护人。告知犯罪嫌疑人委托辩护人的权利,是为了使其知晓并行使法律赋予他的诉讼权利。

(3) 指定辩护。指定辩护是指犯罪嫌疑人、被告人因经济困难或者其他原因无力聘请辩护人的,可以由法律援助机构代为指定承担法律援助义务的律师进行辩护。是否为被告人指定辩护人,一般要考虑以下三方面的因素:一是案件的复杂程度,包括事实和法律两方面;二是案件的严重程度,包括案件的性质,可能科处的刑罚;三是犯罪嫌疑人、被告人自行辩护的能力,包括是否成年、智力发育水平、受教育程度等。

根据《刑事诉讼法》第35、278、293条的规定,指定辩护适用于侦查、审查起诉、审判阶段,被指定的辩护人只能是承担法律援助义务的律师。在以下五种情况下,法律援助机构应当为犯罪嫌疑人、被告人指派辩护律师:

一是犯罪嫌疑人、被告人因经济困难或者其他原因没有委托辩护人的,本人及其近亲属可以向法律援助机构提出申请。对符合法律援助条件的,法律援助机构应当指派律师为其提供辩护。在犯罪嫌疑人、被告人因经济困难而无力聘请辩护律师的情况下,由法律援助机构为其指派辩护律师,体现了国家建立法律援助制度的宗旨,即对于贫弱群体给予法律救助,以体现法律面前人人平等原则。

二是犯罪嫌疑人、被告人是盲、聋、哑人,或者是尚未完全丧失辨认或者控制自己行为能力的精神病人,没有委托辩护人的,人民法院、人民检察院和公安机关应当通知法律援助机构指派律师为其提供辩护。上述犯罪嫌疑人、被告人由于生理障碍或者年龄限制,不能充分行使辩护权以维护自己的合法权益,因此,法律应对其进行特殊保护,指定律师协助其行使辩护权。

三是犯罪嫌疑人、被告人可能被判处无期徒刑、死刑,没有委托辩护人的,人民法院、人民检察院和公安机关应当通知法律援助机构指派律师为其提供辩护。死刑是剥夺被告人生命的最严厉的刑罚,因此,对死刑案件应当采取极为慎重的态度。为可能被判处死刑的犯罪嫌疑人、被告人指定辩护人,对于防止错杀无辜、减少死刑的适用,保护公民正当生命权具有重要意义。为可能被判处无期徒刑的犯罪嫌疑人、被告人提供法律援助,也是基于刑罚的严厉程度,给予犯罪嫌疑人、被告人更为充分的程序保障。

四是犯罪嫌疑人、被告人是未成年犯罪嫌疑人、被告人,没有委托辩护人的,人民法院、人民检察院、公安机关应当通知法律援助机构指派律师为其提供辩护。对未成年犯罪人,我国奉行的是教育、挽救、感化的方针,坚持教育为主、惩罚为辅的原则,因此应对未成年人提供法律援助,以更切实地保障其权利。

五是被告人是缺席审判程序中在境外的缺席被告人的,被告人及其近亲属有权委托辩护人。被告人及其近亲属没有委托辩护人的,人民法院应当通知法律援助机构指派律师为其提供辩护。对缺席被告人提供法律援助,能从程序上更为充分地确保被告人的实体权利。

最高院《解释》(2021)对《刑事诉讼法》关于指定辩护的规定作了如下补充:

第一,被告人因经济困难或者其他原因没有委托辩护人的,应当告知其可以申请法律援助;被告人属于应当提供法律援助情形的,应当告知其将依法通知法律援助机构指派律师为其提供辩护。

第二,人民法院收到在押被告人提出的法律援助申请,应当依照有关规定及时转交所在地的法律援助机构。

第三,具有下列情形之一,被告人没有委托辩护人的,人民法院可以通知法律援助机构指派律师为其提供辩护:① 共同犯罪案件中,其他被告人已经委托辩护人;② 有重大社会影响的案件;③ 人民检察院抗诉的案件;④ 被告人的行为可能不构成犯罪;⑤ 有必要指派律师提供辩护的其他情形。

第四,人民法院通知法律援助机构指派律师提供辩护的,应当将法律援助通知书、起诉书副本或者判决书送达法律援助机构;决定开庭审理的,除适用简易程序审理的以外,应当在开庭 15 日前将上述材料送达法律援助机构。法律援助通知书应当写明案由、被告人姓名、提供法律援助的理由、审判人员的姓名和联系方式;已确定开庭审理的,应当写明开庭的时间、地点。

第五,被告人拒绝法律援助机构指派的律师为其辩护,坚持自己行使辩护权的,人民法院应当准许。

属于应当提供法律援助的情形,被告人拒绝指派的律师为其辩护的,人民法院应当查明原因。理由正当的,应当准许,但被告人须另行委托辩护人;被告人未另行委托辩护人的,人民法院应当在 3 日内书面通知法律援助机构另行指派律师为其提供辩护。

第六,法律援助机构决定为被告人指派律师提供辩护的,承办律师应当在接受指派之日起 3 日内,将法律援助手续提交人民法院。

2018 年《刑事诉讼法》增加了法律援助值班律师制度。《刑事诉讼法》第 36 条规定:"法律援助机构可以在人民法院、看守所等场所派驻值班律师。犯罪嫌疑人、被告人没有委托辩护人,法律援助机构没有指派律师为其提供辩护的,由值班律师为犯罪嫌疑人、被告人提供法律咨询、程序选择建议、申请变更强制措施、对案件处理提出意见等法律帮助。人民法院、人民检察院、看守所应当告知犯罪嫌疑人、被告人有权约见值班律师,并为犯罪嫌疑人、被告人约见值班律师提供便利。"值班律师在第一时间为犯罪嫌疑人提供法律咨询,帮助其尽快了解法律规定,知悉法律后果,缓解恐惧、焦虑、对抗等不良情绪,理性面对刑事追诉,这既有利于维护犯罪嫌疑人的合法权益,也有助于刑事诉讼活动的顺利进行。当然,值班律师只相当于"急诊科医生",一般仅依法处理值班时发现的问题,而暂时没有为当事人提供出庭辩护的职责。

根据最高人民法院、最高人民检察院、公安部和司法部印发的《关于刑事诉讼法律援助工作的规定》,公安机关、人民检察院在第一次讯问犯罪嫌疑人或者采取强制措施的时候,应当告知犯罪嫌疑人有权委托辩护人,并告知其如果因经济困难没有委托辩护人,本人及其近亲属可以向法律援助机构申请法律援助。人民检察院自收到移送审查起诉的案件材料之日起 3 日内,应当告知犯罪嫌疑人有权委托辩护人,并告知其如果因经济困难没有委托辩护人,本人及其近亲属可以向法律援助机构申请法律援助;应当告知被害人及其法定代理人或者近亲属有权委托诉讼代理人,并告知其如果经济困难,可以向法律援助机构申请法律援助。人民法院自受理案件之日起 3 日内,应当告知被告人有权委托辩护人,并告知其如果因经济困难没有委托辩护人,本人及其近亲属可以向法律援助机构申请法律援助;应当告知自诉人及其法定代理人有权委托诉讼代理人,并告知其如果经济困难,可以向法律援助机构申请法律援助。人民法院决定再审的案件,应当自决定再审之日起 3 日内履行相关告知职责。法律援助机构收到申请后应当及时进行审查并于 7 日内作出决定。对符合法律援助条件的,应当决定给予法律援助,并制作给予法律援助决定书;对不符合法律援助条件的,应当决定不予法律援助,制作不予法律援助决定书。给予法律援助决定书和不予法律援助决定书应当及时发送申请人,并函告公安机关、人民检察院、人民法院。

在我国,辩护的方式分为口头辩护与书面辩护两种。随着审判方式的改革,辩护人应提高口头辩护的能力,以适应法庭辩论的需要。同时也应重视撰写和向人民检察院、人民法院提供书面辩护意见。尤其在案件需经检察委员会、审判委员会讨论或内部必要的审批程序的情况下(如涉外案件的审批程序),更应格外重视写好和提供辩护词,以使辩护意见能在起诉和审判程序中得到充分重视和采纳。

4. 辩护人介入刑事诉讼的时间

我国《刑事诉讼法》第 34 条第 1 款规定:"犯罪嫌疑人自被侦查机关第一次讯问或者采取强制措施之日起,有权委托辩护人;在侦查期间,只能委托律师作为辩护人。被告人有权随时委托辩护人。"

所谓"第一次讯问",应指立案后对犯罪嫌疑人进行的第一次讯问。因为只有在立案后,犯罪嫌疑人的身份才被确定,侦查机关对其进行的第一次讯问才是对犯罪嫌疑人依法进行的第一次讯问。在侦查阶段犯罪嫌疑人聘请律师的,可以自己聘请,也可以由其监护人、近亲属代为聘请。在押的犯罪嫌疑人提出聘请律师的,看守机关应当及时将其请求转达办理案件的有关侦查机关,侦查机关应当及时向其所委托的人员或者所在的律师事务所转达该项请求。犯罪嫌疑人仅有聘请律师的要求,但提不出具体对象的,侦查机关应当及时通知当地律师协会或者司法行政机关为其推荐律师。

律师介入侦查阶段,有利于对侦查活动进行有效的监督和制约,及时发现办案人员的违法侵权行为,提出纠正意见,保证侦查工作依法进行;有利于维护犯罪嫌疑人的诉讼权利;能保证律师有充分时间了解案情,调查必要的证据,使律师能够切实有效地履行自己的辩护职责。

5. 辩护人的权利

为了保证辩护人充分行使辩护职能,顺利完成辩护任务,法律明确规定了辩护人的权利和义务。根据《刑事诉讼法》《律师法》和最高人民法院、最高人民检察院、公安部、国家安全部、司法部《关于依法保障律师执业权利的规定》(2015)的规定,辩护人主要有以下权利:

(1) 会见通信权。在侦查阶段,受委托的辩护律师可以同在押的犯罪嫌疑人会见、通信,向犯罪嫌疑人了解有关案件情况,提供法律咨询;其他辩护人经人民检察院许可,也可以同在押的犯罪嫌疑人会见和通信;在法院审判阶段,辩护律师可以同在押的犯罪嫌疑人会见和通信,其他辩护人经人民法院许可,也可以同在押的犯罪嫌疑人会见和通信。

关于会见的时间。《刑事诉讼法》和《律师法》均规定为“犯罪嫌疑人在被侦查机关第一次讯问或者采取强制措施之日起”。侦查机关第一次讯问时,即应告知犯罪嫌疑人有权聘请辩护律师。

关于会见的安排与限制。根据《律师法》的规定,律师仅凭“三证”——律师执业证书、律师事务所证明和委托书或者法律援助公函,就能直接到看守所会见犯罪嫌疑人。同时,《刑事诉讼法》补充规定:辩护律师持“三证”要求会见在押犯罪嫌疑人的,看守所应当及时安排会见,至迟不得超过 48 小时。“三类”案件——危害国家安全犯罪、恐怖活动犯罪、特别重大贿赂犯罪案件,在侦查期间,辩护律师会见在押的犯罪嫌疑人的,应当经侦查机关许可。

关于会见的内容。根据《刑事诉讼法》的规定,辩护律师会见在押的犯罪嫌疑人、被告人,可以了解案件有关情况,提供法律咨询等;自案件移送审查起诉之日起,可以向犯罪嫌疑人、被告人核实有关证据。

关于会见的私密性。律师会见犯罪嫌疑人、被告人,不被监听,办案机关也不得派员在场。该规定保障了会见的私密性,有助于律师与委托人之间信任关系的建立。

(2) 申请变更强制措施权。犯罪嫌疑人、被告人被逮捕的,律师可以为其申请变更强制措施。

(3) 了解案情权。在侦查过程中,受委托的辩护律师有权向侦查机关了解犯罪嫌疑人涉嫌的罪名和案件有关情况。公安机关侦查终结的案件,在移送检察院审查时,应当同时将案件移送情况告知辩护律师。

(4) 调查取证权。辩护律师经证人或者其他有关单位和个人的同意,可以向他们收集与本案有关的材料,也可以申请人民检察院、人民法院收集、调取证据。辩护律师经人民检察院或者人民法院许可,并且经被害人或者其近亲属、被害人提供的证人同意,可以向他们收集与本案有关的材料。辩护人认为在侦查、审查起诉期间公安机关、人民检察院收集的证明犯罪嫌疑人、被告人无罪或者罪轻的证据材料未提交的,有权申请人民检察院、人民法院调取。

（5）阅卷权。根据《刑事诉讼法》第 40 条的规定，辩护律师自人民检察院对案件审查起诉之日起，可以查阅、摘抄、复制本案的案卷材料，其他辩护人经人民检察院许可，也可以查阅、摘抄、复制上述材料。关于"本案的案卷材料"，根据《刑事诉讼法》的有关条款，自诉案件中应是刑事自诉状及相关证据；人民检察院不起诉，被害人向人民法院起诉的，人民检察院移送给人民法院的案卷也应允许查阅。同时，不得限制辩护律师阅卷的次数和时间。公诉案件中是指明确指控犯罪事实的起诉书、案卷材料和证据。

（6）要求回避权。审判人员、检察人员、侦查人员、书记员、翻译人员和鉴定人具有法定回避事由的，辩护人有权要求他们回避；对驳回申请回避的决定，辩护人可以申请复议一次。

（7）提出意见权。在侦查阶段，辩护律师有权向侦查机关提出意见；在案件侦查终结前，辩护律师提出要求的，侦查机关应当听取辩护律师的意见，并记录在案；辩护律师提出书面意见的，应当附卷。人民检察院审查批准逮捕，可以听取辩护律师的意见；辩护律师提出要求的，应当听取辩护律师的意见。在审查起诉阶段，人民检察院审查案件，应当听取辩护人的意见，并记录在案；辩护人提出书面意见的，应当附卷；在法院开庭前的准备程序中，审判人员可以就回避、出庭证人名单、非法证据排除等与审判相关的问题，听取辩护人的意见；在法庭审理中，辩护人可以对证据和案件情况发表意见；第二审人民法院决定不开庭审理的案件，应当听取辩护人的意见；最高人民法院复核死刑案件，辩护律师提出要求的，应当听取辩护律师的意见。

（8）请求解除强制措施权。犯罪嫌疑人、被告人委托的律师及其他辩护人对于人民法院、人民检察院或者公安机关采取强制措施超过法定期限的，有权要求解除强制措施。人民法院、人民检察院或者公安机关对于被采取强制措施超过法定期限的犯罪嫌疑人、被告人应当予以释放、解除取保候审、监视居住或者依法变更强制措施。

（9）申请排除非法证据权。辩护人有权申请人民法院对以非法方法收集的证据依法予以排除。

（10）参加法庭调查和辩论权。人民法院决定开庭审判后，应当最迟在开庭 3 日以前向辩护人送达通知书；法庭审理中，辩护人经审判长许可，可以对被告人、证人、鉴定人发问；辩护人有权向法庭出示物证，当庭宣读未到庭的证人的证言笔录、鉴定人的鉴定意见、勘验笔录和其他作为证据的文书；经审判长许可，辩护人可与公诉人、被害人等相互辩论；在法院审理中，辩护人有权申请通知新的证人到庭、调取新的物证，申请重新鉴定或者勘验；辩护人可以申请法庭通知有专门知识的人出庭，就鉴定人作出的鉴定意见提出意见。

根据《律师法》第 35 条的规定，受委托的律师根据案情的需要，可以申请人民检察院、人民法院收集、调取证据或者申请人民法院通知证人出庭作证。律师自行调查取证的，凭律师执业证书和律师事务所证明，可以向有关单位或者个人调查与承办法律事务有关的情况。

（11）代理申诉、控告权及申诉、控告权。辩护律师在侦查期间可以为犯罪嫌疑人提供法律帮助，代理申诉、控告。被起诉人对人民检察院作出的不起诉决定不服，辩护人可代理向人民检察院提出申诉。被告人对生效判决不服，辩护人可代理向人民法院或人民检察院提出申诉。辩护人认为公安司法机关及其工作人员阻碍其依法行使诉讼权利的，有权向同级或者上一级人民检察院申诉或者控告。

（12）上诉权。辩护人经被告人同意，可以对第一审未生效的裁判提出上诉。一审法院应当及时将判决书送达被告人的辩护人，以防阻碍辩护人行使这项权利。

《律师法》对律师担任辩护人所享有的权利也作了一些规定,如"律师担任诉讼代理人或者辩护人的,其辩论或者辩护的权利依法受到保障""律师在执业活动中的人身权利不受侵犯"等,以保障律师在执业活动中的合法权益不受非法侵害,使其能够充分发挥辩护人的作用。

6. 辩护人的义务

辩护人在依法享有一定诉讼权利的同时,还承担相应的诉讼义务。如辩护人接受犯罪嫌疑人、被告人委托后,应当及时告知办理案件的机关;辩护人收集的有关犯罪嫌疑人不在犯罪现场、未达到刑事责任年龄、属于依法不负刑事责任的精神病人的证据,应当及时告知公安机关、人民检察院;辩护律师对在执业活动中知悉的委托人的有关情况和信息,有权予以保密,但是,辩护律师在执业活动中知悉的委托人或者其他人,准备或者正在实施危害国家安全、公共安全以及严重危害他人人身安全的犯罪的,应当及时告知司法机关。《刑事诉讼法》第 44 条规定:"辩护人或者其他任何人,不得帮助犯罪嫌疑人、被告人隐匿、毁灭、伪造证据或者串供,不得威胁、引诱证人作伪证以及进行其他干扰司法机关诉讼活动的行为。违反前款规定的,应当依法追究法律责任,辩护人涉嫌犯罪的,应当由办理辩护人所承办案件的侦查机关以外的侦查机关办理。辩护人是律师的,应当及时通知其所在的律师事务所或者所属的律师协会。"《刑法》第 306 条第 1 款规定:"在刑事诉讼中,辩护人、诉讼代理人毁灭、伪造证据,帮助当事人毁灭、伪造证据,威胁、引诱证人违背事实改变证言或者作伪证的,处三年以下有期徒刑或者拘役;情节严重的,处三年以上七年以下有期徒刑。"上述规定旨在防止辩护人故意妨碍公安司法机关查明案件事实,干扰刑事诉讼顺利进行。在司法实践中,对于上述规定应当恰如其分地掌握,不能把辩护人的过失行为视为对犯罪嫌疑人、被告人的帮助;不能把辩护人对证人合理的调查、质证视为对证人的威胁、引诱;不能仅仅因为司法人员怀疑辩护人有威胁、引诱等行为就追究辩护人的法律责任。追究辩护人的法律责任,应当以确实、充分的证据为依据。对刑事诉讼法和刑法的规定应当正确理解,从严掌握。否则,将会使律师从事辩护业务时如履薄冰,明显地影响辩护人作用的发挥,不利于辩护制度的健康发展。

《律师法》也对辩护律师在执业活动中的义务作了规定,包括:

(1) 保护犯罪嫌疑人、被告人合法权益的义务。律师担任刑事辩护人的,应当根据事实和法律,提出犯罪嫌疑人、被告人无罪、罪轻或者减轻、免除其刑事责任的材料和意见,维护犯罪嫌疑人、被告人的诉讼权利和其他合法权益。律师接受委托后,无正当理由的,不得拒绝辩护,但委托事项违法,委托人利用律师提供的服务从事违法活动或者委托人故意隐瞒与案件有关的重要事实的,律师有权拒绝辩护。即原则上辩护人接受委托或指定后,应忠实地履行辩护职责,积极维护犯罪嫌疑人、被告人的合法权益,不得拒绝辩护,除非有正当理由。所谓"正当理由",大体包括以下几种情形:辩护律师严重丧失为犯罪嫌疑人、被告人辩护所需要的体力或智力;犯罪嫌疑人、被告人要求律师协同从事违法、犯罪活动;犯罪嫌疑人、被告人提出明显无理的要求,如限定律师的辩护必须达到法院认定其无罪的效果;犯罪嫌疑人、被告人严重侮辱律师人格;犯罪嫌疑人、被告人一再制造不利于律师辩护的因素,尽管辩护人反复讲明自己的职责,但犯罪嫌疑人、被告人始终拒绝透露任何案情,使得律师难以履行其辩护职责;犯罪嫌疑人、被告人及其家属拒绝支付有关的律师费用,律师继续辩护将导致自己蒙受经济损失等。

(2) 保密的义务。律师应当保守在执业活动中知悉的国家秘密和商业秘密,不得泄露当事人的隐私。国家秘密主要包括:关系国家安全和利益,依照法定程序确定,在一定时间内只限一定范围内的人员知悉的事项,包括国家事务重大决策中的秘密事项,国防建设和武装力量活动中的秘密事项,外交和外事活动中的秘密事项以及对外承担保密义务的事项,国民经济和社会发展中的秘密事项,科学技术中的秘密事项,维护国家安全活动和追查刑事犯罪中的秘密事项,其他经国家保密工作部门确定应当保守的秘密事项。商业秘密主要指不为公众所知悉、能为权利人带来经济利益、具有实用性并经权利人采取保密措施的技术信息和经营信息。其中,技术信息一般指技术诀窍、技术配方、工艺流程等。经营信息一般指经营决策、客户名单等。成为商业秘密的条件,首先,经权利人采取保密措施,权利人未采取保密措施的,不能视为商业秘密。其次,该信息能为权利人带来经济利益,具有实用性。最后,该信息不为公众所知悉,只能是有限的一部分人才知道。当事人的隐私是指当事人不愿告诉他人或不愿公开的个人情况。

(3) 忠实于事实真相的义务。律师在执业活动中不得提供虚假证据,隐瞒事实或者威胁、利诱他人提供虚假证据,以及妨碍对方当事人合法取得证据。律师在执业活动中,要以事实为根据,维护当事人的合法权益,维护法律的正确实施。

(4) 遵守诉讼程序的义务。律师在执业活动中,不得扰乱法庭秩序,干扰诉讼活动的正常进行。律师作为从事法律服务的专业人员,在参与刑事诉讼活动时,应严格遵守法律规定的各种程序,不得实施有损于诉讼活动正常进行的行为。

【公诉】天津河东:构建诉辩
前置机制确保案件质量

(5) 正当执业的义务。律师不得私自接受委托,私自向委托人收取费用,收受委托人的财物,也不得利用提供法律服务的便利接受对方当事人的财物;律师不得违反规定会见法官、检察官,影响案件的公正进行;律师不得向法官、检察官以及其他有关工作人员行贿、介绍贿赂,或者指使、诱导当事人行贿等。

6.2 刑事代理制度

6.2.1 刑事代理概述

刑事代理是指代理人接受公诉案件的被害人及其法定代理人或者近亲属、自诉案件的自诉人及其法定代理人以及附带民事诉讼的当事人及其法定代理人的委托,以被代理人的名义参加诉讼,由被代理人承担代理行为法律后果的法律制度。

由于代理产生的根据不同,刑事诉讼中的代理分为法定代理与委托代理。法定代理,是基于法律规定而产生的代理;委托代理,是基于被代理人的委托授权行为而产生的代理。由于代理产生的根据不同,导致代理人的范围、代理人的权限、代理人在刑事诉讼中的权利与义务等也不同,但代理人的共同点是必须在代理权限范围内进行活动,其法律后果由被代理人承担。

在刑事诉讼中,法律一般只对未成年人、无行为能力人或限制行为能力人设立法定代理人,而且,代为行使诉讼权利的权限也由法律规定。法定代理人包括被代理人的父母、养父母、监护人和负有保护责任的机关、团体的代表。法定代理人既对被代理人的合法权益负有保护责任,又对被代理人的行为承担监护义务。一般而言,法定代理人的诉讼行为,视为被代理人的诉讼行为,二者具有相同的法律效果。

根据《刑事诉讼法》第 47 条和第 33 条的规定,下列人员可以被委托为诉讼代理人:律师,人民团体或者被代理人所在单位推荐的人,被代理人的监护人、亲友。但是,正在被执行刑罚或者依法被剥夺、限制人身自由的人,不得担任诉讼代理人。被代理人有权委托1~2 人为诉讼代理人。诉讼代理人的责任是根据事实和法律,维护被害人、自诉人或者附带民事诉讼当事人的合法权益。根据《法律援助条例》第 11 条的规定,公诉案件中的被害人及其法定代理人或者近亲属,自案件移送审查起诉之日起,因经济困难没有委托诉讼代理人的,可以向法律援助机构申请法律援助;自诉案件的自诉人及其法定代理人,自案件被人民法院受理之日起,因经济困难没有委托诉讼代理人的,可以向法律援助机构申请法律援助。本节重点阐述刑事诉讼中的委托代理。

委托代理分为一般委托代理和特别授权代理。前者,代理人只能代理被代理人进行诉讼行为,无权处分其实体权利;后者,代理人除代理被代理人进行诉讼外,还可以根据被代理人特别授权的内容,代为处分其相关的实体权利。委托人有权改变授权内容或者解除代理权,代理人也可依法辞去代理,从而导致代理权的变更或解除。《律师法》第 32 条规定,委托人可以拒绝律师为其继续代理,也可以另行委托律师担任代理人。律师接受委托后,无正当理由的,不得拒绝代理,但委托事项违法,委托人利用律师提供的服务从事违法活动或者委托人故意隐瞒与案件有关的重要事实的,律师有权拒绝代理。诉讼期间,委托人要求解除代理后另行委托的,应当允许,但案件经过合议,已经作出处理决定的,一般不宜再变更委托。案件终止、被委托人丧失诉讼行为能力或者死亡的,代理人自行丧失代理权。

刑事代理与刑事辩护有相似之处,它们都涉及与诉讼结果无直接利害关系的第三者——诉讼代理人或辩护人协助当事人进行诉讼的问题。法律赋予诉讼代理人和辩护人一些相同的权利和义务,如了解案件、调查、收集证据、在法庭上进行辩论、为委托人保密等。诉讼代理人或辩护人大都由律师担任。律师在刑事诉讼中担任诉讼代理人或辩护人,均是给公民提供法律帮助的重要方面,其目的都是维护公民的合法权益、保障国家法律的正确实施。

然而,刑事代理与刑事辩护也有较大的区别(见表 6-2):

表 6-2　刑事代理与刑事辩护的区别　[熊秋红,2003]

比较点	刑事代理	刑事辩护
对象	针对被害人、自诉人、附带民事诉讼当事人设立	针对公诉案件和自诉案件的犯罪嫌疑人、被告人设立
介入诉讼方式	诉讼代理人介入诉讼是因被代理人委托	辩护人除了因犯罪嫌疑人、被告人委托介入诉讼之外,还包括通过法院指定而介入诉讼
在刑事诉讼中的地位	诉讼代理人必须在委托人依法授权的范围内活动,因为诉讼代理人的行为不仅与委托人的行为具有同等的法律效力,而且所产生的法律后果要由被代理人全部承担。特别是涉及实体权益,需产生、行使哪些权利,放弃哪些权利,承担和变更哪些要求,是否接受和解、撤诉,是否提起反诉或上诉等实质性权利时,都必须取得明确的授权,否则将会因越权而导致其代理行为无效	辩护人在刑事诉讼中具有独立的诉讼地位,既不受犯罪嫌疑人、被告人意见的左右,也不受人民法院、人民检察院和其他机关、团体或者个人的干涉

比较点	刑事代理	刑事辩护
在诉讼职能行使上(刑事代理与刑事辩护基本上对应存在)	除附带民事诉讼中被告人的代理外,公诉案件中被害人的代理、自诉案件中自诉人的代理以及附带民事诉讼中原告人的代理,诉讼代理人均协助被代理人行使控诉职能	辩护人协助犯罪嫌疑人、被告人辩护,行使辩护职能

根据被代理人的不同,刑事代理可分为刑事自诉案件的代理、公诉案件中被害人的代理和刑事附带民事诉讼的代理。

6.2.2　自诉案件中的代理

自诉案件中的代理,指在刑事自诉案件中,律师或其他公民接受自诉人及其法定代理人的委托作为代理人参加诉讼。刑事自诉案件中允许自诉人委托诉讼代理人,是为了更好地维护被代理人的合法权益,弥补被代理人知识、能力方面的不足。

《刑事诉讼法》第 46 条规定,自诉案件的自诉人及其法定代理人,有权随时委托诉讼代理人。人民法院自受理自诉案件之日起 3 日以内,应当告知自诉人及其法定代理人有权委托诉讼代理人。这里,法定代理人委托诉讼代理人,不是为自己委托诉讼代理人,而是为自诉人委托诉讼代理人。

自诉人及其法定代理人在法院立案前就可委托律师作为诉讼代理人,帮助撰写刑事自诉状,并向法院呈递。

自诉人应与诉讼代理人签订委托协议书,载明代理事项、代理权限、代理期间等重大事项,代理权限中应特别注明代理人有无和解权、撤诉权,能否代为承认、放弃或者变更诉讼请求、提起反诉等,如没有特别写明的,应视为诉讼代理人无上述权利。诉讼代理人应当向人民法院提交由被代理人签名或者盖章的委托协议书。

刑事案件自诉人的诉讼代理人执行的是控诉职能,他的活动旨在帮助自诉人依法追究被告人的刑事责任。因此,善于运用事实和证据揭露和证实犯罪是诉讼代理人的主要工作。如果自诉案件属告诉才处理的案件或者被害人有证据证明的轻微刑事案件,法院处理时可以采取调解方式解决,诉讼代理人可以代理自诉人参加调解活动,配合人民法院做好调解工作。

依照法律规定,自诉人在判决宣告前可以和被告人自行和解或者撤回自诉。也就是说,自诉人可以放弃追究被告人刑事责任的要求。诉讼代理人应当在不损害委托人合法权益的前提下促成双方当事人和解或者帮助自诉人撤回自诉。

在诉讼过程中,被告人可以反诉。因此,诉讼代理人要注意被告人是否有提出反诉的可能性,并且做好受委托进行辩护的准备。如果反诉成立,诉讼代理人可以接受委托同时兼作辩护人,并办理相应的法律手续,协助委托人行使辩护职能。

自诉案件中的诉讼代理人主要有以下诉讼权利:可以收集、查阅与本案有关的材料;人民法院开庭审理时,诉讼代理人有权应法院的通知到庭履行职务;经自诉人授权,有权代委托人依法申请法庭组成人员、书记员等回避;在法庭审理中在审判人员讯问被告人后,经审判长许可,可以向被告人发问,可以申请审判长对证人、鉴定人等发问或者经审判长许可直接发问,申请通知新的证人到庭,调取新的物证,申请重新鉴定或者勘验;法庭调查后,有权发表代理词并且可以和被告方展开辩论;有权代自诉人阅读审判笔录,如认为审判笔录有错误或遗漏,有权请求补充或改正;对司法工作人员非法剥夺自诉人诉讼权利和人身侮辱等侵权行为,有权提出控告。

自诉案件中的诉讼代理人主要有以下诉讼义务:应按人民法院的通知及时到庭履行职务,不得借故妨碍诉讼的正常进行;依法出庭履行职务时,应严格遵守法庭的规则和秩序;严格遵守和执行法律规定的程序;协助自诉人担负举证义务;对于人民法院已经生效的判决、裁定或者调解协议,诉讼代理人认为是正确的,有义务教育委托人认真遵守执行;对执业中接触到的国家机密、商业秘密和个人隐私,应当严格保守秘密等。

6.2.3　公诉案件中的代理

公诉案件中的代理,是指律师或其他公民接受公诉案件中被害人及其法定代理人或者近亲属的委托,担任诉讼代理人的活动。

公诉案件的被害人作为诉讼当事人,与案件的处理结果有直接的利害关系。在实践中,有的被害人由于遭受犯罪行为的侵害,人身健康受到严重损伤或精神上受到强大刺激而无法出庭;有的被害人因法律知识的欠缺,在诉讼中不能有效维护自己的合法权益。因此,需要诉讼代理人协助维护其合法权益。

《刑事诉讼法》第 46 条规定,公诉案件的被害人及其法定代理人或者近亲属,自案件移送审查起诉之日起,有权委托诉讼代理人。人民检察院自收到移送审查起诉的案件材料之日起 3 日以内,应当告知被害人及其法定代理人或者其近亲属有权委托诉讼代理人。告知可以采取口头或者书面方式。口头告知的,应当记明笔录,由被告知人签名;书面告知的,应当将送达回执入卷;无法告知的,应当记明笔录。被害人有法定代理人的,应当告知其法定代理人;没有法定代理人的,应当告知其近亲属。

公诉案件被害人的诉讼代理人执行的是控诉职能,他有权向司法机关反映被害人关于案件处理的意见和惩罚犯罪嫌疑人、被告人的要求,协助司法机关正确处理案件,防止轻纵犯罪,维护被害人的合法权益。在审查起诉阶段,律师担任诉讼代理人的,经人民检察院许可,可以查阅、摘抄、复制本案的诉讼案卷材料;可以申请人民检察院向被害人提供的证人或者其他有关单位和个人收集、调取证据;人民检察院决定不起诉的案件,被害人如果不服,诉讼代理人有权在被害人收到不起诉决定书后的 7 日以内,代其向人民检察院提出申诉,也可经被害人授权代被害人向人民法院提起自诉。在审判阶段,被害人的诉讼代理人与被告人的辩护人享有大体相同的权利。律师担任诉讼代理人的,可以查阅、摘抄、复制与本案有关的材料,了解案情;其他诉讼代理人经人民法院准许,也可以查阅、摘抄、复制本案有关材料,了解案情。律师担任诉讼代理人的,可以向证人或者其他有关单位和个人收集、调取与本案有关的材料,因证人、有关单位和个人不同意的,诉讼代理人可以申请人民法院收集、调取。人民法院认为有必要的,应当同意。在法庭审理中,诉讼代理人经审判长同意,可以向被告人、证人发问,可以参加法庭辩论等。在法庭审理过程中,诉讼代理人有权申请人民法院对以非法方法收集的证据依法予以排除。诉讼代理人认为公安司法机关及其工作人员阻碍其依法行使诉讼权利的,有权向同级或者上一级人民检察院申诉或者控告。

6.2.4　附带民事诉讼中的代理

附带民事诉讼中的代理,是指律师或其他公民接受附带民事诉讼当事人及其法定代理人的委托,以诉讼代理人的身份进行的活动。

根据刑事诉讼法的规定,被害人由于被告人的犯罪行为而遭受物质损失的,在刑事诉讼中,有权提起附带民事诉讼,以恢复、弥补自己被犯罪行为侵害了的合法权益。附带民事诉讼的实质是在追究被告人刑事责任的同时,就同一犯罪行为追究被告人应当承担的民事责任。因此,附带民事诉讼的代理实质上是民事代理。

《刑事诉讼法》第46条规定,公诉案件附带民事诉讼的当事人及其法定代理人,自案件移送审查起诉之日起,有权委托诉讼代理人。自诉案件附带民事诉讼的当事人及其法定代理人,有权随时委托诉讼代理人。人民检察院自收到移送审查起诉的案件材料之日起3日以内,应当告知附带民事诉讼当事人及其法定代理人有权委托诉讼代理人。人民法院自受理自诉案件之日起3日以内,应当告知附带民事诉讼的当事人及其法定代理人有权委托诉讼代理人。

以上规定表明:(1)无论是公诉案件还是自诉案件,附带民事诉讼的当事人及其法定代理人都有权依法委托诉讼代理人,以维护委托人的合法权益。附带民事诉讼的当事人是指附带民事诉讼的原告人和被告人。附带民事诉讼的原告人是指在刑事诉讼中因被告人的犯罪行为而遭受物质损失并在刑事诉讼过程中提出赔偿请求的人,既可以是被害人,也可以是已死亡的被害人的近亲属,还可以是因治疗、安葬被害人而受到物质损失的单位、个人。如果是国家财产、集体财产遭受损失的,人民检察院在提起公诉的时候,可以提起附带民事诉讼,人民法院应当受理。实践中,对检察机关在附带民事诉讼中的法律地位,学界存有不同的认识:有的学者认为,检察机关处于公诉人的地位,而不是附带民事诉讼的原告人;也有学者认为,检察机关在附带民事诉讼中是国家、集体利益的代表人,符合法定代理人的特点;还有学者认为,检察机关在附带民事诉讼中既非公诉人,也不是原告人,更不是法定代理人,而是以法律监督者的身份出现的。附带民事诉讼的被告人,是指在刑事诉讼中受到附带民事诉讼的原告人或人民检察院的控告,应对因其犯罪行为遭受物质损失的人负有赔偿责任的人,通常是同一案件的刑事被告人,在特殊情况下,也可以是对刑事被告人的行为负赔偿责任的机关、团体。在附带民事诉讼中,无论是原告一方,还是被告一方,都有权委托诉讼代理人。在一般情况下,原告一方的诉讼代理人由公诉案件被害人或自诉案件自诉人的诉讼代理人兼任;被告一方的诉讼代理人由刑事案件被告人的辩护人兼任。(2)在公诉案件中,附带民事诉讼的当事人及其法定代理人,自案件侦查终结、移送人民检察院审查起诉之日起,方可委托诉讼代理人。自诉案件由于不涉及侦查、预审,附带民事诉讼的当事人及其法定代理人,可以随时委托诉讼代理人。(3)人民检察院、人民法院负有告知附带民事诉讼当事人及其法定代理人有权委托诉讼代理人的义务。(4)与公诉案件、自诉案件中的诉讼代理人一样,附带民事诉讼中的代理人可以是律师,也可以是人民团体或者被代理人所在单位推荐的人,还可以是被代理人的监护人、亲友。

附带民事诉讼中的代理分为一般代理和特别授权代理。其中,特别授权代理要在授权委托书中注明授权内容,如授权诉讼代理人代为承认、放弃或者变更诉讼请求,进行和解、调解等,并在委托协议书中注明。诉讼代理人应当向人民法院提交由被代理人签名或者盖章的授权委托协议书。诉讼代理人应在授权范围内活动,超越代理权限的行为是无效的。在法庭审判中,诉讼代理人除有权参与附带民事诉讼部分的审理之外,还有权参与刑事诉讼部分的审理,以便了解附带民事诉讼是否成立及民事赔偿的合理数额等。附带民事诉讼中的代理在本质上属于民事代理,因此,关于诉讼代理人在附带民事诉讼中的权利、义务,可以参照民事诉讼代理的有关规定执行。

【案件管理】山西太原迎泽:
律师接待"一站式"服务

小结

　　辩护是指犯罪嫌疑人、被告人及其辩护人为维护犯罪嫌疑人、被告人的合法权益,从事实和法律方面反驳控诉,提出有利于犯罪嫌疑人、被告人的证据和理由,证明犯罪嫌疑人、被告人无罪、罪轻或者应当减轻、免除其刑事责任的诉讼活动。在刑事诉讼中,辩护首先作为一种活动、一种行为而存在,法律将其明确认可为一种权利是一定历史条件下的产物,辩护作为一种诉讼职能逐步走向独立、自治是犯罪嫌疑人、被告人的辩护权不断得到扩充的结果,建立完善的辩护制度是现代世界各国刑事司法制度发展的共同趋势。在古罗马的弹劾式诉讼中,被告人不仅可以自己辩护,而且可以请律师辩护,标志着早期辩护制度已基本形成;欧洲中世纪时期辩护制度萎缩、消亡;资产阶级革命之后辩护制度在西方各国得以普遍建立。中国古代刑事诉讼中不存在辩护制度;清末变法中辩护制度始被引进,但这一制度在近代中国的司法实践中所能发挥的作用十分有限;新中国辩护制度的创立和发展经历了曲折的历史过程。辩证唯物主义认识论中的对立统一规律是中国构建辩护制度的理论基础。辩护制度的发展与人权理念的普及存在密切的关系。在刑事诉讼中,赋予犯罪嫌疑人、被告人获得辩护人帮助的权利,辩护人是刑事诉讼中具有独立诉讼地位的诉讼参与人。辩护人的责任是根据事实和法律,提出犯罪嫌疑人、被告人无罪、罪轻或者减轻、免除其刑事责任的材料和意见,以维护其合法权益。辩护分为自行辩护、委托辩护和指定辩护三种;从辩护的具体方式上看,又有口头辩护与书面辩护之别。辩护人享有会见通信权、申请变更强制措施权、了解案情权、提出意见权、请求解除强制措施权、调查取证权、阅卷权、参加法庭调查和辩论权、上诉权以及代理控告、申诉权等诉讼权利,同时承担保护犯罪嫌疑人、被告人合法权益、保守秘密、忠实于事实真相、遵守诉讼程序、正当执业等诉讼义务。刑事代理是指代理人接受公诉案件的被害人及其法定代理人或者近亲属、自诉案件的自诉人及其法定代理人以及附带民事诉讼的当事人及其法定代理人的委托,以被代理人的名义参加诉讼,进行活动,由被代理人承担代理行为法律后果的一项法律制度。由于代理产生的根据不同,刑事代理可分为法定代理与委托代理;根据被代理人的不同,刑事代理可分为刑事自诉案件的代理、公诉案件中被害人的代理和刑事附带民事诉讼的代理。刑事代理与辩护有相似之处,诉讼代理人和辩护人均协助当事人进行诉讼,法律赋予诉讼代理人和辩护人一些相同的权利和义务。

思考题

1. 如何理解辩护制度的理论基础？
2. 辩护制度在刑事诉讼中有何意义？
3. 如何看待辩护人在刑事诉讼中的地位与责任？
4. 简述值班律师在刑事诉讼中的职责与角色定位。
5. 辩护人有哪些权利和义务？
6. 何谓刑事代理？它有哪些种类？

第7章　回避

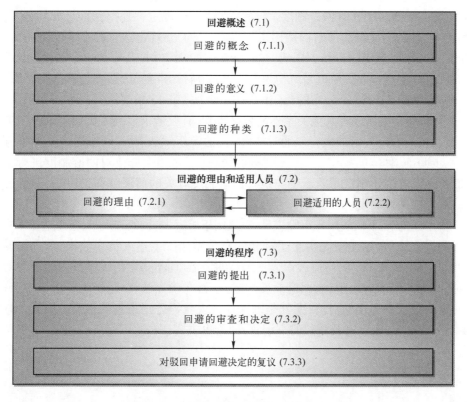

图 7-0　本章基本知识结构　［常远, 2002］

导言

在中国, 为了保障侦查、检察以及审判活动客观、公正进行, 法律确立了侦查人员、检察人员、审判人员以及其他有关人员在诉讼活动过程中的回避制度。回避制度包括回避的概念、回避的种类、回避的理由、回避的人员范围、回避的提出与决定等一系列具体程序。

7.1　回避概述

7.1.1　回避的概念

刑事诉讼中的回避是指侦查、检察、审判人员等同案件有法定的利害关系或者其他可能影响案件公正处理的关系，不得参与该案件诉讼活动的一种诉讼行为。

刑事回避制度是一项古老的诉讼制度，为现代世界各国所普遍适用。

中国早在唐朝时期就有回避制度。《唐六典·刑部》规定："凡鞫狱官与被鞫之人有亲属仇嫌者，皆听更之。"元朝法律首次使用了"回避"一词，并规定法官存在应回避的情形而不回避者应当追究刑事责任。新中国成立后，1950 年 7 月 20 日公布的《人民法庭组织通则》第 10 条规定："县（市）人民法庭及其分庭之正副审判长、审判员，遇到与其本身有利害关系之案件，应行回避。"1954 年公布的《人民法院组织法》第 13 条规定："当事人如果认为审判人员对本案有利害关系或者其他关系不能公平审判，有权请求审判人员回避……"1979 年 7 月 1 日第五届全国人大第二次会议通过的《人民法院组织法》和《刑事诉讼法》对回避制度作了进一步明确、具体的规定。现行《刑事诉讼法》经过多次修改对回避制度进行了完善。此外，最高人民法院还制定了若干个与执行回避制度有关的司法解释，进一步丰富了《刑事诉讼法》规定的回避制度。

中国的回避制度不仅适用于审判人员，也适用于检察人员、侦查人员，甚至适用于书记员、鉴定人、翻译人员等，这主要是借鉴了苏联的有关做法。上述人员在侦查、审查起诉、审判等各个诉讼阶段如有法定的妨碍诉讼公正进行的情形，均不得参与该案件的诉讼活动。

根据西方国家的诉讼理论，回避制度的建立，旨在确保法官、陪审员在诉讼中保持中立地位，使当事人受到公正的对待，尤其是确保被告人获得公正审判的机会。因此，回避的对象主要限于法官、陪审员以及法院的书记官，回避也主要在法院审判阶段适用。

7.1.2　回避的意义

中国法律赋予当事人及其法定代理人申请回避的权利。在诉讼活动中，侦查、检察、审判人员等遇有应当回避的情形时，应当自行回避。如果应当回避而没有回避，当事人及其法定代理人有权要求他们回避。

设立回避制度的意义，主要表现在：

1. 防止办案人员徇私舞弊或先入为主，有利于保证其客观、公正地处理刑事案件

侦查、检察、审判人员等作为国家专门机关的工作人员，在处理案件时应当做到客观公正。如果他们与案件或案件当事人有利害关系或其他特殊关系，就有可能不自觉地偏袒一方，从而影响案件处理的客观公正性；如果他们曾经担任过本案的一些工作，比如作过本案的证人，或者对本案的专门性问题作过鉴定，就可能先入为主，影响他们对案件情况的正确判断。严格执行回避制度，可以避免上述情况的发生，消除案件处理过程中不公正的因素，有利于案件的客观公正处理。

2. 消除当事人及其法定代理人的思想顾虑,有利于促进刑事诉讼的顺利进行

侦查、检察、审判人员等如果具有应当回避的情形而没有回避,仍然参加案件的处理,即使他们能够克服偏袒之心,但由于对案件的处理存有偏颇之嫌,也难令当事人及其法定代理人消除不公平之虑,难以消除由此引起的不必要的上诉或申诉,从而增加公安司法机关的工作负担,妨碍刑事诉讼的顺利进行。实行回避制度,有助于解除他们的思想顾虑,增强他们对案件处理结果的信任,维护公安司法机关的威信,减少不必要的上诉或申诉。

7.1.3　回避的种类

根据中国《刑事诉讼法》及相关司法解释的规定,回避可以分为三种类型(见表 7-1)。

表 7-1　中国刑事诉讼系统中回避的类型　[熊秋红,2012]

类型	说明
自行回避	指侦查、检察和审判人员等具有法律规定的应当回避的情形时,自行要求回避,主动退出该案的诉讼活动
申请回避	指侦查、检察和审判人员等具有法律规定的应当回避的情形而没有自行回避时,当事人及其法定代理人、辩护人、诉讼代理人向公安机关、人民检察院或人民法院提出申请,要求他们回避
指令回避	指侦查、检察和审判人员等具有法律规定的应当回避的情形而没有自行回避,当事人及其法定代理人、辩护人、诉讼代理人也没有申请回避,公安机关、人民检察院、人民法院发现后,其有关负责人或组织有权作出决定,令其退出该案的诉讼活动。指令回避是对自行回避和申请回避制度的必要补充

在国外,根据提出回避是否需要阐明理由,回避可分为有因回避和无因回避两种。前者是指提出回避申请需要有明确的理由,后者是指提出回避申请无须说明理由。中国刑事诉讼法只规定了有因回避,没有采用无因回避,因此,提出回避申请必须符合法律规定的条件。

7.2　回避的理由和适用人员

7.2.1　回避的理由

中国《刑事诉讼法》对回避的理由作了明确规定。根据《刑事诉讼法》第 29 条、第 30 条的规定,最高院《解释》(2021)以及最高人民法院《关于审判人员在诉讼活动中执行回避制度若干问题的规定》(2011)(简称《执行回避制度若干问题的规定》)等相关司法解释的内容,侦查、检察、审判人员等具有下列情形之一的,应当回避。

1. 是本案的当事人或者当事人的近亲属的

根据《刑事诉讼法》第 29 条第 1 项及《执行回避制度若干问题的规定》,本案的当事人或者当事人的近亲属应当回避。本案的当事人,是指本案的被害人、自诉人、犯罪嫌疑人、被告人、附带民事诉讼的原告人和被告人;当事人的近亲属,是指与当事人有直系血亲、三代以

内旁系血亲及姻亲关系的人员,包括当事人的夫、妻、父、母、子、女、同胞兄弟姐妹等。具有本项理由的上述人员与该案件的处理结果有着直接或间接的关系,由他们担任本案的侦查、检察、审判人员等,容易从维护自身或者其近亲属的不正当利益出发,歪曲事实、曲解法律,从而不公正地处理案件,或者容易使人们对其能否公正执法产生怀疑,因此应当回避。任何人都不得担任自己为当事人的案件的裁判者或者承办人,这是现代诉讼活动的基本要求。

2. 本人或者他的近亲属和本案有利害关系的

该情形是指侦查、检察、审判人员等,虽然不是本案的当事人或者当事人的近亲属,但他们本人或其近亲属与本案有利害关系,如办案人员或其近亲属与犯罪嫌疑人、被告人有恋爱关系。在这种情形下,如果由他们主持或允许他们参加诉讼活动,他们就有可能从个人私利出发,不能客观、公正地履行职责和处理案件。因此,具备这一情形的办案人员也应当回避。

3. 担任过本案证人、鉴定人、勘验人、辩护人、诉讼代理人、翻译人员的

证人、鉴定人、辩护人、诉讼代理人是刑事诉讼中的诉讼参与人,在诉讼中具有各自的诉讼地位,从不同的方面协助公安司法机关办理案件。证人具有不可替代性,办案人员如果事前已了解案件情况,应当作为证人参加诉讼活动。在同一案件中,如果他们既作证人,又作办案人员,两种角色难免会发生冲突。同样,担任过本案鉴定人、辩护人或者诉讼代理人的,基于履行法律赋予的特定职责而对案件已形成自己的特定看法并已向公安司法机关提出,若再从事本案的侦查、起诉、审判工作,可能会使刑事诉讼活动出现“承办人个人说了算”的后果,影响对案件的客观、全面、公正的处理。因此,上述人员也应回避。

此外,根据《执行回避制度若干问题的规定》第1条第3项的补充规定,担任过本案勘验人的,也应当回避。

4. 与本案的诉讼代理人、辩护人有夫妻、父母、子女或者同胞兄弟姐妹关系的

根据《执行回避制度若干问题的规定》第1条第4项的规定,与本案的诉讼代理人、辩护人有夫妻、父母、子女或者兄弟姐妹关系的,也应当回避。司法人员与案件的诉讼代理人、辩护人有上述关系的,容易因为彼此间存在的特殊主观情感而影响到其对案件的客观认识和正确处理,因此必须回避。

5. 接受当事人及其委托人的宴请、财物、其他好处,或者违反规定会见当事人及其委托的人的

《刑事诉讼法》第30条规定:“审判人员、检察人员、侦查人员不得接受当事人及其委托的人的请客送礼,不得违反规定会见当事人及其委托的人。审判人员、检察人员、侦查人员违反前款规定的,应当依法追究法律责任。当事人及其法定代理人有权要求他们回避。”根据这一规定,司法人员接受某一方当事人及其委托人的“请客送礼”,违反规定会见某一方当事人及其委托人的,另一方当事人及其法定代理人有权要求他们回避。因此,《刑事诉讼法》第30条规定的情形,也构成回避的理由。

《执行回避制度若干问题的规定》第2条将《刑事诉讼法》第30条规定的情形进一步细化和扩展,规定审判人员有下列情形之一的,当事人及其法定代理人有权要求回避:第一,未经批准,私下会见本案一方当事人及其代理人、辩护人的;第二,为本案当事人推荐、介绍代理人、辩护人,或者为律师、其他人员介绍办理该案件的;第三,接受本案当事人及其委托的人的财物、其他利益,或者要求当事人及其委托的人报销费用的;第四,接受本案当事人及其委托的人的宴请,或者参加由其支付费用的各项活动的;第五,向本案当事人及其委托的人

借款,借用交通工具、通信工具或者其他物品,或者接受当事人及其委托的人在购买商品、装修住房以及其他方面给予的好处的。

此外,公安部《规定》(2020)第 30 条也规定:"公安机关负责人、侦查人员不得有下列行为:(一)违反规定会见本案当事人及其委托人;(二)索取、接受本案当事人及其委托人的财物或者其他利益;(三)接受本案当事人及其委托人的宴请,或者参加由其支付费用的活动;(四)其他可能影响案件公正办理的不正当行为。违反前款规定的,应当责令其回避并依法追究法律责任。当事人及其法定代理人有权要求其回避。"

当事人及其法定代理人依照《刑事诉讼法》第 30 条、《执行回避制度若干问题的规定》第 2 条或者公安部《规定》(2020)第 33 条的规定提出回避申请的,应当提供相关的证据材料。

6. 在本诉讼阶段前曾参与办理此案的

《刑事诉讼法》第 239 条规定:"原审人民法院对于发回重新审判的案件,应当另行组成合议庭,依照第一审程序进行审判……"第 256 条第 1 款规定:"人民法院按照审判监督程序重新审判的案件,由原审人民法院审理的,应当另行组成合议庭进行……"最高院《解释》(2021)第 29 条规定,参加过本案调查、侦查、审查、起诉工作的监察、侦查、检察人员,调至人民法院工作的,不得担任本案的审判人员。在一个审判程序中参与过本案审判工作的合议庭组成人员或者独任审判员,不得再参与本案其他程序的审判。《执行回避制度若干问题的规定》第 3 条也规定:"凡在一个审判程序中参与过本案审判工作的审判人员,不得再参与该案其他程序的审判……"最高检《规则》(2019)第 35 条规定:"参加过同一案件侦查的人员,不得承办该案的审查逮捕、审查起诉、出庭支持公诉和诉讼监督工作……"根据上述规定,在本诉讼阶段以前曾参加过该案件侦查、审查起诉、审判工作的,不得参与本诉讼阶段的案件办理工作。因为他们在前一诉讼阶段所形成的对案件的认识,可能带入后一诉讼阶段,以致先入为主,主观片面,妨碍后一阶段诉讼工作的公正进行。为了保证案件处理的客观与公正,上述人员应当回避。

7. 与本案当事人有其他关系,可能影响案件公正处理的

这里的"其他关系"是指除上述六种情形以外,可能影响案件公正处理的关系。例如,是当事人的朋友,与当事人具有近亲属以外的其他亲戚关系,与当事人有过恩怨,与当事人有借贷关系,与当事人的诉讼代理人或者辩护人有其他的亲戚关系或者利益关系,等等。

应当注意的是,有"其他关系"并不一定要回避,侦查、检察、审判人员等与当事人有"其他关系",只有在"可能影响公正处理案件"的情形下,才适用回避。比如,审判人员是当事人的近亲属,应当无条件回避,但如果审判人员与当事人是一种远亲关系,则要看其是否可能影响公正处理案件才能决定其回避与否。这是根据回避制度的立法宗旨,针对可能影响公正处理案件的情况不宜逐一列举所作的一项原则性规定。

7.2.2 回避适用的人员

在国外,回避制度的适用对象多为审判人员,包括法官和陪审员。如美国、英国等英美法系国家,均以法官和陪审员为回避对象;德国、日本等具有大陆法系传统的国家,也以法官为回避对象。《法国刑事诉讼法典》第 669 条甚至明确规定,对检察官不能提出回避申请。在我国,回避制度适用的人员范围显然要宽广得多,刑事案件从侦查、审查起诉、审判到执行,各个阶段对诉讼活动的发生、发展和结局可能产生实质性影响的办案人员,具有法定的

回避情形或理由的,都属于应当回避人员。

根据我国《刑事诉讼法》第29条、第32条的规定,适用回避的人员为六种人,即侦查人员、检察人员、审判人员、书记员、翻译人员和鉴定人。相关司法解释在此基础上进行补充,将回避人员扩展到办理案件的有关工作人员,例如,《执行回避制度若干问题的规定》增加了两种回避人员,即勘验人员和执行人员;最高检《规则》(2019)增加了司法警察的回避。最高院《解释》(2021)增加了法官助理的回避。

1. 侦查人员

根据我国《刑事诉讼法》的规定,侦查权由公安机关、国家安全机关、人民检察院以及军队保卫机关和监狱狱侦部门行使。因此,上述机关承担侦查工作的人员都属于回避的适用人员范围。此外,在侦查阶段,有权参与案件讨论和作出处理决定的侦查机关或部门负责人以及有关成员,也属于适用回避的人员。

2. 检察人员

检察人员包括负责案件批准逮捕、审查起诉和出庭支持公诉的检察人员包括检察官和检察官助理以及有权参加案件讨论和作出处理决定的检察长和检察委员会成员。我国人民检察院实行承办人员阅卷、调查、集体讨论,检察长决定,重大问题提交检察委员会决定的办案制度。如果仅对承办人员适用回避,将检察长、检察委员会成员排除在适用回避范围之外,显然与回避制度的立法宗旨相悖,也会影响案件的公正处理。

3. 审判人员

这里的审判人员,既包括直接承办案件的审判员、人民陪审员,也包括有权参与案件讨论和作出处理决定的法院院长、庭长以及审判委员会成员。因为刑事案件的审判,除由合议庭开庭审理、评论、作出判决或裁定外,对于疑难、复杂、重大的案件,合议庭难以作出决定时,由合议庭提请院长决定提交审判委员会讨论决定。对于审判委员会的决定,合议庭必须执行。如果院长、庭长以及审判委员会成员具有法定回避理由而不回避,势必影响案件的公正处理。因此,对他们应当适用回避。

律师李庄庭审
时申请法官
集体回避被驳

根据我国法律及相关司法解释的规定,担任过刑事案件某一次审判工作的人员不能再次担任该案的审判工作,应当回避。如第一审法院对第二审法院发回重审的案件,法院按审判监督程序重审的案件,第一审或第二审合议庭成员应当回避;原承担某一案件第一审审理工作的法官,因工作原因调至上级法院的,不能成为该案第二审合议庭组成人员。同理,曾参加过本案侦查、起诉的侦查、检察人员,如果调至法院工作,不得担任本案的审判人员。但是,根据最高院《解释》(2021)规定,发回重新审判的案件,在第一审人民法院作出裁判后又进入第二审程序、在法定刑以下判处刑罚的复核程序或者死刑复核程序的,原第二审程序、在法定刑以下判处刑罚的复核程序或者死刑复核程序中的合议庭组成人员不必因审理过该案件而回避。

4. 书记员

书记员,是在侦查、起诉和审判阶段担任记录工作的人员,包括侦查阶段的记录人、人民检察院的书记员和人民法院的法庭书记员。记录工作是一项关系案件质量的重要工作。记录内容应当尽可能真实、全面地反映诉讼活动的本来面目,因此,书记员应当实事求是、认真负责地从事记录工作,尽量避免错漏,更不能有意篡改、歪曲、伪造记录内容。因此,为了保证记录工作的顺利进行,具有法定回避理由的书记员也必须回避,以防止不客观的记录工作对案件公正处理造成不良影响。

5. 翻译人员

翻译人员在案件中承担语言、文字或手势的翻译工作,是侦查、检察和审判人员与当事人和有关诉讼参与人进行意识交流的中介或桥梁。客观、准确的翻译,对于促进案件的公正处理,具有十分重要的作用。翻译人员在诉讼中故意改变、增加或减少所译内容,必然影响司法公正。因此,翻译人员若与案件有利害关系,无论其在侦查、起诉和审判的哪一阶段,都应当回避。

6. 鉴定人

在某些刑事案件中,鉴定结论具有十分重要的作用。它是司法人员判断犯罪嫌疑人或被告人是否有罪或罪责大小的关键证据。司法实践表明,鉴定人在诉讼中能否客观公正地鉴定,对所形成的鉴定结果的质量有直接影响。鉴定人不能与案件或当事人有利害关系,否则,其所作的鉴定意见可能缺乏或丧失真实性和科学性,错误的结论必将导致错误的案件处理。因此,鉴定人具有应当回避的理由时,应当回避。但是,对于鉴定人,不得仅以在诉讼的某一阶段"担任过本案的鉴定人"为由,而在以后的诉讼阶段中申请或指令其回避。

7. 勘验人员

在刑事诉讼中,勘验笔录是勘验人员依照法定程序并运用一定的设备和技术手段对勘验对象情况的记载。它的主要作用是固定证据及其所表现的各种特征,供进一步研究分析使用。勘验笔录是否客观,对于分析案情、确定侦查方向以及认定案件事实具有重要意义。勘验人员不能与案件或者案件的当事人有利害关系,否则,可能影响其全面、准确、客观地记载勘验情况,因此,勘验人员如果具有应当回避的理由,也应当回避。

8. 执行人员

刑事案件判决后的执行是刑事诉讼中的最后一个阶段,也是一个重要的诉讼阶段。因为,只有及时、合法地执行已经生效的判决、裁定,才能有效地发挥刑事裁判惩罚犯罪分子、保护无辜公民、警诫社会上的不稳定分子的作用,从而完成刑事诉讼的任务。如果执行人员与案件或者当事人有利害关系,可能会给正确、及时地执行生效裁判带来某些不利的影响。因此,执行人员如果存在应当回避的情形,也应当适用回避的规定。

关于某些情形中律师不得担任辩护人、诉讼代理人的问题,刑事诉讼法未予明确规定。但是,《律师法》以及最高院《解释》(2021)、《执行回避制度若干问题的规定》等其他相关法律及司法解释都规定了律师不得作为辩护人、诉讼代理人的情形。[①]这些规定作为回避制度的补充,有助于杜绝司法实践中的不正之风,保障刑事诉讼公正进行。

7.3　回避的程序

7.3.1　回避的提出

所谓回避的提出,是指在刑事诉讼中,回避由谁、在什么时间、通过何种方式提出。根据

[①] 详见本书第六章"辩护与刑事代理"的"中国辩护制度的基本内容"中关于"不得担任辩护人的情形"的介绍。

中国《刑事诉讼法》及相关司法解释的规定,回避适用的对象包括侦查、检察、审判人员等,回避分为自行回避、申请回避和指令回避三种类型。回避可以在侦查、审查起诉、审判、执行的各个诉讼阶段提出,提出回避申请的权利,也就是申请回避权,是法律赋予当事人及其法定代理人的重要诉讼权利之一,司法人员在诉讼过程中有义务主动告知当事人及其法定代理人享有申请回避权,并且不得以任何借口限制、阻碍或剥夺当事人及其法定代理人对该权利的行使。同时,《刑事诉讼法》第32条第2款还赋予了辩护人、诉讼代理人依法要求回避、申请复议的权利。属于回避范围的人员,应在接受案件并了解具有法定应予回避的情形后,立即向本单位领导提出回避的请求,并说明理由。应予回避而故意隐瞒真实情况不予回避,不仅是违纪行为,也是违法行为,相关机关有权追究其法律责任。

在侦查、审查起诉阶段,由于诉讼工作具有相对封闭的特点,当事人及其法定代理人对承办自己案件的办案人员的情况难以了解,在判断办案人员是否与案件或当事人有利害关系上存在一定困难。因此,此阶段的回避应当以自行回避和指令回避为主。当然,也不排除存在申请回避的情形。如果当事人及其法定代理人认为案件承办人员具有法定回避的理由,可以自己提出回避申请,也可通过自己委托的辩护人、诉讼代理人提出申请,要求有关人员回避。中国刑事诉讼法对侦查、起诉阶段的回避程序没有作出明确规定,根据回避的一般要求,侦查、检察人员在侦查、审查起诉活动开始后,应主动将案件承办人员的情况告知当事人及其法定代理人,告知其享有申请回避权,征求其是否申请回避并记录在案。人民检察院在审查批捕或审查决定逮捕程序中,可以讯问犯罪嫌疑人。讯问犯罪嫌疑人时,审查批捕或决定逮捕的检察人员,应当告知犯罪嫌疑人有权申请回避。人民检察院在审查批捕或审查决定逮捕中,发现与本案有关的负责侦查的人员应当回避而没有回避的,应以程序违法为由退回负责侦查的机关或部门补充侦查。对公安机关、国家安全机关、军队保卫部门要求复议的不批准逮捕的案件,同级人民检察院应当更换办案人员复议。人民检察院在审查起诉中,应当讯问犯罪嫌疑人,听取被害人和犯罪嫌疑人、被告人的委托人的意见。讯问犯罪嫌疑人或询问被害人时,应当告知其有申请回避的权利;发现侦查人员应当回避而没有回避的,应以程序违法为由退回负责侦查的机关或部门补充侦查。

在审判阶段,当事人及其法定代理人在第一审程序、第二审程序、死刑复核程序和审判监督程序中都可以申请回避。当事人及其法定代理人依照《刑事诉讼法》第30条规定申请回避的,应当提供证明材料。《刑事诉讼法》第190条第1款规定:"开庭的时候,审判长查明当事人是否到庭,宣布案由;宣布合议庭的组成人员、书记员、公诉人、辩护人、诉讼代理人、鉴定人和翻译人员的名单;告知当事人有权对合议庭组成人员、书记员、公诉人、鉴定人和翻译人员申请回避……"这一规定不仅对第一审程序适用,在第二审程序、死刑复核程序、审判监督程序中同样有效,应遵照执行。法院在开庭审判时,审判长应分别询问当事人及其法定代理人是否申请回避、申请何人回避以及申请回避的理由。如果当事人及其法定代理人认为上述人员与本案有利害关系或其他关系,会影响本案的公正审理而申请回避,应根据《刑事诉讼法》第29条、第30条、第31条的规定处理。在第二审程序、死刑复核程序和审判监督程序中,存在不开庭审理的情况。在用书面审的方式进行审判时,合议庭也应当告知当事人申请回避权并征询其是否申请回避。人民法院在审理案件过程中,认为有应予回避的情况时,可以建议人民检察院提出要求退回补充侦查;人民检察院依据起诉和审判监督的职权,认为需要退回补充侦查的,也可直接向人民法院提出退回补充侦查的建议。

　　第二审人民法院发现第一审人民法院的审理违反有关回避的规定,经核查属实的,应当裁定撤销原判,发回原审人民法院重新审判。审判人员明知具有自行回避的情形,故意不依法自行回避或者对符合回避条件的申请故意不作出回避决定的,依《人民法院工作人员处分条例》的规定予以处分。审判人员明知诉讼代理人、辩护人具有不应担任诉讼代理人、辩护人的情形之一,故意不作出正确决定的,参照《人民法院工作人员处分条例》的规定予以处分。人民法院的有关人员应当回避而没有回避的,人民检察院一经发现,可依据其享有的法律监督职能及时向法庭提出,以纠正人民法院的有关违法行为,维护当事人的合法权益,维护国家法制的尊严。此外,为了保证生效裁判的正确执行,在案件执行程序中,也应贯彻回避制度。

　　现行《刑事诉讼法》并未规定公诉人有权申请审判人员回避。根据最高检《规则》(2019)第 570 条第 3 项和第 572 条的规定,公诉人发现"法庭组成人员不符合法律规定,或者依照规定当应回避而不回避的",或者"人民法院或者审判人员审理案件违反法律规定的诉讼程序",应当向人民法院提出纠正意见。出席法庭的检察人员发现法庭审判违反法律规定的诉讼程序的,应当在休庭后及时向检察长报告。人民检察院应当在庭审后对违反程序的庭审活动提出纠正意见。按照此规定,公诉人在庭审时发现审判人员应当回避而没有回避的,没有权利直接提出回避申请,而只能在庭审后基于法律监督职能提出纠正意见。这是不恰当的,从控诉平等的原则来看,控辩双方应当都拥有回避申请权。[①]

7.3.2　回避的审查和决定

　　侦查、检察、审判人员等自行回避和当事人及其法定代理人申请回避的要求提出后,都需要按法律的有关规定,由有关组织或个人审查,作出是否回避的决定,即依法作出批准回避的决定或者依法作出驳回申请回避的决定,然后予以执行。而非办案人员主动要求退出诉讼就可以退出诉讼,也不是当事人及其法定代理人一旦提出回避申请就一概同意更换办案人员。有关组织或个人要对办案人员提出的"要求"和当事人提出的"申请"进行审查。审查的内容主要是看其是否具有《刑事诉讼法》第 29 条、第 30 条规定的回避理由。

　　根据中国《刑事诉讼法》第 31 条、第 32 条及其他有关规定,审判人员、检察人员、侦查人员的回避,应当分别由院长、检察长、公安机关负责人决定;院长的回避,由本院审判委员会决定;检察长和公安机关负责人的回避,由同级人民检察院检察委员会决定。分别在侦查、起诉、审判活动中担任记录、翻译、鉴定、勘验工作的书记员、翻译人员、鉴定人、勘验人的回避,应当分别由公安机关负责人、检察长、法院院长审查决定。人民检察院办理自侦案件的人员的回避,由检察长审查决定。其中,院长、检察长不应包括副职,因为根据《人民法院组织法》和《人民检察院组织法》的有关规定,正职与副职的产生方式及职权明显不同,但在正职缺额或不在岗位,由副职代行正职职权时,得适用正职的回避审查决定程序。根据公安部《规定》(2020),公安机关负责人是指县级以上公安机关负责人。公安机关负责人的回避,由同级人民检察院检察委员会决定,这主要是因为公安机关内部没有类似人民法院审判委员

会或人民检察院检察委员会的集体性组织,考虑到人民检察院是国家的法律监督机关,对公安机关的侦查是否合法,包括应当回避的是否回避,有权进行法律监督,因此由同级人民检察院检察委员会决定公安机关负责人是否回避,具有合理性。在司法实践中,需要引起注意的是,在审判阶段,书记员、翻译人员、鉴定人的回避应当由法院院长决定,而不能由审判长决定(见图 7-1)。

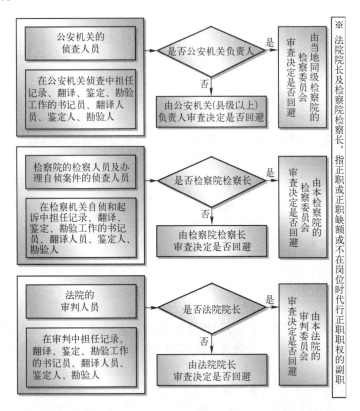

图 7-1　中国刑事诉讼系统中的回避审查决定权[常远,2002]

　　有决定回避权的组织或者个人,对属于回避范围的人员是否应当回避的问题,在办案人员未主动提出请求、当事人及其法定代理人也没有提出申请的情况下,仍应当主动进行审查,一旦发现具有法定应予回避的情形而未回避的,应立即作出决定,指令相关人员回避,相关人员应当服从并执行该决定。最高检《规则》(2019)第 31 条、最高院《解释》(2021)第 34 条规定,检察长应当回避,本人没有自行回避,当事人及其法定代理人也没有申请其回避的,检察委员会应当决定其回避。其他检察人员有上述规定情形的,检察长应当决定其回避。应当回避的审判人员没有自行回避,当事人及其法定代理人也没有申请其回避的,院长或者审判委员会应当决定其回避。
　　《刑事诉讼法》第 31 条第 2 款规定:"对侦查人员的回避作出决定前,侦查人员不能停止对案件的侦查。"在侦查阶段,无论是侦查人员自行回避,还是当事人及其法定代理人申请侦查人员回避,在对侦查人员是否回避作出决定之前,侦查人员不能停止对案件的侦查。这是由侦查活动的特殊性决定的。侦查活动必须保持它的及时性和连续性,任何拖延都可能给侦查工作带来无法弥补的损失。如果要求侦查人员停止侦查活动,等候对回避要求的处理决定,犯罪现场就可能因为没有及时勘验检查而被破坏,犯罪痕迹可能被毁灭,证据将难以收集,犯罪分子也可能趁机逃跑,从而贻误破案时机,严重影响侦查工作的顺利进行,不利于同犯罪作斗争。上述回避的特定程序同样适用于在侦查中履行职务的书记员、翻译人员、鉴定人等。除此之外,回避一经提出,在有关组织或者个人作出是否回避的决定之前,均应暂时停止诉讼程序的进行。公安部《规定》(2020)第 39 条规定,被决定回避的公安机关负责人、侦查人员,在回避决定作出以前所进行的诉讼活动是否有效,由作出决定的机关根据案件情况决定。最高检《规则》(2019)第 36 条有类似规定。

7.3.3 对驳回申请回避决定的复议

《刑事诉讼法》第 31 条第 3 款规定:"对驳回申请回避的决定,当事人及其法定代理人可以申请复议一次。"申请回避是当事人及其法定代理人的权利。但是,提出的申请并不一定会得到批准。有权决定是否回避的组织或个人如果认为回避申请不具有法定的回避理由,有权作出驳回回避申请的决定。为保障当事人的合法权益,纠正可能出现的错误,法律允许当事人申请复议一次。因此,驳回申请回避的决定作出后,有关机关应告知当事人及其法定代理人有申请复议一次的权利。法律这样规定,既保障了当事人及其法定代理人申请回避权的充分行使,又可避免因当事人及其法定代理人滥用这项权利拖延对案件的处理。另外,根据《刑事诉讼法》第 32 条第 2 款的规定,辩护人、诉讼代理人不仅可以要求回避,还可以申请复议。

公安部《规定》(2020)规定,当事人及其法定代理人在收到《驳回申请回避决定书》后,5 日内可向原决定机关申请复议。决定机关应在 5 日内作出复议决定书并书面通知申请人。根据最高检《规则》(2019),对于申请复议,决定机关应当在 3 日以内作出复议决定并书面通知申请人。最高院《解释》(2021)则强调,当事人及其法定代理人申请回避被驳回的,可以在接到决定时申请复议一次。对于不属于《刑事诉讼法》第 28 条、第 29 条规定情形的回避申请,由法庭当庭驳回,并不得申请复议。

在复议期间,县级以上公安机关负责人、侦查人员不能停止对案件的侦查。在其他阶段,则应暂时停止诉讼程序的进行,待有关组织或者个人作出复议决定后,再继续进行诉讼活动。对复议的处理决定,公安司法机关应当及时告知提请复议的当事人及其法定代理人。

小结

回避制度是指侦查、检察、审判人员等因同案件有法定的利害关系或者其他可能影响案件公正处理的关系,不得参与该案件诉讼活动的一项诉讼制度。根据《刑事诉讼法》的规定,适用回避的人员为六种人,即侦查人员、检察人员、审判人员、书记员、翻译人员和鉴定人;相关司法解释将勘验人员、执行人员、司法警察也纳入了回避的范围。回避的理由具体包括:是本案的当事人或当事人的近亲属的;本人或者其近亲属和本案有利害关系的;担任过本案证人、鉴定人、勘验人、辩护人或者诉讼代理人的;与本案的诉讼代理人、辩护人有夫妻、父母、子女或者同胞兄弟姐妹关系的;与当事人及其委托的人之间存有请客送礼等情形,或者违反规定会见当事人及其委托的人的;在本诉讼阶段前曾参与办理此案的;与本案当事人有其他关系,可能影响公正处理案件的。回避分为自行回避、申请回避和指令回避。回避可以在侦查、审查起诉、审判、执行的各个诉讼阶段提出。侦查、检察、审判人员等自行回避和当事人及其法定代理人申请回避的要求提出后,都需要按法律的有关规定,由有关组织或个人审查,并作出是否回避的决定,即依法作出批准回避的决定或者依法作出驳回申请回避的决定后,方能予以执行。

思考题

1. 什么是回避? 设立回避制度有何意义?
2. 回避的理由有哪些?
3. 回避适用于哪些人员?
4. 当事人及其法定代理人提出回避申请后如何处理?

第8章 附带民事诉讼

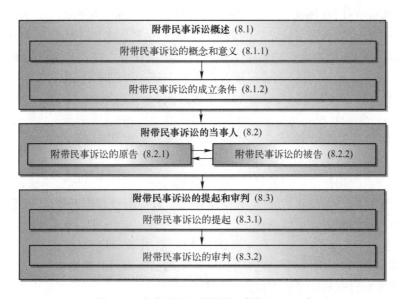

图 8-0 本章基本知识结构 ［常远,2002］

导言

附带民事诉讼是刑事诉讼中的一项重要制度。它的本质是民事诉讼,是损害赔偿诉讼,但与刑事诉讼具有密不可分的联系。因此,在实体法上,它应当受民事法律规范的调整;在程序法上,它既要遵循刑事诉讼法的规定,又要遵循民事诉讼法的规定。附带民事诉讼制度的设置,使犯罪行为引起的物质损失赔偿问题得以在刑事诉讼过程中一并解决。这不仅极大地体现了诉讼经济原则,而且有利于法院正确地定罪量刑,保护国家、集体和公民个人的财产利益。

8.1 附带民事诉讼概述

8.1.1 附带民事诉讼的概念和意义

《刑事诉讼法》第 101 条规定:"被害人由于被告人的犯罪行为而遭受物质损失的,在刑事诉讼过程中,有权提起附带民事诉讼。被害人死亡或者丧失行为能力的,被害人的法定代理人、近亲属有权提起附带民事诉讼。如果是国家财产、集体财产遭受损失的,人民检察院在提起公诉的时候,可以提起附带民事诉讼。"根据这一法律规定,附带民事诉讼是指审判机关在刑事诉讼过程中,在依法解决被告人刑事责任的同时,附带解决由遭受物质损失的被害人或其法定代理人、近亲属提起的,或人民检察院提起的,由被告人的犯罪行为造成的物质损失的赔偿问题所进行的诉讼活动。

附带民事诉讼实质上是一种特殊的民事诉讼。当被告人的犯罪行为触犯了刑法,并且给被害人或国家、集体造成了物质损失的时候,被告人的这一犯罪行为在刑法上即构成犯罪,应当追究刑事责任;在民法上又属于民事侵权行为,应当承担民事赔偿责任。这就导致了源于同一违法行为的两种不同性质的诉讼的出现。这种同源却不同性质的诉讼在同一诉讼程序中的解决,即在刑事诉讼中解决与被告人刑事责任有关的民事责任问题的诉讼就构成了刑事附带民事诉讼。因此,附带民事诉讼本质上是一种民事诉讼,它需要适用民事实体和程序法律规范,但它又不等同于一般的民事诉讼,因为它必须在刑事诉讼过程中提起并且同刑事案件一并解决,其成立与解决都依附于刑事诉讼,和刑事诉讼密不可分。

世界两大法系对附带民事诉讼的态度是不同的。大陆法系国家与我国的制度相类似,通常采用刑事附带民事诉讼的方法;而英美法系国家的做法则截然不同,它不允许在刑事诉讼中对刑事被告人提出民事赔偿的请求。究其原因,一方面源于两大法系法律文化、法律传统的差异;另一方面,也是根本的原因,在于附带民事诉讼既有其积极意义,又有其缺陷。

附带民事诉讼的积极意义体现在:

第一,刑事附带民事诉讼的一并审理将便于法院的同一审判组织在一个诉讼程序里全面查清案件事实,正确解决因同一侵害行为而产生的刑事责任和民事责任,从而有利于对被告人正确定罪量刑,使被害人得到合理经济赔偿。

第二,它体现了诉讼经济原则,避免法院在人力、物力上的不必要浪费,既减轻当事人的讼累,又能使案件及时审结,避免因分案处理而对同一侵害事实在认定和处理上作出相互矛盾的裁判,影响裁判的严肃性。

第三,它使一些民事赔偿案件在审理和判决阶段得到及时履行,解决了判决以后的执行问题,避免了因赔偿金额不到位而引发的不稳定因素。

附带民事诉讼的缺陷则源于刑事诉讼与民事诉讼的重大差别,主要体现在:

第一,不同证明标准之间的冲突。从理论上和司法实践中实际掌握的标准来看,刑事诉讼的证明要求高于民事诉讼。在刑事诉讼中,对犯罪事实的证明必须达到具备高度盖然性的标准,即达到排除合理怀疑的证明程度;而在民事诉讼中,侵权事实的证明标准相对较低,只要达到具备较高的盖然性的标准,即证明侵权事实成立的证据相对于相反证据具有明显的优势即可。尽管我国法律对于两种诉讼的证明标准的不同要求没有作出十分明确的规定,但刑事诉讼的证明标准高于民事诉讼的证明标准已经成为理论界的共识,并在司法实践中得到体现。然而,在刑事附带民事诉讼中,刑事犯罪事实和民事侵权事实的证明是在同一诉讼程序中完成的,如此必然导致两种证明标准的冲突。其显然不能统一适用刑事诉讼的证明标准,否则不利于保护附带民事诉讼原告的民事权益;更不能统一适用民事诉讼的证明标准,否则将直接违反刑事诉讼法的规定,侵害刑事被告人的程序保障权。刑事附带民事诉讼必然因在同一程序中针对同一行为采用不同证明标准,而造成不同证明标准的冲突,因此,在实践中很难操作。

第二,不利于保护民事诉讼原告的合法权利。刑事诉讼规则强调对被告人权利的保护,在罪与非罪认定上,往往遵循有利于被告人的原则;而民事诉讼规则强调原告被告之间诉讼地位的平等和彼此的公平对抗。两种诉讼规则的指导思想存在区别,如果按照刑事诉讼规则来处理附带民事诉讼案件,可能会使原告在诉讼中处于不利的地位,与民事诉讼的程序公正原则相冲突。

第三,不能保证民事诉讼的审判质量。我国司法审判的专业性越来越强,分工越来越细,民事审判和刑事审判对于法律知识和审判经验有不同的要求,两类案件通常是由不同业务庭的法官审理的,即刑事案件由刑事庭法官审理,民事案件由民事庭法官审理。然而,附带民事诉讼却由专门从事刑事审判的刑事庭法官审理民事案件,势必存在法官缺乏处理民事纠纷应有的法律专业知识和诉讼实务经验的问题,不利于保证民事争议的审判质量。

第四,审理期限的冲突。刑事案件的审判是在侦查起诉阶段完结以后启动的,审理期限较短。但民事案件的审判环节比刑事案件的审判环节要多,如证据的收集提供、交换等都是在审判程序中完成的,因此,民事案件审理周期通常比刑事案件的审理周期要长。附带民事诉讼将刑事案件和民事案件合并审理,可能造成两者审理周期无法一致的情况,给合并审理造成困难,降低审判效率。

8.1.2　附带民事诉讼的成立条件

附带民事诉讼成立的条件包括以下方面:

1. 附带民事诉讼以刑事诉讼的成立为前提

附带民事诉讼的性质决定了它与刑事诉讼密不可分,即必须在刑事诉讼过程中提起,又必须在刑事诉讼中解决。因此,只有刑事诉讼已经进行,才有可能进行附带民事诉讼;如果刑事诉讼不成立,就谈不上附带民事诉讼。但要注意的是,刑事诉讼的成立并不等同于对被告人科处刑罚。因为刑事诉讼的审判结果有可能是疑罪从无,或被告人的行为虽然构成犯罪,但根据法律规定却不需要判处刑罚或可以免除刑罚。

2. 被害人或国家、集体的物质损失必须是由被告人的犯罪行为直接造成的

这是附带民事诉讼成立的必备条件。它包括以下几个要素:

第一,造成被害人或国家、集体物质损失的被告人的犯罪行为在这里是指被告人在刑事诉讼中被指控为犯罪的行为,而不是实际上被确认为犯罪的行为。只要被告人的行为被公安机关认为"构成犯罪需要追究刑事责任"予以立案,那么该行为即为此处的"犯罪行为",该行为所造成的损害赔偿便属于附带民事诉讼的范围。

第二,由被告人的犯罪行为造成的被害人或国家、集体的损失必须是物质损失。《刑事诉讼法》第 101 条第 1 款"被害人由于被告人的犯罪行为而遭受物质损失的",用的是"物质损失";同条第 2 款"如果是国家财产、集体财产遭受损失的",用的是"财产损失";《刑法》第 36 条"由于犯罪行为而使被害人遭受经济损失的,对犯罪分子除依法给予刑事处罚外,并应根据情况判处赔偿经济损失",用的是"经济损失"。由此可见,我国刑事法律规定的附带民事诉讼的请求范围只限于"物质损失",而不包括"精神损失"。

在我国《刑法》和《刑事诉讼法》颁布之初,法学界对这个问题没有异议,因为当时的民

事损害赔偿理论与实践也没有扩展到精神损失赔偿。但自 20 世纪 80 年代后期以来,由于国际法学交流的进一步发展,一些法学界人士看到日本、联邦德国、匈牙利、南斯拉夫、美国等国被害人的精神损失可以要求经济赔偿的法律规定后,认为我国法律只有物质损失才能提起附带民事诉讼的规定值得进一步研究,特别是 1986 年我国《民法通则》公布之后,这个

由一起案件谈附带
民事诉讼与民事诉讼
的法律冲突

问题就更加突出了。《民法通则》第 120 条第 1 款规定:"公民的姓名权、肖像权、名誉权、荣誉权受到侵害的,有权要求停止侵害,恢复名誉,消除影响,赔礼道歉,并可以要求赔偿损失。"在司法实践中,根据《民法通则》的规定,许多地区的司法机关都受理了侵犯名誉权、荣誉权等案件。如此一来,民法的立法和实践同附带民事诉讼立法和实践就不一致了。在同一个国家里同类问题在不同的法律中规定不一,显然具有不适合之处。这也会对进一步保护被害人的利益、保护人权产生不利的影响。

但是,1996 年修正《刑事诉讼法》时,考虑到当时司法实践的具体情况,比如,民事诉讼对生命健康权的精神损害赔偿虽然予以支持,但在赔偿范围和赔偿数额的确定上尚未形成统一规定,若刑事附带民事诉讼中支持精神损害赔偿,会使附带民事部分审理难度增加,影响刑事案件的及时审理等情况,故没有对附带民事诉讼的赔偿范围作出修改。2012 年、2018 年修订后的《刑事诉讼法》,相关条文仍维持原状。因此,在现阶段,附带民事诉讼的请求范围只限于被告人犯罪行为所造成的物质损失。若被告人的犯罪行为给被害人造成精神方面的严重损害的,被害人可以选择不提起刑事附带民事诉讼,而是在刑事诉讼进行完毕、被告人的刑事责任被确定以后,向人民法院提起独立的民事诉讼,要求被告人对被害人的精神损害进行赔偿。

现行的这种规定和解释,按照通行的理解,主要是基于两个方面的理由:第一,被害人的精神损害虽然是被告人的犯罪行为造成的,但是刑事诉讼中人民法院通过适用刑法惩罚犯罪,即对罪犯判处一定处罚的刑事审判活动本身,对于被害人而言已经具有了精神抚慰作用。换言之,犯罪分子受到的刑事处罚对于被害人来说,就是最大的精神抚慰,因而被害人无须再单独提起精神损害赔偿之诉。第二,就犯罪行为给被害人造成的精神损害而言,可以说所有的犯罪都不同程度地对被害人造成了损害。如果允许被害人提起精神损害赔偿,就意味着在刑事诉讼中任何案件的被害人都有权附带提起精神损害赔偿,这不仅致使提起民事诉讼的范围过于广泛,而且也将严重影响刑事审判的效率。

对于上述两个方面的理由,很多学者持反对意见,主要理由在于:国家对犯罪的处罚这种精神抚慰并不能与以金钱赔偿为特征的精神损害赔偿相等同。前者作为代表国家的司法机关依法对犯罪的追究,是一种公权性质的行为。其目的在于维护整个社会发展所必需的秩序和保护所有公民的人身权利、财产权利,其意义也主要体现在打击犯罪和预防犯罪上。而后者作为被害人对犯罪行为所造成损害的赔偿要求,是一种私权性质的行为。其目的在于得到经济上的赔偿,其意义也主要体现在对个人损害的经济补偿上,不涉及其他公共利益的问题。上述第一方面的理由认为打击了犯罪就告慰了被害人,处罚犯罪就是对被害人最大的精神抚慰,显然较大程度地忽视了被害人的个体利益。这种传统的以国家利益、社会利益来代替或者统一被害人个人利益的观点,具有浓郁的"国家本位主义"特征,不仅漠视社会利益的多元化和差异性,而且与市场经济条件下的社会现实情况也不相吻合。第二方面

的理由认为允许被害人提起精神损害赔偿,就意味着刑事诉讼中任何案件的被害人都有权附带提起精神损害赔偿的结论,在逻辑上是不能成立的,在法律和事实上也是没有根据的。因为法律上可以成立的精神损害绝不是抽象的一般意义上的精神损害,不仅有其特定的范围,也需要具备必要的条件。就是在单纯的民事诉讼中,司法上也从来不受理超出特定范围的精神损害赔偿请求。同时,即便允许被害人提起精神损害赔偿有可能影响刑事审判的效率,也不能成为否定刑事诉讼中可以附带提起精神损害赔偿的理由。这不仅是因为在被害人权益的保护上,国家具有不可推卸的责任,而且还在于诉讼效率与对被害人的保护是两个不同层次的问题,后者具有较前者更为重要的社会意义和社会价值。因而以牺牲权益保护来换取司法审判的效率的观点对于被害人而言是不公正的。①

第三,被害人或国家、集体在附带民事诉讼中提起的损失事实与被告人的犯罪行为之间必须要有直接的因果关系。非直接因被告人的犯罪行为而遭受的损失应排除在附带民事诉讼的赔偿范围之外,如被害人因伤害住院治疗,花在医治其他与伤害无关的病症上的费用等。因被告人的犯罪行为而遭受的直接损失应包括积极损失和消极损失。所谓积极损失,是指犯罪行为已经给被害人造成的物质损失,如被害人已经支付的医疗费;所谓消极损失,是指犯罪行为使被害人将来必然要遭受的物质损失,如被害人因伤在今后的生活中需要继续治疗的费用。具体来说,直接因被告人的犯罪行为而遭受的损失主要有 4 类:因犯罪行为直接损毁的财物;用于被害人本身的费用,如医疗费、营养费、误工费、鉴定费、就医交通费、残疾用具费;因陪护被害人或料理被害人死亡后果而产生的费用,如陪护人员的误工费、护理费、住宿费、车船费、运尸费、丧葬费、亲属的奔丧费等;原由被害人抚养和赡养的人的必要生活补助。在交通肇事刑事案件中,还包括死亡赔偿金、残疾赔偿金。

3. 具有赔偿请求权的人在刑事诉讼过程中向司法机关提出了损害赔偿的诉讼请求

然而,侦查、审查起诉期间,当事人双方经公安机关、人民检察院调解并达成协议且全部履行完毕的,应视为诉讼已经终结,人民法院不再受理,但有证据证明调解违反自愿、合法原则的除外。

8.2　附带民事诉讼的当事人

8.2.1　附带民事诉讼的原告

附带民事诉讼的原告是指在刑事诉讼进行过程中,向人民法院提起附带民事诉讼,要求被告人赔偿因其犯罪行为而遭受物质损失的人。

我国《刑事诉讼法》第 101 条第 1 款规定:"被害人由于被告人的犯罪行为而遭受物质损失的,在刑事诉讼过程中,有权提起附带民事诉讼。被害人死亡或者丧失行为能力的,被害人的法定代理人、近亲属有权提起附带民事诉讼。"根据法条和相关司法解释,被害人身份的确定是提起附带民事诉讼的必要条件之一。因此,如何解释"被害人"的含义是厘清附带

---

① 参见廖中洪:《论刑事附带民事诉讼制度的立法完善——从被害人民事权益保障视角的思考》,载《现代法学》2005 年第 1 期;沈月娣:《刑事附带民事诉讼中精神损害赔偿探析》,载《人民检察》2004 年第 5 期;俞敬栋:《应将精神损害赔偿列入刑事附带民事诉讼范围》,载《人民检察》2003 年第 2 期。

民事诉讼原告的范围的关键所在。

在犯罪学中,被害人的范围是相当广泛的,既包括由于犯罪行为而直接遭受损害的人,也包括由于犯罪行为而间接遭受损害的人。[①] 而刑法学者认为,刑法学科中的被害人既不能笼统地包括所有由于犯罪行为而间接地遭受物质或精神损害的人,也不能包括由于犯罪行为而抽象地遭受侵害的国家或社会,而只能包括由于犯罪行为直接侵害具体权利并由此直接遭受物质损失或精神损害的人和单位。[②] 可见,刑法学中的被害人是与犯罪构成一致的犯罪对象的权利主体。那么,刑事附带民事诉讼中的"被害人"概念如何厘清? 我国刑诉法对被害人概念并无明确解释。学理上有两种意见:一种意见认为被害人是指受犯罪行为直接侵害的主体,也就是上述刑法学上的观点。这种观点的本质在于把附带民事诉讼制度价值的重心置于对犯罪对象的权利主体(刑法学上的被害人)的全面保护和救济上,故其确定附带民事诉讼原告的方法是直接寻找刑法上的犯罪对象的权利主体。在这种观点下,犯罪对象的权利主体成为附带民事诉讼与刑事诉讼的连接点。另一种意见认为被害人是指因犯罪嫌疑人的犯罪行为而遭受物质损失的公民、法人和其他组织。这种观点的本质在于把附带民事诉讼的制度价值重心置于一并审理带来的有利于全面查清事实、防止矛盾判决以及诉讼经济的目的上,故其确定附带民事诉讼原告的方法是寻找犯罪行为所造成的物质损失的权利主体。在这种观点下,犯罪行为成为附带民事诉讼与刑事诉讼的连接点。可见,上述对附带民事诉讼中的"被害人"概念的不同理解,皆因对附带民事诉讼的制度目的与价值的立足点存在认识差异。本书认为,附带民事诉讼的主要价值在于有利于全面查清事实、防止矛盾判决以及保证诉讼经济。对犯罪对象的权利主体的合法权益的全面保护和救济也是附带民事诉讼的重要价值,但是并非其核心价值。故附带民事诉讼的原告范围应以采用上述第二种观点为宜,如财物遭受犯罪行为损害的人(如某被告人在某歌舞厅故意伤害甲,而被砸坏的物品所有人为乙)以及并非被害人近亲属但为已死亡的被害人承担了丧葬费、医疗费、护理费的单位和个人,是否有权提起附带民事诉讼? 根据上述第二种观点,前述被损害财物的乙,其财物损失系由犯罪行为直接造成;为已死亡的被害人承担丧葬费、医疗费、护理费的人,其付出的费用也是因犯罪行为而受到的直接物质损失。因此,对这两种人都应允许其作为原告人提起附带民事诉讼。

在被害人死亡的情况下,被害人的近亲属(夫、妻、父、母、子、女、同胞兄弟姐妹)有权提起附带民事诉讼。被害人的近亲属与被害人之间具有血缘关系或者婚姻关系,而且是被害人的法定继承人,依法享有继承被害人财产的权利。被害人因被告人的犯罪行为而遭受经济损失,作为继承人的近亲属也间接地成为犯罪行为的受害人。因此,在被害人死亡的情况下,近亲属为了挽回所受到的经济损失,有权向人民法院提起附带民事诉讼,请求赔偿。

实践中,对于如何确定近亲属作为附带民事诉讼原告人,存在着两种不同意见:一种意见认为,凡被害人的近亲属都拥有独立的、完整的诉权,即每个近亲属都有权就被告人给被害人造成的全部物质损失单独提起附带民事诉讼,多名近亲属还可以作为共同原告人共同起诉。另一种意见认为,被害人的近亲属提起附带民事诉讼的,应当将被害人的继承人均列为原告人,可以由继承人中的一人作为诉讼代理人参加诉讼,但其必须经其他继承人合法授

---

① 参见赵可主编:《被害者学》,中国矿业大学出版社 1989 年版,第 1~2 页;汤啸天等:《犯罪被害人学》,甘肃人民出版社 1998 年版,第 2~3 页;郭建安主编:《犯罪被害人学》,北京大学出版社 1997 年版,第 7 页。

② 参见高铭暄、张杰:《刑法学视野中被害人问题探讨》,载《中国刑事法杂志》2006 年第 1 期。

权(无行为能力或限制行为能力人的法定代理人无须经授权)。本书认为,刑诉法规定的已死亡被害人的近亲属有权提起附带民事诉讼,只是对诉讼主体范围的规定,并非指个案中所有近亲属均有完整独立的诉权。如果允许近亲属中的一人未经其他继承人的同意,对全部损失提起诉讼,则侵犯了其他继承人的诉权。而将全部赔偿均判归提起诉讼的人,也可能侵犯其他继承人的实体权利。一旦产生纠纷,除非将原判决撤销,否则很难予以公正处理。而将继承人都列为原告人,既能保护全部受损失人的合法诉权和实体权利,也不会影响法院的诉讼效率,实践中由已死亡被害人的近亲属中的一人或数人在取得其他继承人授权后作为诉讼代理人参加诉讼,不会给当事人增加讼累。这种做法也是民事案件中处理被害人死亡的人身伤害赔偿案件时确定原告的通常做法。

被害人是无行为能力人或者限制行为能力人时,被害人的法定代理人有权提起附带民事诉讼。需要注意的是,上述有权提起附带民事诉讼的人放弃诉讼权利的,应当准许,并记录在案。

如果是国家财产、集体财产遭受损失,受损失的单位未提起附带民事诉讼,人民检察院在提起公诉时提起附带民事诉讼的,人民法院应当受理。

最高人民法院、最高人民检察院《关于检察公益诉讼案件适用法律若干问题的解释》(2020)还对人民检察院提起附带民事公益诉讼作出了规定。人民检察院对破坏生态环境和资源保护,食品药品安全领域侵害众多消费者合法权益,侵害英雄烈士等的姓名、肖像、名誉、荣誉等损害社会公共利益的犯罪行为提起刑事公诉时,可以向人民法院一并提起附带民事公益诉讼,由人民法院同一审判组织审理。人民检察院提起的刑事附带民事公益诉讼案件由审理刑事案件的人民法院管辖。

实践中,检察机关为了维护国家、集体利益提起附带民事诉讼时,对其究竟处于什么样的法律地位,存在不同的认识。一种观点认为,检察院处于公诉人的地位,而不能作为原告;另一种观点认为,检察院在附带民事诉讼中是国家、集体利益的代表人,符合法定代理人的特点;还有观点认为,检察院在提起的附带民事诉讼中既非公诉人,也不是原告,更不是法定代理人,而是以法律监督者的身份出现的。本书认为,根据最高院《解释》(2021)第 190 条、第 193 条和第 197 条规定,检察机关享有原告人的诉讼权利,可以就赔偿问题同被告人通过调解达成协议或者自行和解。人民检察院作为附带民事诉讼原告,在附带民事诉讼胜诉后可以作为赔偿接受人。

公益性刑事附带
民事诉讼很有必要

在附带民事诉讼原告问题的研究上,还存在第三人能否参与到附带民事诉讼中的分歧。反对者认为这样容易导致诉讼的拖延,不利于刑民案件的整体迅速解决;赞成者则认为,将利益相关的第三人纳入附带民事诉讼,最大限度地发挥诉讼的解决纠纷功能,也有利于第三人利益的保护。我们认为,刑事附带民事诉讼作为具有民事诉讼特征的损害赔偿诉讼,根据最高院《解释》(2021)第 201 条的规定可知,除了刑法、刑事诉讼法相关法律法规的特殊规定外,应当适用民事法律的有关规定。故应依据民事诉讼法的相关规定解决刑事附带民事诉讼的第三人问题。如财产保险中,当投保人因犯罪遭受财产损失时,保险人根据投保人的申请预先支付保险赔偿金的,保险人取得向第三人追偿的权利,可以作为原告人提起附带民事诉讼。此时,投保人(被害人)应以第三人的身份参加附带民事诉讼。

8.2.2　附带民事诉讼的被告

附带民事诉讼的被告是指对犯罪行为造成的物质损失依法负有赔偿责任,而被附带民事诉讼的原告人起诉要求赔偿经济损失的人。他是附带民事诉讼的一方当事人。

依最高院《解释》(2021)第180条的规定可知,附带民事诉讼中依法负有赔偿责任的人包括以下几类:(1)刑事被告人以及未被追究刑事责任的其他共同侵害人。(2)刑事被告人的监护人。(3)死刑罪犯的遗产继承人。(4)共同犯罪案件中,案件审结前死亡的被告人的遗产继承人。(5)对被害人的物质损失依法应当承担赔偿责任的其他单位和个人。

需要注意的是,附带民事诉讼的成年被告,应当承担赔偿责任的,如果其亲友自愿代为承担,应当准许。

8.3　附带民事诉讼的提起和审判

8.3.1　附带民事诉讼的提起

附带民事诉讼的提起,包括附带民事诉讼提起的条件、附带民事诉讼提起的主体、附带民事诉讼提起的期间、附带民事诉讼提起的方式等。前面已对附带民事诉讼提起的条件和主体进行了详细的阐释,在此主要针对附带民事诉讼提起的期间及方式进行研究。

1. 附带民事诉讼提起的期间

附带民事诉讼应当在刑事案件立案以后、第一审判决宣告以前提起。有权提起附带民事诉讼的人在第一审判决宣告以前没有提起的,不得再提起附带民事诉讼,但可以在刑事判决生效后另行提起民事诉讼。

《刑事诉讼法》第101条规定被害人"在刑事诉讼过程中,有权提起附带民事诉讼",有意见认为,该"刑事诉讼过程"也应当包括第二审期间。本书认为,这种意见是不可取的。虽然现代刑事诉讼的概念不仅指审判阶段,而且指刑事案件立案后的全部过程,包括侦查、起诉、第一审、第二审,直至判决生效交付执行。但若被害人向二审法院提起附带民事诉讼,二审法院在处理时将很麻烦。第二审法院不能直接审理第一审附带民事诉讼,它必须把刚提起的附带民事诉讼发回原第一审法院审理。第一审法院审理后,如果被害人(附带民事诉讼原告人)不服,依法再提起上诉。这样就成了附带民事诉讼从第一审到第二审都是单独审理,失去了附带民事诉讼简化程序、及时处理的意义。因此,《刑事诉讼法》关于"刑事诉讼过程"的规定只是对附带民事诉讼制度的规定,它只是强调提起附带民事诉讼必须以刑事诉讼的存在为前提,而不是具体规定提起附带民事诉讼的期间。故认为在第二审中也可提起附带民事诉讼的意见是不恰当的,也与最高院《解释》(2021)的规定不符。

在侦查、预审、审查起诉阶段,有权提起附带民事诉讼的人向公安机关、人民检察院提出赔偿要求,已经公安机关、人民检察院记录在案的,刑事案件起诉后,人民法院应当按附带民事诉讼案件受理;经公安机关、人民检察院调解,当事人双方达成协议并已给付,被害人又向法院提起附带民事诉讼的,人民法院不予受理,但有证据证明调解违反自愿、合法原则的除外。

2. 附带民事诉讼提起的方式

提起附带民事诉讼一般应当提交附带民事诉状。书写诉状确有困难的,可以口头起诉。审判人员应当对原告人的口头诉讼请求详细询问,并制作笔录,向原告人宣读;原告人确认无误后,应当签名或者盖章。

从目前大陆法系各国的规定来看,提起附带民事诉讼主要有两种方式:一种是由被害人在检察机关提起公诉的同时,自行采用口头或者书面的形式直接向法院提起;另一种是由被害人向负责案件侦查的侦查机关或者审查起诉的检察机关提交申请,经这些机关审查以后在刑事公诉中附带提起。

有学者针对我国现行《刑事诉讼法》对附带民事诉讼提起方式规定不完整的情况,指出应当在立法上明确规定允许被害人选择其中之一作为提起附带民事诉讼的方式,这样会给被害人的权利行使提供更为广阔的空间和更多可供选择的方式。

8.3.2　附带民事诉讼的审判

1. 附带民事诉讼的审判程序

(1) 对起诉的审查受理和庭前准备工作。人民法院收到附带民事诉状后,应当进行审查,并在 7 日内决定是否立案。符合刑事诉讼法关于附带民事诉讼起诉条件的,应当受理;不符合条件的,应当裁定不予受理。

人民法院受理附带民事诉讼后,应当在 5 日内向附带民事诉讼的被告人送达附带民事起诉状副本,或者将口头起诉的内容及时通知附带民事诉讼的被告人,并制作笔录。被告人是未成年人的,应当将附带民事起诉状副本送达其法定代理人,或者将口头起诉的内容通知其法定代理人。

人民法院送达附带民事起诉状副本时,应当根据刑事案件审理的期限,确定被告人或者其法定代理人提交民事答辩状的时间。

(2) 审理适用的法律和采取的必要措施。人民法院审判附带民事诉讼案件,除适用刑法、刑事诉讼法外,还应当适用民法、民事诉讼法有关规定。

《刑事诉讼法》第 102 条明确规定:"人民法院在必要的时候,可以采取保全措施,查封、扣押或者冻结被告人的财产。附带民事诉讼原告人或者人民检察院可以申请人民法院采取保全措施。人民法院采取保全措施,适用民事诉讼法的有关规定。"

(3) 审理中的调解。《刑事诉讼法》第 103 条明确规定:"人民法院审理附带民事诉讼案件,可以进行调解,或者根据物质损失情况作出判决、裁定。"由于附带民事诉讼在本质上属于民事诉讼,所以审理附带民事诉讼案件,除人民检察院提起的以外,可以调解。调解应当在自愿合法的基础上进行。经调解达成协议的,审判人员应当及时制作调解书。调解书经双方当事人签收后即发生法律效力。

调解达成协议并当庭执行完毕的,可以不制作调解书,但应当记入笔录,经双方当事人、审判人员、书记员签名或者盖章即发生法律效力。

经调解无法达成协议或者调解书签收前当事人反悔的,附带民事诉讼应当同刑事诉讼一并判决。

(4) 审理上的其他规定。附带民事诉讼的原告人经人民法院传票传唤,无正当理由拒不

田某故意伤害案
一审刑事附带民事
判决书

到庭,或者未经法庭许可中途退庭的,应当按自行撤诉处理。

人民法院审理刑事附带民事诉讼案件,不收取诉讼费。

(5) 判决作出后的上诉、抗诉。附带民事诉讼的当事人和他们的法定代理人,对判决或者裁定中的附带民事部分不服的,可以提出上诉。人民检察院也可在认为第一审人民法院对附带民事部分的判决或者裁定确有错误时提出抗诉。

第二审人民法院受理的上诉和抗诉案件,必须是在法定期限内提出的。不服判决的上诉和抗诉的期限为 10 日;不服裁定的上诉和抗诉的期限为 5 日。上诉和抗诉的期限,从接到判决书、裁定书的第二日起计算。对附带民事判决或者裁定的上诉、抗诉期限,应当按照刑事部分的上诉、抗诉期限确定。如果原审附带民事部分是另行审判的,上诉期限应当按照民事诉讼法规定的期限执行。

对附带民事诉讼的上诉、抗诉不影响刑事判决部分的生效,但是二审法院应当对第一审判决中的刑事和民事部分进行全面审查,审查后仅对附带民事诉讼部分作出终审判决。

2. 附带民事诉讼的审判原则

审理附带民事诉讼应当以一并审判为原则,以先刑事诉讼后附带民事诉讼为补充。

附带民事诉讼应当同刑事案件一并审判,这是审理附带民事诉讼案件的一项基本原则,也是附带民事诉讼制度的价值所在。只有附带民事诉讼和刑事案件一并审判,才能真正地提高诉讼效率,便利诉讼参与人参加诉讼,节约诉讼成本,防止对同一事实作出相互矛盾的判决,体现附带民事诉讼制度的优越性。因此,我国《刑事诉讼法》特地将这一原则明确规定在第 104 条中。

但是,刑事审判的期限较民事审判更为严格,一味地认定必须将刑事案件与附带民事诉讼一并审理也是不符合实际的。对于被害人遭受的物质损失或者被告人的赔偿能力一时难以确定,或附带民事诉讼当事人因故不能到庭等案件,为了防止刑事案件审判的过分迟延,附带民事诉讼可以在刑事案件审判后,由同一审判组织继续审理。如果同一审判组织的成员确实无法继续参加审判的,可以更换审判组织成员。

另外,人民法院认定公诉案件被告人的行为不构成犯罪的,对已经提起的附带民事诉讼,经调解不能达成协议的,应当一并作出刑事附带民事判决。虽然被告人的行为不构成犯罪,但这是实体判决结果的问题。就程序上而言,刑事诉讼程序已经启动,并仍按照该刑事诉讼程序进行审理,而附带民事诉讼也已按照规定提起,如果没有如上所述附带民事诉讼使刑事案件审判延迟的例外情况,人民法院就应当一并审理,一并判决。

小结

刑事附带民事诉讼作为审判机关在刑事诉讼过程中,在依法解决被告人刑事责任的同时,附带解决由遭受物质损失的被害人一方或人民检察院提起的,针对由于被告人的犯罪行为而使被害人遭受物质损失的赔偿问题所进行的诉讼方式,不仅节省了司法资源,还提高了诉讼效率。附带民事诉讼不同于一般的民事诉讼,既有其特殊的制度合理性,也有其固有的制度缺陷。附带民事诉讼成立的条件包括:第一,以刑事诉讼的成立为前提。第二,被害人或国家、集体的物质损失必须是由被告人的犯罪行为直接造成的。刑事附带民事诉讼的原告既可以是被害人,也可以是被害人的法定代理人或近亲属,还可以是人民检察院。被告则一般是刑事诉讼中的被告人,但不限于刑事被告人,其他依法应当负有赔偿责任的自然人或单位也可以成为刑事附带民事诉讼的被告人。刑事附带民事诉讼坚持民事案件同刑事案件一并审判的原则,同时保留部分案件可以先审结刑事案件,再由同一审判组织审理民事诉讼的灵活做法。

思考题

1. 提起刑事附带民事诉讼须具备哪些条件?
2. 刑事附带民事诉讼制度有何积极意义? 存在何种弊端?
3. 根据《刑事诉讼法》和司法解释的规定,应当如何界定刑事附带民事诉讼的原告和被告?
4. 与民事诉讼相比,刑事附带民事诉讼的程序有何特殊性?

第三编

程序论

第9章 管辖与立案

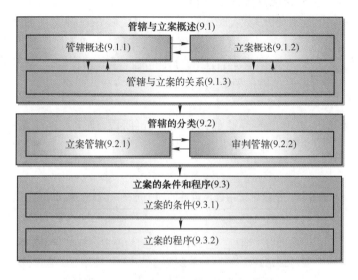

图 9-0　本章基本知识结构　［常远，2002］

导言

　　合理划分管辖对于科学配置国家刑事司法资源具有重要的意义。刑事诉讼法中的管辖分两个层面：一是立案管辖，二是审判管辖。前者决定了刑事诉讼程序的运行模式，后者支配着刑事审判机制的构造体系。立案是刑事诉讼程序的启动标志，它关系着人权保障和诉讼经济。中国刑事追诉制度采用公诉与自诉相结合的双轨制，与之对应，刑事立案也有公诉案件的侦查立案与自诉案件的审判立案之分。管辖要解决的问题是一项犯罪应当由侦查机关负责追查还是由审判机关负责审判，只有确定管辖的范围，刑事诉讼的车轮才得以转动。本章将根据我国现行刑事法律规范，并结合司法实践经验，在厘清管辖与立案的概念的基础上，分别对管辖与立案的关系、管辖的分类以及立案的条件和程序进行客观、全面的介绍与论述。

9.1 管辖与立案概述

9.1.1 管辖概述

1. 管辖的概念

中国刑事诉讼中的管辖,是指公安机关、人民检察院和人民法院之间在直接受理刑事案件上的权限划分以及人民法院系统内部在审理第一审刑事案件上的权限划分。管辖所要解决的问题有两个:一个是公安机关、人民检察院和人民法院在直接受理刑事案件上的分工问题(即立案管辖),另一个是人民法院系统内各级法院之间、普通人民法院与专门法院之间以及专门法院之间在审判第一审刑事案件上的分工问题(即审判管辖)。审判管辖又分为普通人民法院的管辖与专门人民法院的管辖。

2. 确定管辖的原则

由于管辖关系到刑事诉讼能否顺利开展和进行,所以,确定管辖应考虑哪些因素,是必须首先解决的问题。从有利于刑事诉讼顺利进行、完成刑事诉讼总任务的角度考虑,确定管辖应当遵循以下四个原则(见表9–1):

表 9–1 刑事诉讼中确定管辖的四个原则 [聂立泽,2002]

原则	说明
分工明确、合理原则	所谓分工明确,是指对管辖范围的确定要确切、明晰,使每一起刑事案件的管辖都落到实处,尽可能避免管辖争议。所谓分工合理,是指在划分管辖范围时,要切实根据各机关的具体情况,譬如根据该机关的性质与任务、级别与职权、物质配备与技术装备等,来确定其管辖案件的数量与难度,做到各机关的工作与其能力相适应
保证正确、及时查明案情原则	确定管辖必须考虑保证办案质量和办案效率,有利于公、检、法三机关调查取证,弄清案件事实真相,从而及时有效地同犯罪作斗争
原则性与灵活性相结合原则	确定管辖既要明确具体,又要有适当的灵活性。因为刑事案件往往错综复杂,再加上中国地域辽阔,各地实际情况存在着很大的差异,绝对地强调原则性有时不利于诉讼的顺利进行,所以要有一定的灵活性,赋予公、检、法三机关一定的处置权
诉讼经济原则	任何一个诉讼活动都有一定的人员参加,同时也有一定的财力投入及设备的消耗,所以,坚持诉讼经济原则,能节约人、财、物方面的开支,减少诉讼成本,从而提高整个刑事诉讼的效率

3. 管辖的意义

由于刑事管辖不仅涉及人民法院系统内部受理刑事案件的分工,还涉及公安机关、人民检察院、人民法院的立案管辖问题,所以,明确刑事案件的管辖具有重要意义。

第一,明确各机关的案件管辖范围,有利于公、检、法三机关依法行使职权,把属于自己管辖的案件管起来。这既可以防止互相推诿和互相争管,又可以充分发挥每个部门、每个单位在同犯罪作斗争中的职能。

第二,明确各机关的案件管辖范围,有利于机关、团体、企业事业单位和公民按照管辖的规定分别向公、检、法机关提出控告或举报,减少案件的移送,便于刑事诉讼的迅速进行。

第三,明确各机关的案件管辖范围,有利于案件得到及时、正确的处理。刑事诉讼法规定,大多数刑事案件由公安机关侦查,普通刑事案件基本上由基层人民法院管辖,性质严重和重大的刑事案件由中级以上的人民法院管辖,同级人民法院之间案件的管辖权原则上属于犯罪地的人民法院,这主要是为保证案件能够得到及时、正确的处理,使犯罪分子受到应有惩罚。

9.1.2　立案概述

1. 立案的概念

立案是刑事诉讼程序的开始阶段。立案,即立案程序,是指公安机关、人民检察院发现犯罪事实或犯罪嫌疑人,或者公安机关、人民检察院和人民法院对报案、控告、举报或自首及人民法院对自诉人的自诉材料进行审查后,判明有无犯罪事实和应否追究刑事责任,并决定是否进行侦查或审理的诉讼活动(见图 9-1)。

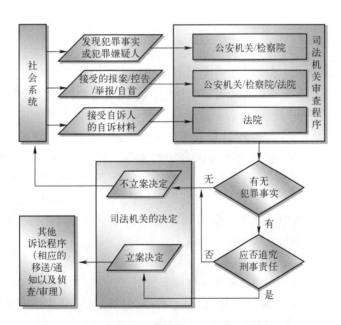

图 9-1　中国刑事诉讼系统的立案程序　[常远,2002]

立案是一个完整的诉讼程序,也是一个相对独立的诉讼阶段,不仅包括对报案、控告、举报和自首等材料的接受,而且包括对材料的审查、作出立案与否的决定及相应的移送和通知程序,还包括立案与不立案两种不同的处理结果。可见,公安司法机关对有关犯罪材料的接受、审查和决定,是立案程序的三个最基本的步骤。

中国的刑事诉讼,一般情况下都会经过立案、侦查、起诉、审判、执行五个诉讼阶段。它们相互连接,环环紧扣,只有经过立案阶段,其他诉讼阶段才能依次进行。司法实践中"有案不立""先破后立"和"不破不立"的做法都是不符合法律规定的。人民检察院应当进行法律监督,发现上述问题,及时予以纠正。

立案,不仅是刑事诉讼活动的开始阶段,更重要的是,它是独立的诉讼程序。在中国,有权决定立案的机关只有公安机关(含国家安全机关、军队保卫部门、中国海警局、监狱)、检察机关和人民法院。除此之外,其他任何机关、团体、企业、事业单位和个人都无权作出立案或不立案的决定。

立案是刑事诉讼的开端程序,只有经过这一程序,公安机关、检察机关才有权进行侦查、起诉,人民法院才能进行审判活动。虽然在某些紧急情况下,在作出立案决定以前,公安机关可以派员对特殊案件如有现场、尸体等的案件进行勘验、检查、鉴定等专门调查工作,但这并不能取代立案后所进行的刑事侦查活动。况且事前必须经领导批准,事后亦要迅速补办立案手续。

2. 立案的意义

立案是刑事诉讼的开始,又是刑事案件的必经程序,同时还是进行侦查、审判活动的依据。因此,立案在刑事诉讼中具有很重要的意义,主要表现在:

(1) 有利于迅速发现犯罪,并予以及时的惩罚。公安机关、人民检察院或者人民法院,在立案阶段通过对接受的报案、控告和举报等材料的审查,对不属于公安司法机关立案受理的,移送有关单位或作不立案处理;对确有证据证明具备立案条件的,予以立案,进行侦查或调查。

(2) 正确、及时的立案,有利于保障公民的合法权益不受侵犯。正确地把握立案的条件并依法作出决定,既包括对认为需要追究刑事责任的人交付侦查或审判,也包括对不应当立案的不予立案,避免对不构成犯罪或者具有法定不追究情形的公民进行刑事追究。因此,立案活动只有在质量上把好关,刑事诉讼才能从一开始就保障无罪或不应受到刑事追究的人免受追究,确保其合法权益不受侵犯,充分体现我国社会主义法制尊重人权的原则。

(3) 立案为侦查活动的顺利进行提供合法的依据。侦查、审判活动直接关系到犯罪嫌疑人、被告人的合法权益是否受到侵犯。因此,作为侦查、审判的前提程序,立案程序必须确定以下内容:确有犯罪事实发生;需要追究犯罪嫌疑人、被告人的刑事责任;刑事案件已经成立,公诉案件可以进入侦查阶段,自诉案件可以直接移送审判。因此,正确及时立案,是做好侦查、审判工作的前提和基础。

(4) 正确、及时的立案,有利于综合治理社会治安秩序,防范、打击和制止各种犯罪。通过对立案材料的审查和综合分析,能够发现和掌握各种违法犯罪行为的特点及作案手段,使立法和执法机关及时了解社会治安状况,洞悉规律,分析形势,从而制定相应的法律、法规,采用适时的对策,预防犯罪,维护国家的长治久安。

9.1.3　管辖与立案的关系

立案与管辖(主要是职能管辖)的关系密不可分,互为条件。立案是刑事诉讼程序启动的标志。任何刑事案件只有先立案,才能进行后面的程序。而管辖则是要明确某一刑事案件由哪一个具体的机关负责立案。我们在探讨刑事管辖与立案之间的关系时,可以举一个简单的例子加以说明:公安机关、人民检察院发现了某一犯罪事实或犯罪嫌疑人,或者公安机关、人民检察院和人民法院对接受的报案、控告、举报或自首及人民法院对自诉人的自诉材料进行审查后,认为有犯罪事实且尚未发现存在不需要追究刑事责任的情形,首先要解决的问题是该项犯罪应当由公安机关、检察机关、人民法院三机关中的哪一个机关负责查究,或者在人民法院直接受理的案件中,应由哪一种、哪一级、哪一个地域的人民法院负责审判。也就是确定哪个具体的专门机关对这一案件有管辖权,就由该机关立案。

也就是说,管辖范围的固定是立案的前提和根据,只有拥有当然的管辖权,刑事诉讼的车轮才得以开动。

9.2　管辖的分类

我国刑事诉讼法规定了两种管辖制度:一是立案管辖;二是审判管辖。立案管辖,是指侦查机关、检察机关和审判机关之间在直接受理刑事案件上的分工;审判管辖是指人民法院系统内部在审判第一审案件上的职权分工,审判管辖包括级别管辖、地区管辖、指定管辖和专门管辖。

9.2.1　立案管辖

立案管辖是专门机关依法行使职权原则在直接受理刑事案件问题上的具体体现。它根据侦查、检察、审判三机关的不同职能和刑事案件的不同情况,解决哪些案件应由公安机关、安全机关、军队保卫部门、监狱或者人民检察院立案侦查,哪些案件应由人民法院直接受理的问题。所以,立案管辖又称为职能管辖或者部门管辖。

1. 公安机关直接受理的刑事案件

中国《刑事诉讼法》第 19 条第 1 款明确规定:"刑事案件的侦查由公安机关进行,法律另有规定的除外。"由此可知,中国《刑事诉讼法》对公安机关直接受理的刑事案件的范围所采取的方法是排除法,即一般而言,刑事案件均由公安机关直接受理,进行侦查,除非法律另有规定。由此,只要了解了法律所作的特别规定,就了解了公安机关的受理范围。《刑事诉讼法》这样规定,是同公安机关在刑事诉讼中的地位、作用相适应的。公安机关是国家负责维护社会秩序,保卫公共安全,预防和制止犯罪活动的专门机关,工作在同犯罪斗争的第一线,专门负责刑事案件的侦查,在我国侦查体系中是主要的侦查机关。

"法律另有规定"主要指两种情况:一是虽然实体法上被列为刑事犯罪案件,但在程序法上规定不需要侦查,可由人民法院直接受理审判的刑事案件。二是法律规定应由其他国家机关立案侦查的刑事犯罪案件,目前这类刑事案件具体指:(1) 人民检察院依照《刑事诉讼法》第 19 条第 2 款规定管辖的自侦刑事案件;(2) 国家安全机关依法立案侦查的危害国家安全的刑事案件;(3) 军队保卫部门依法立案侦查的军队内部发生的刑事案件;(4) 监狱依法立案侦查的罪犯在监狱内犯罪的案件;(5) 中国海警局依法立案侦查的海上发生的刑事案件。

人民检察院和人民法院直接受理的刑事案件将在下文中详述,在此,仅着重介绍一下国家安全机关以及军事保卫部门直接受案的范围,便于我们通过排除法了解公安机关的受案范围。

根据《刑法》《刑事诉讼法》《国家安全法》等法律的规定,中国国家安全机关在刑事诉讼中直接受理的危害国家安全的刑事案件的种类如下（见表 9–2）：

表 9–2　中国国家安全机关在刑事诉讼中直接受理的刑事案件 ［聂立泽,2002］

序号	案件	《中华人民共和国刑法》有关条款
1	背叛国家案	第 102 条
2	分裂国家案	第 103 条第 1 款
3	煽动分裂国家案	第 103 条第 2 款
4	武装叛乱、暴乱案	第 104 条
5	颠覆国家政权案	第 105 条第 1 款
6	煽动颠覆国家政权案	第 105 条第 2 款
7	资助危害国家安全犯罪活动案	第 107 条
8	投敌叛变案	第 108 条
9	叛逃案	第 109 条
10	间谍案	第 110 条
11	为境外窃取、刺探、收买、非法提供国家秘密、情报案	第 111 条
12	资敌案	第 112 条

根据中国人民解放军总政治部、军事法院、军事检察院《关于〈中华人民共和国刑法〉第十章所列刑事案件管辖范围的通知》,中国军事保卫部门负责侦查下列案件（见表 9–3）：

表 9–3　中国军事保卫部门负责侦查的刑事案件
（依《中华人民共和国刑法》分则第 10 章） ［聂立泽,2016］

序号	案件	《中华人民共和国刑法》有关条款
1	战时违抗命令案	第 421 条
2	隐瞒、谎报军情案	第 422 条
3	拒传、假传军令案	第 422 条
4	投降案	第 423 条
5	战时临阵脱逃案	第 424 条
6	阻碍执行军事职务案	第 426 条
7	军人叛逃案	第 430 条
8	非法获取军事秘密案	第 431 条第 1 款
9	为境外窃取、刺探、收买、非法提供军事秘密案	第 431 条第 2 款
10	故意泄露军事秘密案	第 432 条
11	战时造谣惑众案	第 433 条
12	战时自伤案	第 434 条
13	逃离部队案	第 435 条
14	武器装备肇事案	第 436 条

续表

序号	案件	《中华人民共和国刑法》有关条款
15	盗窃、抢夺武器装备、军用物资案	第 438 条
16	非法出卖、转让武器装备案	第 439 条
17	遗弃武器装备案	第 440 条
18	遗失武器装备案	第 441 条
19	战时残害居民、掠夺居民财物案	第 446 条
20	私放俘虏案	第 447 条

此外,公安部《规定》(2020)和最高人民法院等六机关制定的《办理军队和地方互涉刑事案件规定》(2009)还对特殊情况下的管辖作了以下明确的规定:

第一,铁路、民航系统的机关、厂、段、院、校、所、队、工区等单位发生的刑事案件,车站、机场工作区域内和列车、民航飞机内发生的刑事案件,铁路沿线、发生的盗窃或者破坏铁路、水运、通信、电力线路和其他重要设施的刑事案件,以及内部职工在铁路、飞机上执行任务中发生的案件,分别由发案地铁路、民航公安机关管辖。

第二,林业系统的公安机关负责其辖区内的盗伐、滥伐林木,危害陆生野生动物和珍稀植物等刑事案件的侦查;大面积林区的林业公安机关还负责辖区内其他刑事案件的侦查。未建立专门林业公安机关的,由所在地公安机关管辖。

第三,中华人民共和国海关关境内发生的涉税走私犯罪案件和发生在海关监管区内的非涉税走私犯罪案件,由海关走私犯罪侦查机构管辖。

第四,公安机关和军队互涉刑事案件的管辖分工如下:

军人在地方作案的,当地公安机关应当及时移交军队保卫部门侦查。

地方人员在军队营区作案的,由军队保卫部门移交公安机关侦查。

军人与地方人员共同在军队营区作案的,以军队保卫部门为主组织侦查,公安机关配合;共同在地方作案的,以公安机关为主组织侦查,军队保卫部门配合。

现役军人入伍前在地方作案,依法应当追究刑事责任的,由公安机关侦查,但需将相关材料送军队保卫部门审查。

军人退出现役后,发现其在服役期间在军队营区作案,依法应当追究刑事责任的,由军队保卫部门侦查,公安机关配合。

军人退出现役后,在离队途中作案的,以及已经批准入伍尚未与军队办理交接手续的新兵犯罪的,由公安机关侦查。

属于地方人武部门(人民武装部门)管理的民兵武器仓库和军队移交或者出租、出借给地方单位使用的军队营房、营院、仓库、机场、码头,以及军队和地方人员混居的军队宿舍区发生的非侵害军事利益和军人权益的案件,由公安机关侦查,军队保卫部门配合。

办理公安机关和军队互涉的刑事案件,公安机关和有关军队保卫部门应当及时互通情况,加强协作、密切配合;对管辖有争议的案件,应当共同研究协商,必要时可由双方的上级机关协调解决。

公安机关和武装警察部队互涉刑事案件的管辖分工依照公安机关和军队互涉刑事案件

的管辖分工的原则办理。

对于依法既应由公安机关立案侦查又应由人民检察院立案侦查的案件,如果涉嫌主罪属于公安机关管辖,由公安机关为主侦查,人民检察院予以配合;如果涉嫌主罪属于人民检察院管辖,由人民检察院为主侦查,公安机关予以配合。同时,根据《监察法》的规定,对属于监察机关和公安机关共同管辖的罪名,属于公职人员在公权力行使过程中的犯罪,由监察机关管辖;反之,则由公安机关管辖。

2. 人民检察院直接受理的刑事案件

人民检察院是国家法律监督机关,依法独立行使检察权。在刑事诉讼中,检察机关的监督权一方面通过监督公安机关的立案和侦查、人民法院的审判、执行机关的执行等诉讼活动是否合法来完成,另一方面则是通过履行诉讼监督,对司法工作人员利用职权实施的侵犯公民权益、损害司法公正的犯罪直接立案侦查来实现的。

人民检察院直接受理的案件,即通常所说的自侦案件或人民检察院自行立案侦查的案件。

根据《刑事诉讼法》第 19 条第 2 款的规定:"人民检察院在对诉讼活动实行法律监督中发现的司法工作人员利用职权实施的非法拘禁、刑讯逼供、非法搜查等侵犯公民权利、损害司法公正的犯罪,可以由人民检察院立案侦查。对于公安机关管辖的国家机关工作人员利用职权实施的重大犯罪案件,需要由人民检察院直接受理的时候,经省级以上人民检察院决定,可以由人民检察院立案侦查。"

从上述法律规定和最高人民检察院《关于人民检察院立案侦查司法工作人员相关职务犯罪案件若干问题的规定》(2018)可知,人民检察院立案侦查的案件范围分为十四类,具体见表 9-4。

表 9-4   人民检察院直接受理立案侦查的案件范围   [聂立泽,2021]

序号	案件	《中华人民共和国刑法》有关条款
1	非法拘禁案	第 238 条(非司法工作人员除外)
2	非法搜查案	第 245 条(非司法工作人员除外)
3	刑讯逼供案	第 247 条
4	暴力取证案	第 247 条
5	虐待被监管人案	第 248 条
6	滥用职权案	第 397 条(非司法工作人员滥用职权侵犯公民权利、损害司法公正的情形除外)
7	玩忽职守案	第 397 条(非司法工作人员玩忽职守侵犯公民权利、损害司法公正的情形除外)
8	徇私枉法案	第 399 条第 1 款
9	民事、行政枉法裁判案	第 399 条第 2 款
10	执行判决、裁定失职案	第 399 条第 3 款

续表

序号	案件	《中华人民共和国刑法》有关条款
11	执行判决、裁定滥用职权案	第 399 条第 3 款
12	私放在押人员案	第 400 条第 1 款
13	失职致使在押人员脱逃案	第 400 条第 2 款
14	徇私舞弊减刑、假释、暂予监外执行案	第 401 条

随着我国监察机制的改革，之前由检察机关直接受理并立案侦查的公职人员职务犯罪案件，绝大部分改由监察机关立案调查。《监察法》第 11 条第 2 项规定，监察机关"对涉嫌贪污贿赂、滥用职权、玩忽职守、权力寻租、利益输送、徇私舞弊以及浪费国家资财等职务违法和职务犯罪进行调查"。其中专属于监察机关管辖的罪名包括《刑法》第八章规定的贪污贿赂罪、第九章规定的渎职罪以及其他相关章节规定的仅由国家（机关）工作人员构成的犯罪。

3. 人民法院直接受理的刑事案件

中国《刑事诉讼法》第 19 条第 3 款规定："自诉案件，由人民法院直接受理。"所谓自诉案件，是指被害人及其法定代理人或者近亲属，为追究被告人的刑事责任，直接向人民法院提起诉讼的案件。根据《刑事诉讼法》第 210 条的规定，自诉案件主要包括以下三类（见表 9–5）：

（1）告诉才处理的案件。告诉才处理的案件，又称亲告乃论案件。根据有关法律的规定，在我国刑事诉讼中，是指只有被害人或其法定代理人提出控告和起诉，人民法院才予以受理的案件；如果被害人因受强制、威吓或其他原因无法告诉的，人民检察院或者被害人的近亲属也可以告诉。中国刑事法律之所以将此类案件的追诉权赋予被害人及其法定代理人行使，即是否提起刑事诉讼以追究犯罪人刑事责任，基本上取决于被害人及其法定代理人的意志，国家不主动予以干预和追诉，是因为这类案件的社会危害性较小，往往发生在熟人之间，而且主要侵犯了被害人个人的合法权益。

当然，我国现行《刑法》对告诉才处理的案件所规定的范围是否合适，值得探讨。国外有的刑法（如日本刑法）出于保护被害人隐私的考虑，把强奸罪规定为告诉乃论之罪的立法例，以及我国《刑法》把侵占罪统一规定为告诉乃论之罪可能会造成对此类案件追诉乏力的情形等，都是需要进一步研究的。

（2）被害人有证据证明的轻微的刑事案件。这是对 1979 年《刑事诉讼法》关于人民法院直接受理的"不需要进行侦查的轻微的刑事案件"规定的修改，这样规定既符合自诉案件的审判程序要求，又有利于防止公检法机关互相推诿，可以避免发生因对"不需要进行侦查"认识理解不一而拒绝受理，致使被害人奔走于公检法机关之间，控告无门的现象。

表 9-5　人民法院直接受理的刑事案件　［聂立泽，2021］

类别	序号	案件或构成要件	《中华人民共和国刑法》有关条款
告诉才处理的案件	1	侮辱、诽谤案（严重危害社会秩序和国家利益的除外）	第 246 条第 1 款
	2	暴力干涉婚姻自由案（致被害人死亡的除外）	第 257 条第 1 款
	3	虐待案（被害人没有能力告诉或者因受到强制、威吓无法告诉的除外）	第 260 条第 1 款
	4	侵占案	第 270 条
被害人有证据证明的轻微的刑事案件	1	故意伤害案（轻伤）	第 234 条第 1 款
	2	重婚案	第 258 条
	3	遗弃案	第 261 条
	4	侵犯通信自由案	第 252 条
	5	非法侵入住宅案	第 245 条
	6	生产、销售伪劣商品案（严重危害社会秩序和国家利益的除外）	《刑法》分则第三章第一节的规定
	7	侵犯知识产权案（严重危害社会秩序和国家利益的除外）	《刑法》分则第三章第七节的规定
	8	属于《刑法》分则第四章、第五章规定的，对被告人可能判处 3 年有期徒刑以下刑罚的案件	《刑法》分则第四章、第五章的规定
公诉转自诉的案件	1	被害人能提供证明被告人犯罪的充分证据	
	2	被告人的犯罪事实依法应当追究刑事责任，且不属于法定不起诉、酌定不起诉和存疑不起诉的情形	
	3	被告人侵犯的是被害人的人身、财产权利	
	4	公安机关或人民检察院应当立案侦查或起诉，但事实上没有进行这些追诉活动并已作出书面决定	

　　此类自诉案件应具备两个条件：一是被害人有相应证据证明被控诉人有罪。这个条件说明，一方面，起诉的主体原则上是犯罪行为直接侵害的对象，即被害人。被害人死亡或者丧失行为能力的，被害人的法定代理人、近亲属也可以向人民法院起诉。另一方面，被害人在行使自诉权时，应当履行举证义务，出示证据证明被告人有犯罪事实而且依法应当追究刑事责任。如果自诉人没有证据或者证据不充分，人民法院应当说服自诉人撤回自诉或者裁定驳回。二是案件性质属于轻微的刑事案件。所谓"轻微"，是指犯罪的性质和罪名不严重，情节和后果也不严重，社会影响不大。而抢劫、强奸、贩卖毒品案件，即使情节轻微也不能成为自诉案件，而轻微伤害、重婚、破坏军婚等案件，则可以自诉。这类犯罪侵害的主要是个人

的权益,对国家和社会公共利益的侵害往往是间接的,且危害性不大。从刑罚上来说,一般是可能判处的刑罚为 3 年以下有期徒刑、拘役、管制或者单处罚金的案件,也就是说,这类案件大体上相当于刑法中轻罪的范畴。

(3) 被害人有证据证明对被告人侵犯自己人身、财产权利的行为应当依法追究刑事责任,而公安机关或者人民检察院不予追究被告人刑事责任的案件。为了解决诉讼实践中长期存在的被害人告状无门的难题,充分保障被害人的诉讼权利,全面维护被害人的合法权益,同时督促公安机关和人民检察院积极追究犯罪,避免有案不立、有罪不究、以罚代刑等放纵犯罪的现象出现,我国于 1996 年修订《刑事诉讼法》时增设了这种自诉案件种类。由于这种案件原本属于公诉案件,只是基于现实的需要,才把它们当作自诉案件来处理,所以,可以把这种案件叫做"转化型"自诉案件,即所谓的"公诉转自诉"案件。

《刑事诉讼法》第 180 条明确规定:"对于有被害人的案件,决定不起诉的,人民检察院应当将不起诉决定书送达被害人。被害人如果不服,可以自收到决定书后七日以内向上一级人民检察院申诉,请求提起公诉。人民检察院应当将复查决定告知被害人。对人民检察院维持不起诉决定的,被害人可以向人民法院起诉。被害人也可以不经申诉,直接向人民法院起诉。人民法院受理案件后,人民检察院应当将有关案件材料移送人民法院。"

此外,军事法院也直接受理两类自诉案件:一是遗弃伤病军人案;二是虐待俘虏案。

9.2.2 审判管辖

刑事诉讼中的审判管辖,是指普通人民法院之间、普通人民法院与专门人民法院之间以及专门人民法院之间在审判第一审刑事案件权限范围上的分工。简言之,就是人民法院组织系统内部审判第一审刑事案件的分工,所要解决的问题是刑事案件应由哪种、哪级、哪个人民法院进行第一审审判。

在审判管辖中,一般只规定刑事案件的第一审管辖,这是因为同属普通审判程序的第二审审判只能由第一审人民法院的上一级人民法院进行。此外,人民检察院提起公诉和出庭支持公诉,应遵守法律关于审判管辖的规定。也就是说,必须与各级人民法院管辖的第一审刑事案件相适应。所以,明确人民法院的第一审管辖,也就确定了人民法院的第二审管辖,同时还相应确定了人民检察院的起诉管辖范围。

根据《刑事诉讼法》第 20 条至第 28 条的规定,中国刑事审判管辖可分为普通管辖和专门管辖,而普通管辖由级别管辖、地区管辖和指定管辖组成。

1. 级别管辖

级别管辖,是指各级人民法院在审判第一审刑事案件上的权限划分。它解决的问题是哪些刑事案件应由哪一级人民法院进行第一审审判。为了保证刑事案件能够得到及时的处理,中国刑事诉讼法在确定级别管辖时主要考虑以下因素:第一,案件的涉及面、性质和影响;第二,被告人罪行的轻重及可能被判处刑罚的轻重;第三,各级人民法院的不同职责和审判力量的强弱;第四,原则性与灵活性相结合。级别管辖是审判管辖的核心,各级人民法院审判第一审刑事案件的权限范围如下(见表 9-6):

表 9-6   中国各级人民法院审判第一审刑事案件级别管辖权限范围 ［聂立泽,2019］

法院	《刑事诉讼法》的规定	说明
最高人民法院	第 23 条规定,最高人民法院管辖的第一审刑事案件,是全国性的重大刑事案件	最高人民法院是国家最高审判机关,主要任务是监督地方各级人民法院和专门人民法院的审判工作,并负责对审判过程中的法律适用问题进行解释,审判上诉、抗诉案件,核准死刑案件。因此,法律把具有全国性影响、犯罪性质极其严重、案情十分复杂的刑事案件划归最高人民法院第一审是适当的
高级人民法院	第 22 条规定,高级人民法院管辖的第一审刑事案件,是全省(自治区、直辖市)性的重大刑事案件	由高级人民法院管辖的第一审刑事案件,应具备两个条件:(1)具有全省(自治区、直辖市)性影响;(2)罪行严重,案情重大。 高级人民法院是地方各级人民法院最高一级的人民法院,负有通过审判第二审案件、复核死刑案件以及核准死缓案件等活动,监督全省(自治区、直辖市)下级人民法院审判工作之责。因此,法律只将影响大、涉及面广但数量不多的全省(自治区、直辖市)性重大案件划归高级人民法院管辖,是完全必要和适宜的
中级人民法院	第 21 条规定,中级人民法院管辖的第一审刑事案件是:(1)危害国家安全、恐怖活动案件;(2)可能判处无期徒刑、死刑的案件	(1)危害国家安全、恐怖活动案件,是按案件性质划分的;(2)可能判处无期徒刑、死刑的刑事案件,是按可判刑罚轻重划分的。 这两类案件性质严重,案情复杂、重大,影响面广,因此,宜由级别较高的人民法院和经验丰富、业务熟练、水平较高的审判人员进行审判,这样也有利于保证案件审判质量[①]
基层人民法院	第 20 条规定,基层人民法院管辖第一审普通刑事案件,但是依照本法由上级人民法院管辖的除外	基层人民法院是人民法院系统中的基层机关,最接近犯罪行为发生地,与人民群众关系最密切,把除依照刑事诉讼法规定由上级人民法院管辖的少量案件之外的所有普通刑事案件全部交由基层人民法院管辖,方便诉讼参与人参加诉讼,便于人民法院及时迅速地审判案件
特殊情形下的管辖法院	第 24 条规定,上级人民法院在必要的时候,可以审判下级人民法院管辖的第一审刑事案件;下级人民法院认为案情重大、复杂,需要由上级人民法院审判的第一审刑事案件,可以请求移送上一级人民法院审判	由于刑事案件的复杂性,刑事诉讼法对案件的级别管辖,既作了原则性的规定,又赋予人民法院在级别管辖中一定的变通处置权。这里要注意:下级人民法院认为案情重大、复杂,需要由上级人民法院审判的第一审刑事案件,不属于法律上明确规定由上级人民法院管辖的案件,而是本身就应当由下级人民法院管辖的案件。对于这类案件,上一级人民法院接收与否,由上一级人民法院决定。凡是法律上明确规定由上级人民法院管辖的案件,下级人民法院必须将案件移送上级人民法院,由上级人民法院对案件进行审判;或者退回提起公诉机关,由人民检察院按照级别管辖的规定重新提起公诉。下级人民法院不得自行审判,上级人民法院也不得交由下级人民法院审判

① 这是 2012 年 3 月 14 日第十一届全国人民代表大会第五次会议通过的《关于修改〈中华人民共和国刑事诉讼法〉的决定》第 3 条对中级人民法院的管辖范围作出的新规定,于 2013 年 1 月 1 日起施行。原法条规定:"中级人民法院管辖下列第一审刑事案件:(一)反革命案件、危害国家安全案件;(二)可能判处无期徒刑、死刑的普通刑事案件;(三)外国人犯罪的刑事案件。"

2. 地区管辖

地区管辖,是指同级人民法院之间在审判第一审刑事案件权限上的划分。级别管辖从纵向确定上下级人民法院之间对第一审刑事案件的管辖范围,地区管辖则从横向确定同一级别不同地区的人民法院之间对第一审刑事案件的管辖范围。只有级别管辖与地区管辖同时确定,才能解决究竟由哪一个人民法院进行第一审刑事案件审判的问题。根据法律规定,地区管辖的划分原则如下:

(1) 以犯罪地人民法院管辖为主,被告人居住地人民法院管辖为辅

中国《刑事诉讼法》第 25 条规定:"刑事案件由犯罪地的人民法院管辖。如果由被告人居住地的人民法院审判更为适宜的,可以由被告人居住地的人民法院管辖。"刑事案件一般应由犯罪地人民法院管辖,这是确定地区管辖的首要原则。所谓犯罪地,一般指实施犯罪的一切必要行为的地点,具体包括犯罪行为发生地和犯罪结果发生地。

但是,由于中国地域辽阔,人口流动较大,犯罪人具有流窜作案、结伙作案等特点,因此,仅规定犯罪地人民法院管辖难以解决上述问题。为此,刑事诉讼法灵活地规定了可以由被告人居住地的人民法院管辖的例外情况。这些例外情况一般包括:被告人流窜作案,主要犯罪地难以确定,而居住地群众更为了解其犯罪情况的;被告人居住地的当地群众强烈要求在居住地进行审判的;可能对被告人适用缓刑或者判处管制,而应在被告人居住地进行监督改造和考察的。被告人的户籍地为其居住地。经常居住地与户籍地不一致的,经常居住地为其居住地。经常居住地为被告人被追诉前已连续居住一年以上的地方,但住院就医的除外。

被告人为单位的,被告单位登记的住所地为其居住地。主要营业地或者主要办事机构所在地与登记的住所不一致的,主要营业地或者主要办事机构所在地为其居住地。

(2) 以最初受理的人民法院审判为主,主要犯罪地人民法院审判为辅

《刑事诉讼法》第 26 条规定:"几个同级人民法院都有权管辖的案件,由最初受理的人民法院审判。在必要的时候,可以移送主要犯罪地的人民法院审判。"几个同级人民法院都有管辖权时,案件由最初受理的人民法院审判,这样,既可以避免因管辖争议或者相互推诿而影响及时审判,又符合诉讼经济原则。但是,最初受理的人民法院如果发现由本院审理不利于查清案情、及时处理案件,也可以将案件移送主要犯罪地的人民法院审判。移送可在同级人民法院之间直接进行,无须经上级人民法院批准或者指定。

3. 指定管辖

指定管辖,是指上级人民法院依照法律规定,指定其辖区内的下级人民法院对某一案件行使管辖权。《刑事诉讼法》第 27 条规定:"上级人民法院可以指定下级人民法院审判管辖不明的案件,也可以指定下级人民法院将案件移送其他人民法院审判。"

中国刑事诉讼中的指定管辖有表 9-7 所示的两种情况。

薄熙来案为什么
由济南市人民检察院
提起公诉?

4. 专门管辖

由于有些刑事案件涉及专门业务或技术方面的问题或者与某些专门业务有密切联系,不便由普通人民法院审判,而交由专门人民法院审判更为便利,因此,刑事诉讼法规定将这些案件交由专门人民法院审理。

目前,中国设置的专门人民法院主要有军事法院、铁路运输法院、林区法院和海事法院

等。其管辖为(见表 9-8):

表 9-7   中国刑事诉讼中指定管辖的两种情况 [聂立泽,2002]

原因	说明	举例
管辖不明	(1) 地区管辖不明	如:犯罪案件发生在两个法院管辖范围的交界处,或犯罪地不能确定、被告人又无固定居住地时,可由它们的共同上级人民法院指定某个下级人民法院审判
	(2) 级别管辖不明	如:一个基层人民法院认为应判处无期徒刑、死刑的普通刑事案件,中级人民法院认为不应判处无期徒刑、死刑时可指定基层人民法院审判
其他原因	(1) 有管辖权的几个同级人民法院因移送案件发生争议 (2) 有管辖权的人民法院由于特殊原因不能行使管辖权 (3) 上级人民法院认为由其他人民法院审判更有利于正确、及时地处理案件	

表 9-8   中国专门人民法院管辖刑事案件的权限范围 [聂立泽,2021]

专门人民法院	管辖刑事案件的说明
军事法院	主要是现役军人(含军内在编职工)涉及军职犯罪的案件。军人与非军人共同犯罪的,分别由军事法院和地方人民法院或者其他专门法院管辖;涉及国家军事秘密的,全案由军事法院管辖。
铁路运输法院	主要是铁路运输系统公安机关和铁路运输检察院负责侦破的刑事案件,如:危害和破坏铁路运输和生产的案件,在火车上犯罪的案件以及与铁路运输有关的经济、法纪、涉外等犯罪案件
林区法院	一切违反森林法情节严重的犯罪案件,主要有侵占、盗伐、滥伐林木,聚众破坏森林,蓄意纵火焚毁森林,杀害护林员,抢劫、盗窃林区木材等犯罪的案件
海事法院	根据现行法律的规定不审理刑事案件

5. 几种特殊情况的审判管辖

在司法实践中,审判管辖还存在着一些特殊的情况。最高院《解释》(2021)对特殊案件的管辖进行了以下几种情况的规定:

第一,对于中华人民共和国缔结或者参加的国际条约所规定的罪行,中华人民共和国在所承担条约义务的范围内,行使刑事管辖权。这类案件,由被告人被抓获地、登陆地或者入境地的人民法院管辖。

第二,在中华人民共和国领域外的中国船舶内的犯罪,由该船舶最初停泊的中国口岸所在地或者被告人登陆地、入境地的人民法院管辖。

第三,在中华人民共和国领域外的中国航空器内的犯罪,由该航空器在中国最初降落地的人民法院管辖。

第四,在国际列车上的犯罪,按照我国与相关国家签订的有关管辖协定确定管辖。没有协定的,由该列车始发或者前方停靠的中国车站所在地负责审判铁路运输刑事案件的人民法院管辖。

第五,中国公民在驻外的中国使(领)馆内的犯罪,由其主管单位所在地或者原户籍地的人民法院管辖。

第六,中国公民在中华人民共和国领域外的犯罪,由其登陆地、入境地、现居住地或者离境前居住地的人民法院管辖;被害人是中国公民的,也可由被害人离境前居住地或者现居住地的人民法院管辖。

第七,外国人在中华人民共和国领域外对中华人民共和国国家或者公民犯罪,依照我国刑法应受处罚的,由该外国人登陆地、入境地或者入境后居住地的人民法院管辖,也可以由被害人离境前居住地或者现居住地的人民法院管辖。

第八,发现正在服刑的罪犯在判决宣告前还有其他犯罪没有判决的,由原审地人民法院管辖;如果罪犯服刑地或者犯罪地的人民法院审判更为适宜的,可以由服刑地或者犯罪地的人民法院管辖。罪犯在服刑期间又犯罪的,由服刑地的人民法院管辖。罪犯在脱逃期间又犯罪的,由服刑地的人民法院管辖。但是,在犯罪地抓获罪犯并发现其在脱逃期间犯罪的,由犯罪地的人民法院管辖。

第九,在中华人民共和国内水、领海发生的刑事案件,由犯罪地或者被告人登陆地的人民法院管辖。由被告人居住地的人民法院审判更为适宜的,可以由被告人居住地的人民法院管辖。

第十,在列车上的犯罪,被告人在列车运行途中被抓获的,由前方停靠站所在地负责审判铁路运输刑事案件的人民法院管辖。必要时,也可以由始发站或者终点站所在地负责审判铁路运输刑事案件的人民法院管辖。被告人不是在列车运行途中被抓获的,由负责该列车乘务的铁路公安机关对应的审判铁路运输刑事案件的人民法院管辖;被告人在列车运行途经车站被抓获的,也可以由该车站所在地负责审判铁路运输刑事案件的人民法院管辖。

9.3　立案的条件和程序

9.3.1　立案的条件

立案的条件是指刑事案件成立的法定要件。我国《刑事诉讼法》第 112 条规定:"人民法院、人民检察院或者公安机关对于报案、控告、举报和自首的材料,应当按照管辖范围,迅速进行审查,认为有犯罪事实需要追究刑事责任的时候,应当立案;认为没有犯罪事实,或者犯罪事实显著轻微,不需要追究刑事责任的时候,不予立案,并且将不立案的原因通知控告人。控告人如果不服,可以申请复议。"立案必须同时具备两个条件:一是认为有犯罪事实;二是需要追究刑事责任。

1. 认为有犯罪事实

认为有犯罪事实即事实条件,是指已有的证据材料能够证明犯罪行为已经发生和存在。这包含三层意思:(1) 危害社会的行为已经发生,包括危害行为的预备、未遂、中止和既遂;(2) 危害社会的行为已经达到构成犯罪的程度;(3) 有证据证明存在犯罪事实。这里需要特别强调的是,所谓"事实条件",是指犯罪构成要件中犯罪的客体要件与客观要件,只要具备这两个要件就具备了"事实条件",而不必要求同时具备犯罪的主观方面要件与主体要件。

2. 需要追究刑事责任

需要追究刑事责任是法律条件,是指依据刑法的规定,行为人行为的社会危害性达到的应当受到刑罚处罚的程度。这里需要注意的是,"需要追究刑事责任"是办案人员仅依据客观上的初步判断所得出的结论。因为"需要追究刑事责任"并不等于事实上"追究刑事责任",除了对于法律明文规定的情形不予追究以外,应当立案。

根据《刑事诉讼法》第 16 条规定,不应追究刑事责任的有如下六种情况:(1) 情节显著轻微、危害不大,不认为是犯罪的;(2) 犯罪已过追诉时效期限的;(3) 经特赦令免除刑罚的;(4) 依照刑法告诉才处理的犯罪,没有告诉或者撤回告诉的;(5) 犯罪嫌疑人、被告人死亡的;(6) 其他法律规定免予追究刑事责任的。对于有以上情形之一的,不追究刑事责任,已经追究的,应当撤销案件,或者不起诉,或者终止审理,或者宣告无罪。

根据有关法律规定,单位犯罪的立案也必须同时具备下列两个条件:一是有犯罪事实;二是这种犯罪事实依法需要追究刑事责任。与自然人犯罪一样,要追究单位犯罪的刑事责任,首先要有犯罪事实,就是存在体现该单位意志的危害社会的行为。如果没有犯罪事实,便无刑事责任可言。但是,只有犯罪事实还不够,如果这种行为(犯罪事实)在刑法分则中没有被明确规定要承担刑事责任,也不能立案追诉。

近年来,有部分学者对上述立案条件提出了质疑。他们认为,立案只是在程序上开启刑事诉讼,除少数案件外,一般连犯罪嫌疑人都尚未找到,更无法确定被告人是否需要追究刑事责任,因此,上述第二个条件是不适用于大部分案件的,甚至是导致案件"不破不立"的原因之一。根据我国《刑事诉讼法》第 109 条、第 112 条等条款的规定,从刑事诉讼的整体上看,立案的条件只有一个,即有证据证明有犯罪事实。

具体到公诉案件和自诉案件,立案的条件又有所不同(见表 9–9)[1]。

表 9–9　中国刑事诉讼中公诉案件与自诉案件立案条件的区别　［聂立泽　2002］

公诉案件立案须同时具备的条件	(1) 有证据证明有犯罪事实,且尚无证据证明有法定不应追究刑事责任的事实; (2) 属于受案机关管辖范围
自诉案件立案须同时具备的条件	(1) 案件依法属于本院管辖; (2) 案件的被害人(或代为告诉人)告诉; (3) 有明确的被告人、具体的诉讼请求和能证明被告人犯罪事实的证据

为了正确地掌握立案条件,公安部、最高人民检察院对自己管辖的某些刑事案件规定了具体的立案标准。如:交通肇事造成 1 人死亡或者重伤 3 人以上的应当作为交通肇事案立案。这些立案标准和《刑事诉讼法》规定的立案条件既互相联系又有所区别。立案条件是规定立案标准的依据,立案标准则是立案条件在各种案件中的具体化。

此外,《刑事诉讼法》第 114 条规定:"对于自诉案件,被害人有权向人民法院直接起诉。被害人死亡或者丧失行为能力的,被害人的法定代理人、近亲属有权向人民法院起诉。人民法院应当依法受理。"所谓应当受理,就是指必须受理。受理,则是指立案。由此可见,自诉案件与公诉案件在立案的条件和方式上都有所不同。

---

① 徐静村主编:《刑事诉讼法学》(下),法律出版社 1999 年版,第 4 页。

9.3.2 立案的程序

立案的程序是指立案阶段各种诉讼活动的方式、秩序和形式的整体。立案程序主要包括对立案材料的接受、审查、处理以及对不立案的监督四个环节。

1. 对立案材料的接受

对立案材料的接受是指公安机关、人民检察院或者人民法院对报案、举报、控告和自首人员或材料的接待与收留的活动。这里有必要对报案、举报、控告这三个容易混淆的概念，作简单比较与解释。

所谓报案，是指任何单位和个人发现犯罪事实后，或者被害人对侵犯其人身、财产权利的犯罪事实，向公、检、法机关报告，提请予以侦破或者查处的行为。报案人如果是偶然发现犯罪现场或者犯罪行为的人，其并不知晓犯罪人是谁；在报案人是被害人的情况下，被害人也仅知发生了侵犯自己人身、财产权利的犯罪行为，而没能提出明确的犯罪人。

所谓举报，是指与案件无直接利害关系的其他知情人向公、检、法机关检举、揭发犯罪嫌疑人的犯罪事实或者犯罪线索的行为。

所谓控告，是指受犯罪行为侵害的被害人或者其法定代理人、近亲属为了维护被害人的权益而向公、检、法机关指控犯罪人及其犯罪事实，请求追究犯罪人刑事责任的行为。

报案与控告、控告与举报、报案与举报的区别见表 9–10。

表 9–10 报案与控告、控告与举报、报案与举报之间的区别 ［聂立泽，2002］

比较者	说明	
报案与控告	报案仅是报告发生了犯罪行为，而不知晓犯罪人是谁，报案人既可以是被害人，也可以是被害人以外的人	在向公、检、法机关告发的主体是被害人的情况下，如果其仅报告发生了犯罪行为，就是报案
	控告人只能是被害人或其法定代理人、近亲属，控告人既报告了犯罪事实，同时也要求追究明确的犯罪人的刑事责任	在向公、检、法机关告发的主体是被害人的情况下，如果还要求追究明确的犯罪人的刑事责任，就是控告
控告与举报	二者都向公安司法机关告发了犯罪人的犯罪事实或者犯罪线索	控告是被害人或其法定代理人、近亲属为维护被害人的利益而进行的
		举报是被害人及其法定代理人、近亲属以外的其他知情人为维护国家、社会或其他公共利益而进行的
报案与举报	报案仅是报告发生了犯罪行为	
	举报还要报告是何人实施了犯罪行为	

区别报案、控告和举报的意义在于报案人、控告人、举报人的诉讼权利和对报案、控告、举报的要求不同。由于控告、举报都有明确的犯罪人，因此，《刑事诉讼法》第 111 条第 2 款规定，接受控告、举报的工作人员，应当向控告人、举报人说明诬告应负的法律责任，而对报案则没有这种要求。从诉讼权利上讲，《刑事诉讼法》第 112 条规定，公安司法机关对报案、控告、举报材料经过审查，认为没有犯罪事实或者犯罪事实显著轻微，不需要追究刑事责任，

不予立案的,应当将不立案的原因通知控告人;控告人如果不服,可以申请复议。而报案人和举报人则没有对不立案决定的申请复议权。

司法实践中,常见的立案材料主要来源于以下三个方面:

(1) 单位和个人的报案、举报或控告。报案、举报或控告,是立案材料最普遍、最主要的来源。《刑事诉讼法》第 110 条第 1 款规定:"任何单位和个人发现有犯罪事实或者犯罪嫌疑人,有权利也有义务向公安机关、人民检察院或者人民法院报案或者举报。"第 2 款又规定:"被害人对侵犯其人身、财产权利的犯罪事实或者犯罪嫌疑人,有权向公安机关、人民检察院或者人民法院报案或者控告。"这里所说的报案、举报或控告都是同犯罪行为作斗争的手段,是立案材料的主要来源之一。

值得注意的是,由于匿名举报、控告的情况相当复杂,举报、控告的内容一般表现为真实、真假各半或者纯系伪造三种情况。所以,司法机关不能将其直接作为立案的材料依据,只能作为获得立案材料的线索。

(2) 犯罪人的自首。 自首,是指犯罪分子于作案后,自动投案,如实供述自己罪行的行为。犯罪分子的自首,也是立案材料的来源之一。

自首的形式多种多样,一般应由犯罪分子本人直接向公安机关、人民检察院或人民法院主动投案。根据司法实践和最高人民法院颁布的《关于处理自首和立功具体应用法律若干问题的解释》的规定,自首分为一般自首与特别自首两种。

一般自首的构成条件是自动投案并如实供述自己的罪行。

自动投案,是指犯罪事实或者犯罪嫌疑人在未被司法机关发觉,或者虽被发觉,但犯罪嫌疑人尚未受到讯问、未被采取强制措施时,主动、直接向公安机关、人民检察院或者人民法院投案。具体包括以下情形:犯罪嫌疑人向其所在单位、城乡基层组织或者其他有关负责人员投案的;犯罪嫌疑人因病、伤或者为了减轻犯罪后果,委托他人先代为投案,或者先以信电投案的;罪行尚未被司法机关发觉,仅因形迹可疑,被有关组织或者司法机关盘问、教育后,主动交代自己的罪行的;犯罪后逃跑,在被通缉、追捕过程中,主动投案的。此外,以下情形应视为主动投案:经查实确已准备去投案,或者正在投案途中,被公安机关捕获的;并非出于犯罪嫌疑人主动,而是经亲友规劝、陪同投案的;公安机关通知犯罪嫌疑人的亲友,或者其亲友主动报案后,将犯罪嫌疑人送去投案的。但犯罪嫌疑人自动投案后又逃跑的,不能认定为自首。

如实供述自己的罪行,是指犯罪嫌疑人自动投案后,如实交代自己的主要犯罪事实。犯有数罪的犯罪嫌疑人仅如实供述所犯数罪中部分犯罪的,只对如实供述部分犯罪的行为认定为自首。共同犯罪案件中的犯罪嫌疑人,除如实供述自己的罪行外,还应当供述所知的同案犯的罪行,主犯则应当供述所知其他同案犯的共同犯罪事实,才能认定为自首。犯罪嫌疑人自动投案并如实供述自己的罪行后又翻供的,不能认定为自首,但在一审判决前又能如实供述的,应当认定为自首。

特别自首,是指根据《刑法》第 67 条第 2 款的规定,被采取强制措施的犯罪嫌疑人、被告人和已宣判的罪犯,如实供述司法机关尚未掌握的罪行,与司法机关已掌握的或者判决确定的罪行属不同种罪行的,以自首论。

(3) 公安司法机关自行发现的犯罪事实或犯罪材料。这也是司法实践中常见的一种立案材料的来源。公安司法机关是专门同犯罪作斗争的机关。公安司法机关在工作过程中,常常会发现一些新的犯罪事实或线索,包括公安司法机关在侦查、起诉、审判或复核案件工作中发现新的犯罪事实或新的线索,公安机关在日常值勤和执行任务过程中发现的犯罪,检察机关在开展各种检察业务活动中发现的犯罪,审判机关在审理案件的过程中发现的与本案无关的其他犯罪,等等。

在以上立案材料的三种主要渠道中,除了公安司法机关自行发现的以外,都存在一个对立案材料接受的问题。由此,公安司法机关在接受前两种方式的立案材料时,一定要慎重对待,认真分析,只有经过仔细的考察,认为符合立案条件的才可以接受。

2. 对立案材料的审查

对立案材料的审查,是指公安机关、人民检察院或者人民法院对已经接受的材料进行核对、调查的活动。审查活动旨在为正确作出立案或者不立案决定奠定基础。

对立案材料的审查,一般采取下列步骤和方法进行:

(1) 对材料所反映的事实进行审查。审查事实,首先要审查有无案件发生,然后审查已经发生的案件是否属于犯罪案件。如果属于犯罪案件,还要审查对行为人是否需要追究刑事责任。

(2) 对材料所反映的犯罪事实有无确实证据或证据线索进行审查。通常的审查方法有:向报案人、控告人、举报人或自首人进行询问或讯问;向有关的单位或组织调阅与犯罪事实及犯罪嫌疑人有关的证据材料;委托有关单位或组织对某些问题代为调查,对重大、复杂案件或线索,根据需要和可能,还可以商请派员协助调查;对特殊案件在紧急情况下可以采取必要的专门调查措施;对自诉案件,人民法院的立案庭应当认真进行审查,认为证据不充分的,告知自诉人提出补充证据,在立案前法院一般不再进行调查。

3. 对立案材料的处理

公安司法机关对立案材料进行审查和必要的调查后,应根据不同情况予以分别处理:

(1) 决定立案并办理相应的法律手续。对于需要立案的案件,先由承办人员填写《立案报告表》,包括填报单位、案别、编号、发案时间和地点、伤亡情况及财物折款、案情概述、承办人员姓名及填表时间等;然后制作《立案请示报告》,经本机关或部门负责人审批后,制作《立案决定书》;最后,由负责审批人签名或盖章。属于人民检察院直接受理的案件,还要报请上级人民检察院备案。上级人民检察院认为不应当立案的,以书面形式通知下级人民检察院撤销案件。

人民法院受理的自诉案件,经审查认为具备立案条件的,应当在收到自诉状或口头告诉的第二日起 15 日以内立案,并书面通知自诉人。

(2) 决定不立案并办理相应的法律手续。对于决定不立案的,由工作人员制作《不立案通知书》,有关负责人同意后,将不立案的原因通知控告人,并告知控告人如果不服,可以申请复议。主管机关应当认真复议,并将复议结果通知控告的单位或者个人。

自诉案件不符合立案条件的,应当在 15 日以内作出不立案决定,书面通知自诉人并说明不予立案的理由。

对于那些虽然不具备立案条件,但是需要其他部门给予一定处分的,应当将报案、控告或举报材料移送主管部门处理,并通知控告人。

4. 对不立案的监督

对不立案的监督,是指人民检察院和控告人(被害人)对公安机关应当立案而未依法立案的活动进行督促和采取相应措施的行为。

对不立案实行的监督，既包括控告人（被害人）对公安机关、人民检察院和人民法院应当立案而未立案实行的监督，也包括人民检察院对公安机关应当立案而未立案实行的监督。

(1) 控告人对不立案的监督。控告人对不立案的监督主要通过申请复议、复核进行。控告人对公安机关的不予立案决定不服的，可以在收到《不予立案通知书》后 7 日以内向作出决定的公安机关申请复议；公安机关应当在收到复议申请后 7 日以内作出决定并书面通知控告人。控告人对不予立案的复议决定不服的，可以在收到复议决定书后 7 日以内向上一级公安机关申请复核；上一级公安机关应当在收到复核申请后 7 日以内作出决定。对上级公安机关撤销不予立案决定的，下级公安机关应当执行。控告人对人民检察院不立案的决定不服时，可以在收到不立案通知书后 10 日以内申请复议。对不立案的复议，由人民检察院控告检察部门受理。控告检察部门应当根据事实和法律进行审查，并可以要求控告人、申诉人提供有关材料，认为需要侦查部门说明不立案理由的，应当及时将案件移送侦查监督部门办理。

(2) 人民检察院对不立案的监督。这实际上是检察机关立案监督的主要内容。《刑事诉讼法》第 113 条规定："人民检察院认为公安机关对应当立案侦查的案件而不立案侦查的，或者被害人认为公安机关对应当立案侦查的案件而不立案侦查，向人民检察院提出的，人民检察院应当要求公安机关说明不立案的理由。人民检察院认为公安机关不立案理由不能成立的，应当通知公安机关立案，公安机关接到通知后应当立案。"根据上述规定，公安机关在收到人民检察院《要求说明不立案理由通知书》后 7 日内应当将说明情况书面答复人民检察院。人民检察院认为公安机关不立案理由不能成立的，发出《通知立案书》时，应当将证明应该立案的有关材料同时移送公安机关。公安机关在收到《通知立案书》后，应当在 15 日内决定立案，并将《立案决定书》送达人民检察院。

小结

本章对管辖与立案问题进行了详细的阐释。首先，明确了管辖与立案的概念、意义及其在中国刑事诉讼中的地位与作用，重点阐明了确定管辖的四项原则，即分工明确、合理原则，保证正确、及时查明案情原则，原则性与灵活性相结合原则，以及诉讼经济原则。进而指出了立案与管辖两者之间关系密切，互为条件：一方面，立案是整个刑事诉讼开始的标志，另一方面，管辖范围的固定又是立案的前提和根据。其次，对立案管辖与审判管辖进行了详细的归纳与解释。根据相关法律规定，结合中国《刑法》分则的具体罪名，分别指出了国家安全机关，军事保卫部门，铁路、交通、民航系统，林业系统等公安司法机关所管辖的具体犯罪，人民检察院（包括中国军事检察院）直接受理的案件以及人民法院直接受理的案件。其中，对告诉才处理的刑事案件的设立范围是否适当提出了建议，对被害人有证据证明的轻微的刑事案件的认定依据进行了分析，对"公诉转自诉"案件的立法宗旨与适用条件加以论述；同时，对审判管辖中的级别管辖、地区管辖、指定管辖以及专门管辖的制度设置理由以及适用条件进行了详细的说明。最后，根据法律规定，对立案的条件与程序进行论述。指出立案的条件是"认为有犯罪事实"和"需要追究刑事责任"这两个方面。当然公诉案件与自诉案件的立案条件有一定的差别。立案的程序主要包括四个环节，即对立案材料的接受、审查、处理以及对不立案的监督,其中着重对容易混淆的"报案""控告""举报"之间的区别进行了比较说明。

思考题

1. 什么是立案? 立案的材料来源有哪些?
2. 立案必须具备的条件是什么? 怎样正确理解与掌握立案的条件?
3. 什么是管辖? 管辖的意义是什么?
4. 立案管辖与审判管辖之间的关系如何?
5. 什么是级别管辖与地区管辖?
6. 什么是指定管辖与专门管辖?
7. 简述公、检、法三机关的立案管辖范围。
8. 犯罪地法院管辖原则的立法理由是什么?
9. 什么是"公诉转自诉"案件? 其立法宗旨与适用条件是什么?
10. 如何评价我国对刑事立案的监督?

第10章 侦查与强制措施

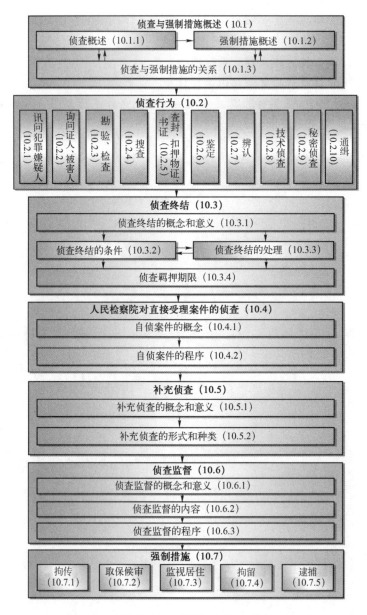

图 10-0 本章基本知识结构 ［常远、华伟, 2012］

导言

　　侦查是整个刑事诉讼的基础,为查明事实和查获犯罪嫌疑人,需要进行收集证据、查明案情的工作和采取必要的强制措施。

　　法定的收集证据、查明案情工作包括讯问犯罪嫌疑人,询问证人与被害人,勘验,检查,搜查,查封、扣押书证与物证,鉴定,辨认,技术侦查,秘密侦查与通缉等侦查行为。侦查行为的实施,一方面,有助于侦查机关及时准确地收集犯罪证据,查明犯罪事实,查获犯罪嫌疑人;另一方面,也可能对公民权益造成不当损害。这要求在赋予侦查机关必要的侦查权力以有效打击犯罪的同时,也必须对侦查行为进行必要的限制,包括程序的严密化和外部控制的强化,其中强化检察监督具有积极的现实意义。

　　我国强制措施体系以对人的强制为目标,包括拘传、取保候审、监视居住、拘留和逮捕,不包括对物和隐私权的强制。强制措施对于控制犯罪嫌疑人、被告人,保障诉讼的顺利进行有重要意义,但若适用不当也会对公民权益造成严重损害。强化对强制措施适用的外部控制对防止其可能被滥用有重要意义。

　　通过对本章的学习,我们应当熟练地掌握各项侦查行为和强制措施,同时思考如何对侦查权的行使和强制措施的适用进行必要的限制,以平衡有效惩罚犯罪与保障公民权益之间的关系。

10.1　侦查与强制措施概述

10.1.1　侦查概述

1. 侦查的概念与特征

　　侦查是法定侦查机关为证实犯罪和查获犯罪行为人而依照法律进行的收集证据、查明案情的工作和采取的有关强制性措施。侦查是刑事诉讼程序中的一个独立诉讼阶段,是国家专门机关同犯罪作斗争的强有力的手段。刑事案件立案以后,侦查机关为查明案情,查获犯罪嫌疑人,必须依法开展侦查活动,收集、调取能证明犯罪嫌疑人有罪或者无罪、罪重或者罪轻的各种证据材料,从而为检察机关提起公诉和人民法院进行审判做好充分的准备和奠定坚实的基础。

　　侦查具有以下特征:

　　(1) 侦查权具有强制性。一般而言,犯罪发生后,犯罪分子都倾向于采取各种方式逃避国家追究。为有效收集证据、揭露和证实犯罪、查获犯罪嫌疑人,必须赋予侦查机关强制行为的能力,否则无法完成国家追诉犯罪的任务。因而,侦查权往往具有强制性,或者说至少以强制性为后盾。但这并不排除任意侦查行为[①],甚至在可能的情况下,应尽量以任意侦查

---

① 根据侦查行为是否以相对人自愿配合为前提,可将侦查行为分为强制侦查与任意侦查。强制侦查指为收集或保全犯罪证据、查获犯罪嫌疑人,通过强制方法对相对人进行的侦查,如拘留、逮捕。任意侦查指不采用强制手段,不对相对人的生活权益强制性地造成损害,而由相对人自愿配合的侦查,如侦查机关经被搜查人同意后对其人身或住所进行的搜查。参见孙长永:《侦查程序与人权——比较法考察》,中国方正出版社 2000 年版,第 24 页。

方式完成侦查工作。因为侦查过程需要平衡两方面的利益需求:有效侦查,维持社会安全;保障犯罪嫌疑人和其他相对人的自由和权利。侦查行为越是要求通过强制手段保证其成效,侵犯相对人私人生活领域基本权利的可能性就越大。为防止侦查权力的滥用,侦查行为应尽可能不用或少用强制手段。

(2) 侦查主体具有特定性。侦查权的行使直接关系到国家安全、社会安宁和公民合法权益的保障,法律对行使侦查权的主体作了明确规定,其他任何机关、团体和个人都无权行使侦查权。《刑事诉讼法》第108条第1项规定:侦查是指"公安机关、人民检察院对于刑事案件,依照法律进行的收集证据、查明案情的工作和有关的强制性措施"。这就明确规定了中国刑事诉讼中的侦查主体是公安机关和人民检察院。此外,法律还规定了特殊的侦查主体。《刑事诉讼法》第 4 条、第 308 条规定,国家安全机关依照法律规定,办理危害国家安全的刑事案件时,可以行使与公安机关相同的侦查权;军队内部发生的刑事案件,海上发生的刑事案件,罪犯在监狱内犯罪的案件,分别由军队保卫部门、中国海警局和监狱进行侦查。

(3) 侦查活动的内容具有特定性。侦查活动的内容是收集证据、查明案情的工作和有关的强制性措施。其中收集证据、查明案情的工作是指刑事诉讼法规定的讯问犯罪嫌疑人,询问证人与被害人,勘验,检查,搜查,查封、扣押物证书证,鉴定,辨认、技术侦查、秘密侦查、通缉等活动。应当注意的是,这种收集证据、查明案情的工作与人民法院在庭审过程中,在调查核实证据时,依照刑事诉讼法的有关规定进行的勘验、检查、查封、扣押、鉴定和查询、冻结等活动具有截然不同的法律性质。后者属于审判中的调查活动,不属于侦查活动的范畴。所谓"有关的强制性措施"包括两类:一是刑事诉讼法规定的五种强制措施,即拘传、取保候审、监视居住、拘留和逮捕;二是在收集证据、查明案情的工作中必要时采用的强制性方法、如强制检查、强行搜查、强制查封、强制扣押等。

(4) 侦查活动必须具有合法性。侦查活动必须严格依法进行,这是对其合法性的要求。依法侦查有利于实现两个目标:一是有利于促进侦查结果的正确性。法律对于侦查活动的相关规定凝结着人类与犯罪作斗争的经验,依法开展侦查活动有利于侦查机关发现和收集与案件有关的各种证据,查明案件事实,查获犯罪嫌疑人,防止其继续犯罪或逃避侦查、起诉或审判,保证诉讼活动的顺利进行。二是有利于防范侦查权的滥用,保障人权。侦查是以国家强制力为后盾的,特别是强制侦查行为的进行和强制措施的适用,稍有违法,就会侵犯公民的合法权益。因此,我国刑事诉讼法对侦查的主体、内容和方式以及侦查的程序都作了严格的规定,侦查主体在进行侦查活动时应予以遵守。

2. 侦查的任务

侦查的任务是收集证据,查明犯罪事实和犯罪嫌疑人,为预防、遏制犯罪和提起公诉提供可靠的证据。具体而言,就是依照法定程序对已经立案的刑事案件进行案情查明和证据收集,包括收集调取犯罪嫌疑人有罪或者无罪、罪轻或者罪重的各种证据材料,查明犯罪事实,查获犯罪嫌疑人,并根据案件的具体情况采取必要的强制措施,防止犯罪嫌疑人逃避侦查或继续犯罪、毁灭证据、伪造证据、串供等,以便将犯罪嫌疑人顺利交付起诉和审判,保证诉讼活动顺利进行。通过侦查活动,保障无罪的人不受刑事追究,保障犯罪嫌疑人和其他诉讼参与人的权利不受侵犯;总结犯罪分子作案的特点和规律,加强法治宣传教育,教育公民自觉遵守法律,积极同犯罪行为作斗争,协同有关部门做好社会治安综合治理工作,以减少和预防犯罪。

根据《刑事诉讼法》第 116 条的规定,公安机关的侦查活动分为侦破和预审两个阶段。其中侦破阶段的主要任务是收集证据和查获犯罪嫌疑人,预审阶段的主要任务是对收集、调取的证据材料予以核实。随着公安机关刑侦体制的改革,全国绝大多数地区公安机关内部实行"侦审一体化",取消了预审部门。但这一改革并不成功,造成了移送起诉案件质量的下降。所以,取消预审部门的地方事实上还是由公安机关内部的一定部门,对侦查收集、调取到的证据材料进一步复核、查实,以便准确认定案件事实,正确处理案件。也就是说,虽然取消了预审部门,相应的工作还在进行。

3. 侦查的意义

侦查作为公诉案件的必经程序和独立诉讼阶段,在刑事诉讼中具有十分重要的意义(见表 10-1)。

表 10-1　侦查的意义　[周伟,2002]

侦查的意义	说明
侦查是与犯罪行为作斗争的重要手段	查明案情和查获犯罪行为人是案件侦破的根本性标准。公安司法机关进行刑事诉讼的目的之一,是准确及时地惩罚犯罪、保护人民。犯罪作为一种错综复杂的社会现象,大多是在极其隐蔽的情况下进行的。而犯罪分子实施犯罪行为以后,为了逃避法律的制裁,又往往采取各种手段掩盖事实真相,毁灭或伪造证据,制造假象。如果侦查机关不依法采取强有力的侦查手段,就难以收集到确实、充分的证据,也无法准确、及时地查清案件事实,查获犯罪嫌疑人,从而不能完成保护人民、保障社会稳定的任务
侦查是提起公诉和正确审判的基础和前提条件	刑事案件立案以后,揭露犯罪、证实犯罪、查获犯罪嫌疑人的大量实质性工作是通过侦查程序完成的。刑事诉讼法要求侦查终结的案件必须事实清楚,证据确实、充分,这也是人民检察院准确提起公诉,人民法院正确审判的前提条件。因此,侦查机关应当在侦查过程中,严格按照法律规定的程序和规则,通过收集证据、查明案情的工作,采取有关的强制性措施,收集确实、充分的证据,查明案件事实情况,查获犯罪嫌疑人,为提起公诉和审判奠定基础和提供条件。侦查工作如果存有疏漏或偏差,起诉和审判工作就难以顺利进行,案件就难以得到正确、及时的处理,甚至案件处理本身的合法性都会出现问题
侦查是预防犯罪的有力措施	预防和控制犯罪是现代法治社会的重要活动内容之一。侦查不仅是打击犯罪的重要手段,也是预防犯罪的重要手段。侦查活动一方面具有教育群众提高守法的自觉性、强化群众法治观念、提高群众同犯罪作斗争的积极性的作用。另一方面,通过侦查活动,可以总结和掌握犯罪的特点和规律,加强安全防范措施,加强社会治安综合治理。侦查机关在发现问题时,应及时向有关机关、单位和企业提出改进措施,以消除安全隐患,堵塞漏洞,预防犯罪,降低犯罪率

4. 侦查工作应遵循的原则

侦查工作应当遵守刑事诉讼法规定的基本原则。同时,为了更好地完成侦查任务,揭露、证实和惩罚犯罪,有关部门根据侦查工作的特点,还规定了以下工作原则:

(1) 依法进行原则。侦查权和侦查工作的特殊性决定了侦查活动必须严格遵守法律规定的程序。因为侦查机关使用各种侦查手段和采取强制性措施时,稍有不慎便会侵犯公民的人身权利、民主权利和其他合法权利。因此,侦查人员必须增强法治观念,严格依照刑事诉讼法的规定收集证据,严禁刑讯逼供或以引诱、威胁、欺骗等非法方法套取口供。采取强制性措施时,必须严格遵循法律规定的条件和程序,防止误伤好人和放纵真正的罪犯。

(2) 迅速及时原则。侦查工作必须迅速及时,这是由侦查工作的特点决定的。侦查机关接到报案后,要立即组织力量,采取侦查措施,开展侦查活动,尽快拘捕、审讯犯罪嫌疑人,收集案件的各种证据,防止犯罪分子隐匿、毁灭、伪造证据,或逃跑、自杀、继续犯罪。如果侦查机关行动迟缓,失去有利时机,就有可能使犯罪现场遭到破坏、犯罪痕迹湮灭、犯罪嫌疑人潜逃等,给案件的侦破造成困难,甚至无法缉拿和惩罚犯罪分子。

(3) 客观全面和深入细致原则。侦查的任务就是依照法律规定,准确查明客观存在的案件事实,全面收集能够证明案件真实情况的一切证据。因此,侦查人员在侦查过程中,应当一切从实际情况出发,坚持重事实、重证据、重调查研究的态度,坚持深入细致地调查研究,不放过蛛丝马迹,不忽略任何细枝末节,切忌主观臆断和先入为主。在收集证据时,既要收集能够证明犯罪嫌疑人有罪、罪重的证据,又要收集能够证明犯罪嫌疑人无罪、罪轻的证据;查清与犯罪构成基本要件相关的事实和影响定罪量刑的各种犯罪具体情节,排除案件证据材料中的合理疑点和矛盾,从而保证侦查案件的质量。

(4) 保守秘密原则。侦查人员必须严格遵守侦查纪律、保守侦查秘密,不得将案情、侦查线索、侦查方向和意图、侦查措施、证据材料或者当事人、其他诉讼参与人以及举报人、控告人等有关情况向无关人员泄露,否则会影响案件的及时侦破,危及有关人员的人身安全,阻碍侦查工作的顺利进行。对于泄露案件秘密者,应视情节和后果,依法追究其法律责任。在保守秘密的同时,应重视对犯罪嫌疑人及辩护律师程序参与权的保障,不能以保守秘密为由限制或剥夺犯罪嫌疑人、辩护律师应享有的权利。

西方法治国家的侦查中普遍贯彻任意侦查原则和强制侦查法定原则。侦查权作为一种国家权力,必须有一定的强制手段,否则难以有效打击犯罪。但这种权力也可能被滥用,而它一旦被滥用,任何暴政都要甘拜下风。为了防止侦查权力的滥用,各国宪法和法律普遍要求侦查行为尽可能不用或少用强制手段。强制侦查只有在符合法律规定的实体要件和程序要件,并且一般应当经法官事先批准后才能进行。侦查任意原则在程序法中的最重要体现是彻底否定了嫌疑人的"供述义务",禁止以物理或精神上的强制对嫌疑人进行讯问。但侦查任意原则并不限制听取嫌疑人的自愿陈述,也不禁止依法讯问。我国刑事诉讼法没有区分任意侦查与强制侦查,如何强化对侦查权的控制是我国刑事司法改革的重要议题。

5. 侦查组织体系

侦查组织体系指在侦查中如何处理侦查机关与起诉机关的关系问题。侦查与起诉具有共同的属性,即以追诉犯罪为目标,所以侦诉合作有利于提高追诉犯罪的成效。但如侦诉关系过于接近,形成侦诉一体,又会损害起诉机关对侦查机关的制约功能。从各国情况看,侦诉关系主要有两种:一是侦诉结合型。法律上起诉机关有侦查权,侦查机关是起诉机关的助手,接受其指挥和监督。这主要为大陆法系国家所采用,如德国立法规定由检察机关进行侦查,警察机关仅是其助手,但实践中侦查工作主要还是由警察完成,检察官主要负责起诉工作。二是侦诉分离型。起诉机关和侦查机关分别负责起诉和侦查工作,二者法律地位独立,互不隶属。起诉机关在某些类型案件中也有独立的侦查权。英美法系国家一般采用这一方式。如在美国,侦查主要由警察进行,检察官对警察的侦查工作几乎没有实际的控制力。我国的侦查组织体系二者兼备。

10.1.2　强制措施概述

1. 强制措施的概念和意义

刑事诉讼法规定的强制措施又称刑事强制措施,是指侦查、检察和审判机关为保证刑事诉讼的顺利进行,依法对犯罪嫌疑人、被告人所采取的在一定期限内暂时限制或剥夺其人身自由的法定的强制方法。人身自由是一项宪法上的权利,非依法定程序和条件不得被剥夺,这已经是现代法治社会的共识。刑事强制措施就是法定的暂时剥夺和限制人身自由的方法。它是一把双刃剑,运用得合法得当,可以保障刑事诉讼活动的顺利进行,而违法、不当的强制措施必然会侵害公民的宪法权利乃至损害社会公益。因此,刑事诉讼法对强制措施及其适用作出了严格而明确的规定。强制措施的法律特征如下:

(1) 适用主体的法定性。《刑事诉讼法》规定,有权适用刑事强制措施的法定机关为公安机关(包括海关缉私局和森林公安机关等)、人民检察院和人民法院。另外,国家安全机关、军队保卫部门、中国海警局和监狱在侦查其管辖的案件时,也有权实施强制措施。除上述法定机关外,任何机关、团体和个人都无权实施强制措施。

(2) 适用对象的特定性。强制措施的适用对象是特定的,即犯罪嫌疑人、被告人。被扭送的现行犯和重大嫌疑分子也属于犯罪嫌疑人之列。对其他诉讼参与人,即使其严重违反诉讼程序或有妨害诉讼的行为,只要不对其提起刑事追诉,就只能用其他方法作出相应的处理,而不得对其适用刑事强制措施。

(3) 适用目的的特定性。适用刑事强制措施的目的在于保障刑事诉讼活动的顺利进行,即防止被适用对象可能实施的逃跑,藏匿或伪造、隐藏、毁灭证据及串供等妨碍刑事诉讼的行为,否则,就没有必要适用强制措施。所以,并非对每一个被刑事追诉者都必须适用强制措施,而应当根据案情需要和法律规定的条件和程序来决定是否适用。同时,适用强制措施不能带有惩罚性,实践中以“公捕大会”方式实施逮捕使逮捕附加了惩罚性,该做法及类似做法都是错误的。

(4) 适用种类和程序的合法性。《刑事诉讼法》规定的强制措施有五种,即拘传、取保候审、监视居住、拘留和逮捕,并且对每种强制措施的适用条件、程序、期限等都有具体规定,适用时必须依法进行,否则就是违法的。

2. 适用强制措施的原则及应当考虑的因素

强制措施是不同程度地限制甚至剥夺被适用对象的人身自由的司法手段。虽然其适用目的在于保障刑事诉讼的顺利进行,但若适用不当,反会侵犯公民的合法权利,这是与刑事诉讼目的相悖的。因而,强制措施的适用应遵循以下几个原则:

(1) 必要性原则。又称比例原则或相应性原则,包括三层含义:一是强制措施的适用应与行为人的人身危险性程度和犯罪的轻重程度相适应;二是强制措施在确属必要时方可适用,可用可不用的不用;三是在有多种强制措施可供选择时,应尽可能选择强制程度较轻的措施。

(2) 合法性原则。即各种强制措施都必须严格按照法律规定的适用权限、对象、条件、程序和期限适用。

(3) 变更性原则。强制措施的适用在于保障诉讼的顺利进行,随着诉讼的推进和案情的变化,应对原采取的强制措施及时进行变更或解除。

在具体案件处理中,公安机关、检察院和法院考虑是否适用及适用何种强制措施时,应在遵循上述原则的基础上,重点考虑以下几点因素:

(1) 犯罪嫌疑人、被告人所实施的行为的性质和社会危害性大小。一般说来,犯罪嫌疑人、被告人涉嫌实施的行为对社会危害性越大,说明其人身危险性越大,应对其适用相对严厉的强制措施。反之,可以适用严厉程度较轻的强制措施,甚至不采用强制措施。如根据《刑事诉讼法》第 81 条第 2 款的规定,批准或者决定逮捕,应当将犯罪嫌疑人、被告人涉嫌犯罪的性质、情节,认罪认罚等情况,作为是否可能发生社会危险性的考虑因素。

(2) 犯罪嫌疑人、被告人是否有逃避侦查、起诉、审判的可能性及可能性大小。如果犯罪嫌疑人、被告人有逃避侦查、起诉、审判的可能,就应对其适用强制措施。强制措施的强度要与这种可能性的大小成正比。

(3) 公安司法机关对案件事实的调查情况和对案件证据的掌握情况。适用各种强制措施都有一定的法定条件,公安司法机关通常根据对案件的调查情况和对案件证据的掌握情况来判明是否需要适用强制措施或适用何种强制措施。

(4) 犯罪嫌疑人、被告人的个人情况。犯罪嫌疑人、被告人的一些个人情况有时也是适用强制措施应考虑的因素,如他们的身体状况,是否怀孕或正在哺乳自己婴儿的妇女,是否未成年人,等等。

3. 强制措施的意义

刑事强制措施对于保证刑事诉讼顺利进行具有重要意义:

第一,可以防止犯罪嫌疑人、被告人逃避侦查、起诉和审判。一般而言,犯罪分子实施犯罪行为后,总是试图躲藏,以逃避侦查、起诉和审判。因此,如果发现这种可能性存在时,应依法采取适当的强制措施,对其人身进行必要的限制,以保证诉讼的顺利进行。

第二,可以防止犯罪嫌疑人、被告人进行妨碍事实查明的活动。犯罪分子为了掩盖罪行,逃脱惩罚,往往会毁灭、伪造证据,与同案犯串供,如果不采取有效措施阻止,就会影响证据的收集和事实的查明,甚至使诉讼活动误入歧途。适用强制措施限制或剥夺犯罪嫌疑人、被告人的自由,就可以避免上述现象的发生。

第三,可以防止犯罪嫌疑人、被告人继续犯罪和危害社会。有的犯罪分子在实施了犯罪后,如没有被及时采取强制措施,就可能继续实施新的犯罪。适用强制措施,限制或剥夺其人身自由,就使其失去了再犯新罪的机会。

第四,可以警示社会上处于边缘地带的不安定分子,威慑不法人员,同时可以鼓励群众积极与犯罪行为作斗争,起到预防犯罪的作用。

第五,可以稳定被害人及其家庭、社会关系人的情绪,有利于社会安定。受犯罪行为特别是暴力犯罪侵害的被害人及其家人,对犯罪分子有强烈的憎恨和恐惧感。如果在案件侦破后不能及时对犯罪嫌疑人、被告人采取强制措施,一方面可能使被害人一方更加恐惧犯罪嫌疑人、被告人的加害;另一方面可能使被害人一方对公力救济失去信心,以私力救济方式报复犯罪嫌疑人、被告人,酿成新的犯罪。因此,依法适当地适用强制措施对于有效地预防犯罪,减少犯罪,维护社会秩序的稳定,具有十分重要的意义。

10.1.3　侦查与强制措施的关系

侦查与强制措施有着紧密的联系,但二者又是相互独立的。

侦查是刑事司法程序中的一个诉讼阶段,是与立案、起诉、审判、执行等一样独立的诉讼阶段,对公诉案件而言,侦查也是必经的诉讼阶段。侦查又是一种诉讼活动,包括收集证据、查明案情的工作和依法采取的强制性措施。同时,侦查也指侦查手段。而强制措施主要是一种针对犯罪嫌疑人、被告人的,强行剥夺或限制其人身自由的手段和措施,是在刑事诉讼活动中采用的必要手段和措施。

强制措施不是侦查阶段特有的措施,既可以在侦查阶段适用也可以在起诉、审判等阶段适用。

适用强制措施是为了保障刑事诉讼的顺利进行,当然包括保障侦查活动的顺利进行。侦查通常离不开强制措施,而强制措施适用最多的场合是在侦查阶段,在此阶段也最容易被滥用。侦查阶段合法有效地适用强制措施可以令侦查活动快捷有效,提高诉讼效率,实现诉讼目的,但也可能出现以强制措施代替侦查活动的错误方式、方法。强制措施适用不当,可能造成错拘错捕,或将监视居住变为变相羁押,或对符合取保候审条件的被羁押的犯罪嫌疑人不予取保候审等;有的甚至在采取强制措施时刑讯逼供,严重违反宪法和刑事诉讼法的规定。由于侦查过程的相对封闭性,对于强制措施适用中侵害犯罪嫌疑人合法权益的行为,较难及时发现,犯罪嫌疑人获得法律上有效救济的难度也较大。因此,立法上对侦查和强制措施的程序和条件规定得都比较严格,在司法实践中也需要严格依照法律的规定实施。

10.2　侦查行为

侦查行为是指侦查机关在办理案件过程中,依照法律规定进行的各种收集证据、查明案情的工作。刑事诉讼法规定的侦查行为主要有以下几种。

10.2.1　讯问犯罪嫌疑人

1. 讯问犯罪嫌疑人的概念和意义

讯问犯罪嫌疑人,是指侦查人员依照法定程序以言词方式向犯罪嫌疑人查问案件事实和其他与案件有关问题的一种侦查活动。

讯问犯罪嫌疑人是刑事案件侦查工作中的必经程序,具有重要意义,具体表现在:一是有利于查明案件事实,成功追诉犯罪。犯罪嫌疑人对自己是否实施犯罪及如何实施犯罪最为清楚。通过讯问犯罪嫌疑人,可查明与犯罪构成要件及量刑相关的事实和情节,赃款、赃物的去向,有无遗漏罪行及其他应当追究刑事责任的人,还可揭露其他犯罪行为,扩大侦查效果。二是为犯罪嫌疑人辩护和争取从宽处理提供机会。犯罪嫌疑人的辩解如果属实,不仅有利于侦查人员查明事实,调整侦查方向,保障无罪的人和其他依法不应追究刑事责任的人免受刑事追诉,而且,犯罪嫌疑人可以通过坦白交代、认罪认罚和检举揭发他人罪行等悔罪表现,为自己争取有利的处理结果。三是有利于作出正确的程序性决策。讯问中对事实真相的查明情况及对犯罪嫌疑人人身危险性的评估,将为强制措施的适用及诉讼程序的进行提供基础。

2. 讯问犯罪嫌疑人的程序

讯问犯罪嫌疑人必须依照法定程序进行,否则既可能影响事实查明,也可能损害犯罪嫌疑人的合法权益。根据刑事诉讼法规定,讯问犯罪嫌疑人应当遵守下列程序:

(1) 讯问人员及人数。《刑事诉讼法》第 118 条第 1 款规定:"讯问犯罪嫌疑人必须由人民检察院或者公安机关的侦查人员负责进行。讯问的时候,侦查人员不得少于二人。"这条规定明确了讯问权的专属性,即只有侦查机关的侦查人员才能进行讯问,其他任何机关、团体和个人都无权行使这项职权。这是为了保证侦查机关依法进行讯问工作,加强侦查人员在讯问过程中的相互监督和相互配合,保证讯问质量,提高讯问效率,防止违法乱纪、非法讯问。同时,为保障侦查人员的人身安全,防止意外事件的发生,讯问时侦查人员不得少于 2 人。

(2) 讯问时间与地点。根据《刑事诉讼法》第 119 条第 1 款的规定,对不需要逮捕、拘留的犯罪嫌疑人,可以传唤到犯罪嫌疑人所在市、县内的指定地点或者到他的住处进行讯问,但是应当出示人民检察院或者公安机关的证明文件。传唤犯罪嫌疑人时,应当出示传唤通知书和侦查人员的工作证件,并责令其在传唤通知书上签名(盖章)、捺指印。犯罪嫌疑人到案后,应当由其在传唤通知书上填写到案时间。讯问结束时,应当由其在传唤通知书上填写讯问结束时间。拒绝填写的,侦查人员应当在传唤通知书上注明。《刑事诉讼法》第 119 条第 1 款还规定:"……对在现场发现的犯罪嫌疑人,经出示工作证件,可以口头传唤,但应当在讯问笔录中注明。"犯罪嫌疑人经合法传唤,无正当理由而不到案的,可以拘传。根据侦查需要,也可以不经传唤,直接拘传。《刑事诉讼法》第 119 条第 2 款规定:"传唤、拘传持续的时间不得超过十二小时;案情特别重大、复杂,需要采取拘留、逮捕措施的,传唤、拘传持续的时间不得超过二十四小时。"该条第 3 款规定:"不得以连续传唤、拘传的形式变相拘禁犯罪嫌疑人。传唤、拘传犯罪嫌疑人,应当保证犯罪嫌疑人的饮食和必要的休息时间。"这有利于保护公民的合法权益。

对于已被拘留、逮捕的犯罪嫌疑人,必须在拘留、逮捕后的 24 小时以内进行讯问。为了防止违法讯问情况的发生,《刑事诉讼法》规定,拘留后,应当立即将被拘留人送看守所羁押,至迟不得超过 24 小时;逮捕后,应当立即将被逮捕人送看守所羁押;犯罪嫌疑人被送交看守所羁押以后,侦查人员对其进行讯问,应当在看守所内进行。侦查人员提讯在押的犯罪嫌疑人,应当填写提讯证,在看守所进行讯问。在讯问过程中,如果发现犯罪嫌疑人有不应当拘留、逮捕的情形,应当立即释放犯罪嫌疑人,并发给释放证明,以保护公民的合法权益。

(3) 讯问犯罪嫌疑人应当个别进行。对于共同犯罪案件的同案犯罪嫌疑人的讯问,应当分别进行,以防止同案犯串供或者相互影响供述。

在同一案件中有两个以上犯罪嫌疑人时,对其讯问应当分别进行,未被讯问的犯罪嫌疑人不得在场,以防犯罪嫌疑人之间串供或互相影响供述,必要时可以互相对质。

(4) 讯问前的准备。讯问前,侦查人员应当了解案件情况和证据材料,制订讯问计划,列出讯问提纲,以增强讯问的有效性。

(5) 讯问的步骤与方法。第一次讯问,应当问明犯罪嫌疑人的姓名、别名、曾用名、出生年月日、户籍所在地、暂住地、籍贯、出生地、民族、职业、文化程度、家庭情况、社会经历、是否受过刑事处罚或者行政处理等个人基本情况。

《刑事诉讼法》第 120 条规定:"侦查人员在讯问犯罪嫌疑人的时候,应当首先讯问犯罪嫌疑人是否有犯罪行为,让他陈述有罪的情节或者无罪的辩解,然后向他提出问题。……"(见图 10-1)处于侦查阶段的犯罪嫌疑人是否有罪,尚处在不确定状态,需要经过进一步的侦查,才能证实。为了防止侦查人员主观片面,先入为主,保证讯问工作的客观性、公正性,侦查人员在讯问犯罪嫌疑人时,应首先讯问他是否有犯罪行为。如果犯罪嫌疑人承认有犯罪行为,即让其陈述犯罪的情节;如果犯罪嫌疑人否认有犯罪事实,即让其作无罪的辩解。然后,就其供述或辩解中与认定案件事实有关、影响对其定罪量刑的问题提问。在讯问过程中应切实保护犯罪嫌疑人辩解的权利,重供述轻辩解的做法是错误的。依照最高检《规则》(2019)第 187 条及公安部《规定》(2020)第 209 条,讯问时,对犯罪嫌疑人供述的犯罪事实、无罪或者罪轻的事实、申辩和反证,以及犯罪嫌疑人提供的证明自己无罪、罪轻的证据,公安机关应当认真核查。对有关证据,无论是否采信,都应当如实记录、妥善保管,并连同核查情况附卷。

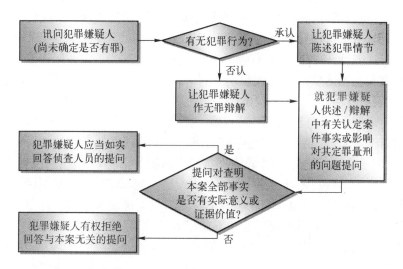

图 10-1　刑事诉讼中的犯罪嫌疑人讯问程序　［常远、华伟,2002］

《刑事诉讼法》第 120 条第 1 款还规定:"……犯罪嫌疑人对侦查人员的提问,应当如实回答。但是对与本案无关的问题,有拒绝回答的权利。"而《刑事诉讼法》第 52 条规定"不得强迫任何人证实自己有罪"。关于如实回答义务与不自证其罪是否有矛盾,有不同意见。我们认为,不得强迫任何人证实自己有罪,这是刑事诉讼法一贯坚持的精神,《刑事诉讼法》修正后明确不自证其罪的规定只是这种精神的更明确表达。至于犯罪嫌疑人应当如实供述,这是从另外一个角度规定的,强调的是犯罪嫌疑人不享有沉默权。但没有沉默权不等于可以被强迫自证其罪。显然,这是从两个角度来规定的,并不矛盾。至于侦查人员的提问是否与本案无关,应当以是否对查明本案有关定罪量刑的事实情节有实际意义或证据价值为准。但法律没有规定由谁认定侦查人员的提问是否与本案无关,就程序运作的过程看,进行讯问的侦查人员本人最可能是认定者。需要注意的是,侦查人员在讯问时应将该义务和权利告知犯罪嫌疑人。同时,第 120 条第 2 款还规定:"侦查人员在讯问犯罪嫌疑人的时候,应当告知犯罪嫌疑人享有的诉讼权利,如实供述自己罪行可以从宽处理和认罪认罚的法律规定。"这既强化了讯问中犯罪嫌疑人的意志自由,防止刑讯逼供,又鼓励犯罪嫌疑人与国家合作,降低打击犯罪的难度。

(6) 讯问特定群体犯罪嫌疑人的特殊要求。这里的特定群体犯罪嫌疑人指未成年人,聋、哑人,以及不通晓当地语言文字的人。根据《刑事诉讼法》第281条、第121条、第9条及公安部《规定》(2020)第204条的规定,对这几类特定群体应适用的特殊要求有:讯问未成年的犯罪嫌疑人,应当针对未成年人的身心特点,采取不同于成年人的方式,并应当通知合适成年人到场;讯问可以在公安机关进行,也可以到未成年人的住所、单位、学校或者其他适当的地点进行。讯问聋、哑犯罪嫌疑人,应当有通晓聋、哑手势的人参加,并在讯问笔录上注明犯罪嫌疑人的聋、哑情况以及翻译人的姓名、工作单位和职业。讯问不通晓当地语言文字的犯罪嫌疑人,应当配备翻译人员。

(7) 讯问犯罪嫌疑人的禁止性规定。根据《刑事诉讼法》第52条的规定,严禁刑讯逼供和以威胁、引诱、欺骗以及其他非法的方法获取犯罪嫌疑人的供述。第56条规定:"采用刑讯逼供等非法方法收集的犯罪嫌疑人、被告人供述和采用暴力、威胁等非法方法收集的证人证言、被害人陈述,应当予以排除。收集物证、书证不符合法定程序,可能严重影响司法公正的,应当予以补正或者作出合理解释;不能补正或者作出合理解释的,对该证据应当予以排除。在侦查、审查起诉、审判时发现有应当排除的证据的,应当依法予以排除,不得作为起诉意见、起诉决定和判决的依据。"这些规定有利于纠正口供中心主义的倾向,防止违法取证,保护犯罪嫌疑人的权利。

(8) 讯问笔录制作与讯问过程录音、录像。侦查人员应当将问话和犯罪嫌疑人的供述或者辩解如实地记录清楚。书写讯问笔录应当使用能够长期保持字迹的书写工具、墨水。讯问笔录应当交犯罪嫌疑人核对,对于没有阅读能力的犯罪嫌疑人,应当向他宣读。如果记载有遗漏或者差错,犯罪嫌疑人可以提出补充或者改正。犯罪嫌疑人承认笔录没有错误后,应当签名或者盖章。侦查人员也应当在笔录上签名。犯罪嫌疑人请求自行书写供述的,应当准许。必要的时候,侦查人员也可以让犯罪嫌疑人亲笔书写供词。讯问笔录是极为重要的证据材料,经过起诉和审判核实后,可以作为定案的重要依据。因此,必须以极其严肃的态度对待。

讯问犯罪嫌疑人,在文字记录的同时,根据《刑事诉讼法》第123条的规定,可以对讯问过程进行录音或者录像;对于可能判处无期徒刑、死刑的案件或者其他重大犯罪案件,应当对讯问过程进行录音或者录像。录音或者录像应当全程进行,保持完整性。录音、录像有利于防止违法取证行为的发生,同时,也有利于强化犯罪嫌疑人供述、辩解的证明力。最高检《规则》(2019)规定:"讯问犯罪嫌疑人时,应当告知犯罪嫌疑人将对讯问进行全程同步录音、录像。告知情况应当在录音、录像中予以反映,并记明笔录。"

10.2.2 询问证人、被害人

1. 询问证人的概念和意义

询问证人是指侦查人员依照法定程序,以言词方式向证人调查了解案件情况的一种侦查行为。

证人是了解案件情况的人。由于犯罪发生在社会生活中,很可能为其他人所知晓,因而大多数案件都存在证人,询问证人是侦查过程中经常采用的一种侦查行为。其意义在于:第一,有助于查明案件事实。证人对案件情况的了解或多或少,将这些信息汇集起来,往往能

揭示犯罪发生的原因、过程和结果。证人证言可能提供新的侦查线索,有助于进一步侦查取证。此外,证人证言也可以用于核对其他证据材料的真实性,防止事实判断错误。第二,有助于查获犯罪嫌疑人。通过询问证人,可以了解谁是可能的作案者及其逃跑、隐匿的路线、地点,从而查获犯罪嫌疑人。

2. 询问证人的程序

根据刑事诉讼法的规定,询问证人应当遵守下列程序:

(1) 询问证人只能由侦查人员进行。根据《刑事诉讼法》第 124 条及公安部《规定》(2020)第 210 条的规定,询问前侦查人员必须出示侦查机关的证明文件或者侦查人员的工作证件。其他任何机关的任何人员,都不得行使询问证人的权力。但是要注意将侦查阶段作为侦查手段的询问证人与其他诉讼阶段其他诉讼主体对证人进行的询问区别开来。如审判阶段审判人员向证人询问了解案件有关事实、辩护人依法向证人收集证据材料等,都与侦查阶段的询问证人不同。正是在这个意义上,询问证人只能由侦查人员进行。根据最高检《规则》(2019)第 192 条的规定,询问的时候,检察人员或者检察人员和书记员不得少于 2 人。

(2) 询问的地点。《刑事诉讼法》第 124 条第 1 款规定:“侦查人员询问证人,可以在现场进行,也可以到证人所在单位、住处或者证人提出的地点进行,在必要的时候,可以通知证人到人民检察院或者公安机关提供证言……”侦查人员关于询问证人地点的选择,应当从方便证人、有利于获取证言、保证证人作证的积极性方面考虑。在现场询问证人,由于距案件发生时间较短,证人记忆新鲜,同时,外部因素可能尚未来得及干扰证人作证,可以取得较真实的证言。因而,侦查人员可以在现场询问证人。除现场询问外,为了方便证人作证,消除证人不必要的紧张情绪,及时得到证人单位的支持,及时了解证人的情况,侦查人员一般应到证人所在单位、住处或者证人提出的地点进行询问。只有在案件涉及国家秘密、证人所在单位或者住处周围的人与案件有利害关系、证人在侦查阶段不愿意公开自己的姓名和作证行为等必要的情况下,为保守秘密,保证证人安全,防止证人单位、亲属或其他人的干扰,保证证人如实提供证言,侦查人员才能通知证人到人民检察院或公安机关进行询问。侦查人员询问证人,除以上询问地点以外不得指定其他地点。

(3) 询问证人应当个别进行。《刑事诉讼法》第 124 条第 2 款规定:“询问证人应当个别进行。”同一案件若有几个证人,应当分别进行、个别询问,既不能采用“座谈会”的方式将多名证人召集在一起进行询问,更不能让多名证人共同出具一份书面证词。个别进行询问,有利于消除证人的思想负担,真实陈述自己的所见所闻;有利于避免证人之间相互影响而使证言出现扭曲;有利于侦查人员针对证人的不同特点有针对性地询问,促使证人如实、全面提供证言;有利于侦查人员发现不同证言间的一致和矛盾之处,澄清疑点,提高证言的证明力。

(4) 询问证人的步骤与方法。询问证人,首先,应当问明证人的基本情况以及与当事人的关系。这对侦查人员审查判断证人证言的真实性有重要参考价值。其次,告知证人负有如实作证的义务。《刑事诉讼法》第 126 条规定:“询问证人,应当告知他应当如实地提供证据、证言和有意作伪证或者隐匿罪证要负的法律责任。”这是保障证人如实陈述的一项程序性保障。所谓要负的法律责任,主要是指《刑法》第 305 条规定的伪证罪和第 310 条规定的包庇罪。明确告知证人作伪证或隐匿罪证所应当承担的法律责任,有利于证人如实提供证据和证言。同时,侦查人员也应当告知证人依法享有的各种诉讼权利,保障证人及其近亲属的安全。对证人及其近亲属进行威胁、侮辱、殴打或打击报复,构成犯罪的,应依法追究刑事责任;尚不够刑事处罚的,依法给予治安管理处罚;情节轻微的,予以批评教育、训诫。证人本人或者其近亲属的人身安全面临危险,符合法律规定的,侦查机关应采取必要的保护措施。最后,侦查人员在询问证人时,一般应先让证人就他所知道的案件情况作连续的详细叙述,侦查人员应当耐心听取证人的陈述,然后就陈述中不清楚、不全面或者有矛盾之处向证人提出问题。侦查人员在证人陈述过程中应尽量避免中途打断,以免影响证人记忆的连贯性和陈述的全面性。同时,应了解证人陈述的来源和根据,并注意查明证人感知案件事实的主客观条件。

(5) 询问证人的禁止性规定。根据《刑事诉讼法》第52条及其他相关规定,不得采用羁押、刑讯、威胁、引诱、欺骗以及其他非法的方法获取证言。采用上述方式获得的证人证言在起诉和审判阶段不得作为指控犯罪和定案的根据。根据最高检《规则》(2019)第210条和公安部《规定》(2020)第211条的规定,侦查人员不得向证人泄露案情或者表示对案件的看法。根据最高检《规则》(2019)第191条,人民检察院应当保证一切与案件有关或者了解案情的公民有客观充分地提供证据的条件,并为他们保守秘密。公安部《规定》(2020)也作了类似规定。

(6) 询问笔录的制作。询问证人应制作笔录。询问笔录的制作要求与讯问犯罪嫌疑人相同。

3. 询问被害人的概念和程序

询问被害人,是指侦查人员依照法定程序,以言词方式向直接遭受犯罪行为侵害的人就其所受侵害及犯罪嫌疑人的有关情况进行调查了解的一种侦查活动。

被害人为犯罪行为的直接受害者,及时对被害人进行询问,对于收集证据查明案件事实和查获犯罪嫌疑人有重要意义。此外,通过询问被害人,准确掌握被害人的态度,在一些案件中有利于促成犯罪嫌疑人与被害人的和解,及时终止程序的进行,使当事人摆脱诉累,也有利于贯彻宽严相济的刑事政策。

根据《刑事诉讼法》第127条的规定,询问被害人适用询问证人的程序规定。但是,被害人与证人具有不同的诉讼地位,被害人是刑事诉讼的当事人,且与案件的处理有直接利害关系。因此,在询问被害人时,除了依照询问证人的各项规定进行外,还要注意被害人的特点。一方面,由于被害人直接遭受犯罪行为的侵害,在不少案件中,被害人与犯罪分子还有过直接接触,通过询问被害人,可以更多地掌握犯罪事实和犯罪嫌疑人的有关情况,因而,要注意做好被害人的思想工作并采取适当措施,使其克服害怕打击报复、名誉受损等心理,积极如实作证;另一方面,也要考虑到,由于对犯罪嫌疑人的憎恨或犯罪发生时情绪紧张,被害人易发生认知错误,一些被害人容易夸大犯罪严重程度和情节,因此,询问被害人时,既要认真听取其陈述,又要注意分析陈述是否合乎情理。

对于被害人的个人隐私,不得泄露。第一次询问被害人时,还应告知其有权提起刑事附带民事诉讼。

10.2.3　勘验、检查

1. 勘验、检查的概念、意义与基本程序

勘验、检查是指侦查人员对与犯罪有关的场所、物品、尸体、人身等进行查看、了解和检验,以发现、收集和固定犯罪活动所遗留下来的各种痕迹和物品的一种侦查行为。勘验、检查的主体、任务和性质相同,只是适用对象有所区别。勘验的对象是现场、物品和尸体,而检查的对象则是活人的身体。

勘验、检查是侦查中取得第一手证据材料的一个重要途径。任何犯罪行为的实施,都必然会在客观外界留下各种痕迹、物品,会对被害人造成一定的伤害,即使在犯罪后对现场加以破坏或伪装,也会留下新的痕迹和物品。因此通过勘验和检查,可以及时发现、收集和固定犯罪的痕迹和证物,了解案件的性质、作案手段和犯罪活动的情况,确定侦查范围和方向,并为进一步查清案情,揭露、证实犯罪,缉拿犯罪嫌疑人提供可靠的依据。

由于对象的不同,勘验、检查具体操作程序有所不同,但均应遵守刑事诉讼法规定的基本程序:(1) 勘验、检查由侦查人员进行。必要的时候,可以指派或者聘请具有专门知识的人,在侦查人员的主持下进行。(2) 侦查人员执行勘验、检查,必须持有人民检察院或者公安机关的证明文件。(3) 为保证勘验、检查的客观性,侦查人员应邀请与案件无关的人作为见证人在场。(4) 勘验、检查的情况应当写成笔录,由参加勘验、检查的人和见证人签名或者盖章。(5) 人民检察院认为侦查机关的勘验、检查结果需要复验、复查时,可以要求侦查机关复验、复查。侦查机关应当及时进行复验、复查,并通知人民检察院派员参加。

2. 勘验、检查的种类和程序

根据刑事诉讼法的规定,勘验、检查的种类包括:现场勘验、物证检验、人身检查、尸体检验和侦查实验。

(1) 现场勘验。现场勘验是侦查人员对发生犯罪事件或者发现犯罪痕迹的特定地点、场所进行的专门调查活动。对犯罪现场的勘验,应遵守如下程序:

第一,犯罪现场的保护。犯罪现场是犯罪证据比较集中的地方,是发现其他证据的源头。勘查现场的任务,是查明犯罪现场的情况,发现和收集证据,研究分析案情,判断案件性质,确定侦查方向和范围,为破案提供线索和证据。犯罪现场所发现的物品、痕迹,都有可能成为查获犯罪嫌疑人的关键线索,只有保护好现场,勘查人员才能观察到现场物品、痕迹的原始状态,并据以准确分析判断犯罪分子的作案情况,为侦破案件打下基础。及时发现和严密保护好现场,是做好勘验工作的前提条件。有鉴于此,《刑事诉讼法》第 129 条规定:"任何单位和个人,都有义务保护犯罪现场,并且立即通知公安机关派员勘验。"发案地派出所、巡警或者治安保卫组织应当妥善保护犯罪现场,注意保全证据,控制犯罪嫌疑人,并立即报告公安机关主管部门。

第二,现场勘验的指挥与执行人员。执行勘验的侦查人员接到通知后,应当立即赶赴现场;勘验现场,应当持有刑事犯罪现场勘验证。必要时可以指派或聘请具有专门知识的人在侦查人员的主持下进行勘验。现场勘验,由县级以上公安机关侦查部门负责。一般案件的现场勘验,由侦查部门负责人指定的人员现场指挥;重大、特别重大案件的现场勘验由侦查部门负责人现场指挥。必要时,发案地公安机关负责人应当亲自到现场指挥。

第三,现场勘验的进行。首先,勘验的准备。勘验人员到达现场后进行现场访问,及时向被害人、目击证人、报案人等了解案件发生、发现和现场保护的基本情况,确定参加人员的分工。其次,确定勘验的范围和顺序。根据对现场环境的初步观察确定勘验范围,勘验过程中可根据需要进行调整。勘验顺序以有利于证据搜集和避免证据遗漏为原则,根据个案情况选择:从中心向外围,从外围向中心,内外结合,沿行走路线,分片、分段或沿地形、地物等。

再次,静态勘验。在不触动现场物品的情况下,对现场情况进行观察记录和分析,以固定现场的原始状态,防止对现场证据的人为破坏,并发现可能成为证据的痕迹、物品和其他证据的位置状态和相互关系。最后,动态勘验。在静态勘验的基础上,对勘验对象进行翻转、移动,以寻找、发现可能成为证据的痕迹、物品,并对发现的材料以适当的方法提取、固定。除以上四点外,计算机犯罪案件的现场勘验,应当立即停止应用,保护计算机及相关设备。为保证勘验的客观公正性,应邀请两名与案件无关的见证人在场。

第四,现场勘验记录。勘验记录是对勘验过程和勘验所见情况的真实反映。勘验活动中发现的物品和痕迹的数量及特征,物品和痕迹所处的位置及状态以及勘验由谁进行、有谁在场、采用什么方法等有关勘验过程的情况,都需要在勘验过程中记录下来。勘验记录必须全面反映勘验过程中所发现的情况;应是客观的记载,不应有分析得出的结果;表达要准确,不能是不确定的陈述。勘验记录采用的方式有笔录、绘图、照相和录像。根据公安部《规定》(2020)第 216 条和最高检《规则》(2019)第 197 条的规定,勘查现场,应当拍摄现场照片、绘制现场图、制作笔录,由参加勘查的人和见证人签名。对重大案件的现场勘查,应当(录音)录像。计算机犯罪案件的现场勘查,应注意复制电子数据。对现场勘验情况应制成笔录,侦查人员、参加勘验的其他人员和见证人都应当在笔录上签名或盖章。

(2) 物证检验。物证检验是指侦查人员对已经收集到的物品和痕迹进行检查和验证,以确定物证与案件事实之间关系的一种侦查活动。物证的检验应当及时、细致,侦查人员认为需要专门知识对物证进行检验和鉴定的,应当指派或聘请鉴定人进行鉴定。物证检验应当制作笔录,参加检验的侦查人员、鉴定人和见证人均应签名或者盖章,方才符合程序要件。

(3) 人身检查。人身检查,是指侦查人员为了确定被害人、犯罪嫌疑人的某些特征、伤害情况或者生理状态,依法对其人身进行检查,提取指纹信息,采集血液、尿液等生物样本的一种侦查活动。人身检查是对活人身体进行的一种特殊检验,其目的在于确定被害人、犯罪嫌疑人的相貌、肤色、特殊痕迹、伤害部位和程度、智力发展和生理机能等情况以及指纹、血型、酒精含量、DNA 数据等人体信息,从而有利于查明案件性质、查获犯罪嫌疑人。

人身检查涉及公民人身自由权、安全权和隐私权,因此,各国法律对其都有十分严格的规定。我国刑事诉讼法规定,对被害人、犯罪嫌疑人进行人身检查,必须由侦查人员进行。必要时也可以在侦查人员的主持下,聘请法医或医师严格依法进行。人身检查不得有侮辱被害人、犯罪嫌疑人的人格或侵害其他合法权益的行为。在人身检查过程中知悉的被检查人的个人隐私,有关人员应当保密。对犯罪嫌疑人进行人身检查,如果有必要,可以强制进行。但对于被害人的人身检查,应征求本人同意,不得强制进行。检查妇女的身体,应当由女工作人员或者医师进行。

人身检查的情况应当制作笔录,并由侦查人员、进行检查的法医或医师和见证人签名或盖章。

(4) 尸体检验。尸体检验是指侦查机关指派、聘请法医或医师对非正常死亡的尸体进行尸表检验或尸体解剖,以确定死亡的原因和时间,判明致死的工具、手段和方法的一种侦查活动。其目的在于分析作案过程,为查明案情和查获犯罪嫌疑人提供线索和证据。尸检分为尸表检验和尸体解剖。尸表检验是对尸体在现场的位置、姿势,尸体表面的伤痕、衣着、附属物以及尸体的变化等进行的检验。尸体解剖是对尸体内部器官进行的检验。

对于死因不明的尸体,为了确定死因,可以解剖尸体或者开棺检验,但需要经过县级以上公安机关负责人批准,并通知死者家属到场,让其在《解剖尸体通知书》上签名或者盖章。死者家属无正当理由拒不到场或者拒绝签名、盖章的,不影响解剖或开棺检验,但是应当在《解剖尸体通知书》上注明。对于身份不明的尸体或者无法通知死者家属的,应当在笔录中注明。对于已经查明死因,没有继续保存必要的尸体,应当通知家属领回处理,对无法通知或者通知后其家属拒绝领回的,经县级以上公安机关负责人批准,可以及时处理。

尸体检验的情况应当制作笔录,并由侦查人员、法医或医师签名或者盖章。必要时,可以制作录像,以便由专家对有关问题作出进一步鉴定。

(5) 侦查实验。侦查实验是指侦查人员为了确定和判明与案件有关的某些事实或行为在某种情况下能否发生或怎样发生,而按照原有条件实验性地重演案情的一种侦查活动。

作为一种特殊的侦查活动,侦查实验一般只有在下列情况下进行:确定在一定条件下能否听到或者看到,确定在一定时间内能否完成某一行为,确定在什么条件下能够发生某种现象,确定在某种条件下某种行为和某种痕迹是否吻合,确定在某种条件下使用某种工具可能或者不可能留下某种痕迹,确定某种痕迹在什么条件下会发生变异,确定某类事件是如何发生的。

为查明案情,并且有必要进行侦查实验时,需经县级以上公安机关负责人批准,方可进行。侦查实验,应当由侦查人员进行,必要时也可以聘请具有专门知识的人参加。进行侦查实验时,禁止一切足以造成危险、侮辱人格或者有伤风化的行为。侦查实验的经过和结果,应当制作侦查实验笔录,由参加侦查实验的人签名或者盖章。

10.2.4 搜查

搜查是指侦查人员为了收集证据、查获犯罪嫌疑人,依法对犯罪嫌疑人以及可能隐藏犯罪嫌疑人或者罪证的人的身体、物品、住处和其他有关地方进行搜寻、检查的一种侦查行为。搜查是侦查机关同犯罪作斗争的一项重要手段,对于侦查机关及时收集证据,查获犯罪嫌疑人,防止其逃跑、毁灭、转移证据,揭露、证实犯罪,保证诉讼的顺利进行,具有十分重要的意义。

搜查直接关系到宪法所规定的公民的人身自由和住宅不受侵犯的权利。各国宪法和刑事诉讼法都对此作了十分严格的规定。我国《宪法》第 37 条、第 39 条对公民人身权利和住宅不受侵犯的权利作了规定。刑事诉讼法根据宪法对搜查应当遵守的法律程序作出了明确的规定。

搜查只能由侦查人员进行,其他任何机关、团体和个人都无权对公民人身和住宅进行搜查。否则,情节严重构成犯罪的,将依法追究其刑事责任。搜查的目的在于收集证据,查获犯罪嫌疑人。搜查的对象和范围,既可以是犯罪嫌疑人,也可以是其他可能隐藏犯罪嫌疑人或者犯罪证据的人;既可以对人身进行,也可以对被搜查人的住处、物品和其他有关场所进行。侦查机关不得违背法律规定的搜查目的,也不得超越法律所规定的搜查对象和范围,否则就是滥用搜查权。搜查妇女的身体,应当由女工作人员进行。

侦查机关进行搜查时,必须向被搜查人出示搜查证,否则被搜查人有权拒绝搜查。但是,侦查人员在执行逮捕、拘留的时候,遇有紧急情况的,不用搜查证也可以进行搜查。所谓紧急情况,是指犯罪嫌疑人可能随身携带凶器的,可能隐藏爆炸、剧毒等危险物品的,可能隐匿、毁弃、转移犯罪证据的,可能隐匿其他犯罪嫌疑人的,以及其他突然发生的紧急情况。搜查结束后,搜查人员应当在规定的时间内向侦查机关负责人报告,并及时补办有关手续。合法搜查时,任何单位和个人都有义务按照公安机关和人民检察院的要求,交出可以证明犯罪嫌疑人有罪或者无罪的物证、书证、视听资料等证据。拒不服从的,侦查机关可依法强制提取。搜查时,应当有被搜查人或者他的家属、邻居或者其他见证人在场。

搜查的情况应当写成笔录,由侦查人员和被搜查人员或者他的家属、邻居或者其他见证人签名或盖章。被搜查人在逃或者他的家属拒绝签名、盖章的,应当在笔录上注明。

10.2.5 查封、扣押物证、书证

1. 查封、扣押物证、书证的概念和意义

查封、扣押物证、书证,是指侦查机关依法强行提取、留置和封存与案件有关的财物、文件的一种侦查行为。

查封、扣押物证、书证是一种带有强制性的侦查措施,目的在于取得和保全证据,以防止能证明犯罪嫌疑人有罪或无罪、罪重或罪轻的财物和文件毁弃、丢失或被隐藏等。由于物证、书证在认定案件事实,揭露、证实犯罪,保障无罪公民不受刑事追诉方面发挥着重要的证据作用,并且容易毁损和丢失,因此及时查封、扣押并予以保存是十分必要的。查封、扣押物证、书证是一种独立的侦查行为,可以单独进行。同时,在执行其他侦查活动或者采取强制措施时也可以进行。如在勘验、搜查过程中,在执行拘留、逮捕时,发现可以证明犯罪嫌疑人有罪或无罪的财物和文件的,都应当查封、扣押。

2. 查封、扣押物证、书证的程序

侦查人员查封、扣押物证、书证应当依法进行,严格遵守法定程序。查封、扣押的范围仅限于与查明案件有关的具有证据意义的各种财物、文件,对与案件无关的财物、文件不得随意查封、扣押。对于不能立即查明是否与案件有关的可疑的财物和文件,也可以查封或者扣押,但应当及时审查。经查明确实与案件无关的,应当在3日以内解除查封或者予以退还。如果发现该财物是违禁品,无论是否与本案有关,都应先行查封、扣押,然后交有关部门处理。凡应当查封、扣押的财物、文件,持有人拒绝交出的,侦查机关可以强行查封、扣押。侦查人员如果在勘验、检查和搜查中发现需要查封、扣押的财物、文件,凭勘查证和搜查证即可予以查封、扣押;如果单独进行查封、扣押,则应持有侦查机关的证明文件,如侦查人员的工作证件。

对于查封、扣押的财物和文件,应当会同在场见证人和被扣押财物、文件的持有人查点清楚,当场开列清单,写明财物或者文件的名称、编号、规格、数量、重量、质量、特征及其来源,由侦查人员、见证人和持有人签名或者盖章。持有人及其家属在逃或者拒绝签名或盖章时,不影响查封、扣押的进行,但应当在查封、扣押清单上注明。对于不便提取而查封的财物,应当现场加封,并由专人负责,妥善保存。对于扣押的财物、文件,侦查机关应当妥善保管或者封存,不得使用、调换或者损毁。对于涉及国家秘密的文件、资料,应当严格保守秘密。

侦查机关根据侦查犯罪的需要,可以依照规定查询、冻结犯罪嫌疑人的存款、汇款、债券、股票、基金份额等财产。犯罪嫌疑人的存款、汇款、债券、股票、基金份额等已被冻结的,不得重复冻结。所谓犯罪嫌疑人的存款、汇款、债券、股票、基金份额,是指存款、汇款、债券、

股票、基金份额属于犯罪嫌疑人,而不论是以犯罪嫌疑人的名字存入、汇出、汇入、购买、持有,还是以其假名、化名、亲友名字或者以转交方式存入、汇出、汇入、购买、持有。对于已经冻结的犯罪嫌疑人的存款、汇款、债券、股票、基金份额,不管是出于何种原因冻结的,侦查机关都不得重复冻结,并可以要求有关银行、证券公司、基金公司、邮电机关等在对犯罪嫌疑人的存款、汇款、债券、股票、基金份额解冻前,通知公安机关和人民检察院。但是,侦查机关对于冻结的存款、汇款、债券、股票、基金份额不得自行扣划,而必须根据生效法律文书予以处理。

侦查人员认为需要扣押犯罪嫌疑人的邮件、电报的,经公安机关或人民检察院的批准,即可通知邮电机关将有关的邮件、电报检交扣押。不需要继续扣押时,应当立即通知邮电机关。

对查封、扣押的财物、文件、邮件、电报或者冻结的存款、汇款、债券、股票、基金份额等财产,经查明确实与案件无关的,应当在 3 日以内解除查封、扣押、冻结,予以退还。

为强化诉讼参与人、利害关系人对查封、扣押、冻结措施的监督,维护其合法权益,《刑事诉讼法》第 117 条规定,当事人和辩护人、诉讼代理人、利害关系人对于司法机关及其工作人员有下列行为之一的,有权向该机关申诉或者控告:对与案件无关的财物采取查封、扣押、冻结措施的;应当解除查封、扣押、冻结不解除的;贪污、挪用、私分、调换、违反规定使用查封、扣押、冻结的财物的。受理申诉或者控告的机关应当及时处理。对处理不服的,可以向同级人民检察院申诉;人民检察院直接受理的案件,可以向上一级人民检察院申诉。人民检察院对申诉应当及时进行审查,情况属实的,通知有关机关予以纠正。

10.2.6 鉴定

1. 鉴定的概念和意义

鉴定是指侦查机关为查明案情,指派或聘请具有专门知识的人,就案件中某些专门性问题进行鉴别和判断并作出结论的一种侦查行为。

鉴定是一种重要的技术性很强的侦查手段,对于侦查机关及时收集证据,准确揭示物证、书证在诉讼中的证明作用,鉴别案内其他证据的真伪,查明案件事实真相,查获犯罪嫌疑人具有重要作用。在实践中,凡是与刑事案件有关的能够证明犯罪嫌疑人有罪、无罪的各种财物、文件、痕迹、人身、尸体等都可以进行鉴定。而侦查中经常采用的鉴定类别主要有:刑事技术鉴定,人身伤害的医学鉴定,精神病的医学鉴定,查封、扣押财物的价格鉴定,文物鉴定,以及司法会计鉴定等。可以说,随着科学技术的发展,社会分工越来越细,鉴定的类别也会越来越多,如计算机软件的鉴定、对通信设施使用情况的鉴定等。

2. 鉴定的程序

刑事鉴定应当严格遵守法定程序,以保证鉴定的客观性、公正性。首先,鉴定人只能由侦查机关依法指派或聘请。所聘请的鉴定人必须具备解决本案中涉及的专门性问题的专门知识和技能。鉴定人属于回避人员的范围,因此,鉴定人必须与本案或本案当事人没有利害关系等,不具有应当回避的条件,以保证以客观、公正的态度进行鉴定。

指派或聘请鉴定人后,侦查机关应当为鉴定人提供必要的条件,及时向鉴定人送交有关检材和对比样本等原始材料,介绍与鉴定有关的情况,并且明确提出要求鉴定解决的专门性问题,但是不得暗示或者强迫鉴定人作出某种鉴定意见,也不得要求鉴定人解决有关法律性质的问题。

鉴定人应当按照鉴定规则,运用科学方法进行鉴定。鉴定后,应当出具鉴定意见,并签名。多名鉴定人对同一专门问题共同进行鉴定时,可以互相讨论,提出共同的鉴定意见,每一位鉴定人都应当签名;如果意见不一致,则可以分别提出自己的鉴定意见,分别签名。鉴定人故意作虚假鉴定,构成犯罪的,应当依法追究其刑事责任;尚不够刑罚处罚的,则依法予以行政处分。

侦查机关应当将用作证据的鉴定意见告知犯罪嫌疑人、被害人。如果犯罪嫌疑人、被害人提出申请,可以补充鉴定或者重新鉴定。

10.2.7　辨认

1. 辨认的概念与意义

辨认是指侦查人员为了查明案情,在必要时让被害人、证人以及犯罪嫌疑人对与犯罪有关的物品、文件、尸体、场所或者犯罪嫌疑人等进行辨识或指认的一种侦查行为。

辨认是各国侦查机关在侦查过程中经常采用的一种侦查方法。我国刑事诉讼法没有关于辨认的规定,但公安部《规定》(2020)和最高检《规则》(2019)对辨认的规则和程序作了明确的规定,因此辨认是我国刑事诉讼中常用的一种侦查方法。辨认的意义在于:一是确定辨认对象的来源,为分析案件情况、确定侦查方向和范围提供依据。如通过对遗留在犯罪现场的尸体和物品的辨认,确定物品的来源和尸体的身份,有助于确定进一步的侦查方向和范围。二是为审查辨认对象与案件的关系提供依据。如组织当事人或目击证人对犯罪嫌疑人、可能与案件有关的物品或场所进行辨认,可以帮助确定当前的人、物、场所是否调查寻找的目标。三是为诉讼提供证据。辨认结果实质上是一种人证,依照法定程序进行并加以记录的辨认结果是诉讼的重要证据。

2. 辨认的程序和要求

辨认犯罪嫌疑人应当由执行侦查任务的公安机关负责人或者检察长批准,在侦查人员主持下进行。主持辨认的侦查人员不得少于2人。在辨认前,应当避免辨认人见到被辨认对象,应向辨认人详细询问被辨认对象的具体特征,并告知辨认人有意作假辨认应当承担的法律责任。

辨认时,应当将辨认对象混杂在具有类似特征的其他对象中,不得给辨认人任何暗示。除尸体、场所等特定辨认对象外,供辨认的对象数量要符合规定。公安机关侦查的案件辨认犯罪嫌疑人时,被辨认的人数不得少于7人;辨认犯罪嫌疑人的照片时,被辨认照片不得少于10张。人民检察院自侦的案件辨认犯罪嫌疑人时,被辨认的人数不得少于5人,照片不得少于5张;辨认物品时,同类物品不得少于5件,照片不得少于5张。几名辨认人对同一辨认对象进行辨认时,应当由每名辨认人单独进行。必要时,可以有见证人在场。对犯罪嫌疑人的辨认,辨认人不愿意公开进行的,可以在不暴露辨认人的情况下进行,侦查人员应当为其保守秘密。

人民检察院主持辨认,可以商请公安机关参加或者协助。

辨认的经过和结果等情况,应当制作专门的规范的辨认笔录,由主持和参加辨认的侦查人员、辨认人、见证人签名或盖章。为便于审查辨认的真实情况,被辨认对象的照片、录像等资料应同辨认笔录一起存入案卷。

10.2.8　技术侦查

1. 技术侦查概述

技术侦查,是指公安机关、国家安全机关等法定机关为了侦查犯罪而采取的特殊侦查措施,包括电子侦听、电话监听、电子监控、秘密拍照或录像、秘密获取某些物证、邮件检查、网上信息监察等秘密的专门技术手段。

当前多数案件的侦查都会运用一些技术手段,如在勘验、检查中使用某些专门仪器,对某些专门问题借助科技手段进行鉴定、测谎等。广义上讲,这些案件都存在技术侦查的问题。但这里所说的技术侦查与之不同,专指侦查中某些特殊手段的运用。

技术侦查的意义主要体现于两点:第一,能更有效地打击犯罪。随着社会的发展,当前犯罪呈现科技化、智能化与隐秘化趋势,在有些情况下传统侦查手段无法及时、有效查获犯罪嫌疑人和取得追究犯罪所需的证据,或者传统侦查手段即使有效,但成本过高、耗时过长或过于危险。相对于传统侦查手段,技术侦查在节省诉讼成本、及时、有效、安全方面都往往更有优势。将科学技术手段运用于刑事案件的侦查,是科学技术不断发展与进步在刑事诉讼领域的反映。第二,在一定情况下也有利于保障人权。司法实践中,刑讯逼供等违法取证现象的发生与取证难度较大有一定联系。通过技术侦查获取证据可在一定程度上降低对口供的依赖,减少刑讯逼供等违法取证现象的发生,有利于犯罪嫌疑人的权利保障。同时,通过技术侦查迅速锁定犯罪嫌疑人,也可使无辜者尽早摆脱犯罪嫌疑,恢复正常生活。

正因如此,现代世界各国均重视科学技术手段在刑事侦查中的运用,对于使用电子装置听取他人在住所等场所的谈话,在通信线路上安装机械装置截获通话的内容,利用电子设备对特定人、物或场所进行监视,以及秘密拍照或录像、网上信息监察等侦查手段,立法者及实务界一般持肯定态度。

但技术侦查也具有侵害监控对象宪法基本权利的重大可能性,如果使用不当,可能造成严重后果。因而,在肯定技术侦查控制犯罪功效的同时,也应从保障人权角度对技术侦查的使用进行严密的法律规制。在打击犯罪与保障人权之间寻找一个恰当的度是技术侦查立法的重要任务。

2. 技术侦查的适用范围

为防止技术侦查滥用可能造成的严重后果,各国立法对技术侦查的适用范围都有较为严格的限制,一般限于较严重的犯罪,或有特殊需要的犯罪。

根据《刑事诉讼法》第 150 条的规定,我国技术侦查主要适用于下列三类案件:第一,国家安全机关、公安机关立案侦查的危害国家安全犯罪、恐怖活动犯罪、黑社会性质的组织犯罪、重大毒品犯罪或者其他严重危害社会的犯罪案件;第二,人民检察院立案侦查的利用职权实施的严重侵犯公民人身权利的重大犯罪案件;第三,追捕被通缉或者批准、决定逮捕的在逃的犯罪嫌疑人、被告人,经过批准,可以采取追捕所必需的技术侦查措施。上述三类案件也并非均需采用技术侦查措施,在个案中考虑是否使用技术侦查措施、适用何种措施、在多大程度上使用时,应当根据个案情况,综合各种因素判断,特别是权衡因此可能牺牲的利益和所维护的利益的性质和大小。

3. 技术侦查的适用程序

第一,技术侦查的批准。各国对技术侦查的适用都规定了批准程序,并且一般由中立的法官批准。《刑事诉讼法》第 150 条规定,对某些案件,经过严格的批准手续,可以采取技术侦查措施。

第二,明确适用对象。有关机关在批准适用侦查措施时,应明确限定技术侦查适用的对象。执行人员只能对批准的对象进行技术侦查,不能擅自扩大范围。

第三,明确措施种类。有关机关在批准适用侦查措施时,应根据侦查犯罪的需要明确限定技术侦查的种类,执行人员应严格遵照执行。

第四,明确时间。为保障公民权益,对技术侦查的时间应有合理的限制,以防长期进行对公民合法权益造成不当损害。《刑事诉讼法》第 151 条规定,批准决定自签发之日起 3 个月内有效。对于不需要继续采取技术侦查措施的,应当及时解除;对于复杂、疑难案件,期限届满仍有必要继续采取技术侦查措施的,经过批准,有效期可以延长,每次不得超过 3 个月。立法对延长次数没有限制,因此技术侦查在某些情况下可能有不当使用的风险。

第五,根据《刑事诉讼法》第 150 条和第 152 条的规定,公安机关可以直接执行有关技术侦查的决定。公安机关依法采取技术侦查措施时,有关单位和个人应当配合,并对有关情况予以保密。

4. 技术侦查获取资料的使用

技术侦查是一把双刃剑。若使用不当,可能侵犯公民隐私权,对公民权益造成重大侵害,因而,对技术侦查获得的资料应建立完善的保管制度,并且限定其用途。根据《刑事诉讼法》第 152 条的规定,采取技术侦查措施获取的材料,只能用于对犯罪的侦查、起诉和审判,不得用于其他用途。侦查人员对采取技术侦查措施过程中知悉的国家秘密、商业秘密和个人隐私,应当保密;对采取技术侦查措施获取的与案件无关的材料,必须及时销毁。

根据《刑事诉讼法》第 154 条的规定,采取技术侦查措施收集的材料在刑事诉讼中可以作为证据使用。如果使用该证据可能危及有关人员的人身安全,或者可能产生其他严重后果,应当采取不暴露有关人员身份、技术方法等保护措施,必要的时候,可以由审判人员在庭外对证据进行核实。

《刑事诉讼法》明确规定了技术侦查措施,对于提高侦查效能有重要作用,但现有规定也存在一定的不足,如没有明确受侦查人的知悉权、异议权和要求赔偿的权利,在事前批准和事后审查上,也缺乏更具客观立场的第三方机构介入。

10.2.9　秘密侦查

1. 秘密侦查概述

《刑事诉讼法》第 153 条第 1 款规定了秘密侦查。所谓秘密侦查,是指侦查机关采取隐匿身份、目的、手段的方法,在侦查对象不知晓的情况下,发现犯罪线索、收集犯罪证据,乃至抓捕犯罪嫌疑人的活动。理论上,秘密侦查可划分为两大类:乔装欺骗型秘密侦查与监控型秘密侦查。但《刑事诉讼法》将二者分别加以规定,将监控型秘密侦查单列为技术侦查,其主要特点是充分利用科技设备对侦查对象进行秘密监控,侦查人员并不一定需要隐匿身份。这里的秘密侦查仅指乔装欺骗型秘密侦查,其主要特点是侦查人员隐藏身份,秘密使用人力进行侦查,如特情侦查、诱惑侦查或卧底侦查等。

秘密侦查具有不易为对方觉察和可渗透到犯罪行动过程之中的特点,具有常规侦查方法所不具有的特殊功能,在常规侦查方法难以奏效的情况下,能够更有效地打击犯罪。同时,常规侦查一般是在犯罪发生之后才实施的,而秘密侦查则可在犯罪实施之前就启动,因而,它可以将犯罪遏制在犯罪实施阶段甚至预谋阶段,带有一定的犯罪预防性,这对于打击犯罪、维护社会秩序无疑有重要意义。

2. 秘密侦查的使用

与技术侦查一样,秘密侦查同样隐含着侵犯公民基本权利的重大风险,可能侵害公民自决权,造成严重后果。同时,秘密侦查若适用不当,对侦查人员自身也会造成危险。因而,对秘密侦查的使用要慎重。只有在常规侦查方法无法或很难查清案件事实,确有必要的情况下方可使用。使用秘密侦查方法须由公安机关负责人决定。在使用过程中,特别要注意不得诱使他人犯罪,即不能制造过强的诱惑条件使本没有犯罪意图的人产生犯罪意图并实施犯罪行为,但侦查人员可以提供机会使犯罪嫌疑人的犯罪意图暴露以取得犯罪证据,抓捕犯罪嫌疑人。同时,不得采用可能危害公共安全或者发生重大人身危险的方法。

3. 控制下交付

《刑事诉讼法》第 153 条第 2 款明确了控制下交付的侦查方法。所谓控制下交付,是指侦查机关在明知毒品等违禁品或者财物流转的情况下,允许其继续流转,或者在查获违禁品或财物后,采用伪装手段使其继续,同时秘密监控其过程和交付地点,以便查清犯罪活动,将犯罪嫌疑人一网打尽的一种侦查措施。控制下交付为许多国家侦查部门所采用,特别是在毒品犯罪中被广泛使用,也为《联合国禁止非法贩运麻醉药品和精神药品公约》(1988)所肯定。从性质上讲,控制下交付也属于秘密侦查的一种,其功能、局限与使用中需注意的事项和其他秘密侦查方法类似。

4. 秘密侦查获取材料的使用

根据《刑事诉讼法》第 154 条的规定,采取秘密侦查措施收集的材料在刑事诉讼中可以作为证据使用。使用该证据可能危及有关人员的人身安全,或者可能产生其他严重后果的,应当采取不暴露有关人员身份、技术方法等保护措施,必要的时候,可以由审判人员在庭外对证据进行核实。

10.2.10　通缉

1. 通缉的概念与意义

通缉是指公安机关以发布通缉令的方式对应当逮捕而在逃的犯罪嫌疑人通报缉拿归案的一种侦查行为。

被通缉的对象必须是依法应当逮捕而在逃的犯罪嫌疑人,包括依法应当逮捕而在逃的和已被逮捕但在羁押期间逃跑的犯罪嫌疑人。在侦查实践中,通缉的对象通常都是案情重大、罪行特别严重或者可能继续犯罪危害社会安宁、国家安全的犯罪嫌疑人,如不及时缉拿归案,可能造成严重后果。对虽在逃但罪行不太严重的犯罪嫌疑人则一般由公安机关发出协查通报,要求其他公安机关协助查获。对越狱逃跑的犯罪嫌疑人、被告人或者罪犯也可以通缉。

通缉是公安机关内部通力合作、协同作战,并动员和依靠广大人民群众缉拿在逃的犯罪嫌疑人、被告人和罪犯的有力措施,对于及时抓获犯罪嫌疑人、被告人和罪犯,查明犯罪事实,有力打击犯罪具有重要作用。

2. 通缉的程序

由于通缉涉及面广,可能造成一定社会影响,因此,《刑事诉讼法》及有关规定对通缉手段的适用规定了严格的程序。

(1) 通缉的决定。公安机关在侦查过程中,应当逮捕的犯罪嫌疑人在逃,或者已被逮捕的犯罪嫌疑人脱逃而需要通缉的,应报县级以上公安机关负责人作出决定。人民检察院侦查直接受理的案件,经检察长批准,可以作出通缉的决定。

(2) 通缉令的发布。通缉令是公安机关向公安系统和社会发布的缉拿应当逮捕而在逃的犯罪嫌疑人的书面命令。县级以上公安机关在自己管辖的地区以内,可以直接发布通缉令;超出自己管辖的地区,应当报请有权决定的上级公安机关发布。通缉令发送范围,由签发通缉令的公安机关负责人决定。各级人民检察院需要在本辖区内通缉犯罪嫌疑人的,可以直接决定通缉;需要在本辖区外通缉犯罪嫌疑人的,由有决定权的上级人民检察院决定。人民检察院应当将通缉通知书和通缉犯的照片、身份、特征、案情简况送达公安机关,由公安机关发布通缉令,追捕归案。为发现重大犯罪线索,追缴涉案财物、证据,查获犯罪嫌疑人,必要时,经县级以上公安机关负责人批准,可以发布悬赏通告。通缉令、悬赏通告可以通过广播、电视、报刊、计算机网络等媒体发布,也可以通过张贴形式发布。

(3) 通缉令的内容。为有效查缉犯罪嫌疑人,通缉令中应当尽可能写明被通缉人的姓名、别名、曾用名、绰号、性别、年龄、民族、籍贯、出生地、户籍所在地、居住地、职业、身份证号码、衣着和体貌特征并附被通缉人近期照片,可以附指纹及其他物证的照片。除了必须保密的事项以外,应当写明发案的时间、地点和简要案情。最后,还应写明发布通缉令的机关、时间,并加盖公章。

(4) 补发通报。通缉令发出后,如果发现新的重要情况,可以补发通报。通报必须注明原通缉令的编号和日期。

(5) 布置查缉。有关公安机关接到通缉令后,应当及时布置查缉,措施包括发动群众提供线索、控制被通缉者可能隐匿或出现的场所、布置追捕堵截等。为防止犯罪嫌疑人逃往境外,需要在边防口岸采取边控措施的,应当按照有关规定制作《边控对象通知书》,经县级以上公安机关负责人审核后,层报省级公安机关批准,办理边控手续。需要在全国范围采取边控措施的,应当层报公安部批准。需要边防检查站限制犯罪嫌疑人人身自由的,需同时出具有关法律文书。紧急情况下,县级以上公安机关可以出具公函,先向当地边防检查站交控,但应当在 7 日内补办交控手续。人民检察院自侦案件进行通缉的,人民检察院应当与公安机关积极配合,及时检查监督通缉的执行情况。有关公安机关抓获犯罪嫌疑人后,应当迅速通知通缉令发布机关,并报经抓获地县级以上公安机关负责人批准后,凭通缉令羁押。原通缉令发布机关应当立即进行核实,并及时依法处理。对于通缉在案的犯罪嫌疑人,任何公民都有权将其扭送至公安机关、人民检察院或人民法院处理。

（6）通缉令的撤销。犯罪嫌疑人自首、被击毙或者被抓获，并经核实后，原发布机关应当在原通缉、通知、通告范围内，撤销通缉令、边控通知、悬赏通告。

10.3　侦查终结

10.3.1　侦查终结的概念和意义

侦查终结是指侦查机关对于自己立案侦查的案件，经过一系列的侦查活动，认为案件事实已经查清，证据确实、充分，足以认定犯罪嫌疑人是否有罪和应否对其追究刑事责任，从而决定结束侦查，并对案件依法作出处理或提出处理意见的一种诉讼活动。

侦查终结是在侦查阶段对已经开展的各种侦查活动和侦查工作进行审核和总结的最后一道程序，是侦查任务已经完成的标志。它要求侦查机关对侦查活动收集的证据进行审查判断，确定犯罪嫌疑人是否有罪并向检察机关提出起诉意见或作出撤销案件的决定。这对准确及时惩罚犯罪，保障无罪的人和依法不应当受到刑事追究的人免受刑事追究，保护公民合法权益，具有重要意义。

10.3.2　侦查终结的条件

根据《刑事诉讼法》第 162 条的规定，侦查终结的案件必须同时具备以下三个条件：

1. 案件事实已经查清

案件事实包括犯罪嫌疑人有罪或无罪、罪重或罪轻以及是否应受刑事处罚的全部事实和情节。事实已经查清，是侦查终结的首要条件。因此，侦查机关如果认为犯罪嫌疑人确有犯罪行为，在侦查终结时，对于犯罪嫌疑人的犯罪时间、地点、动机、目的、情节、手段和危害结果等情况应当全部予以查清，并且没有遗漏的罪行。共同犯罪的案件，还应当查清每个犯罪嫌疑人在共同犯罪中的地位和作用，并且没有遗漏其他应当追究刑事责任的同案人。

2. 证据确实、充分

证据确实、充分是侦查终结的重要条件。它要求侦查终结的案件，都要符合《刑事诉讼法》第 55 条第 2 款的规定。需要说明的是，这种要求是在诉讼进行中基于侦查过程所获取的证据材料所作的阶段性要求，与判决时总结全案提出的证据要求应当有所区别。

3. 法律手续完备

法律手续完备是保障侦查活动合法性的必不可少的条件。它要求侦查机关采取的专门调查工作和有关强制性措施的各种法律文书及其审批、签字、盖章等手续都是齐全、完整并符合法律规定的。对于有遗漏或不符合法律规定的情形，应及时采取有效措施予以补充或纠正。

10.3.3　侦查终结的处理

侦查终结的案件，应当根据案件的不同情况，分别作出移送审查起诉或者撤销案件的决定。公安机关侦查的案件,侦查终结后,对于犯罪事实清楚,证据确实、充分,犯罪性质和罪名认定正确,法律手续完备,依法应当追究犯罪嫌疑人刑事责任的案件,应当写出《起诉意见书》,连同案卷材料、证据一并移送同级人民检察院审查决定。犯罪嫌疑人自愿认罪的,应当记录在案,随案移送,并在《起诉意见书》中写明有关情况。共同犯罪案件的《起诉意见书》,应当写明每个犯罪嫌疑人在共同犯罪中的地位、作用、具体罪责和认罪态度,并分别提出处理意见。

对于犯罪情节轻微,依法不需要判处刑罚或者免除刑罚的案件,公安机关在移送审查起诉时,可以注明具备不起诉的条件,由人民检察院审查决定起诉或者不起诉;对于侦查中发现不应对犯罪嫌疑人追究刑事责任的案件,即不存在犯罪事实或者犯罪嫌疑人的行为符合《刑事诉讼法》第16条的规定,不应对犯罪嫌疑人追究刑事责任时,应当作出撤销案件的决定,并制作《撤销案件决定书》。犯罪嫌疑人已被逮捕的,应当立即释放,并发给释放证明,同时通知原批准的人民检察院。根据《刑事诉讼法》第182条的规定,犯罪嫌疑人自愿如实供述涉嫌犯罪的事实,有重大立功或者案件涉及国家重大利益的,经最高人民检察院核准,公安机关可以撤销案件。根据此规定而撤销案件的,公安机关应当及时对查封、扣押、冻结的财物及其孳息作出处理。

在司法实践中,有的案件虽经过侦查,但在对犯罪嫌疑人采取的强制措施的法定期限内,案件事实并未查清楚,收集到的定罪证据达不到侦查终结所要求的确实、充分的程度,因而无法终结侦查。对此,《刑事诉讼法》第99条规定,对被采取强制措施法定期限届满的犯罪嫌疑人、被告人,应当予以释放、解除取保候审、监视居住或者依法变更强制措施。

2012年及2018年《刑事诉讼法》修改后强化了侦查阶段对辩护权的保障。《刑事诉讼法》第36条规定,法律援助机构可以在人民法院、看守所等场所派驻值班律师。犯罪嫌疑人、被告人没有委托辩护人,法律援助机构没有指派律师为其提供辩护的,由值班律师为犯罪嫌疑人、被告人提供法律咨询、程序选择建议、申请变更强制措施、对案件处理提出意见等法律帮助。值班律师制度落实在刑事诉讼法中,值班律师在侦查阶段提供的法律帮助有利于犯罪嫌疑人、被告人充分行使诉讼权利。《刑事诉讼法》第161条规定,在案件侦查终结前,辩护律师提出要求的,侦查机关应当听取辩护律师的意见,并记录在案。辩护律师提出书面意见的,应当附卷。侦查终结前听取辩护律师意见,有利于侦查机关对案件进行更全面的判断,正确作出处理决定。《刑事诉讼法》第162条规定,移送审查起诉的案件,应同时将案件移送情况告知犯罪嫌疑人及其辩护律师。这是犯罪嫌疑人和辩护律师的知情权所要求的,也有利于犯罪嫌疑人和辩护律师进一步做好辩护准备。

10.3.4 侦查羁押期限

1. 期限与期间

刑事诉讼作为一种程序,规定了诉讼主体行使权利义务的期限。而期限又是由期间来度量的。所谓诉讼期间,就是诉讼主体完成某项诉讼行为必须遵守的法定期限。中国《刑事诉讼法》第105条第1款规定:"期间以时、日、月计算。"一般来说,侦查羁押期限是指犯罪嫌疑人在侦查中被"逮捕以后"到"侦查终结"的期限。《刑事诉讼法》第156条至第160条对侦查羁押期限作了规定。明确规定侦查羁押期限是为了切实保障犯罪嫌疑人的人身自由和合法权益,防止案件久侦不决,提高办案效率,保证刑事诉讼活动顺利进行。

2. 各种侦查羁押期限

侦查羁押期限可以分为一般羁押期限、特殊羁押期限和重新计算的羁押期限三种。

(1) 一般羁押期限。《刑事诉讼法》第 156 条对一般刑事案件的侦查羁押期限作了规定:"对犯罪嫌疑人逮捕后的侦查羁押期限不得超过二个月。"如果犯罪嫌疑人在逮捕以前已被拘留的,拘留的期限不包括在侦查羁押期限之内。侦查机关一般应当在法律规定的侦查羁押期限内对案件侦查终结。

(2) 特殊羁押期限。特殊羁押期限,是指侦查机关根据案件的法定特殊情形,在履行相应的审批手续和程序后,延长侦查羁押期限。

第一,《刑事诉讼法》第 156 条规定,案情复杂,期限届满不能终结的案件,可以经上一级人民检察院批准延长 1 个月。

第二,《刑事诉讼法》第 157 条规定,因为特殊原因,在较长时间内不宜交付审判的特别重大复杂的案件,由最高人民检察院报请全国人民代表大会常务委员会批准延期审理。

第三,《刑事诉讼法》第 158 条规定,下列案件在《刑事诉讼法》第 156 条规定的期限届满仍不能侦查终结的,经省、自治区、直辖市人民检察院批准或者决定,可以延长 2 个月:① 交通十分不便的边远地区的重大复杂案件;② 重大的犯罪集团案件;③ 流窜作案的重大复杂案件;④ 犯罪涉及面广,取证困难的重大复杂案件。

第四,《刑事诉讼法》第 159 条规定,对犯罪嫌疑人可能判处 10 年有期徒刑以上刑罚,依照该法第 158 条规定延长期限届满,仍不能侦查终结的,经省、自治区、直辖市人民检察院批准或者决定,可以再延长 2 个月。

公安机关侦查的案件提请延长羁押期限的,应当在羁押期限届满 7 日前提出,并书面呈报主要案情和延长羁押期限的具体理由,人民检察院应当在羁押期限届满前作出决定。最高人民检察院直接立案侦查的案件,符合《刑事诉讼法》第 156 条、第 158 条和第 159 条规定的条件,需要延长犯罪嫌疑人侦查羁押期限的,由最高人民检察院依法决定。

(3) 重新计算的羁押期限。根据《刑事诉讼法》第 160 条的规定,在侦查期间,发现犯罪嫌疑人另有重要罪行的,自发现之日起依照《刑事诉讼法》第 156 条的规定重新计算侦查羁押期限。公安机关决定重新计算侦查羁押期限的,应当报人民检察院备案。

犯罪嫌疑人不讲真实姓名、住址,身份不明的,应当对其身份进行调查,侦查羁押期限自查清其身份之日起计算,但不得停止对其犯罪行为的侦查取证。对于犯罪事实清楚,证据确实、充分,确实无法查明其身份的,也可以按其自报的姓名移送人民检察院审查起诉。

对被羁押的犯罪嫌疑人作精神病鉴定的时间,不计入侦查羁押期限。其他鉴定时间则应当计入羁押期限。

对于因鉴定时间较长,办案期限届满仍不能终结的案件,自期限届满之日起,应当对被羁押的犯罪嫌疑人变更强制措施,改为取保候审或者监视居住。

10.4　人民检察院对直接受理案件的侦查

10.4.1　自侦案件的概念

自侦案件是指人民检察院直接受理侦查的案件。人民检察院对直接受理的案件的侦查，也称自侦案件的侦查，是指人民检察院对自己受理的案件，依法进行的收集证据、查明案情的工作和有关的强制性措施。

根据《刑事诉讼法》第 164 条的规定，人民检察院对直接受理的案件的侦查，适用该法第二编第二章的规定，即适用《刑事诉讼法》关于侦查的一般规定。由于人民检察院所具有的法律监督性质和自侦案件本身所具有的特殊性，刑事诉讼法对人民检察院在自侦案件中的侦查权限及侦查终结案件的处理作了一些特殊规定。

10.4.2　自侦案件的程序

根据《刑事诉讼法》第 165 条的规定，人民检察院在自侦案件侦查过程中，如果发现案件符合《刑事诉讼法》第 81 条，第 82 条第 4 项、第 5 项规定的情形，需要逮捕、拘留犯罪嫌疑人，人民检察院有权作出决定，由公安机关执行。

人民检察院对自行决定拘留的犯罪嫌疑人应根据《刑事诉讼法》关于拘留的规定执行。为了防止以拘代侦等违反法律规定的情形出现，我国《刑事诉讼法》第 167 条明确规定，人民检察院对自行决定拘留的犯罪嫌疑人需要转为逮捕的期限限制。人民检察院对于直接受理的案件中被拘留的人，认为需要逮捕的，应当在 14 日以内作出决定。在特殊情况下，决定逮捕的时间可以延长 1~3 日。对不需要逮捕的，应当立即释放；对于需要继续侦查，并且符合取保候审、监视居住条件的，应当依法取保候审或监视居住。

根据《刑事诉讼法》第 168 条的规定，人民检察院对侦查终结的案件分别有三种不同的处理方式：提起公诉、不起诉和撤销案件。人民检察院侦查终结的案件，符合提起公诉条件的，由侦查部门制作《起诉意见书》；符合不起诉条件的，制作《不起诉意见书》。查封、扣押、冻结的犯罪嫌疑人的财物及其孳息、文件清单以及对查封、扣押、冻结的涉案款物的处理意见和其他案卷材料，一并移送人民检察院公诉部门审查，再根据审查起诉的程序，作出提起公诉或者不起诉的决定。如果侦查终结，发现不应当追究刑事责任的，应当撤销案件。侦查部门应当制作《撤销案件意见书》，报经检察长或检察委员会讨论决定后撤销案件。人民检察院决定撤销案件的，须报上一级检察院审查，并且依法对违法所得和其他涉案财产进行处理，并应当告知控告人、举报人，听取其意见并记明笔录。人民检察院撤销案件的决定，应当分别送达犯罪嫌疑人所在单位和犯罪嫌疑人。犯罪嫌疑人死亡的，应当送达犯罪嫌疑人原所在单位。如果犯罪嫌疑人在押，应当制作《决定释放通知书》，通知公安机关依法释放。公安机关应当立即释放，并发给释放证明。

10.5　补充侦查

10.5.1　补充侦查的概念和意义

补充侦查，是指侦查机关依照法定程序，对于案件部分事实不清、证据不足或者尚有遗漏罪行、遗漏同案犯罪嫌疑人的情形，在原有侦查工作的基础上作进一步调查，补充证据的一种侦查活动。

补充侦查并不是每一个刑事案件都必须经过的诉讼程序，它只适用于没有完成原有侦查任务，部分事实、情节尚未查明的某些刑事案件。因此，正确、及时地补充侦查，对于公检法三机关查清全部案件事实，客观公正地处理案件，共同完成揭露、证实和惩罚犯罪的任务，防止和纠正在诉讼过程中可能发生或已经发生的错误和疏漏，保证不枉不纵、不错不漏，准确适用国家法律，具有十分重要的意义。

10.5.2　补充侦查的形式和种类

补充侦查的形式有两种，即退回补充侦查和自行补充侦查。退回补充侦查是指人民检察院对审查起诉或提起公诉的案件，认为事实不清、证据不足，决定将案件退回公安机关补充侦查。自行补充侦查是指决定补充侦查的人民检察院不再将案件退回原侦查机关，而决定自行侦查。一个案件是否需要补充侦查以及采取何种方式补充侦查，由人民检察院决定。

补充侦查的种类在程序上有三种，即《刑事诉讼法》第 90 条、第 175 条和第 204 条规定的审查批捕阶段的补充侦查、审查起诉阶段的补充侦查和法庭审理阶段的补充侦查。

第一，根据《刑事诉讼法》第 90 条的规定，对于公安机关提请批准逮捕的案件，人民检察院认为需要补充侦查的，不能自行侦查，而应作出不批准逮捕决定，通知公安机关补充侦查。

第二，《刑事诉讼法》第 175 条规定了审查起诉阶段的补充侦查。人民检察院审查案件，对于需要补充侦查的，可以退回公安机关补充侦查，也可以自行侦查。对于补充侦查的案件，应当在 1 个月以内补充侦查完毕。补充侦查以 2 次为限。

第三，《刑事诉讼法》第 204 条和第 205 条规定了法庭审理阶段的补充侦查。在法庭审理过程中，检察人员发现提起公诉的案件需要补充侦查，并提出补充侦查建议的，人民法院可以延期审理，人民检察院应当在 1 个月以内补充侦查完毕。

10.6　侦查监督

10.6.1　侦查监督的概念和意义

人民检察院是国家的法律监督机关，对一切国家机关的活动实行法律监督。侦查监督是人民检察院对刑事诉讼活动实行法律监督的重要组成部分，专指人民检察院依法对侦查机关的侦查活动是否合法进行的法律监督。根据刑事诉讼法的规定,除公安机关外,国家安全机关、监狱、军队保卫部门、中国海警局以及人民检察院的侦查部门也依法行使侦查权。因此,人民检察院对上述机关或部门的侦查活动是否合法同样行使侦查监督职权。

侦查监督的意义主要体现为两点:

第一,侦查监督有利于保证国家刑事法律的统一、正确实施,保证办案质量。人民检察院对侦查机关的侦查活动是否合法实行监督,可以及时发现和纠正侦查活动中可能发生的有悖法律规定的行为,并对侦查人员的行为形成有效威慑,促其自我约束,保证侦查活动严格依照法定程序和要求进行,从而提高案件侦查质量。

第二,侦查监督有利于保障公民的合法权益。由于侦查活动的封闭性,侦查活动中极易发生侦查权侵害犯罪嫌疑人合法权益的现象,如违法取证、不当适用强制措施等。建立相对完善的侦查监督机制可以对侦查权形成有效制约,使侦查人员在行使权力时依法进行,从而保障公民的合法权益。

10.6.2　侦查监督的内容

人民检察院侦查监督的主要内容是对侦查合法性的监督,即发现和纠正以下违法行为:(1) 采用刑讯逼供以及其他非法方法收集犯罪嫌疑人供述的;(2) 采用暴力、威胁等非法方法收集证人证言、被害人陈述,或者以暴力、威胁等方法阻止证人作证或者指使他人作伪证的;(3) 伪造、隐匿、销毁、调换、私自涂改证据,或者帮助当事人毁灭、伪造证据的;(4) 徇私舞弊,放纵、包庇犯罪分子的;(5) 故意制造冤、假、错案的;(6) 在侦查活动中利用职务之便谋取非法利益的;(7) 非法拘禁他人或者以其他方法非法剥夺他人人身自由的;(8) 非法搜查他人身体、住宅,或者非法侵入他人住宅的;(9) 非法采取技术侦查措施的;(10) 在侦查过程中不应当撤案而撤案的;(11) 对与案件无关的财物采取查封、扣押、冻结措施,或者应当解除查封、扣押、冻结不解除的;(12) 贪污、挪用、私分、调换、违反规定使用查封、扣押、冻结的财物及其孳息的;(13) 应当退还取保候审保证金不退还的;(14) 违反刑事诉讼法关于决定、执行、变更、撤销强制措施规定的;(15) 侦查人员应当回避而不回避的;(16) 应当依法告知犯罪嫌疑人诉讼权利而不告知,影响犯罪嫌疑人行使诉讼权利的;(17) 阻碍当事人、辩护人、诉讼代理人依法行使诉讼权利的;(18) 讯问犯罪嫌疑人依法应当录音或者录像而没有录音或者录像的;(19) 对犯罪嫌疑人拘留、逮捕、指定居所监视居住后依法应当通知家属而未通知的;(20) 在侦查中有其他违反刑事诉讼法有关规定的行为的。

10.6.3　侦查监督的程序

人民检察院在审查逮捕、审查起诉中通过审查侦查活动是否合法,对侦查活动实行法律监督。发现违法情况应当提出意见,通知侦查机关纠正。构成犯罪的,移送有关部门依法追究刑事责任。人民检察院发现侦查违反法律规定的羁押和办案期限的,也应当依法提出纠正意见。根据《刑事诉讼法》第 19 条第 2 款的规定,人民检察院在对诉讼活动实行法律监督中发现的司法工作人员利用职权实施的非法拘禁、刑讯逼供、非法搜查等侵犯公民权利、损害司法公正的犯罪,可以由人民检察院立案侦查。人民检察院对于法律监督过程发现的特定案件依法行使立案侦查权。因此人民检察院在侦查监督过程中发现存在符合《刑事诉讼法》第 19 条规定的犯罪的,可以通过立案侦查,展开刑事诉讼,依法打击司法工作人员利用职权实施的犯罪行为,保障公民合法权益,维护法治权威。

人民检察院根据案件需要,通过派员参加公安机关对于重大案件的讨论和其他侦查活动,发现公安机关在侦查活动中存在违法行为的,应当及时通知公安机关予以纠正。

人民检察院通过接受诉讼参与人对侦查机关或侦查人员侵犯诉讼权利和人身侮辱的行为提出的申诉、控告,行使侦查监督权。人民检察院对于诉讼参与人的这种申诉、控告,应当受理,并及时审查,依法处理。

人民检察院通过审查公安机关执行人民检察院批准或不批准逮捕决定的情况,释放被逮捕的犯罪嫌疑人或者变更逮捕措施的情况,在侦查或者决定、执行、变更、撤销强制措施等活动中的情况,进行监督。发现有违法行为的,应当及时提出纠正意见。对于情节较重的违法情形,应当报请检察长决定,向公安机关发出纠正违法通知书。人民检察院提出的纠正意见不被接受,公安机关要求复查的,应当在收到公安机关的书面意见后 7 日内进行复查。经过复查,认为纠正违法意见正确的,应当及时向上一级人民检察院报告;认为纠正违法意见错误的,应当及时撤销。

上一级人民检察院经审查,认为下级人民检察院的纠正意见正确的,应当及时通知同级公安机关督促下级公安机关纠正;认为下级人民检察院的纠正意见不正确的,应当书面通知下级人民检察院予以撤销,下级人民检察院应当执行,并及时向公安机关及有关侦查人员说明情况。同时,将调查结果及时回复申诉人、控告人。

人民检察院可以对内部实行侦查监督。对本院侦查部门侦查或者决定、执行、变更、撤销强制措施等活动中的违法行为,应当根据情节分别处理。同时为了强化对检察机关自侦案件批捕权的监督,最高检《规则》(2019)的规定,人民检察院办理直接受理立案侦查的案件,需要逮捕犯罪嫌疑人的,由侦查部门制作逮捕犯罪嫌疑人意见书,连同案卷材料、讯问犯罪嫌疑人录音、录像一并移送本院负责捕诉的部门审查。

10.7　强制措施

10.7.1　拘传

1. 拘传的概念与特征

拘传是指公安机关、人民检察院和人民法院强制未被羁押的犯罪嫌疑人、被告人到指定地点接受讯问的强制方法。

拘传的适用主体是刑事诉讼中的公、检、法机关。拘传是刑事强制措施中严厉程度最轻的措施,适用对象是未被羁押的犯罪嫌疑人、被告人,即没有被拘留或逮捕的犯罪嫌疑人、被告人。对已经在押的犯罪嫌疑人、被告人进行讯问,可随时进行,不需要拘传。

拘传是强制犯罪嫌疑人、被告人到案接受讯问的强制方法。这一特征使拘传与传唤相区别。传唤是指公安机关、人民检察院和人民法院使用传票通知刑事诉讼的当事人在指定的时间自行到指定的地点接受调查的诉讼活动。传唤与拘传都是公、检、法机关在诉讼中进行的诉讼活动,但区别是很明显的:拘传只能适用于犯罪嫌疑人、被告人,而传唤不仅可以对犯罪嫌疑人、被告人适用,还可以对其他当事人适用,如自诉人、被害人、附带民事诉讼的原告人和被告人等;拘传是一种强制措施,具有强制性,必要时可以使用械具,而传唤不是强制措施,是要求被传唤者按指定的时间自行到达指定地点,不具有强制性。

传唤不是拘传的必要条件。刑事诉讼法对适用拘传并没有以传唤为前提条件。所以,公、检、法机关在没有经过传唤的情况下直接适用拘传并不违法。通常情况下,可以先合法传唤,在犯罪嫌疑人、被告人无正当理由拒不到案的情况下,再实施拘传,但是公、检、法机关根据案件的具体情况可以决定是否直接进行拘传。

2. 拘传的程序

人民法院、人民检察院和公安机关在刑事诉讼过程中,可以依照法定程序决定对犯罪嫌疑人、被告人实施拘传。办案人员根据办案情况,认为需要采用拘传措施的,应首先填写《拘传票》或者《拘传证》,填写内容包括被拘传人的姓名、性别、年龄、籍贯、住址、工作单位以及拘传的理由等,报请人民法院、人民检察院、公安机关的负责人审查批准。

拘传应当由侦查人员或者司法警察执行。执行拘传的人员不得少于 2 人。拘传时,应当向被拘传人出示拘传证,对抗拒拘传的,可以使用械具,强制到案。公、检、法机关将犯罪嫌疑人、被告人拘传到案后,应当立即讯问。讯问结束后,应根据案件的情况作出不同的处理:认为依法应当限制或剥夺其人身自由的,可以采用其他相应的强制措施;认为不宜适用其他强制措施的,讯问结束后应立即让其自由离去,不得变相扣押。

对犯罪嫌疑人、被告人的拘传次数,法律没有规定,由公、检、法机关根据具体情况掌握,但不得以连续拘传的方式变相拘禁被拘传人。根据《刑事诉讼法》第 119 条的规定,拘传持续的时间不得超过 12 小时;案情特别重大、复杂,需要采取拘留、逮捕措施的,拘传持续的时间不得超过 24 小时。拘传持续时间从被拘传者到案时开始计算。即使在法定时间内讯问不能结束,也要立即放回。如果需要,可再次拘传。对于两次拘传之间的间隔时间,法律没有明文规定,但通常应当不少于 12 小时,使被拘传人有充分的休息时间。在拘传期间,应当保证犯罪嫌疑人的饮食和必要的休息时间。

法律没有具体规定将犯罪嫌疑人、被告人拘传到什么地方讯问。通常应当在犯罪嫌疑人、被告人所在的市、县以内。如果犯罪嫌疑人的工作单位、户籍地与居住地不在同一市、县的,拘传应当在犯罪嫌疑人的工作单位所在地的市、县进行;特殊情况下,也可以在犯罪嫌疑人户籍地或者居住地所在的市、县内进行。

10.7.2 取保候审

1. 取保候审的概念与适用对象

刑事诉讼中的取保候审,是指公、检、法机关责令犯罪嫌疑人、被告人提出保证人或者交纳保证金,并出具保证书,以保证其不逃避和妨碍侦查、起诉和审判,并随传随到的一种强制方法。取保候审是一种限制人身自由的强制措施,其适用对象是符合一定条件的犯罪嫌疑人、被告人。根据《刑事诉讼法》第 66 条、第 67 条、第 81 条及其他有关规定,对下列犯罪嫌疑人、被告人可以取保候审:

(1) 可能判处管制、拘役或者独立适用附加刑的。可能判处管制、拘役或者独立适用附加刑,说明罪行较轻,没有必要逮捕。对有可能逃避侦查、起诉和审判及其他妨碍诉讼顺利进行的,采用取保候审。

(2) 可能判处有期徒刑以上刑罚,采取取保候审不致发生社会危险的。有期徒刑是中国刑罚体系中比管制、拘役更严厉的刑种。犯罪嫌疑人、被告人如果可能被判处有期徒刑以上刑罚,说明其罪行较重。但有期徒刑的跨度较大,较轻的可在 3 年以下,较重的可在 10 年以上,数罪并罚时最高可达 25 年。所以,对可能判处比较轻的有期徒刑,采取取保候审不致发生社会危险,且没有逮捕必要的,应当用取保候审,以减少羁押人数,降低羁押率。

(3) 患有严重疾病、生活不能自理,怀孕或者正在哺乳自己婴儿的妇女,采取取保候审不致发生社会危险的。这几类犯罪嫌疑人、被告人由于情况特殊不适宜羁押,出于人道主义考虑,同时考虑到此时其社会危害性也已减低,不致发生社会危险,可以准予取保候审。

(4) 羁押期限届满,案件尚未办结,需要采取取保候审的。犯罪嫌疑人、被告人被羁押的案件,不能在刑事诉讼法规定的侦查羁押、审查起诉、一审、二审期限内办结,需要继续查证、审理的,对犯罪嫌疑人、被告人可以取保候审。

对累犯、犯罪集团的主犯,以自伤、自残办法逃避侦查的犯罪嫌疑人,危害国家安全的犯罪、暴力犯罪以及严重危害社会治安的犯罪嫌疑人,其他犯罪性质恶劣、情节严重的犯罪嫌疑人不得取保候审。

2. 取保候审的方式

《刑事诉讼法》第 68 条规定的取保候审的方式有两种:人保和财产保。

(1) 人保。人保又称保证人制度,是指公安机关、人民检察院和人民法院责令犯罪嫌疑人、被告人提出保证人并出具保证书,保证被保证人在取保候审期间不逃避和妨碍侦查、起诉和审判,并随传随到的保证方式。

人保的保证责任由保证人承担。保证人是由犯罪嫌疑人、被告人提出,经公、检、法机关审查符合条件为其担保的人。保证人必须符合下列条件:其一,与本案无牵连。保证人不能是本案当事人或其他诉讼参与人,以防止其利用保证人身份妨碍刑事诉讼活动顺利进行。其二,有能力履行保证义务。保证人应当具有完全行为能力和权利能力,对被保证人具有影响力,以形成对被保证人的心理强制,使之不违反取保候审期间应当遵守的规定。其三,享有政治权利,人身自由未受到限制。人身自由受到限制的人本身的行动都受到限制,不可能履行保证人的义务。其四,有固定的住处和收入。这是承担保证责任的物质条件。

以上条件必须同时符合,方可成为保证人。同时,公、检、法机关还应当审查犯罪嫌疑人、被告人所提出的人是否愿意作保证人。不愿意作保证人的不能确定为保证人。另外,如果保证人在取保候审期间不愿继续担保或者丧失担保条件的,应当责令犯罪嫌疑人重新提出保证人或者变更为保证金担保方式。1999 年 8 月 4 日发布的最高人民法院、最高人民检察院、公安部、国家安全部《关于取保候审若干问题的规定》第 19 条对此作了进一步的规范:"采取保证人形式取保候审的,执行机关发现保证人丧失了担保条件时,应当书面通知决定机关。决定机关收到执行机关的书面通知后,应当责令被取保候审人重新提出保证人或者交纳保证金,或者作出变更强制措施的决定,并通知执行机关。"

保证人在担保期间应当履行下列义务:其一,监督被保证人遵守《刑事诉讼法》第 71 条的规定;其二,发现被保证人可能违反或者已经违反《刑事诉讼法》第 71 条规定的,应当及时向执行机关报告。

保证人担保的特点是以保证人的人格、名誉和信誉作保,并不涉及财物,是纯粹的人格担保。保证人如果没有尽到法定的义务,必须承担一定的法律后果,即被保证人有违反《刑事诉讼法》第 71 条规定的行为,保证人未及时报告的,对保证人处以罚款;构成犯罪的,依法追究刑事责任。

(2) 财产保。财产保又称保证金制度,是指公、检、法机关责令犯罪嫌疑人、被告人交纳保证金并出具保证书,保证在取保候审期间,不逃避和妨碍侦查、起诉和审判,并随传随到的保证方式。中国刑事诉讼法过去没有规定财产保,只有人保一种形式。在实践中,人保对有些保证人或者被保证人制约力度有限,而且有的犯罪嫌疑人、被告人一时难以找到保证人。为完善取保候审制度,1996 年全国人大在修改《刑事诉讼法》时,增加规定了财产保。

财产保是以交纳保证金的形式担保。目前对保证金的形式,仅规定为"应当以人民币交纳"。按照这一规定,除人民币之外的其他货币形式和财产就不能作为保证金交纳。关于保证金的数额,《刑事诉讼法》第 72 条第 1 款规定:"取保候审的决定机关应当综合考虑保证诉讼活动正常进行的需要,被取保候审人的社会危险性,案件的性质、情节,可能判处刑罚的轻重,被取保候审人的经济状况等情况,确定保证金的数额。"如最高检《规则》(2019)第 92 条规定:"采取保证金保证方式的,人民检察院可以根据犯罪嫌疑人的社会危险性,案件的性质、情节,可能判处刑罚的轻重,犯罪嫌疑人的经济状况等,责令犯罪嫌疑人交纳一千元以上的保证金。对于未成年犯罪嫌疑人,可以责令交纳五百元以上的保证金。"虽然法律和司法解释对保证金的上限没有明确规定,但实际操作中保证金不宜收得过高,以免造成犯罪嫌疑人、被告人交不起保证金及其他消极后果。

取保候审的保证金由县级以上执行机关统一收取和管理,县级以上执行机关应当在其指定的银行设立取保候审保证金专户,委托银行代为收取和保管保证金,并将指定银行的名称通知人民检察院、人民法院。在具体操作上,由犯罪嫌疑人、被告人或者其亲友、法定代理人等向县级以上公安机关或国家安全机关指定的银行专户交纳。保证金的收取、管理和没收应当严格按照法律、法规和国家财经管理制度执行,任何单位和个人不得截留、坐支、私分、挪用或者以其他任何方式侵吞保证金。对破坏保证金管理制度的单位或个人,应当依照有关规定给予行政处分;构成犯罪的,依法追究刑事责任。

上述两种取保候审方式只能选择其一,不能并用。至于选择哪种保证方式,由作出取保候审决定的机关根据案件的具体情况决定。

3. 取保候审的程序和期限

(1) 取保候审的决定。根据法律规定,公、检、法机关都有权决定适用取保候审。一是自行决定取保候审,即公、检、法机关根据案件具体情况,直接决定适用取保候审;二是根据申请决定取保候审,即公、检、法机关根据犯罪嫌疑人、被告人所聘任的律师的申请或者根据犯罪嫌疑人、被告人及其法定代理人的申请,决定取保候审。决定取保候审后,由办案人员填写取保候审决定书和取保候审通知书,经部门负责人审核,由领导签发,再由承办人员向犯罪嫌疑人、被告人及保证人宣读取保候审决定书,告知其各自应当遵守的规定及承担的义务、违反规定和义务所应承担的法律后果等,并要求其出具保证书并签名或者盖章。如果决定机关作出取保候审收取保证金的决定,应当及时将《取保候审决定书》送达被取保候审人和为其提供保证金的单位或个人,责令其向执行机关指定的银行一次性交纳保证金。决定机关核实保证金已经交纳到执行机关指定银行的凭证后,应当将《取保候审决定书》《取保候审通知书》和银行出具的收款凭证及其他有关材料一并递交执行机关执行。对犯罪嫌疑人、被告人决定取保候审的,有关机关不得中止对案件的侦查、起诉和审理。

(2) 取保候审的执行。取保候审由公安机关或国家安全机关执行。执行机关在执行取保候审时,应当告知被取保候审人必须遵守《刑事诉讼法》第 71 条的规定及违反规定或者在取保候审期间重新犯罪应当承担的后果。

负责执行的县级公安机关接到有关材料后,对采取保证人担保的,及时指定犯罪嫌疑人、被告人居住地的派出所执行;对采取保证金保证的,及时通知被取保候审人交纳保证金,并指定其居住地的派出所执行。具体执行的派出所应当履行下列职责:监督、考察犯罪嫌疑人、被告人遵守有关规定;监督保证人履行保证义务;被取保候审人违反应遵守的规定及保证人未履行保证义务的,及时告知决定机关。

被取保候审的犯罪嫌疑人、被告人,在取保候审期间,应当遵守以下规定:

第一,未经执行机关批准不得离开所居住的市、县。这是对被取保候审人在取保候审期间活动地域的限制。被取保候审期间,犯罪嫌疑人、被告人只能在其所居住的市、县之内活动,不得擅自离开。如果有正当理由需要离开,必须经过负责执行的机关批准。负责执行的机关在批准被取保候审人离开所居住的市、县前,应当得到决定取保候审机关的同意。

第二,住址、工作单位和联系方式发生变动的,在 24 小时以内向执行机关报告。掌握犯罪嫌疑人、被告人的住址、工作单位和联系方式等个人信息是执行机关通知犯罪嫌疑人、被告人参加诉讼,落实日常管理的基本前提。因而,在相关信息发生变动后,被取保候审犯罪嫌疑人、被告人应及时向执行机关报告。

第三,随传随到。采取取保候审的目的,在于保证侦查、起诉和审判的顺利进行,犯罪嫌疑人、被告人必须做到随传随到。

第四,不得以任何形式干扰证人作证。被取保候审的犯罪嫌疑人、被告人,在取保候审期间,仍有一定的人身自由,不能利用这些自由实施干扰证人作证的行为,诸如威胁、殴打、报复有关证人,使其不能作证,不敢作证,或者使用贿赂手段,指使、引诱证人使其不作证或者作伪证。

第五,不得伪造、毁灭证据或者串供。被取保候审人不得利用未被羁押的便利条件与其他同案人订立攻守同盟,统一口径,隐藏、销毁、伪造与案件有关的证据材料。

上述规定是所有被取保候审的犯罪嫌疑人、被告人均须遵守的义务。除此之外,人民法院、人民检察院和公安机关可以根据个案情况,责令被取保候审的犯罪嫌疑人、被告人遵守以下一项或者多项规定:第一,不得进入特定的场所;第二,不得与特定的人员会见或者通信;第三,不得从事特定的活动;第四,将护照等出入境证件、驾驶证件交执行机关保存。这有利于公安司法机关有针对性地赋加义务,保证诉讼的正常进行。

采取保证金形式取保候审的,被取保候审人如果违反以上规定,应当根据情况处理,即没收保证金的部分或全部,并区别情形,责令具结悔过、重新交纳保证金、提出保证人,或者监视居住、予以逮捕。对违反取保候审规定,需要予以逮捕的,可以对犯罪嫌疑人、被告人先行拘留。被取保候审人违反《刑事诉讼法》第 71 条的规定,依法应当没收保证金的,由县级以上执行机关自行或根据原决定机关的书面意见作出没收部分或全部保证金的决定,并通知原决定机关;需要变更强制措施时,应当同时提出变更强制措施的意见,连同有关材料一并递交原决定机关。执行机关应当向被取保候审人宣布没收保证金的决定,并告知其如不服本决定,可以在收到《没收保证金决定书》后5日内向执行机关的上一级主管部门申请复核一次。上一级主管机关收到复核申请后,应当在7日内作出复核决定。没收保证金的决定已过复核申请期限或者经复核后仍决定没收保证金的,县级以上执行机关应当及时通知银行按照国家的有关规定上缴国库。其中,根据公安部《规定》(2020)的规定,公安机关在宣读《没收保证金决定书》时,应当告知如果对没收保证金的决定不服,被取保候审人或者其法定代理人可以在5日以内向作出决定的公安机关申请复议。公安机关应当在收到复议申请后7日以内作出决定。被取保候审人或者其法定代理人对复议决定不服的,可以在收到复议决定书后5日以内向上一级公安机关申请复核一次。上一级公安机关应当在收到复核申请后7日以内作出决定。上级公安机关撤销或者变更没收保证金决定的,下级公安机关应当执行。没收保证金的决定已过复议期限,或者经上级公安机关复核后维持原决定的,公安机关应当及时通知指定的银行将没收的保证金按照国家的有关规定上缴国库,并在3日以内通知决定取保候审的机关。原决定机关收到执行机关已没收保证金的书面通知或者变更强制措施的意见后,应当在5日内作出变更强制措施或者责令犯罪嫌疑人重新交纳保证金、提出保证人的决定,并通知执行机关。犯罪嫌疑人、被告人在取保候审期间未违反《刑事诉讼法》第71条规定的,取保候审结束的时候,凭解除取保候审的通知或者有关法律文书到银行领取退还的保证金。根据《刑事诉讼法》第117条的规定,司法机关及其工作人员应当退还取保候审保证金而不退还的,当事人和辩护人、诉讼代理人、利害关系人有权向该机关申诉或者控告。受理申诉或者控告的机关应当及时处理。对处理不服的,可以向同级人民检察院申诉;人民检察院直接受理的案件,可以向上一级人民检察院申诉。人民检察院对申诉应当及时进行审查,情况属实的,通知有关机关予以纠正。

采取保证人形式取保候审的,被取保候审人违反《刑事诉讼法》第71条的规定,保证人未及时报告的,经查证属实后,由县级以上执行机关对保证人处1 000元以上20 000元以下罚款,并将有关情况及时通知原决定机关。保证人在接到执行机关的罚款决定后,如不服,可以在收到《对保证人罚款决定书》后5日内,向执行机关的上一级主管机关申请复核一次。上级主管机关收到复核申请后,应当在7日内作出复核决定。当事人如不服复核决定,可以依法向有关机关提出申诉。其中,根据公安部《规定》(2020)的规定,保证人在接到公安机关的罚款决定后,如不服,可以在收到《对保证人罚款决定书》之日起的5日内,向作出决定的公安机关申请复议。公安机关应当在收到复议申请后7日以内作出决定。保证人对复议决定不服的,可以在收到复议决定书后5日以内向上一级公安机关申请复核一次。上一级公安机关应当在收到复核申请后7日以内作出决定。上级公安机关撤销或者变更罚款决定的,下级公安机关应当执行。

(3) 取保候审的特别程序。对县级以上各级人大代表取保候审的,应当经人大代表所在的人民代表大会主席团或者其常务委员会许可;对乡、民族乡、镇人民代表大会代表取保候审的,执行机关应当立即向该人大代表所在的该级人民代表大会报告。

(4) 取保候审的期限。根据《刑事诉讼法》第79条的规定,取保候审最长不得超过12个月。在司法实践中,公、检、法三机关将此解释为在诉讼的不同阶段各自采取取保候审最长不得超过12个月。理论界对此意见不一。有的学者赞同这一解释。也有的认为公、检、法三机关在整个刑事诉讼过程中对犯罪嫌疑人、被告人采取取保候审的期限合计不得超过

12 个月。在取保候审期间,不得中断对案件的侦查、起诉和审理。

(5) 取保候审的撤销、解除及变更。发现对被取保候审的人不应追究刑事责任的,应撤销取保候审。这种情形包括已经查明无罪或符合《刑事诉讼法》第 16 条规定的 6 种法定情形之一。

为保障被取保候审人的合法权益和防止案件久拖不决,刑事诉讼法规定了取保候审的最长期限不得超过 12 个月。如果期限届满,应当解除取保候审。为了监督公安司法机关严格按照法定期限执行,《刑事诉讼法》第 99 条还规定,犯罪嫌疑人、被告人及其法定代理人、近亲属或者辩护人对取保候审超过法定期限的,有权要求解除取保候审。对超过法定期限要求解除取保候审的,应当在 3 日内审查决定。对经审查未超过法定期限的,应书面答复申请人。

根据最高检《规则》(2019),变更取保候审一般是变更为监视居住或逮捕。犯罪嫌疑人有下列违反取保候审规定的行为的,人民检察院应当对犯罪嫌疑人予以逮捕:① 故意实施新的犯罪的;② 企图自杀、逃跑;③ 实施毁灭、伪造证据,串供或者干扰证人作证,足以影响侦查、审查起诉工作正常进行的;④ 对被害人、证人、鉴定人、举报人、控告人及其他人员实施打击报复的。

犯罪嫌疑人有下列违反取保候审规定的行为的,人民检察院可对犯罪嫌疑人予以逮捕:① 未经批准,擅自离开所居住的市、县,造成严重后果,或者两次未经批准,擅自离开所居住的市、县的;② 经传讯不到案,造成严重后果,或者经两次传讯不到案的;③ 住址、工作单位和联系方式发生变动,未在 24 小时以内向公安机关报告,造成严重后果的;④ 违反规定进入特定场所、与特定人员会见或者通信、从事特定活动,严重妨碍诉讼程序正常进行的。根据《刑事诉讼法》第 74 条的规定,对符合逮捕条件但具有法定情形的,可变更为监视居住。

根据《刑事诉讼法》第 96 条的规定,人民法院、人民检察院和公安机关发现对犯罪嫌疑人、被告人采取取保候审不当的,应当及时撤销或者变更。公安机关、人民检察院和人民法院决定解除、撤销取保候审的,应当制作解除、撤销取保候审决定书,写明理由及决定事项。决定书应送达被取保候审人,通知执行机关退还保证金。有保证人的,还应通知保证人,以解除其保证义务。公、检、法机关决定变更取保候审的,应制作变更取保候审决定书,写明变更理由及变更后的强制措施,原取保候审自然失去效力。变更决定应通知保证人、执行机关。

10.7.3　监视居住

1. 监视居住概述

监视居住是指公、检、法机关责令犯罪嫌疑人、被告人在一定期限内未经批准不得离开住处或指定居所,并对其行动加以监视和控制的强制方法。它是比取保候审更严厉地限制犯罪嫌疑人、被告人人身自由的强制措施。

根据《刑事诉讼法》第 74 条的规定,人民法院、人民检察院和公安机关对符合逮捕条件,有下列情形之一的犯罪嫌疑人、被告人,可以监视居住:(1) 患有严重疾病、生活不能自理的;(2) 怀孕或者正在哺乳自己婴儿的妇女;(3) 系生活不能自理的人的唯一扶养人;(4) 因为案件的特殊情况或者办理案件的需要,采取监视居住措施更为适宜的;(5) 羁押期限届满,案件尚未办结,需要采取监视居住措施的。对符合取保候审条件,但犯罪嫌疑人、被告人不能提出保证人,也不交纳保证金的,可以监视居住。

在 2012 年修改《刑事诉讼法》之前,监视居住的适用对象、范围与取保候审相同,公、检、法机关对符合法定条件的犯罪嫌疑人、被告人,既可以根据案件情况决定取保候审,也可以决定监视居住。2012 年《刑事诉讼法》将取保候审与监视居住的条件作了区分,监视居住被定位为羁押替代措施,只有符合逮捕条件但具备特殊情形的才能监视居住。适用条件的明确化有利于克服过去实践中监视居住要么很少适用,要么易被滥用的弊端。但为解决取保候审中犯罪嫌疑人、被告人既不提出保证人,也不交纳保证金的问题,《刑事诉讼法》肯定了过去实践中的做法,允许对犯罪嫌疑人、被告人进行监视居住。

2. 监视居住的方式

《刑事诉讼法》第 76 条第 1 款规定,监视居住应当在犯罪嫌疑人、被告人的住处执行;无固定住处的,可以在指定的居所执行。对于涉嫌危害国家安全犯罪、恐怖活动犯罪,在住处执行可能有碍侦查的,经上一级公安机关批准,也可以在指定的居所执行。但是,不得在羁押场所、专门的办案场所执行。

根据这一规定,监视居住可采用两种方式:

(1) 住处监视居住。所谓住处,是指犯罪嫌疑人、被告人在办案机关所在的市、县内生活的合法住所。监视居住比逮捕措施程度轻缓的重要体现之一,就是犯罪嫌疑人、被告人可以居住在自己熟悉的环境中,与家人自由沟通,获得精神支持。因而,如果无特殊情况,监视居住一般应于住处执行。

(2) 指定居所监视居住。所谓指定居所,是指办案机关根据案件情况,在办案机关所在的市、县内为犯罪嫌疑人、被告人指定的生活居所。这主要适用于两类情形:① 犯罪嫌疑人、被告人无固定住处,无法在住处监视居住的。② 涉嫌危害国家安全犯罪、恐怖活动犯罪,在住处执行可能有碍侦查的。这几类犯罪涉及利益重大,往往涉嫌共同犯罪,牵连人员较多,极易通风报信,在住处执行难以保障诉讼正常进行。因而,对这几类犯罪,经上一级公安机关批准,可以在指定的居所执行。

鉴于过去的教训,《刑事诉讼法》特别强调,监视居住不得在羁押场所、专门的办案场所执行。在羁押场所执行,就使监视居住与逮捕差异不大,失去了监视居住这一措施设置的本意,同时,也可能导致一些执法人员利用监视居住变相延长逮捕期限。专门的办案场所缺乏监督,从过去的情况看,比羁押场所执行更易造成违法办案,以致侵害犯罪嫌疑人、被告人的合法权益。实务中,也不能在其他的工作场所执行监视居住,不得在监视居住期间将犯罪嫌疑人、被告人置于房间内派人看守。

3. 监视居住的程序

(1) 监视居住的决定与交付执行。根据《刑事诉讼法》第 66 条的规定,公安机关、人民检察院和人民法院都有权决定对犯罪嫌疑人、被告人采取监视居住措施。承办案件的公、检、法机关工作人员提出需要采取监视居住的意见,报部门负责人审核,经该负责人批准后,制作《监视居住决定书》。《监视居住决定书》应写明犯罪嫌疑人、被告人的姓名、住址等身份状况,犯罪嫌疑人、被告人应遵守的事项和违反规定的法律后果,执行机关的名称等内容,并向犯罪嫌疑人、被告人宣布。人民检察院、人民法院决定取保候审的,还应当将《监视居住决定书》和《执行监视居住通知书》送达公安机关。

对县级以上各级人民代表大会代表采取监视居住的,应当书面报请该代表所属的人民代表大会主席团或者常务委员会许可。

(2) 监视居住的执行。根据《刑事诉讼法》第 74 条第 3 款的规定,监视居住由公安机关执行。具体由犯罪嫌疑人、被告人住处或指定居所所在地的派出所执行。

根据《刑事诉讼法》第 77 条的规定,被监视居住的犯罪嫌疑人、被告人应当遵守以下规定:① 未经执行机关批准不得离开执行监视居住的处所。犯罪嫌疑人、被告人有正当理由要求离开住处或指定居所的,须经过公安机关批准。人民法院、人民检察院决定监视居住的,公安机关在作出批准决定前,应当征得决定机关同意。所谓正当理由,是指犯罪嫌疑人、被告人有治病、奔丧等事由。② 未经执行机关批准不得会见他人或者通信。这里的他人是指与犯罪嫌疑人、被告人共同居住的家庭成员和聘请的律师以外的人。犯罪嫌疑人、被告人如果要会见他人或者通信,必须经过执行机关批准。③ 在传讯的时候及时到案。监视居住的目的之一就在于保障刑事诉讼的顺利进行,因此,被监视居住的犯罪嫌疑人、被告人在被公、检、法机关传讯时,必须随传随到,接受讯问。④ 不得以任何形式干扰证人作证。既包括不能自己直接进行干扰,也包括不能指定、委托他人干扰。⑤ 不得毁灭、伪造证据或者串供。⑥ 将护照等出入境证件、身份证件、驾驶证件交执行机关保存。这主要是防止被监视居住的犯罪嫌疑人、被告人逃避诉讼。

为保证被监视居住的犯罪嫌疑人、被告人切实遵守上述规定,保证诉讼的正常进行,《刑事诉讼法》第 78 条规定,执行机关可以采取多种方法对其进行监视,包括:① 电子监控。电子监控是一种随时代发展而兴起的新的监控方式,具有高效、低成本的特点,包括电子摄像、电子追踪器等。使用电子监控应注意保护犯罪嫌疑人、被告人的隐私。② 不定期检查。相对于定期检察,不定期检查更能了解监视居住的真实情况。③ 监控通信。监控范围可包括信件、电话、电报、电传、网络通信等。

(3) 通知家属。《刑事诉讼法》第 75 条第 2 款规定,指定居所监视居住的,除无法通知的以外,应当在执行监视居住后 24 小时以内,通知犯罪嫌疑人、被告人的家属。这有利于家属了解被监视居住的犯罪嫌疑人、被告人的去向,避免造成不必要的社会不安定。"无法通知"应指由于某些原因无法联系到犯罪嫌疑人、被告人的家属,如犯罪嫌疑人、被告人不讲真实姓名和住址、身份不明,没有家属,提供的家属联系方式无法取得联系,因自然灾害等不可抗力导致无法通知。

(4) 委托辩护人。被监视居住的犯罪嫌疑人、被告人可以委托辩护人,公安司法机关也应告知其有权委托辩护人。如果是指定居所监视居住,犯罪嫌疑人、被告人要求委托辩护人的,人民法院、人民检察院和公安机关应当及时转达其要求。如果犯罪嫌疑人、被告人能明确提出律师的,公安司法机关可直接通知律师,也可以由其监护人、近亲属代为委托辩护人。

(5) 监视居住的期限。根据《刑事诉讼法》第 79 条的规定,人民法院、人民检察院和公安机关对犯罪嫌疑人、被告人监视居住最长不得超过 6 个月。如同取保候审一样,关于监视居住期限的理解,也存在不同的认识。实践中公、检、法三机关将此解释为在诉讼的不同阶段各自采取监视居住最长不得超过 6 个月。在监视居住期间,不得中断对案件的侦查、起诉和审理。

(6) 监视居住的撤销、解除与变更。在监视居住期间,发现对被监视居住的人不应追究刑事责任的,应撤销监视居住,这种情形包括已经查明无罪或符合《刑事诉讼法》第16条规定的六种法定情形之一。

监视居住期限届满的,应解除监视居住。为监督公安司法机关严格按照法定期限执行,《刑事诉讼法》第99条规定,犯罪嫌疑人、被告人及其法定代理人、近亲属或者辩护人对于人民法院、人民检察院或者公安机关采取监视居住法定期限届满的,有权要求解除监视居住。根据《刑事诉讼法》第117条的规定,当事人和辩护人、诉讼代理人、利害关系人对于司法机关及其工作人员采取监视居住措施期限届满,不予以释放、解除或者变更的,有权向该机关申诉或者控告。受理申诉或者控告的机关应当及时处理。对处理不服的,可以向同级人民检察院申诉;人民检察院直接受理的案件,可以向上一级人民检察院申诉。人民检察院对申诉应当及时进行审查,情况属实的,通知有关机关予以纠正。

被监视居住的犯罪嫌疑人、被告人违反《刑事诉讼法》第77条第1款规定,情节严重的,可以予以逮捕;需要予以逮捕的,可以对犯罪嫌疑人、被告人先行拘留。监视居住期限届满的,可以变更为取保候审。

根据《刑事诉讼法》第96条的规定,人民法院、人民检察院和公安机关发现对犯罪嫌疑人、被告人采取监视居住不当的,应当及时撤销或者变更。

对监视居住撤销、解除和变更时,也要制作有关文书,向有关个人和单位宣布和送达。

根据《刑事诉讼法》第97条的规定,犯罪嫌疑人、被告人及其法定代理人、近亲属或者辩护人有权申请变更监视居住。人民法院、人民检察院和公安机关收到申请后,应当在3日以内作出决定;不同意变更监视居住的,应当告知申请人,并说明不同意的理由。

4. 指定居所监视居住的监督

指定居所监视居住对于犯罪嫌疑人、被告人的权利限制较多,也较容易发生违法办案情况。为保证指定居所监视居住依法进行,有必要强化监督,所以《刑事诉讼法》第75条第4款规定,人民检察院对指定居所监视居住的决定和执行是否合法实行监督。

5. 指定居所监视居住期限折抵刑期

指定居所监视居住对犯罪嫌疑人、被告人自由的限制接近羁押,如果不在将来的刑期中进行折抵,对犯罪嫌疑人、被告人是不公平的。因而,《刑事诉讼法》第76条规定,指定居所监视居住的期限应当折抵刑期。被判处管制的,监视居住1日折抵刑期1日;被判处拘役、有期徒刑的,监视居住2日折抵刑期1日。但根据《刑法》第38条第3款的规定,对判处管制的犯罪分子,依法实行社区矫正的,犯罪分子基本上是自由的,与指定居所监视居住相差甚远,因而,有意见认为,指定居所监视居住1日折抵管制刑期2日更合理。

10.7.4 拘留

1. 拘留的概念与特征

刑事诉讼中的拘留,又称刑事拘留,是指公安机关、人民检察院对直接受理的案件,在侦查过程中遇到法定的紧急状况,对现行犯或者重大嫌疑分子所采取的临时剥夺其人身自由的一种强制方法。我国刑事诉讼法规定的刑事拘留具有如下特征:

(1) 拘留是暂时剥夺人身自由的强制措施。刑事拘留的突出特点在于剥夺人身自由,但属于临时性的。拘留与拘传、取保候审、监视居住的不同在于,前者是剥夺自由的强制措施,而后者是限制自由的强制措施。剥夺人身自由是指将被拘留者收押于一定的场所看管,不得与外界接触,是一种相当严厉的强制措施。拘留又是一种临时性的强制措施。临时性是指拘留的期限短暂。欧美各国对刑事拘留规定的期限都不长,有 24 小时、48 小时和 72 小时不等。我国刑事诉讼法规定拘留通常不得超过 14 天,特殊情况下也不得超过 37 天。如果公安机关和检察院违反有关规定,被拘留的人及其法定代理人、近亲属或其委托的律师等有权要求释放被拘留的人。公安机关、人民检察院应当立即释放。

(2) 拘留的决定机关具有特定性。依照法律规定,有权决定拘留的机关是公安机关、人民检察院等对刑事案件具有侦查权的机关。除此之外,其他任何机关(包括人民法院)、团体和个人都无权适用拘留。法律将拘留的决定权赋予侦查机关,既是世界各国刑事司法的惯例,也是由侦查机关的工作性质决定的。只有赋予其刑事拘留权,才能适应其在紧急情况下,临时采取必要的措施,遏止和控制犯罪的实际需要。

(3) 拘留的对象与条件具有特定性。由于拘留涉及剥夺人身自由,所以,对哪些人能适用拘留,立法上有严格的限制。《刑事诉讼法》第 82 条规定:"公安机关对于现行犯或者重大嫌疑分子,如果有下列情形之一的,可以先行拘留:(一)正在预备犯罪、实行犯罪或者在犯罪后即时被发觉的;(二)被害人或者在场亲眼看见的人指认他犯罪的;(三)在身边或者住处发现有犯罪证据的;(四)犯罪后企图自杀、逃跑或者在逃的;(五)有毁灭、伪造证据或者串供可能的;(六)不讲真实姓名、住址,身份不明的;(七)有流窜作案、多次作案、结伙作案重大嫌疑的。"另外,《刑事诉讼法》第 165 条规定,人民检察院直接受理的案件中符合第 81 条及第 82 条第 4 项、第 5 项规定的情形,需要拘留犯罪嫌疑人的,人民检察院有权作出拘留决定。可见,拘留必须同时符合两个条件:一是拘留的对象是现行犯或者是重大嫌疑分子。现行犯是指正在进行犯罪的人;重大嫌疑分子是指有证据证明其具有重大犯罪嫌疑的人。二是具有法定的紧急情形之一,即《刑事诉讼法》第 82 条规定的 7 种情形之一。除此之外,2018 年《刑事诉讼法》第 170 条规定,对于监察机关移送起诉的已采取留置措施的案件,人民检察院应当对犯罪嫌疑人先行拘留,留置措施自动解除。人民检察院应当在拘留后的 10 日以内作出是否逮捕、取保候审或者监视居住的决定。

2. 拘留的程序

(1) 拘留的决定。公安机关、检察机关的办案人员认为需要拘留犯罪嫌疑人的,应填写《呈请拘留报告书》,注明有关情况和理由,经部门领导审核,分别由公安机关负责人或检察长决定。对县级以上各级人民代表大会代表采取拘留措施的,应当书面报请该代表所属的人民代表大会主席团或者常务委员会许可。

(2) 拘留的执行。拘留一律由公安机关执行。在紧急情况下,人民检察院可以向犯罪嫌疑人宣布拘留决定,送交公安机关执行。公安机关执行拘留时,应持县级以上公安机关签发的《拘留证》,向被拘留人出示,并宣布对其实行拘留,然后责令被拘留人在拘留证上签名或盖章、按指印。被拘留人拒绝签名或盖章、按指印的,应加以注明。对于符合《刑事诉讼法》第 82 条规定的情形之一,因情况紧急,来不及办理拘留手续的,可以先将犯罪嫌疑人带至公安机关,再补办拘留手续。公安机关依法执行拘留时,任何人不得抗拒或阻拦。执行拘留的人员遇到抗拒时,可以依法使用警械和武器。

根据《刑事诉讼法》第 85 条第 2 款的规定,拘留后,应当立即将被拘留人送看守所羁押,至迟不得超过 24 小时。这有利于对被拘留人员的规范管理,防止违法讯问。

(3) 异地拘留。根据《刑事诉讼法》第83条的规定,公安机关在异地执行拘留时,应当通知被拘留人所在地的公安机关,被拘留人所在地的公安机关应当予以配合。

(4) 拘留后的通知。《刑事诉讼法》第85条第2款规定,除无法通知或者涉嫌危害国家安全、恐怖活动犯罪通知可能有碍侦查的以外,应当在拘留后24小时以内,通知被拘留人的家属。有碍侦查的情形消失以后,应当立即通知被拘留人的家属。《律师法》第37条规定:"律师在参与诉讼活动中涉嫌犯罪的,侦查机关应当及时通知其所在的律师事务所或者所属的律师协会;被依法拘留、逮捕的,侦查机关应当依照刑事诉讼法的规定通知该律师的家属。"有碍侦查的情形包括:可能毁灭、伪造证据,干扰证人作证或者串供的;可能引起同案犯逃避、妨碍侦查的;犯罪嫌疑人的家属与犯罪有牵连的。但在上述情形消失后,应当立即通知被拘留人的家属。被拘留人是律师的,还应通知其所在的律师事务所及所属的律师协会。没有在24小时以内通知的,应当在拘留通知书中注明原因。无法通知的情形包括:不讲真实姓名、住址,身份不明的;没有家属的;提供的家属联系方式无法取得联系的;因自然灾害等不可抗力导致无法通知的。人民检察院决定拘留的案件,由人民检察院负责通知。

(5) 及时讯问。《刑事诉讼法》第86条规定,公安机关对于被拘留的人,应当在拘留后24小时内讯问。在发现不应当拘留的时候,必须立即释放,发给释放证明。对需要逮捕而证据还不充足的,可以取保候审或者监视居住。人民检察院决定拘留的案件,由检察人员讯问。尽快讯问的目的在于:一是及时收集证据。犯罪嫌疑人被拘留初期,心理不稳定,及时讯问有利于突破其心理防线,取得口供。否则,被拘留人可能形成反侦查的心理准备,给侦查活动带来困难。二是防止可能发生的不应当拘留的情况。所谓不应当拘留的情况,包括:犯罪行为没有发生,或被拘留人的行为不构成犯罪;虽有犯罪行为,但依法不应当追究刑事责任;虽有犯罪行为,但不是拘留人所为;犯罪行为是被拘留人所为,但不符合《刑事诉讼法》第82条规定的拘留条件而不需要拘留,等等。对不需要拘留的,应当立即释放,并发给释放证明。经过讯问,认为被拘留人犯有严重罪行依法需要逮捕,但在拘留的期限内因无法收集到证据而达不到逮捕条件,拘留的法定期限届满且释放可能继续危害社会或者有逃跑、串供、毁灭证据等妨害侦查活动顺利进行的可能的,应依法改用取保候审或监视居住。

(6) 拘留的期限。根据《刑事诉讼法》第91条的规定,公安机关对被拘留的犯罪嫌疑人,认为需要逮捕的,应当在拘留后的3日内,提请人民检察院审查批准逮捕,在特殊情况下,提请审查批捕的时间可以延长1~4日。人民检察院应当自接到公安机关提请批准逮捕书后的7日内作出批准逮捕或者不批准逮捕的决定。因此,正常情况下,拘留羁押的期限为10日以内,特殊情况下最长为14日。所谓特殊情况,是指案件比较复杂或者处于交通不便的边远地区,调查取证困难等情形。在更为特殊的情形下,提请批捕的时间可以延长至30日,这主要针对流窜作案、多次作案、结伙作案的重大嫌疑分子,加上检察机关审查批捕的7日,羁押的最长期限为37日。所谓流窜作案,是指跨市、县管辖范围连续作案,或者在居住地作案后逃跑到外省、市、县继续作案;多次作案是指3次以上作案;结伙作案是指2人以上共同作案。根据《刑事诉讼法》第160条第2款和公安部《规定》(2020)第130条、第152条规定,犯罪嫌疑人不讲真实姓名、住址,身份不明的,应当对其身份进行调查。经县级以上公安机关负责人批准,拘留期限自查清其身份之日起计算,但不得停止对其犯罪行为的侦查取证。对符合逮捕条件的犯罪嫌疑人,也可以按其自报的姓名提请批准逮捕。对于犯罪事实清楚,证据确实、充分,确实无法查明身份的,也可以按其自报的姓名起诉、审判。

另外,根据《刑事诉讼法》第 167 条的规定,人民检察院对直接受理的案件的犯罪嫌疑人拘留后认为需要逮捕的,应当在 14 日以内作出决定,即此种情况下羁押的期限为 14 日以内;在特殊情况下,决定逮捕的时间可以延长 1~3 日,即羁押的最长期限为 17 日。

(7) 拘留的撤销、解除与变更。发现对被拘留的人不应追究刑事责任的,应撤销拘留,这种情形包括已经查明无罪或符合《刑事诉讼法》第 16 条规定的六种法定情形之一。

公安机关和检察机关应当严格执行拘留羁押期限的规定。认为需要逮捕并且符合逮捕条件的,应在法定期限内办理报捕、批捕或决定逮捕手续。根据《刑事诉讼法》第 88 条、第 89 条、第 92 条的规定,公安机关向检察机关报捕后,检察机关不批准逮捕的,公安机关应当在接到通知后立即释放被拘留人,发给释放证明,并将执行情况及时通知人民检察院。公安机关认为不批准逮捕决定有错误的,可以要求检察机关复议,但必须立即释放被拘留人,不能因为有意见分歧而不释放。决定拘留的机关在法定的拘留羁押期限届满时,如果认为报捕、决定逮捕的条件不成熟以及报捕后没有被批准逮捕而需要继续侦查的,对于符合取保候审、监视居住条件的,依法采取取保候审、监视居住等强制措施。

根据《刑事诉讼法》第 96 条的规定,人民法院、人民检察院和公安机关发现对犯罪嫌疑人、被告人采取拘留措施不当的,应当及时撤销或者变更。

根据《刑事诉讼法》第 117 条的规定,当事人和辩护人、诉讼代理人、利害关系人对于司法机关及其工作人员采取拘留措施期限届满,不予以释放、解除或者变更的,有权向该机关申诉或者控告。受理申诉或者控告的机关应当及时处理。对处理不服的,可以向同级人民检察院申诉;人民检察院直接受理的案件,可以向上一级人民检察院申诉。人民检察院对申诉应当及时进行审查,情况属实的,通知有关机关予以纠正。这是防止久拘不决、保护公民合法权益的需要和体现。

根据《刑事诉讼法》第 97 条的规定,犯罪嫌疑人、被告人及其法定代理人、近亲属或者辩护人有权申请变更拘留措施。人民法院、人民检察院和公安机关收到申请后,应当在 3 日以内作出决定;不同意变更拘留措施的,应当告知申请人,并说明不同意的理由。

3. 刑事拘留与其他拘留的区别

中国法律除了规定刑事拘留外,还有行政拘留和司法拘留,三者既有相似之处,又有区别。

(1) 刑事拘留与行政拘留的区别。行政拘留是指由法定的行政机关依照行政法规对违反行政法规的人给予的一种剥夺人身自由的行政处罚。行政拘留与刑事拘留相比较,有相同之处,也存在以下区别(见表 10-2):

表 10-2 刑事拘留与行政拘留的区别 [周伟,2003]

比较点	刑事拘留	行政拘留
性质	是刑事诉讼中的保障性措施,是一种具有程序意义的诉讼行为,而非对被适用者的惩罚	是对实施了违反治安管理行为者的一种处罚,实质上是一种制裁
适用目的	目的在于保证刑事诉讼活动的顺利进行	目的在于惩罚和教育行政违法人
适用对象	适用于符合法定情形的现行犯或者重大嫌疑分子	适用于行政违法的人

续表

比较点	刑事拘留	行政拘留
羁押期限	一般情况下最多为 10 日,特殊情况下最多为 14 日,对流窜作案、多次作案、结伙作案的重大嫌疑分子最多为 37 日	最长为 15 日
适用主体	公安机关、人民检察院等侦查机关都有权适用,适用者的法律地位是刑事司法机关	只能由公安机关适用,适用者的法律地位是行政执法机关

显然,这两种拘留性质完全不同,不能互相代替,也不能混淆使用。

(2) 刑事拘留与司法拘留。 司法拘留分为民事司法拘留、行政司法拘留和刑事司法拘留。民事司法拘留是指人民法院对实施了妨害民事诉讼行为、情节严重的人所采取的在一定期间内剥夺其人身自由的制裁方法。行政司法拘留是指人民法院对实施了妨碍行政诉讼行为、情节严重的人所采取的在一定期限内剥夺其人身自由的制裁方法。刑事司法拘留是指人民法院对在刑事诉讼中严重违反法庭秩序的诉讼参与人、旁听人员采取的在一定期限内剥夺其人身自由的制裁方法。

刑事拘留与司法拘留虽然都是在诉讼过程中使用的强制方法,都是为了保障诉讼的顺利进行,但二者具有以下重要区别(见表 10-3):

表 10-3   刑事拘留与司法拘留的区别   [周伟,2003]

比较点	刑事拘留	司法拘留
性质	是一种程序性措施,不具有结论意义	是对妨害诉讼行为人的制裁方法
适用对象	适用于符合法定情形的现行犯或重大嫌疑分子	适用于严重妨害民事诉讼、行政诉讼或刑事诉讼的行为人,不但可以对当事人、其他诉讼参与人适用,还可适用于没有参加诉讼的案外人
适用主体	由公安机关和人民检察院决定适用	由人民法院决定适用

10.7.5   逮捕

1. 逮捕的概念及条件

逮捕是指公安机关、人民检察院和人民法院为保证刑事诉讼的顺利进行,在一定期限内依法剥夺犯罪嫌疑人、被告人的人身自由,予以羁押,并进行审查的强制措施。逮捕是刑事强制措施中最为严厉的方法。其严厉性表现为强行剥夺人身自由,羁押审查,通常直至判决生效时止。

逮捕和拘留都是剥夺人身自由的强制措施。但是,拘留是临时性的剥夺人身自由的强制措施,而逮捕则是相对稳定的、羁押期限较长的剥夺人身自由的强制措施。适用逮捕措施后,侦查、检察和审判机关在一定期限内对犯罪嫌疑人、被告人强行羁押,这不仅方便办案人员随时讯问,还能有效地防止串供、毁灭证据、逃跑、自杀等妨害刑事诉讼顺利进行的情况发生。这是逮捕积极的一面。但是,由于逮捕是在较长时期内剥夺人身自由的强制措施,如果适用不当,将会严重侵犯公民的合法权益,因此立法上对逮捕的条件作了明确具体的规定。

《刑事诉讼法》第 81 条第 1 款规定:"对有证据证明有犯罪事实,可能判处徒刑以上刑罚的犯罪嫌疑人、被告人,采取取保候审尚不足以防止发生下列社会危险性的,应当予以逮捕:(一)可能实施新的犯罪的;(二)有危害国家安全、公共安全或者社会秩序的现实危险的;(三)可能毁灭、伪造证据,干扰证人作证或者串供的;(四)可能对被害人、举报人、控告人实施打击报复的;(五)企图自杀或者逃跑的。"这一规定明确了逮捕通常应当具备的三个条件(见图 10-2):

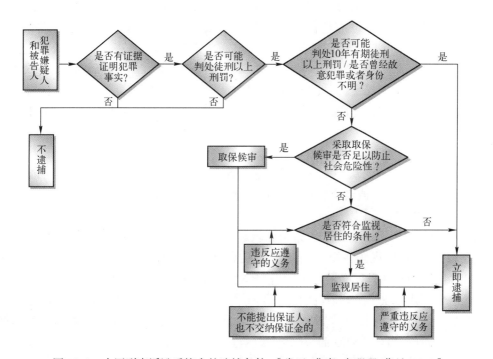

图 10-2　中国刑事诉讼系统中的逮捕条件　[常远、曹康、卢珊珊、裴丹,2012]

(1) 有证据证明犯罪事实的发生。这是指:第一,犯罪事实已经发生,并有证据能够证明其发生。如果没有证据证明有犯罪事实发生,也就不存在适用逮捕的问题。第二,有证据证明犯罪事实是犯罪嫌疑人、被告人实施的,而非他人实施的。逮捕是针对具体的自然人适用的,所以,必须有证据证明其实施了犯罪行为。如果虽然有犯罪事实发生,但没有证据证明某人实施了犯罪行为,就不能对其实施逮捕。第三,证明犯罪嫌疑人、被告人实施犯罪行为的证据已经查证属实。应当指出的是,把握逮捕这一条件时,应当注意有证据证明与证据充分是有区别的,前者的证明程度显然低于后者。但"有证据证明"中的证据也必须是查证属实的,并已达到相当的证明程度,或者至少能够证明有重大犯罪嫌疑。以上三点是构成有证据证明有犯罪事实的必备条件,即从事实、对象和证明程度三个方面确定是否有证据证明犯罪事实。

(2) 可能判处徒刑以上刑罚。这是根据已经收集到的证据材料所证明的犯罪事实,依照刑法的规定所作的一种判断,是实施逮捕时在刑事实体法方面的要求。我国刑法根据犯罪行为的社会危害性,设定了轻重不同的刑种。应当逮捕的,只是那些可能判处最低刑罚为有期徒刑以上刑罚的犯罪嫌疑人、被告人。对那些可能被判处拘役、管制以下刑罚及可能被免除刑罚的,不适用逮捕。罪刑相适应是刑事司法的一条准则。如果强制措施的严厉程度重于可能受到的刑罚处罚,如将可能被判处管制、拘役或单处罚金刑的人予以逮捕,就会形成强制措施重于刑罚的情形,损害了被追诉者的合法权益。因此,逮捕有罪行轻重的限定。

(3) 采取取保候审方法尚不足以防止法定社会危险性而有逮捕必要。这一条件说明,即使具备了前两个条件,也不一定要逮捕。只有在取保候审尚不能防止社会危险性而有逮捕必要时,才能采取逮捕措施。为克服过去司法实务中社会危险性评价缺乏细化标准,各地逮捕尺度把握不一的问题,2012 年《刑事诉讼法》在修改时将社会危险性细化为五个方面:① 可能实施新的犯罪的;② 有危害国家安全、公共安全或者社会秩序的现实危险的;③ 可能毁灭、伪造证据,干扰证人作证或者串供的;④ 可能对被害人、举报人、控告人实施打击报复的;⑤ 企图自杀或者逃跑的。2018 年修改《刑事诉讼法》时在第 81 条增加了一款关于社会危险性的考虑因素的规定,即批准或者决定逮捕,应当将犯罪嫌疑人、被告人涉嫌犯罪的性质、情节以及认罪认罚等情况,作为是否可能发生社会危险性的考虑因素。没有上述危险的,就无逮捕必要。

但是,法律对以上三个条件也有例外规定:

第一,根据《刑事诉讼法》第 81 条第 3 款规定,对有证据证明有犯罪事实,可能判处 10年有期徒刑以上刑罚的,或者有证据证明有犯罪事实,可能判处徒刑以上刑罚,曾经故意犯罪或者身份不明的,应当予以逮捕。

第二,根据《刑事诉讼法》第 81 条第 4 款规定,被取保候审、监视居住的犯罪嫌疑人、被告人违反取保候审、监视居住规定,情节严重的,可以予以逮捕。全国人民代表大会常务委员会在 2014 年 4 月 24 日发布的《关于〈中华人民共和国刑事诉讼法〉第七十九条第三款的解释》中进一步明确,根据《刑事诉讼法》第 81 条第 4 款的规定,对于被取保候审、监视居住的可能判处徒刑以下刑罚的犯罪嫌疑人、被告人,违反取保候审、监视居住规定,严重影响诉讼活动正常进行的,可以予以逮捕。

司法机关在适用中应当严格依法,防止错捕的发生。

需要说明的是,即使具备上述条件,但犯罪嫌疑人涉嫌的罪行较轻,且没有其他重大犯罪嫌疑,具有以下情形之一的,可以作出不批准逮捕的决定或者不予逮捕:① 属于预备犯、中止犯,或者防卫过当、避险过当的;② 主观恶性较小的初犯,共同犯罪中的从犯、胁从犯,犯罪后自首、有立功表现或者积极退赃、赔偿损失、确有悔罪表现的;③ 过失犯罪的犯罪嫌疑人,犯罪后有悔罪表现,有效控制损失或者积极赔偿损失的;④ 犯罪嫌疑人与被害人双方根据刑事诉讼法的有关规定达成和解协议,经审查,认为和解系自愿、合法且已经履行或者提供担保的;⑤ 犯罪嫌疑人系已满 14 周岁未满 18 周岁的未成年人或者在校学生,本人有悔罪表现,其家庭、学校或者所在社区以及居民委员会、村民委员会具备监护、帮教条件的;⑥ 年满 75 周岁以上的老年人。

全国人民代表大会常务委员会
关于《中华人民共和国刑事诉讼法》
第七十九条第三款的解释

2. 逮捕的权限划分

为保护公民合法权益,防止可能出现的错误逮捕,体现公、检、法机关分工负责、互相配合、互相制约原则,法律对逮捕的权限作了明确规定。我国《宪法》第 37 条规定:"任何公民,非经人民检察院批准或者决定或者人民法院决定,并由公安机关执行,不受逮捕。"《刑事诉讼法》第 80 条规定:"逮捕犯罪嫌疑人、被告人,必须经过人民检察院批准或者人民法院决定,由公安机关执行。"这些规定说明:逮捕权由公、检、法机关行使,其他任何机关、团体和个人都无权对任何公民实行逮捕。在公、检、法机关之间,逮捕的权限是不同的。人民检察院和人民法院有权决定逮捕,人民检察院有权批准逮捕,公安机关对自己侦查的案件,认为需要逮捕犯罪嫌疑人的,应当依法提请人民检察院审查批准,而无权自行决定逮捕。根据《刑事诉讼法》第 89 条的规定,人民检察院审查批准逮捕犯罪嫌疑人由检察长决定,重大案件应当提交检察委员会讨论决定。但无论是决定逮捕还是批准逮捕,都由公安机关执行(见图 10-3)。

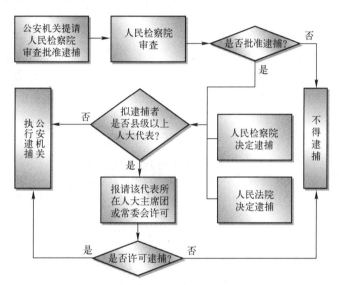

图 10-3 中国刑事诉讼系统中逮捕的权限与程序 [常远、程相会,2002]

3. 提请、批准逮捕

(1) 公安机关提请逮捕。公安机关要求逮捕犯罪嫌疑人的,应当写出提请批准逮捕书,连同案卷材料、证据,一并移送同级人民检察院审查批准。提请批准逮捕书应当写明犯罪嫌疑人的姓名、性别、年龄、籍贯、职业、民族、住址、简历、所犯罪行和主要证据,指控的罪名,逮捕的法律依据。案卷材料、证据是检察机关掌握案情、审查提请逮捕的事实依据,所以应当移送。人民检察院在必要的时候,可以派人参加公安机关对重大案件的讨论,提前了解案情,为审查批捕做一定准备。所谓"必要的时候",是指案情重大、情况紧急等。

(2) 人民检察院审查、批准逮捕。人民检察院对公安机关提请批准逮捕的,应当进行审查。审查批准逮捕时,除阅读案卷材料外,根据《刑事诉讼法》第 88 条的规定,检察人员还可以讯问犯罪嫌疑人;有下列情形之一的,应当讯问犯罪嫌疑人:① 对是否符合逮捕条件有疑问的;② 犯罪嫌疑人要求向检察人员当面陈述的;③ 侦查活动可能有重大违法行为的。同时,检察人员还可以询问证人等诉讼参与人,听取辩护律师的意见;辩护律师提出要求的,应当听取辩护律师的意见。这有利于检察人员全面了解案情,作出正确的决定。审查后,根据具体情况,分别作出两种处理:对符合《刑事诉讼法》第 81 条规定的逮捕条件的,依法作出批准逮捕的决定,并制作《批准逮捕决定书》,连同案卷材料等移送公安机关,公安机关应当立即执行,并将执行情况及时通知人民检察院;对不符合逮捕条件的,作出不批准逮捕的决定,并制作《不批准逮捕决定书》,说明不批准逮捕的理由,连同案卷材料等送达公安机关。对需要补充侦查的,也应当同时通知公安机关。

人民检察院对公安机关移送提请批准逮捕的案件,应当按照法律规定的期限办理,即对已被刑事拘留的,自接到公安机关提请批准逮捕书后的 7 日之内,作出批准逮捕或者不批准逮捕的决定。人民检察院对已作出的批准逮捕决定发现确有错误的,应当撤销原批准逮捕决定,送达公安机关执行。对已作出的不批准逮捕决定发现确有错误,需要批准逮捕的,人民检察院应当撤销原不批准逮捕决定,重新作出批准逮捕决定,送达公安机关执行。对因撤销原批准逮捕决定而被释放的犯罪嫌疑人或者逮捕后公安机关变更为取保候审、监视居住的犯罪嫌疑人,又发现需要逮捕的,人民检察院应当重新办理逮捕手续。

公安机关如果认为人民检察院不批准逮捕的决定有错误,可以要求复议,即再次申请批准,但必须将已拘留的人释放。不能因为认为不批准逮捕决定有错误而拒绝释放被拘留人。人民检察院应当另行指派审查批捕部门的办案人员进行复议,并将复议结果通知公安机关。如果复议不被接受,公安机关还可以向上一级人民检察院申请复核,上级人民检察院应当进行复核,复核后作出是否变更的决定,并通知下级人民检察院和公安机关执行。上级人民检察机关的复核决定是最终决定,公安机关或下级人民检察院即使有不同意见,也必须执行。

审查批准逮捕的过程,也是人民检察院对公安机关侦查活动是否合法实施法律监督的过程。《刑事诉讼法》第 100 条规定:"人民检察院在审查批准逮捕工作中,如果发现公安机关的侦查活动有违法情况,应当通知公安机关予以纠正,公安机关应当将纠正情况通知人民检察院。"

4. 决定逮捕

依照逮捕的权限划分,人民检察院和人民法院在办理案件的过程中,对应当逮捕的犯罪嫌疑人、被告人都有权作出逮捕决定。人民检察院办理直接立案侦查的案件,需要逮捕犯罪嫌疑人的,由侦查部门填写逮捕犯罪嫌疑人意见书,连同案卷材料一并送交本院审查批捕部门审查。人民检察院侦查部门对已被拘留的犯罪嫌疑人报捕的,应当在法定期限内提出;审查批捕部门在接到逮捕犯罪嫌疑人意见书后,应当在法定期限内提出意见,由检察长或检察委员会决定逮捕或者不予逮捕。决定逮捕的,审查批捕部门应当制作《逮捕决定书》,连同案卷材料送交侦查部门,由侦查部门通知公安机关执行,必要时人民检察院可以协助执行。决定不逮捕的,应当制作《不予逮捕决定书》,连同案卷材料退交侦查部门,并将已被拘留的犯罪嫌疑人立即释放,需要继续侦查的,可以采取其他强制措施。

人民法院在办案过程中,对自诉案件的被告人和公诉案件的被告人,只要符合逮捕条件,认为应当逮捕,都有权决定逮捕;决定逮捕应制作《决定逮捕书》,并送交公安机关执行。

如果被逮捕的犯罪嫌疑人、被告人是县级以上人大代表,无论是批准逮捕,还是决定逮捕,都应办理相关手续,即应当报请该人大代表所在的人民代表大会主席团或者常务委员会许可。被逮捕的犯罪嫌疑人、被告人是乡、镇一级人大代表时,应当向乡、镇人民代表大会报告。

5. 逮捕的执行

逮捕犯罪嫌疑人、被告人,不论由人民检察院批准逮捕,还是由人民检察院或人民法院决定逮捕,都一律由公安机关执行。公安机关执行逮捕的时候,必须出示《逮捕证》。《逮捕证》必须由县级以上公安机关负责人签发。执行逮捕必须由 2 名以上的公安人员进行。在执行逮捕时,必须向被逮捕人出示《逮捕证》,并宣布对其依法逮捕,然后责令被逮捕人在《逮捕证》上签名或盖章。被逮捕人拒绝签名或盖章的,执行逮捕的人员应当予以说明。被逮捕人如果拒捕,执行人员有权使用相应的强制方法,必要时可以使用械具、武器。执行逮捕是公安人员依法执行公务的行为,任何人不得阻挠。公安机关执行逮捕,如果因被逮捕人死亡、逃跑或其他原因,不能执行逮捕或不能抓获的,应当立即通知原批准逮捕的人民检察院或决定逮捕的人民检察院或人民法院,以便采取相应的处理措施。

根据《刑事诉讼法》第 93 条的规定,逮捕后,应当立即将被逮捕人送看守所羁押。相比拘留,法律对逮捕后送交看守所羁押的时间有更严格的要求。除无法通知的以外,应当在逮捕后 24 小时以内,通知被逮捕人的家属。不得以有碍侦查为由拒绝通知家属。如果是公安机关经检察机关批准逮捕的,由公安机关通知;如果是人民检察院、人民法院决定逮捕的,则由人民检察院、人民法院通知。所谓无法通知的情况,指被逮捕人不讲真实姓名、住址,被逮捕人没有家属或单位等情形。

人民法院、人民检察院对于各自决定逮捕的人,公安机关对于经人民检察院批准逮捕的人,都必须在逮捕后的 24 小时以内进行讯问。经讯问,发现不应当逮捕的,必须立即释放,发给释放证明。这一规定限定了对被逮捕的犯罪嫌疑人、被告人进行讯问的时间,目的在于一方面及时收集口供,不给其喘息以编造口供之机;另一方面是查清事实,防止错捕。所谓"不应当逮捕",是指:犯罪行为没有发生或者被逮捕的人不构成犯罪的;虽有犯罪行为,但罪行轻微,不可能判处有期徒刑以上刑罚或依法不予追究刑事责任的;犯罪行为虽然是被逮捕人所为,但该人没有自杀、逃跑、串供、毁灭证据或继续犯罪可能,采取取保候审方法足以防止社会危害性,因而没有逮捕必要的,等等。

6. 异地逮捕

《刑事诉讼法》第 83 条规定,公安机关在异地执行逮捕时,应当通知被逮捕人所在地的公安机关,被逮捕人所在地的公安机关应当予以配合。这一规定体现了公安机关在刑事诉讼中的通力合作。因为公安机关到异地执行逮捕,可能因环境不熟、警力不足和交通不便而影响逮捕的顺利完成。只有在当地警方的协助之下,才能顺利地完成执行逮捕的任务。因此,被逮捕人所在地的公安机关,应当给予充分的配合。

7. 逮捕的撤销、解除与变更

公安机关、人民检察院和人民法院在将犯罪嫌疑人、被告人逮捕后,发现对犯罪嫌疑人、被告人采取强制措施不当的,应当及时撤销或者变更。

具有下述情形的,可以变更为监视居住:逮捕后,犯罪嫌疑人、被告人患有严重疾病、生活不能自理的;怀孕或者正在哺乳自己婴儿的妇女;系生活不能自理的人的唯一扶养人;因为案件的特殊情况或者办理案件的需要,采取监视居住措施更为适宜的。逮捕后,发现采取取保候审不致发生社会危险性的,可变更为取保候审。

案件不能在法定的侦查羁押、审查起诉、一审、二审期限内办结,犯罪嫌疑人、被告人被逮捕的,应当予以释放;需要继续查证、审理的,对犯罪嫌疑人、被告人可以取保候审或者监视居住。

具有下述情形的,对已经逮捕的被告人,应当变更强制措施或者释放:第一审人民法院判处管制或者宣告缓刑以及单独适用附加刑,判决尚未发生法律效力的;第二审人民法院审理期间,被告人被羁押的时间已到第一审人民法院对其判处的刑期期限的。

公安机关解除或变更逮捕措施的,应当通知原批准逮捕的人民检察院;人民检察院、人民法院对自己决定的逮捕,决定撤销或变更的,也应当通知公安机关执行。

犯罪嫌疑人、被告人被逮捕后,人民检察院仍应当对羁押的必要性进行审查。对不需要继续羁押的,应当建议予以释放或者变更强制措施。有关机关应当在10日以内将处理情况通知人民检察院。

犯罪嫌疑人、被告人及其法定代理人、近亲属或者辩护人有权申请变更逮捕措施。人民法院、人民检察院和公安机关收到申请后,应当在3日以内作出决定;不同意变更逮捕措施的,应当告知申请人,并说明不同意的理由。

最高人民法院、最高人民检察院、公安部关于严格执行刑事诉讼法,切实纠防超期羁押的通知

犯罪嫌疑人、被告人及其法定代理人、近亲属或者辩护人对于人民法院、人民检察院或者公安机关采取逮捕措施法定期限届满的,有权要求解除强制措施。根据《刑事诉讼法》第117条的规定,当事人和辩护人、诉讼代理人、利害关系人对于司法机关及其工作人员采取逮捕措施期限届满,不予以释放、解除或者变更的,有权向该机关申诉或者控告。受理申诉或者控告的机关应当及时处理。对处理不服的,可以向同级人民检察院申诉;人民检察院直接受理的案件,可以向上一级人民检察院申诉。

小结

进入21世纪,刑事诉讼法在侦查阶段的改革中肩负着两大任务:一方面,因现阶段刑事犯罪案件的隐蔽性、组织性、高科技性日趋增强,传统侦查手段难以有效应对日益复杂的犯罪形势,更新侦查理念、科技强警、探索新的侦查手段势在必行。但另一方面,随着公民权利意识的增强,强化对侦查程序的控制,防止侦查权不当侵害人权是未来司法改革的重点之一。如何在立法和司法实践中平衡和协调二者的关系是21世纪我国刑事司法迫切需要解决的问题。2012年修改《刑事诉讼法》,一方面通过增加技术侦查、秘密侦查等侦查手段增强侦查机关打击犯罪的能力,另一方面也强化了犯罪嫌疑人、被告人的辩护权保障,在这方面取得了新的进展。2018年修改《刑事诉讼法》,增加了犯罪嫌疑人、被告人在侦查阶段认罪认罚的具体规定,在侦查机关侦查权的行使以及对犯罪嫌疑人、被告人诉讼权利的保障等方面都做了有益的调整。

本章重点介绍了讯问犯罪嫌疑人,询问证人、被害人,勘验、检查,搜查,查封、扣押物证、书证,鉴定,辨认,技术侦查,秘密侦查,通缉等侦查行为,这些是我国当前司法中最基本的侦查手段。侦查羁押期限的重心在于约束侦查权,保障公民人权,现实中的超期羁押是对法律的严重违反。强制措施中的取保候审是羁押替代的最主要方法,对促进司法的文明化有重要意义。逮捕是最严厉的强制措施,对控制犯罪嫌疑人、被告人有重要意义,但过高的逮捕率违背强制措施适用的比例原则,不利于保障人权。

思考题

1. 侦查对刑事诉讼的意义何在?
2. 我国法定的侦查行为有哪些?
3. 讯问犯罪嫌疑人应遵循何种程序?
4. 补充侦查有哪些种类?
5. 我国刑事诉讼法对侦查羁押期限是如何规定的?
6. 取保候审的条件、方式和程序是什么?
7. 监视居住的条件、方式和程序是什么?
8. 逮捕的条件是什么?

第11章 起诉

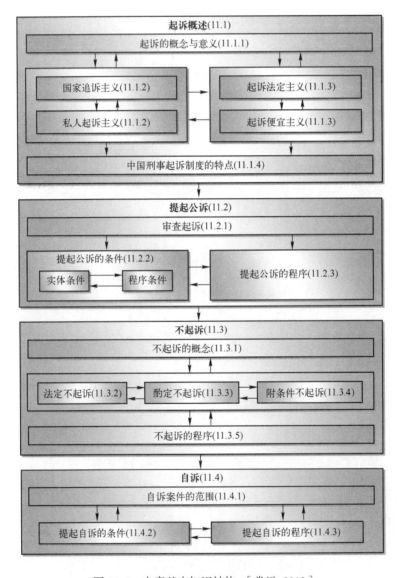

图 11-0　本章基本知识结构　［常远, 2012］

导言

起诉是审判必备的前提条件,没有起诉就没有审判。起诉不仅能引起审判,还能限制审判范围和禁止再次起诉。本章首先阐明起诉的概念以及起诉在诉讼程序中的意义。继而论述提起公诉,内容包括:一是如何审查起诉,如何决定是否起诉,以及如何起诉;二是阐述提起公诉的实体条件与程序条件;三是明确提起公诉的法定程序。在公诉案件中,起诉并不是唯一的方案。根据案件的不同情况,公诉机关还有可能作出法定不起诉、酌定不起诉以及附条件不起诉等不起诉的决定来终止诉讼。起诉除公诉外还有自诉。下文也将明确自诉案件的范围,分析提起自诉的条件,阐述提起自诉的程序。

11.1 起诉概述

11.1.1 起诉的概念与意义

在刑事诉讼中,起诉是指依法享有刑事起诉权的机关或个人,对刑事被告人提出控诉,要求法院予以审判,以追究被告人刑事责任的诉讼行为。

刑事起诉的基本意义源于犯罪追究程序本身的性质。现代刑事程序废除纠问制度,实行控、辩、审三方组合的"诉讼主义",在程序上的一个基本点是贯彻"不告不理原则",即以起诉为审判的前提,没有起诉人的起诉,法院不能主动追究犯罪。不告不理原则是司法分权制度的体现,是一项防止司法专横的重要诉讼原则。在现代刑事诉讼中,起诉的意义和效果主要有三点:

1. 引起审判程序

起诉作为审判的前提,能引起审判程序从而解决诉讼的实体问题。它使受诉法院对起诉案件具有审判的权力,也使双方当事人对被诉案件有进行诉讼活动和接受法院审判的权利义务。

2. 限制法院审判范围

起诉和审判的分离以及不告不理原则的确立,要求审判受起诉的制约,即法院不得审判未经起诉的被告和未经起诉的犯罪,从而保持审判与起诉的同一性。

3. 禁止再次起诉

为了维护公民的权益及司法的秩序,对检察院已起诉的同一案件不得再行起诉。也就是说,一旦对某一案件向某法院提起诉讼,就不能再向该法院起诉或向另一法院起诉,除非检察机关已依法定程序撤回了诉讼。

11.1.2 国家追诉主义和私人起诉主义

在刑事诉讼中,根据行使控诉权的主体不同,可将起诉分为国家追诉主义和私人起诉主义两种起诉形式。国家追诉主义,是指法定官员(通常是检察官)代表国家向法院起诉。这种由国家专门机关包揽刑事控诉权的方式,被称为"公诉"。其中,只有检察官有权代表国家提起和支持公诉,其他任何机关、团体和组织都无权行使刑事案件的起诉权的,被称为"检察官起诉独占主义"或"检察官起诉垄断主义"。私人起诉主义,是指被害人及其近亲属或其他的法定个人或团体,以个人或团体的名义向法院起诉,这种方式又被称为"私诉"。其中,被害人及其近亲属起诉的形式又被称为自诉。现代少数国家,如日本,控诉权由检察官独占,不存在私诉形式。这种单一的起诉形式,为"起诉一元制"。当今多数国家采取公诉与私诉(主要是自诉)相结合的形式,即实行"起诉二元制"。我国的控诉制度也属于国家追诉与私人起诉相结合的制度。

在刑事诉讼史上,最早出现的控诉形式是以被害人提起控诉为特征的自诉,随着刑事诉讼制度的进一步发展,控诉人的范围又由被害人扩大到一般民众,即一般民众也可以行使控诉权,形成所谓"公众追诉"形式。国家公诉制度的出现则比较晚,14世纪,法国出现检察官,标志着公诉制度在刑事诉讼中得到正式确认,并成为后世各国刑事诉讼的主要控诉形式。

公诉取代私诉成为刑事控诉的主要形式,在诉讼制度发展史上具有一定的历史必然性,其主要根据在于:

1. 公诉是国家义务的体现,公诉制度是国家制度发展的结果

按照现代的政治和社会观念,刑事犯罪不仅侵犯了被害人个人的权益,也侵犯了国家和社会的利益,加之由于近、现代的社会生活趋于复杂,无明确被害人的犯罪日益增多,而国家机构担负着维护社会法律秩序、保护民众合法权益的责任,建立公诉制度,对犯罪进行有效的追诉,正是国家义务的体现。

2. 被害人行使全部或大部分控诉权使国家刑罚权难以充分实现

被害人自行行使控诉权,在起诉能力和起诉斟酌方面都受到较大限制。作为个人,不具有检察官所具有的国家权力和司法能力,因此难免缺乏控诉举证能力;被害人还容易受个人感情的左右,持一种报复心理而缺乏客观精神,而且难以合理斟酌刑事起诉中应当考虑的公共利益因素。有的会因为惧怕犯罪人而不敢起诉,有的因为贪图犯罪人给予的充分的损害赔偿而自行和解进而不愿起诉,有的因事过境迁而懒于起诉,由检察官提起公诉则容易弥补上述不足。

3. 采取公诉制度可以避免因被害人缺乏举证能力而由法院代行侦查职能从而造成"纠问"弊端,有利于保持刑事诉讼的合理构架

刑事诉讼如果依赖于私人起诉,将使法院承受过重的诉讼负担,尤其对较为重大复杂的案件,它不仅要负责审判,还不可避免地要承担调查取证甚至一定程度的控诉职能,从而成为一个实行"纠问制"的"全能法院"。这就在相当程度上取消了司法分工和制约制度,难以避免司法专横,显然与刑事诉讼的发展趋势相悖。

不过也应当看到,公诉制度的发展并不意味着自诉完全失去作用。在一定的诉讼制度中,对某些轻微刑事案件,尤其是主要表现为侵犯被害人个人权益因此可以赋予被害人处分权的刑事案件,采取自诉形式,可以节约国家司法资源,也可以使案件得到及时而合理的处理。同时,公民自诉还可以作为对检察官公诉活动的一种制约,对控诉不当尤其是应诉不诉的案件予以补救。

11.1.3　起诉法定主义与起诉便宜主义

根据公诉机关对具体刑事案件决定是否起诉时有无自由裁量权,刑事诉讼立法和学说上有起诉便宜主义和起诉法定主义之别。

凡是认为有足够的证据证明确有犯罪事实,且具备起诉条件,公诉机关必须起诉的,称为起诉法定主义。如德国《刑事诉讼法》第 152 条第 2 项规定:"除法律另有规定外,在有足够的事实根据时,检察院负有对所有可予以追究的行为作出行动的义务。"反之,凡认为有足够的证据证明确有犯罪事实,且具备起诉条件,但公诉机关斟酌各种情形,认为不需要处罚,可以裁量决定不起诉的,称为起诉便宜主义。

起诉法定主义有利于严格执法,防止检察官滥用起诉权随意决定不起诉,也有利于防止检察官受到政治势力的干扰而决定不起诉,以维护法律秩序的稳定。但因公诉机关缺乏裁量不起诉的权力,显得过于机械,也不利于区别犯罪人及犯罪的具体情况给予适当处理,不利于犯罪人的更新改造,所以自 20 世纪初期刑罚的目的刑理论取代报应刑理论以后,起诉便宜主义逐渐为国际社会所承认。目前英国、美国、挪威、丹麦、荷兰、比利时、瑞典、法国、意大利、德国、俄罗斯及中国台湾地区等均确认公诉机关享有一定裁量权。

起诉便宜主义可以分为两种形式。一种是所谓"微罪不检举",即轻微犯罪不予起诉;另一种则可以称为"更为广泛的起诉斟酌",即不仅实行"微罪不检举",而且可以因"公共利益"需要等对并非轻微的犯罪作出不起诉决定。目前,多数国家起诉机关的起诉裁量权限于"微罪不检举"。但美国、英国、日本的起诉机关具有更大的起诉裁量权,除"微罪不检举"外,还广泛适用于其他可不予刑事处罚的情形。

起诉便宜主义在日本刑事诉讼中的体现称为"起诉犹豫"。日本在法律上明确把起诉便宜主义作为公诉的基本原则,而且将其广泛适用于司法实务。日本《刑事诉讼法》第 248 条可谓对起诉便宜主义的典型表述,即:"根据犯罪人的性格、年龄、境遇和犯罪的轻重、情节以及犯罪后的情况,认为没有必要提起公诉时,可以不提起公诉。"日本司法官员和法学家普遍认为,起诉犹豫制度不论对犯罪人还是对国家都有重要意义。对于犯罪人来讲,起诉犹豫制度使他尽快从刑事程序中解脱出来,免予被起诉而受有罪判决之宣告,外部表现为不起诉决定,法律后果等同于无罪,不算有前科,从而为犯罪人改恶从善、悔过自新创造了有利条件,还可以避免生活上依赖于犯罪人的家庭成员出现经济困难;对于有一定社会地位的人来说,也不致因被定罪而失去担任职务的资格或机会。对于国家来说,起诉犹豫首先减少了不必要的审判程序和费用开支,节省了人力物力;其次,避免了适用短期自由刑带来的弊端,有利于预防犯罪和减少犯罪,特别是对特殊预防有更大的积极意义。据日本法务省有关单位的抽样调查,被决定起诉犹豫的人员在 3 年以内重新犯罪率大大低于同期被判缓刑及刑满释放人员的重新犯罪率。

11.1.4　中国刑事起诉制度的特点

中国目前的刑事起诉制度有以下主要特点:

1. 公诉为主、自诉为辅,在一定条件下公诉与自诉相互救济

在现代社会,刑事犯罪侵犯的合法利益具有广泛性的特点,尤其是较为严重的刑事犯罪,不仅侵犯了有关的个体权益,而且首先侵犯了国家和社会利益,加之犯罪的侦查和起诉日益复杂,公民个人通常难以担当。同时,刑事起诉需要客观冷静,需要把犯罪的轻重、社会影响、被害人的利益、犯罪人自身利益等多方面情况综合起来加以考虑,并站在公正的立场按照统一标准来决定起诉或不起诉。因此,现代各国普遍以代表国家和代表公益的检察官提起公诉,作为刑事起诉的主要形式,只允许对少数案件实行私人起诉。

在中国,人民检察院承担着追诉犯罪的职能。根据法律规定,人民检察院对涉及国家和社会利益而且需要采用专门侦查手段的刑事犯罪,采用公诉程序追诉。对于那些不需要采用侦查手段的轻微刑事犯罪,法律规定由被害人采取自诉程序追诉。1996年《刑事诉讼法》扩大了自诉案件的范围,但仍贯彻了公诉为主、自诉为辅的原则。这种分工,有利于国家集中人力、物力和时间追诉那些较严重的犯罪,有利于发挥公民个人追诉犯罪的积极性,使那些轻微的犯罪案件得到更及时、更适当的解决。

鉴于两种起诉形式各有其局限性,中国刑事起诉制度中又确立了在一定条件下公诉与自诉相互救济的原则。其中公诉救济自诉表现在:对于人民法院直接受理的"被害人有证据证明的轻微刑事案件",案件证据不足,可由公安机关受理的,应当移送公安机关立案侦查;被害人直接向公安机关控告的,公安机关应当受理。而由公安机关侦查的这类案件,由检察机关提起公诉。

自诉救济公诉表现在《刑事诉讼法》第210条第3项的规定:被害人有证据证明对被告人侵犯自己人身、财产权利的行为应当依法追究刑事责任,而公安机关或者人民检察院不予追究被告人刑事责任的,被害人有权直接向人民法院提起诉讼。这一规定意在解决某些情况下公民告状无门的问题,弥补公诉的不足,加强对被害人权益的保护。

2. 在坚持法定起诉原则的前提下,实行一定程度的起诉便宜主义

为了严格执法,有效实现国家的刑罚权,中国在公诉制度上实行法定起诉原则,即对于构成犯罪,具备起诉条件的案件,检察机关应当作出起诉决定,按照审判管辖的规定,向人民法院提起公诉。只是对于"犯罪情节轻微,依照刑法规定不需要判处刑罚或者免除刑罚"的案件,检察机关可以作出不起诉决定。由此可见,我国公诉制度也实行一定程度的起诉便宜主义,由于起诉便宜主义只是针对"犯罪情节轻微"的案件,因此这种便宜主义属于"微罪不检举"类型。

3. 实行被害人直接向法院起诉制度,部分不起诉决定的确定性受到影响

1996年《刑事诉讼法》修改后,建立了公诉转自诉的制度。即对被害人有证据证明被告人侵犯了自己的人身、财产权利的公诉案件,公安、检察机关不追究被告人刑事责任的,被害人可以直接向人民法院起诉。这一制度一方面是对公诉的救济,另一方面却使部分不起诉决定的确定性受到影响。

中国检察机关所具有的不起诉决定权,既是终结案件的程序性措施,也是确认犯罪嫌疑人的行为不构成犯罪,或者其行为不作犯罪追究的实体性处理。而且在过去的诉讼制度中,这种不起诉决定具有终局性质。然而,由于公诉转自诉制度的建立,一旦被害人依照法定条件就检察机关作出不起诉决定的公诉案件所涉及的事实向法院起诉,法院受理后,检察机关的不起诉决定就不再具有法律效力。也就是说,部分不起诉决定的确定性受到影响,虽然在

实践中这种情况很少发生。

4. 公诉兼审判监督,检察机关在公诉活动中具有双重身份

中国的检察机关是国家的法律监督机关,刑事诉讼法规定,检察机关对刑事诉讼实行法律监督,这就决定了检察院在行使公诉权过程中,同时也行使着法律监督职权。检察机关提起公诉和支持公诉,在行使刑事诉权的同时,还要在符合法律条件的情况下采用特定形式对人民法院的审判活动是否合法实行监督。人民检察院发现人民法院审理案件违反法律规定的诉讼程序的,有权向人民法院提出纠正意见。因此可以说,在我国,公诉和审判监督是既相互区别又密切联系的统一体。检察机关进行公诉,追诉犯罪的过程,又是实施法律监督的过程。

检察机关在公诉活动中既是公诉机关,又是法律监督机关,有着双重身份。而出庭检察员的诉讼角色是国家公诉人,同时,他又是法律监督机关的代表,担负着审视法庭依法审判的职责。他有责任将出席法庭时所发现的法庭审判中的违法情况向本院汇报,以便人民检察院对人民法院的审判活动实施监督。但为了避免在庭审中检察权与审判权发生直接冲突,维护审判的权威,保证庭审的有序进行,对法庭审判中的违法行为,出庭检察员不宜当庭提出意见,而应当休庭后通过人民检察院向人民法院提出审判监督的意见。

11.2　提起公诉

11.2.1　审查起诉

1. 审查起诉的概念

审查起诉,是指检察机关在公诉阶段,为了正确确定经侦查终结或监察机关调查移送的刑事案件是否应当提起公诉,而对侦查机关、监察机关确认的犯罪事实和证据进行全面审查核实,并作出处理决定的一项具有诉讼意义的活动。

《刑事诉讼法》第 169 条规定:“凡需要提起公诉的案件,一律由人民检察院审查决定。”在侦查活动与起诉活动相分离并相对独立的情况下,审查起诉在公诉程序中是一个重要的环节。中国刑事诉讼法十分重视这一环节,对审查起诉的内容、方法、时限等都作了具体规定。

2. 审查起诉的基本任务

在中国刑事诉讼中,审查起诉的基本任务有三点:一是审查侦查活动和调查活动的过程和结果,纠正侦查活动和调查活动中的违法行为,对侦查活动和调查活动中的偏差和遗漏问题予以补救;二是通过审查案件的事实问题和适用法律问题,合理斟酌影响案件处理的各种因素,作出正确的起诉或不起诉的决定;三是掌握案件的全面情况,为支持公诉做好准备。

3. 审查起诉的案件来源

审查起诉的案件来源有三:一是由公安机关、国家安全机关侦查终结并移送提起公诉的案件;二是由检察机关的侦查部门侦查终结并移送起诉部门审查决定是否提起公诉的案件;三是由监察机关调查结束并移送提起公诉的案件。

4. 审查起诉的对象

审查起诉的对象是案件事实、证据和适用法律等问题。审查起诉部门需要对案件的事实、证据以及适用法律等问题进行全面审查,以确定应否对案件提起公诉并作出相应的决定。

根据《刑事诉讼法》第 171 条以及最高检《规则》(2019)第 330 条,人民检察院审查移送起诉的案件,应当查明:

第一,犯罪嫌疑人身份状况是否清楚,包括姓名、性别、国籍、出生年月日、职业和单位等;单位犯罪的,单位的相关情况是否清楚。

第二,犯罪事实、情节是否清楚;实施犯罪的时间、地点、手段、危害后果是否明确。

第三,认定犯罪性质和罪名的意见是否正确;有无法定的从重、从轻、减轻或者免除处罚的情节及酌定从重、从轻情节;共同犯罪案件的犯罪嫌疑人在犯罪活动中的责任的认定是否恰当。

第四,犯罪嫌疑人是否认罪认罚。

第五,证明犯罪事实的证据材料是否随案移送;证明相关财产系违法所得的证据材料是否随案移送;不宜移送的证据的清单、复制件、照片或者其他证明文件是否随案移送。

第六,证据是否确实、充分,是否依法收集,有无应当排除非法证据的情形。

第七,采取侦查措施包括技术侦查措施的法律手续和诉讼文书是否完备。

第八,有无遗漏罪行和其他应当追究刑事责任的人。

第九,是否属于不应当追究刑事责任的。

第十,有无附带民事诉讼;对于国家财产、集体财产遭受损失的,是否需要由人民检察院提起附带民事诉讼;对于破坏生态环境和资源保护,食品药品安全领域侵害众多消费者合法权益,侵害英雄烈士的姓名、肖像、名誉、荣誉等损害社会公共利益的行为,是否需要由人民检察院提起附带民事公益诉讼。

第十一,采取的强制措施是否适当,对于已经逮捕的犯罪嫌疑人,有无继续羁押的必要。

第十二,侦查活动是否合法。

第十三,涉案财物是否查封、扣押、冻结并妥善保管,清单是否齐备;对被害人合法财产的返还和对违禁品或者不宜长期保存的物品的处理是否妥当,移送的证明文件是否完备。

5. 审查起诉的程序

审查起诉包括程序性审查和实体性审查。主要审查程序包括:

第一,对起诉意见书以及全部案卷材料和证据进行全面、认真审查,必要时制作阅卷笔录。

第二,讯问与听取意见。《刑事诉讼法》第 173 条第 1 款规定:"人民检察院审查案件,应当讯问犯罪嫌疑人,听取辩护人或者值班律师、被害人及其诉讼代理人的意见,并记录在案。辩护人或者值班律师、被害人及其诉讼代理人提出书面意见的,应当附卷。"《刑事诉讼法》第 173 条第 2 款规定:"犯罪嫌疑人认罪认罚的,人民检察院应当告知其享有的诉讼权利和认罪认罚的法律规定,听取犯罪嫌疑人、辩护人或者值班律师、被害人及其诉讼代理人对下列事项的意见,并记录在案:(一)涉嫌的犯罪事实、罪名及适用的法律规定;(二)从轻、减轻或者免除处罚等从宽处罚的建议;(三)认罪认罚后案件审理适用的程序;(四)其他需要听取意见的事项。"人民检察院依照上述规定听取值班律师意见的,应当提前为值班律师了解案件有关情况提供必要的便利。

第三,对某些专门性问题进行鉴定。人民检察院认为需要对案件中某些专门性问题进行鉴定而侦查机关没有鉴定的,应当要求侦查机关进行鉴定;必要时也可以由人民检察院进行鉴定或者由人民检察院送交有鉴定资格的人进行。

第四,调查核实其他证据。对鉴定意见,勘验、检查,物证、书证、视听资料、电子数据等证据材料,证人证言笔录,讯问录音录像进行审查。

第五,要求侦查机关补充有关材料。人民检察院对侦查机关移送的案件进行审查后,在法院作出生效判决之前,认为需要补充提供法庭审判所必需的证据的,可以书面要求侦查机关提供。人民检察院在审查起诉中,发现可能存在《刑事诉讼法》第 56 条规定的以非法方法收集证据情形的,可以要求侦查机关对证据收集的合法性作出书面说明或者提供相关证明材料。人民检察院公诉部门在审查中发现侦查人员以非法方法收集犯罪嫌疑人供述、被害人陈述、证人证言等证据材料的,应当依法排除非法证据并提出纠正意见,同时可以要求侦查机关另行指派侦查人员重新调查取证,必要时人民检察院也可以自行调查取证。

第六,根据辩护律师的申请收集、调取证据。案件移送审查起诉后,辩护律师依据《刑事诉讼法》第 43 条第 1 款的规定,申请人民检察院收集、调取证据的,人民检察院案件管理部门应当及时将申请材料移送公诉部门办理。人民检察院认为需要收集、调取证据的,应当决定收集、调取并制作笔录附卷;决定不予收集、调取的,应当书面说明理由。人民检察院根据辩护律师的申请收集、调取证据时,辩护律师可以在场。

第七,犯罪嫌疑人自愿认罪,同意量刑建议和程序适用的,应当在辩护人或者值班律师在场的情况下签署认罪认罚具结书。犯罪嫌疑人认罪认罚,有下列情形之一的,不需要签署认罪认罚具结书:(1) 犯罪嫌疑人是盲、聋、哑人,或者是尚未完全丧失辨认或者控制自己行为能力的精神病人的;(2) 未成年犯罪嫌疑人的法定代理人、辩护人对未成年人认罪认罚有异议的;(3) 其他不需要签署认罪认罚具结书的情形。

第八,补充侦查。根据《刑事诉讼法》第 176 条第 2 款的规定,人民检察院在审查起诉时,如果认为案件事实不清,证据不足,不能作出提起公诉或不起诉的决定,需要对案件作进一步的侦查时,可以决定补充侦查。

补充侦查有两种形式:一种是退回公安机关补充侦查。一般适用于主要犯罪事实不清、证据不足,或者有遗漏罪行、遗漏同案犯,或者需要使用技术性较强的专门侦查手段才能查清的案件。人民检察院决定退回公安机关补充侦查的案件,应当写出补充侦查意见书,说明需要补充侦查的问题和要求。另一种是人民检察院自行侦查。主要适用于以下情形:侦查中有逼供行为的;口供与其他证据矛盾较大的;经公安机关补充侦查后仍未查清的;与公安机关在认定案件事实和证据上有分歧的;退回补充侦查可能延误办案期限的;等等。另外,《刑事诉讼法》第 170 条规定,人民检察院对于监察机关移送起诉的案件,依照本法和监察法的有关规定进行审查。人民检察院经审查,认为需要补充核实的,应当退回监察机关补充调查,必要时可以自行补充侦查。

根据刑事诉讼法的规定,对于补充侦查的案件,应当在 1 个月以内补充侦查完毕。补充侦查以 2 次为限。经过 2 次补充侦查的案件,人民检察院仍然认为证据不足,不符合起诉条件的,应当作出不起诉的决定。

6. 审查起诉的处理

办案人员对案件进行审查后,应当制作案件审查报告,提出起诉或者不起诉以及是否需要提起附带民事诉讼的意见,经公诉部门负责人审核,报请检察长或者检察委员会决定。办案人员认为应当向人民法院提出量刑建议的,可以在审查报告或者量刑建议书中提出量刑的意见,一并报请决定。检察长承办的审查起诉案件,除最高检《规则》(2019)规定应当由检察委员会讨论决定的以外,可以直接作出起诉或者不起诉的决定。

人民检察院经审查发现存在《刑事诉讼法》第56条规定的非法取证行为,依法对该证据予以排除后,其他证据不能证明犯罪嫌疑人实施犯罪行为的,应当不批准或者不决定逮捕,已经移送审查起诉的,可以将案件退回侦查机关补充侦查或者作出不起诉决定。人民检察院在办理公安机关移送起诉的案件中,发现遗漏罪行或者依法应当移送审查起诉同案犯罪嫌疑人的,应当要求公安机关补充移送审查起诉;对于犯罪事实清楚,证据确实、充分的,人民检察院也可以直接提起公诉。

人民检察院立案侦查时认为属于直接立案侦查的案件,在审查起诉阶段发现不属于人民检察院管辖,案件事实清楚、证据确实充分,符合起诉条件的,可以直接起诉;事实不清、证据不足的,应当及时移送有管辖权的机关办理。人民检察院对于监察机关或者公安机关移送审查起诉的案件,发现犯罪嫌疑人没有犯罪事实,或者符合《刑事诉讼法》第16条规定的情形之一的,经检察长批准,应当作出不起诉决定。对于犯罪事实并非犯罪嫌疑人所为,需要重新调查或者侦查的,应当在作出不起诉决定后书面说明理由,将案卷材料退回监察机关或者公安机关并建议公安机关重新调查或者侦查。负责捕诉的部门对于本院侦查部门移送审查起诉的案件,发现具有最高检《规则》(2019)第365条第1款规定情形的,应当退回本院侦查部门,建议作出撤销案件的处理。犯罪嫌疑人认罪认罚的,人民检察院应当就主刑、附加刑、是否适用缓刑等提出量刑建议,并随案移送认罪认罚具结书等材料。

7. 审查起诉期限

根据《刑事诉讼法》第172条、第175条第3款的规定,人民检察院对于监察机关、公安机关移送起诉的案件,应当在1个月以内作出决定,重大复杂的案件,可以延长半个月。犯罪嫌疑人认罪认罚,符合速裁程序适用条件的,应当在10日以内作出决定,对可能判处的有期徒刑超过1年的,可以延长至15日。对于监察机关移送起诉的已采取留置措施的案件,人民检察院应当对犯罪嫌疑人先行拘留,留置措施自动解除。人民检察院应当在拘留后的10日以内作出是否逮捕、取保候审或者监视居住的决定。在特殊情况下,决定的时间可以延长1~4日。人民检察院决定采取强制措施的期间不计入审查起诉期限。补充侦查完毕移送审查起诉时,人民检察院重新计算审查起诉期限。人民检察院审查起诉的案件,改变管辖的,从改变后的人民检察院收到案件之日起计算审查起诉期限。

11.2.2　提起公诉的条件

对提起公诉,检察机关有一定的自由裁量权,然而,这种裁量权必须受到法律的限制。只有在符合法定条件的情况下,检察机关才能提起公诉。提起公诉的条件可分为实体条件和程序条件,中国《刑事诉讼法》第176条规定:"人民检察院认为犯罪嫌疑人的犯罪事实已经查清,证据确实、充分,依法应当追究刑事责任的,应当作出起诉决定,按照审判管辖的规定,向人民法院提起公诉,并将案卷材料、证据移送人民法院。犯罪嫌疑人认罪认罚的,人民检察院应当就主刑、附加刑、是否适用缓刑等提出量刑建议,并随案移送认罪认罚具结书等

材料。"具体来说,在我国刑事诉讼中,提起公诉的法定条件主要有以下几点:

1. 犯罪嫌疑人的行为依法已经构成犯罪

嫌疑人的行为属于犯罪行为,这也是各国检察官提起公诉必须具备的要件。否则,检察官的起诉行为将被认为是违法行为。

2. 犯罪事实已经查清,证据确实、充分

根据"证据裁判主义"的精神,有足够的证据证明犯罪事实,是起诉的又一实体性要件,也是起诉制度的通例。然而,对于何为"足够",则有不同的解释。对于检察官提起公诉应具备的证据条件,多数国家认为检察官起诉必须有相当证据,但不一定要达到法院有罪判决所要求的证明程度。例如日本检察实务中,将有犯罪嫌疑作为起诉的条件。解释所谓"犯罪嫌疑"时,称"被嫌疑事实,根据确实的证据,有相当大的把握可能作出有罪判决时,才可以认为是有犯罪嫌疑"①。

中国《刑事诉讼法》对提起公诉的案件在事实和证据上的要求是"人民检察院认为犯罪嫌疑人的犯罪事实已经查清,证据确实、充分"。就事实和证据的要求而言,与有罪判决的要求没有区别。可见我国刑事诉讼法对起诉的证据标准要求较高。这对于防止滥用公诉权,保证起诉案件质量,是有积极作用的。尤其是鉴于我国刑事公诉权由检察机关独占,法律要求严格一些是有意义的。但这里应当注意,这种要求是在诉讼进行中基于起诉时所获取的证据材料所作的阶段性要求,与判决时总结全案提出的证据要求应当有所区别。

3. 依照法律应当对犯罪嫌疑人追究刑事责任

依照法律规定,犯罪嫌疑人虽然实施了某种犯罪,但并非一定要被追究刑事责任。根据刑法、刑事诉讼法的有关规定,有些犯罪行为属于不予追究刑事责任的情形。因此,决定对被告人提起公诉,还必须排除法定不追究刑事责任的情形。这里的追究刑事责任,即为应受刑罚处罚。只有对应受刑罚处罚的案件,检察官才能行使公诉权。

此外,适用起诉便宜主义原则,对于行为虽已构成犯罪,但根据犯罪人及其犯罪的具体情况,不给予刑事处罚更为适宜的,也应视为不应追究刑事责任而不予起诉。

4. 检察院对此案具有公诉权,案件属于受诉法院管辖

这是主要的程序性起诉条件。检察院对此案具有公诉权,首先要求案件属于公诉范围,这既包括法律明确划分的公诉案件,也包括法律规定在一定条件下可由检察院提起公诉的自诉案件。其次,检察院对某一案件具体的公诉权,还取决于案件的审判管辖范围。检察院只能对相应法院提起公诉,如依审判管辖的规定,该案不属于相应法院管辖,该检察院就不具有对这一案件的具体的公诉权。因此,我国刑事诉讼法明确要求,人民检察院必须按照审判管辖的规定,向人民法院提起公诉。

11.2.3 提起公诉的程序

起诉决定是检察院在审查起诉后作出的将案件移送人民法院进行审判的决定。起诉决定在刑事诉讼中具有重要意义,它表明犯罪嫌疑人实施的行为被检察机关确认为犯罪并应当受到刑事处罚,意味着审查起诉活动已经结束,检察院通过行使公诉权将案件移送到有管

---

① [日]法务省刑事局编:《日本检察讲义》,杨磊、张仁等译,中国检察出版社 1990 年版,第 81 页。

辖权的法院进行审判,诉讼即将进入审判阶段。

1. 起诉决定与起诉书

检察机关起诉决定的法律体现是起诉书。起诉书是检察院代表国家控诉犯罪嫌疑人并将其交付审判的标志,也是根据事实说明、追究刑事被告人刑事责任的理由和根据的一种结论性的请求书。对起诉书制作的主要要求是"有明确的指控犯罪事实"(《刑事诉讼法》第186条的要求)。这是为了使法院明确审判对象并限制法院的审判范围,也是为了使被告及其辩护人能够有针对性地进行防御。起诉书应包含以下内容:

第一,被告人的基本情况,包括姓名、性别、出生年月日、出生地、身份证号码、民族、文化程度、职业、工作单位及职务、住址,是否受过刑事处罚,采取强制措施的情况及在押被告人的关押处所等;单位犯罪,应写明犯罪单位的名称,所在地址,法定代表人或代表的姓名、职务,如果还有应当负刑事责任的"直接负责的主管人员或其他直接责任人员",应当按上述被告人基本情况内容叙写。

第二,案由(即案件的内容提要,通常只需写明被告人名字及所涉嫌的罪名)和案件来源。

第三,案件事实,包括犯罪的时间、地点、经过、手段、动机、目的、危害后果等与定罪量刑有关的事实要素。被告人被控有多项犯罪事实的,应当逐一列明,对于犯罪手段相同的同一性质犯罪可以概括叙写。

第四,起诉的根据和理由。包括被告人触犯的刑法条款,犯罪的性质,法定从轻、减轻或者从重处罚的情节,共同犯罪各被告人应负的罪责等。

2. 起诉案件的移送

起诉书正本和副本都应加盖人民检察院印章,连同案卷材料、证据一并移送有管辖权的人民法院。犯罪嫌疑人认罪认罚的,人民检察院应当就主刑、附加刑、是否适用缓刑等提出量刑建议,并随案移送认罪认罚具结书等材料。

1979年《刑事诉讼法》规定提起公诉时应当同时移送案卷材料。1996年修改《刑事诉讼法》,为适应庭审方式的改革,要求移送"主要证据复印件或者照片",而不移送全部案卷材料,其目的是防止法官庭前实体审,庭审"走过场",以及减少法官判断中"先入为主"的因素。但在司法实践中,确定"主要证据"的主观随意性较大,经常受到辩护律师和学者的质疑,而且复印材料增大诉讼成本,因此,不少地方实际上仍实行案卷移送。2012年《刑事诉讼法》的再修改,恢复了全卷移送的案件移送方式。并且强调,人民检察院向人民法院提起公诉时,应当将案卷材料和全部证据移送人民法院,包括犯罪嫌疑人、被告人翻供的材料,证人改变证言的材料,以及对犯罪嫌疑人、被告人有利的其他证据材料。

11.3　不起诉

11.3.1　不起诉的概念

不起诉是检察机关对刑事案件进行审查后,认为不具备起诉条件或不适宜提起公诉所作出的不将案件移送法院进行审判的决定。对不起诉制度应把握四个要素:其一,不起诉是检察机关对刑事案件进行起诉审查后所采取的一种法律处置方式;其二,不起诉的根据在于案件不具备起诉条件或根据案件的实际情况不适宜提起诉讼;其三,不起诉决定的法律效力在于不将案件交付法院审判而终止刑事诉讼;其四,检察机关的不起诉决定因不同类型而具有确定或相对确定的效力,如不具备法律要求的条件,不得改变已发生效力的不起诉决定再行提起公诉。

然而,不起诉决定因适用情况的差异而呈现不同的类型,需要作出具体分析。

11.3.2　法定不起诉

法定不起诉是指起诉机关对案件没有诉权或者丧失诉权,因而不提起公诉。凡符合绝对不起诉条件的案件,检察机关都应作出不起诉决定,而无自由裁量的余地。

我国法律的规定与其他国家关于法定不起诉的条件较为一致。根据《刑事诉讼法》第177条第1款和第16条的规定,法定不起诉适用于两种情况:一是犯罪嫌疑人没有犯罪事实;二是具有《刑事诉讼法》第16条规定下列情形之一:(1) 实施的行为情节显著轻微、危害不大,不认为是犯罪的;(2) 犯罪已过追诉时效期限的;(3) 经特赦令免除刑罚的;(4) 依照刑法规定,属于告诉才处理的犯罪,没有告诉,或者虽已告诉又撤回告诉的;(5) 犯罪嫌疑人、被告人死亡的;(6) 其他法律规定免予追究刑事责任的。另外,《监察法》第47条规定,人民检察院对于监察机关移送审查起诉的案件,有《刑事诉讼法》规定的不起诉的情形的,经上一级人民检察院批准,依法作出不起诉的决定。

除以上情况外,还有一种法定不起诉的情况,有的学者称为"存疑不起诉"。即检察机关在确认案件事实不清、证据不足,没有胜诉可能时,作出不起诉决定。在这类案件中,认定嫌疑人构成犯罪有一定根据,但证据不充分,不能在法律上证实。将这类案件起诉到法院,难以达到公诉的目的。根据无罪推定的精神,对这类案件应当不起诉。但可能时,在作出不起诉决定之前应当进行补充侦查,只有确认在法定期限内无证实可能时,才能决定不起诉。

11.3.3　酌定不起诉

检察官应用起诉便宜主义而决定不起诉在法理上称为"酌定不起诉"或"相对不起诉"。从公诉权的角度看,酌定不起诉是检察机关在拥有诉权的情况下对案件进行权衡后认为舍弃诉权更为适宜时作出的不起诉决定。酌定不起诉是贯彻宽严相济刑事政策的重要诉讼手段。

酌定不起诉适用的一般斟酌要素包括:(1) 犯罪人的个人情况。包括性格、年龄和境遇等,考虑个人的恶性,改造的难易,身体对刑罚的承受能力,提起公诉对犯罪人的职业、工作单位和家庭可能带来的影响等。重点是衡量其人身危险性,着眼于特殊预防。(2) 犯罪事实方面的情况,即犯罪的轻重与情节。这是决定是否起诉的主要酌定因素。从一般预防考虑,对实施较重犯罪的行为人通常应提起公诉。(3) 犯罪后的情况。如作案后是否有逃跑、隐匿或者毁灭证据的行为,有无悔改表现,是否愿意赔偿损失及赔偿方面的努力程度,被害人的态度,犯罪后社会情况的变化等。

中国刑事诉讼中曾经长期适用免予起诉的法律制度,规定对于构成犯罪的刑事被告人,依照刑法规定不需要判处刑罚或者免除刑罚的,人民检察院在确认其犯罪的情况下可以对其免予起诉。这一制度由于赋予检察机关定罪权,而有悖于未经法院判决不得认定有罪的刑诉法理,且在实践中存在容易出现滥用免诉权的弊端,1996 年《刑事诉讼法》废除了这一制度,同时保留了免予起诉制度所贯彻的起诉便宜主义的合理因素,赋予检察机关有限的起诉裁量权,建立了酌定不起诉制度,但是酌定不起诉只具有终止诉讼的效力而不具备定罪效力。

与其他国家运用起诉便宜主义相比,中国刑事诉讼中的酌定不起诉制度,应当说是一种"微罪不检举"意义上的起诉裁量制度。也就是说,对情节轻微的犯罪适用起诉便宜主义,而对较严重的犯罪适用起诉法定主义——检察机关只要具备起诉条件,就必须提起公诉,没有自由裁量的余地。《刑事诉讼法》第 177 条第 2 款规定:"对于犯罪情节轻微,依照刑法规定不需要判处刑罚或者免除刑罚的,人民检察院可以作出不起诉决定。"根据这一规定,酌定不起诉的适用条件有两层含义(见表 11–1)。

表 11–1 酌定不起诉的适用条件(依《中华人民共和国刑事诉讼法》
第 177 条第 2 款及刑法相关条款)[龙宗智,2012]

酌定不起诉的适用条件		
犯罪嫌疑人实施的行为触犯了中国刑法规定,已经构成犯罪		
该犯罪行为情节轻微,依照刑法规定不需要判处刑罚或者可以免除刑罚	犯罪情节轻微,不需要判处刑罚的情形	
	犯罪情节轻微,既属于不需要判处刑罚的条件,也是免除刑罚条件的情形	嫌疑人在中国领域外犯罪,依中国刑法应负刑事责任,但在外国已受过刑事处罚
		嫌疑人又聋又哑,或是盲人犯罪
		嫌疑人因防卫过当或紧急避险超过必要限度并造成不应有危害而犯罪
		为犯罪准备工具,制造条件
		在犯罪过程中自动中止或自动有效地防止犯罪结果发生
		在共同犯罪中,起次要或者辅助作用的人员
		被胁迫、被诱骗参加犯罪的胁从人员
		嫌疑人自首或有重大立功表现
		其他情形

19 岁大学生制作手机超级病毒续:免予起诉,不会被开除

酌定不起诉在司法实践中应用时,还要根据犯罪嫌疑人的年龄、动机和目的、手段、危害后果、认罪态度、一贯表现、社会和被害人的反应等因素综合考虑,在确认没有追诉必要时,才能适用不起诉决定,不能随意扩大不起诉范围,以防止执法不严的情况发生。

11.3.4 附条件不起诉

附条件不起诉,是我国 2012 年《刑事诉讼法》确立的一种新的不起诉制度。它是指对于涉嫌实施侵犯公民人身权利、民主权利罪,侵犯财产罪,以及妨害社会管理秩序罪,可能判处 1 年以下有期徒刑的未成年人,因其有悔罪表现,检察机关设定监管条件进行考验并决

定暂不交付法院审判。

　　附条件不起诉,是为了贯彻对未成年人教育、感化、挽救的方针以及教育为主、惩罚为辅的原则所设立的特殊的不起诉程序制度。它仅适用于涉嫌特定犯罪的未成年人,其适用条件是触犯《刑法》分则第 4 章、第 5 章、第 6 章规定的犯罪,可能判处 1 年有期徒刑以下刑罚,符合起诉条件,但有悔罪表现。对符合适用条件的未成年人,人民检察院可以作出附条件不起诉的决定。

　　人民检察院在作出附条件不起诉的决定以前,应当听取公安机关、被害人的意见。对附条件不起诉的决定,公安机关可以要求复议,对检察机关复议决定不服的,可以提请上级检察机关复核;被害人可以根据《刑事诉讼法》第 180 条向上一级人民检察院申诉,但不适用《刑事诉讼法》第 180 条关于被害人可以向人民法院起诉的规定。如果未成年犯罪嫌疑人及其法定代理人对人民检察院决定附条件不起诉有异议,人民检察院应当作出起诉的决定。

　　附条件不起诉的考验期为 6 个月以上 1 年以下。在附条件不起诉的考验期内,由人民检察院对被附条件不起诉的未成年犯罪嫌疑人进行监督考察。未成年犯罪嫌疑人的监护人,应当对未成年犯罪嫌疑人加强管教,配合人民检察院做好监督考察工作。

　　被附条件不起诉的未成年犯罪嫌疑人,应当遵守下列规定:(1) 遵守法律法规,服从监督;(2) 按照考察机关的规定报告自己的活动情况;(3) 离开所居住的市、县或者迁居,应当报经考察机关批准;(4) 按照考察机关的要求接受矫治和教育。

　　被附条件不起诉的未成年犯罪嫌疑人,在考验期内有下列情形之一的,人民检察院应当撤销附条件不起诉的决定,提起公诉:(1) 实施新的犯罪或者发现决定附条件不起诉以前还有其他犯罪需要追诉的;(2) 违反治安管理规定或者考察机关有关附条件不起诉的监督管理规定,情节严重的。

全国人民代表大会常务委员会关于
《中华人民共和国刑事诉讼法》
第二百七十一条第二款的解释

　　被附条件不起诉的未成年犯罪嫌疑人,在考验期内没有上述情形,考验期满的,人民检察院应当作出不起诉的决定。

11.3.5　不起诉的程序

　　人民检察院决定不起诉的案件,应当制作《不起诉决定书》。该文书应当包括:(1) 被不起诉人的基本情况;(2) 案由和案件来源;(3) 案件事实,包括否定或者指控被不起诉人构成犯罪的事实以及作为不起诉决定根据的事实;(4) 不起诉的根据和理由,包括适用的法律条款;(5) 查封、扣押、冻结的涉案款物的处理情况;(6) 有关告知事项。

　　人民检察院决定不起诉的案件,可以根据案件的不同情况,对被不起诉人予以训诫或者责令具结悔过、赔礼道歉、赔偿损失。对被不起诉人需要给予行政处罚、处分或者需要没收其违法所得的,人民检察院应当提出检察意见,连同不起诉决定书一并移送有关主管机关处理。有关主管机关应当将处理结果及时通知人民检察院。

　　对于不起诉决定书,人民检察院应当公开宣布,并且送达被不起诉人及其所在单位。不起诉决定一经宣布,立即产生法律效力。如果被不起诉人的财物在侦查中被查封、扣押、冻结的,人民检察院在宣布不起诉决定时,应解除查封、扣押、冻结。

对于公安机关移送起诉的案件,人民检察院决定不起诉的,应当将不起诉决定书送达公安机关。公安机关认为不起诉的决定有错误的,可以要求复议,如果意见不被接受,可以向上一级人民检察院提请复核。

对于有被害人的案件,决定不起诉的,人民检察院应当将不起诉决定书送达被害人。被害人如果不服,可以自收到决定书后 7 日以内向上一级人民检察院申诉,请求提起公诉。人民检察院应当将复查决定告知被害人。人民检察院维持不起诉决定的,被害人可以向人民法院起诉。被害人也可以不经申诉,直接向人民法院起诉。人民法院受理案件后,人民检察院应当将有关案件材料移送人民法院。

最高人民检察院公诉厅关于印发《人民检察院办理不起诉案件公开审查规则(试行)》等四个文件的通知

对于人民检察院依照《刑事诉讼法》第 177 条第 2 款规定作出的不起诉决定,被不起诉人如果不服,可以自收到决定书后 7 日以内向人民检察院申诉。人民检察院应当作出复查决定,通知被不起诉人,同时抄送公安机关。根据《监察法》第 47 条第 4 款的规定,对于监察机关移送起诉的案件,监察机关认为不起诉的决定有错误的,可以向上一级人民检察院提请复议。

11.4 自诉

11.4.1 自诉案件的范围

自诉是指被害或其法定代理人、近亲属为追究被告人的刑事责任,直接向人民法院提起诉讼的控诉形式。根据自诉而进行的诉讼程序,称为自诉程序。

根据《刑事诉讼法》第 210 条的规定,自诉案件包括下列案件:

1. 告诉才处理的案件

所谓告诉才处理,是指只有被害人或其法定代理人提出控告,人民法院才能受理。这类案件即《刑法》分则中明确规定为“告诉才处理”的刑事案件,包括以下四种(见表 11-2):

表 11-2 《刑法》明确规定“告诉才处理”的刑事案件 [龙宗智,2012]

案件	《刑法》的相关条款
侮辱、诽谤案(侮辱、诽谤行为严重危害社会秩序和国家利益的除外)	第 246 条第 1 款
暴力干涉婚姻自由案	第 257 条第 1 款
虐待案	第 260 条第 1 款
侵占案	第 270 条第 1、2 款

根据《刑法》第 98 条规定,对于告诉才处理的案件,如果被害人因受强制、威吓无法告诉,人民检察院和被害人的近亲属也可以告诉。

2. 被害人有证据证明的轻微刑事案件

这类案件是指犯罪性质不严重,案件事实比较清楚,不需要运用专门技术和手段进行侦查,被害人可以承担举证责任的普通刑事案件。对此,有关司法解释列举了八种案件:(1) 故意伤害案(轻伤);(2) 重婚案;(3) 遗弃案;(4) 妨害通信自由案;(5) 非法侵入他人住宅案;(6) 生产销售伪劣产品案件(严重危害社会秩序和国家利益的除外);(7) 侵犯知识产权案件(严重危害社会秩序和国家利益的除外);(8) 属于《刑法》分则第 4 章、第 5 章规定的,对被告人可能判处 3 年有期徒刑以下刑罚的其他轻微刑事案件。

上述八类案件中,被害人直接向人民法院起诉的,人民法院应当依法受理;证据不足,可由公安机关受理的,应当移送公安机关立案侦查。被害人向公安机关控告的,公安机关应当受理。

3. 被害人有证据证明对被告人侵犯自己人身、财产权利的行为应当依法追究刑事责任,而公安机关或者人民检察院不予追究被告人刑事责任的案件

这类案件俗称"公诉转自诉案件"。构成这类自诉案件,必须具备三个法定条件:一是被害人有证据证明被告人实施了侵犯自身人身、财产权利的行为;二是应当依法追究被告人的刑事责任;三是公安机关或者人民检察院不予追究被告人的刑事责任。对这类案件,被害人可以直接向人民法院起诉,人民法院应当受理。

总之,自诉案件一般具有以下特点:(1)有明确的原告和被告;(2)案件事实清楚、简单,无须经过专门的侦查或调查取证;(3)犯罪危害后果不严重,可能判处的刑罚较轻;(4)被害人有证据证明应当追究被告人的刑事责任。

11.4.2 提起自诉的条件

根据《刑事诉讼法》的有关规定和司法解释,提起自诉必须具备以下条件:(1) 自诉人是本案的被害人或其法定代理人、近亲属。根据《刑事诉讼法》第 114 条的规定,对于自诉案件,被害人有权向人民法院直接起诉。被害人死亡或者丧失行为能力的,被害人的法定代理人、近亲属有权向人民法院起诉,人民法院应当依法受理。(2) 属于《刑事诉讼法》第 210 条和有关司法解释规定的自诉案件范围。(3) 属于受诉人民法院审判管辖范围。(4) 有明确的被告人、具体的诉讼请求和证明被告人犯罪事实的证据。

具有下列情形之一的,应当理解为不符合自诉案件受理条件:(1) 不属于司法解释规定的案件的;(2) 缺乏罪证的;(3) 犯罪已过追诉时效期限的;(4) 被告人死亡的;(5) 被告人下落不明的;(6) 除因证据不足而撤诉的以外,自诉人撤诉后,就同一事实又告诉的;(7) 经人民法院调解结案后,自诉人反悔,就同一事实再行告诉的。

起诉人明知侵害人是 2 人以上,但只对部分侵害人提出自诉的,人民法院应当受理,并视为自诉人对其他侵害人放弃诉讼权利。判决宣告后,自诉人对其他侵害人就同一事实提出自诉的,人民法院不再受理。

共同被害人中只有部分人自诉的,人民法院应当通知其他被害人参加诉讼。被通知人接到通知后至第一审宣判时未提出自诉的,视为放弃自诉权利。第一审宣判后,被通知人就同一事实又提出自诉的,人民法院不予受理。

11.4.3　提起自诉的程序

自诉人应当向人民法院提交刑事自诉状；附带民事诉讼的，应当提交刑事附带民事诉状。自诉人书写自诉状有困难的，可以口头起诉，由人民法院工作人员作出告诉笔录，向自诉人宣读，自诉人认为没有错误的，应当签名或者盖章。

自诉状应当包括以下内容：(1) 自诉人(代为告诉人)、被告人的姓名、性别、年龄、民族、出生地、文化程度、职业、工作单位、住址、联系方式；(2) 被告人实施犯罪的时间、地点、手段、情节和危害后果等；(3) 具体的诉讼请求；(4) 致送的人民法院和具状时间；(5) 证据的名称、来源等；(6) 证人的姓名、住址、联系方式等。对两名以上被告人提出告诉的，应当按照被告人的人数提供自诉状副本。

人民法院收到自诉人的起诉状或口头起诉后，应即按受理条件进行立案前的初步审查。符合受理条件的，应即立案审理，并告知自诉人；不符合受理条件的，应当说服自诉人撤回起诉，自诉人不撤回起诉的，裁定不予受理。

对已经立案，经审查缺乏罪证的自诉案件，自诉人提不出补充证据的，人民法院应当说服其撤回起诉或者裁定驳回起诉；自诉人撤回起诉或者被驳回起诉后，又提出了新的足以证明被告人有罪的证据，再次提起自诉的，人民法院应当受理。自诉人对不予受理或者驳回起诉的裁定不服的，可以提起上诉。

小结

本章需着重掌握：(1) 在诉讼主义和不告不理的法理和制度框架下起诉的意义，即引起审判程序、限制审判范围以及禁止重复起诉。(2) 国家追诉主义和私人起诉主义以及"公诉为主，自诉为辅"的现代趋势。(3) 起诉法定主义与起诉便宜主义。法定主义保证起诉的严格性，便宜主义实现起诉的灵活性。(4) 中国刑事起诉制度的四大特点，形成起诉制度的中国特色。(5) 审查起诉是正确起诉或不起诉的前提，明确审查起诉的任务、内容和程序。(6) 把握提起公诉的实体条件与程序条件，遵循法定程序提起公诉。(7) 准确把握法定不起诉、酌定不起诉和附条件不起诉的适用条件与程序。注意酌定不起诉、附条件不起诉为刑事政策运用创造了条件。(8) 自诉是公民诉权的直接体现，但运用时应注意法律限定的自诉案件范围、自诉条件与自诉程序。

思考题

1. 如何理解起诉的程序意义？
2. 怎样认识起诉法定主义与起诉便宜主义的不同内涵与功能？
3. 怎样理解起诉制度的中国特色？
4. 审查起诉的任务、内容和基本程序是什么？
5. 怎样认识提起公诉的条件？

6. 酌定不起诉对于贯彻刑事政策有何作用?

7. 如何把握附条件不起诉的政策意义、适用对象与适用要求?

8. 自诉案件的范围与提起自诉的条件是什么?

第 12 章　审判

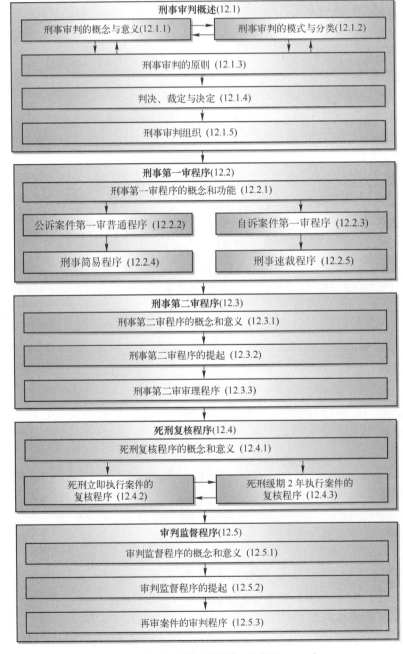

图 12-0　本章基本知识结构　［常远，2002］

导言

　　刑事审判是刑事诉讼的核心,以审判为中心则是刑事诉讼发展的国际潮流。本章内容极其丰富,它由刑事审判概述、刑事第一审程序、刑事第二审程序、死刑复核程序、审判监督程序五大部分组成。这些组成部分关系密切,互相影响,构成了完整的刑事审判系统。在具体学习过程中,要特别注意掌握和灵活运用以下几方面的知识:第一,刑事审判程序的基本结构、特点、功能及模式;第二,刑事审判的基本原则;第三,审判组织;第四,刑事第一审一般程序和特别程序;第五,刑事第二审程序的价值、提起程序和审理程序;第六,死刑复核程序的意义、核准权归属和复核程序;第七,审判监督程序的意义、提起审判监督程序的主体和重新审理程序。

12.1　刑事审判概述

12.1.1　刑事审判的概念与意义

1. 刑事审判的概念

　　审判是审理和判决的合称。审理的典型意义首先是对证据进行分析、评判以推导事实,然后在确信事实清楚的基础上进行法律分析。具体来说,法律分析包括先依据法律规定评判事实的性质,也就是给行为定性,以明确事实是一种何种性质的侵权;然后对事实的严重程度进行界定,这是一种量的评估;最后依法确定纠纷双方的责任(当然实践中多表现为确定被告的责任)分担的界限。可见,审理是一种理性的逻辑推导过程,也是审理者形成内心确信的过程,在实际意义上对案件的解决起着决定性的作用;判决是对审理者在审理过程中形成的内心确信的一种最终表达。由于审判是一种关键性的司法活动,而在这种司法活动中下最后决心的是法官,同时,法官形成正确确信又必须借助原被告双方(或控辩双方)提供的各种证据材料和评判意见,因此,典型意义上的审判(不包括书面审)可以界定为法官在原、被告双方的参与下(其他诉讼参与人如证人、鉴定人等,在诉讼结构意义上也划归原、被告方中的一方)认定事实和确定法律责任的司法活动。

　　刑事审判是审判的一种,是审判刑事案件的简称。从程序上讲,审判刑事案件与审判民事、行政争议案件并无本质区别,只不过因刑事审判涉及更为突出的人权保护问题而在程序操作上显现出一系列特色。比如刑事审判中的原告是国家并由检察机关代行此职责;刑事被害人在公诉案件中依附于原告,在自诉案件中则直接充当原告;刑事被告人处于特殊的诉讼地位(主要指审判中经常处于被羁押状态并特别强调无罪推定、沉默权);刑事责任的证明标准高于民事责任和行政责任的证明标准等。

　　就刑事审判的定义而言,不同国家诉讼结构的区别往往形成定义上的一定程度的区分(当然此种定义是从刑事审判的典型意义上而言的)。

　　大陆法系的刑事审判是法官在控辩双方的参与下认定刑事案件事实并确定刑事责任所应遵循的程序规则。此定义突出了法官的职权色彩,是职权主义审判模式的刑事审判。

英美法系的刑事审判是控辩双方在法官的主持下认定刑事案件事实并确定刑事责任所应遵循的程序规则。此定义突出了法官的消极性和控辩双方的主动性,是当事人主义审判模式下的刑事审判。

我国的刑事审判是人民法院、人民检察院在当事人和其他诉讼参与人参加下认定刑事案件事实并确定刑事责任所应遵循的程序规则,或是人民法院在公诉人、当事人和其他诉讼参与人参加下认定刑事案件事实并确定刑事责任所应遵循的程序规则。

2. 刑事审判程序的意义

刑事审判程序的意义体现为以下三个方面:

(1) 科学的刑事审判程序有利于从实体上正确解决案件。实体上正确解决案件也叫做实现实体公正,即正确认定事实和适用法律。刑事审判程序要把有利于查明案件真相并对真相进行准确评判的有效方法或经验用程序规则的形式固定下来。这方面核心的问题是遵循证据运用的客观规律。刑事诉讼为了实现实体正义,须在具体的诉讼过程中先后着重解决两方面的问题:一是纠纷的事实真相到底如何? 二是对这种事实真相如何评价,包括谁侵害了谁? 侵害的程度有多大? 如何作出合理合法的裁决来准确地恢复受害一方的损失? 这是诉讼所要追求的首要目标。

就第一个问题来说,事实真相到底如何? 不能靠法官的主观猜想,也不能靠神明裁判,办法只有一个,那就是依据纠纷双方提供的说明纠纷发生、发展过程的各种证明材料,即证据。而这些证据不仅有时真假难辨,而且一个普遍的现象是,纠纷各方总是从有利于自己的角度提出证据(包括伪证),而回避不利于自己的证据(也包括伪证)。

就第二个问题来说,在事实真相已经明了(当然达到绝对的实质真实从理论上讲不可能,只能实现程序真实,即通过法律程序确认了的事实或推定的事实)的情况下,并非意味着问题就迎刃而解了。面对同样的事实,纠纷双方都可能推卸责任,都可能极力提出自己的观点证明自己是对的、对方是错的(包括狡辩和强词夺理);原告总是夸大受到的损害,不仅包括直接损害也包括间接损害,而被告总是极力陈述损害是轻微的。这就出现了所谓"公说公有理,婆说婆有理"的现象。

可见,无论在事实的认定上还是在事实的评价上,纠纷双方或称原、被告双方,一般都存在明显的对抗。在这种情况下,程序结构设计的第一个要求是为原、被告双方提供充分、平等的发言机会,以便让证据更加全面、充实,不允许限制一方而鼓励另一方。"经验表明,当富有探索进取精神的诉讼双方面对面直接交锋时,真理就愈有可能被发现。如果所提出来的证据都是恰如其分的,那么,这对于一个公正的陪审团来说,真理就是非常明显不过的了……辩论制的运用可以抵消那种在还没有听完全部事实的情况下就匆忙作出决定的天然倾向。"[1]第二个要求是作出最终判决的应是法官。每个人对于原被告双方的辩论都可能作出不同的评判,但为了维护法制的权威和统一,需要赋予法官裁判权,实质上表现为法官有作出自己判断的自由。司法程序的上述两方面的价值比较明显地体现了程序结构的基本轮廓:一是控辩均衡对抗,二是法官居中裁判。

关于司法程序正义结构的理想形态,西方法哲学家曾有过初步论述,戈尔丁(Golding)

---

[1] [美]小查尔斯·F. 亨普希尔:《美国刑事诉讼——司法审判》第一册,北京政法学院刑事诉讼法教研室 1982 年编印,第112 页。

认为,法律程序公正的标准表现为三个方面(见表 12-1)[①]:

表 12-1　法律程序公正的标准　[戈尔丁,2002]

标准	说明
中立	任何人不能成为与自己案件有关的法官
	冲突的解决结果中不含有解决者个人的利益
	冲突的解决者不应有对当事人一方的好恶偏见
冲突的劝导	平等地告知每一方当事人有关程序的事项
	冲突的解决者应听取双方的辩论和证据
	冲突的解决者只应在一方当事人在场的情况下听取另一方的意见
	每一方当事人都应有公平的机会回答另一方所提出的辩论和证据
裁决	解决诸项内容应以理性推演为依据
	推理应建立于当事人作出的辩论和提出的证据之上

　　但从诉讼主体相互关系的逻辑表述和直观、形象的角度出发,我们不难看到司法程序正义结构的理想形态具有这样一些特征:其一,司法程序正义结构是一种三方组合。一方是原告,即纠纷发生后提出控告的一方;另一方是被告,即受到原告指控的人;第三方是审判方,由法官、陪审员共同组成。所谓"三头对案"的说法就是这个意思。其二,三方关系从形式上看,"等腰"表示法官和陪审员不偏不倚地听取原、被告双方的意见,即法官和陪审员至原告的距离等于其至被告的距离。原告至被告的线段是等腰三角形的底边,它表示原、被告双方的均衡对抗,即双方享有平等的发言机会。其三,为了保证原、被告双方均衡对抗,法官原则上实行听审,不能直接参与对双方的发问、询问,以使法官保持冷静、清醒的头脑。所谓"消极的仲裁者"就是这个意思。以上特征,特别是作为三方关系形式的"等腰三角形结构"是诉讼的理想模式,是诉讼的一般结构。

　　(2) 科学的刑事审判程序有利于限制诉讼主体的恣意妄为。恣意妄为是诉讼主体作为自然人的本性使然。国家刑罚权是要靠人来实施的,而人性所固有的偏私、恣意、专断极易使权力出现滥用而走向腐败。正如法国思想家孟德斯鸠认为,自由只存在于权力不滥用的国家,但有权者都容易滥用权力却是一条万古不变的经验。有权力的人们使用权力一直到有界限的地方才休止。[②]而在诉讼过程中,相对于原告与被告的起诉权、应诉权来说,司法权事实上以国家财力为后盾,处于先天性的优越地位,这使得司法程序限制恣意的主要任务转向一方面限制司法权力,另一方面又要保护当事人的诉讼权利。而司法权在一般意义上以审判权为典型代表。限制审判权并保护当事人权利则是司法程序的核心。限制审判权的方法当然是以保障审判权中立为目标的,即设置一套程序规则限制和影响法官不得不走中立的道路而无法徇私枉法,包括:

　　一是对审判权本身进行直接限制。现代世界多数发达国家采用的陪审团制度的实质就是运用分权与参与的方法对审判权进行直接限制,前者以英美法系国家为代表,陪审团一般

---

① 参见张文显:《当代西方法哲学》,吉林大学出版社 1987 年版,第 204 页。

② 参见[法]孟德斯鸠:《论法的精神》(上册),张雁深译,商务印书馆 1982 年版,第 66 页以下。

决断事实,法官则适用法律;后者以大陆法系国家为代表,由法官与陪审团共同决断事实和适用法律问题。

二是起诉权与审判权分立与制衡。所谓分立,是指起诉权和审判权由不同的机关行使。所谓制衡,是指一方面审判程序的启动由起诉权来决定,没有起诉就没有审判,并且起诉机关对错误审判有权上诉;另一方面,案件的最后决断由掌握审判权的法官进行。事实上,资本主义在完善刑事法治的过程中所完成的检审分离的历史背景就是封建时代实行纠问式审判所导致的审判权失控和对人权的肆意践踏。

三是辩护权与起诉权的直接制衡和辩护权对审判权的间接制衡。由于起诉的主要职能就是对犯罪的控诉,它占有诉讼原告的地位,对这种权力的限制最简捷的办法就是设计被告人的辩护权予以抗衡,这种抗衡与起诉几乎同时运作并且在具体的证据调查和审理中始终相伴,形成一种直接抗衡。辩护权对审判权的间接制衡在于对不利于被告人的错误裁判被告方有权提出上诉。

总之,它具有程序"闭合性"的功能,或者叫做"自治"功能,包括:一是所谓"隔音空间"效应,即从总体上看,刑事审判程序是有意设计的独立于外部环境的理想空间;理论根源在于在事实和法律面前人人平等,为了排除结构之外人情、宗教、等级观念诸因素给公正审判造成的不良影响,需要这样的独立空间。公开审判虽接受公众监督,但在法庭上除了三方以外,任何人没有发言权。二是所谓程序的不可阻挡效应,即一旦进入此结构,任何程序主体都无法阻挡结构运作所导致的最终结论。

(3) 科学的刑事审判程序有利于实现程序正义。刑事审判的程序正义的实质是刑事审判程序的实质保障功能和正义宣示作用的综合性的效果。科学的刑事审判程序保证了法官能真正全面地听取案件正反两方面的意见,使司法程序结构系统对信息的处理更加准确,以使认定事实和适用法律做到恰如其分;正确协调了诉讼主体之间的关系,比如控、辩、审三方关系和他们各自的内部关系,使诉讼主体职责分明、相互制约,从而有效地防止了诉讼主体的人情和恣意对诉讼过程产生的干扰,在保证程序公正的基础上维护判决的正确性和权威性。这是刑事审判程序的实质保障功能。另外,刑事审判过程本身又是一个有规则的、看得见的程序操作过程,这个过程具有向当事人和社会宣示正义的作用。宣示作用在于让社会公民和当事人亲眼看到程序运作过程的公正无私,否则,案件的判决即使是正确的,也会引起社会和当事人的种种猜疑。

将程序正义视为"看得见的正义",其实是英美人的一种法律传统。这源于一句人所共知的法律格言:"正义不仅应得到实现,而且要以人们看得见的方式得到实现。"公正的外表和事实上的公正同等重要。实质保障和程序宣示使得刑罚权的合理运作过程变成了一种能够最大限度保证实体正义得以实现的可把握和可操作的程序正义过程,它的含义在于,只要国家刑罚权的运作正常进行,就可以保证实体正义得以实现,也就可以避免人们因单纯追求实体正义而出现的并可能导致更多冤假错案的那种无序或混乱状态。刑事审判运作的过程本身将作为权威性的、决定性的、独立性的过程来看待,即只要实现了刑事审判的正常运作,实体正义就被推定为已经实现,或者说只要过程正确就不用担心结果会发生错误。程序正义的可操作性使得程序正义摆脱了实体正义的"阴影"而走向独立,人们必将把追求程序正义作为可把握的、固定的、简捷的目标。

刑事审判结构在设计上的考究使得依据这种结构设计的司法程序就其功能而言最集中

地体现了一般法律程序的功能。一般法律程序在整个法律制度中的地位是通过与实体法相比较体现出来的。社会管理既要解决诉讼,也要进行行政活动。由于诉讼或行政活动最终表现为作出赋予当事人实体权利或强制当事人履行义务的决定,因而法律首先为这种决定规定实质性要件。这种实质性要件总是依据一定理论、道德规范或实践的需要而作出一般规定,因而这种规定具有抽象性或理想性的特点。规定这种实质性要件的法律就是实体法,它直接反映了法律所要实现的目标。但是,实体法所规定的实质要件的概括性,使人们对这种实质要件的理解经常存在不同的看法,有的执法者更有可能为了自己私欲曲解法律,出现徇私枉法的现象,最终使实体法的规定流于形式。正是在这种情况下,人们想到了用科学的法律程序来限制执法者的偏见和私欲,法律程序的"开放性"和"封闭性"所具有的功能在这方面起到了举足轻重的作用。如果一个社会没有实体法,但有严格的法律程序,人们还可以依据社会普遍公认的道德规范来解决纠纷;但如果没有科学的法律程序制度,那么,实体法在很大程度上将变为一纸空文。这时的实体法将在某些利欲熏心的当权者手中变成"随意操控的面团",所谓"法治"实质上变成了"人治",所谓法律只会成为权力的奴仆。可见,科学构建法律程序对于实现从"人治"到"法治"的转变所起的作用是关键性的。由于实体法所规定的实质要件最直接地反映了法律所追求的目标,又是作出法律实体决定的直接依据,因而人们往往容易把实体法看做真正的法律,而程序法不过是一些手续、次序而已,是从属性的东西,这就不可避免地形成了"重实体、轻程序"的思想倾向。这种思想倾向恰恰有利于执法者的恣意妄为,因为科学程序是套在专制者身上的一个枷锁,一旦没有了这个枷锁,专制者就可以为所欲为了。

12.1.2 刑事审判的模式与分类

1. 刑事审判的模式

刑事审判的当事人主义诉讼模式和职权主义诉讼模式代表了当今世界刑事诉讼结构的两种形式。前者指英美法系国家的刑事审判模式,以英国和美国为代表;后者指大陆法系国家的刑事审判模式,以法国和德国为代表。当事人主义诉讼模式与职权主义诉讼模式至少在以下几个方面是相同的:其一,都承认控、辩双方在法庭上有均等的提证、问证权。其二,都强调维护法官的公正形象。其三,为防止法官的个人恣意,都允许陪审团参与审判。其四,庭外都允许辩护律师在侦查、起诉的任何阶段介入诉讼。其五,都承认无罪推定、自由心证和被告人的沉默权。

当事人主义刑事诉讼模式与职权主义刑事诉讼模式的不同点在于:

第一,当事人主义刑事诉讼模式特别强调控、辩双方的明显的对抗性,而职权主义刑事诉讼模式一般强调的是控、辩双方享有均等的提证权和问证权。比如,庭审中,英美刑事诉讼中的证人一般由控、辩各方自己传唤,而法国、德国刑事诉讼中的证人则由法官传唤;英美刑事诉讼法规定了集中体现控、辩对抗的交叉询问方式,并赋予双方对等的反对权,而法国、德国刑事诉讼法一般没有实行此类庭审方式;在庭审外,英美刑事诉讼法赋予被告人、辩护律师自行调查证据的权力(利),并且可以携己方证人出庭作证,以实现控、辩庭外有效对抗,而法国、德国刑事诉讼法一般强调辩护人在庭审外享有讯问在场权、提问发问权以及查阅案卷权,并未赋予辩护人单独收集证据的权利。

第二,当事人主义刑事诉讼模式中的法官是一个消极的仲裁者,而职权主义刑事诉讼模式中的法官是一个积极的仲裁者。比如,英美刑事诉讼中法官一般不直接介入对证据的实质性调查和辩论,只进行庭审,不直接进行提证、问证,而法国、德国刑事诉讼则特别强调发挥法官的职权作用,法官不仅有权直接传唤证人、出示证据,也有权讯问被告人,甚至陪审员也可以询问证人、被告人。

第三,当事人主义诉讼模式把法官和陪审团的职责明确加以划分,这就是陪审团只负责听审和判定被告人是否有罪,法官则在此基础上负责适用法律,英美刑事诉讼法均是这样规定的。而职权主义刑事诉讼模式则规定法官和陪审官共同听审、共同提证和问证、共同投票作出判决。法国、德国刑事诉讼法均是这样规定的。

第四,当事人主义诉讼模式把实行"起诉状一本主义"视为当然,以防止控诉方向法官移送案卷材料后使法官形成先入之见。英美刑事审判均实行"起诉状一本主义"。而职权主义诉讼模式则实行案卷材料在开庭前先移送法院审查的办法。法国、德国刑事诉讼就是如此。

从以上分析可以看到,以英美为代表的当事人主义刑事诉讼模式较之以法国、德国为代表的职权主义刑事诉讼模式更接近理想的刑事诉讼结构。第二次世界大战后,两种刑事诉讼模式正在互相靠近、互相吸收,但更多见的是职权主义诉讼模式以当事人主义诉讼模式为楷模来改造自己。如日本1948年颁布的刑事诉讼法典大量吸收了当事人主义诉讼模式的内容,改造了1890年制定的刑事诉讼法(即明治诉讼法)所确定的职权主义诉讼结构,使日本现行刑事诉讼结构成为一个以当事人主义为主、以职权主义为辅的"混合式"刑事诉讼模式。德国1974年的刑事诉讼法,废除了调查法官在庭审前调查证据的规定,这是一种向当事人主义迈进的标志。意大利经过长时期的研究、考察,于1988年颁布了新的刑事诉讼法典。新法典基本上以美国当事人主义诉讼模式代替了过去的职权主义诉讼模式,突出了法庭审判的中心地位,吸收了"起诉状一本主义"的做法,采用了美国的交叉询问的庭审方式。这是继日本颁布刑事诉讼法典之后世界刑事诉讼史上的又一起重大历史事件。

2. 刑事审判的分类

对刑事审判可以从不同的角度进行多种划分,较有意义的划分主要包括以下几个方面:

第一,从案件适用范围上分,可以把刑事审判分为一般审判程序和特别审判程序。适用于一般案件的审判程序叫做一般审判程序;适用于特殊类型案件(比如未成年人犯罪案件、涉外刑事犯罪案件、被告人在逃的犯罪案件、附带民事赔偿案件等)的审判程序叫做特别审判程序。

第二,从审判作用上分,可以把刑事审判分为第一审程序和救济审程序。此种划分方法的特点是把第一审程序作为基础,将第一审程序之后的第二审、死刑复核、再审等程序统统归于救济审程序之列。

第三,从是否直接提起公诉上分,可以把刑事审判分为公诉审判程序和自诉审判程序。此种划分的特点是体现了自诉审判程序的价值。

第四,从繁简程度上分,可以把刑事审判分为普通审判程序和简易审判程序。此种划分的特点是突出了刑事简易程序的价值。

第五,从效力上分,可以把刑事审判分为生效审判程序和审判监督程序。此种划分的特点是突出了审判监督程序的特殊性。

12.1.3　刑事审判的原则

刑事审判的原则是指刑事审判应遵循的一般规范和准则。典型意义的刑事审判应遵循以下原则,这些原则的实质是刑事审判实现程序正义的基本规范。这些规范已为目前世界多数国家所采用:

1. 控辩平等原则

控辩平等是指在刑事审判的控辩审三方组合中,控诉方与被告方的诉讼地位是平等的。具体而言是指控辩双方的权利、义务是对等的。

控辩平等对抗与法官居中裁判是公正审判的基本格局,而控辩平等与法官中立相比更具有程序性、可操作性,在很大程度上又是法官中立的保障性措施,意即没有控辩平等也就不可能有法官中立。

控辩平等在司法中的出现,源于人们还考虑了另一个有利因素,这就是只有平等,才能使控辩双方的辩论成为真正的辩论,才能保证控辩双方都积极提出最有价值的意见,从而为法官创造一个"兼听则明,偏听则暗"的条件。

理解刑事审判中的控辩平等首先应当明确:

第一,不能认为控诉方代表国家利益,辩护方代表犯罪嫌疑人、被告人个人利益,以国家利益高于个人利益的原则决定控诉方的诉讼地位高于辩护方的诉讼地位。用国家利益高于个人利益推导出控诉方高于辩护方的说法,主要是混淆了实体和程序两个根本不同的问题。国家利益高于个人利益是一个具有道义性的实体问题,而程序的设计与这个问题没有直接关系。程序的设计只考虑如何在排除程序义务人主观随意性和各种外在关系的影响的前提下实现证据判断、认定事实和适用法律的客观、公正,而并不考虑程序义务人背后代表的是谁的利益,如果程序认可了这种利益,那就意味着认可了在真理面前人与人的不平等。此外,国家利益高于个人利益的说法就是在实体上讲似乎也不是完全恰当的,在某种程度上讲,有时需要牺牲个人利益保全国家利益,牺牲局部利益维护整体利益,这是对的;但从另一个方面讲,国家利益和个人利益并无绝对界限,因为个人利益是国家利益的具体表现形式,抹杀了个人利益也难以实现国家利益。同时还应看到,从最根本的意义上讲,政治、法律的终极目标应是实现个人幸福,而强调国家利益只不过是实现个人幸福的手段。

第二,不能认为在实际的刑事司法中,国家控诉机关(包括侦查机关)为了有效控制犯罪,必须拥有调查收集证据的强大力量,而这些实际优势是犯罪嫌疑人、被告人个人无法享有的,也是无法比拟的。由于侦查犯罪的复杂性,确实需要赋予控诉机关较大的权力,在刑事诉讼中对于犯罪嫌疑人、被告人采取强制措施也是必要的,但这并不能作为控诉方应高于辩护方的理由。恰恰相反,正因为犯罪嫌疑人、被告人在刑事诉讼中处于极端不利的境地,尤其应强调扩大和保护犯罪嫌疑人、被告人的诉讼权利,以有效防止国家控诉权对犯罪嫌疑人、被告人造成不适当的压制。刑事司法程序的设计虽然不可能实现控辩力量的绝对均衡,但把均衡作为一种原则或追求以尽可能保障犯罪嫌疑人、被告人权利应是刑事司法程序设计的基本要求。在中外刑事诉讼历史的发展中,辩护权的不断扩大就证明了这一点。

刑事司法中犯罪嫌疑人、被告人由于刑事追诉本身的特殊性而处于原始性的不利地位,我们谓之其诉讼地位的先天不足。这种先天不足导致了控辩力量的先天失衡。这来源于刑事追诉本身的复杂性:

第一,司法证明的复杂性要求控诉方具有强大的力量。不管何种性质的纠纷,其司法证明过程均具有复杂性,而刑事追诉尤其复杂。我们不仅要看到,相当多的刑事案件发案时因纠纷一方甚至双方不明确而需要侦破,而且要看到,即使那些不需要侦破的刑事案件,其诉讼证明的复杂程度也要高于民事或行政案件。因为,不需要侦破的刑事案件,诉讼证明的核心首先是犯罪嫌疑人的行为是否存在的,即使是犯罪嫌疑人自首的案件,也应对事实是否存在进行调查;而相对来说,民事、行政案件诉讼证明的核心在于对事实作出评价,以明确纠纷双方在同一事实中各自应当承担的责任,进而确定其权利义务的分配,而事实是否存在的证明则相对简单。一般而言,多数民事或行政案件的原、被告双方对事实是否存在争议不大,而对行为的性质、损害程度、各自的权利、应当承担的责任和义务则存在较大争议。民事案件侧重于依据民事实体法的规定明确双方权责,而行政诉讼案件则侧重于对具体行政行为的合法性进行审查。追诉犯罪的复杂性,则要求控诉方拥有调查收集证据的专门而足够的权力和人力、物力(现代各国刑事诉讼的事实也是这样),否则难以完成控诉的任务,这是刑事诉讼控诉力量先天强大的基本原因。

第二,犯罪嫌疑人、被告人的逃避性、报复性直接决定了在判决生效前对其采用拘留、逮捕等强制措施的必要性[1],而正是强制措施的适用使得犯罪嫌疑人、被告人的诉讼地位的先天不足尤其明显。

第三,刑事追诉具有容易产生有罪推定观念倾向的固有缺陷。因为控诉方在立案的时候,首先接触到的均是被害人的有罪控告,而接下来的侦查、调查似乎是为了证明被告人有罪而进行的补充性活动,所谓“宁可信其有不可信其无”“没有罪为什么把你抓到这儿来”的说法正反映了这种倾向。不仅如此,案件起诉至法院后,法官首先看到起诉书,也会不同程度地产生有罪推定的倾向。这种有罪推定的原始性倾向加深了犯罪嫌疑人、被告人诉讼地位的先天不足。理论界也有不少人注意到了检察官的先天性不足,认为“代表国家的检控方……立论比证谬要困难得多……被追究人的辩护因自身的自由、名誉、财产甚至生命的危险而得到最强大的利益驱动,并同时驱动其他相关人员;而公职人员的行为不受这种驱动,且有更严格的行为规范限制。这在某种程度上与在自由市场上势力强大的国营企业竞争不过经济实力相对较弱的民营企业同理”[2]。“控方中的检察官由于端的是国家的‘铁饭碗’,又无明显的利益驱使……能否与辩护人真正‘对抗’起来,值得怀疑”[3]。然而,检察官追求胜诉的这种积极性的不足,难以从根本上改变控诉力量先天性强大的事实。理由是:

首先,刑事司法程序结构本身是一种角色分配体系,它的“自治性”功能将使定位于这个结构之中的检察官不由自主地受到程序氛围的感染、影响而激发其积极性。换句话说,检察官在程序结构中只是扮演一种角色,这种角色有利于抵消检察官在追求胜诉方面积极性的不足。

其次,也应当承认,检察官虽代表的是国家利益,但在一定程度上,起诉的成功与失败也影响着检察官个人的名誉、尊严。

再次,检察机关的各种内部管理制度如考核制度以及检察机关对检察官的各种教育培

---

[1] 现今大多数国家对犯罪嫌疑人、被告人采取强制措施是由法官批准和决定的,如果由控诉方批准和决定将加重被告人诉讼地位的先天不足。

[2] 龙宗智:《威胁还是保护:刑事司法中个人权利与国家权力的冲突与协调》,载《中国律师》1998年第4期。

[3] 左卫民:《刑事程序问题研究》,中国政法大学出版社1999年版,第267页。

训措施也有利于培养检察官的责任心、使命感。

最后,检察官以国家财力作后盾为检察官顺利完成起诉提供了前提性的、物质性的保障,这是辩护方望尘莫及的。纠正控辩力量的先天失衡的方法是从增加控诉方的难度和辩护方消极防御的角度思考,于是无罪推定和犯罪嫌疑人、被告人的沉默权产生了。无罪推定即在判决生效前假定犯罪嫌疑人、被告人无罪。这显然增加了控诉的难度。无罪推定与控诉方负全部举证责任和证明标准的"无合理怀疑"①(beyond reasonable doubt)是协调一致的。犯罪嫌疑人、被告人的沉默权则是为防止控诉方强迫犯罪嫌疑人、被告人自我归罪的一项可能最简捷的消极防御手段。有了无罪推定和沉默权,就实现了在不必提高辩护方收集证据能力的情形下与控方力量的均衡。

2. 法官中立原则

根据刑事司法程序结构的要求,法官的使命是对案件作出正确的判决,对于构成犯罪应当追究刑事责任的被告人认定罪名并适用刑罚;对于构成犯罪不应追究刑事责任的作出免除处罚的判决;对于不构成犯罪或证据不足(即存在合理疑点)的案件作出无罪的判决。为了完成这一使命,法官在刑事诉讼中的任务在于全面听取控、辩双方的意见,并最终形成对证据和事实的判断,或说形成确信。可见,法官的根本职责在于听审。所谓"消极的仲裁者"的基本含义就是"听审"。为了有效地听审,就法官本身而言,回避(自然正义原则的基本要求之一,即任何人不能作自己案件的法官)和"自由心证"②是两项具有前提性的措施,其他权利、义务有以下几个方面须加以强调:

第一,法官不负举证或证明责任。举证或证明责任是控、辩双方的事情,控辩双方有责任把有关案件的所有证据和意见摆在法官的面前,由法官去"品尝"、识别。如果让法官负举证责任不利于法官的"听审",因为法官在举证或证明过程中极易形成预断,或者滑向控诉一方,或者滑向辩护一方,这对于正确作出判决弊端甚多。

第二,法官指挥审判不能介入实质性的调查,只能在程序上把握。实质性的调查主要指提证和提问。法官参与提证、提问可能形成先入为主偏向,即使法官内心是公正的,也可能造成控诉方或辩护方的误解,引起他们对法官公正性的怀疑,控诉方可能以为法官是偏向辩护方的,而辩护方则可能以为法官是偏向控诉方的。

第三,法官在程序上指挥审判时要特别注意维护公正。在审判时间的把握上,应尽量保证控、辩双方把要说的话、要提的证据都说完、提完。在调查、辩论次数的掌握上,应特别注意保证控、辩双方均等的发言机会(控、辩任何一方自己放弃发言机会的视为已行使了权利)。提证、提问或辩论的次数以"轮"来计算,辩护方提证、提问或辩论暂告一段落视为一"轮"结束。在辩论出现互相进行人身攻击或纠缠枝节、偏离正题,需要制止时,应同时制止双方,不应只制止一方。需要引导时,应同时提醒双方,不应只提醒一方。在提证、问证上出现违反证据规则的现象(比如指明问供)时,应在对方提出抗议或请求制止时再予以制止,以避免引起控辩双方对法官公正性的怀疑。

第四,为了法官有效听审,需要维护法官在庭审中的绝对权威。一定的权威是解决争议的必要条件。如果在法庭审判中,控、辩双方或案外人大闹法庭,蔑视法官,将严重影响到判

---

① 即控诉方必须毫无疑点地证明全部犯罪真实,有疑则以无罪看待。这是目前英美法系国家均承认的证明标准。

② 自由心证虽然需要正当程序的保障,但法律明确规定法官的自由心证权力本身对于塑造法官的中立、独立形象具有直接的作用。

决的权威性,将使当事人遵守法庭判决的意识变得淡薄。为了维护法官的权威,对扰乱法庭的人(包括法庭闹事者),法官应有权警告、制止,甚至直接作出判决追究其刑事责任。因为此类行为都是在审判时发生的,事实清楚的,可以立即作出判决并予以执行。正如曾主持过水门事件审判的美国地方官约翰·J.西里卡所说:"如果一个法官失去其对法庭的控制,允许律师(作者注:指控辩双方的律师)操纵审判,那么该法官应当永远挂起他的法衣,因为他再也不能够履行其司法职责了。"[①]

3. 直接言词原则

直接言词原则包括直接审理原则和言词审理原则两个方面。前者也叫在场原则,是指法庭审判时法官、检察官、被告人、辩护人以及其他诉讼参与人必须出席审判,为法官直接采证创造先决条件。在场原则使法庭审判区别于可以听汇报定案的行政操作过程。后者又称为言词辩论原则,是指法庭审判活动必须以言词陈述的方式进行,不仅参加审判的各方应以言词陈述的方式进行审理、攻击、防御等诉讼行为,而且在法庭上出示证据也应以言词表达的方式为主,物证、书证等实物证据应在言词讯问、询问的必要时机出示,以使审理过程更富有逻辑性、直观性。直接审理原则和言词审理原则是紧密相关、不可分割的,只强调直接审理原则,就不能排除审判与诉讼各方在场的情况下,仍然实行以出示书面文件为主的书面审理方式这种情形;只强调言词审理原则就不能排除审判与诉讼各方在不到场的情况下以打电话的方式进行审理这种情形。直接言词原则所产生的程序性效果是,如果法庭审判没有按直接言词的方式进行审理视为没有进行审理,所审查过的证据等同于没有出示。

直接言词原则的首要价值在于为审判和诉讼各方创造一个探求实体真实(原型)的良好环境,以最大限度地避免各种间接性的材料(模型)本身不可避免的虚伪性给审判造成的干扰和拖延,其实质是最大限度地实现证据所构造的模型对案情真相原型的观控模拟;同时,直接言词原则也自然形成了一种使审判和诉讼各方相互制约的"公开场合"诉讼环境,有利于约束审判与诉讼各方的恣意妄为。

直接言词原则是大陆法系国家通过对中世纪纠问式审判制度的改革确立下来的。英美法系国家虽然没有确立字面上的直接言词原则,但确立了所谓"传闻证据规则",它是指禁止把不是直接感知案件事实的人在法庭上的陈述(即传闻证据)作为定案根据的规则。此规则与直接言词原则具有几乎相同的功能,即两者均不承认证人在法庭之外就案件事实所作的言词证言具有证据能力,而不论这种证言是以书面方式还是以他人转述(即传来证据)的方式在法庭上提出。

直接言词原则在刑事审判中具体体现为以下几项规则:一是法庭审判必须在被告人、检察官等亲自在场的情况下进行;二是在法庭审判过程中,所有提供言词证据的原证人、鉴定人必须出庭作证;三是法官对证据的调查和采纳必须亲自进行,不准听事后汇报定案;四是法庭审判必须持续进行,参加法庭审判的法官须自始至终参加审判,不得中途更换。

4. 自由心证原则

刑事证据是一个相互联系的有机整体——证据系统。该系统与案件事实的核心——犯

---

① [美]小查尔斯·F.亨普希尔:《美国刑事诉讼——司法审判》(第2册),北京政法学院刑事诉讼法教研室1982年编印,第22页。

罪行为系统是相对称的(见图 12-1),而证据系统往往表现得更为复杂,主要是因为犯罪行为总是具体的而不是抽象的,其主体、行为、对象、结果、时间、地点以及其他环境因素总是因案而异,所以,证明这些事实的证据往往更是真真假假,鱼龙混杂,需要作认真的判断才能科学地取舍证据,揭露真相。因此,法律预先规定某一种类证据(只会是抽象的,不可能是具体的)的证明力显然是不科学的。封建时代的纠问式司法程序结构,适用的正是这种法定证据规则。这种规则极大地限制了法官对具体问题作出具体判断的能力,但这是纠问式司法程序结构下对证据判断适用的没有办法的"办法"。因为在纠问式结构下,法官与控告者合二为一,原、被告双方的辩论微不足道,造成了法官无法避免的偏见和由此而来的随心所欲。为了限制法官的恣意,除了采用量刑的具体化、绝对化外,对事实的判断也只能采用法律预先规定的办法。用法律的规定代替了法官的具体判断。

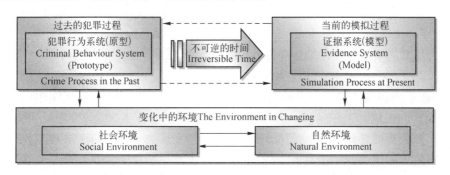

图 12-1　犯罪行为系统与证据系统 ［常远、华伟,2002］

现代意义上的刑事司法程序结构则强调控、辩双方的充分和均衡的对抗,法官只是一个消极的仲裁者,法律只要求法官在认真听取双方陈述的基础上作出判断,这就为法官对具体问题作出具体分析提供了程序上的基本保障。在这个基本保障之下法官所作的分析和最终形成的确信也就是所谓"自由心证"的实质内容。

现代刑事司法程序结构所造成的法庭审判的"闭合性"为有效防止法官的先入为主创造了良好的条件,使法官在不带任何偏见的情况下作出判断。比如取消控诉方预先向法官传递案件的办法,不允许法官主动干预审判,法庭上出现的任何可能造成法官预断的因素则构成重新审理的理由,等等。这种有意设置的审判气氛使法官无形中甚至不得不进行自由判断,只有这样才能保证判断的科学性。

现代意义上的刑事司法程序结构必然产生法官的"自由心证",反过来说,法官"自由心证"的科学性是由现代意义上的刑事司法程序结构保障的。

"自由心证"是在现代刑事司法程序结构的前提下,通过对控、辩双方提出的证据进行分析以后形成的"内心确信",而所谓"良心"和"理智"等只是进行正确的"自由心证"的条件,核心还在于依据"已经提出的对被告人有利或不利的证据",并不能说是把"良心"和"理性"作为判断证据的标准。现代刑事司法程序结构正是为防止法官的主观臆断、偏听偏信和武断专横设置的,没有科学的刑事司法程序结构,便为主观主义的审判作风打开了方便之门。

中国实事求是地判断证据的原则要求把判断建立在充分调查研究的基础上,所依据的事实都要经过查证属实。而"自由心证"也强调调查研究,即"在宣告有罪之前进行审理和考虑,审判只依靠调查、询问来进行,判决只能在听取所提出的证据之后才做出"。"有一个公正无私的陪审团和一个博学的、正直的法官来指导陪审团,并对法律问题发表意见;造成一种平静的气氛,使证人能够毫无顾忌地、大胆地提供证言,律师能够自由地、充分地维护被告人的权利,真理能够为人们心悦诚服地接受和信服。"[1] 现代刑事司法程序结构理论认为,最好的调查研究莫过于在控辩的基础上进行听审。可见,实事求是与"自由心证"并无本质区别,只不过后者讲得更具体一些。实事求是要求对证据查证属实以后才能作出结论,但问题是查证到什么程度才算属实,这又是一个分析判断问题。问题最终又要归结到"自由心证"。

5. 审判公开原则

审判公开原则也叫公开审判原则。狭义上的审判公开是指法院对案件的审理和判决的宣告向社会公开,公民可以到法庭旁听,新闻记者也可以采访报道。广义上的审判公开还包括向当事人公开。审判公开作为一项原则并不排斥对少数不宜公开的案件不公开审理。联合国《公民权利与政治权利国际公约》中就有类似限制性的规定,法院可因民主社会之风化、公共秩序和国家安全关系、保护当事人私生活之必要以及因情形特殊公开审判势必影响司法而认为绝对必要之限度内禁止新闻界及公众旁听审判程序之全部或一部。

审判公开原则的价值主要体现为以下三个方面:

第一,把审理和判决置于公众的监督之下,有利于防止不同程度的"暗箱操作",确保案件审理和判决的正确性。控辩审三方组合的审判方式是确保审判公正的核心措施,审判公开是确保审判公正的必要补充。当然,考虑到审判过程是一个冷静的探索案件事实的过程,为防止法官形成确信受到不应有的干扰,审判公开应该控制在一定的范围之内,比如把审判过程向全社会进行电视直播其实是把审判公开原则推向了极端化。

第二,把审理和判决向社会公开,有利于向社会宣示正义。此种功能的实质是为实现程序正义发挥重要作用,使正义能够"看得见"。

第三,审判公开也是向公民进行法制教育的良好形式。

中国《刑事诉讼法》第 11 条规定:"人民法院审判案件,除本法另有规定的以外,一律公开进行……"第 202 条第 1 款规定:"宣告判决,一律公开进行。"

12.1.4　判决、裁定与决定

法院在审理刑事案件的过程中或审理结束时,常常需要对案件中的某些实体问题或程序问题作出决断并对当事人以及其他个人或单位具有不同程度的拘束力,这些具有拘束力的决断或处理往往表现为三种形式,即判决、裁定和决定。中国《刑事诉讼法》及有关司法解释对刑事判决、裁定和决定作了较为具体的规定。

1. 判决

判决是人民法院对案件的实体问题所作的处理和决定。刑事判决解决的是认定犯罪事实、确定罪名以及量刑这样的实体问题,因而它是人民法院代表国家行使审判权的主要体现。

根据《刑事诉讼法》第 200 条的规定,人民法院的刑事判决分为有罪判决和无罪判决两

---

① ［美］小查尔斯·F. 亨普希尔:《美国刑事诉讼——司法审判》(第 2 册),北京政法学院刑事诉讼法教研室 1982 年编印,第 25 页。

种。有罪判决表现为处刑判决和免刑判决。前者既要认定事实、确定罪名,也要确定刑罚;后者只认定事实、确定罪名而不判处刑罚。

1999 年 4 月 6 日,最高人民法院审判委员会第 1051 次会议通过了《法院刑事诉讼文书样式》,并决定于 1999 年 7 月 1 日起实施。根据会议的决定和通过的样本,判决书的结构由首部、事实、理由、判决结果和尾部五个部分组成,其中事实和理由是判决的核心。事实是判决的基础,是判决理由和判决结果的根据。按照样式的要求,刑事判决书事实部分的内容包括四个方面:人民检察院指控被告人犯罪的事实和证据;被告人的供述、辩解和辩护人的辩护意见及有关证据;经法官审理查明的犯罪事实;经庭审举证、质证认定犯罪事实的证据。理由是判决的灵魂,具体包括认定事实的理由、确定罪名的理由和确定具体刑罚的理由。此外,根据最高人民法院、最高人民检察院、公安部、国家安全部、司法部《关于规范量刑程序若干问题的意见》和最高院《解释》(2021)第 365 条,适用简易程序审理的案件,控辩双方对与定罪量刑有关的事实、证据没有异议的,法庭审理可以直接围绕罪名确定与量刑问题进行。

2. 裁定

裁定是人民法院在审理案件过程中和判决执行过程中,对诉讼程序问题和部分实体问题所作的决定。

裁定与判决的区别具体表现在(见表 12-2):

表 12-2　判决与裁定的区别　［马贵翔,2003］

区别点	判决	裁定
适用对象	解决的是案件的实体问题	主要解决程序问题
适用范围	只限于审判终结(包括第一审、第二审和以审判监督程序再审终结时)	较为广泛,包括整个审判和执行程序的全过程
适用方式	必须采用书面形式	可以采用书面和口头两种形式
上诉、抗诉期限	不服判决的上诉、抗诉期限为 10 日	不服裁定的上诉、抗诉期限为 5 日

根据《刑事诉讼法》的规定,人民法院适用裁定解决的程序问题主要指:《刑事诉讼法》第 106 条所规定的当事人由于不能抗拒的原因或者有其他正当理由而耽误诉讼期限的,在障碍消除后,申请继续进行应当在期满以前完成的诉讼活动,人民法院对该项申请是否准许,可以使用裁定;《刑事诉讼法》第 211 条规定的关于缺乏罪证的自诉案件,如果自诉人提不出补充证据,应当说服自诉人撤回自诉,或者使用裁定驳回自诉;第二审人民法院维持原判或者撤销原判发回重审等,可以使用裁定。人民法院适用裁定解决的部分实体问题主要指在执行阶段,人民法院使用裁定依法减刑、假释等。

3. 决定

人民法院在诉讼过程中所作的决定是依法就有关诉讼程序问题所作的一种处理方式。根据《刑事诉讼法》的规定,决定主要适用于:(1)解决申请回避问题;(2)适用各种强制措施或变更强制措施;(3)延长侦查中羁押犯罪人的期限;(4)在庭审过程中,解决当事人和辩护人、诉讼代理人申请通知新的证人到庭,调取新的物证,申请重新鉴定或者勘验等;(5)关于延期审理。

决定和裁定的区别主要表现为:(1)适用范围不同。决定和裁定使用标准在于是否涉及上诉、抗诉问题,凡是不涉及上诉、抗诉问题的便使用决定;反之使用裁定。(2)生效时间不同。为了保证诉讼效率,绝大多数决定一经作出立即生效,不允许上诉和抗诉;某些决定,如驳回申请回避的决定、罚款的决定等,为保护当事人合法权益,纠正可能出现的错误,法律允许当事人申请复议一次;因诉讼中的许多裁定允许上诉和抗诉,故裁定一般不会在作出后立即生效。(3)裁定一般使用书面形式,少数情况下使用口头形式;而决定一般情况下使用口头形式,少数情况下使用书面形式。

12.1.5　刑事审判组织

1. 审判组织的概念和种类

审判组织是法官审理案件的组织形式,一般有独任制和合议制两种形式。独任制是指由法官一人对案件开庭审理并作出裁判的一种组织形式;合议制,是指由法官三人以上组成合议庭对案件进行集体审判的一种组织形式。大陆法系国家一般实行合议制,英美法系一般实行独任制,重大案件另外吸收陪审团进行审判。

2. 陪审制度的演变

陪审制度(jury system)是国家审判机关吸收非职业法官或非职业审判员为陪审官或陪审员参加审判刑事、民事案件的制度。西方国家雅典、罗马时期每年由执政官用抽签方法从30岁以上的公民(奴隶主、自由民)中选出6 000名陪审官,组成陪审法院。每个案件由500名陪审官共同审理。罗马由最高裁判官从元老院的贵族、骑士和富裕奴隶主中挑选300~460人组成陪审法院,每案由抽签决定的30~40名陪审官审理。

欧洲大陆封建社会初期,陪审法庭曾取代日耳曼部落民众法庭而存在,但没有得到推广。英王亨利二世(1154~1189年在位)曾仿照法兰克国家日耳曼法的规定,吸收见证人审理刑事案件,以代替原始的司法决斗和神明裁判。其后,见证人逐渐演变为有权在法庭上审查证据、作出裁判的陪审官,并进一步发展为负责审查起诉和审理案件的大陪审团(grand jury)和小陪审团(pretty jury)。

资产阶级革命时期,资产阶级及其思想家反对封建专横,提出实行陪审制的主张。英国的J.李尔本在《人民约法》一书中要求"由人民自由选举陪审官"。法国孟德斯鸠在《论法的精神》一书中也主张以陪审官取代职业法官。一些国家的资产阶级夺取政权后,先后在法律上确立了陪审制度。英国继承了封建社会的大小陪审团制,前者参加审查起诉,后者参加审理案件。但1933年取消了大陪审团。目前保留大陪审团制度的是美国。大陪审团的任务是决定重罪案件是否起诉。大陪审团一般由12~23人组成,它的裁断采取多数表决制,不要求一致通过。小陪审团与英国现行的陪审团相似。英国的陪审团由12人组成,其职权是审查证据,听取辩论,并就被告人是否有罪的事实问题作出裁断,再由职业法官适用法律。只要陪审团全票或绝大多数票通过,就可作出裁决。如果陪审团意见分歧太大,就必须解散陪审团,另行召集陪审团进行裁断。法国资产阶级革命胜利后,也曾仿行英国的大、小陪审团制度,1808年通过的《刑事诉讼法》废除了大陪审团。法国的陪审裁断以多数表决通过、票数相等时坚持有利被告原则。如果审判官一致认定陪审团的裁断确有实质上的错误,可以宣告缓期审判,另行组织新陪审团重新审理。法国在1941年的"维希政府"和1945年的

"社会党人政府"时期,都把陪审法庭改为由常任法官和陪审官共同组成的混合法庭,负责审理事实和适用法律。德国 1924 年恢复舍芬庭(Schöffengericht),由 6 名陪审官和 3 名职业法官组成,兼负审理和判决责任;其判决以 2/3 多数通过。日本也曾一度实行陪审制,但在第二次世界大战中取消。2004 年 5 月 28 日,日本以单行法的形式颁布了《关于裁判员参加刑事审判的法律》。这种"裁判员制度"是一种介于英美法系的陪审制和大陆法系德国的参审制之间的新制度,其内容特征可以表述如下:按照英美式陪审制的选任方式,从公民登记簿中随机抽取候选人,根据忌避制度的规范确定审判员,再按照德法式参审制的决定方式,承认审判员基本上享有与职业法官同等的地位和权限,即审判员和职业法官共同作出有罪无罪的判断并衡量和科处相应的刑罚。[①] 英美法系和大陆法系国家的陪审制,都只适用于少数罪行较重的案件,绝大多数第一审刑事案件按照简易程序,由治安法官或警察法官单独审理。

在我国,中华民国时期,国民党政府于 1929 年曾颁布关于政治案件的陪审暂行法,规定的陪审官资格是 25 岁以上的国民党党员,该法于 1931 年被废止。第二次国内革命战争时期,中华苏维埃中央执行委员会颁布的《裁判部暂行组织及裁判条例》最早具体规定了陪审制度。中华人民共和国成立后,1951 年颁布的《中华人民共和国人民法院暂行组织条例》、1954 年颁布的《中华人民共和国宪法》和《中华人民共和国人民法院组织法》,都对陪审员制度作了规定。1979 年通过的《中华人民共和国人民法院组织法》和《中华人民共和国刑事诉讼法》重申了过去宪法和法律的有关规定:人民法院审判第一审案件,除简单的民事案件和轻微的刑事案件外,都由审判员和陪审员组成的合议庭进行。1983 年 9 月 2 日,第六届全国人民代表大会常务委员会第二次会议鉴于上述规定在实际执行中困难较大,决定修改《人民法院组织法》的有关条文,作出比较灵活的规定:"人民法院审判第一审案件,由审判员组成合议庭或者由审判员和人民陪审员组成合议庭进行,简单的民事案件、轻微的刑事案件和法律另有规定的案件,可以由审判员一人独任审判。"人民陪审员在执行职务期间同审判员有同等权利,有权参加所办案件的全部审判活动,按少数服从多数原则作出判决或裁定。除被剥夺过政治权利的以外,凡年满 23 岁的公民都可以被选为人民陪审员。陪审员大多由地方各级人民代表大会选出,定期轮流到人民法院参加审判,也有的经人民法院向当地机关、企业、学校、团体邀请,由各该单位临时推选代表担任。

3. 现行诉讼法规定的审判组织形式

根据中国《刑事诉讼法》第 183 条的规定,人民法院审判案件的组织形式有独任制和合议制。根据《人民法院组织法》第 36 条第 1 款的规定,人民法院内部还设有审判委员会。审判委员会依法有权讨论决定重大的或者疑难案件的处理,而且对于审判委员会的决定,合议庭应当执行。因此,从这个意义上讲,审判委员会不仅是审判组织,而且是人民法院内部最高层次的审判组织。

根据《刑事诉讼法》第 183 条的规定,独任制只能适用于基层人民法院以简易程序审判的案件。法律规定适用简易程序的两类自诉案件和一类轻微公诉案件可以适用独任制,但并不等于不能适用合议制。如果案件影响大,涉及面广,调查工作复杂,也可以组成合议庭

---

① 陈光中:《21 世纪初域外刑事诉讼立法之鸟瞰(代序言)》,载陈光中主编:《21 世纪域外刑事诉讼立法最新发展》,中国政法大学出版社 2004 年版。

进行审判。可以独任审判的案件,基于审判需要采取了合议制形式审理的,并不违反法律规定,但不能独任审判的案件,以独任制审判则违反了法律规定。独任制只限于基层人民法院审判第一审刑事案件,不适用于中级人民法院、高级人民法院、最高人民法院审判第一审案件,也不适用于第二审程序和其他审判程序。

合议制是人民法院审判刑事案件的基本组织形式。除适用简易程序的案件以外,绝大多数第一审刑事案件以及适用其他审判程序审判的全部案件,都必须组成合议庭进行审判。由合议庭审判案件,有利于发挥集体智慧,集思广益,防止主观片面,同时有利于实现法官之间的互相监督与制约,对于保证人民法院客观、公正地审判案件,提高办案质量,减少错案有重要意义。根据《刑事诉讼法》第183条的规定,合议庭的组成因审判程序和人民法院的级别不同而有所区别。基层人民法院、中级人民法院审判第一审案件,应当由审判员3人或者由审判员和人民陪审员共3人或者7人组成合议庭进行。高级人民法院审判第一审案件,应当由审判员3~7人或者由审判员和人民陪审员共3人或者7人组成合议庭进行。最高人民法院审判第一审案件,应当由审判员3~7人组成合议庭进行。合议庭的成员人数应当是单数。各级人民法院合议庭的成员,只能由经过正式任命的本院审判人员和依法选举产生的人民陪审员担任。其他人员,包括上级人民法院的审判人员都不能参加。助理审判员要参加合议庭审判案件,必须由本院院长提名,经审判委员会通过,临时代行审判员职务。助理审判员临时代行审判员职务,与审判员具有同等权利。合议庭应当由院长或者庭长指定一名审判员担任审判长。院长或者庭长参加合议庭审判案件,必须自任审判长。没有审判员参加合议庭,如合议庭全由代理审判员组成,或者合议庭由代理审判员和人民陪审员组成时,代理审判员可以被指定为审判长。人民陪审员不是专职审判人员,不能担任合议庭审判长,但在合议庭执行职务时,与其他审判员有同等权利。合议庭进行评议时,如果存在意见分歧,应当按多数人的意见作出决定,但是少数人的意见应当写入笔录。评议笔录最后应由合议庭的组成人员签名。合议庭(包括独任审判员)审判具体案件相对独立,它有权自行作出裁判。

审判委员会,是各级人民法院内部常设的一个对审判工作实行集体领导的组织形式。它不是为了审判具体案件而临时组成的。审判委员会的基本任务是:总结审判经验,对独任审判案件和合议审判案件进行领导;讨论决定重大复杂或者疑难案件的处理,以及其他有关审判工作。各级人民法院的审判委员会委员,由院长提请同级国家权力机关任免。每个成员都享有同等的权利。审判委员会由院长主持,院长不能主持时可以委托副院长主持。审判委员会讨论案件和其他问题,实行民主集中制,少数服从多数。对于疑难、复杂、重大案件,合议庭认为难以作出决定的,由合议庭提请院长决定提交审判委员会讨论决定。这一规定表明,只有合议庭认为难以作出决定的重大、疑难、复杂的案件,才由院长决定提交审判委员会讨论决定。根据审判实践,一般审判委员会讨论决定的案件有下列几种:(1)各时期重点打击的刑事犯罪,情节特别恶劣,性质特别严重,犯罪事实很不容易查清,影响较大的案件;(2)适用的法律有疑难,合议庭难以作出决定的案件;(3)合议庭存在意见分歧,不能形成决议的案件;(4)院长不同意合议庭所作判决或者裁定,而且分歧较大的案件。审判委员会讨论决定案件,应当认真听取合议庭的意见。审判委员会决定案件后,合议庭如果仍有不同意见,可以建议审判委员会复议。复议后作出的决定,合议庭必须执行。

12.2　刑事第一审程序

12.2.1　刑事第一审程序的概念与功能

刑事第一审程序是指人民法院对刑事案件的第一次审判所应遵循的程序规则的总称。刑事第一审程序是相对于各种救济审程序而言的,其功能主要体现为以下几个方面:

第一,刑事第一审程序是审判程序的典型代表。刑事第一审程序是刑事审判的必经程序,其程序规则较其他审判程序最为全面、完备,比如公开审判、法官中立、控辩平等、直接言词、自由心证、陪审、辩护等审判原则均得到了全面体现。

第二,刑事第一审程序是刑事审判的基础。其他刑事审判程序如刑事第二审程序、死刑复核程序、刑事审判监督程序等,均在不同程度上以刑事第一审的裁决为基础或出发点。

第三,刑事第一审作出的裁判在法定期限内未提起上诉、抗诉的就是生效裁判。

刑事第一审程序包括公诉案件第一审普通程序,自诉案件第一审程序、刑事简易程序和刑事速裁程序,针对特殊对象的特别程序将在第 14 章中进行介绍。

12.2.2　公诉案件第一审普通程序

我国公诉案件第一审普通程序是指人民法院对公诉案件进行第一次审判所应遵循的普通程序规则的总称。强调公诉程序以区别于自诉程序,强调普通程序以区别于刑事简易程序和刑事速裁程序。公诉案件第一审普通程序是刑事第一审程序的基本程序。根据中国《刑事诉讼法》的规定,刑事第一审普通程序包括庭前程序和庭审程序两大部分,同时还有一些特别规定。

1. 庭前程序

庭前程序是指人民检察院向人民法院提起公诉后到人民法院开庭审判前人民法院所进行的各种审判准备所应遵循的规则的总称。庭前程序在此是从狭义上而言的,它包括两层意思:一是庭前程序的主体只指人民法院,而广义上的庭前程序的主体还包括侦查机关、检察机关和辩护方;二是庭前程序只指公诉后和开庭前阶段的程序规则,而广义上的庭前程序包括审判前的立案、侦查、公诉准备等一系列活动程序规则。

庭前程序的核心是准备,目的首先在于提高效率,即通过必要的准备为顺利进行庭审创造条件。根据我国《刑事诉讼法》的规定,庭前程序包括对公诉案件的庭前审查和开庭审判前的准备两个部分。

(1) 对公诉案件的庭前审查。对公诉案件的庭前审查是指人民法院对人民检察院提交的案件进行审查以确定是否达到开庭审判条件的专门的司法活动。

中国《刑事诉讼法》第 176 条第 1 款规定:"人民检察院认为犯罪嫌疑人的犯罪事实已经查清,证据确实、充分,依法应当追究刑事责任的,应当作出起诉决定,按照审判管辖的规定,向人民法院提起公诉,并将案卷材料、证据移送人民法院。"第 186 条规定:"人民法院对提起公诉的案件进行审查后,对于起诉书中有明确的指控犯罪事实的,应当决定开庭审判。"此条规定确立了开庭审判的基本条件是起诉书中有明确的指控犯罪事实,并不要求起诉事实清楚、证据确实充分、依法应当追究刑事责任。这就决定了法院对公诉案件的审查是形式审查而非实质审查。实行形式审查的目的在于防止法官在开庭前了解案件事实而先入为主甚至"先定后审",以尽可能确保审判中心,防止审判"走过场",对于确保司法公正具有重要意义。

对公诉案件的庭前审查具体包括:

第一,案件是否属于本院管辖。

第二,起诉书是否写明被告人的身份,是否受过或者正在接受刑事处罚,被采取强制措施的种类、羁押地点,犯罪的时间、地点、手段、后果以及其他可能影响定罪量刑的情节。

第三,是否移送证明指控犯罪事实的证据材料,包括采取技术侦查措施的批准决定和所收集的证据材料。

第四,是否查封、扣押、冻结被告人的违法所得或者其他涉案财物,并附证明相关财物依法应当追缴的证据材料。

第五,是否列明被害人的姓名、住址、联系方式;是否附有证人、鉴定人名单;是否申请法庭通知证人、鉴定人、有专门知识的人出庭,并列明有关人员的姓名、性别、年龄、职业、住址、联系方式;是否附有需要保护的证人、鉴定人、被害人名单。

第六,当事人已委托辩护人、诉讼代理人,或者已接受法律援助的,是否列明辩护人、诉讼代理人的姓名、住址、联系方式。

第七,是否提起附带民事诉讼;提起附带民事诉讼的,是否列明附带民事诉讼当事人的姓名、住址、联系方式,是否附有相关证据材料。

第八,侦查、审查起诉程序的各种法律手续和诉讼文书是否齐全。

第九,有无《刑事诉讼法》第16条第2项至第6项规定的不追究刑事责任的情形。

对于认罪认罚案件,最高院《解释》(2021)第349条规定人民法院应当重点审查以下内容:

第一,人民检察院讯问犯罪嫌疑人时,是否告知其诉讼权利和认罪认罚的法律规定;

第二,是否随案移送听取犯罪嫌疑人、辩护人或者值班律师、被害人及其诉讼代理人意见的笔录;

第三,被告人与被害人达成调解、和解协议或者取得被害人谅解的,是否随案移送调解、和解协议、被害人谅解书等相关材料;

第四,需要签署认罪认罚具结书的,是否随案移送具结书。

案件经审查后,应当根据不同情况分别处理(见表12-3)。

表12-3 中国法院对公诉案件进行开庭审查依不同情况之处理 [马贵翔,2019]

序号	案件的不同情况	处理方式
1	属于告诉才处理的	应当退回人民检察院,并告知被害人有权提起自诉
2	不属于本院管辖或者被告人不在案的	应当退回人民检察院
3	需要补充材料的	应当通知人民检察院在3日内补送

续表

序号	案件的不同情况	处理方式
4	依照《刑事诉讼法》第 200 条第 3 项规定宣告被告人无罪后，人民检察院根据新的事实、证据重新起诉的	应当依法受理
5	人民法院裁定准许撤诉的案件，没有新的事实、证据，重新起诉的	应当退回人民检察院
6	符合《刑事诉讼法》第 16 条第 2 项至第 6 项规定情形的	应当裁定终止审理或者退回人民检察院
7	被告人真实身份不明，但符合《刑事诉讼法》第 160 条第 2 款规定的	应当依法受理

现代世界几个主要国家法院对公诉案件的审查情况呈现出以下几个特点：

第一，日本实行彻底的起诉书一本主义。检察官向法院起诉时，除提交一份起诉书外，不得同时添附可能使法官对案件产生预断的文书和证物，也不得引用这些文书和证物的内容，目的在于切断侦查与审判的直接联系，将控方的主张与举证分成两个步骤，使控辩双方影响法官心证的举证活动同步进行，以实现公平审判。

第二，德国、法国实行庭前实质审查制。德国实行完全的庭前法官实质审查制，不能防止法官预断。德国检察官起诉，应将起诉书和案卷一并提交法院，首席法官指定一名职业法官担任阅卷人，熟悉了解案件基本情况，可以自行调查或委托检察官进行补充侦查，收集证据。就是实行处刑命令程序①，也要对案件进行实质审查。法国虽实行对案件进行一级和二级预审的法官不得作为庭审法官的制度，但由于实行案件材料移送制度，并不能有效防止法官预断。对于违警罪和轻罪，不论是检察官直接决定起诉还是预审法官预审（一级预审）后裁定起诉，均由检察官将公诉书和案卷材料移送给法院，以便庭审法官事先了解案件材料；对于重罪，上诉法院审查庭裁定起诉后就将案件材料移送给审判法庭，重罪审判庭在正式开庭前还有预备程序，审判长可以讯问被告人，将足以证明犯罪的笔录、书面证言和鉴定报告的副本送达被告人，审判长如果认为预审尚不完整，或者在预审之后发现新的情况，可以命令进行必要的任何侦查行为。

第三，美国、英国、意大利等国不实行全案移送制度，可以在较大程度上防止法官预断。这些国家最重要的特色是，庭前对公诉的审查以保护被告人人权为目的，如果被告人放弃预审则不进行预审。其中美国较为典型，一般案件由预审法官预审后，重罪案件经过陪审团检查后，只向法院提交控告状或公诉书。英国、意大利移送部分材料给法庭。在英国，对于法院开庭审判的案件，预审法官交付正式审判后要将部分材料副本送达被告人，这些材料包括原告的起诉书，证言笔录、证人名单，被告人的供述，以及物证或书证清单等。在意大利，初步庭审阶段结束并决定提起公诉后，允许检察官将一小部分证据材料移送给法官，其他大部

---

① 德国的处刑命令程序是一种简易程序。检察院在侦查终结时认为无须对被指控人进行审判的，可书面向法官、陪审庭提出处罚金申请，并在申请中写明要求判处的法律处分，提出申请就相当于提起了公诉。在审判程序开始后，如果被告人缺席或审判基于其他重要原因难以进行的，检察官也可以提出处罚金申请。法官接到申请后，如果认为案件事实清楚、适用法律正确，被告人同意适用处罚金程序，且处罚限于 1 年以下有期自由刑（且为缓刑）等轻微处分的，可发布处刑命令。

分证据由控方在庭审时提出。

（2）开庭审判前的准备。人民法院对公诉案件审查后，如果认为案件符合开庭审判的条件，即着手进行开庭审判前的准备，目的是在庭审前进行必要的信息沟通，为顺利开庭创造条件。根据我国《刑事诉讼法》第187条的规定，开庭审判前的准备内容主要包括四个部分（见表12-4）。

根据相关司法解释，开庭审判前的准备还包括以下特别要求的内容（见表12-5）：

2. 法庭审判程序

法庭审判程序简称庭审程序，它是刑事第一审程序的中心环节和典型代表。法庭审判的直接目的是确定起诉事实是否存在并确定刑事责任，法庭审判程序则是为达成此目的而提供程序保障，其核心在于维护控辩双方的平等和法官中立，以确保公正司法。

表 12-4　中国刑事审判开庭前的四项准备内容　［马贵翔，2012］

序号	准备内容	说明
1	确定审判组织	根据《刑事诉讼法》和《人民法院组织法》的规定确定合议庭组成人员
2	告知被告人准备辩护	将人民检察院的起诉书副本至迟在开庭10日以前送达被告人、辩护人
		被告人未委托辩护人的，告知被告人可以委托辩护人，或者在必要的时候指定承担法律援助义务的律师为其提供辩护
3	庭前会议	在开庭以前，审判人员可以召集公诉人、当事人和辩护人、诉讼代理人，对管辖权异议、回避、出庭证人名单、鉴定人名单、有专门知识的人的名单、调取或提供新证据、非法证据排除等与审判相关的问题，了解情况，听取意见
4	发出开庭通知	将开庭的时间、地点在开庭3日前通知人民检察院
		传唤当事人，通知辩护人、诉讼代理人、证人、鉴定人和翻译人员，传票和通知书至迟在开庭3日前送达，也可采取电话、短信、传真、电子邮件等能确认对方收悉的方式
		公开审判案件，在开庭3日前先期公布案由、被告人姓名、开庭时间和地点

表 12-5　中国对刑事审判开庭前准备的特别要求　［马贵翔，2021］

序号	特别要求	
1	起诉书副本也应向被害人送达	
2	通知被告人、辩护人于开庭5日前提供4项内容	申请证人、鉴定人、有专门知识的人出庭的，应当列明有关人员的姓名、性别、年龄、职业、住址、联系方式
		当事人、法定代理人、辩护人、诉讼代理人在开庭5日前提供证人、鉴定人名单
		拟当庭出示的证据
		根据最高人民法院、最高人民检察院、公安部、国家安全部、司法部《关于规范刑事程序若干问题的意见》的通知，人民检察院以量刑建议书方式提出量刑建议的，人民法院在送达起诉书副本时，将量刑建议书一并送达被告人

续表

序号	特别要求	
3	合议庭可以拟出法庭审理提纲,提纲一般包括6项内容	合议庭成员在庭审中的具体分工
		起诉书指控的犯罪事实部分的重点和认定性质方面的要点
		讯问被告人时了解的案情要点
		控辩双方拟出庭作证的证人、鉴定人和勘验、检查笔录制作人
		控辩双方拟当庭宣读、出示的证人书面证言、物证和其他证据的目录
		庭审中可能出现的问题及拟采取的措施

法庭审判程序构造,从横的方面讲,体现了控、辩、审三方的互动关系。从纵的方面讲,又分为不同的诉讼步骤,这些步骤和互动关系包括以下内容:一是开庭程序。其实质是控、辩、审三方的报到审查程序。目前西方部分国家还有专门的法定程序,即通过控辩双方行使有因回避权和无因回避权确定双方认可的陪审团。二是法庭调查程序。它是法庭审判的中心环节,其目的是对起诉事实进行公开听证以确定事实是否存在。三是法庭辩论程序。法庭辩论是由控辩双方对犯罪事实已认定清楚的案件就刑事责任问题发表意见,为法官最终适用法律提供参考。四是评议与宣判程序。评议与宣判是合议庭将陪审团对法庭辩论通过秘密评议形成的结论以裁决的形式公开宣布的专门活动。

根据中国《刑事诉讼法》的规定,公诉案件一般法庭审判程序的步骤和控、辩、审三方的互动关系如下:

(1)开庭。根据中国《刑事诉讼法》第190条的规定,开庭应履行以下程序:查明当事人是否到庭,宣布案由;宣布合议庭的组成人员、书记员、公诉人、辩护人、诉讼代理人、鉴定人和翻译人员的名单;告知当事人有权对合议庭组成人员、书记员、公诉人、鉴定人和翻译人员申请回避;告知被告人享有辩护权利。

对于开庭程序,最高院《解释》(2021)还特别指明以下几点:

第一,被害人、诉讼代理人、证人、鉴定人,经人民法院传唤或者通知未到庭,不影响开庭审判的,人民法院可以开庭审理。

第二,开庭审理前,书记员应当依次进行下列工作(见表12-6):

表 12-6　中国刑事案件开庭审理前书记员应依次进行的工作　[马贵翔,2021]

序号	工作内容
1	受审判长委托,查明公诉人、当事人、辩护人、诉讼代理人、证人及其他诉讼参与人是否到庭
2	核实旁听人员中是否有证人、鉴定人、有专门知识的人
3	请公诉人、辩护人、诉讼代理人及其他诉讼参与人入庭
4	宣读法庭规则

续表

序号	工作内容
5	宣读法庭规则
6	请审判长、审判员、人民陪审员入庭
7	审判人员就座后,向审判长报告开庭前的准备工作已经就绪

第三,审判长宣布开庭,传被告人到庭后,应当查明被告人的下列情况(见表 12-7):

表 12-7　中国刑事案件开庭后应当查明被告人情况的项目　[马贵翔,2021]

序号	项目
1	姓名、出生日期、民族、出生地、文化程度、职业、住址,或者被告单位的名称、住所地、法定代表人、实际控制人以及诉讼代表人的姓名、职务
2	是否受过刑事处罚、行政处罚、处分及其种类、时间
3	是否被采取留置措施及留置的时间,是否被采取强制措施及强制措施的种类、时间
4	收到起诉书副本的日期;附带民事诉讼的,附带民事诉讼被告人收到附带民事起诉状的日期

第四,审判长宣布案件的来源、起诉的案由、附带民事诉讼当事人的姓名及是否公开审理;不公开审理的,应当宣布理由。

第五,审判长应当告知当事人及其法定代理人、辩护人、诉讼代理人在法庭审理过程中依法享有下列诉讼权利:可以申请合议庭组成人员、法官助理、书记员、公诉人、鉴定人和翻译人员回避;可以提出证据,申请通知新的证人到庭、调取新的证据,申请重新鉴定或者勘验;被告人可以自行辩护;被告人可以在法庭辩论终结后作最后陈述。

第六,审判长应当询问当事人及其法定代理人、辩护人、诉讼代理人是否申请回避、申请何人回避和申请回避的理由。当事人及其法定代理人、辩护人、诉讼代理人申请回避的,依照《刑事诉讼法》及最高院《解释》(2021)的有关规定处理。同意或者驳回回避申请的决定及复议决定,由审判长宣布,并说明理由。必要时,也可以由院长到庭宣布。

(2) 法庭调查。根据中国《刑事诉讼法》第 191 条至第 198 条规定,法庭调查的一般步骤和控、辩、审三方的互动关系如下:

第一,公诉人宣读起诉书。

第二,被告人、被害人陈述和讯问被告人。《刑事诉讼法》第 191 条规定,公诉人在法庭上宣读起诉书后,被告人、被害人可以就起诉书指控的犯罪进行陈述,公诉人可以讯问被告人。被害人、附带民事诉讼的原告人和辩护人、诉讼代理人,经审判长许可,可以向被告人发问。审判人员可以讯问被告人。

第三,出示核实各种证据(见表 12-8)。

表 12-8　中国刑事案件开庭后出示核实证据的主要内容及相关法律规定　［马贵翔，2012］

事项		中国《刑事诉讼法》的相关规定
询问证人、鉴定人		第 194 条："证人作证，审判人员应当告知他要如实地提供证言和有意作伪证或者隐匿罪证要负的法律责任。公诉人、当事人和辩护人、诉讼代理人经审判长许可，可以对证人、鉴定人发问。审判长认为发问的内容与案件无关的时候，应当制止。审判人员可以询问证人、鉴定人"
		第 192 条："公诉人、当事人或者辩护人、诉讼代理人对证人证言有异议，且该证人证言对案件定罪量刑有重大影响，人民法院认为证人有必要出庭作证的，证人应当出庭作证。人民警察就其执行职务时目击的犯罪情况作为证人出庭作证，适用前款规定。公诉人、当事人或者辩护人、诉讼代理人对鉴定意见有异议，人民法院认为鉴定人有必要出庭的，鉴定人应当出庭作证。经人民法院通知，鉴定人拒不出庭作证的，鉴定意见不得作为定案的根据"
		第 193 条："经人民法院通知，证人没有正当理由不出庭作证的，人民法院可以强制其到庭，但是被告人的配偶、父母、子女除外。证人没有正当理由拒绝出庭或者出庭后拒绝作证的，予以训诫，情节严重的，经院长批准，处以十日以下的拘留。被处罚人对拘留决定不服的，可以向上一级人民法院申请复议。复议期间不停止执行"
出示与核实物证、书证及其他证据文书		第 195 条："公诉人、辩护人应当向法庭出示物证，让当事人辨认，对未到庭的证人的证言笔录、鉴定人的鉴定意见、勘验笔录和其他作为证据的文书，应当当庭宣读。审判人员应当听取公诉人、当事人和辩护人、诉讼代理人的意见"
特别规定	调取新证据（庭审前证据目录、证人名单以外的证据）	第 197 条："法庭审理过程中，当事人和辩护人、诉讼代理人有权申请通知新的证人到庭，调取新的物证，申请重新鉴定或者勘验。公诉人、当事人和辩护人、诉讼代理人可以申请法庭通知有专门知识的人出庭，就鉴定人作出的鉴定意见提出意见。法庭对于上述申请，应当作出是否同意的决定。第二款规定的有专门知识的人出庭，适用鉴定人的有关规定"
	合议庭调查核实证据	第 196 条："法庭审理过程中，合议庭对证据有疑问的，可以宣布休庭，对证据进行调查核实。人民法院调查核实证据，可以进行勘验、检查、查封、扣押、鉴定和查询、冻结"

根据相关司法解释，法庭调查还应注意以下内容：

第一，审判长宣布法庭调查开始后，应当首先由公诉人宣读起诉书。有附带民事诉讼的，再由附带民事诉讼的原告人或者其法定代理人、诉讼代理人宣读附带民事诉状。

第二，起诉书指控的被告人的犯罪事实为两起以上的，法庭调查一般应当分别进行。

第三，在审判长主持下，被告人、被害人可以就起诉书指控的犯罪事实分别进行陈述。

第四，在审判长主持下，公诉人可以就起诉书中所指控的犯罪事实讯问被告人，被害人及其法定代理人、诉讼代理人经审判长准许，可以就公诉人的讯问情况进行补充性发问，附带民事诉讼的原告人及其法定代理人或者诉讼代理人经审判长准许，可以就附带民事诉讼部分的事实向被告人发问。

第五，经审判长准许，被告人的辩护人及法定代理人或者诉讼代理人可以在控诉一方就某一具体问题讯问完毕后向被告人发问。

第六，对于共同犯罪案件中的被告人，应当分别进行讯问。合议庭认为必要时，可以传唤同案被告人同时到庭对质。

第七,公诉人可以提请审判长通知证人、鉴定人出庭作证,或者出示证据。被害人及其法定代理人、诉讼代理人,附带民事诉讼原告人及其诉讼代理人也可以提出申请。在控诉一方举证后,被告人及其法定代理人、辩护人可以提请审判长通知证人、鉴定人出庭作证,或者出示证据。控辩双方申请证人出庭作证,出示证据,应当说明证据的名称、来源和拟证明的事实。法庭认为有必要的,应当准许;对方提出异议,认为有关证据与案件无关或者明显重复、不必要,法庭经审查异议成立的,可以不予准许。已经移送人民法院的证据,控辩双方需要出示的,可以向法庭提出申请。法庭同意的,应当指令值庭法警出示、播放;需要宣读的,由值庭法警交由申请人宣读。公诉人、当事人或者辩护人、诉讼代理人对证人证言有异议,且该证人证言对定罪量刑有重大影响,或者对鉴定意见有异议,申请法庭通知证人、鉴定人出庭作证,人民法院认为有必要的,应当通知证人、鉴定人出庭;无法通知或者证人、鉴定人拒绝出庭的,应当及时告知申请人。经人民法院准许,证人存在以下情形之一的,可以不出庭作证,或通过视频等方式作证:在庭审期间身患严重疾病或者行动极为不便的;居所远离开庭地点且交通极为不便的;身处国外短期无法回国的人或者有其他客观原因,确实无法出庭的。

第八,证人出庭作证所支出的交通、住宿、就餐等费用,人民法院应当给予补助。强制证人出庭的,应当由院长签发强制证人出庭令。审判危害国家安全犯罪、恐怖活动犯罪、黑社会性质的组织犯罪、毒品犯罪等案件,证人、鉴定人、被害人因出庭作证,本人或者其近亲属的人身安全面临危险的,人民法院应当采取不公开其真实姓名、住址和工作单位等个人信息,或者不暴露其外貌、真实声音等保护措施。审判期间,证人、鉴定人、被害人提出保护请求的,人民法院应当立即审查;认为确有保护必要的,应当及时决定采取相应保护措施。决定对出庭作证的证人、鉴定人、被害人采取不公开个人信息保护措施的,审判人员应当在开庭前核实其身份,对证人、鉴定人如实作证的保证书不得公开,在判决书、裁定书等法律文书中可以使用化名等代替其个人信息。证人、鉴定人到庭后,审判人员应当核实其身份、与当事人以及本案的关系,并告知其有关作证的权利义务和法律责任。证人、鉴定人作证前,应当保证向法庭如实提供证言、说明鉴定意见,并在保证书上签名。

第九,向证人、鉴定人发问,应当先由提请通知的一方进行。发问完毕后,经审判长准许,对方也可以发问。对证人、被告人、被害人、附带民事诉讼当事人、鉴定人、有专门知识的人发问,发问的内容应当与本案事实有关,不得以诱导方式发问,不得威胁证人,不得损害证人的人格尊严。控辩双方的讯问、发问方式不当或者内容与本案无关的,对方可以提出异议,申请审判长制止,审判长应当判明情况予以支持或者驳回,对方未提出异议的,审判长也可以根据情况予以制止。

审判人员认为必要时,可以询问证人、鉴定人、有专门知识的人。向证人、鉴定人、有专门知识的人发问应当分别进行。证人、鉴定人、有专门知识的人经控辩双方发问或者审判人员询问后,审判长应当告知其退庭。证人、鉴定人、有专门知识的人不得旁听对本案的审理。

第十,举证方当庭出示证据后,由对方进行辨认并发表意见。控辩双方可以互相质问、辩论。

第十一,当庭出示的证据,尚未移送人民法院的,应当在质证后移交法庭。法庭对证据有疑问的,可以告知公诉人、当事人及其法定代理人、辩护人、诉讼代理人补充证据或者作出说明;必要时,可以宣布休庭,对证据进行调查核实。对公诉人、当事人及其法定代理人、辩护人、诉讼代理人补充的和法庭庭外调查核实取得的证据,应当经过当庭质证,才能作为定案的根据。但是,经庭外征求意见,控辩双方没有异议的除外。有关情况,应当记录在案。

第十二,公诉人申请出示开庭前未移送人民法院的证据,辩护方提出异议的,审判长应当要求公诉人说明理由,理由成立并确有出示必要的,应当准许。辩护方提出需要对新的证据作辩护准备的,法庭可以宣布休庭,并确定准备辩护的时间。辩护方申请出示开庭前未提交的证据,参照上述规定。

第十三,当事人及其辩护人、诉讼代理人申请通知新的证人到庭,调取新的证据,申请重新鉴定或者勘验的,应当提供证人的姓名、证据的存放地点,说明拟证明的案件事实,要求重新鉴定或者勘验的理由。法庭认为有必要的,应当同意,并宣布延期审理;不同意的,应当说明理由并继续审理。

第十四,审判期间,公诉人发现案件需要补充侦查,建议延期审理的,合议庭应当同意,但建议延期审理不得超过两次。人民检察院将补充收集的证据移送人民法院的,人民法院应当通知辩护人、诉讼代理人查阅、摘抄、复制。补充侦查期限届满后,经法庭通知,人民检察院未将案件移送人民法院,且未说明原因的,人民法院可以决定按人民检察院撤诉处理。

第十五,人民法院向人民检察院调取需要调查核实的证据材料,或者根据辩护人、被告人的申请向人民检察院调取在侦查、审查起诉中收集的有关被告人无罪和罪轻的证据材料,应当通知人民检察院在收到调取证据材料决定书后 3 日内移交。

第十六,审判期间,合议庭发现被告人可能有自首、坦白、立功等法定量刑情节,而人民检察院移送的案卷中没有相关证据材料的,应当通知人民检察院移送。审判期间,被告人提出新的立功线索的,人民法院可以建议人民检察院补充侦查。

此外,根据《刑事诉讼法》以及最高院《解释》(2021)相关规定,法庭在审理过程中,对与量刑有关的事实、证据,应当进行调查。

对被告人认罪的案件,在确认被告人了解起诉书指控的犯罪事实和罪名,自愿认罪且知悉认罪的法律后果后,法庭调查可以主要围绕量刑和其他有争议的问题进行。对被告人不认罪或者辩护人作无罪辩护的案件,法庭调查应当在查明定罪事实的基础上,查明有关量刑事实。

法庭调查和交叉询问制度在中外刑事诉讼中的基本情况是:

第一,中国《刑事诉讼法》规定的法庭调查程序基本上确定的是一些重要的法律规则,并不是严格的调查顺序,在司法实践中允许人民法院在制订庭审计划时确定具体的庭审顺序,只要不违背《刑事诉讼法》的规定即可。

第二,西方(特别是英美法系国家)法庭调查实行交叉询问(cross examination)规则(见图 12-2),即控辩双方在法官和陪审团面前为查明事实而交替询问证人的一种法庭调查方式。其步骤是:① 控诉方对自己提出的第一位证人进行主询问,通过适当的提问使证人得以清楚无误地提供与本方所要证明的事实有关的陈述。② 辩护方对控诉方提出的这一位证人进行交叉询问,通过细心安排的提问揭露证人证言中存在的矛盾或者漏洞,引导出有利于本方的事实甚至干脆对证人本身的可靠性提出质疑,并为被告人博取同情。③ 控诉方对自己提出的第一位证人再次进行主询问,目的在于澄清该证人的证言在交叉询问中暴露出来的疑点,消除交叉询问所造成的不利于本方的效果。④ 如果确有必要并经主审法官许可,辩护方可以再次交叉询问。⑤ 控诉方对自己提出的第二位证人进行主询问,并重复进行上述②③④步骤,直至控诉方提供的证人全部询问完毕。⑥ 辩护方对自己提出的第一位证人进行主询问,使该证人提供有利于本方的陈述。⑦ 控诉方对辩护方提出的第一位证人进行交叉询问。⑧ 辩护方对自己提出的第一位证人再次进行主询问。⑨ 确有必要并经主审法官许可,控诉方可以再次进行交叉询问。⑩ 辩护方对自己提出的第二位证人进行主询问,并重复上述⑦⑧⑨步骤,直至辩护方提供的证人全部询问完毕。①

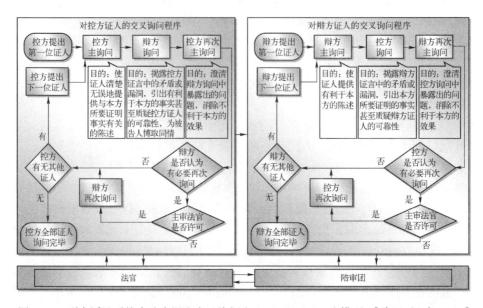

图 12-2　刑事诉讼系统中法庭调查交叉询问(Cross Examination)模型　[常远、江晗,2002]

　　第三,中国现行刑事诉讼法规定的法庭调查和实践操作一般采用先讯问被告,再传唤证人,后出示书证、物证的机械运作方式,特别是允许使用书面证言等传闻证据。与此相比,交叉询问制度的优点是逻辑性强,原因在于:其一,它反对使用书面证言等可靠性较低的传闻证据;其二,它确立了以询问证人(包括被害人、被告人、鉴定人等)为主线,根据需要与时机配合出示书证、物证的方法,论证清晰;其三,证人的次序安排和询问内容均是控辩双方精心设计的,不仅层次分明,而且探索力极强;其四,把对事实的调查与辩论融为一体,避免了把二者分开进行引起的辩论中常常需恢复法庭调查的麻烦。

　　(3) 法庭辩论。中国刑事诉讼法规定的法庭辩论一个显明的特点是包括事实的辩论。即对控辩双方对案件事实、证据、适用法律分别发表意见并相互质疑的专门活动。

　　中国《刑事诉讼法》第 198 条规定,经审判长许可,公诉人、当事人和辩护人、诉讼代理人可以对证据和案件情况发表意见并且可以互相辩论。此条规定也明确了法庭辩论的基本顺序。辩护人发表辩护词是第一轮辩论结束的标志,接着开始第二轮、第三轮辩论,直至合议庭认为双方均已表明见解为止(见图 12-3)。

　　根据相关司法解释,法庭辩论还强调:

　　第一,法庭辩论应当在审判长的主持下,按照下列顺序进行:公诉人发言,被害人及其诉

---

① 张建伟:《交叉询问制度的机理与应用》,载陈光中主编:《依法治国　司法公正——诉讼法理论与实践(1999 年卷·上海)》,上海社会科学院出版社 2000 年版,第 198~199 页。

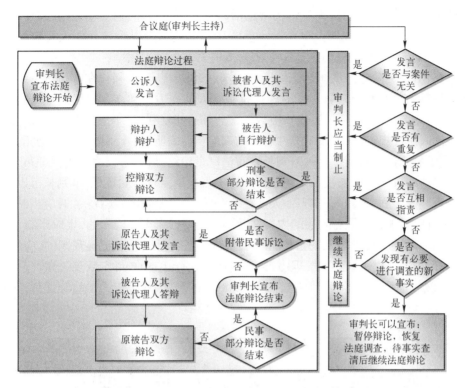

图 12-3　中国刑事诉讼系统第一审普通程序中的法庭辩论程序　［常远、江晗，2002］

讼代理人发言，被告人自行辩护，辩护人辩护，控辩双方进行辩论。附带民事诉讼部分的辩论应当在刑事诉讼部分的辩论结束后进行。先由附带民事诉讼原告人及其诉讼代理人发言，然后由被告人及其诉讼代理人答辩。

　　第二，在法庭辩论过程中，审判长对于控辩双方与案件无关、重复或者互相指责的发言应当制止。

　　第三，被告人当庭拒绝辩护人辩护，要求另行委托辩护人或者指派律师的，合议庭应当准许。被告人拒绝辩护人辩护后，没有辩护人的，应当宣布休庭；仍有辩护人的，庭审可以继续进行。有多名被告人的案件，部分被告人拒绝辩护人辩护后，没有辩护人的，根据案件情况，可以对该被告人另案处理，对其他被告人的庭审继续进行。重新开庭后，被告人再次当庭拒绝辩护人辩护的，可以准许，但被告人不得再次另行委托辩护人或者要求另行指派律师，而由其自行辩护。被告人属于应当提供法律援助的情形，重新开庭后再次当庭拒绝辩护人辩护的，不予准许。法庭审理过程中，辩护人拒绝为被告人辩护的，应当准许。另行委托辩护人或者指派律师的，自案件宣布休庭之日起至第 15 日止，由辩护人准备辩护，但被告人及其辩护人自愿缩短时间的除外。

　　第四，在法庭辩论过程中，如果合议庭发现新的事实，认为有必要进行调查的，审判长可以宣布暂停辩论，恢复法庭调查，待该事实查清后继续法庭辩论。

　　此外，根据最高人民法院、最高人民检察院、公安部、国家安全部、司法部印发《关于规范量刑程序若干问题的意见》的通知，在法庭辩论阶段，审判人员引导控辩双方先辩论定罪问题。在定罪辩论结束后，审判人员告知控辩双方可以围绕量刑问题进行辩论，发表量刑建议或意见,并说明理由和依据。量刑辩论活动按照以下顺序进行:① 公诉人发表量刑意见,或者自诉人及其诉讼代理人发表量刑意见。② 被害人及其诉讼代理人发表量刑意见。③ 被告人及其辩护人发表量刑意见。

(4) 被告人最后陈述。我国《刑事诉讼法》第 198 条规定,审判长在宣布辩论终结后,被告人有最后陈述的权利。被告人最后陈述是被告人的一项权利,应当成为一个独立的庭审阶段。法庭辩论结束后,审判长应告知被告人最后陈述的权利。对于被告人最后陈述的内容,法律并未作限制性规定,只要是与案件有关的都应当认真听取,不得限制。根据相关司法解释,被告人最后陈述还强调:其一,审判长宣布法庭辩论终结后,合议庭应当保证被告人充分行使最后陈述的权利。如果被告人在最后陈述中多次重复自己的意见,审判长可以制止;如果陈述内容蔑视法庭、公诉人,损害他人及社会公共利益或者与本案无关的,应当制止;在公开审理的案件中,被告人最后陈述的内容涉及国家秘密或者个人隐私的,也应当制止。其二,被告人在最后陈述中提出了新的事实、证据,合议庭认为可能影响正确裁判的,应当恢复法庭调查;如果被告人提出新的辩解理由,合议庭认为确有必要的,可以恢复法庭辩论。

(5) 评议与宣判。根据《刑事诉讼法》第 200 条的规定,在被告人最后陈述后,审判长宣布休庭,合议庭进行评议并分情况作出判决(见图 12-4)。

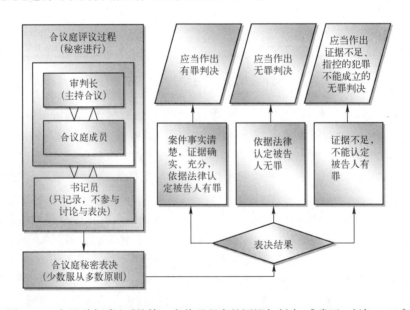

图 12-4 中国刑事诉讼系统第一审普通程序的评议与判决 [常远、叶涛,2002]

评议应遵守的法定规则有:一是评议秘密进行;二是评议由审判长主持;三是表决实行少数服从多数原则;四是书记员只做记录,不参与讨论与表决。根据《刑事诉讼法》第 200 条的规定,评议后应分别情形作出如下判决:案件事实清楚,证据确实、充分,依据法律认定被告人有罪的,应当作出有罪判决;依据法律认定被告人无罪的,应当作出无罪判决;证据不足,不能认定被告人有罪的,应当作出证据不足、指控的犯罪不能成立的无罪判决。根据《刑事诉讼法》第 201 条的规定,对于认罪认罚案件,人民法院依法作出判决时,一般应当采纳人民检察院指控的罪名和量刑建议,但有下列情形的除外:① 被告人的行为不构成犯罪或者不应当追究其刑事责任的;② 被告人违背意愿认罪认罚的;③ 被告人否认指控的犯罪事实的;④ 起诉指控的罪名与审理认定的罪名不一致的;⑤ 其他可能影响公正审判的情形。人民法院经审理认为量刑建议明显不当,或者被告人、辩护人对量刑建议提出异议的,人民检察院可以调整量刑建议。人民检察院不调整量刑建议或者调整量刑建议后仍然明显不当的,人民法院应当依法作出判决。

根据相关司法解释,评议还应遵循以下规定:

第一,合议庭应当根据已经查明的事实、证据和有关法律规定,并在充分考虑控辩双方意见的基础上,进行评议,确定被告人是否有罪,是否应当追究刑事责任;构成何罪,应否处以刑罚,判处何种刑罚;有无从重、加重、从轻、减轻或者免除处罚的情节;附带民事诉讼如何解决;查封、扣押、冻结的财物及其孳息如何处理等,并依法作出判决。人民法院对具有下列情形的案件,应当分别作出裁判(见表 12-9):

表 12-9　中国法院对第一审普通程序刑事案件依不同情形所作之裁判　[马贵翔,2021]

序号	案件的不同情形	裁判结果
1	起诉指控的事实清楚,证据确实、充分,依据法律认定被告人的罪名成立	应当作出有罪判决
2	起诉指控的事实清楚,证据确实、充分,指控的罪名与人民法院审理认定的罪名不一致	应当按照审理认定的罪名作出有罪判决
3	案件事实清楚,证据确实、充分,依据法律认定被告人无罪	应当判决宣告被告人无罪
4	证据不足,不能认定被告人有罪	应当以证据不足,指控的犯罪不能成立,判决宣告被告人无罪
5	案件部分事实清楚,证据确实、充分	应当依法作出有罪或者无罪的判决;事实不清,证据不足部分,依法不予认定
6	被告人因未达到刑事责任年龄,依法不予刑事处罚	应当判决宣告被告人不负刑事责任
7	被告人是精神病人,在不能辨认或不能控制自己行为时造成危害结果的,依法不予刑事处罚	应当判决宣告被告人不负刑事责任,符合强制医疗条件的,应当依法审理并作出判决
8	犯罪已过追诉时效期限,并且不是必须追诉或者经特赦令免除刑罚的	应当裁定终止审理
9	被告人死亡	应当裁定终止审理;对于根据已查明的案件事实和认定的证据材料,能够确认被告人无罪,人民法院经缺席审理确认无罪的,应当依法作出判决

第二,在宣告判决前,人民检察院要求撤回起诉的,人民法院应当审查人民检察院撤回起诉的理由,并作出是否准许的裁定。

第三,人民法院在审理中发现新的事实,可能影响定罪的,可以建议人民检察院补充或者变更起诉;人民检察院不同意或者在 7 日内未回复意见的,人民法院应当就起诉指控的犯罪事实依法作出裁判。

第四,对于依据《刑事诉讼法》第 200 条第 3 项规定作出的判决又重新起诉的案件,对前判决不予撤销。但应当在判决中写明:"被告人 ××× 曾于 ×××× 年 ×× 月 ×× 日被 ×× 人民检察院以 ×× 罪向 ×× 人民法院提起公诉,因证据不足,指控的犯罪不能成立,被 ×× 人民法院依法宣告无罪。"

宣判是对判决的公开宣告。根据《刑事诉讼法》第 202 条、第 203 条的规定,宣告判决,一律公开进行。当庭宣告判决的,应当在 5 日以内将判决书送达当事人和提起公诉的人民检察院;定期宣告判决的,应当在宣告后立即将判决书送达当事人和提起公诉的人民检察院。判决书应当同时送达辩护人、诉讼代理人。判决书应当由合议庭的组成人员和书记员署名,并写明上诉的期限和上诉的法院。根据相关司法解释,当庭宣告判决的,应当宣布判决结果,并在 5 日内将判决书送达当事人、法定代理人、诉讼代理人、提起诉讼的人民检察院、辩护人和被告人的近亲属。定期宣告判决的,合议庭应当在宣判前,先期公告宣判的具体时间和地点,传唤当事人并通知公诉人、法定代理人、诉讼代理人和辩护人;判决宣告后应当立即将判决书送达当事人、法定代理人、提起公诉的人民检察院、辩护人和被告人的近亲属,判决生效后还应当送达被告人所在单位或者原户籍所在地的公安派出所。被告人是单位的,应当送达被告人注册登记的市场监督管理机关。宣告判决时,法庭内全体人员应当起立。宣判时,公诉人、辩护人、被害人、自诉人或者附带民事诉讼的原告人和被告人未到庭的,不影响宣判的进行。

3. 其他相关程序事项

根据《刑事诉讼法》规定,公诉案件第一审普通程序还应遵循以下特别规定:

(1) 不公开审理。根据《刑事诉讼法》第 188 条的规定,人民法院审判第一审案件应当公开进行。但是有关国家秘密或者个人隐私的案件,不公开审理;涉及商业秘密的案件,当事人申请不公开审理的,可以不公开审理。同时,根据《刑事诉讼法》第 285 条的规定,审判的时候被告人不满 18 周岁的案件,不公开审理。但是,经未成年被告人及其法定代理人同意,未成年被告人所在学校和未成年人保护组织可以派代表到场。

根据相关司法解释规定,不公开审理时还应注意:其一,任何公民包括与审理该案无关的法院工作人员和被告人的近亲属都不得旁听。审理未成年被告人的案件,适用相关规定。其二,被害人、诉讼代理人、证人、鉴定人,经人民法院传唤或者通知未到庭,不影响开庭审理的,人民法院可以开庭审理。

(2) 法庭纪律。根据《刑事诉讼法》第 199 条的规定,在法庭审判过程中,如果诉讼参与人或者旁听人员违反法庭秩序,审判长应当警告制止。对不听制止的,可以强行带出法庭;情节严重的,处以 1 000 元以下的罚款或者 15 日以下的拘留。罚款、拘留必须经院长批准。被处罚人对罚款、拘留的决定不服,可以向上一级人民法院申请复议。复议期间不停止执行。对聚众哄闹、冲击法庭或者侮辱、诽谤、威胁、殴打司法工作人员或者诉讼参与人,严重扰乱法庭秩序的行为,构成犯罪的,依法追究刑事责任。根据相关司法解释,在法庭审判过程中,如果诉讼参与人或者旁听人员违反法庭秩序,合议庭应当按照下列情形分别处理:对于违反法庭秩序情节较轻的,应当当庭警告制止并进行训诫;对于不听警告制止的,可以指令法警强行带出法庭;对于违反法庭秩序情节严重的,经报请院长批准后,对行为人处 1 000 元以下的罚款或者 15 日以下的拘留;未经许可录音、录像、摄影或者通过邮件、博客、微博客等方式传播庭审情况的,可以暂扣存储介质或者相关设备。

诉讼参与人、旁听人员对罚款、拘留的决定不服的,可以直接向上一级人民法院申请复议,也可以通过决定罚款、拘留的人民法院向上一级人民法院申请复议。通过决定罚款、拘留的人民法院申请复议的,该人民法院应当自收到复议申请之日起 3 日内,将复议申请、罚款或者拘留决定书和有关事实、证据材料一并报上一级人民法院复议。复议期间,不停止决定的执行。

(3) 延期审理与中止审理。根据《刑事诉讼法》第 204 条的规定,在法庭审判过程中,遇有下列情形之一,影响审判进行的,可以延期审理:需要通知新的证人到庭,调取新的物证,重新鉴定或者勘验的;检察人员发现提起公诉的案件需要补充侦查,提出建议的;由于当事人申请回避而不能进行审判的。

根据《刑事诉讼法》第 206 条的规定,在审判过程中,有下列情形之一,致使案件在较长时间内无法继续审理的,可以中止审理:被告人患有严重疾病,无法出庭的;被告人脱逃的;自诉人患有严重疾病,无法出庭,未委托诉讼代理人出庭的;由于不能抗拒的原因。中止审理的原因消失后,应当恢复审理。中止审理的期间不计入审理期限。

(4) 检察监督。《刑事诉讼法》第 209 条规定,人民检察院发现人民法院审理案件违反法律规定的诉讼程序的,有权向人民法院提出纠正意见。相关司法解释也具体规定了人民检察院认为人民法院审理案件过程中,有违反法律规定的诉讼程序的情况,在庭审后提出书面纠正意见,人民法院认为正确的,应当采纳。

(5) 审理期限。《刑事诉讼法》第 208 条规定,人民法院审理公诉案件,应当在受理后两个月以内宣判,至迟不得超过 3 个月。对于可能判处死刑的案件或者附带民事诉讼的案件,以及有该法第 158 条规定情形之一的,经上一级人民法院批准,可以延长 3 个月;因特殊情况还需要延长的,报请最高人民法院批准。人民法院改变管辖的案件,从改变后的人民法院收到案件之日起计算审理期限。人民检察院补充侦查的案件,补充侦查完毕移送人民法院后,人民法院重新计算审理期限。

刑事案件第一审
程序期限

(6) 法庭审判笔录。《刑事诉讼法》第 207 条规定,法庭审判的全部活动,应当由书记员写成笔录,经审判长审阅后,由审判长和书记员签名。法庭审判笔录中的证人证言部分,应当当庭宣读或者交给证人阅读。证人在确认没有错误后,应当签名或者盖章。法庭审判笔录应当交给当事人阅读或者向他宣读。当事人认为记载有遗漏或者差错的,可以请求补充或者改正;当事人确认没有错误后,应当签名或者盖章。

12.2.3　自诉案件第一审程序

1. 自诉的概念与意义

从形式上看,自诉是与公诉相对而言的,是指被害人对犯罪的直接起诉。

现代世界各国,有的承认自诉,如英国、德国;有的实行“起诉垄断主义”,即对所有犯罪的起诉均采取公诉形式,如美国、日本、法国等。究竟哪种形式好,理论上尚无定论。承认自诉的国家,一般是从以下方面来衡量其意义的:

第一,允许自诉的案件主要是事实清楚、危害轻微的案件。对此类案件,国家的侦查、公诉机关没有必要"大动干戈",交由被害人直接起诉既有利于提高诉讼效率又有利于提高诉讼效益,较好地贯彻了诉讼效率与诉讼经济原则。较之其他简易程序,自诉还免去了国家起诉机关的介入,实质上简易程度更高。

第二,自诉案件中犯罪行为侵害个人利益的成分较突出,由被害人、被告人双方通过自诉途径解决有利于合情合理解决纠纷,一定程度上还可能化解矛盾。我国《刑事诉讼法》规定自诉制度在很大程度上受此观念的影响,即通过自诉程序正确处理好人民内部矛盾。

2. 自诉案件的范围

自诉案件一般是事实清楚、危害轻微的刑事案件,中国《刑事诉讼法》第 210 条规定的前 2 项自诉案件即属此种情况,其范围已在本书职能管辖和提起自诉里作过介绍,在此不再赘述。需要强调的是中国《刑事诉讼法》第 210 条第 3 项规定,即被害人有证据证明对被告人侵犯自己人身、财产权利的行为应当依法追究刑事责任,而公安机关或者人民检察院不予追究被告人刑事责任的案件。此类案件本质上不宜划入自诉案件的范围或者可以说是广义上的自诉案件。此规定确立了所谓"公诉转自诉"程序,强调了被害人自诉权对公诉权的制约,以防公诉专断,并维护公民合法权益。

3. 自诉案件的处理

审查自诉案件一般从三个方面入手:

第一,提起自诉的主体是否适格。自诉案件的实体原告或实体当事人之一是刑事被害人,但提起自诉的主体强调的是程序当事人,这就意味着提起自诉不仅仅限于刑事被害人,还包括其他有权提起自诉的主体。对此,《刑事诉讼法》第 114 条和最高院《解释》(2021)第 317 条作了明确规定,即如果被害人死亡、丧失行为能力或者因受强制、威吓等无法告诉,或者是限制行为能力人以及因年老、患病、盲、聋、哑等不能亲自告诉,其法定代理人、近亲属告诉或者代为告诉的,人民法院应当依法受理。这里"丧失行为能力"应当作无行为能力理解,包括因未成年而无行为能力和因精神障碍而丧失行为能力两种情况。此外,提起自诉的被害人不仅包括自然人,也包括单位。

第二,提起自诉的条件是否充分。一般应有 6 个方面:一是自诉必须由被害人及其法定代理人或近亲属提起。二是自诉要有明确的被告人。自诉人必须向法院提供确定的被告人姓名、性别、住址、工作单位等个人情况,便于法院通知被告人应诉。三是案件属于人民法院直接受理的范围。四是自诉必须在追诉时效期限内提出。五是属于受诉人民法院管辖。六是有具体的诉讼请求和能证明被告人犯罪事实的证据。

第三,根据不同情况及时处理。相关司法解释还特别规定,自诉人明知有其他共同侵害人,但只对部分侵害人提出自诉的,人民法院应当受理,并视为自诉人对其他侵害人放弃告诉权利。判决宣告后自诉人又对其他共同侵害人就同一事实提出自诉的,人民法院不再受理。共同被害人中只有部分人告诉的,人民法院应当通知其他被害人参加诉讼。被通知人接到通知后表示不参加诉讼或者不出庭的,即视为放弃告诉权利。被告人实施两个以上犯罪行为,分别属于公诉案件和自诉案件的,人民法院可以一并审理。对自诉部分的审理,适用自诉案件的审理规定。第一审宣判后,被通知人就同一事实又提出自诉的,人民法院不予受理。但当事人另行提起民事诉讼的,不受相关司法解释的限制。

4. 自诉案件审理程序的特点

根据中国《刑事诉讼法》第 211 条、第 212 条、第 213 条的规定，自诉案件的第一审程序具有以下特点：

刑事自诉案件第一审程序

第一，对告诉才处理，被害人有证据证明的轻微刑事案件，可以进行调解。

第二，自诉案件在审理过程中，宣告判决前，自诉人可以同被告人自行和解或撤回自诉。凡自诉人自行撤回的自诉案件，除有正当理由外，不得就同一案件再行起诉。自诉人经两次合法传唤，无正当理由拒不到庭的，或者未经法庭许可中途退庭的，应当按撤诉处理。自诉人是两人以上，其中部分人撤诉的，不影响案件的继续审理。

第三，自诉案件的被告人在诉讼过程中可以对自诉人提起反诉。此种反诉指刑事反诉，即自诉案件的被告人作为被害人控告自诉人犯有与本案有牵连的犯罪行为并要求追究其刑事责任的诉讼请求。反诉须具备三个条件：一是反诉的被告人必须是本案的自诉人；二是反诉的案件必须与本案有牵连；三是反诉的内容必须是告诉才处理和被害人有证据证明的轻微刑事案件，不包括公诉转自诉的案件。反诉适用自诉的规定，人民法院原则上应将反诉与自诉合并审理。自诉人撤诉不影响反诉的继续审理。

第四，人民法院审理自诉案件的期限，被告人被羁押的，适用《刑事诉讼法》第 208 条第 1 款、第 2 款的规定；未被羁押的，应当在受理后 6 个月以内宣判。

12.2.4 刑事简易程序

1. 刑事简易程序的概念、特点和意义

刑事简易程序是刑事诉讼普通程序的简化形式。从理论上讲，刑事简易程序只适用于证据简明的刑事案件。此处的"简易"主要指相对于普通程序来说省略掉那些主要为查清犯罪事实而设置的一些诉讼程序。现代世界多数国家的《刑事诉讼法》都规定有简易程序。然而，由于不同国家国情的差异以及刑事案件发案数和对刑事简易程序认识程度的不同，各国对刑事简易程序的规定都有自己的特点。在我国，根据现行《刑事诉讼法》关于简易程序的规定，刑事简易程序是指第一审程序中的基层人民法院在审理某些简单轻微的刑事案件时所依法适用的，较普通程序相对简化的程序。它主要具有以下特点：

第一，刑事简易程序主要在第一审程序中适用。这是因为，第一审普通程序是最典型的审判程序，在司法实践中的使用率较第二审程序、死刑复核程序和审判监督程序要高得多，显然对第一审普通程序进行更多的简化对于提高办案效率具有更重要的意义。第二审程序、审判监督程序以及死刑复核程序均不能适用简易程序。

第二，刑事简易程序适用案件的范围决定了简易程序适用于基层人民法院。根据《刑事诉讼法》第 214 条规定的案件适用范围和《刑事诉讼法》第一编第二章关于管辖的规定，适用简易程序的简单、轻微案件属于基层人民法院的受案范围。中级以上人民法院管辖的案件，一般均为重大、复杂的案件，因此，不能适用简易程序。

刑事简易程序的意义体现为以下几个方面：

第一，刑事简易程序有利于提高诉讼效率。简易程序的一个明显特征就是诉讼期限大幅度缩短，这就自然提高了单位时间内的办案量，从而提高了诉讼效率。司法实践中，证据简明的轻刑事案件占整个刑事犯罪案件的多数,因而通过实行简易程序来提高诉讼效率具有更重要的现实意义。20世纪末,世界各国或地区的犯罪率不断上升,犯罪已成为各国或地区的严重问题。而烦琐的诉讼程序又使案件大量积压,成为社会的一大顽症。于是,广泛采用简易程序已成为当今世界刑事诉讼发展的基本趋势之一,如美国以辩诉交易①的方式解决了近90%的刑事案件。中国的犯罪率虽然低于西方国家,但犯罪绝对数并不低,中国目前的刑事司法总的方面也存在较为严重的财政投入不足、人手少、装备差、人员素质低等现象,而改革开放以来犯罪的总的形势又较为严峻,近年来又出现所谓新的犯罪高峰。②长期以来,由于中国没有刑事诉讼简易程序,所有刑事案件几乎都按一种程序处理,造成了不必要的诉讼拖延,再加上刑事犯罪形势的日益严峻,使得这样的拖延愈加严重,直接影响了打击犯罪和对公民权利的保护。因而,采用简易程序,对于提高中国刑事诉讼效率同样具有十分重要的意义。

第二,刑事简易程序贯彻了诉讼经济原则。诉讼经济原则即诉讼的效益原则,即用最小的诉讼投入取得最大的诉讼收入,或者是在保证办案质量的前提下尽量减少诉讼投入。诉讼投入是多层次的,而诉讼的经济投入即诉讼人力、物力的投入占其中的很大比例;还包括诉讼的负价值等,如当事人因诉讼而耽误工作,以及因诉讼拖延造成的精神压力等。简易程序在保证办案质量的前提下,缩短了诉讼期限,简化了审判组织和诉讼参加人,自然减少了"司法资源"的浪费,节省了人力、物力,并减少了因诉讼拖延引起的诉讼负价值,有效地贯彻了诉讼经济原则。我国现在还处在社会主义初级阶段,虽然经济发展速度很快,但无论是国家财政收入还是公民个人收入,与西方发达资本主义国家相比,仍存在很大差距,这就决定了我们无论是国家还是个人均不可能在诉讼上投入很多的人力、物力,因而采用简化程序更符合我国国情,更具有现实意义。

第三,刑事简易程序便于公民诉讼。便于公民诉讼一直是我国司法工作的基本原则之

---

① 辩诉交易(plea bargaining),又称为答辩谈判(plea negotiation)、答辩协议(plea agreement),是指被告方(包括被告人及其律师)与指控方之间达成的一种协议。这种协议的前提是被告方表示认罪,作认罪答辩;而控诉方则以相应的撤销部分指控、降格控诉或建议法官从轻判刑等许诺作为交换。辩诉交易制度产生于美国,并以美国最为发达,是法官对控辩双方达成的定罪量刑协议予以正式审查并确认的简易审判制度。20世纪60年代中期,辩诉交易经美国联邦最高法院确认为合法程序。根据美国《联邦刑事诉讼规则》第11条(e)款之规定,检察官与辩护律师或者被告之间可以进行讨论以达成协议,即被告人对被指控的犯罪,或者轻一点的犯罪或其他相关犯罪承认有罪的答辩或不愿辩护也不承认有罪的答辩,检察官应做下列事项:(1)提议撤销其他指控。(2)建议法庭判处被告人一定刑罚,或者不反对被告人请求判处一定刑罚,并使被告人理解检察官的建议或被告人的请求对法庭均没有拘束力。(3)同意某一具体判决是对该案件的恰当处理。法官不参与双方的谈判。谈判达成协议后应通知法庭,法庭应要求公开宣布该答辩协议并记录在案;如果有充足的理由也可以不公开进行。该答辩协议对法庭没有硬性约束力,法庭可以接受也可以拒绝该协议。如果接受该协议,应当通知被告人准备按协议定罪量刑;如果拒绝该协议,应当通知被告人并记录在案,被告人可以撤回答辩。对于答辩协议,法律规定了一些要求:(1)法官必须确信该辩诉交易是在自觉自愿且事实基础上作出的。(2)法官必须保证被告了解作认罪答辩的后果,知道他在放弃他的被公审的权利且承认有罪。最高法院主张,"如果被告受到检察官夸大承诺的引诱而表示服罪,检察官不应当违背诺言。由于联邦法院视量刑为司法的功能,故检察官不能向被告作出特定刑罪的承诺。被告人在辩诉交易中所作的认罪答辩和相关的商讨在后来的审理中不能用来反对被告"。参见宋世杰等:《比较刑事诉讼法学》,中南工业大学出版社2000年版,第278~279页。

② "严打"以来,全国公安机关刑事立案数逐年下降至1984年的51万多起,此后又回升至1988年的83万多起;1989年开始急剧上升,至1991年竟达237万多起,此后又回落,至1997年基本稳定在160多万起;从1998年起各种刑事案件又开始急剧上升,达198.6万起,2000年又上升至224.9万起,2001年至2008年基本稳定在450万起,至2012年开始急剧上升,在2015年到达717万多起的高峰后逐步回落,到2016年为642万多起,2017年为548万多起(参见《中国法律年鉴》)。

一,而实行诉讼程序的简化在某种程度上讲是便利公民诉讼的一个最有效的体现,这是因为简易程序避免了诉讼拖延和诉讼浪费,为当事人节省了时间、人力和财力,很受人民群众欢迎。也正因如此,实行简易程序是我国人民司法工作的优良传统,这个传统也一直体现在我国从新民主主义革命时期就开始建立的人民司法制度当中。

2. 刑事简易程序的适用范围

刑事简易程序的适用范围,是指刑事简易程序适用的案件范围。从理论上讲,刑事简易程序是针对证据简明的案件设立的,由此看来,刑事简易程序应当适用于所有的证据简明的案件,包括证据简明的重罪案件。根据《刑事诉讼法》第 214 条的规定,人民法院对下列案件可以适用简易程序:

第一,案件事实清楚、证据充分的;

第二,被告人承认自己所犯罪行,对指控的犯罪事实没有异议的;

第三,被告人对适用简易程序没有异议的。

人民检察院在提起公诉的时候,可以建议人民法院适用简易程序。

根据《刑事诉讼法》第 215 条的规定,有下列情形之一的,不适用简易程序:

第一,被告人是盲、聋、哑人,或者是尚未完全丧失辨认或者控制自己行为能力的精神病人的;

第二,有重大社会影响的;

第三,共同犯罪案件中部分被告人不认罪或者对适用简易程序有异议的;

第四,其他不宜适用简易程序审理的。

最高院《解释》(2021)第 360 条在《刑事诉讼法》的基础上增加了两种不适用简易程序的情形:

第一,辩护人作无罪辩护的;

第二,被告人认罪但经审查认为可能不构成犯罪的。

3. 刑事简易程序的提起

《刑事诉讼法》第 217 条规定:"适用简易程序审理案件,审判人员应当询问被告人对指控的犯罪事实的意见,告知被告人适用简易程序审理的法律规定,确认被告人是否同意适用简易程序审理。"可见,被告人同意是提起刑事简易程序的关键条件。

此外,根据《刑事诉讼法》第 214 条规定,人民检察院在提起公诉的时候,可以建议人民法院适用简易程序。人民检察院建议适用简易程序的,应当制作《适用简易程序建议书》,在提起公诉时,连同全案卷宗、证据材料、起诉书一并移送人民法院。

对于人民法院决定适用简易程序审理的案件,人民检察院认为具有《刑事诉讼法》第 215 条规定情形之一的,应当向人民法院提出纠正意见;具有其他不宜适用简易程序情形的,人民检察院可以建议人民法院不适用简易程序。适用简易程序审理的公诉案件,人民检察院应当派员出席法庭。人民检察院可以对适用简易程序的案件相对集中提起公诉,建议人民法院相对集中审理。

4. 刑事简易程序的特点

根据《刑事诉讼法》的规定,人民法院适用简易程序审理案件的程序具有以下特点:

第一,部分案件的审判组织可以实行独任制。根据《刑事诉讼法》第 210 条适用简易程序审理案件,对可能判处 3 年有期徒刑以下刑罚的,可以组成合议庭进行审判,也可以由审判员 1 人独任审判;对可能判处的有期徒刑超过 3 年的,应当组成合议庭进行审判。

第二,审理程序灵活掌握。《刑事诉讼法》第 212 条规定:"适用简易程序审理案件,经审判人员许可,被告人及其辩护人可以同公诉人、自诉人及其诉讼代理人互相辩论。"第 213 条规定:"适用简易程序审理案件,不受本章第一节关于送达期限、讯问被告人、询问证人、鉴定人、出示证据、法庭辩论程序规定的限制。但在判决宣告前应当听取被告人的最后陈述意见。"此外,根据最高院《解释》(2021)第 365 条,适用简易程序审理案件,可以对庭审进一步简化,控辩双方对与定罪量刑有关的事实、证据没有异议的,法庭审理可以直接围绕罪名确定和量刑问题进行。

第三,快速审结。刑事简易程序简易的最终标志就是审理速度快,审理期限大幅度缩短。根据《刑事诉讼法》第 214 条的规定,适用简易程序审理案件,人民法院应当在受理后 20 日以内审结;对可能判处的有期徒刑超过 3 年的,可以延长至一个半月。

第四,发现不宜适用简易程序时,应按一般程序重新审理。根据《刑事诉讼法》第 215 条、最高院《解释》(2021)第 368 条的规定,人民法院在审理过程中,发现不宜适用简易程序的,应当按第一审普通程序重新审理。重新审理的情形一般包括以下五个方面:一是被告人的行为可能不构成犯罪的;二是被告人可能不负刑事责任的;三是被告人当庭对起诉指控的犯罪事实予以否认的;四是案件事实不清、证据不足的;五是不应当或者不宜适用简易程序的其他情形。

12.2.5　刑事速裁程序

1. 刑事速裁程序的概念、起源和意义

刑事速裁程序是比刑事简易程序更为简化的一种审判程序。根据《刑事诉讼法》的规定,刑事速裁程序是指对于案件事实清楚、证据确实、充分,被告人认罪认罚并对适用相关法律无异议,可能判处 3 年有期徒刑以下刑罚的特定轻微刑事案件,在保证诉讼公正的前提下,简化诉讼流程与期限的一种快速审判程序。刑事速裁程序是突破了原有的诉讼制度设计,在普通、简易程序的二元案件审判模式之外,添加的一种全新的刑事案件审判模式。2014 年 6 月,十二届全国人大常委会授权最高人民法院和最高人民检察院在 18 个试点城市进行刑事速裁程序试点。刑事速裁程序试点对建立多元化的刑事诉讼程序和推进以审判为中心的刑事诉讼制度改革具有重大意义。刑事速裁程序试点的实践结果表明,刑事速裁程序在保障司法公正的前提下提高了诉讼效率,得到参与试点的诉讼参与人的广泛认可,所以 2018 年《刑事诉讼法》修改时将速裁程序纳入其中。

我国刑事速裁程序的试点改革,不仅是对域外法治发达国家和地区刑事司法实践经验的有益借鉴,更是立足我国国情和司法现实作出的重要探索。刑事速裁程序的意义主要体现在以下几个方面:

第一,刑事速裁程序有利于实现繁简分流,推动诉讼效率的提高。审前阶段与审判阶段的繁简分流是化解当前我国刑事案件案多人少矛盾、缓解当前我国司法资源严重紧缺的重要途径之一,其中审判阶段的繁简分流是对于进入审判领域的刑事案件进行合理处理的一个重要方法。对于进入审判阶段的案件,以"3 年以下"为标准的轻微刑事案件快速办理进行审判阶段的分流,有利于整合司法资源、提高诉讼效率,也有利于打破长期存在的司法投入平均分配的现状。综观现代世界各国,基本上都确立了不同程度的刑事案件分流制度,并非每一个刑事案件都必须经由普通程序进行审理。我国刑事案件由检察机关移送至法院，由法院定性分析之后，将复杂的案件和适合采用快速办理机制进行审理的轻微刑事案件区分开来，提前对审判力量进行优化配置，本质上就是针对不同案件特点对刑事司法资源进行优化配置，提升效益。

第二，刑事速裁程序有利于简化诉讼程序，体现程序正义。被告获得公正、迅速的司法审判是保障人权的内容之一。对于案情简单、争议不大且被告认罪认罚的案件，合理限制审查起诉期限、审结期限，简化庭审环节使被告获得迅速的审判，有利于被告从刑罚不确定的焦虑中解脱出来，从而降低冗长的诉讼程序带来的不良影响。速裁程序保障了被告迅速审判的司法权利，也便于被告尽快承担自己的刑事责任，完成刑事处罚，早日回归社会。

第三，刑事速裁程序有利于落实宽严相济的刑事司法政策。宽严相济刑事司法政策的提出，不仅充分彰显了我国法治建设与法治观念的进步，并且顺应了刑事轻缓化的全球潮流。在刑事案件的办理过程中，根据被告人的客观情节、主观恶性、社会危害性以及到案后认罪态度等进行区别对待，尤其是对其中犯罪情节轻微、主观恶性较小、到案后认罪态度好的被告人进行轻微刑事案件快速裁决，是落实宽严相济刑事政策的重要体现。对这类被告人采用轻微刑事案件快速办理机制，一方面有利于犯罪人尽快回归社会，在目前的社会转型形态中，相当一部分犯罪人都是社会的弱势群体，尤其是涉及轻微刑事案件中的被告人，对他们及时改造、矫正后让他们尽快回归社会，有利于实现刑罚的目的；另一方面，在刑事速裁案件办理过程中，相较普通刑事案件，在取得被害人谅解、及时给付被害人赔偿方面，都能够取得更好、更快的效果，在这个层面上，也是对被害人合法权益的一种保障。

2. 刑事速裁程序的适用范围

根据《刑事诉讼法》第 222 条第 1 款的规定，认罪认罚案件同时符合以下条件的，可以适用刑事速裁程序审理：一是基层人民法院管辖的可能判处 3 年有期徒刑以下刑罚的案件，即危害国家安全、暴力恐怖犯罪以外的可能判处 3 年有期徒刑以下刑罚的案件。二是案件事实清楚，证据确实、充分。如果事实不清、证据存疑，不能适用刑事速裁程序。三是被告人同意适用刑事速裁程序，确保被告人的程序选择权。

根据《刑事诉讼法》第 223 条的规定，有下列情形之一的，不适用刑事速裁程序：(1) 被告人是盲、聋、哑人，或者是尚未完全丧失辨认或者控制自己行为能力的精神病人的；(2) 被告人是未成年人的；(3) 案件有重大社会影响的；(4) 共同犯罪案件中部分被告人对指控的犯罪事实、罪名、量刑建议或者适用速裁程序有异议的；(5) 被告人与被害人或者其法定代理人没有就附带民事诉讼赔偿等事项达成调解或者和解协议的；(6) 其他不宜适用速裁程序的情形。对此，最高院《解释》(2021) 第 370 条明确了"辩护人作无罪辩护的"作为排除适用速裁程序的情形之一。

3. 刑事速裁程序的提起

刑事速裁程序是审判程序，适用的决定权在人民法院，人民检察院有建议权。《刑事诉讼法》第 222 条第 2 款规定，人民检察院在提起公诉的时候，可以建议人民法院适用速裁程序。人民检察院在提起公诉前，经审查，认为被告人符合本条第 1 款规定条件的，在提起公诉时，可以建议人民法院对提起公诉的案件适用速裁程序进行审理。至于最终是否适用速裁程序，由人民法院根据案件和被告人意见作出决定。检察机关没有提出建议，人民法院经审查认为可以适用速裁程序的，在征得被告人同意后，也可决定适用速裁程序。

4. 刑事速裁程序的特点

刑事速裁程序是一种迅速裁判程序,与刑事诉讼法规定的简易程序相比,速裁程序属于"简上加简"的程序。这种进一步的简化主要体现在:

第一,从审判组织上看,适用简易程序审理案件,对可能判处 3 年有期徒刑以下刑罚的,可以组成合议庭进行审判,也可以由审判员 1 人独任审判;而适用速裁程序审理案件,统一由审判员 1 人独任审判。

第二,从审理程序上看,适用简易程序审理案件,不受刑事诉讼法关于讯问被告人、询问证人、鉴定人、出示证据、法庭辩论程序规定的限制;而适用速裁程序审理案件,一般不进行法庭调查、法庭辩论,即基本上省略了法庭调查和法庭辩论程序。此外,适用速裁程序审理案件,应当当庭宣判。

第三,从审理期限上看,适用简易程序审理案件,人民法院应当在受理后 20 日以内审结。适用速裁程序审理案件,在审理期限上进一步缩短,人民法院应当在受理后 10 日以内审结;对可能判处的有期徒刑超过 1 年的,可以延长至 15 日。

12.3　刑事第二审程序

12.3.1　刑事第二审程序的概念和意义

从理论上讲,对第一审裁判予以纠正的程序最经常适用的是上诉审程序,即当事人不服第一审裁判,向上一级法院提出重新审理的申请(即上诉),接受申请的法院对案件进行重新审理所应遵循的程序规则。中国《刑事诉讼法》规定的第二审程序实质上就是刑事上诉审程序,它是指第一审法院的上一级法院对上诉或抗诉案件进行重新审理所应遵循的程序规则的总称。刑事第二审程序的设置,从纯粹程序的层面上讲,一方面是为了防止刑事第二审中的司法权滥用的可能,另一方面是为了保护上诉权不受侵犯。但从根本意义上讲,第二审程序的意义则在于确保第二审程序的应有价值得到最大程度的实现。它包括以下四个方面:

第一,刑事第二审程序有利于纠正刑事第一审裁判可能发生的错误。第二审程序的设立主要根源于审判制度本身是一种所谓"不完善的程序正义"。美国著名哲学家、心理学家罗尔斯(John Rawls)曾有过精辟的论述:"即便法律被仔细地遵循,过程被公正、恰当地引导,还是有可能达到错误的结果。一个无罪的人可能被判有罪,一个有罪的人却可能逍遥法外。在这类案件中,我们看到了这样一种误判:不正义并非来自人的过错,而是因为某些情况的偶然结合挫败了法律规范的目的。"[①] 罗尔斯此处论述的含义是,即使审判程序是科学的,人也会在无意中犯错误,审判仍有可能发生误判。审判制度作为一种"不完善的程序正义",为第二审制度的设立提供了依据。它的意义是:既然一审的错误是不可避免的,那么再设计一审之上的复审程序以逐渐压缩误判的可能性,是保证正确解决案件的良好选择。从现实的角度来观察,错误的判决更多是由一审程序的不完善和法官的不负责任甚至有意徇私枉法

---

① [美]约翰·罗尔斯:《正义论》,何怀宏、何包钢、廖申白译,中国社会科学出版社 1988 年版,第 81 页。

引起的。这就使二审程序的实际价值远远大于它的本来价值,那就是一方面通过上下级法院的权力制衡在一定程度上弥补审判程序的不完善,另一方面用权力制衡来预防法官的不负责任和有意犯错。

第二,刑事第二审程序有利于增加刑事审判程序"吸收不满"的能力,使审判程序更加公正。法律程序的一个重要价值是通过设置救济程序来吸收当事者的异议或不满,而刑事第二审程序是刑事审判程序中适用最为普遍的救济程序。刑事审判程序"吸收不满"不仅体现为通过纠正错误的裁判使上诉人心满意足,也体现为通过维持原判使当事人打消各种顾虑甚至妄想。

第三,刑事第二审程序有利于保证刑法的统一适用。第二审法院较之第一审法院视野较为开阔,它可以把不同的一审法院的判决放在一起进行比较,使类似案件得到类似处理,从而在较大程度上确保刑法的统一适用。

第四,刑事第二审程序是在第一审刑事裁判未生效的情形下进行的重新审理,它起到了防患于未然的作用,较之刑事审判监督程序纠错于已然,更能体现诉讼效率原则和诉讼经济原则。

12.3.2 刑事第二审程序的提起

刑事第二审程序的提起也叫做刑事第二审程序的启动。从世界范围来看,刑事第二审程序的启动主要通过当事人上诉来实现,即通过上诉自然引起第二审。但有些国家对上诉进行了一定程度的限制,如英国因可诉罪而被定罪的人只有得到上级法院的许可或审判法院的法官证明案件适宜上诉时,才可以向上诉法院上诉。[①]中国《刑事诉讼法》规定的刑事第二审程序的提起属于自然启动,即上诉、抗诉必然引起刑事第二审程序。

1. 上诉、抗诉的概念

上诉是指当事人及其法定代理人不服第一审法院的判决或裁定,在法定期限内以法定程序提请上级法院重新审理和裁判该案的诉讼权利或活动。在二审中,抗诉是指人民检察院认为第一审判决或裁定有错误,在法定期限内依法定程序提请上一级法院重新审理或裁判的一种诉讼活动。上诉和抗诉并无本质区别,我国强调抗诉只是为了体现对人民检察院法律监督权的重视。

2. 提起上诉、抗诉的主体

根据《刑事诉讼法》的规定,提起上诉的权利属于被告人、自诉人、附带民事诉讼的原告和被告以及他们的法定代理人。这是因为这些人与案件结局有直接利害关系,从而享有独立上诉权。

被告人的辩护人、近亲属只能在征得被告人同意后提起上诉,其实质是代表被告人行使上诉权。

提起抗诉的主体是与原审人民法院相对应的同级人民检察院。《刑事诉讼法》第 232 条规定,地方各级人民检察院对同级人民法院第一审判决、裁定的抗诉,应当通过原审人民法院提出抗诉书,并且将抗诉书移送上一级人民检察院。原审人民法院应当将抗诉书连同案

---

① 英国 1968 年《刑事上诉法》第 1 条和第 2 条。

卷、证据移送上一级人民法院,并且将抗诉书副本送交当事人。

公诉案件的被害人无上诉权,但《刑事诉讼法》第 229 条规定,被害人及其法定代理人不服地方各级人民法院第一审判决的,自收到判决书后 5 日以内,有权请求人民检察院提出抗诉。人民检察院自收到被害人及其法定代理人的请求后 5 日以内,应当作出是否抗诉的决定并且答复请求人。

目前是否应当赋予公诉案件被害人上诉权是一个有争议的问题。否定说认为:赋予被害人上诉权使案件性质不明。如果以公诉案件论处,因被害人不能代表国家行使追诉犯罪的职责,而且这种弱化国家干预诉讼的做法犯了现代诉讼的大忌。如果以自诉案件待之,则改变了第一审和第二审案件的诉讼性质,混淆了诉讼法律关系;公诉案件一般案情比较复杂,若让被害人承担举证责任,出于被害人诉讼能力的考虑,恐怕其很难独挑此担。这样一来,所谓的上诉权将流于形式。根据我国现阶段公民素质的状况,考虑到被害人对加害人正常的敌对态度,被害人无理上诉的可能性很大,这将使本来就负担过重的法院的处境更加艰难。如果被害人拥有上诉权,他们即使并无上诉的本意,但为了使被告人享受不到不加刑的特权,他们也会上诉。这种冲击"上诉不加刑"的做法将使我国《刑事诉讼法》中这条保护被告人诉讼权利的原则名存实亡。

肯定说主张被害人应享有上诉权的理由是:公诉人毕竟不能完全代替被害人,因为检察机关决定抗诉一般从维护国家、社会利益的角度出发,较为慎重,当涉及的利益不太重要时,一般不会轻易抗诉,这就使被害人的合理要求在许多情况下不能得到满足。被害人是受犯罪行为直接侵害的人,他和加害人是刑事上的对立者,应使被害人与被告人在诉讼权利上保持相对的平衡。作为加害人的被告人有权提起上诉,甚至他的辩护人和近亲属经其同意也可以提起上诉,而合法利益遭受侵害的被害人却没有此权。根据刑事诉讼法,自诉案件的自诉人可以享有当事人的权利,对一审裁判不服的,可以提出上诉。而公诉案件的被害人,一般来说其合法权益受到的侵害程度要比自诉案件严重,却不能上诉,这显然不合适。赋予被害人上诉权,可以多一条渠道发现并纠正一审裁判的错误,有利于弥补人民检察院抗诉工作的不足,有利于上级人民法院对下级人民法院审判工作实行监督。

3. 提起上诉、抗诉的理由、方式和期限

中国《刑事诉讼法》为了保障当事人上诉权利的充分实现,对上诉理由未作任何限制,当事人可以在上诉中阐述任何理由,至于这些理由是否合理合法,是否充分,都不影响上诉的成立。抗诉是检察机关代表国家作出的,抗诉理由不能带有随意性,以体现国家执法机关的严肃性。《刑事诉讼法》第 228 条规定,地方各级人民检察院认为本级人民法院第一审的判决、裁定确有错误的,应当向上一级人民法院提出抗诉。根据最高检《规则》(2019)的规定,人民检察院认为同级人民法院第一审判决、裁定有下列情形之一的,应当提出抗诉:(1)认定的事实确有错误或者据以定罪量刑的证据不确实、不充分的;(2)有确实、充分证据证明有罪而判无罪,或者无罪判有罪的;(3)重罪轻判,轻罪重判,适用刑罚明显不当的;(4)认定罪名不正确,一罪判数罪、数罪判一罪,影响量刑或者造成严重社会影响的;(5)免除刑事处罚或者适用缓刑、禁止令、限制减刑等错误的;(6)人民法院在审理过程中严重违反法律规定的诉讼程序的。

根据《刑事诉讼法》的规定,提起上诉既可以书面提起,也可以口头提起;既可以向原审法院提出,也可以直接上诉到上一级人民法院。被告人、自诉人、附带民事诉讼的原告人和被告人通过原审人民法院提出上诉的,原审人民法院应当在 3 日以内将上诉状连同案卷、证据移送上一级人民法院,同时将上诉状副本送交同级人民检察院和对方当事人。被告人、自诉人、附带民事诉讼的原告人和被告人直接向第二审人民法院提出上诉的,第二审人民法院应当在 3 日以内将上诉状交原审人民法院送交同级人民检察院和对方当事人。提起抗诉只能以书面方式提起,并且只能向原审法院提出。

《刑事诉讼法》第 230 条规定,不服判决的上诉和抗诉的期限为 10 日,不服裁定的上诉和抗诉的期限为 5 日,从接到判决书、裁定书的第二日起算。

12.3.3　刑事第二审审理程序

1. 刑事第二审审理程序的特点

中国刑事第二审审理程序具有以下特点:

(1) 强化审判组织。为了更好地发挥第二审程序的作用,中国《刑事诉讼法》强化了第二审审判组织。《刑事诉讼法》第 183 条规定,人民法院审判上诉和抗诉案件,由审判员 3 人或者 5 人组成合议庭进行。较之第一审程序审判组织,第二审程序审判组织人数不仅可以增加到 5 人,而且全由专职审判员组成。

(2) 坚持全面审查原则。《刑事诉讼法》第 233 条规定了全面审查原则,即第二审人民法院应当就第一审判决认定的事实和适用的法律进行全面审查,不受上诉或者抗诉范围的限制。共同犯罪的案件即使只有部分被告人上诉的,也应当对全案进行审查,一并处理。此外,第二审人民法院审理附带民事上诉、抗诉案件,如果发现刑事和附带民事部分均有错误需依法改判的,应当一并改判。第二审人民法院审理对刑事部分提出上诉、抗诉,附带民事诉讼部分已经发生法律效力的案件,如果发现第一审判决或者裁定中的民事部分确有错误,应当对民事部分按照审判监督程序予以纠正。第二审人民法院审理对附带民事部分提出上诉、抗诉,刑事部分已经发生法律效力的案件,如果发现第一审判决或者裁定中的刑事部分确有错误,应当对刑事部分按照审判监督程序进行再审,并将附带民事诉讼部分与刑事案件一并审理。

在现代各国诉讼中,二审审判的范围分为两种,即部分审查和全面审查。部分审查仅限于当事人在上诉状或复审申请书中申明不服的部分。对上诉状或复审申请书中没有涉及的部分,即使错误十分明显,第二审也不做审查。大陆法系国家一般倾向于全面审查,英美法系国家普遍倾向于部分审查,而且以法律审查为主。客观上,全面审查比部分审查更能发现一审裁判的错误,更有利于保证二审裁判实体上的正确性。

(3) 开庭审理为主,书面审理为辅。中国《刑事诉讼法》第 234 条规定,第二审人民法院对于下列案件,应当组成合议庭,开庭审理:① 被告人、自诉人及其法定代理人对第一审认定的事实、证据提出异议,可能影响定罪量刑的上诉案件;② 被告人被判处死刑的上诉案件;③ 人民检察院抗诉的案件;④ 其他应当开庭审理的案件。最高院《解释》(2021)第 393 条新增了一种情形:被判处死刑的被告人没有上诉,同案的其他被告人上诉的案件,第二审人民法院应当开庭审理。

第二审人民法院决定不开庭审理的,应当讯问被告人,听取其他当事人、辩护人、诉讼代理人的意见。第二审人民法院开庭审理上诉、抗诉案件,可以到案件发生地或者原审人民法院所在地进行。《刑事诉讼法》第235条规定,人民检察院提出抗诉的案件或者第二审人民法院开庭审理的公诉案件,同级人民检察院都应当派员出席法庭。第二审人民法院应当在决定开庭审理后及时通知人民检察院查阅案卷。人民检察院应当在1个月以内查阅完毕。人民检察院查阅案卷的时间不计入审理期限。

(4) 坚持上诉不加刑原则。《刑事诉讼法》第237条规定,第二审人民法院审理被告人或者他的法定代理人、辩护人、近亲属上诉的案件,不得加重被告人的刑罚。第二审人民法院发回原审人民法院重新审判的案件,除有新的犯罪事实,人民检察院补充起诉的以外,原审人民法院也不得加重被告人的刑罚。人民检察院提出抗诉或者自诉人提出上诉的,不受上述规定的限制。由此可见,中国的上诉不加刑原则的实质是只有在被告方单方上诉的情况下才不得加重被告人的刑罚。上诉不加刑原则是从禁止不利变更原则中引申出来的,为现代世界各国普遍采用,是民主、自由、人道精神在审判中的重要体现。它的目的是使被告人毫无顾忌地行使上诉权,在很大程度上包含着保护重于打击、"宁纵勿枉"的司法理念。上诉不加刑中的"不加刑"包括:① 同案审理的案件,只有部分被告人上诉的,既不得加重上诉人的刑罚,也不得加重其他同案被告人的刑罚;② 原判事实清楚,证据确实、充分,只是认定的罪名不当的,可以改变罪名,但不得加重刑罚;③ 原判对被告人实行数罪并罚的,不得加重决定执行的刑罚,也不得加重数罪中某罪的刑罚;④ 原判对被告人宣告缓刑的,不得撤销缓刑或者延长缓刑考验期;⑤ 原判没有宣告禁止令的,不得增加宣告;原判宣告禁止令的,不得增加内容、延长期限;⑥ 原判对被告人判处死刑缓期执行没有限制减刑的,不得限制减刑;⑦ 原判事实清楚,证据确实、充分,但判处的刑罚畸轻、应当适用附加刑而没有适用的,不得直接加重刑罚、适用附加刑,也不得以事实不清、证据不足为由发回第一审人民法院重新审判。必须依法改判的,应当在第二审判决、裁定生效后,依照审判监督程序重新审判。

(5) 参照第一审程序审理。《刑事诉讼法》第242条规定:"第二审人民法院审判上诉或者抗诉案件的程序,除本章已有规定的以外,参照第一审程序的规定进行。"参照是参考并仿照的意思,意即第二审程序的审理方式和过程与第一审程序基本相同,只是在具体活动中与一审略有不同。如因二审提起方式以及提起理由的不同,检察人员在揭露和证实犯罪,与被告人及其辩护人进行辩论时,在内容上会有所侧重,在程序上也不会完全依照一审的先后顺序进行。

根据最高院《解释》(2021),开庭审理上诉、抗诉案件,除参照适用第一审程序的有关规定外,还应当按照下列规定进行:① 法庭调查阶段,审判人员宣读第一审判决书、裁定书后,上诉案件由上诉人或者辩护人先宣读上诉状或者陈述上诉理由,抗诉案件由检察员先宣读抗诉书;既有上诉又有抗诉的案件,先由检察员宣读抗诉书,再由上诉人或者辩护人宣读上诉状或者陈述上诉理由。② 法庭辩论阶段,上诉案件,先由上诉人、辩护人发言,后由检察员、诉讼代理人发言;抗诉案件,先由检察员、诉讼代理人发言,后由被告人、辩护人发言;既有上诉又有抗诉的案件,先由检察员、诉讼代理人发言,后由上诉人、辩护人发言。

开庭审理上诉、抗诉案件,可以重点围绕对第一审判决、裁定有争议的问题或者有疑问的部分进行。根据案件情况,可以按照下列方式审理:① 宣读第一审判决书,可以只宣读案由、主要事实、证据名称和判决主文等。② 法庭调查应当重点围绕对第一审判决提出异议的事实、证据以及提交的新的证据等进行;对没有异议的事实、证据和情节,可以直接确认。③ 对同案审理案件中未上诉的被告人,未被申请出庭或者人民法院认为没有必要到庭的,可以不再传唤到庭。④ 被告人犯有数罪的案件,对其中事实清楚且无异议的犯罪,可以不在庭审时审理。同案审理的案件,未提出上诉、人民检察院也未对其判决提出抗诉的被告人要求出庭的,应当准许。出庭的被告人可以参加法庭调查和辩论。

2. 第二审审理结果

根据《刑事诉讼法》第 236 条、第 238 条的规定,第二审人民法院对不服第一审判决的上诉、抗诉案件,经过审理后,应当按照下列情形分别处理(见表 12–10):

表 12–10 中国第二审法院对不服第一审判决的上诉、抗诉刑事案件的
审理依不同情形之处理方式 [马贵翔,2012]

案件的不同情形	处理方式
原判决认定事实和适用法律正确、量刑适当	应当裁定驳回上诉或抗诉,维持原判
原判决认定事实没有错误,但适用法律有错误,或量刑不当	应当改判
原判决事实不清楚或证据不足	可在查清事实后改判
	也可裁定撤销原判,发回原审人民法院重新审判。原审人民法院对于前述发回重新审判的案件作出判决后,被告人提出上诉或者人民检察院提出抗诉的,第二审人民法院应当依法作出判决或者裁定,不得再发回原审人民法院重新审判
违反本法有关公开审判的规定	应当裁定撤销原判,发回原审人民法院重新审判
违反回避制度	
剥夺或限制当事人的法定诉讼权利,可能影响公正审判	
审判组织的组成不合法	
其他违反法律规定的诉讼程序,可能影响公正审判的	

《刑事诉讼法》第 240 条规定:"第二审人民法院对不服第一审裁定的上诉或者抗诉,经过审查后,应当参照本法第二百三十六条、第二百三十八条和第二百三十九条的规定,分别情形用裁定驳回上诉、抗诉,或者撤销、变更原裁定。"

3. 第二审审理期限

《刑事诉讼法》第 243 条规定,第二审人民法院受理上诉、抗诉案件,应当在两个月以内审结。对于可能判处死刑的案件或者附带民事诉讼的案件,以及有该法第 158 条规定情形之一的,经省、自治区、直辖市高级人民法院批准或者决定,可以延长两个月;因特殊情况还需要延长的,报请最高人民法院批准。最高人民法院受理上诉、抗诉案件的审理期限,由最高人民法院决定。《刑事诉讼法》第 241 条规定,第二审人民法院发回原审人民法院重新审判的案件,原审人民法院从收到发回的案件之日起,重新计算审理期限。

4. 其他相关程序事项

(1) 发回重审。《刑事诉讼法》第 239 条规定："原审人民法院对于发回重新审判的案件,应当另行组成合议庭,依照第一审程序进行审判。对于重新审判后的判决,依照本法第二百二十七条、第二百二十八条、第二百二十九条的规定可以上诉、抗诉。"

(2) 对查封、扣押、冻结财物的处理。《刑事诉讼法》第 245 条规定,公安机关、人民检察院和人民法院对查封、扣押、冻结的犯罪嫌疑人、被告人的财物及其孳息,应当妥善保管,以供核查,并制作清单,随案移送。任何单位和个人不得挪用或者自行处理。对被害人的合法财产,应当及时返还。对违禁品或者不宜长期保存的物品,应当依照国家有关规定处理。对作为证据使用的实物应当随案移送,对不宜移送的,应当将其清单、照片或者其他证明文件随案移送。人民法院作出的判决,应当对查封、扣押、冻结的财物及其孳息作出处理。人民法院作出的判决生效以后,有关机关应当根据判决对查封、扣押、冻结的财物及其孳息进行处理。对查封、扣押、冻结的赃款赃物及其孳息,除依法返还被害人的以外,一律上缴国库。司法工作人员贪污、挪用或者私自处理查封、扣押、冻结的财物及其孳息的,依法追究刑事责任;不构成犯罪的,给予处分。

12.4　死刑复核程序

12.4.1　死刑复核程序的概念和意义

1. 死刑复核程序的概念

死刑复核程序是指对死刑判决或裁定进行审查核准的一种特殊程序。根据《刑事诉讼法》的规定,对于判处无期徒刑和无期徒刑以下刑罚的案件,一审判决、裁定超过法定期限没有上诉、抗诉,或者提出上诉、抗诉后的二审判决、裁定,都是发生法律效力的判决、裁定,必须立即交付执行。但是,对于判处死刑、死刑缓期二年执行的案件,即使已过法定期限没有上诉、抗诉或者二审的判决或裁定,也不发生法律效力,还必须经过一个特别的复核程序,即只有依法再经最高人民法院或高级人民法院核准死刑后,才发生法律效力,方可交付执行。

死刑复核程序是我国刑事诉讼中的特有程序,也是我国刑事诉讼中的特殊程序。它具有以下特点:

(1) 死刑复核程序是死刑案件的必经程序。死刑复核程序不需要任何人、任何机关的提起,判处死刑的法院根据《刑事诉讼法》的规定自动将死刑案件综合报告、案卷材料、证据逐级上报,由有核准权的人民法院核准,既不需要当事人的申请,也不需要上级法院的指令。

(2) 死刑复核程序的审理客体具有特殊性。死刑复核程序的审理客体既可以是各级人民法院的第一审死刑判决,也可以是各级人民法院的第二审死刑判决、裁定,还可以是各级人民法院按照审判监督程序所作的死刑再审判决、裁定。

2. 死刑复核程序的意义

(1) 死刑复核程序有利于贯彻少杀方针。我国对死刑适用历来采取谨慎的方针,坚持少杀,严格控制范围。为了贯彻党和国家这一刑事政策,刑法从实体法的角度严格控制了死刑的适用范围。如《刑法》第 48 条规定:"死刑只适用于罪行极其严重的犯罪分子。对于应当判处死刑的犯罪分子,如果不是必须立即执行的,可以判处死刑同时宣告缓期二年执行。"《刑法》第 49 条规定:"犯罪的时候不满十八周岁的人和审判的时候怀孕的妇女,不适用死刑。"《刑事诉讼法》规定的死刑复核程序,则从程序上保证了死刑判决符合实体上的规格和条件。实践证明,死刑复核程序在很大程度上控制着刑法中关于死刑适用范围规定的贯彻执行,有利于保证稳、准、狠地判处少数罪大恶极、非杀不可的犯罪分子的死刑,使之受到最严厉的法律制裁。同时,又能坚持少杀政策,对可杀可不杀的坚决不杀;对罪该处死,但又不是必须立即执行的犯罪分子,通过复核,判处其死缓,给予犯罪分子一个改过自新、重新做人的机会。这无论对国家、对社会还是对犯罪分子本人来说,都是有益的。

(2) 死刑复核程序有利于防止错杀。死刑是剥夺犯罪分子生命的刑罚,正确适用死刑,可以有效地打击犯罪和保护人民。错杀,不仅给无辜者带来不可弥补的损失,也有失法律的尊严和权威。因此,要求司法机关必须准确无误地适用死刑,体现在《刑事诉讼法》上,立法者不但把判处死刑第一审案件的审判管辖权统一收归中级以上人民法院行使,而且在诉讼程序上,对判处死刑的判决设置一道复核程序,使一切判处死刑的判决或裁定在上诉期限过后或在两审终审后都不发生法律效力,待最高审判机关再次审核批准后方可发生法律效力,交付执行。这样做,不仅能够使死刑适用标准掌握得准确,而且,通过复核,总结经验,指导各级人民法院对于法律的理解和执行也趋向统一和平衡,从而最大限度地确保死刑判决或裁定的质量。可见,死刑复核程序是从审判程序上防止错杀的一种有力保障。

12.4.2　死刑立即执行案件的复核程序

1. 死刑立即执行案件的核准权

死刑核准权是死刑复核程序的关键问题。《人民法院组织法》第 17 条规定:"死刑除依法由最高人民法院判决的以外,应当报请最高人民法院核准。"《刑事诉讼法》第 246 条也规定死刑由最高人民法院核准。

中华人民共和国成立以来,对于死刑复核权,在不同的历史时期,为适应当时形势的需要,有着不同的规定。1979 年《人民法院组织法》第 13 条规定:"死刑案件由最高人民法院判决或者核准……"不久,根据犯罪分子的活动情况,为了及时打击刑事犯罪,适应客观形势的需要,1983 年 9 月 2 日第六届全国人大常委会第二次会议通过了《关于修改〈中华人民共和国人民法院组织法〉的决定》。根据该决定,修改后的《人民法院组织法》第 13 条规定:"死刑案件除由最高人民法院判决的以外,应当报请最高人民法院核准。杀人、强奸、抢劫、爆炸以及其他严重危害公共安全和社会治安判处死刑的案件的核准权,最高人民法院在必要的时候,得授权省、自治区、直辖市的高级人民法院行使。"据此,最高人民法院于 1983 年 9 月 7 日发出了《关于授权高级人民法院核准部分死刑案件的通知》。通知决定:"在当前严厉打击刑事犯罪活动期间,为了及时严惩严重危害公共安全和社会治安的罪大恶极的刑事犯罪分子,除由本院判决的死刑案件外,各地对反革命案件①和贪污等严重经济犯罪案件(包括受

---

① 该类犯罪案件现已统一归入危害国家安全案件。

贿案件、走私案件、投机倒把案件、贩毒案件、盗运珍贵文物出口案件)判处死刑的,仍应由高级人民法院复核同意后,报本院核准;对杀人、强奸、抢劫、爆炸以及其他严重危害公共安全和社会治安判处死刑的案件的核准权,本院依法授权由各省、自治区、直辖市高级人民法院和解放军军事法院行使。"《刑事诉讼法》1996 年修改以后,最高人民法院再次于 1997 年以通知的形式授权高级人民法院行使部分死刑案件的核准权。此外,为了及时严惩走私、贩卖、运输、制造毒品等犯罪活动,保护公民身心健康、维护社会治安秩序,最高人民法院从 1991 年 6 月开始,先后发出通知,将云南、广东、广西、四川、甘肃等省、自治区的毒品犯罪死刑案件的核准权(除涉外),授予云南、广东、广西、四川、甘肃等省、自治区的高级人民法院。

客观地说,根据迅速及时打击刑事犯罪的需要,对部分死刑案件下放核准权是必要的。但是,这种死刑核准权下放不利于严格控制死刑适用的弊端也是很明显的。第十届全国人民代表大会常务委员会第二十四次会议通过了《关于修改〈中华人民共和国人民法院组织法〉的决定》,将《人民法院组织法》原第 13 条修改为第 12 条:"死刑除依法由最高人民法院判决的以外,应当报请最高人民法院核准。"该决定自 2007 年 1 月 1 日起施行。2018 年第十三届全国人民代表大会常务委员会第六次会议修订通过了新的《人民法院组织法》,将第 12 条改为第 17 条,且于 2019 年 1 月 1 日正式生效。最高人民法院《关于统一行使死刑案件核准权有关问题的决定》于 2006 年 12 月 13 日由最高人民法院审判委员会第 1409 次会议通过,自 2007 年 1 月 1 日起施行。

2. 死刑立即执行案件的复核

(1) 死刑立即执行案件的报请复核。死刑复核程序是从作出死刑判决、裁定的法院报请复核开始的。这一类案件的核准权由最高人民法院统一掌握,它包括判处死刑立即执行的案件。其报请程序,根据一审判决系由中级人民法院作出还是由高级人民法院作出而有所不同。如果是中级人民法院作出的死刑判决,应根据《刑事诉讼法》第 247 条第 1 款的规定报请复核:"中级人民法院判处死刑的第一审案件,被告人不上诉的,应当由高级人民法院复核后,报请最高人民法院核准。高级人民法院不同意判处死刑的,可以提审或者发回重新审判。"根据这一规定的精神,中级人民法院判处的应由最高人民法院核准的死刑案件,如未提出上诉、抗诉,应将全部案卷报送高级人民法院复核。高级人民法院复核同意判处死刑的,应再报请最高人民法院核准。这体现了我国死刑案件的上报程序坚持"自动上报""逐级上报""一案一报"。如果高级人民法院经过复核发现原审量刑过重,不同意判处死刑的,可以直接提审改判或以裁定撤销原判发回中级人民法院重新审判。提审后,如果仍判处死刑的,再报请最高人民法院核准。

(2) 死刑立即执行案件的复核。

第一,合议庭的组成。《刑事诉讼法》第 249 条规定:"最高人民法院复核死刑案件,高级人民法院复核死刑缓期执行的案件,应当由审判员三人组成合议庭进行。"高级人民法院对中级人民法院报送的应由最高人民法院核准的死刑案件进行复核,也应根据此条规定的精神由审判员 3 人组成合议庭进行。

第二,复核方法。2007 年 3 月 9 日最高人民法院、最高人民检察院、公安部、司法部印发《关于进一步严格依法办案确保办理死刑案件质量的意见》的通知,要求:复核死刑案件,合议庭成员应当阅卷,并提出书面意见存查。对证据有疑问的,应当对证据进行调查核实,必要时到案发现场调查。高级人民法院复核死刑案件,应当讯问被告人。最高人民法院复核死刑案件,原则上应当讯问被告人。《刑事诉讼法》第 251 条规定:"最高人民法院复核死刑案件,应当讯问被告人,辩护律师提出要求的,应当听取辩护律师的意见。在复核死刑案件过程中,最高人民检察院可以向最高人民法院提出意见。最高人民法院应当将死刑复核结果通报最高人民检察院。"

在司法实践中,合议庭复核死刑案件前,先由承办审判员对案卷材料进行全面审查。如果需要查对某些事实,承办审判员可以委托原审法院补充调查或者自行调查。承办人员审查结束后写出审查报告提交合议庭审核评议。评议时,先由承办审判员详细报告案情,提出处理意见,然后由合议庭成员进行详细评议,并作出结论。评议应坚持少数服从多数原则。最后由院长提交审判委员会讨论决定。

第三,审核内容。包括犯罪事实是否清楚(指犯罪的时间、地点、手段、情节、后果、动机、目的等构成犯罪的主客观情况)、证据是否确实充分、定罪量刑是否准确、犯罪主体有无过错(如犯罪主体是否未成年,审判时是否怀孕,是否精神病人)、诉讼过程是否违反诉讼程序。

3. 对死刑立即执行案件复核后的处理

《刑事诉讼法》第 250 条规定:"最高人民法院复核死刑案件,应当作出核准或者不核准死刑的裁定。对于不核准死刑的,最高人民法院可以发回重新审判或者予以改判。"根据最高院《解释》(2021)第 429 条规定,最高人民法院复核死刑案件,应当按照下列情形分别处理:(1)原判认定事实和适用法律正确、量刑适当、诉讼程序合法的,应当裁定核准。(2)原判认定的某一具体事实或者引用的法律条款等存在瑕疵,但判处被告人死刑并无不当的,可以在纠正后作出核准的判决、裁定。(3)原判事实不清、证据不足的,应当裁定不予核准,并撤销原判,发回重新审判。(4)复核期间出现新的影响定罪量刑的事实、证据的,应当裁定不予核准,并撤销原判,发回重新审判。(5)原判认定事实正确,证据充分,但依法不应当判处死刑的,应当裁定不予核准,并撤销原判,发回重新审判;根据案件情况,必要时,也可以依法改判。(6)原审违反法定诉讼程序,可能影响公正审判的,应当裁定不予核准,并撤销原判,发回重新审判。

4. 发回重审的有关程序

第一,高级人民法院依照复核程序审理后报请最高人民法院核准死刑的案件,最高人民法院裁定不予核准死刑,发回高级人民法院重新审判的,高级人民法院可以提审或者发回第一审人民法院重新审判。

第二,发回第二审人民法院重新审判的案件,第二审人民法院一般不得发回第一审人民法院重新审判。第二审人民法院可以直接改判;必须通过开庭审理查清事实、核实证据的,或者必须通过开庭审理纠正原审程序违法的,应当开庭审理。

第三,发回第一审人民法院重新审判的案件,第一审人民法院应当开庭审理。

第四,发回重新审判的案件,原审人民法院应当另行组成合议庭进行审理。

5. 关于保障律师辩护问题

根据《刑事诉讼法》第 251 条第 1 款、最高院《解释》(2021)第 434 条的规定,最高人民法院复核死刑案件,应当讯问被告人,辩护律师提出要求的,应当听取辩护律师的意见。死刑复核期间,辩护律师要求当面反映意见的,最高人民法院有关合议庭应当在办公场所听取其意见,并制作笔录;辩护律师提出书面意见的,应当附卷。最高人民法院印发的《关于办理死刑复核案件听取辩护律师意见的办法》也进一步明确了辩护律师在死刑复核案件之中查询立案信息和查阅、摘抄、复制案卷材料以及当面反映意见的权利,并规定复核终结后,受委托进行宣判的人民法院应当在宣判后 5 个工作日内将最高人民法院裁判文书送达辩护律师。

12.4.3　死刑缓期 2 年执行案件的复核程序

死刑缓期 2 年执行,是我国独有的一种行之有效的刑罚制度。它不是一个独立的刑种,而属于死刑范畴,是对死刑的一种特殊执行方法,是贯彻惩办与宽大相结合、区别对待和坚持少杀、防止错杀政策的重大措施。根据《刑事诉讼法》的规定,判处死刑缓期 2 年执行的案件应纳入死刑复核程序的范围。

1. 死刑缓期 2 年执行案件的核准权

《刑事诉讼法》第 248 条规定:"中级人民法院判处死刑缓期二年执行的案件,由高级人民法院核准。"可见,死刑缓期 2 年执行的案件的核准权一律由高级人民法院统一行使。死刑缓期 2 年执行虽属死刑范畴,但司法实践证明,绝大多数被判处死刑缓期 2 年执行的罪犯,在缓刑期内由于表现较好而在缓刑期满后被改处无期徒刑。可见,死刑缓期 2 年执行本身就在很大程度上坚持了少杀,并防止了错杀。而且,判处死刑缓期 2 年执行的案件较之判处死刑立即执行的案件相对多。所以,为了及时处理案件,简化手续,对此类案件的核准权不必由最高人民法院统一掌握,由高级人民法院行使死刑核准权是较切实可行的。

2. 死刑缓期 2 年执行案件的复核

(1) 死刑缓期 2 年执行案件的报请复核。中级人民法院判处死刑缓期 2 年执行的案件,被告人不上诉、检察院不抗诉的,或者中级人民法院二审改判死刑缓期 2 年执行的案件,应将全部案卷材料、证据及案件综合报告报送高级人民法院复核。

高级人民法院判处死刑缓期 2 年执行的案件,被告人不上诉,检察院也不抗诉以及高级人民法院第二审改判死刑缓期 2 年执行或维持死缓原判的裁定,同时也是核准死刑缓期 2 年执行的判决、裁定,不必再行复核。

(2) 死刑缓期 2 年执行的复核。根据《刑事诉讼法》第 249 条的规定,高级人民法院复核死刑缓期执行的案件,应由审判员 3 人组成合议庭进行。复核时应提审被告人。

3. 对死刑缓期 2 年执行案件复核后的处理

高级人民法院复核死刑缓期 2 年执行案件后,分别不同情况作出处理(见表 12-11)。

表 12-11　中国高级人民法院对复核死刑缓期 2 年执行案件依不同情况之处理方式　[马贵翔,2014]

案件的不同情形	处理方式
原判认定事实和适用法律正确、量刑适当、诉讼程序合法	应当裁定核准执行
原判认定事实正确,但适用法律有错误或者量刑过重	应当改判
原判认定的某一具体事实或者引用的法律条款等存在瑕疵,但判处被告人死刑缓期执行并无不当	可以在纠正后作出核准的判决、裁定

续表

案件的不同情形	处理方式
原判事实不清、证据不足或复核期间出现新的影响定罪量刑的事实、证据	可以裁定不予核准,并撤销原判,发回重新审判或者依法改判
原审违反法定诉讼程序,可能影响公正审判	应当裁定不予核准,并撤销原判,发回重新审判

12.5　审判监督程序

12.5.1　审判监督程序的概念和意义

1. 审判监督程序的概念

中国刑事诉讼中的审判监督程序,是指人民法院和人民检察院为了纠正已经生效的判决或裁定在认定事实和适用法律上存在的错误,依法提起并对案件进行重新审判的一种特殊诉讼程序。

审判监督程序通常称为再审程序,但两个概念是否等同尚有争议。审判监督程序不是审判监督,只能说是审判监督的部分内容。审判监督程序也不是法定的第三审程序,而是对有错误的生效裁判的一种补救性措施。这种程序只能发生在生效判决或裁定确有错误的前提下,并非每一个案件都有这种程序,司法实践中绝大多数案件均没有这种程序。审判监督程序既可以为被告人的利益而提起,也可以为被告人的不利益而提起。提起审判监督程序不能停止原判决、裁定的执行。

2. 审判监督程序与第二审程序、死刑复核程序的区别

审判监督程序作为一种特殊的诉讼程序,与第二审程序和死刑复核程序相比较,具有以下几个区别(见表 12-12):

表 12-12　中国刑事诉讼系统中审判监督程序与第二审程序、死刑复核程序的区别　[马贵翔,2003]

特点	审判监督程序	第二审程序	死刑复核程序
审理对象	已经发生法律效力的判决和裁定,其中包括业已执行完毕的裁判	尚未发生法律效力的判决和裁定	
提起机关	特定的机关和人员。依照法律规定,有权提起的机关是作出判决、裁定的法院和上级人民法院、上级人民检察院	(1) 上诉只限于当事人和他们的法定代理人或经被告人同意的近亲属、辩护人 (2) 提出抗诉的权力只属于同级人民检察院	由作出死刑判决、裁定的法院依法移送引起,无所谓提起

续表

特点	审判监督程序	第二审程序	死刑复核程序
提起条件	发现已生效判决、裁定在认定事实或适用法律上确有错误时，才能提起	没有实体条件的限制	
审理机关	最高人民法院、上级人民法院和作出判决、裁定的法院	原审法院的上一级人民法院	最高人民法院或高级人民法院
提起期限和次数	人民法院的判决、裁定生效后，如发现判决、裁定在认定事实和适用法律上确有错误，除需加重刑罚的情形要受追诉时效限制外，一般没有期限的限制	受法定的上诉、抗诉期限的限制	法律虽无明确规定，但司法实践中，人民法院作出死刑判决、裁定后，应在上诉、抗诉期限届满后或二审判决裁定后立即报最高人民法院或高级人民法院核准，没有任何理由拖延
	提起次数不受限制。依据本程序重审过的案件，只要发现判决、裁定确有错误，就可以再提起本程序，不受次数限制	对于同一案件只能进行一次	

第一，审判监督程序的审理对象是已经发生法律效力的判决和裁定，其中包括业已执行完毕的裁判。第二审程序和死刑复核程序的审理对象是尚未发生法律效力的判决和裁定。

第二，法律将提起审判监督程序的权力赋予了特定的机关和人员。依照法律规定，有权提起审判监督程序的机关是作出判决、裁定的法院和上级人民法院、上级人民检察院。与此不同，提起第二审程序的权利只属于当事人和他们的法定代理人或经被告人同意的近亲属、辩护人，依二审程序提出抗诉的权力只属于同级人民检察院。而死刑复核程序由作出死刑判决、裁定的法院依法移送引起，无所谓提起。

第三，提起审判监督程序的条件是发现已生效的判决、裁定在认定事实或适用法律上确有错误。而第二审程序则没有实体条件的限制，死刑复核程序也没有实体条件限制。

第四，有权依照审判监督程序审理的机关是最高人民法院、上级人民法院和作出判决、裁定的法院，而第二审程序的审理机关只能是原审法院的上一级人民法院。死刑复核程序的审理机关只能是最高人民法院或高级人民法院。

第五，审判监督程序的提起期限视不同情况而定，提起次数不受限制。人民法院的判决、裁定生效后，如发现判决、裁定在认定事实和适用法律上确有错误，除需加重刑罚的情形要受追诉时效限制外，一般没有期限的限制，任何时候都可以提起审判监督程序。依据审判监督程序重审过的案件，只要发现判决、裁定确有错误，就可以再提起审判监督程序，不受次数限制。而第二审程序受法定的上诉、抗诉期限的限制，死刑复核程序法律虽未规定明确的期限，但司法实践中，人民法院作出死刑判决、裁定后，应在上诉、抗诉期限届满后或二审判决裁定后立即报最高人民法院或高级人民法院核准，没有任何理由拖延。对于同一案件，第二审程序和死刑复核程序只能进行一次。

3. 审判监督程序的意义

审判监督程序是实现"不枉不纵""有错必纠"方针的最后一道法律屏障。中国司法工作历来坚持"既不放纵一个坏人,也不冤枉一个好人""有反必肃""有错必纠"的方针。在刑事诉讼中,已经发生法律效力的判决和裁定一般经过了立案、侦查、提起公诉、第一审程序。为了保证裁判的正确性,很多案件又经过了第二审程序,死刑案件又经过死刑复核程序,因此,已经生效的判决、裁定必须维护其稳定性,不得随意变更或撤销,以维护法律的严肃性和判决、裁定在群众中的威信,这是刑事诉讼的一个基本法则。但是,已经生效的裁判未必就是完全正确的,事实上由于种种原因,有些生效裁判存在着不同程度的错误,有时甚至是完全错误的。审判监督程序的确立就是为了协调这种法院裁判的确定性和真实性之间的矛盾,它的任务是依据法定的程序和条件,对原审法院已经发生法律效力的刑事判决、裁定在认定事实和适用法律上是否确有错误进行全面审查,以纠正错误的判决、裁定,维持正确的判决、裁定,实现"有错必纠""不枉不纵",以达到准确地打击犯罪,保障无辜的人不受刑事追究,最终实现刑事诉讼的根本目的。因此,审判监督程序至少具有三方面的意义:(1) 有利于恢复个案公正,保障国家刑罚权的正确行使;(2) 有利于保证司法体系内部监督的落实和国家法律适用的统一;(3) 有利于发挥司法体系外部的监督作用,增强司法机关的可信度和权威性。

12.5.2 审判监督程序的提起

1. 提起审判监督程序的材料来源

提起审判监督程序需要在审查各种证明生效裁判可能错误的材料的基础上作出决定。证明生效裁判有错误的材料可能来源于各种渠道。

第一,当事人及其法定代理人、近亲属、案外人的申诉。当事人及其法定代理人、近亲属的申诉,是指他们对已经发生法律效力的判决、裁定不服,向人民法院或者人民检察院提出重新审查的请求。

第二,人民群众和案外人的来信来访。人民群众的来信来访是指机关、团体、工厂、学校、街道以及各界人民群众对生效判决、裁定提出的意见和反映。案外人的来信来访是指机关、团体、工厂、学校、街道以及社会各界人民群众认为已经发生法律效力的判决、裁定侵害其合法权益所提出的申诉。

第三,司法机关自行发现的裁判不当的案件。人民检察院或人民法院对所办案件都应当进行定期或不定期的复查,在复查案件中如果发现错误,就成为提起审判监督程序的材料来源。此外,司法机关通过报刊、社会传闻等途径自行发现的有关生效判决、裁定可能有错误的材料也可以成为提起审判监督程序的材料来源。

在以上各种材料来源中,当事人、法定代理人及其近亲属的申诉占有很大比重,是提起审判监督程序的主要材料来源。

材料来源仅仅是提起审判监督程序的信息,有材料并不意味着必然提起审判监督程序。人民法院、人民检察院接到申诉后,经过初步审查予以登记立案后,要对申诉进行实质审查,即对申诉的具体内容进行审查。审查所依据的准则有两个:一个是当事人的申诉必须提出新的事实与理由,这是据以审查的基本依据和线索,提不出新的事实与理由,而是一味地"鸣冤叫屈",或重复原案已经审理过的事实、理由,这样的申诉是无效的。审查的另一个准则,是经过审查认为原判决或裁定确有错误。如果认为申诉有理有据,原案确有错误的,则应依法提起审判监督程序。根据《刑事诉讼法》第252条的规定,提出申诉不能停止原判决、裁定的执行。

对提起审判监督程序的材料的接受和审查,虽然未被纳入正式再审的程序,但本质上也是一种诉讼活动,必须认真对待。

2. 提起审判监督程序的条件

提起审判监督程序的条件,也称再审理由。审判监督程序的审理客体是人民法院已经发生法律效力的判决和裁定。根据《刑事诉讼法》第253条的规定,提起审判监督程序的条件是:

(1) 有新的证据证明原判决、裁定认定的事实确有错误,可能影响定罪量刑的。所谓"新的证据",指的是:原判决、裁定生效后新发现的证据;原判决、裁定生效前已经发现,但未予收集的证据;原判决、裁定生效前已经收集,但未经质证的证据;原判决、裁定所依据的鉴定意见,勘验、检查等笔录,或者其他证据被改变或者否定的,可能改变原判决、裁定据以定罪量刑的事实的证据。

(2) 据以定罪量刑的证据不确实、不充分,依法应当予以排除,或者证明案件事实的主要证据之间存在矛盾的。当事人在申诉中虽未提出新的证据,但有合理的理由认为原裁判所依据的证据不确实、不充分或者依法应当予以排除,从而影响到案件的定罪量刑的,或者发现主要证据之间存在无法解释的疑点的,也应提起审判监督程序。实践中,主要事实依据被依法变更或者撤销的可以提起再审,也应属于该种情况。

(3) 原判决、裁定适用法律确有错误的。所谓"适用法律确有错误",主要指生效裁判所依据的法律条文不正确。"以事实为根据,以法律为准绳"是我国刑事诉讼的一项基本原则,如果说认定事实上的错误使原裁判失去了可靠的基础的话,那么,适用法律上的错误则使生效裁判失去了法律根据。因此,适用法律错误应该成为提起审判监督程序的条件。一般来说,认定事实有错误,必然导致适用法律上的错误,但这里所指的适用法律上的错误,仅指原判认定事实正确而适用法律错误。适用法律错误直接导致了定性不准和量刑失当,例如:不依据有关法律规定而依据有关政策或已经废止的法律判决处罚;应当适用某一法律条款,却适用了另一条款;应该适用一般法律条款,却只适用了个别的条款;应当在刑法规定的量刑幅度内判刑,却超出量刑幅度适用了减轻或加重刑罚,或者应当在量刑幅度外减轻或加重,却在量刑幅度内作了从轻或从重的判处,等等。

(4) 违反法律规定的诉讼程序,可能影响公正审判的。司法机关要正确处理案件,不仅应严格遵守实体法,也应严格遵守程序法。严重违反程序法,可能影响正确裁判时,也应成为提起审判监督程序的理由。比如应当回避的司法人员没有回避,非法剥夺了被告人的辩护权、上诉权,死刑案件未经复核就交付执行,违反法律关于溯及力的规定,均应作为提起审判监督程序的条件。

(5) 审判人员在审理案件的时候,有贪污受贿、徇私舞弊、枉法裁判行为。审判人员的廉洁自律是法院作出正确裁判的前提条件之一,如果审判人员在对案件作出裁判前后发生贪污受贿、徇私舞弊、枉法裁判行为,不仅严重损害法院的公正形象,更会导致错误的裁判结果。如果在申诉中当事人有证据证明审判人员有上述行为,就应提起审判监督程序。

3. 提起审判监督程序的机关

提起审判监督程序的机关也叫提起审判监督程序的主体。根据《刑事诉讼法》第 254 条的规定,有权提起审判监督程序的机关包括以下三种情形:

(1) 作出生效裁判的人民法院。《刑事诉讼法》第 254 条第 1 款规定:"各级人民法院院长对本院已经发生法律效力的判决和裁定,如果发现在认定事实上或者在适用法律上确有错误,必须提交审判委员会处理。"可见,作出生效裁判的人民法院有权提起审判监督程序。提起审判监督程序必须由院长提交审判委员会讨论决定,而院长本人无权提起审判监督程序。在审判实践中,如果案件经过了第二审程序,应由第一审法院向第二审法院反映意见,由第二审法院院长提交审判委员会决定提起审判监督程序。

(2) 最高人民法院和上级人民法院。《刑事诉讼法》第 254 条第 2 款规定:"最高人民法院对各级人民法院已经发生法律效力的判决和裁定,上级人民法院对下级人民法院已经发生法律效力的判决和裁定,如果发现确有错误,有权提审或者指令下级人民法院再审。"可见,最高人民法院和上级人民法院有权提起审判监督程序。最高人民法院对各级人民法院、上级人民法院对下级人民法院已经生效的判决和裁定提起审判监督程序是实现监督的一种重要方式。一般来说,作出生效判决、裁定的法院在处理申诉或自行复查中发现错误的,都会主动提起审判监督程序予以纠正,但由于审判水平、本位主义或原有观点的局限,有的错判案件并未能在原审法院得到纠正,规定最高人民法院和上级人民法院有提起审判监督程序的权力,则弥补了这一缺陷。最高人民法院和上级人民法院提起审判监督程序的主要方式是提审或指令再审。所谓提审,是指最高人民法院或上级人民法院上调案件,自行组成合议庭重新审判。所谓指令再审,是指指示或命令下级人民法院按照审判监督程序对案件进行重新审理。司法实践中,最高人民法院、上级人民法院一般对案情重大、疑难的案件或原作出生效裁判的法院坚持己见,久拖不决,不宜自行审理的案件实行提审,其他情况下一般实行指令再审。

(3) 最高人民检察院和上级人民检察院。《刑事诉讼法》第 254 条第 3 款规定:"最高人民检察院对各级人民法院已经发生法律效力的判决和裁定,上级人民检察院对下级人民法院已经发生法律效力的判决和裁定,如果发现确有错误,有权按照审判监督程序向同级人民法院提出抗诉。"此条规定赋予了最高人民检察院和上级人民检察院提起审判监督程序的权力。人民检察院是国家的法律监督机关,对人民法院的审判活动依法行使审判监督权。这种审判监督的职权不仅限于一审、二审程序,而且及于审判监督程序。人民检察院提起审判监督程序的方法是抗诉,这是对人民法院错误裁判的一种法定抗议形式。地方各级人民检察院如果发现同级人民法院已经发生法律效力的判决和裁定确有错误时,无权直接提出抗诉,应当将案件的错误情况调查清楚,提出抗诉意见,报请上一级人民检察院审查决定。《刑事诉讼法》第 254 条第 4 款规定:"人民检察院抗诉的案件,接受抗诉的人民法院应当组成合议庭重新审理,对于原判决事实不清楚或者证据不足的,可以指令下级人民法院再审。"

12.5.3　再审案件的审判程序

再审案件的审判程序是指人民法院对已经提起审判监督程序的案件进行审理和判决的法律程序。

1. 重新审判的法院

根据《刑事诉讼法》第 254 条的规定,重新审判的法院可能是最高人民法院,也可能是地方各级人民法院。人民法院有权对本院已经发生法律效力的判决和裁定决定再审,最高人民法院、上级人民法院有权提审或指令下级人民法院再审。上级人民法院可以是任何上级人民法院,并不限于上一级人民法院。最高人民法院或上级人民法院的提审或指令再审,既可能针对原一审生效的判决和裁定,也可能针对原二审生效的判决和裁定。根据《刑事诉讼法》第 255 条的规定,上级人民法院指令下级人民法院再审的,应当指令原审人民法院以外的下级人民法院审理;由原审人民法院审理更为适宜的,也可以指令原审人民法院审理。

2. 重新审判的程序

(1) 重新审判的审判组织。中国《刑事诉讼法》第 256 条第 1 款规定:"人民法院按照审判监督程序重新审判的案件,由原审人民法院审理的,应当另行组成合议庭进行……"根据此条规定,原审合议庭不能继续审理再审案件。如果是人民法院对本院已经发生法律效力的判决和裁定决定再审或上级人民法院指令再审的,应指定另外的审判员(第一审包括陪审员)组成新的合议庭。这是为了避免原审合议庭因受已有观点的影响而先入为主或固执己见,从而确保客观公正地进行再审。由上级人民法院提审的,合议庭自然改变,不存在另行组织的问题。

(2) 重新审判的程序。《刑事诉讼法》第 256 条规定,人民法院按照审判监督程序重新审判的案件,如果原来是第一审案件,应当依照第一审程序进行审判,所作的判决、裁定可以上诉、抗诉;如果原来是第二审案件,或者是上级人民法院提审的案件,应当依照第二审程序进行审判,所作的判决、裁定是终审的判决、裁定。此条规定确立了对决定再审案件重新审判程序的基本原则。

根据最高人民法院《关于刑事再审案件开庭审理程序的具体规定(试行)》,依第一审程序或第二审程序开庭审理的刑事再审程序包括审前准备及法庭审理。

第一,依照第一审程序或第二审程序开庭审理的刑事再审案件的审前准备。根据最高人民法院《关于刑事再审案件开庭审理程序的具体规定(试行)》,以有新的证据证明原判决、裁定认定的事实确有错误为由提出抗诉,但抗诉书未附有新的证据目录、证人名单和主要证据复印件或者照片的,人民检察院应当在 7 日内补充;经补充后仍不完备或逾期不补的,裁定维持原判。以有新的证据证明原判决、裁定认定的事实确有错误为由提出申诉的,应当同时附有新的证据目录、证人名单和主要证据复印件或者照片。需要申请人民法院调取证据的,应当附有证据线索,未附有的,应当在 7 日内补充;经补充后仍不完备或逾期不补的,应当决定不予受理。

人民法院审理下列再审案件应当依法开庭审理:依照第一审程序审理的;依照第二审程序需要对事实或者证据进行审理的;人民检察院按照审判监督程序提出抗诉的;可能对原审被告人(原审上诉人)加重刑罚的;有其他应当开庭审理情形的。

下列再审案件可以不开庭审理:原判决、裁定认定事实清楚,证据确实、充分,但适用法律错误,量刑畸重的;1979 年《刑事诉讼法》施行以前作出裁判的;原审被告人(原审上诉人)、原审自诉人已经死亡,或者丧失刑事责任能力的;原审被告人(原审上诉人)在交通十分不便的边远地区监狱服刑,提押到庭确有困难的,但若属人民检察院提出抗诉的,人民法院应征得人民检察院的同意;人民法院按照审判监督程序决定再审,按规定经两次通知,人民检察院不派员出庭的。

人民法院在开庭审理前,应当进行下列工作:确定合议庭的组成人员;将再审决定书、申诉书副本至迟在开庭 30 日前,重大、疑难案件至迟在开庭 60 日前送达同级人民检察院并通知其查阅案卷和准备出庭;将再审决定书或抗诉书副本至迟在开庭 30 日以前送达原审被告人(原审上诉人),告知其可以委托辩护人,或者依法为其指定承担法律援助义务的律师担任辩护人;至迟在开庭 15 日前,重大、疑难案件至迟在开庭 60 日前,通知辩护人查阅案卷和准备出庭;将开庭的时间、地点在开庭 7 日以前通知人民检察院;传唤当事人,通知辩护人、诉讼代理人、证人、鉴定人和翻译人员,传票和通知书至迟在开庭 7 日以前送达;公开审判的案件,在开庭 7 日以前先期公布案由、原审被告人(原审上诉人)姓名、开庭时间和地点。

人民法院应当在开庭 30 日前通知人民检察院、当事人或者辩护人查阅、复制双方提交的新证据目录及新证据复印件、照片。人民法院应当在开庭 15 日前通知控辩双方查阅、复制人民法院调取的新证据目录及新证据复印件、照片等证据。

第二,依照第一审程序或第二审程序开庭审理的刑事再审案件的法庭审理。根据最高人民法院《关于刑事再审案件开庭审理程序的具体规定(试行)》,人民法院决定再审的,由合议庭组成人员宣读再审决定书;根据人民检察院的抗诉进行再审的,由公诉人宣读抗诉书;当事人及其法定代理人、近亲属提出申诉的,由原审被告人(原审上诉人)及其辩护人陈述申诉理由。在审判长主持下,就控辩双方有争议的问题进行法庭调查和辩论。在审判长主持下,控辩双方对提出的新证据或者有异议的原审据以定罪量刑的证据进行质证。进入辩论阶段,原审被告人(原审上诉人)及其法定代理人、近亲属提出申诉的,先由原审被告人(原审上诉人)及其辩护人发表辩护意见,然后由公诉人发言、被害人及其代理人发言。被害人及其法定代理人、近亲属提出申诉的,先由被害人及其代理人发言、公诉人发言,然后由原审被告人(原审上诉人)及其辩护人发表辩护意见。人民检察院提出抗诉的,先由公诉人发言、被害人及其代理人发言,然后由原审被告人(原审上诉人)及其辩护人发表辩护意见。既有申诉又有抗诉的,先由公诉人发言,后由申诉方当事人及其代理人或者辩护人发言或者发表辩护意见,然后由对方当事人及其代理人或辩护人发言或者发表辩护意见。

此外,根据《刑事诉讼法》第 256 条的规定,人民法院开庭审理的再审案件,同级人民检察院应当派员出席法庭。根据《刑事诉讼法》第 257 条的规定,人民法院决定再审的案件,需要对被告人采取强制措施的,由人民法院依法决定;人民检察院提出抗诉的再审案件,需要对被告人采取强制措施的,由人民检察院依法决定。根据最高院《解释》(2021),对决定依照审判监督程序重新审判的案件,除人民检察院抗诉的以外,人民法院应当制作再审决定书。再审期间不停止原判决、裁定的执行,但被告人可能经再审改判无罪,或者可能经再审减轻原判刑罚而致刑期届满的,可以决定中止原判决、裁定的执行,必要时,可以对被告人采取取保候审、监视居住措施。

(3) 重新审判的期限。《刑事诉讼法》对提起审判监督程序的案件的审理期限作出了明确规定。第 258 条第 1 款规定:"人民法院按照审判监督程序重新审判的案件,应当在作出提审、再审决定之日起三个月以内审结,需要延长期限的,不得超过六个月。"第 258 条第 2 款规定:"接受抗诉的人民法院按照审判监督程序审判抗诉的案件,审理期限适用前款规定;对需要指令下级人民法院再审的,应当自接受抗诉之日起一个月以内作出决定,下级人民法院审理案件的期限适用前款规定。"

3. 重新审判对再审案件的处理

再审案件经过重新审理后,应当按照下列情形分别处理(见表12-13):

表 12-13   中国法院对再审案件依不同情形所作之处理 [马贵翔,2014]

序号	案件的不同情形	处理结果
1	原判决、裁定认定事实和适用法律正确、量刑适当的	应当裁定驳回申诉或者抗诉,维持原判决、裁定
2	原判决、裁定定罪准确、量刑适当,但在认定事实、适用法律等方面有瑕疵的	应当裁定纠正并维持原判决、裁定
3	原判决、裁定认定事实没有错误,但适用法律错误,或者量刑不当的	应当撤销原判决、裁定,依法改判
4	(1) 依照第二审程序审理的案件,原判决、裁定事实不清或者证据不足的	可以在查清事实后改判
		也可以裁定撤销原判,发回原审人民法院重新审判
	(2) 原判决、裁定事实不清或者证据不足,经审理事实已经查清的	应当根据查清的事实依法裁判
	(3) 事实仍无法查清,证据不足,不能认定被告人有罪的	应当撤销原判决、裁定,判决宣告被告人无罪

根据最高人民法院《关于刑事再审案件开庭审理程序的具体规定(试行)》及最高院《解释》(2021)第469条的规定,除人民检察院抗诉的以外,再审一般不得加重原审被告人的刑罚。再审决定书或者抗诉书只针对部分原审被告人的,不得加重其他同案原审被告人的刑罚。

小结

审判程序的基本结构,一是控辩均衡对抗,二是法官居中裁判。从程序上讲,审判刑事案件与审判民事、行政争议案件并无本质区别,只不过因刑事审判涉及了更为突出的人权保护问题而在程序操作上显现出一系列特点,比如刑事审判中的原告一方是国家并由检察机关代行此职责,刑事被害人在公诉案件中依附于检察机关,刑事被告人处于特殊的诉讼地位,以及刑事责任的证明标准高于民事和行政责任的证明标准等。刑事审判程序的功能包括:第一,科学的刑事审判程序有利于从实体上正确解决案件。第二,科学的刑事审判程序有利于限制诉讼主体的恣意妄为。第三,科学的刑事审判程序有利于实现程序正义。刑事审判的当事人主义诉讼模式和职权主义诉讼模式代表了当今世界刑事诉讼结构的两种形式。

刑事审判的原则是指刑事审判应遵循的一般规范和准则。目前为世界多数国家所采用的基本原则主要有控辩平等、法官中立、直接言词、自由心证和公开审判。

刑事第一审程序是指人民法院对刑事案件的第一次审判所应遵循的程序规则的总称。刑事第一审程序是审判程序的典型代表。我国刑事第一审普通程序是指人民法院对公诉案件进行第一次审判所应遵循的普通程序规则的总称。强调公诉以区别于自诉,强调普通以区别于简易程序。刑事第一审普通程序是刑事第一审程序的基本程序。根据中国《刑事诉讼法》的规定,刑事第一审一般程序包括庭前程序和庭审程序两大部分,同时还有一些特别规定。庭前程序的核心是对公诉案件的审查,是指人民法院对人民检察院提交的案件进行审查以确定是否达到开庭审判条件的专门的司法活动。庭审程序包括开庭、法庭调查、法庭辩论、被告人最后陈述、评议和宣判等步骤,核心是法庭调查。现行《刑事诉讼法》规定的法庭调查和实践操作一般采用先审问被告,再传唤证人,后出示书证、物证的机械运作方式,特别是允许使用书面证言等传闻证据。刑事第一审特别程序是相对于刑事第一审普通程序而言的,包括自诉案件第一审程序和刑事简易程序。自诉是与公诉相对而言的,即自诉人对犯罪的直接起诉。刑事简易程序是刑事第一审一般程序的简化形式。从理论上讲,刑事简易程序只适用于证据简明的刑事案件,此处的"简易"主要指相对于普通程序来说省略掉那些主要为查清犯罪事实而设置的一些诉讼程序。我国刑事简易程序是指第一审程序中的基层人民法院在审理某些简单轻微的刑事案件时所依法适用的,较一般程序相对简化的程序。刑事速裁程序是比刑事简易程序更为简化的一种审判程序,适用于案件事实清楚,证据确实、充分,被告人认罪认罚并同意适用速裁程序,可能判处 3 年有期徒刑以下刑罚的特定轻微刑事案件。该程序是在保证诉讼公正的前提下,由审判员一人独任审判,省略法庭调查和法庭辩论程序,简化诉讼流程并缩短诉讼期限的一种快速审判方式。

《刑事诉讼法》规定的第二审程序是指第一审法院的上一级法院根据上诉或抗诉对案件进行重新审理所应遵循的程序规则的总称。其价值包括纠错、吸收不满和保证刑法的统一适用等。中国刑事第二审程序的提起源于上诉、抗诉。刑事第二审程序具有强化审判组织、坚持全面审查原则、开庭审理为主书面审理为辅、上诉不加刑原则等特点。《刑事诉讼法》第242 条规定,第二审人民法院审判上诉或者抗诉案件的程序,除本章已有规定的以外,参照第一审程序的规定进行。第二审人民法院对不服第一审判决的上诉、抗诉案件,经过审理后,应当分别情形分别处理。

死刑复核程序是指对死刑判决或裁定进行审查核准的一种特殊程序。死刑立即执行案件的判决或裁定由最高人民法院核准。中级人民法院判处死刑的第一审案件,被告人不上诉的,应由高级人民法院复核后,报请最高人民法院核准。高级人民法院不同意判处死刑的,可以提审或者发回重新审判。复核死刑案件应当由审判员 3 人组成合议庭进行。合议庭审核时,除需要直接查对事实的情况外,一般采取书面审核方式,不传唤当事人和证人。高级人民法院复核时,必须提审被告人;最高人民法院复核时,应当讯问被告人。中级人民法院判处死刑缓期 2 年执行的案件,由高级人民法院核准。

中国刑事诉讼中的审判监督程序,是指人民法院和人民检察院为了纠正已经生效的判决或裁定在认定事实和适用法律上存在的错误,依法提起并对案件进行重新审判的一种特殊诉讼程序。审判监督程序是实现"不枉不纵""有错必纠"方针的最后一道法律屏障。提起审判监督程序的主体是作出生效裁判的人民法院、最高人民法院和上级人民法院、最高人民检察院和上级人民检察院。

思考题

1. 当事人主义与职权主义审判模式的相同点与不同点是什么?

2. 如何确保法官中立?

3. 刑事诉讼控辩平等的理由是什么?

4. 判决、裁定与决定的区别是什么?

5. 刑事第一审程序在刑事审判程序中的地位是什么?

6. 我国刑事第一审程序开庭前对公诉的审查是何种性质的审查?

7. 我国刑事第一审程序开庭审判的条件是什么?

8. 我国刑事第一审程序在哪些方面吸收了当事人主义审判方式的合理因素?

9. 英美法系国家刑事审判之交叉询问的基本规则是什么?

10. 在我国刑事第一审程序中,人民检察院认为人民法院有违反法律规定的诉讼程序的情况的,应如何处理?

11. 为什么说自诉与公诉并无本质区别?

12. 我国自诉案件审理程序的特点是什么?

13. 我国刑事简易程序的特点是什么? 适用范围是什么?

14. 什么是辩诉交易?

15. 刑事第二审程序有何价值? 如何理解刑事第二审全面审查原则?

16. 提起上诉的方式与提起抗诉的方式有何区别?

17. 享有独立上诉权的主体有哪些?

18. 什么是上诉不加刑?

19. 第二审人民法院审理后应当分别情形作出哪些处理?

20. 高级人民法院复核中级人民法院判处死刑立即执行的第一审被告人不上诉的案件应遵守哪些基本规则?

21. 审判监督程序与上诉审程序的区别是什么?

22. 审判监督程序的价值是什么?

23. 提起审判监督程序的基本方式是什么?

第13章 执行

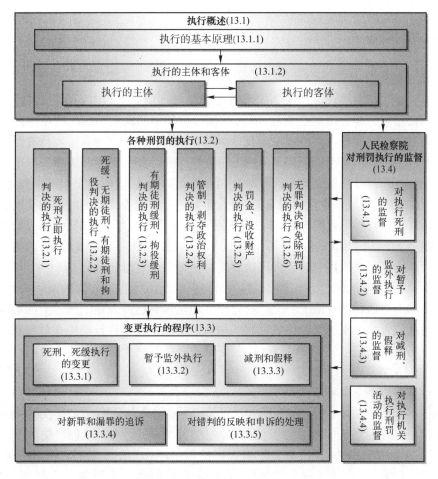

图 13-0 本章基本知识结构 ［常远、叶涛,2002］

导言

　　执行程序既是刑事诉讼中的一个独立的程序,也是整个刑事诉讼过程的最后阶段。中国刑事诉讼中的执行程序是指法定的执行机关将已经发生法律效力的判决、裁定所确定的被告人所承担的刑事责任的内容付诸实施以及解决实施过程中出现的特定问题而进行的活动。本章将以执行的概念、特征和意义为起点,根据立法宗旨与诉讼基本理论,结合现行有权解释,对执行的原则、执行的主体和客体以及我国刑法所确定的死刑、无期徒刑、有期徒刑、拘役、管制五种主刑与没收财产、罚金和剥夺政治权利三种附加刑的具体执行程序予以详细论述,同时对我国刑法中确立的执行犹豫制度——缓刑、死刑缓期执行以及执行变更制度——减刑、假释、监外执行制度的程序进行概括总结。此外,对无罪判决、免予刑事处罚的判处的执行问题,对新罪与漏罪的追诉,对错案的反映和申诉处理,以及人民检察院对执行的各个环节如何实施监督也进行了详细的分析与论述。

13.1　执行概述

13.1.1　执行的基本原理

1. 执行的概念

刑事执行是指有关国家机关为了实现生效裁判确定的刑罚内容而进行的活动,包括对确定的刑罚给予一定限度的变更和调整,如执行过程中的减刑、假释、赦免等都是对生效裁判已经确定的刑罚(刑事责任)在一定程度上的变更和调整。根据我国现行有关刑事诉讼法律的规定,人民法院负责死刑(不含死缓)、罚金刑、没收财产、无罪判决和免除刑罚判决的执行;公安机关负责拘役、剥夺政治权利等刑罚的执行;社区矫正机构负责对被判处管制、宣告缓刑、假释或者暂予监外执行的罪犯的执行;监狱负责罪犯为成年人的有期徒刑、无期徒刑、死刑缓期2年执行等刑罚的执行;未成年犯管教所负责未成年罪犯的有期徒刑、无期徒刑等刑罚(根据《监狱法》规定,未成年罪犯在成年以后,如果剩余刑期不超过两年的,仍可在未成年犯管教所接受改造)的执行;人民检察院对执行情况进行监督。

刑事执行是刑事诉讼立案、侦查、起诉、审判、执行五个主要阶段的最后一个阶段,包括交付执行和变更执行两种情况。交付执行是人民法院将已经发生法律效力的裁判交付执行机关的活动或者自己实施已经生效裁判的内容的活动。变更执行是指在裁判确定的刑罚执行过程中出现了法定情况,由人民法院、公安机关将原裁判予以变更的活动。

2. 执行的特征

执行具有以下三个特征:

第一,合法性。执行是一种刑事司法活动,直接关系对公民的人身权利和财产权利的保护和刑事诉讼目的的实现,因此,执行必须受到严格的限制。这种严格的限制就是执行必须由法定的国家机关进行,必须依据人民法院已经作出的生效裁判实施。对于尚未发生法律效力的裁判,一律不得交付执行,但判处被告人无罪、免除被告人刑事处罚的除外。交付执行时,必须做到法律文书齐全;变更执行时,必须按规定程序报请人民法院裁定,不得随意变更。

第二,及时性。判决、裁定一旦发生法律效力就必须立即执行,任何人不得以任何理由拖延执行的时间,这是刑事诉讼效率原则的要求。无故拖延生效判决的执行,就会使判决失去法律的严肃性,也可能因此失去执行的机会,公民的合法权益就会受到不该有的损害。

第三,强制性。执行以国家强制力为后盾,对一切国家机关、社会组织和社会成员都有拘束力,特别是对犯罪人,无论其是否同意判决,都要予以执行。如果抗拒执行人民法院已经发生法律效力的判决、裁定,就会受到法律的制裁。中国《刑法》第 313 条规定了拒不执行判决、裁定罪,即有能力执行而拒不执行人民法院已经发生法律效力的判决、裁定,情节严重的,处 3 年以下有期徒刑、拘役或者罚金。

3. 执行的作用

执行作为刑事诉讼的最后一个阶段,其地位和作用都十分重要。只有通过执行,才能使审判的结果得以实现,使刑事诉讼的根本任务得以实现。执行的作用具体表现为:

第一,使罪犯受到应有的惩罚和教育,并在执行中被改造成弃恶从善、自食其力、不再危害社会并且能够重返社会的新人,实现刑罚特殊预防的目的。

第二,使无罪和免除刑罚的在押人能够被立即释放,切实保障公民的合法权益。

第三,教育公民自觉遵守法律,同时警戒社会上的不稳定分子,起到预防、减少犯罪的一般预防作用。

第四,能够检验生效判决的正确性和社会效果。

4. 执行的目的和原则

执行的目的有其发展变迁的过程,从世界范围看,以报应、威慑为内容的执行目的在近现代已经被以教育和改造为内容的执行目的所取代。这种变迁的原因是执行的社会意义日益受到重视,即刑罚执行重在教育改造罪犯,使罪犯成为自食其力的人,不再危害社会,以调和犯罪人和社会整体之间因犯罪产生的冲突。这种以教育和改造为主要内容的执行目的得到了世界各国的普遍认可。在这种执行目的的影响下,形成了现代执行的四个原则:

第一,法制原则。罪犯只受判决中明确的刑罚,不得再对罪犯施加任何刑罚,罪犯在合法权利受到侵害时有权寻求法律保护,执行机关应给予受刑者陈述意见的机会。

第二,人道原则。在执行中,要尊重罪犯的人格,给予必要的生活用品、适当的劳动报酬和休息日,保护其身心健康,保证受刑者生病能够得到治疗。

第三,自食其力原则。在执行中,强制罪犯劳动,使其养成劳动习惯,学会一定谋生技能,做到自食其力,以减轻社会负担,并减少其再犯罪的可能。

第四,重返社会原则。在执行中要启发、培养罪犯的自尊心、责任感,使其能逐步适应社会生活,能重新被自己的亲人、家庭所接受,不因被家庭、社会抛弃而继续危害社会。

与上述近现代执行的原则相一致,在近现代逐步形成的执行制度有:

第一,对罪犯实行分关分押制度。对罪犯实行分关分押有利于避免恶习传染,同时便于因人施教个别改造,使罪犯能够尽快重返社会。

第二,实行监外执行制度。缓刑、假释等是监外执行的具体做法。对罪犯实行监外执行,使罪犯不失去人身自由,保持与社会的联系,有利于罪犯在服刑完毕后尽快融入社会。

第三,补充和完善罪犯的各项权利。通过补充和完善罪犯的各项权利,使服刑人的人格不受侮辱,保持做人的尊严,有利于其重新做人和重返社会。

13.1.2 执行的主体和客体

1. 执行的主体

执行的主体是依法享有执行法院作出的生效判决、裁定的权力的国家机关。在西方,执行的主体一般有法院判决裁判所、行刑或者执行裁判所、官方设置的社会保护观察组织。在我国,执行的主体有法院、公安机关、监狱以及社区矫正机构等。

执行主体有各自的职权管辖范围,在执行中是否给予受刑人员缓刑、监外执行,或者是否能减刑、假释、累进处遇①、休假、保护观察许可等方面既有明确的分工,又有协作和监督。对于执行主体在职权管辖上的分工和互相监督,世界各国各有特点,主要有四种类型:

第一,法院(判决裁判所)的权力只限于确定犯罪事实、定罪量刑等审判活动,执行活动的主要目的和任务是教育改造罪犯,执行活动由专家(心理学家、精神病学家、社会福利学家)和执行官员组成的专门机构负责。这种类型的国家以美国、瑞典为代表。

第二,法院(判决裁判所)除了有定罪量刑的权力,还有决定事后变更的部分权力,如用其他刑罚方法替代自由刑的执行,并保留对执行裁判所的监督权。执行裁判所则有权决定执行顺序和在何种场所执行,按何种累进处遇计划执行,能否有条件提前释放等。

第三,法院(判决裁判所)一方面可在判决时确定在何种场所执行,另一方面对判决开始执行后能否给罪犯优遇处置、能否累进处遇甚至减刑、假释作出决定。采取这种类型的国家以日本、意大利和中国为代表。

第四,在执行中增加第三种权力的监督,如有的国家派司法部的官员在执行机构中任职,有权到执行场所做定期查访,可以变更确定的判决和执行方法。我国则由检察机关在监狱等执行场所中设置检察官,负责查处劳动改造机关官员的徇私舞弊、贪污等违法犯罪,访查并受理罪犯对判决和待遇的申诉意见,并可对法院和劳改机关作出的减刑、假释、监外执行等决定进行监督。对于违法的决定,有权提出纠正意见或者提出抗诉。这种类型显然对防止执行中的错误和舞弊现象有积极作用。

根据中国《刑事诉讼法》的规定,人民法院是交付执行机关。人民法院在判决、裁定生效后,依照案件的性质和刑罚的不同交付不同的执行机关执行。我国的刑事判决、裁定的执行机关包括人民法院、公安机关、监狱等机关。具体来讲,人民法院负责无罪判决、免除刑罚判决、罚金刑判决、没收财产判决和死刑判决的执行;监狱和未成年犯管教所负责有期徒刑、无期徒刑和死刑缓期二年执行判决的执行,对于在交付执行前剩余刑期在3个月以下的罪犯,由看守所代为执行;公安机关负责拘役、剥夺政治权利的执行;社区矫正机构负责对判处管制、宣告缓刑、假释或者暂予监外执行的罪犯的刑罚的执行。

2. 执行的客体

执行的客体是人民法院作出的生效的判决和裁定。中国《刑事诉讼法》第259条规定,判决和裁定在发生法律效力后执行。法国刑事诉讼法典规定,只有在决定变成终审判决后,方可付诸执行。这两种立法例事实上都规定只有已经发生法律效力的判决和裁定才是执行的客体。根据中国《刑事诉讼法》第259条第2款及相关法律的规定,发生法律效力的判决和裁定包括:(1)已过法定期限没有上诉、抗诉的判决和裁定;(2)终审的判决和裁定,包括中级人民法院的第二审判决和裁定、高级人民法院的第二审判决和裁定以及最高人民法院的判决和裁定;(3)高级人民法院核准的死刑缓期2年执行的判决;(4)最高人民法院核准的死刑的判决。

---

① 累进处遇制度是西方国家执行自由刑的一项重要制度,是随着罪犯教育改造程度或者其表现成绩的逐步上升,执行机关对罪犯采取的强制措施和待遇逐渐转好的制度。对此,下文将有详细论述。

13.2　各种刑罚的执行

13.2.1　死刑立即执行判决的执行

死刑又称生命刑或极刑,是刑罚体系中最严厉的一种刑罚。因此,保留死刑的国家的刑事诉讼法对死刑执行程序一般都作了比较严格的规定,以保证死刑执行的准确无误。如日本《刑事诉讼法》第 477 条规定:"死刑,应当在检察官、检察事务官及监狱长或者其代理人在场的情况下执行。"第 478 条规定:"执行死刑时在场的检察事务官应当制作执行情况书,并与检察官及监狱长或者其代理人共同在执行情况书上签名、盖章。"我国《刑法》第 48 条规定,死刑只适用于罪行极其严重的犯罪分子。对于应当判处死刑的犯罪分子,如果不是必须立即执行的,可以判处死刑同时宣告缓期 2 年执行。死刑除依法由最高人民法院判决的以外,都应当报请最高人民法院核准。死刑缓期执行的,可以由高级人民法院判决或者核准。

1. 法定的死刑的罪名

根据现行刑法分则的规定,我国目前规定有死刑的罪名一共有 46 种[①],分别是:

第一,刑法分则第 1 章危害国家安全罪中有 7 种:武装叛乱、暴乱罪,背叛国家罪,分裂国家罪,投敌叛变罪,间谍罪,为境外窃取、刺探、收买、非法提供国家秘密、情报罪,资敌罪;

第二,刑法分则第 2 章危害公共安全罪中有 14 种:放火罪,决水罪,爆炸罪,投放危险物质罪,以危险方法危害公共安全罪,破坏交通工具罪,破坏交通设施罪,破坏电力设备罪,破坏易燃易爆设备罪,劫持航空器罪,抢劫枪支、弹药、爆炸物、危险物质罪,非法制造、买卖、运输、邮寄、储存枪支、弹药、爆炸物罪,非法制造、买卖、运输、储存危险物质罪,盗窃、抢夺枪支、弹药、爆炸物、危险物质罪;

第三,刑法分则第 3 章破坏社会主义市场经济秩序罪中有 2 种:生产、销售假药罪,生产、销售有毒、有害食品罪;

第四,刑法分则第 4 章侵犯公民人身权利、民主权利罪中有 5 种:故意杀人罪,故意伤害罪,强奸罪,绑架罪,拐卖妇女、儿童罪;

第五,刑法分则第 5 章侵犯财产罪中有 1 种:抢劫罪;

第六,刑法分则第 6 章妨害社会管理秩序罪中有 3 种:暴动越狱罪,聚众持械劫狱罪,走私、贩卖、运输、制造毒品罪;

第七,刑法分则第 7 章危害国防利益罪中有 2 种:破坏武器装备、军事设施、军事通信罪,故意提供不合格武器装备、军事设施罪;

第八,刑法分则第 8 章贪污贿赂罪中有 2 种:贪污罪与受贿罪;

第九,刑法分则第 10 章军人违反职责罪中有 10 种:战时违抗命令罪,隐瞒、谎报军情罪,拒传、假传军令罪,投降罪,战时临阵脱逃罪,军人叛逃罪,为境外窃取、刺探、收买、非法提供

[①]《刑法修正案(九)》(2015 年 8 月 29 日通过)进一步减少适用死刑罪名,废除了对走私武器、弹药罪,走私核材料罪,走私假币罪,伪造货币罪,集资诈骗罪,组织卖淫罪,强迫卖淫罪,阻碍执行军事职务罪,战时造谣惑众罪共 9 个死刑罪名的规定。

军事秘密罪,盗窃、抢夺武器装备、军用物资罪,非法出卖、转让武器装备罪,战时残害居民、掠夺居民财物罪。

2. 死刑立即执行判决的执行要求

死刑立即执行判决是指人民法院依法作出的剥夺犯罪分子的生命并立即执行的一种判决。由于死刑是我国刑罚体系中最严厉的一种刑罚,我国刑事诉讼法对死刑执行也同样规定了较为严格的执行程序。《刑事诉讼法》第 261 条、第 262 条、第 263 条对死刑的执行作了规定,具体内容如下:

第一,最高人民法院判处和核准的死刑立即执行的判决,应当由最高人民法院院长签发执行死刑的命令。下级人民法院收到执行死刑的命令后,应当在 7 日内交付执行。但是,如果发现有下列情形之一的,应停止执行,并且立即报告最高人民法院,由最高人民法院作出裁定:(1) 在执行前发现判决可能有错误的;(2) 在执行前罪犯揭发重大犯罪事实或者有其他重大立功表现,可能需要改判的;(3) 罪犯正在怀孕的。

上述第(1)项、第(2)项死刑停止执行的原因消失后,必须报请核准死刑的人民法院院长再签发执行死刑的命令才能执行;由于上述第(3)项原因停止执行的,应当报请最高人民法院依法改判。

需要进一步说明的是,上述第(1)项情形应包括未成年人和审判时已满 75 岁的人被误判死刑的情形。至于上述第(3)项"罪犯正在怀孕"的问题,1998 年 8 月 13 日起实施的最高人民法院《关于对怀孕妇女在羁押期间自然流产审判时是否可以适用死刑问题的批复》指出,怀孕妇女因涉嫌犯罪在羁押期间自然流产后,又因同一事实被起诉、交付审判的,应当视为"审判的时候怀孕的妇女",依法不适用死刑。同时,根据 1991 年 3 月 18 日起实施的最高人民法院研究室《关于如何理解"审判的时候怀孕的妇女不适用死刑"问题的电话答复》的规定,在羁押期间已是孕妇的被告人,无论其怀孕是否属于违反国家计划生育政策,也不论其是否自然流产或者经人工流产以及流产后移送起诉或审判期间的长短,仍应执行 1998 年 8 月 13 日起施行的《最高人民法院关于对怀孕妇女在羁押期间自然流产审判时是否可以适用死刑问题的批复》的规定:"怀孕妇女因涉嫌犯罪在羁押期间自然流产后,又因同一事实被起诉、交付审判的,应当视为'审判的时候怀孕的妇女',依法不适用死刑。"

第二,人民法院在交付执行死刑前,应当通知同级人民检察院派员临场监督。指挥执行的审判人员对罪犯应当验明正身,询问有无遗言、信札,然后交付执行人员执行死刑。在执行前如果发现可能有错误的,应当暂停执行,报请最高人民法院裁定。这里的"执行前"是指从验明正身到行刑前的这段时间,因此"暂停执行"的权力由指挥执行的人员行使。

第三,执行死刑可以在刑场或者指定的羁押场所内采用枪决或者注射等[①]方法。这是对执行死刑在地点和方法上的要求。枪决是我国长期采用的执行死刑的方法,即用枪射击罪犯使其死亡。注射是目前世界上多数国家采用的执行死刑的方法之一,该方法通过向罪犯注射致命性药品而使其死亡,具有执行方便、死亡迅速的特点,因此普遍认为采用该方法执

---

① 根据最高院《解释》(2021)中第 507 条的规定,死刑采用枪决或者注射等方法执行。采用注射方法执行死刑的,应当在指定的刑场或者羁押场所内执行。采用枪决、注射以外的其他方法执行死刑的,应当事先层报最高人民法院批准。由此规定可知,死刑的执行方法还会根据实际需要与可能的条件,有所增加。

行死刑更人道、更文明、更先进。中国《刑事诉讼法》吸收了注射这一执行死刑的先进方法，将枪决和注射明文规定为执行死刑的两种方法。

第四，执行死刑应当公布，但不应示众，严禁侮辱罪犯人格和摧残罪犯身体。公开执行死刑是封建社会死刑执行的一大特点，其目的是增强死刑的威慑作用。现代刑罚观念普遍认为刑罚对罪犯的威慑作用是非常有限的，刑罚的主要作用是对罪犯的改造和矫正，因此，公开执行死刑是不必要的。实际上，公开执行死刑加重了罪犯承受的刑罚，对罪犯是不公平和不人道的。我国立法采纳了这一现代刑罚观念，在《刑事诉讼法》第 263 条中明确规定，执行死刑应当公布，但不应示众。

第五，死刑执行完毕，应当由法医验明罪犯确实死亡后，在场书记员制作笔录。交付执行的人民法院应当将执行死刑情况（包括执行死刑前后的照片）及时逐级上报最高人民法院。

第六，死刑执行后，负责执行的人民法院应当办理以下事项：(1) 对罪犯的遗书、遗言笔录，应当及时审查；涉及财产继承、债务清偿、家事嘱托等内容的，将遗书、遗言笔录交给家属，同时复制附卷备查；涉及案件线索等问题的，抄送有关机关。(2) 通知罪犯家属在限期内领取罪犯骨灰；没有火化条件或者因民族、宗教等原因不宜火化的，通知领取尸体；过期不领取的，由人民法院通知有关单位处理，并要求有关单位出具处理情况的说明；对罪犯骨灰或者尸体的处理情况，应当记录在案。(3) 对外国籍罪犯执行死刑后，通知外国驻华使、领馆的程序和时限，依照有关规定办理。

13.2.2 死缓、无期徒刑、有期徒刑和拘役判决的执行

中国《刑事诉讼法》第 264 条规定，对于被判处死刑缓期 2 年执行、无期徒刑、有期徒刑和拘役的罪犯，人民法院在交付执行的时候，应当将有关的法律文书送达监狱或者其他执行机关。根据最高院《解释》(2021)，"法律文书"是指已经生效的判决书、裁定书、人民检察院的起诉状副本、自诉状的复印件、人民法院的执行通知书、结案登记表。

在实际交付执行过程中，交付执行的人民法院应当将上述法律文书分别送达公安机关的看守所和罪犯应服刑的监狱，由公安机关将罪犯送交监狱服刑。根据有关法律规定，公安机关应自收到执行通知书之日起 1 个月内将罪犯送交监狱或其他执行机关执行；对于判处拘役的罪犯，公安机关在收到人民法院送达的执行通知书等法律文书后，应立即将罪犯送达执行场所执行。执行机关应将罪犯及时收押，并通知罪犯家属。

关于死缓、无期徒刑、有期徒刑、拘役判决的执行场所和执行方式，基于刑种、刑期和罪犯年龄的不同而有所不同（见表 13-1）。

表 13-1　中国死缓、无期徒刑、有期徒刑、拘役判决的执行场所和执行方式　[聂立泽，2003]

刑种、刑期和罪犯年龄状况	刑罚的执行场所和执行方式
被判处死缓、无期徒刑、有期徒刑的罪犯	由公安机关依法将该罪犯送交监狱执行刑罚
被判处有期徒刑的罪犯，在被交付执行刑罚前，剩余刑期在 3 个月以下的	由看守所代为执行
被判处拘役的罪犯	由公安机关执行

续表

刑种、刑期和罪犯年龄状况	刑罚的执行场所和执行方式
被判处死缓、无期徒刑、有期徒刑的未成年犯	应当在未成年犯管教所执行刑罚
未成年犯在成年后,剩余刑期不超过 2 年的	仍可以留在未成年犯管教所执行剩余刑期

监狱、看守所等执行机关应当将罪犯分押分管,按照惩罚和改造相结合、教育和劳动相结合的原则对罪犯进行改造。对罪犯服刑期间的表现进行细致的记分考核,将考核结果与奖惩挂钩,作为减刑、假释的基础依据,有效调动罪犯自我改造的积极性。这种制度类似于西方国家改造罪犯的累进处遇制度。

累进处遇制度是指西方国家对自由刑执行的一项重要制度。它将执行过程分为数个阶段,随着罪犯教育改造程度或者其表现成绩的逐步上升,执行机关对罪犯采取的强制措施和待遇逐渐转好,以此鼓励受刑罪犯加快改造步伐。采取累进处遇制度国家的自由刑执行实践证明,该制度对罪犯改恶从善、回归社会有一定促进作用。累进处遇的阶段主要分为独居阶段、杂居阶段和假释阶段。执行初期(一般是 15~20 日)为独居阶段。这一期间,罪犯要服一定劳役,同时接受有关年龄、职业、教育程度、宗教信仰、心理精神状态、疾病、嗜好、犯罪性质等个人基本情况的调查和考察。此后,进入第二阶段——杂居阶段。这一阶段罪犯必须在开放、半开放或者全封闭的场所中接受强制劳动,劳动态度和遵守劳动纪律的情况由执行官员进行监督并加以记录,作为进一步考察评定级别的依据。罪犯的待遇可根据改造的进展逐步有所提高,如在一定的限制和监视下,可与亲属通信和会见、可借阅书刊、娱乐等。成绩优异者可进入假释阶段,罪犯可独居,夜不上锁,白天可以代替看守人员从事一定事务,可自由地借、买书刊,与亲属会见、通信,并可申请外出,与社会交往。进入假释阶段的罪犯必须不再具有社会危害性,已经具备了适应社会的能力,可以复归社会。能够进入假释阶段的罪犯人数不多。

13.2.3   有期徒刑缓刑、拘役缓刑判决的执行

缓刑是指对社会危害性较小的罪犯,有条件地暂缓执行所判处的刑罚,在一定的期限内予以考验,并保留执行的可能性,以达到刑罚执行目的的一种执行制度。缓刑不是刑种,而是刑罚的一种特殊执行方式。

缓刑的适用有严格的条件,只有对罪行较轻不致危害社会的罪犯或因判刑而使家人抚养照顾发生困难、犯罪人可能失学等罪犯才可能适用缓刑。有缓刑制度的国家判处缓刑的方式主要有:判处罪犯一定年限的自由刑,同时宣布若干年的暂缓执行考验期(一般为 1~5 年),在宣布的缓刑考验期内不犯新罪的,原判的自由刑就不再执行。根据中国《刑法》第 72 条的规定,人民法院对于被判处拘役、3 年以下有期徒刑的犯罪分子,同时符合犯罪情节较轻、有悔罪表现、没有再犯罪的危险、宣告缓刑对所居住社区没有重大不良影响这几个条件的,可以宣告适用缓刑;对不满 18 周岁的人、怀孕的妇女和已满 75 周岁的人,应当宣告缓刑;根据《刑法》第 74 条规定,对于累犯和犯罪集团的首要分子,不适用缓刑。

缓刑由法院宣告后交有关机关执行。由于各国司法机关的体制和缓刑的内容不同,缓

刑执行的机关也有区别。国外缓刑的执行模式主要有两类：一类是由原审法院或者其委托的其他法院负责缓刑的执行。采取该缓刑执行模式的国家在法院内设专门的执行法官或者缓刑执行官，缓刑执行期间罪犯应定期与缓刑执行法官联系，报告缓刑期间自己的各种情况。采取这类模式的国家占大多数。另一类是由特设的保护观察机关执行，原审法院指导。美国、日本等少数国家设有这样的机关。中国的缓刑由社区矫正机构执行。根据中国《刑法》第 76 条的规定，对宣告缓刑的犯罪分子，在缓刑考验期限内，依法实行社区矫正。《刑事诉讼法》第 269 条规定，对宣告缓刑的罪犯，由社区矫正机构负责执行。

对于判处缓刑的罪犯，在宣告缓刑的同时，应宣告缓刑考验期。根据中国《刑法》的规定，拘役的缓刑考验期限为原判刑期以上 1 年以下，但是不能少于 2 个月；有期徒刑的缓刑考验期限为原判刑期以上 5 年以下，但是不能少于 1 年；缓刑考验期限，从判决确定之日起计算。所谓"判决确定之日"，是指判决发生法律效力之日。在判决发生法律效力之前对罪犯先行羁押的，羁押的时间不能计算在缓刑考验期内，也不能将先行羁押的时间折抵缓刑考验的时间。

被宣告缓刑的犯罪分子，在缓刑考验期内应当遵守法律、行政法规，服从监督；按照考察机关的规定报告自己的活动情况；遵守考察机关关于会客的规定；离开所居住的市、县或者迁居，应当报经考察机关批准。根据《刑法》第 72 条的规定，宣告缓刑，可以根据犯罪情况，同时禁止犯罪分子在缓刑考验期限内从事特定活动，进入特定区域、场所，接触特定的人。缓刑的罪犯同时被判处附加刑的，附加刑仍须执行。

缓刑的执行有两种结果：一是罪犯在缓刑考验期内遵纪守法，表现良好的，可以缩短缓刑考验期或者在缓刑考验期满后不再执行原判自由刑刑罚；二是罪犯在缓刑考验期内又犯新罪或者发现判决宣告以前还有其他罪没有判决的，或者不遵守缓刑期内的规定，情节严重的，则由人民法院撤销缓刑，与新罪或者漏罪数罪并罚后执行判处的刑罚或者执行原判刑罚。

此外，根据《刑法》第 449 条的规定，在战时，对被判处 3 年以下有期徒刑没有现实危险宣告缓刑的犯罪军人，允许其戴罪立功，确有立功表现的，可以撤销原判刑罚，不以犯罪论处。这是一种特殊的缓刑规定，是在特定情况下对特定对象的缓刑，有特别严格的适用条件。

13.2.4　管制、剥夺政治权利判决的执行

1. 管制的执行

管制是人民法院依法作出的、对于社会危害性轻微的犯罪分子不予关押，在公安机关管束和群众的监督下限制其一定自由的刑罚。根据中国《刑事诉讼法》第 269 条的规定，对被判处管制的罪犯，依法实行社区矫正，由社区矫正机构负责执行。执行机关应当向被判处管制的罪犯所在单位的群众宣布罪犯所犯的罪行、判处管制的时间和起止时间，同时宣布罪犯在管制期间必须遵守的规定。根据中国《刑法》第 39 条的规定，被判处管制的犯罪分子，在执行期间，应当遵守法律、行政法规，服从监督；未经执行机关批准，不得行使言论、出版、集会、结社、游行、示威自由的权利；按照执行机关规定报告自己的活动情况；遵守执行机关关于会客的规定；离开所居住的市、县或者迁居，应当报经执行机关批准。对于被判处管制的犯罪分子，在劳动中应当同工同酬。

管制的期限,从判决执行之日起计算,判决执行以前先行羁押的,羁押 1 日折抵刑期 2 日。"判决执行之日"应是判决生效之日。管制期满,执行机关应即向本人和其所在单位或者居住地的群众宣布解除管制,同时发给本人解除管制通知书。

2. 剥夺政治权利的执行

剥夺政治权利是指剥夺犯罪分子在一定时间内或者终生参与国家政治生活权利的一种刑罚。根据中国《刑法》第 54 条的规定,剥夺政治权利的内容包括选举权和被选举权,言论、出版、集会、结社、游行、示威自由的权利,担任国家机关职务的权利,以及担任国有公司、企业、事业单位和人民团体领导职务的权利。

剥夺政治权利的执行程序是:判决生效后由法院将判决书副本送达罪犯居住地的公安机关或有监督权的其他机关,由这些机关负责监督执行。剥夺政治权利刑期的计算,根据单独判处剥夺政治权利还是附加判处剥夺政治权利而有所不同:单独判处剥夺政治权利的,从判决生效之日开始计算;附加判处剥夺政治权利的,从徒刑、拘役执行完毕之日或者从假释之日起计算。剥夺政治权利的效力当然适用于主刑执行期间。被判处管制附加剥夺政治权利的,剥夺政治权利的期限与管制的期限相等,同时执行。

根据中国《刑法》第 57 条的规定,对于被判处死刑、无期徒刑的犯罪分子,应当剥夺政治权利终身。在死刑缓期执行减为有期徒刑或者无期徒刑减为有期徒刑的时候,应当把附加剥夺政治权利的期限改为 3 年以上 10 年以下。当然,这种情况下剥夺政治权利的执行期限也应当是从所判的有期徒刑执行完毕或者假释期满之日起算。

13.2.5　罚金、没收财产判决的执行

财产刑是对犯罪分子的财产利益予以剥夺的刑罚,中国《刑法》规定的罚金和没收财产都属于财产刑。

1. 罚金刑的执行

罚金刑是强制罪犯在一定的时限内向国家缴纳一定数额金钱的刑罚。罚金刑具有自由刑所没有的优点,既可以给罪犯一定的惩罚教育,又可以避免罪犯在关押中受其他罪犯恶习的影响,特别适合处罚经济犯。因此,对于经济犯而言,罚金刑的适用有代替自由刑并日益扩大的趋势。

罚金刑的判决一般由法院执行。法院执行时可根据罪犯的财产状况和申请,决定一次缴纳还是分期缴纳。为了保障罚金刑的顺利执行,多数国家往往先将判处罚金的罪犯关押,等缴足罚金后再予以释放,并且关押的时间可适当抵免罚金的数额。如美国法律规定,宣判罚金刑后,可以将罪犯关押到缴清全部罚金为止,如果关押的期间相当于或超过易科监禁的时间,则认为罚金已经由监禁代替,应释放罪犯。有的国家则相反,要给罪犯筹集罚金的时间,如日本法律规定,罚金在判决确定后 30 日内,非经本人承诺不得执行拘押。

中国《刑事诉讼法》第 271 条规定,被判处罚金的罪犯,期满不缴纳的,人民法院应当强制缴纳。就罚金刑的具体执行程序而言,当执行庭接到刑事审判庭移送的罚金刑执行通知书后,应审查罚金刑的种类并造册。犯罪分子的财产扣押在案的,可直接将扣押在案的财产折抵罚金;没有扣押在案的,应该制作强制执行罚金通知书,送达犯罪分子或者其财产的保

管人,限期缴纳罚金,在期限内没有缴纳罚金的,可以强制执行;对于不能一次性缴纳罚金的,可以分期缴纳,并确定分期缴纳罚金的方式;犯罪分子转移、隐瞒财产的,人民法院在任何时候发现有可供执行的财产,应当随时追缴。

在罚金刑的执行中,如遇到罪犯拖欠、拒付或者无力缴纳的情形,各国立法都有一些变通的执行方法。这些变通方法有:关押一定时间,促使罪犯早日缴纳罚金;由法院判决易科监禁;指令其参加不剥夺自由的劳动,以劳动收入偿还罚金。罪犯因遭遇灾祸,经济状况发生巨大变化,无力缴纳罚金的,法院可酌情减免。

根据中国《刑法》第 53 条的规定,罚金应在判决指定的期限内一次或者分期缴纳。期满不缴纳的,强制缴纳。对于不能全部缴纳罚金的,人民法院在任何时候发现被执行人有可以执行的财产的,应当随时追缴。由于遭遇不能抗拒的灾祸等原因缴纳确实有困难的,经人民法院裁定,可以延期缴纳、酌情减少或者免除。

目前,中国刑法规定了许多单位犯罪的罪名。在单位犯罪中,除了对极少数单位犯罪实行单罚制,即只处罚单位犯罪中的自然人而不处罚单位之外,尚未规定只处罚单位而不处罚自然人的处罚模式。而刑法对单位犯罪中单位本身所设置的法定刑只有罚金刑一种,因此,罚金刑在单位犯罪的刑罚执行中更为普遍也甚为重要。

此外,在执行罚金刑的时候,必须尊重被害人先行获得赔偿的权利。根据最高人民法院在 2014 年 10 月 30 日发布的《关于刑事裁判涉财产部分执行的若干规定》,被执行人在执行中同时承担刑事责任、民事责任,其财产不足以支付的,按照下列顺序执行:(1) 人身损害赔偿中的医疗费用;(2) 退赔被害人的损失;(3) 其他民事债务;(4) 罚金;(5) 没收财产。债权人对执行标的依法享有优先受偿权,其主张优先受偿的,人民法院应当在上述第(1)项规定的医疗费用受偿后,予以支持。

2. 没收财产刑的执行

没收财产是剥夺罪犯个人所有的一部分或全部财产归国家所有的刑罚方法。没收财产一般由法院执行,没收财产的范围一般限于罪犯个人所有的与犯罪有关的财产,有的国家规定只要是罪犯个人的财产,无论与犯罪有无关系都可没收。为了防止没收罪犯的财产损害第三人的利益,多数国家规定了被没收财产的罪犯的债权人有权在没收财产前要求罪犯清偿债务,或者第三人有权对没收的财产提出所有权异议。

中国《刑法》第 59 条规定,没收财产是没收犯罪分子个人所有财产的一部或者全部。没收全部财产的,应当对犯罪分子个人及其扶养的家属保留必需的生活费用。在判处没收财产的时候,不得没收属于犯罪分子家属所有或者应有的财产。《刑法》第 60 条规定,没收财产以前犯罪分子所负的正当债务,需要以没收的财产偿还的,经债权人请求,应当偿还。

根据中国《刑事诉讼法》第 272 条的规定,没收财产的判决,无论附加适用或者独立适用,都由人民法院执行;在必要的时候,可以会同公安机关执行。

13.2.6　无罪判决和免除刑罚判决的执行

中国《刑事诉讼法》第 200 条规定,在被告人最后陈述后,审判长宣布休庭,合议庭进行评议,根据已经查明的事实、证据和有关的法律规定,分别作出以下判决:(1) 案件事实清楚,证据确实、充分,依据法律认定被告人有罪的,应当作出有罪判决;(2) 依据法律认定被告人无罪的,应当作出无罪判决;(3) 证据不足,不能认定被告人有罪的,应当作出证据不足、指控的犯罪不能成立的无罪判决。

所谓无罪判决,是指人民法院根据《刑事诉讼法》第 200 条第 2 项、第 3 项作出的判决。免除刑事处罚是人民法院依法作出的确认被告人有罪,但对被告人不适用刑罚的判决。

无罪和免除刑罚的判决由人民法院执行。在第一审作出无罪或者免除刑罚的判决后,并不立即发生法律效力,但无罪和免除刑罚的判决一经宣判,应该立即释放被告人,这主要是因为羁押被告人的理由已经不存在。根据《刑事诉讼法》的规定,对被告人采取羁押,目的在于避免被告人逃避审判和继续危害社会。人民法院对被告人判处无罪或者免除刑事处罚,是以被告人的行为不构成犯罪,或者虽然构成犯罪,但依法不需要判处刑罚为前提的。在人民法院已经作出这种事实判断的情况下,对被告人继续关押已经丧失法律规定的条件,否则就是对被告人人身自由的侵犯。因此,在一审判决作出被告人无罪或者免除刑事处罚的判决宣判后,无论被告人是否上诉、公诉机关是否抗诉,都不影响人民法院立即释放被告人,对被告人采取的其他强制措施,也应立即撤销。如果二审法院对被告人改判刑罚,则按二审判决执行。《刑事诉讼法》第 260 条规定,第一审人民法院判决被告人无罪、免除刑事处罚的,如果被告人在押,在宣判后应当立即释放。这一规定是为了使被告人及时恢复人身自由和名誉,避免造成不良后果。

在无罪判决生效后,人民法院不仅应当使被告人恢复人身自由,还要做好被告人的善后工作,及时对被告人恢复名誉,保护公民的合法权益。

13.3　变更执行的程序

13.3.1　死刑、死缓执行的变更

1. 死刑执行的变更

中国《刑事诉讼法》第 262 条规定,下级人民法院接到最高人民法院执行死刑的命令后,应当在 7 日以内交付执行;但是发现有下列情形之一的,应当停止执行,并且立即报告最高人民法院,由最高人民法院作出裁定:(1) 在执行前发现判决可能有错误的;(2) 在执行前罪犯揭发重大犯罪事实或者有其他重大立功表现,可能需要改判的;(3) 罪犯正在怀孕。前款第(1)项、第(2)项停止执行的原因消失后,必须报请最高人民法院院长再签发执行死刑的命令才能执行;由于前款第(3)项原因停止执行的,应当报请最高人民法院依法改判。

根据上述法律规定,执行死刑的人民法院在执行死刑前,发现上述三种情况之一的,都应当停止死刑的执行,并将停止执行死刑的原因以书面形式立即报告最高人民法院(见表 13-2)。

表 13-2　交付执行死刑的法院对因故停止死刑执行案件的处理方式　[聂立泽,2014]

序号	交付执行的法院查明的情况	处理方式
1	罪犯是正在怀孕的妇女	应当报请最高人民法院改判
	罪犯有其他犯罪依法应当追诉	应当报请最高人民法院裁定不予核准死刑,撤销原判,发回重新审判
	原判决、裁定有错误或者罪犯有重大立功表现需要改判	
2	原判决、裁定没有错误	应当报请最高人民法院裁定继续执行死刑,但是必须由院长重新签发执行死刑的命令才能执行
	罪犯没有重大立功表现或者重大立功表现不影响原判决、裁定执行	

2. 死缓执行的变更

死刑缓期 2 年执行是指对于罪该判处死刑的犯罪分子,不是必须立即执行的,在判处死刑时同时宣告缓期 2 年执行,实行劳动改造,以观后效的制度。《刑事诉讼法》第 261 条第 2 款规定,被判处死刑缓期 2 年执行的罪犯,在死刑缓期执行期间,如果故意犯罪,查证属实,应当执行死刑,由高级人民法院报请最高人民法院核准;如果没有故意犯罪,死刑缓期执行期满,应当予以减刑,由执行机关提出书面意见,报请高级人民法院裁定。因此,对于判处死刑缓期 2 年执行的罪犯,变更执行的方式包括核准死刑立即执行和减刑。

(1) 核准死刑立即执行。被判处死刑缓期 2 年执行的罪犯,在缓期执行期间故意犯罪的,应依照法定程序,移送检察机关处理,并经人民法院依法作出判决后,由高级人民法院报请最高人民法院核准死刑。最高人民法院核准死刑后,由院长签发执行死刑的命令,原审人民法院在接到执行死刑的命令后 7 日内执行死刑。

(2) 减刑。被判处死刑缓期 2 年执行的罪犯,如果在缓期执行期间没有故意犯罪,缓刑期满,应当由罪犯所在监狱及时提出减刑建议,报请当地高级人民法院裁定。死缓的减刑,一般减为无期徒刑。对于没有故意犯罪并且有重大立功表现的罪犯,减为 25 年有期徒刑,同时判处的剥夺政治权利终身也应减为剥夺政治权利 3 年以上 10 年以下。根据《刑法》第 50 条第 2 款的规定,对被判处死刑缓期执行的累犯以及因故意杀人、强奸、抢劫、绑架、放火、爆炸、投放危险物质或者有组织的暴力性犯罪被判处死刑缓期执行的犯罪分子,人民法院根据犯罪情节等情况可以同时决定对其限制减刑。根据《刑法》第 78 条第 2 款的规定,人民法院依照《刑法》第 50 条第 2 款规定限制减刑的死刑缓期执行的犯罪分子,缓期执行期满后依法减为无期徒刑的,实际执行的刑期不能少于 25 年,缓期执行期满后依法减为 25 年有期徒刑的,实际执行的刑期不能少于 20 年。

13.3.2　暂予监外执行

暂予监外执行,有的国家称为延期执行,是指由于某种特殊的原因,罪犯不适宜在监狱(或者其他执行场所)执行,而需要改变执行的时间或者地点的一种变更执行方式。

从世界各国的立法看,监外执行的原因主要是罪犯的身体状况不适合在监狱执行或者基于人道主义的考虑不宜在监狱执行,包括罪犯患有精神疾病或者其他严重疾病急需治疗和罪犯正在怀孕或者正在哺乳自己的婴儿。如日本法律规定,对于父母、祖父母年满 70 周岁或者重病、残疾以及子、孙年幼又无其他人给予保护的罪犯可延期执行。

监外执行一般由原审法院决定,监外执行的原因消失后,对刑期未满的罪犯应及时收监执行。监外执行的时间,有的国家将其计算在刑期之内,有的国家则将监外执行作为中止执行处理,不影响实际执行的刑期。

根据《刑事诉讼法》第 265 条的规定,对被判处有期徒刑或者拘役的罪犯,有下列情形之一的,可以暂予监外执行:(1)有严重疾病需要保外就医的;(2)怀孕或者正在哺乳自己婴儿的妇女;(3)生活不能自理,适用暂予监外执行不致危害社会的。对被判处无期徒刑的罪犯,有以上第 2 项规定情形的,可以暂予监外执行;对适用保外就医可能有社会危险性的罪犯,或者自伤自残的罪犯,不得保外就医;对罪犯确有严重疾病,必须保外就医的,由省级人民政府指定的医院诊断并开具证明文件;在交付执行前,因有严重疾病、怀孕或者正在哺乳自己婴儿的妇女、生活不能自理,依法提出暂予监外执行的申请的,有关病情诊断、妊娠检查和生活不能自理的鉴别,由人民法院负责组织进行,暂予监外执行由交付执行的人民法院决定;在交付执行后,暂予监外执行由监狱或者看守所提出书面意见,报省级以上监狱管理机关或者设区的市一级以上公安机关批准。此外,需要办理保外就医的,应当由保证人向监狱或看守所提交保证书。

根据《刑事诉讼法》第 268 条的规定,对暂予监外执行的罪犯,有下列情形之一的,应当及时收监:(1)发现不符合暂予监外执行条件的;(2)严重违反有关暂予监外执行监督管理规定的;(3)暂予监外执行的情形消失后,罪犯刑期未满的。刑期届满的,不再收监,由原关押监狱或其他刑罚执行机关办理释放手续。

对于人民法院决定暂予监外执行的罪犯应当予以收监的,由人民法院作出决定,将有关的法律文书送达公安机关、监狱或者其他执行机关,在人民法院作出决定后,由公安机关依照《刑事诉讼法》第 264 条第 2 款的规定送交执行刑罚;不符合暂予监外执行条件的罪犯通过贿赂等非法手段被暂予监外执行的,在监外执行的期间不计入执行刑期。罪犯在暂予监外执行期间脱逃的,脱逃的期间不计入执行刑期;罪犯在暂予监外执行期间死亡的,执行机关应当及时通知监狱或者看守所。

根据我国《刑事诉讼法》第 269 条的规定,暂予监外执行由社区矫正机构负责执行,执行机关应对罪犯严格监督管理,基层组织或者罪犯原所在单位应协助监督。

13.3.3　减刑和假释

减刑是指对被判处管制、拘役、有期徒刑、无期徒刑的犯罪分子在执行刑罚过程中确有悔改或者立功表现的依法减轻其刑罚。减刑可以是刑期的缩短,也可以是刑种的变轻。世界各国对减刑的条件有不同的规定:一是罪犯在执行期间只要有悔改表现或者立功行为,就可以减刑,中国就是如此;二是减刑的适用除上述条件外,还要求罪犯服刑达到一定的时间。如英国监狱条例所定实际执行刑期不少于总刑期的 1/3,加拿大《感化院法》规定的法定减刑的幅度为总刑期的 1/4,意大利关于缩减刑期标准为每服刑 6 个月就可以减少刑期 45 天。中国减刑的程序是由执行机关向执行地法院提出减刑建议,法院审查后认为符合减刑条件的,可以依法作出减刑裁定,对罪犯予以减刑,认为不符合减刑条件的,作出不予减刑的裁定。管制、拘役、有期徒刑一次或者多次减刑的时间不得超过原判刑期的 1/2，无期徒刑减刑后实际执行的刑期不得少于 13 年，同时，无期徒刑减为有期徒刑时，附加的剥夺政治权利终身应减为剥夺政治权利 3 年以上 10 年以下。对于判处 3 年以下有期徒刑缓刑或者拘役缓刑的罪犯，也可以减刑，具体为减少考验期，减刑后有期徒刑的考验期不能少于 1 年，拘役的考验期不能少于 2 个月。

　　假释是指对被判处有期徒刑或者无期徒刑的犯罪分子，经过执行一定期限刑罚后，认真遵守监规，接受教育改造，确有悔改表现，没有再犯罪的危险的，有条件予以释放的制度。中国《刑法》第 81 条规定，被判处有期徒刑的犯罪分子执行原判刑期 1/2 以上，被判处无期徒刑的犯罪分子实际执行 13 年以上，认真遵守监规，接受教育改造，确有悔改表现，没有再犯罪的危险的，可以假释。如果有特殊情况，经最高人民法院核准，可以不受上述执行刑期的限制。同时规定，对累犯以及因故意杀人、强奸、抢劫、绑架、放火、爆炸、投放危险物质或者有组织的暴力性犯罪被判处 10 年以上有期徒刑、无期徒刑的犯罪分子，不得假释。假释的条件比减刑更为严格，从世界各国来看，一般将执行刑罚达到一定期限作为假释的条件。此外，还要求罪犯有良好的悔罪表现并且能被确认不再危害社会。由于假释后对罪犯不再关押，为加强对罪犯的教育改造，各国一般规定了假释考验期作为假释制度的重要内容。假释考验期一般为剩余的刑期。有权决定假释的机关是法院、司法行政机关和假释专门机关，撤销假释必须由作出假释决定的原机关决定。各国立法对撤销假释的条件的规定宽严不同，一般罪犯在假释考验期又犯新罪的，就可以撤销假释，前罪没有执行的刑罚与新罪判处的刑罚按照数罪并罚的原则予以执行。有的国家稍宽，罪犯只有犯了特定的罪，如被判处拘役或者罚金以上的罪，才能撤销假释；有的国家规定的规则较严，即使罪犯没有犯新罪，只要违反了假释期间的规定就要被撤销假释。

　　在中国，减刑和假释都由人民法院最终确定。具体程序为：刑罚执行机关根据罪犯在服刑期间的表现向罪犯服刑地中级、高级人民法院提出减刑建议或者假释建议，人民法院组成合议庭审查后认为符合法定条件的，作出减刑或者假释裁定。减刑裁定和假释裁定一般由作出该裁定的人民法院直接宣告，直接宣告有困难的，可以委托罪犯服刑地的人民法院或者执行机关代为宣告。减刑裁定和假释裁定不得上诉。被假释的罪犯在假释考验期内，如果发现漏罪或者又

孟昭祥故意杀人罪减刑
刑事裁定书

犯新罪，或者违反法律、行政法规或者违反国务院公安部门有关假释的监督管理规定，人民法院应撤销假释，对罪犯收监执行应当执行的刑罚（见图 13-1）。

　　最高人民法院《关于减刑、假释案件审理程序的规定》指出，人民法院受理减刑、假释案件，应当审查执行机关是否移送下列材料：(1) 减刑或者假释建议书；(2) 终审法院的裁判文书、执行通知书、历次减刑裁定书的复印件；(3) 罪犯确有悔改或者立功、重大立功表现的具体事实的书面证明材料；(4) 罪犯评审鉴定表、奖惩审批表等；(5) 其他根据案件的审理需要移送的材料。提请假释的，应当附有社区矫正机构关于罪犯假释后对所居住社区影响的调查评估报告。人民检察院对所提请减刑、假释案件的检察意见，应当一并移送受理减刑、假释案件的人民法院。

　　经审查，材料齐备的，应当立案；材料不齐备的，应当通知提请减刑、假释的执行机关 3日内补送。

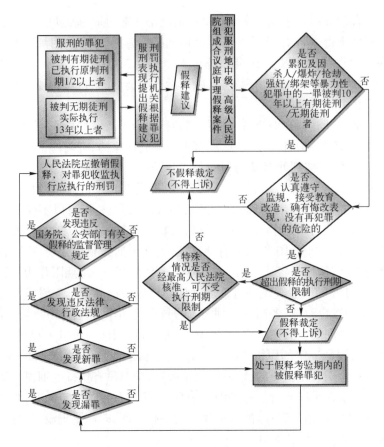

图 13-1　中国刑事诉讼系统中的假释程序［常远, 2012］

　　人民法院审理减刑、假释案件, 应当在立案后 5 日内将执行机关报请减刑、假释的建议书等材料依法向社会公示。公示内容应当包括罪犯的个人情况、原判认定的罪名和刑期、罪犯历次减刑情况、执行机关的建议及依据。公示应当写明公示期限和提出意见的方式。公示期限为 5 日。

　　人民法院审理减刑、假释案件, 可以采用书面审理的方式。书面审理假释案件, 应当提讯被报请假释罪犯。下列案件, 应当开庭审理:(1) 因罪犯有重大立功表现提请减刑的;(2) 提请减刑的起始时间、间隔时间或者减刑幅度不符合一般规定的;(3) 被报请减刑、假释罪犯系职务犯罪罪犯, 组织(领导、参加、包庇、纵容)黑社会性质组织犯罪罪犯, 破坏金融管理秩序和金融诈骗犯罪罪犯及其他在社会上有重大影响或社会关注度高的;(4) 公示期间收到不同意见的;(5) 人民检察院有异议的;(6) 人民法院认为有开庭审理必要的。

　　在人民法院作出减刑、假释裁定前, 执行机关书面提请撤回减刑、假释建议的, 是否准许, 由人民法院决定。

　　减刑、假释的裁定, 应当在裁定作出之日起 7 日内送达有关执行机关、人民检察院以及罪犯本人。减刑、假释裁定书应当通过互联网依法向社会公布。人民法院发现本院或者下级人民法院已经生效的减刑、假释裁定确有错误的, 应当依法重新组成合议庭进行审理并作出裁定。

《人民检察院办理减刑、假释案件规定》规定了人民检察院对减刑、假释案件的提请、审理、裁定等活动实行法律监督的相关内容。人民法院开庭审理减刑、假释案件的,人民检察院应当指派检察人员出席法庭,发表检察意见,并对法庭审理活动是否合法进行监督。人民检察院发现人民法院已经生效的减刑、假释裁定确有错误的,应当向人民法院提出书面纠正意见,提请人民法院按照审判监督程序依法另行组成合议庭重新审理并作出裁定。

此外,《刑事诉讼法》第 269 条规定,对假释的罪犯,依法实行社区矫正,由社区矫正机构负责执行。因此,人民法院应当将假释裁定送达社区矫正机构。

13.3.4　对新罪和漏罪的追诉

中国《刑事诉讼法》第 273 条规定,罪犯在服刑期间又犯罪的,或者发现了判决的时候所没有发现的罪行,由执行机关移送人民检察院处理。该条明确规定了对新罪和漏罪的追诉。

所谓新罪,是指罪犯在服刑期间又犯的罪。所谓漏罪,是指罪犯在服刑期间被发现的在判决宣告以前所犯的尚未判决的罪行。在刑罚执行期间,发现有新罪或者漏罪的,都应依法追诉。中国《刑事诉讼法》第 308 条规定,对于罪犯在监狱内犯罪的侦查由监狱进行,监狱办理刑事案件,依照刑事诉讼法的有关规定。依照该规定,罪犯在监狱内犯罪的,由监狱进行侦查,侦查终结后,由监狱写出书面起诉意见,连同案件材料、证据一并移送人民检察院处理。如果罪犯在监狱外犯罪,由公安机关进行侦查,侦查终结写出书面起诉意见,连同案件材料和证据移送人民检察院处理。人民检察院按照法律关于诉讼管辖的规定向人民法院提起公诉。人民法院对于新罪和漏罪依照数罪并罚的规定决定罪犯应执行的刑罚。

13.3.5　对错判的反映和申诉的处理

中国《刑事诉讼法》第 275 条和《监狱法》第 24 条规定,监狱和其他执行机关在刑罚执行中,如果认为判决有错误或者罪犯提出申诉,应当转请人民检察院或者人民法院处理。根据法律规定,监狱或者其他执行机关如果认为原判决有错误,应提出具体的书面意见,并附有关调查材料,转送人民检察院或者人民法院处理。发现原判决错误的材料来源包括:被执行罪犯的申诉,监狱发现,人民法院、人民检察院、公安机关发现,其他公民的申诉。

罪犯的申诉是罪犯认为对自己作出的刑事判决有错误,在执行期间,向执行机关提出撤销或者变更原判决的请求。对于罪犯的申诉,执行机关应当及时转交有关机关,不得以任何理由和借口加以阻碍,更不能因为罪犯申诉而认为罪犯抗拒改造,因而加以惩罚。

人民法院和人民检察院对于转交的申诉材料,应认真进行审查,发现原判决确有错误的,应当按照审判监督程序对原判决进行重审。对罪犯的申诉,也应及时审查。对于符合下列条件之一的,应当按照审判监督程序处理:有新的证据足以证明原判决、裁定认定的事实确有错误的;据以定罪量刑的证据不确实、不充分或者证明案件的主要事实的证据之间存在矛盾的;原判决、裁定适用法律有错误的。

经审查,如果认为判决、裁定没有错误的,人民检察院或者人民法院应当书面通知移送材料的监狱或者其他执行机关;如果认为罪犯的申诉是没有根据的,可以驳回申诉。申诉期间,原判决不得停止执行。根据《监狱法》的规定,人民检察院或者人民法院应当自收到监狱或者其他执行机关提请处理申诉意见书之日起6个月内将处理结果通知要求审查的监狱和其他执行机关。

13.4　人民检察院对刑罚执行的监督

所谓人民检察院对刑罚执行的监督,是指人民检察院对人民法院判处刑罚的执行情况进行的法律监督。刑罚执行监督包括对人民法院、公安机关、监狱、社区矫正机构等机关执行人民法院已发生法律效力的判决、裁定是否合法实行的监督。依照法律规定,刑罚执行监督包括对死刑、无期徒刑、有期徒刑、拘役、管制和罚金、剥夺政治权利、没收财产等主刑与附加刑的执行是否合法所实行的监督。

13.4.1　人民检察院对执行死刑的监督

根据中国《刑事诉讼法》第263条的规定,人民法院在交付执行死刑前,应当通知同级人民检察院派员临场监督。在实践中,人民法院在执行死刑3日前通知同级检察机关派员临场监督。人民检察院接到通知后,应查明执行死刑的人民法院是否收到最高人民法院院长签发的死刑执行命令,并派一人或数人临场监督。法律规定人民检察院对死刑立即执行的临场监督,目的是纠正执行死刑过程中的违法行为,防止意外事件的发生,防止错杀或者放纵被判处死刑的犯罪分子,保证死刑判决依法正确执行。临场监督执行死刑的检察人员应当依法监督执行死刑的场所、方法和执行死刑的活动是否合法。在执行死刑前,发现有下列情形之一的,应当建议人民法院立即停止执行:(1) 被执行人并非应当执行死刑的罪犯的;(2) 罪犯犯罪时不满18周岁,或者审判的时候已满75周岁,依法不应当适用死刑的;(3) 判决可能有错误的;(4) 在执行前罪犯有检举揭发他人重大犯罪行为等重大立功表现,可能需要改判的;(5) 罪犯正在怀孕的。

临场监督的检察人员发现执行死刑的人民法院有其他严重违法行为的,也应及时提出纠正意见。临场监督的检察人员应检查被执行死刑的罪犯是否死亡,填写临场监督笔录,签字后归档。

13.4.2　人民检察院对暂予监外执行的监督

中国《刑事诉讼法》第266条规定,监狱、看守所提出暂予监外执行的书面意见的,应当将书面意见的副本抄送人民检察院。人民检察院可以向决定或者批准机关提出书面意见。第267条规定,决定或者批准暂予监外执行的机关应当将暂予监外执行决定抄送人民检察院。人民检察院认为暂予监外执行不当的,应当自接到通知之日起1个月以内将书面意见送交决定或者批准暂予监外执行的机关,决定或者批准暂予监外执行的机关接到人民检察院的书面意见后,应当立即对该决定重新核查。以上法条明确规定了人民检察院对执行机关作出的监外执行决定的监督权。

人民检察院发现监狱、看守所、公安机关暂予监外执行的执法活动有下列情形之一的,应当依法提出纠正意见:(1) 将不符合法定条件的罪犯提请暂予监外执行的;(2) 提请暂予监外执行的程序违反法律规定或者没有完备的合法手续,或者对于需要保外就医的罪犯没有省级人民政府指定医院的诊断证明和开具的证明文件的;(3) 监狱、看守所提出暂予监外执行书面意见,没有同时将书面意见副本抄送人民检察院的;(4) 罪犯被决定或者批准暂予监外执行后,未依法交付罪犯居住地社区矫正机构实行社区矫正的;(5) 对符合暂予监外执行条件的罪犯没有依法提请暂予监外执行的;(6) 发现罪犯不符合暂予监外执行条件,或者在暂予监外执行期间严重违反暂予监外执行监督管理规定,或者暂予监外执行的条件消失且刑期未满,应当收监执行而未及时收监执行或者未提出收监执行建议的;(7) 人民法院决定将暂予监外执行的罪犯收监执行,并将有关法律文书送达公安机关、监狱、看守所后,监狱、看守所未及时收监执行的;(8) 对不符合暂予监外执行条件的罪犯通过贿赂等非法手段被暂予监外执行,以及在暂予监外执行期间脱逃的罪犯,监狱、看守所未建议人民法院将其监外执行期间、脱逃期间不计入执行刑期或者对罪犯执行刑期计算的建议违法、不当的;(9) 暂予监外执行的罪犯刑期届满,未及时办理释放手续的;(10) 其他违法情形。

人民检察院向批准或者决定监外执行的机关送交不同意暂予监外执行的书面意见后,应当监督执行机关对作出的决定进行重新审核,并监督重新审核的结果是否符合法律规定,对审核结果不符合法律规定的,应当依法提出纠正意见。对于监外执行的罪犯,人民检察院发现罪犯不符合暂予监外执行条件、严重违反有关暂予监外执行的监督管理规定或者暂予监外执行的情形消失而罪犯刑期未满的,应当通知执行机关收监执行,或者建议决定或者批准暂予监外执行的机关作出收监执行决定。

13.4.3 人民检察院对减刑、假释的监督

人民检察院对减刑、假释的监督是人民检察院对变更执行的一种监督方式,其目的在于确保减刑、假释的正确适用。根据最高人民检察院《关于执行〈监狱法〉有关问题的通知》的要求,减刑、假释工作是一项严肃的执法活动。人民检察院要把对减刑、假释的监督作为一项重要的工作来抓。人民检察院对监狱办理罪犯减刑、假释工作的监督,重点是监狱提出减刑、假释建议的对象是否符合法定条件,证明材料是否真实,提出建议的程序是否符合规定。对监狱办理罪犯减刑、假释活动是否合法的监督,可以通过向有关人员调查、调阅有关资料、列席监狱有关会议等方式了解情况;发现监狱在办理罪犯减刑、假释活动中有违反法律或有关规定的情况的,应当及时向监狱提出纠正意见。

中国《刑事诉讼法》第 274 条规定,人民检察院认为人民法院减刑、假释的裁定不当,应当在收到裁定书副本后 20 日以内,向人民法院提出书面纠正意见。人民法院应当在收到纠正意见后 1 个月以内重新组成合议庭进行审理,作出最终裁定。

人民检察院在收到人民法院减刑、假释裁定书副本后,应立即审查。经过审查,认为减刑、假释不当并认为应提出纠正意见的,应报请检察长批准。人民检察院认为人民法院的减刑、假释裁定不当的,应当自收到裁定书副本 20 日内,向人民法院提出纠正意见。如果人民检察院在收到减刑、假释裁定书 20 日之后才发现减刑、假释的裁定不当,应根据《刑事诉讼法》第 8 条的规定,向人民法院提出书面纠正意见。这样既保障了减刑、假释制度的贯彻实施,又保证了人民检察院的法律监督权的有效行使。

冤狱十年:张辉、
张高平案始末

对人民法院减刑、假释的纠正意见,由同级人民检察院向作出减刑、假释的人民法院提出。

检察机关除了对人民法院的减刑、假释裁定进行上述监督之外,对减刑、假释的监督还包括:监狱是否提出对罪犯的减刑、假释建议;减刑、假释掌握的尺度是否符合条件;对减刑、假释是否及时执行;有无违法适用减刑、假释的情况。

13.4.4　人民检察院对执行机关执行刑罚活动的监督

人民检察院对执行机关执行刑罚活动的监督是指对生效判决、裁定交付执行的监督,主要包括对判处死刑立即执行判决执行的监督和判处死刑缓期 2 年执行判决、有期徒刑判决、拘役判决、有期徒刑缓刑判决、拘役缓刑判决交付执行情况的监督。此外,还包括对管制、罚金、没收财产、剥夺政治权利、暂予监外执行、减刑、假释的监督。由于对于执行死刑、暂予监外执行、减刑、假释的监督,刑事诉讼法有专门的规定,因此,这里所说的人民检察院对执行机关执行刑罚活动的监督是对除了死刑立即执行、暂予监外执行、减刑、假释以外的刑罚执行的监督。

《刑事诉讼法》第 276 条规定,人民检察院对执行机关执行刑罚的活动是否合法实行监督。如果发现有违法的情况,应当通知执行机关纠正。人民检察院的监督内容包括:(1) 据以交付执行的判决、裁定是否已经发生法律效力,交付执行的手续是否合法,执行机关是否符合法律规定;(2) 监狱和其他执行机关收押罪犯的活动是否合法;(3) 发现执行机关对服刑期满的罪犯没有释放,或者对服刑期未满的罪犯予以释放的,应当依法通知纠正;(4) 发现对管制、剥夺政治权利的罪犯,有关监督管理措施没有落实,或者执行期满却没有通知本人宣布解除管制恢复政治权利的,应当予以纠正;(5) 发现人民法院对判处罚金、没收财产的罪犯没有依法执行,或者执行不当的,或者罚没的财产没有上缴国库的,应当及时通知纠正;(6) 对于判处有期徒刑缓刑、拘役缓刑的罪犯,应当监督有关单位对罪犯的监管措施是否落实;(7) 对于人民法院判决无罪和免除刑罚的在押人员没有立即释放的,应当通知纠正;(8) 对于死刑缓期 2 年执行的罪犯,缓刑期满符合减刑条件没有减刑的,应当依法通知减刑;(9) 对于服刑期间又犯新罪或者发现漏罪,没有依法追究的,应通知予以追究;(10) 对于罪犯的申诉是否及时送转并作出处理进行监督。

中央政法委号召学习
宣传张飚先进事迹

此外,人民检察院对执行机关执行刑罚的监督,还包括对执行机关在收押罪犯时是否及时通知罪犯家属进行监督。

小结

本章全面论述了中国刑事诉讼法、刑法以及监狱法等相关法律关于刑事诉讼执行程序的规定。主要包括以下几个方面的内容:首先,阐明了执行的概念,指出执行是刑事诉讼立案、侦查、起诉、审判、执行五个主要阶段的最后一个阶段,包括交付执行和变更执行两种情况。执行具有合法性、及时性和强制性三个特征。执行的原则包括法制原则、人道原则、自食其力原则和重返社会原则,与这些原则相一致,在近现代逐步形成了"对罪犯实行分关分押制度""实行监外执行制度"以及"补充和完善罪犯的各项权利"等有关执行制度。执行的主体是依法享有执行法院作出的已经生效的判决、裁定的权力的国家机关。我国执行的主体有法院、公安机关、劳动改造机关等。执行的客体是人民法院作出的生效的判决和裁定。其次,在各种刑罚的执行过程中,对死刑的执行尤为重要和慎重,我国在立法与司法环节上均体现了限制与慎用死刑的政策,不仅禁止对未成年人、审判时怀孕的妇女适用死刑,对审判的时候已满 75 周岁的人不适用死刑(以特别残忍手段致人死亡的除外),还制定了死刑缓期执行制度与死刑复核制度,最大限度地体现了刑罚人道主义原则。不仅如此,为了真正体现惩罚与教育相结合的原则,刑事法律中还明确规定了变更执行程序,除了死刑缓期执行以外,还设置了暂予监外执行、减刑与假释制度和程序,从而使犯罪分子有早日重返社会的机会。同时,相关法律对犯罪分子在服刑期间所犯新罪及其漏罪,对错判的反映和申诉的处理也有明确的规定。最后,在执行当中一个不可或缺的环节与制度就是人民检察院对各种刑罚执行的监督程序。所谓人民检察院对刑罚执行的监督,是指人民检察院对人民法院判处刑罚的执行情况进行的法律监督,包括对人民法院、公安机关、监狱等机关执行人民法院已发生法律效力的判决、裁定是否合法实行的监督。依照法律规定,刑罚执行监督的内容包括对死刑、无期徒刑、有期徒刑、拘役、管制、罚金、剥夺政治权利、没收财产等主刑与附加刑的执行是否合法所实行的监督。

思考题

1. 如何理解执行程序的性质与意义?
2. 简述各执行机关的具体分工。
3. 简述死刑立即执行判决的执行程序。
4. 试述停止执行死刑与暂停执行死刑的区别。
5. 简述减刑与假释的程序。
6. 适用暂予监外执行应当注意哪些问题?
7. 试述人民检察院对执行的监督方式和监督内容。

第 14 章　特别程序

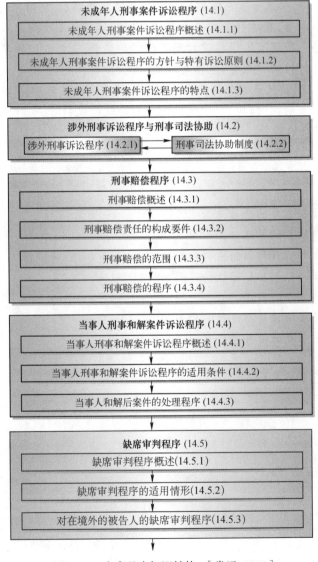

图 14-0　本章基本知识结构　［常远，2019］

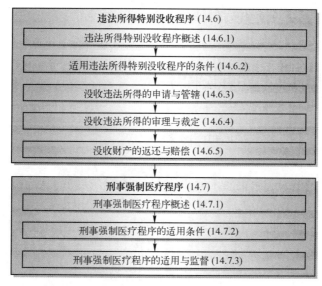

图 14-0　本章基本知识结构　［常远, 2019］（续）

导言

　　刑事诉讼特别程序是相对于普通程序而言的,是普通程序的发展和补充,其目的在于通过不同于普通程序的规则更好地处理相关事项。目前,我国的刑事诉讼特别程序包括未成年人刑事案件诉讼程序、涉外刑事诉讼程序、刑事赔偿程序、当事人刑事和解案件诉讼程序、缺席审判程序、违法所得特别没收程序和刑事强制医疗程序。

　　处理未成年人案件,针对未成年人的生理、心理特点,应确立不同于成年人的程序设置原则,在立案、侦查、起诉、审判和执行各个阶段制定符合未成年人特点的规则。涉外刑事案件因为有涉外因素,需遵守一些不同于纯粹国内案件的原则,并在管辖、采用强制措施、律师参与及诉讼文书送达方面适用特殊的规定。国际交流的日益广泛和尊重国家主权使一些刑事案件的处理必须通过国家间的合作来完成,刑事司法协助制度主要解决国家间司法合作涉及的请求、审查、联系途径及文字使用等方面的问题。由于主客观方面的各种因素,刑事司法中的错误是难以完全避免的。刑事赔偿程序设立的目的就在于解决刑事司法出现错误时国家对公民的赔偿责任问题。刑事和解与辩诉交易、调解、私了都不同,当事人刑事和解案件诉讼程序主要涉及这一程序的适用条件、和解协议的审查、公安司法机关对和解案件的特殊处理等问题。在刑事诉讼中,对席审判是指法院在双方当事人均到庭并辩论的基础上作出裁判结果,为审判中的常态。被告人不出席法庭时,法院在控诉方和被告人的辩护人参加的情况下所进行的审判活动则为特殊程序,包括法庭审理过程中应当采用的特殊程序和开庭审理之前以及缺席审判之后所适用的特殊程序。2018《刑事诉讼法》新增的缺席审判制度主要是从反腐败追赃追逃的角度提出的。违法所得特别没收程序对于有效打击犯罪和强化刑事司法国际协作有重要意义,这一程序主要涉及适用范围、适用条件、没收违法所得案件的申请和管辖、案件审理与裁定、终止审理及没收财产的返还与赔偿等。刑事强制医疗性质上属保安处分,对于保障公共安全有重要意义,但作为一种剥夺公民人身自由的措施,应防止误用与滥用。刑事诉讼法从强制医疗的适用条件、申请、审理、复议、定期审查与解除等方面构建了我国的强制医疗程序。

14.1　未成年人刑事案件诉讼程序

14.1.1　未成年人刑事案件诉讼程序概述

未成年人是指依照法律规定尚未成年的人,而不以生理或心理上的成熟程度为依据。世界各国都会根据本国情况在法律上对未成年人的年龄加以规定。由于各国国情不同,对作为犯罪主体的未成年人年龄的确定也有一些差异。中国刑事法律上的未成年人是指已满14周岁不满18周岁的人。未成年人案件是指已满14周岁不满18周岁的人实施的危害社会、触犯刑律而应受刑事追诉的案件。对未成年人犯罪案件依法追究刑事责任时,应当适用未成年人案件的诉讼程序。

未成年人刑事案件诉讼程序是刑事诉讼中的特别程序,适用与普通程序有区别的方针、原则、方式和方法。制定未成年人刑事案件诉讼程序是应对未成年犯罪的现实需要。未成年人正值青春发育期,身体与生理机能发展迅速,心理发育也从幼稚趋向成熟,但往往落后于生理成熟的速度。这一时期的未成年人思想不太稳定,欠缺社会经验,辨别是非曲直的能力较弱;对事物反应快,极易感情冲动,控制自己行为的能力相对较弱,行为往往具有突发性和盲动性,容易由于冲动或者自我失控而实施了本不应当或者未曾想到的危害社会的行为甚至犯罪行为。犯罪学研究证明,犯罪发生率与年龄层次存在一定的关系。由于未成年人生理和心理特点的特殊性,未成年人犯罪率较高是当今世界各国面临的普遍问题。

未成年人尚处于社会化初级阶段,以认知成分(信仰、价值观及智力活动能力)、行为成分(技能、行为趋向和反应能力)和情感成分为核心的人格体系尚未最终成型,可塑性大,较之对成年犯罪人的教育具有更多的有利因素,若采取恰当的方法与策略,对犯罪的未成年人进行教育、感化和挽救,有更大的可能性使其改过自新、成为对社会有益之人。同时,未成年人犯罪,从一定意义上讲更多的是学校、家庭、社会等各个方面的责任。从某种意义上说,未成年人本身就是受害者。因而,虽然未成年人犯罪同样危害社会,但我国对未成年人犯罪实行有别于成年人犯罪的教育、感化和挽救方针。这种教育、感化和挽救应贯穿刑事司法的全过程,除在实体法的适用上实行区别对待外,在诉讼程序中也应根据未成年人的生理和心理特点,作出有别于成年人的特殊规定。

国际社会普遍重视维护未成年人的刑事司法权利,对未成年人案件适用特别程序。1889年7月1日美国伊利诺伊州第41届州议会通过了世界上第一部适用于未成年人违法犯罪的专门立法——《少年法院法》,并在芝加哥市柯克地区建立了世界上第一个处理未成年人刑事案件的少年法庭。此后,少年司法制度便开始从普通刑事司法程序中逐步独立出来,成为特别程序。《联合国少年司法最低限度标准的规则》(北京规则)规定:"少年司法制度应强调少年的幸福,并应确保对少年犯作出的任何反应均应与罪犯和违法情况相称。"世界大多数国家都制定了针对未成年人刑事案件的法律程序,并在司法实践中得到运用,形成了比较完备的未成年人刑事案件诉讼制度。

中国的未成年人刑事案件诉讼特别程序始于 20 世纪,就法律规定而言,始于 20 世纪 90 年代初。1991 年 1 月,最高人民法院制定并发布了《关于办理少年刑事案件的若干规定(试行)》。1991 年 4 月,最高人民法院、国家教育委员会、共青团中央委员会、中华全国总工会、中华全国妇女联合会联合发布了《关于审理少年刑事案件聘请特邀陪审员的联合通知》。1991 年 6 月,最高人民法院、最高人民检察院、公安部、司法部联合发布了《关于办理少年刑事案件建立互相配套工作体系的通知》。同年 9 月,全国人大通过了《未成年人保护法》,于 1992 年 1 月正式施行。该法第五章专门规定了对未成年人的司法保护。全国人大常委会于 1999 年 6 月 28 日通过了《预防未成年人犯罪法》,同年 11 月 1 日起施行,其中第六章"对未成年人重新犯罪的预防"明确了公安司法机关办理未成年人刑事案件应遵守的特殊要求。公检法三机关依据上述两部法律的规定各自或联合发布了具体的规定,进一步明确了办理未成年人案件的相关程序。1995 年 10 月,公安部发布《公安机关办理未成年人违法犯罪案件的规定》,对未成年人刑事案件的立案、调查、强制措施、案件处理和执行作了特别要求。最高人民检察院 2002 年 4 月发布《人民检察院办理未成年人刑事案件的规定》(2006 年 12 月修订),对未成年人刑事案件的审查批准逮捕、审查起诉与出庭支持公诉、法律监督和刑事申诉检察作了具体规定。最高人民检察院 2006 年在《关于依法快速办理轻微刑事案件的意见》中提出,对符合条件的未成年人刑事案件应当快速办理,以减少刑事诉讼对未成年人的不利影响。1995 年 5 月,最高人民法院发布《关于办理未成年人刑事案件适用法律的若干问题的解释》(已被 2006 年 1 月 23 日起施行的《关于审理未成年人刑事案件具体应用法律若干问题的解释》所取代),对审判中实体法适用作了具体规定。2001 年 4 月,最高人民法院发布《关于审理未成年人刑事案件的若干规定》,对未成年人案件审判程序做了进一步的具体规定。2010 年 8 月,中央综治委预防青少年违法犯罪工作领导小组、最高人民法院、最高人民检察院、公安部、司法部、共青团中央联合发布了《关于进一步建立和完善办理未成年人刑事案件配套工作体系的若干意见》,适应新时期需要,就进一步建立、巩固和完善办理未成年人刑事案件专门机构、加强对涉案未成年人合法权益的保护、进一步加强公安机关、人民检察院、人民法院、司法行政机关的协调与配合、建立健全办理未成年人刑事案件配套工作的协调和监督机制等问题提出了新的要求。

2012 年修订的《刑事诉讼法》第一次专章规定了"未成年人刑事案件诉讼程序",在未成年人刑事案件诉讼程序的立法史上具有里程碑意义。它明确了办理未成年人刑事案件应遵守教育、感化、挽救方针,公安司法机关应保障未成年人行使诉讼权利、保障其得到法律帮助并由熟悉未成年人特点的人员办理案件,严格限制对未成年人适用逮捕措施,对被羁押和被执行刑罚的未成年人分别关押、分别管理、分别教育,在讯问和审判未成年人时应通知其法定代理人或其他合适成年人到场并保障其行使法定权利,对符合法定条件的未成年人可适用附条件不起诉、不公开审判、进行社会调查、犯罪记录封存等。这些规定吸收了过去的一些成功经验并有所创新,较为系统地确立了未成年人刑事案件特别程序。

就司法实践而言,未成年人刑事诉讼特别程序始于 20 世纪 80 年代中期。1984 年年底,上海市长宁区人民法院建立了少年法庭,专门审理未成年人案件。1988 年,最高人民法院在上海召开了审理未成年人刑事案件经验交流会,向全国推广少年法庭工作经验。设立少年法庭工作随之在全国展开。各地法院在实践中创立了适合未成年人身心特点的少年司法工作机制,如坚持寓教于审、寓教于判、惩教结合;实行社会调查报告制度;引入"心理干预"机制;制定量刑规则;坚持庭审前后两方面延伸的引导、帮教工作;引入"社会观护员"制度;创建"诉讼教育引导"制度等。[①]1986 年 10 月,上海市长宁区人民检察院在起诉科内设立了我国检察机关第一个专门办理未成年人刑事案件的办案小组——"少年起诉组"。经过多年的发展,上海、江苏、河南等省市均设置了独立的未成年人检察机构,初步形成了适合未成年人特点的检察办案规则,如社会调查制度、非羁押措施可行性评估制度、合适成年人参与制度、诉前考察制度、观护制度、量刑建议制度、简案快诉审制度、以未成年人保护为核心的诉讼监督制度等。一些地方公安机关在处理未成年人刑事案件中也积极探索适合未成年人生理和心理特点的措施。这些特色机制和做法,发挥了少年司法对未成年人犯罪的预防、矫治和对未成年人合法权益特殊保护的作用,也为立法完善提供了有益的参考。

14.1.2　未成年人刑事案件诉讼程序的方针与特有诉讼原则

《刑事诉讼法》《未成年人保护法》和《预防未成年人犯罪法》都规定,对犯罪的未成年人实行教育、感化、挽救的方针。它要求公安机关、人民检察院、人民法院、司法行政机关在办理未成年人刑事案件和执行刑罚时,应当将未成年人的利益放在第一位,以"未成年人权益最大化"为出发点,将重心放在教育、感化、挽救上,结合具体案情,采取符合未成年人身心特点的方法,开展有针对性的工作,使其顺利健康回归社会。

为贯彻这一方针,未成年人刑事案件诉讼程序除应遵循刑事诉讼法所确定的一般基本原则外,还应当根据未成年人的特点和未成年人刑事案件的特点遵循下列原则:

1. 教育为主、惩罚为辅原则

高检院发布未成年人
刑事检察工作情况

贯彻这一原则,要求公安司法机关的办案人员在办理未成年人犯罪的各个阶段,高度重视对未成年人进行教育和感化。要坚持像父母对待子女、教师对待学生一样,晓之以理,动之以情,使犯罪的未成年人分清是非,明白犯罪的思想根源,认清其罪行的严重性,从心灵深处真正悔罪服法,重新做人。同时,对犯罪未成年人进行教育感化,并不是说对应当追究刑事责任的不追究责任,或无原则地不予处罚,而是要在坚持教育为主、惩罚为辅的原则时,注意做到可罚可不罚的尽量不罚。

2. 保障未成年人依法享有的特殊诉讼权利原则

任何诉讼参与人都依法享有刑事诉讼法规定的各项诉讼权利,这是我国刑事诉讼的一项基本原则。未成年的犯罪嫌疑人、被告人作为特殊主体,除了享有成年犯罪嫌疑人、被告人的诉讼权利外,还享有一些特殊权利,包括:

(1) 讯问和审判时合适成年人可以在场及提供帮助。《刑事诉讼法》第 281 条规定,对于未成年人刑事案件,在讯问和审判的时候,应当通知未成年犯罪嫌疑人、被告人的法定代理人到场。无法通知、法定代理人不能到场或者法定代理人是共犯的,也可以通知未成年犯罪

---

① 杨树明:《在改革中前行　在创新中发展——访最高人民法院少年法庭指导小组负责人》,载《人民法院报》2011 年 10 月 12 日,第 1、2 版。

嫌疑人、被告人的其他成年亲属,所在学校、单位、居住地基层组织或者未成年人保护组织的代表到场,并将有关情况记录在案。需要注意的是,这里"也可以通知"的含义是,应当首先通知法定代理人到场,在法定代理人不能到场的情况下,应当通知其他的合适成年人到场。"也可以通知"并不是授权性规定,而是强制性的。到场的法定代理人可以代为行使未成年犯罪嫌疑人、被告人的诉讼权利。到场的法定代理人或者其他人员认为办案人员在讯问、审判中侵犯未成年人合法权益的,可以提出意见。讯问笔录、法庭笔录应当交给到场的法定代理人或者其他人员阅读或者向他宣读。审判未成年人刑事案件,未成年被告人最后陈述后,其法定代理人可以补充陈述。

这一规定,既是赋予未成年犯罪嫌疑人、被告人的一种诉讼权利,也是对其诉讼权利的一种特殊保障。法定代理人或其他人员在讯问和审判时的在场和提供帮助,不但有利于稳定未成年人的情绪,帮助未成年人与讯问人沟通,也可一定程度上弥补未成年人诉讼能力的不足。同时,合适成年人在场还可以对讯问过程是否合法、合适进行监督,保护未成年人合法权益不受侵害。

询问未成年被害人、证人也适用上述规定。

(2) 得到法律帮助的权利。《刑事诉讼法》第 278 条规定,未成年犯罪嫌疑人、被告人没有委托辩护人的,人民法院、人民检察院、公安机关应当通知法律援助机构指派律师为其提供辩护。这一规定,是法律对未成年犯罪嫌疑人、被告人辩护权的特殊保障。辩护权是犯罪嫌疑人、被告人的一项重要的诉讼权利。未成年犯罪嫌疑人、被告人由于自身的年龄、智力发育程度的限制,通常很难理解控辩双方争辩的实质内容,不知道如何行使诉讼权利,难以有效地行使辩护权。辩护人的参与能为其及时提供所需的法律帮助,有效维护其合法权益。所以,在未成年犯罪嫌疑人、被告人没有委托辩护人的情形下,法律要求公安司法机关通知法律援助机构指派律师为其提供辩护。

《关于进一步建立和完善办理未成年人刑事案件配套工作体系的若干意见》规定,对未成年被害人及其法定代理人提出委托诉讼代理人意向,但因经济困难或者其他原因没有委托的,公安机关、人民检察院、人民法院应当帮助其申请法律援助,法律援助机构应当依法为其提供法律援助。

3. 分案处理原则

《刑事诉讼法》第 280 条第 2 款规定,对被拘留、逮捕和执行刑罚的未成年人与成年人应当分别关押、分别管理、分别教育。分案处理是目前世界上大多数国家已经实行的处理未成年人刑事案件的基本原则。主要目的是把未成年犯罪嫌疑人或未成年被告人与其他嫌疑人、被告人分开,尽量避免接触。在我国,这一原则具体是指对未成年人案件与成年人案件实行诉讼程序分离,即分别关押,分案起诉、审判,分别执行(见表 14-1)。分案处理原则的依据是未成年人的特点,即未成年人思想还没有定型,若与成年人同监关押,案件并案处理,判决后同监执行,极易使未成年人受到不良影响,不利于对其进行教育改造。这在实践中已有教训可循:一些未成年人由于与成年罪犯同监羁押、同案处理、同监执行而受其不良影响,恶习更深。

表 14-1   中国处理未成年人刑事案件的分案处理原则的运用领域   ［周伟，2003］

分案处理原则的运用领域	说明
诉讼程序分离	指未成年人和成年人共同犯罪或者犯罪中有未成年人时，应当对未成年人适用特别程序
分别关押	指采取刑事诉讼中的拘留、逮捕等强制措施时，应当将未成年人和成年人分别羁押，以免未成年人受到成年犯罪嫌疑人的不良感染。有条件的看守所可以设立专门的未成年人监区，还可以对被羁押的未成年人区分被指控犯罪的轻重、类型分别关押、管理
分别起诉、审判	指在审理未成年人与成年人共同犯罪案件过程中，只要不是必须合并的情形，都应当分案起诉、审判。情况特殊不宜分案办理的案件，对未成年人应当采取适当的保护措施
分别执行	指未成年人案件的判决、裁定在生效后执行时，未成年罪犯与成年罪犯分开，不能放在同一场所，以防止成年罪犯对未成年罪犯产生不良影响

4. 审理不公开原则

《刑事诉讼法》第 285 条规定，审判的时候被告人不满 18 周岁的案件，不公开审理。对未成年人案件实行不公开审理，考虑的是维护未成年人的名誉，也考虑未成年人的心理承受能力，防止公开审理对其造成精神创伤而导致不利于教育改造的不良后果。因此，对未成年人案件审理不公开也是教育、感化、挽救方针在刑事司法程序上的体现。但无论案件是否公开审理，宣告判决都应当公开进行，只是不得采取召开大会等形式。另外，根据《刑事诉讼法》第 285 条的规定，审理未成年人案件时，经未成年被告人及其法定代理人同意，未成年被告人所在学校和未成年人保护组织可以派代表到场。这是审判不公开原则的例外。

5. 全面调查原则

全面调查原则是指公安司法机关不仅要调查案件事实，还要对未成年人的性格特点、家庭情况、社会交往、成长经历、是否具备有效监护教育条件或者社会帮教措施，以及涉嫌犯罪前后表现等情况进行社会调查，必要时还要进行医疗检查和心理、精神病理的调查分析。全面调查的目的在于弄清未成年人及其家庭有关人员的人格、素质、生活经历和所处环境，以便弄清未成年人犯罪的原因和条件，为教育改造选择最佳方案和确定有针对性的教育改造的方式和方法，以取得最佳的教育改造效果。

全面调查要在刑事诉讼的全过程中实施，不能仅理解为法庭调查。从立案到侦查、起诉、审判到执行的各个诉讼阶段，都要坚持全面调查的原则，作出各种决定时应当综合考虑案件事实和社会调查报告的内容。公安机关、检察院、法院、司法行政机关要加强协调与配合，以保障全面调查原则得到充分落实。社会调查由未成年犯罪嫌疑人、被告人户籍所在地或居住地的司法行政机关社区矫正工作部门负责。司法行政机关社区矫正工作部门可联合相关部门开展社会调查，或委托共青团组织以及其他社会组织协助调查。公安机关在办理未成年人刑事案件时，应及时通知司法行政机关社区矫正工作部门开展社会调查。社会调查报告应随案移送，是公安机关、检察院、法院办案和执行机关对未成年罪犯作出各种处理决定和进行个别化教育矫治的重要依据。

办案人员还应当结合对未成年犯罪嫌疑人背景情况的社会调查，不但应注意听取未成年人本人、法定代理人、辩护人、被害人等有关人员的意见,还应当注意是否存在未成年犯罪嫌疑人、被告人被胁迫情节,是否存在成年人教唆犯罪、传授犯罪方法或者利用未成年人实施犯罪的情况。

6. 隐私特别保护原则

隐私特别保护原则是指在办理未成年人刑事案件中要注意保护未成年人的名誉,尊重未成年人的人格尊严,对于未成年犯罪嫌疑人、被告人、罪犯和被害人的隐私应予以特别保护,尽可能降低其回归社会的难度。

《关于进一步建立和完善办理未成年人刑事案件配套工作体系的若干意见》规定,对未成年人刑事案件,新闻报道、影视节目、公开出版物、网络等不得公开或传播未成年人的姓名、住所、照片、图像以及可能推断出该未成年人的其他资料。此外,对未成年犯的档案应严格保密,建立档案的有效管理制度。非基于法定事由,不得公开未成年人被刑事立案、采取刑事强制措施、不起诉或因轻微犯罪被判处刑罚的记录。根据《刑事诉讼法》第 286 条及最高人民法院《未成年人刑事检察工作指引(试行)》第 92 条的规定,犯罪的时候不满 18 周岁,被判处 5 年有期徒刑以下刑罚的,应当对相关犯罪记录予以封存。被封存犯罪记录的未成年人,如果实施新的犯罪,新罪与封存记录之罪数罪并罚后被决定执行 5 年有期徒刑以上刑罚的,或发现漏罪,漏罪与封存记录之罪数罪并罚后被决定执行 5 年有期徒刑以上刑罚的,应当对其犯罪记录解除封存。犯罪记录被封存的,不得向任何单位和个人提供,但司法机关为办案需要或者有关单位根据国家规定进行查询的除外。依法进行查询的单位,应当对被封存的犯罪记录的情况予以保密。这进一步强化了对未成年人名誉的保护,有利于其重返社会。

7. 迅速简易原则

它包含迅速原则与简易原则两个方面。迅速原则指在诉讼进行的每个阶段,办理案件的侦查、检察和审判人员都应当在依照法定程序办案和保证办理案件质量的前提下,尽量迅速办理,不拖拉、不延误,减少刑事诉讼对未成年人的不利影响。简易原则是指对案情简单,事实清楚,证据确实充分,犯罪嫌疑人、被告人认罪的轻微未成年人犯罪刑事案件,在遵循法定程序和期限、确保办案质量的前提下,提高诉讼效率,简化工作流程,以缩短办案期限。推行简易原则要注意以下问题:一是推行简易原则可以简化内部工作流程,缩短各个环节的办案期限,但不能省略法定的办案程序。二是注意公正与效率的统一。三是充分保障诉讼参与人特别是犯罪嫌疑人、被告人、被害人的诉讼权利,对于法律规定的诉讼参与人行使诉讼权利的期限,不能缩短。简易原则的重心是简化内部工作流程,仅适用于符合规定条件的未成年人刑事案件。迅速原则和简易原则都旨在尽可能缩短未成年人在刑事诉讼中滞留的时间,减少刑事诉讼对未成年人的不利影响。

8. 和缓原则

和缓原则是指办理未成年人刑事案件,在不违反法律规定的前提下,应当按照最有利于未成年人和适合未成年人身心特点的方式进行,尽量不采用激烈、严厉的诉讼方式,充分保障未成年人合法权益。

《刑事诉讼法》第 280 条规定,对未成年犯罪嫌疑人、被告人应当严格限制适用逮捕措施。《关于进一步建立和完善办理未成年人刑事案件配套工作体系的若干意见》规定,公安机关办理未成年人刑事案件,对未成年人应优先考虑适用非羁押性强制措施;羁押性强制措施应依法慎用,比照成年人严格适用条件。办理未成年人刑事案件不以拘留率、逮捕率或起诉率作为工作考核指标。未成年犯罪嫌疑人、被告人进入派出所后服从管理、依法变更强制措施不致发生社会危险性,能够保证诉讼正常进行的,公安司法机关应及时变更强制措施;看守所应提请有关办案部门办理其他非羁押性强制措施。检察院办理未成年人刑事案件,依法应少捕慎诉;必须起诉的,查明未成年被告人具有法定从轻、减轻情节及悔罪表现的,应当提出从轻或者减轻处罚的建议;符合缓刑条件的,应当明确提出适用缓刑的量刑建议。办理未成年人刑事案件不以批捕率、起诉率等情况作为工作考核指标。

对未成年被害人、证人,特别是性犯罪被害人进行询问时,应当依法选择有利于未成年人的场所,采取和缓的询问方式进行,并通知法定代理人到场。对性犯罪被害人进行询问时,一般应当由女性办案人员进行或者有女性办案人员在场,避免因询问方式不当对未成年被害人、证人身心产生不利影响。

公安机关、人民检察院、人民法院、司法行政机关应当推动未成年犯罪嫌疑人、被告人、罪犯与被害人之间的和解,可以将未成年犯罪嫌疑人、被告人、罪犯赔偿被害人的经济损失、取得被害人谅解等情况作为酌情从轻处理或减刑、假释的依据。

9. 办案人员专业化原则

岳阳中院成立未成年人
刑事审判合议庭

未成年人在生理与心理上都与成年人有较大区别,为更好把握未成年人刑事案件的特点,正确处理该类案件,强化办理未成年人刑事案件的专门机构和专门队伍建设,是做好未成年人司法保护,预防、矫治、减少未成年人违法犯罪工作的重要保障。

机构方面,地市级以上公安机关应当指定相应机构,省级以上检察院、高级以上法院应当设立专门机构指导办理未成年人刑事案件;区县级公安机关一般应当在派出所和刑侦部门设立办理未成年人刑事案件的专门小组,未成年人刑事案件数量较少的,可以指定专人办理;地市级人民检察院和区县级人民检察院一般应当设立专门机构或专门小组,中级人民法院和基层人民法院一般应当建立专门机构负责办理未成年人刑事案件,条件不具备的,应当指定专人办理。地市级和区县级司法行政机关所属法律援助机构应当成立未成年人法律援助事务部门,负责组织办理未成年人的法律援助事务,条件不具备的,应当指定专人办理。司法行政机关社区矫正工作部门一般应当设立专门小组或指定专人负责未成年人的社区矫正工作。有条件的地区,上述专门机构可以根据实际情况办理被害人系未成年人的刑事案件。

人员方面,各级公安机关、人民检察院、人民法院、司法行政机关应当选任政治、业务素质好,熟悉未成年人身心特点,具有犯罪学、社会学、心理学、教育学等方面知识的人员办理未成年人刑事案件,并注意通过加强培训、指导,提高相关人员的专业水平。对办理未成年人刑事案件的专门人员,应当根据具体工作内容采用不同于办理成年人刑事案件的工作绩效指标进行考核。审判未成年人案件的合议庭,一般应有女审判员或人民陪审员参加。陪审员通常由熟悉未成年人特点,热心于教育、挽救失足未成年人工作,并经过必要培训的共青团、妇联、工会、学校的干部、教师或者离退休人员、未成年人保护组织的工作人员等担任,以增加法庭的和善气氛,利于未成年人接受。

14.1.3　未成年人刑事案件诉讼程序的特点

1. 立案程序的特点

未成年人案件的立案,除与成年人刑事案件在立案材料来源、立案条件及立案程序等方面相同外,必须确定立案对象是否属于未成年人。刑事案件中的未成年人指已满 14 周岁不满 18 周岁的未成年人。在接受、处理立案材料时,如果发现有已满 14 周岁不满 18 周岁的未成年人,就应当将作案时的实际年龄作为一个审查的重点,要注意区别农历年龄、户籍登记年龄与实际年龄等情况。特别要将未成年犯罪嫌疑人是否已满 14 周岁、16 周岁、18 周岁的临界年龄,作为重要案件事实予以查清。这是未成年人刑事案件立案的重要事实条件和法律条件。此外,还应查明未成年人是否被教唆犯罪,全面调查其生活环境、经历以及生理、心理特征等。只要对认定案情有意义,都要进行查证。

公安机关对未成年人案件应迅速处理,对被扭送、检举、控告或者投案自首的犯罪未成年人,必须立即审查,依法作出是否立案的决定。经过审查,对不符合立案条件,如属于情节显著轻微、危害不大不认为是犯罪的,可将案件材料转交有关部门,作出适当的处理,或通知其监护人严加监护、教育,并且协调有关各方落实帮教措施。对符合立案条件的未成年人案件,除与其他案件一样办理立案手续外,还必须将未成年人案件的事实条件和法律条件及其他调查到的有关情况予以注明。

被害人也是未成年人的,对于可能不立案的未成年人刑事案件,应当听取未成年被害人及其法定代理人的意见。

2. 侦查程序的特点

对未成年人案件的侦查,除了遵循侦查的一般程序和规则外,还需注意以下方面:

(1) 贯彻全面调查原则。与对成年人案件的侦查不同的是,对未成年人案件的侦查,不仅要对与定罪量刑有关的事实和情节进行调查,还要对案件事实之外的有关情况进行调查,诸如未成年人的个性、成长经历、个人嗜好、受教育程度、生活条件、家庭环境、社会交往、作案的主客观因素以及未成年人的智力状况、精神状况、身体发育、心理素质等,使诉讼活动为教育、挽救、改造服务。

(2) 慎重适用强制措施。侦查中,对未成年人适用强制措施时应比对成年人更为慎重,对其适用程序和条件应更加严格把握,以免对其造成不必要的心理压力。必须采取强制措施的,应优先考虑适用非羁押强制措施,严格限制适用逮捕措施。审查批准逮捕时,应当把是否已满 14 周岁、16 周岁、18 周岁的临界年龄,作为重要事实予以查清。对难以判断犯罪嫌疑人实际年龄,影响案件认定的,应当作出不批准逮捕的决定,需要补充侦查的,同时通知公安机关。审判批捕时应讯问未成年人。人民检察院审查批准逮捕未成年人犯罪案件,应当讯问未成年犯罪嫌疑人。

(3) 采用适当的传唤讯问方式。对需要传唤的未成年人,在传讯时,除了遵守法律规定的一般传唤规则外,可以采用和缓的方式,如不直接传唤,而是通过其父母、监护人进行,可以由其父母、监护人陪同到场;在讯问时,选择未成年人较为熟悉的地点、场所,应当通知未成年犯罪嫌疑人、被告人的法定代理人到场。无法通知、法定代理人不能到场或者法定代理人是共犯的,也可以通知未成年犯罪嫌疑人、被告人的其他成年亲属,所在学校、单位、居住地基层组织或者未成年人保护组织的代表到场,并将有关情况记录在案。到场的法定代理人可以代为行使未成年犯罪嫌疑人、被告人的诉讼权利。

讯问未成年犯罪嫌疑人、被告人,应当根据该未成年人的特点和案件情况,制定详细的讯问提纲,采取适宜该未成年人的方式进行,讯问用语应当准确易懂,避免生硬的语言和方式,切忌训斥讥讽,以减轻未成年人的心理压力,消除对立情绪,使讯问能够在和缓宽松的气氛中进行。讯问时,应当告知其依法享有的诉讼权利,告知其如实供述案件事实的法律规定和意义,核实其是否有自首、立功、检举揭发等表现,听取其有罪的供述或者无罪、罪轻的辩解。讯问女性未成年犯罪嫌疑人、被告人,应当由女性办案人员进行或者有女性办案人员参加。讯问未成年犯罪嫌疑人、被告人,一般不得使用戒具,对于确有人身危险性,必须使用戒具的,在现实危险消除后,应当立即停止使用。

(4) 关照未成年人。由于未成年人知识和生活经验相对不足,相关规定要求公安司法机关在办理未成年人案件中应对未成年人予以尽可能的关照和帮助。如在第一次对未成年犯罪嫌疑人讯问时或自采取强制措施之日起,公安机关应履行告知义务,告知未成年犯罪嫌疑人及其法定代理人有关诉讼权利和义务。未成年犯罪嫌疑人、被告人没有委托辩护人的,人民法院、人民检察院、公安机关在各个诉讼阶段都应当通知法律援助机构指派律师为其提供辩护。

3. 起诉程序的特点

对未成年人案件的起诉,除按一般的起诉程序进行外,根据《刑事诉讼法》《人民检察院办理未成年人刑事案件的规定》(2013)的相关内容,还应注意以下事项:

(1) 案情对犯罪嫌疑人家属、被害人及其家属适度公开。人民检察院办理未成年人刑事案件,可以应犯罪嫌疑人家属、被害人及其家属的要求,告知其审查逮捕、审查起诉的进展情况,并对有关情况予以说明和解释。

(2) 审查起诉时应对未成年犯罪嫌疑人的个人情况进行全面了解。审查起诉未成年犯罪嫌疑人时,应当听取其父母或者其他法定代理人、辩护人、未成年被害人及其法定代理人的意见。可以结合社会调查,通过学校、社区、家庭等有关组织和人员了解未成年犯罪嫌疑人的成长经历、家庭环境、个性特点、社会活动等情况,为办案提供参考。

(3) 符合条件的,审查起诉时可以安排未成年犯罪嫌疑人与其法定代理人、近亲属等进行会见、通话。需符合的条件是:其一,案件事实已基本查清,主要证据确实、充分,安排会见、通话不会影响诉讼活动正常进行;其二,未成年犯罪嫌疑人有认罪、悔罪表现,或者虽尚未认罪、悔罪,但通过会见、通话有可能促使其转化,或者通过会见、通话有利于社会、家庭稳定;其三,未成年犯罪嫌疑人的法定代理人、近亲属对其犯罪原因、社会危害性以及后果有一定的认识,并能配合公安司法机关进行教育。

(4) 未成年犯罪嫌疑人认罪认罚,未成年犯罪嫌疑人的法定代理人、辩护人对未成年犯罪嫌疑人认罪认罚有异议的,不需要签署认罪认罚具结书。

(5) 积极应用不起诉措施处理未成年犯罪案件。对于犯罪情节轻微,并具有下列情形之一,依照刑法规定不需要判处刑罚或者免除刑罚的未成年犯罪嫌疑人,一般应当依法作出不起诉决定:被胁迫参与犯罪的;犯罪预备、中止的;在共同犯罪中起次要或者辅助作用的;是又聋又哑的人或者盲人的;因防卫过当或者紧急避险过当构成犯罪的;有自首或者重大立功表现的;其他依照刑法规定不需要判处刑罚或者免除刑罚的情形。此外,对于未成年人实施的轻伤害案件、初次犯罪、过失犯罪、犯罪未遂的案件以及被诱骗或者被教唆实施的犯罪案件等,情节轻微,犯罪嫌疑人确有悔罪表现,当事人双方自愿就民事赔偿达成协议并切实履行,符合《刑法》第 37 条规定的,人民检察院可以依照《刑事诉讼法》第 177 条第 2 款的规定作出不起诉的决定,并可以根据案件的不同情况,予以训诫或者责令具结悔过、赔礼道歉。

不起诉决定书应当向被不起诉的未成年人及其法定代理人公开宣布,并阐明不起诉的理由和法律依据。不起诉决定书应当送达被不起诉的未成年人及其法定代理人,并告知其依法享有的权利。

(6) 符合条件的,可以附条件不起诉。《刑事诉讼法》第 282 条规定,对于未成年人涉嫌刑法分则第 4 章"侵犯公民人身权利、民主权利罪"、第 5 章"侵犯财产罪"、第 6 章"妨害社会管理秩序罪"规定的犯罪,可能判处 1 年有期徒刑以下刑罚,符合起诉条件,但有悔罪表现的,人民检察院可以作出附条件不起诉的决定。人民检察院在作出附条件不起诉的决定以前,应当听取公安机关、被害人的意见。对附条件不起诉的决定,公安机关要求复议、提请复核或者被害人申诉的,适用《刑事诉讼法》第 179 条、第 180 条的规定。未成年犯罪嫌疑人及其法定代理人对人民检察院决定附条件不起诉有异议的,人民检察院应当作出起诉的决定。

《刑事诉讼法》第 283 条规定,在附条件不起诉的考验期内,由人民检察院对被附条件不起诉的未成年犯罪嫌疑人进行监督考察。未成年犯罪嫌疑人的监护人,应当对未成年犯罪嫌疑人加强管教,配合人民检察院做好监督考察工作。附条件不起诉的考验期为 6 个月以上 1 年以下,从人民检察院作出附条件不起诉的决定之日起计算。被附条件不起诉的未成年犯罪嫌疑人,应当遵守下列规定:① 遵守法律法规,服从监督;② 按照考察机关的规定报告自己的活动情况;③ 离开所居住的市、县或者迁居,应当报经考察机关批准;④ 按照考察机关的要求接受矫治和教育。

《刑事诉讼法》第 284 条规定,被附条件不起诉的未成年犯罪嫌疑人,在考验期内有下列情形之一的,人民检察院应当撤销附条件不起诉的决定,提起公诉:① 实施新的犯罪或者发现决定附条件不起诉以前还有其他犯罪需要追诉的;② 违反治安管理规定或者考察机关有关附条件不起诉的监督管理规定,情节严重的。被附条件不起诉的未成年犯罪嫌疑人,在考验期内没有上述情形,考验期满的,人民检察院应当作出不起诉的决定。

(7) 以分案起诉为原则,不分案起诉为例外。人民检察院审查未成年人与成年人共同犯罪案件,一般应当将未成年人与成年人分案起诉。但是具有下列情形之一的,可以不分案起诉:未成年人系犯罪集团的组织者或者其他共同犯罪中的主犯的;案件重大、疑难、复杂,分案起诉可能妨碍案件审理的;涉及刑事附带民事诉讼,分案起诉妨碍附带民事诉讼部分审理的;具有其他不宜分案起诉情形的。

对于分案起诉的未成年人与成年人共同犯罪案件,一般应当同时移送人民法院。对于需要补充侦查的,如果补充侦查事项不涉及未成年犯罪嫌疑人所参与的犯罪事实,不影响对未成年犯罪嫌疑人提起公诉的,应当对未成年犯罪嫌疑人先予提起公诉。对于分案起诉的未成年人与成年人共同犯罪案件,在审查起诉过程中可以根据全案情况制作一个审结报告,起诉书以及出庭预案等应当分别制作。人民检察院对未成年人与成年人共同犯罪案件分别提起公诉后,在诉讼过程中出现不宜分案起诉情形的,可以及时建议人民法院并案审理。

（8）具备法定情形的,应建议法院判处缓刑。对于具有下列情形之一,依法可能判处拘役、3 年以下有期徒刑,悔罪态度较好,具备有效监护条件或者社会帮教措施、适用缓刑确实不致再危害社会的未成年被告人,人民检察院可以建议人民法院适用缓刑:犯罪情节较轻,未造成严重后果的;主观恶性不大的初犯或者胁从犯、从犯;被害人同意和解或者被害人有明显过错的;其他可以适用缓刑的情节。人民检察院提出对未成年被告人适用缓刑建议的,应当将未成年被告人能够获得有效监护、帮教的书面材料一并于判决前移送人民法院。

4. 审判程序的特点

对未成年人的审判,依据相关法律法规,除依照刑诉法的一般规定外,还应遵循以下规定:

（1）少年法庭受理案件的范围。下列案件由少年法庭审理:被告人实施被指控的犯罪时不满 18 周岁、人民法院立案时不满 20 周岁的案件;被告人实施被指控的犯罪时不满 18 周岁、人民法院立案时不满 20 周岁,并被指控为首要分子或者主犯的共同犯罪案件。其他共同犯罪案件有未成年被告人的,或者其他涉及未成年人的刑事案件是否由少年法庭审理,由院长根据少年法庭工作的实际情况决定。

（2）审判不公开。根据《刑事诉讼法》第 285 条的规定,审判的时候被告人不满 18 周岁的案件,不公开审理。审判的时候被告人已满 18 周岁且依法公开审理,但可能需要封存犯罪记录的案件,不得组织人员旁听。但是,经未成年被告人及其法定代理人同意,未成年被告人所在学校和未成年人保护组织可以派代表到场。

（3）未成年被害人、证人不出庭作证。未成年被害人、证人经人民法院准许的,一般可以不出庭作证;或在采取相应保护措施后出庭作证。

（4）庭前准备。

第一,审查年龄证明材料。人民法院对公诉案件,应当查明是否附有被告人年龄的有效证明材料。对于没有附送被告人年龄的有效证明材料的,应当通知检察院在 3 日内补送。

第二,履行关照义务。人民法院向未成年被告人送达起诉书副本时,应当向其讲明被指控的罪行和有关法律条款;并告知诉讼的程序及有关的诉讼权利、义务,消除未成年被告人的紧张情绪。人民法院向其法定代理人送达起诉书副本时,应当告知其诉讼权利、义务和在开庭审判中应当注意的有关事项。

第三,通知合适成年人出庭。开庭审理前,应当通知未成年被告人的法定代理人出庭。无法通知、法定代理人不能到场或者法定代理人是共犯的,也可以通知犯罪嫌疑人、被告人的其他成年亲属,所在学校、单位或者居住地的基层组织、未成年人保护组织的代表出庭。

第四,安排法定代理人与其他人员会见。开庭审理前,审判未成年人刑事案件的审判长认为有必要的,可以安排法定代理人或者其他成年亲属、教师等人员与未成年被告人会见。

第五,辩方提交社会调查报告。开庭审理前,辩方可以分别就未成年被告人性格特点、家庭情况、社会交往、成长经历以及实施被指控的犯罪前后的表现等情况进行调查,并制作书面材料提交合议庭。检察机关应将社会调查报告随案移送人民法院。

（5）开庭审理。

第一,为法定代理人设置席位。人民法院应当在辩护台靠近旁听区一侧为未成年被告人的法定代理人设置席位。

第二,不使用戒具,坐着接受法庭调查、讯问。在法庭上不得对未成年被告人使用戒具,但被告人人身危险性大,可能妨碍庭审活动的除外。必须使用戒具的,在现实危险消除后,应当立即停止使用。未成年被告人在法庭上可以坐着接受法庭调查、讯问,在回答审判人员的提问、宣判时应当起立。

第三,当庭拒绝辩护的处理。未成年被告人或者其法定代理人当庭拒绝委托的辩护人进行辩护,要求另行委托或者要求法律援助机构为其另行指派辩护人、辩护律师的,合议庭应当同意并宣布延期审理。未成年被告人或者其法定代理人当庭拒绝由法律援助机构指派的辩护律师进行辩护,要求另行委托辩护人的,合议庭应当同意并宣布延期审理。未成年被告人或者其法定代理人当庭拒绝法律援助机构指派的辩护律师为其辩护,如确有正当理由,合议庭应当同意并宣布延期审理,法律援助机构应当为未成年被告人另行指派辩护律师。重新开庭后,未成年被告人或者其法定代理人再次当庭拒绝重新委托的辩护人或者由法律援助机构指派的辩护律师进行辩护的,一般不予准许。如果重新开庭时被告人已满 18 周岁的,应当准许,但不得再行委托或者由法律援助机构指派辩护律师。上述情况应当记录在卷。

第四,态度正确,用语准确、易懂。法庭审理时,审判人员应当注意未成年被告人的智力发育程度和心理状态,要态度严肃、和蔼,用语准确、通俗易懂。发现有对未成年被告人诱供、训斥、讽刺或者威胁的情形时,应当及时制止。

第五,核实年龄,查明主客观原因。法庭调查时,应当着重审查未成年被告人的年龄证据。有关未成年被告人年龄的证据缺失或者不充分的,应当通知人民检察院补充提供或调查核实,人民检察院认为需要进一步补充侦查并向人民法院提出建议的,人民法院依法可以延期审理。没有充分证据证明被告人实施被指控的犯罪时已经达到法定刑事责任年龄且确实无法查明的,人民法院应当依法作出有利于未成年被告人的认定和处理。同时还应当查明未成年被告人实施被指控的行为时的主观和客观原因。

第六,休庭时,可以允许法定代理人或者其他成年亲属、教师等人员会见被告人。

第七,法庭教育。在审理未成年人刑事案件过程中,人民法院在法庭调查和辩论终结后,应当根据案件的具体情况组织到庭的诉讼参与人对未成年被告人进行教育。判决未成年被告人有罪的,宣判后,由合议庭组织到庭的诉讼参与人对未成年被告人进行教育。如果未成年被告人的法定代理人以外的其他成年亲属或者教师、公诉人等参加有利于教育、感化未成年被告人的,合议庭可以邀请其参加宣判后的教育。宣判后的教育可以围绕下列内容进行:犯罪行为对社会的危害性和应当受刑罚处罚的必要性,导致犯罪行为发生的主观、客观原因及应当吸取的教训,正确对待人民法院的裁判。

(6) 简易程序。符合刑事诉讼法规定的简易程序适用条件的,可以适用简易程序。适用简易程序也要重视法庭教育。

(7) 直接审理。对未成年人案件的审理,无论是第一审还是第二审,都应当以直接开庭的方式进行,以便对未成年人面对面地进行教育、感化、挽救工作,也有利于查清事实,处理得当,便于未成年人认罪服法,悔过自新。

5. 执行程序的特点

对于因犯罪情节轻微不立案、撤销案件、不起诉或免予刑事处罚的未成年人,公安机关、人民检察院、人民法院应当视案件情况对未成年人予以训诫、责令具结悔过、赔礼道歉、责令赔偿等,并要求法定代理人或其他监护人加强管教。同时,公安机关、人民检察院、人民法院应当配合有关部门落实社会帮教、就学就业和生活保障等事宜,并适时进行回访考察。法定代理人或其他监护人无力管教或者管教无效,适宜送专门学校的,可以按照有关规定将其送专门学校。必要时,可以根据有关法律对其收容教养。

各国对未成年人罪犯刑罚的执行都采取了比较相似的做法,以便有效地改造未成年人,令其早日回归社会。根据中国现行法律规定,对未成年人案件作出的有罪判决生效后,在执行时,应当注意以下问题:

第一,与成年罪犯分离关押,使未成年人远离犯罪"污染源"。

第二,对应收监服刑的,人民法院应当在判决生效后,及时将社会调查报告、办案期间表现等材料连同刑罚执行文书,送达未成年犯管教所等执行机关。执行机关在执行刑罚时应当根据社会调查报告、办案期间表现等材料,对未成年罪犯进行个别化教育矫治。对于判处非监禁刑的,人民法院应当在判决生效后及时将有关法律文书送达未成年人户籍所在地或居住地的司法行政机关社区矫正工作部门。

第三,对未成年罪犯的改造,要注重思想改造、知识教育和劳动技能训练,使其在回归社会时,既有适应社会的思想基础,又有生活能力。未成年犯管教所可以进一步开展完善试工试学工作。

第四,对未成年罪犯在执行过程中,要注意发挥多方面的作用,形成公、检、法机关、执行机关及家庭等方面的教育改造系统,使其感觉到社会、家庭的关怀,增强改造信心,以回归社会,重新做人。少年法庭可以通过多种形式与未成年犯管教所等未成年罪犯服刑场所建立联系,了解未成年罪犯的改造情况,协助做好帮教、改造工作;并可以对正在服刑的未成年罪犯进行回访考察。少年法庭认为有必要时,可以敦促被收监服刑的未成年罪犯的父母或者其他监护人及时探视,以使未成年罪犯获得家庭和社会的关怀,增强改造的信心。

第五,对于判处非监禁刑的、暂予监外执行和假释的未成年犯,由社区矫正机构负责。对于决定暂予监外执行和假释的未成年犯,未成年犯管教所应当将社会调查报告、服刑期间表现等材料及时送达未成年人户籍所在地或居住地的司法行政机关社区矫正工作部门。

司法行政机关社区矫正工作部门应当在公安机关配合和支持下负责未成年社区服刑人员的监督管理与教育矫治,做好对未成年社区服刑人员的日常矫治、行为考核和帮困扶助、刑罚执行建议等工作。对未成年社区服刑人员应坚持教育矫正为主,并与成年人分开进行。

少年法庭可以协助社区工作矫正部门制定帮教措施,可以适时走访被判处非监禁刑的未成年罪犯及其家庭,了解对未成年罪犯的管理和教育情况,以引导未成年罪犯的家庭正确地承担管教责任,为未成年罪犯改过自新创造良好的环境。

对于被撤销假释、缓刑的未成年社区服刑人员,司法行政机关社区矫正工作部门应当及时将未成年人社会调查报告、社区服刑期间表现等材料送达当地负责的公安机关和人民检察院。

第六,对于执行机关依法提出的给未成年罪犯减刑或者假释的书面意见,人民法院应当及时予以审核、裁定。

第七,各级司法行政机关应当加大安置帮教工作力度,加强与社区、劳动和社会保障、教育、民政、共青团等部门、组织的联系与协作,切实做好刑满释放未成年人的教育、培训、就业、戒除恶习、适应社会生活及生活保障等工作。

14.2 涉外刑事诉讼程序与刑事司法协助

14.2.1 涉外刑事诉讼程序

1. 涉外刑事诉讼程序概述

(1) 涉外刑事诉讼程序的概念。涉外刑事诉讼程序,是指中国公安机关、国家安全机关、人民检察院、人民法院和司法行政机关依法办理具有涉外因素的刑事案件时适用的特别诉讼程序。涉外刑事诉讼程序属于刑诉法规定的特别程序。由于涉外刑事诉讼既涉及国家主权,又涉及对外关系;既要以中国国内立法为依据,又要承担我国缔结或参加的国际条约所规定的义务,具有特殊性,处理起来须慎重稳妥。因此,法律对如何办理涉外刑事案件有一些特别的程序规定,称作涉外刑事诉讼程序。

(2) 涉外因素的刑事案件确定。涉外因素的刑事案件确定,应当依照以下刑法、刑事诉讼法的有关规定和最高人民法院的有关司法解释来确定:

第一,在中华人民共和国领域内,外国人犯罪或者我国公民对外国、外国人犯罪的案件。

第二,在中华人民共和国领域外,符合《刑法》第 8 条、第 10 条规定情形的外国人犯罪的案件。

第三,符合《刑法》第 9 条规定情形的中华人民共和国在所承担国际条约义务范围内行使管辖权的案件。

"中华人民共和国领域内"包括中国的领土(领陆、领空、领水)和中国的船舶、航空器。"外国人"包括外国人、无国籍人。外国人的国籍,依他在入境时的有效证件予以确认。国籍不明的,由公安机关出入境管理部门或者公安机关会同外事部门予以查明。享有外交特权和豁免权的外国人的刑事责任,通过外交途径解决。

(3) 涉外刑事诉讼程序的法律依据。涉外刑事诉讼以我国法律为主,以我国参与的国际公约和双边、多边条约为辅。有关处理涉外刑事案件的特别规定,散见于《刑法》《刑事诉讼法》及有关的法律法规中。为了适应司法实践中办理涉外刑事案件的需要,公安司法机关对有关法律法规的适用作了一系列解释和规定。国内法有关涉外刑事诉讼程序的依据主要包括:

第一,《刑法》《刑事诉讼法》的有关规定。《刑法》第 6 条至第 11 条和《刑事诉讼法》第 17 条、第 18 条对涉外刑事案件的法律适用原则作了规定。

第二,《中华人民共和国外交特权与豁免条例》的有关规定。

第三,1987 年 6 月 23 日全国人大常委会通过的《关于对中华人民共和国缔结或者参加的国际条约所规定的罪行行使刑事管辖权的决定》。

第四,2003 年 1 月 1 日司法部《外国籍罪犯会见通讯规定》。

第五,1995 年 6 月 20 日外交部、最高人民法院、最高人民检察院、安全部、司法部《关于处理涉外案件若干问题的规定》。

第六,最高院《解释》(2021)中的有关规定。

第七,最高检《规则》(2019)中的有关规定。

第八,公安部《规定》(2020)中的有关规定。

第九,中国参加的国际公约和签署的双边、多边条约。

目前,中国同波兰、白俄罗斯等数十个国家签订了双边司法协定,都涉及涉外刑事诉讼程序问题。我国还签署了《东京公约》《海牙公约》《蒙特利尔公约》等。全国人大常委会于 1987 年 6 月 23 日通过决定:"对于中华人民共和国缔结或者参加的国际条约所规定的罪行,中华人民共和国在所承担条约义务的范围内,行使刑事管辖权。"①

2. 涉外刑事诉讼的特有原则

涉外刑事诉讼具有特殊性,因此适用一些特殊的原则。这些特殊原则是中国刑事诉讼法确定的一般诉讼原则的补充,专门适用于作为特别程序的涉外刑事诉讼程序。我国目前尚没有专门的涉外刑事程序法律,但是,有相关的法规、司法解释以及司法实践中长期适用的一些准则。总结起来,涉外刑事诉讼特有原则应当包括以下几条:

(1) 国家主权原则。主权是国家独立自主地处理对内对外事务的最高权力。司法权是国家主权的有机组成部分。主权独立和完整,当然包括独立自主地行使司法权。刑事诉讼中的国家主权原则,即追究外国人犯罪适用中国法律的原则。中国《刑事诉讼法》第 17 条第 1 款规定:"对于外国人犯罪应当追究刑事责任的,适用本法的规定。"第 2 款规定:"对于享有外交特权和豁免权的外国人犯罪应当追究刑事责任的,通过外交途径解决。"司法权是国家主权的重要组成部分。我国是一个主权独立的国家,我国公安司法机关处理涉外刑事案件时,除法律有特别规定的以外,一律适用我国法律,独立行使司法权,不受任何外来势力的影响,不接受任何歧视或不平等的限制,更不允许在我国境内存在治外法权或领事裁判权。

涉外刑事诉讼的主权原则,主要体现在:

第一,外国人、无国籍人在中国领域内进行刑事诉讼,一律适用中国法律,依照中国法律规定的程序进行诉讼。但享有外交特权和豁免权的外国人的刑事责任问题,通过外交途径解决。

第二,依法应由中国司法机关管辖的涉外刑事案件,一律由中国司法机关受理,外国司法机关无管辖权。

第三,外国法院的刑事判决、裁定,只有按照中国法律、中国缔结或参加的有关国际条约或双边协定予以承认的,在中国境内才发生法律效力。

第四,在委托办理或者进行国际刑事司法协助时应当坚持对等原则。凡是外国对中国实行限制的,中国也必须采取相应对等的限制措施。这些都明确了中国司法主权的独立性,体现了中国刑事诉讼法对外国人犯罪的效力。

(2) 诉讼权利平等原则。诉讼权利平等是指外国人在我国参加刑事诉讼,与中国公民一样,享有中国法律规定的诉讼权利并承担诉讼义务。这在国际法和国际惯例中被称作"国民待遇",是世界各国普遍遵守的一项原则。中国在国际交往中一贯坚持独立自主的外交方针,坚持在"和平共处"五项原则基础上发展与其他国家的友好关系。在涉外刑事诉讼中遵循国际惯例,就是在立法上确定外国籍犯罪嫌疑人、被告人依照中国法律享有与中国公民平等的诉讼权利,承担和中国公民同样的诉讼义务,不享有任何特权,也不存在任何歧视或不平

---

① 全国人民代表大会常务委员会《关于对中华人民共和国缔结或者参加的国际条约所规定的罪行行使刑事管辖权的决定》。

等待遇。在涉外刑事诉讼的司法过程中,既要反对卑躬屈膝,崇洋媚外,给予外国人特权或特殊待遇,也要反对民族沙文主义,反对盲目排外,任意侵犯或限制外国诉讼参与人应当享有的诉讼权利。中国刑事诉讼法确立了司法机关在诉讼过程中应依法保障诉讼参与人诉讼权利的原则,这一原则同样适用于办理涉外刑事案件。

(3) 信守国际条约原则。"条约必须遵守"是国际法上的一项基本原则,指条约生效以后,各缔约国必须按照条约规定的条款,履行自己的义务,不得违反。国际条约是国家间依据国际法缔结或签订的调整某个方面事务、确定相互权利义务关系的协议。按照条约的名称或形式,一般包括条约、公约、专约、宪章、盟约、协定、宣言等。按照缔约方的数目,通常分为双边条约和多边条约。信守国际条约原则的实现在各国有不同的做法。有的国家明文规定,国际条约是该国法律的一部分,可以直接在国内适用;有的国家规定,依法批准或通过的条约或协定一经公布,具有高于本国法律的效力;也有些国家的法律对于条约在国内法体系中的地位并没有明文规定;还有的国家规定国际条约必须经国内立法确认后才能适用。但既然要信守国际条约,各缔约国或签字国都应当采取必要的措施,以保证对其有效的条约在国内的实施。第二次世界大战后,联合国主持制定的许多国际公约,都要求缔约国制定特别的国内立法以保证条约的履行。例如,1984 年 12 月 10 日通过的《禁止酷刑和其他残忍、不人道或有辱人格的待遇或处罚公约》第 2 条第 1 款规定:"每一缔约国应采取有效的立法、行政、司法或其他措施,防止在其管辖的任何领土内出现酷刑行为。"

中国《刑事诉讼法》第 17 条、第 18 条对涉外刑事诉讼和司法协助作了原则性规定。关于我国法律与国际条约的关系,公安部《规定》(2020)第 357 条规定,办理外国人犯罪案件,应当严格依照我国法律、法规、规章,维护国家主权和利益,并在对等互惠原则的基础上,履行我国所承担的国际条约义务。当国内法或者规定同我国所承担的国际条约义务发生冲突时,应当适用国际条约的有关规定,但我国声明保留的条款除外。最高院《解释》(2021)第475 条也作了相似规定。这可以作为在涉外刑事诉讼中,信守有关国际条约应当遵循的准则。我国政府签署的国际公约还需要经由全国人大常委会通过立法方式予以确认,才能在国内生效。如《公民权利与政治权利国际公约》关于刑事司法程序和权利的规定,就不能直接在中国刑事司法程序中适用,而必须经过全国人大常委会通过后才能有效适用。

(4) 使用中国通用语言文字进行诉讼原则。使用本国或地区的通用语言文字进行诉讼是刑事司法领域的一项国际惯例。中国也遵循这一原则,规定处理涉外刑事案件时应当使用我国通用的语言文字进行诉讼,这是中国独立行使司法权的重要内容。根据这一原则,公安司法机关办理涉外刑事案件,包括讯问犯罪嫌疑人、被告人,询问被害人、证人及其他诉讼参与人,进行法庭审理和宣判,一律使用中华人民共和国通用的语言、文字。为了保障外国籍诉讼参与人的合法权益,体现程序合法和审判公正,应当为外国籍犯罪嫌疑人、被告人提供翻译。外国籍犯罪嫌疑人、被告人通晓中国语言文字而拒绝他人翻译的,应当由本人出具书面证明,或者将其证明记录在案;制作和送达传票、逮捕证、搜查证、起诉书、出庭通知、法院判决等诉讼文书,一律为中文文本,但应当附上外国籍犯罪嫌疑人、被告人通晓的外文译本,译本不加盖公安司法机关印章,以中文文本为准。一般情况下,翻译费用由犯罪嫌疑人、被告人承担。如果犯罪嫌疑人、被告人无力承担翻译费用,不能因此而拒绝外国犯罪嫌疑人、被告人要求提供翻译的请求。联合国《公民权利与政治权利国际公约》第 14 条第 3 款第 6 项规定:"如他不懂或不会说法庭上所用的语言,能免费获得译员的帮助。"在外国犯罪嫌疑人、被告人无力支付翻译费用的情况下,为其免费提供译员帮助,既有利于查明案件真实情况,有利于诉讼的顺利进行,也有利于保护外国籍犯罪嫌疑人、被告人的合法权益,有利于在国际上维护中国司法公正的形象。

(5) 指定或委托中国律师参加诉讼的原则。本原则是指外国人(包括无国籍人)在中国进行刑事诉讼,需要委托辩护人、代理人时,只能委托中国律师担任,不得委托外国律师参加中国涉外刑事诉讼。律师制度是一国司法制度的重要组成部分,通常一国的司法制度只能在其主权领域内适用。因此,对于是否允许外国律师在本国执行律师职务及出庭参加诉讼的问题,世界各国都有一些限制,但限制程度和具体做法不尽相同。中国现行法律不允许外国律师在中国开展中国法律业务。公安部《规定》(2020)第 369 条、最高院《解释》(2021)第 485 条对此作出了明确的规定。因此,外国当事人只能委托我国执业律师参加诉讼。人民法院也只能指定中国律师承担法律援助义务,为外国籍被告人辩护。

3. 涉外刑事诉讼的特别程序

(1) 涉外刑事诉讼管辖。涉外刑事案件通常应当依照我国刑事诉讼法的规定确定管辖,分为立案管辖和审判管辖。此外,考虑到涉外刑事案件的特殊性,有关法规也做了特殊规定。

《刑法》第 6 条至第 11 条、《刑事诉讼法》第 17 条原则上确定了涉外刑事案件的范围,公安部《规定》(2020)对涉外刑事案件的立案管辖作了具体规定,内容如下(见表 14-2):

表 14-2　中国公安部对涉外刑事案件的立案管辖的具体规定　［秦宗文,2021］

序号	案件的不同情形	管辖规定
1	外国人犯罪案件	由犯罪地的县级以上公安机关立案侦查
2	外国人犯中华人民共和国缔结或者参加的国际条约规定的罪行后进入中国领域内	由该外国人被抓获地的设区的市一级以上公安机关立案侦查
3	外国人在中华人民共和国领域外的中国航空器内犯罪	由该航空器在中国最初降落地的公安机关管辖
4	外国人在国际列车上犯罪	根据我国与相关国家签订的协定确定管辖;没有协定的,由该列车始发或者前方停靠的中国车站所在地的铁路公安机关管辖
5	外国人在中华人民共和国领域外对中华人民共和国国家或者公民犯罪,依照中华人民共和国刑法应当受刑罚处罚	由该外国人入境地或者入境后居住地的县级以上公安机关立案侦查;该外国人未入境的,由被害人居住地的县级以上公安机关立案侦查;没有被害人或者是对中华人民共和国国家犯罪的,由公安部指定管辖
6	发生重大或者可能引起外交交涉的外国人犯罪案件	有关省级公安机关应当及时将案件办理情况报告公安部,同时通报同级人民政府外事办公室,必要时,由公安部商外交部将案件情况通知我国驻外使馆、领事馆

(2) 对外国籍犯罪嫌疑人、被告人采取强制措施。刑事强制措施的适用应当根据案情需要,旨在保障诉讼的顺利进行,对外国籍犯罪嫌疑人、被告人采取强制措施也不例外。参照中国加入的国际公约和条约,根据中国刑事诉讼法的规定及有关司法解释,在办理涉外刑事案件过程中,对外国籍犯罪嫌疑人、被告人采取有关强制措施时,还应当注意程序上的特殊性:

第一,对外国人采取拘留、监视居住、取保候审的,由省、自治区、直辖市公安机关负责人批准后,将有关案情、处理情况等在采取强制措施的 48 小时以内报告公安部,同时通报同级人民政府外事办公室。对外国人依法作出取保候审、监视居住决定或者执行拘留、逮捕后,有关省、自治区、直辖市公安厅、局,应当在规定的期限内,将外国人的姓名、性别、入境时间、护照或者证件号码,案件发生的时间、地点及有关情况,涉嫌犯罪的主要事实,已采取的强制措施及其法律依据,通知该外国人所属国家的驻华使馆、领事馆,同时报告公安部。经省级公安机关批准,领事通报任务较重的副省级城市公安局可以直接行使领事通报职能。公安机关侦查终结前,外国驻华外交、领事官员要求探视被监视居住、拘留或逮捕的本国公民的,立案侦查的公安机关应当及时安排有关的探视事宜。犯罪嫌疑人拒绝其所属国家驻华外交、领事官员探视的,公安机关可以不予安排,但应当由其本人提出书面声明。在侦查羁押期间,经公安机关批准,外国籍犯罪嫌疑人可以与其近亲属、监护人会见,与外界通信。

第二,人民法院审理涉外刑事案件期间,对涉外刑事案件的被告人及人民法院认定的其他相关犯罪嫌疑人,可以决定限制出境;对开庭审理案件时必须到庭的证人,可以要求其暂缓出境。限制出境的决定应当通报同级公安机关或者国家安全机关。人民法院决定限制外国人和中国公民出境的,应当口头或者书面通知被限制出境的人,也可以采取扣留其护照或者其他有效出入境证件的办法,在案件审理终结前不得离境。对需要在边防检查站阻止外国人和中国公民出境的,人民法院应当填写口岸阻止人员出境通知书。控制口岸在本省、自治区、直辖市的,应当向本省、自治区、直辖市公安厅、局办理交控手续。控制口岸不在本省、自治区、直辖市的,应当通过有关省、自治区、直辖市公安厅、局办理交控手续。在紧急情况下,如确有必要,也可以先向边防检查站交控,然后补办交控手续。

(3) 律师参加涉外刑事诉讼。被刑事追究者获得律师帮助是一项国际公认的刑事司法准则。中国《刑事诉讼法》规定,犯罪嫌疑人自被侦查机关第一次讯问或者采取强制措施之日起,有权委托辩护人。在追究外国犯罪的刑事诉讼中,既要按照我国刑事诉讼法的有关规定,也要信守我国缔结或者参加的有关国际条约,即联合国人权公约所确立的有关刑事司法方面的准则和国际惯例,注意保障外国籍犯罪嫌疑人、被告人的诉讼权利和合法权益,特别注意保证外国籍犯罪嫌疑人在侦查期间能够获得律师的有效帮助。根据中国法律的规定,只有在中国注册的执业律师才可以为外国籍犯罪嫌疑人、被告人提供法律帮助。

根据国民待遇原则,外国籍犯罪嫌疑人在刑事诉讼中享受中国法律规定的诉讼权利并承担相应的义务。据此,外国籍犯罪嫌疑人在被中国侦查机关第一次讯问后或者采取强制措施之日起,可以聘请具有中华人民共和国国籍的在中国注册的执业律师,为其提供法律帮助,代理申诉、控告,申请变更强制措施,向侦查机关了解犯罪嫌疑人涉嫌的罪名和案件有关情况,提出意见;犯罪嫌疑人被逮捕的,受聘律师可以为其申请取保候审。辩护律师持律师执业证书、律师事务所证明和委托书或者法律援助公函要求会见在押的犯罪嫌疑人、被告人的,看守所应当及时安排会见,至迟不得超过 48 小时。危害国家安全犯罪、恐怖活动犯罪,在侦查期间辩护律师会见在押的犯罪嫌疑人的,应当经侦查机关许可。上述案件,侦查机关应当事先通知看守所。受委托的律师会见在押的外国籍犯罪嫌疑人,应当遵守侦查机关的有关规定,服从看守部门的有关安排。在审判阶段,外国籍被告人可以委托中国律师担任辩护人。附带民事诉讼的原告人、自诉人也可以委托中国律师担任代理人。被告人没有委托辩护人,符合指派辩护条件的,法律援助机构应当为其指派辩护人。被告人拒绝辩护人为其辩护的,应当提出书面声明,或者将其口头声明记录在卷,签字认可后,人民法院予以准许。犯罪嫌疑人、被告人没有委托辩护人,法律援助机构没有指派律师为其提供辩护的,由值班律师为犯罪嫌疑人、被告人提供法律咨询、程序选择建议、申请变更强制措施、对案件处理提出意见等法律帮助。人民法院、人民检察院、看守所应当告知犯罪嫌疑人、被告人有权约见值班律师,并为犯罪嫌疑人、被告人约见值班律师提供便利。在中华人民共和国领域外居住的外国人寄给中国律师或者中国公民的授权委托书,必须经所在国公证机关证明、所在国外交部或者其授权机关认证,并经中国驻该国使、领馆认证,才具有法律效力。但中国与有关国家具有互免认证协定的不在此限。

(4) 诉讼文书的送达。对居住在中华人民共和国领域内的外国籍当事人,依照中国刑事诉讼法规定的方式在国内送达。对居住在中华人民共和国领域外的当事人送达诉讼文书,根据有关规定和司法实践,可以采用下列方式(见表 14-3):

表 14-3　对居住在中华人民共和国领域外当事人送达诉讼文书的方式　[周伟,2014]

当事人及其所在国的不同情形	诉讼文书送达方式
一般情形	通过外交途径送达
中国籍当事人	可以委托中国使、领馆代为送达
当事人所在国的法律允许邮寄、传真、电子邮件送达	邮寄、传真、电子邮件送达
当事人所在国与中国有刑事司法协助协定	按协定规定的方式送达
当事人是自诉案件的自诉人或者附带民事诉讼的原告人、有诉讼代理人	可以由他的诉讼代理人送达
当事人是外国单位	可以向其在中华人民共和国领域内设立的代表机构或者有权接受送达的分支机构、业务代办人送达
同中国建交国家的司法机关相互请求送达法律文书	依据互惠原则,通过外交途径解决,但该国同中国已有司法协助协定的依照协定办理

14.2.2　刑事司法协助制度

1. 刑事司法协助概述

刑事司法协助,是指一国司法机关和外国司法机关之间,根据本国缔结或参加的国际条约,或者按照互惠原则,相互请求,相互协助,代为进行某些刑事诉讼行为的活动。刑事司法协助有广义和狭义之分。狭义上的刑事司法协助常称为审判协助,包括送达法律文书、询问证人和鉴定人、搜查、扣押、提供有关情报等。广义上的刑事司法协助除狭义刑事司法协助的内容外,还包括犯人引渡、诉讼移管、外国判决的承认与执行等。

中国刑事司法协助的法律依据包括国内法和国际法。如中国《国际刑事司法协助法》第4条第1款规定:"中华人民共和国和外国按照平等互惠原则开展国际刑事司法协助"。《刑事诉讼法》第18条规定:"根据中华人民共和国缔结或者参加的国际条约,或者按照互惠原则,我国司法机关和外国司法机关可以相互请求刑事司法协助。"这些规定,在国内法层面确立了中国刑事司法协助的基本原则。另外与此相关的法规、司法解释等都是刑事司法协助在国内法层面的依据。在国际法层面，主要指中国政府缔结或参加的国际公约和条约：一是中国参加的国际公约，如含有司法协助条款的 1961 年《麻醉品单一公约》、1970 年《海牙公约》、1971 年《蒙特利尔公约》、1971 年《精神药物公约》等国际公约。二是我国签订的国家间的条约。到目前为止，中国先后与波兰、蒙古、罗马尼亚、俄罗斯等 80 多个国家签订了含有刑事司法协助内容的双边条约或协定。三是中国与外国临时达成的关于刑事司法协助的协议。如 1990 年 2 月中国向日本提出引渡劫机到日本的劫机犯张振海，因两国没有刑事司法协定，双方通过谈判，中方承诺在今后类似案件中将向日方提供类似协助，日方同意引渡该犯罪嫌疑人，这属于两国达成的关于刑事司法协助的临时互惠协议。

在刑事司法协助中，中国坚持的基本原则是，中国参加或缔结的国际条约有规定的，适用该条约规定，但是中国声明保留的条款除外；无相应条约规定的，按照互惠原则通过外交途径办理。

中国刑事司法协助的范围与学理上的司法协助内涵相似，根据中国缔结或者参加的国际条约的规定，主要包括：(1) 调查取证。包括代为听取当事人、犯罪嫌疑人的陈述，询问证人、被害人和鉴定人，进行鉴定、勘验、检查、搜查、查封和扣押等。(2) 送达诉讼文书。包括送达与刑事诉讼有关的司法文书、诉讼文件和其他文字材料。(3) 通报诉讼结果。包括通报诉讼的进展及诉讼各阶段，如立案、实施侦查行为、采取强制措施、起诉或不起诉、第一审和第二审的结果等。(4) 移送物证、书证和视听资料等。(5) 移交赃款赃物或扣押物品等。(6) 引渡。引渡是指一国把当时在其境内而被他国指控犯有罪行或判刑的人，根据该国的请求，移交给该国进行审判或处罚的一项制度。引渡具有不同于其他司法协助行为的特殊性，因此很多国家有关于引渡的专门立法，并且与其他国家通过签订专门的引渡条约来解决引渡的问题。联合国有关组织也制定了《引渡示范条约》《移交外籍囚犯的模式协定》等示范性国际法律文书。2000 年 12 月 28 日，第九届全国人民代表大会常务委员会第十九次会议通过《中华人民共和国引渡法》，这是我国历史上第一部引渡法。此外，我国现已同泰国(1993)、俄罗斯(1995)、白俄罗斯(1995)等数个国家签订了引渡条约。(7) 其他诉讼行为，如相互通知证人、鉴定人出庭，相互承认和执行对方的生效判决等。

刑事司法协助的主体是指请求提供刑事司法协助和接受请求提供刑事司法协助的司法机关，即请求国的司法机关和接受请求国的司法机关。以狭义刑事司法协助为理论依据的法律制度只以法院为刑事司法协助的主体，而持广义说的国家则以法院、检察院、司法行政机关和警察机关为刑事司法协助的主体。中国的刑事司法协助涵盖了广义司法协助的内容，因此，作为刑事司法协助主体的司法机关可作广义的理解，人民法院、人民检察院、司法行政部门和公安机关都可以是刑事司法协助的主体。因此，中国的最高人民法院、最高人民检察院、公安部、司法部分别是中国审判机关、检察机关、公安机关和司法行政机关办理司法协助事务的最高主管机关。地方各级相对应的机关需要司法协助的，一律通过其最高主管机关办理，或者由本系统最高主管机关转其他中央机关办理。与中国人民法院、人民检察院、公安机关、司法行政机关相对应的、或者职能相对应的外国国家机关，是同一刑事司法协助关系的主体。

2. 刑事司法协助的程序

(1) 请求和提供刑事司法协助的联系途径。请求和提供司法协助，依照中国缔结或参加的国际条约确定的途径进行,没有缔结条约的,通过外交途径进行。中国与外国签订的司法协助条约中,均各自指定并相互通报提出或接受司法协助请求书的主管机关。例如,《中华人民共和国和乌克兰关于民事和刑事司法协助的条约》规定,对等地指定各自的司法部、最高审判机关、最高检察机关进行联系。《中华人民共和国和希腊共和国关于民事和刑事司法协助的协定》第3条规定的联系方式为,除本协定另有规定者外,请求和提供司法协助应通过缔约双方的中央机关进行。缔约双方的中央机关为各自的司法部。

(2) 对外国司法机关请求协助事项的审查和拒绝。为维护国家主权和利益,根据国际惯例和国与国之间签订的有关司法协助条约,接收请求国对外国有关机关请求协助的事项要进行审查,看其是否符合条约规定的协助条件或者是否存在应当拒绝提供司法协助的情形。《国际刑事司法协助法》第14条对拒绝提供刑事司法协助的情形作了明确的规定,包括:根据中华人民共和国法律,请求针对的行为不构成犯罪;在收到请求时,在中华人民共和国境内对于请求针对的犯罪正在进行调查、侦查、起诉、审判,已经作出生效判决,终止刑事诉讼程序,或者犯罪已过追诉时效期限;请求针对的犯罪属于政治犯罪;请求针对的犯罪纯属军事犯罪;请求的目的是基于种族、民族、宗教、国籍、性别、政治见解或者身份等方面的原因而进行调查、侦查、起诉、审判、执行刑罚,或者当事人可能由于上述原因受到不公正待遇;请求的事项与请求协助的案件之间缺乏实质性联系;其他可以拒绝的情形。此外,按照中国有关法律、法规的规定,如果认为请求协助的事项有损中国主权、国家安全或者社会公共利益以及违反中国法律的,也应当拒绝提供刑事司法协助。如《中华人民共和国和希腊共和国关于民事和刑事司法协助的协定》第5条明确规定,如果缔约一方认为执行缔约另一方提出的司法协助请求可能损害其国家的主权、安全或公共秩序,可以拒绝执行该项请求,但应尽快将拒绝的理由通知缔约另一方。

(3) 请求刑事司法协助。请求刑事司法协助应当提交请求书或委托书。参照联合国1990年通过的《刑事事件互助示范条约》第5条的规定,请求书应当包括以下内容:请求机构的名称和进行请求所涉及的侦查或起诉当局的名称;请求的目的和所需协助的简要说明;请求所涉及的犯罪事实及相关法律的规定或文本;必要情况下收件人的姓名和地址;请求国希望遵守的任何特定程序或要求的理由和细节,如说明要求得到宣誓或证词;对希望在任何期限内执行请求的说明;请求执行所必需的其他资料。此外,如被请求国认为请求书内容不足,可以要求提供补充资料。中国《刑事司法协助法》第13条以及中国与其他国家签订的相关条约也对请求书的内容作出了规定。如《中华人民共和国和白俄罗斯共和国关于民事和刑事司法协助的条约》第4条规定,请求司法协助应以请求书的形式提出,请求书中应写明:请求机关的名称,被请求机关的名称,请求司法协助案件的名称,请求书中所涉及的与诉讼有关的人员的姓名、国籍、职业和住所地或居所地;对于法人来说,则应提供其名称和所在地,他们的代理人的姓名和地址,请求书如涉及刑事案件,还需注明犯罪事实、罪名和所适用的法律规定。该条第2款还规定,上述请求书和其他文件应由缔约一方的请求机关正式盖章。

(4) 司法协助使用的语言文字。司法协助中使用的语言文字,涉及相互尊重国家主权的问题,联合国《刑事事件互助示范条约》规定,应使用被请求国语言或该国可以接受的另一种语言提出的译文。《中华人民共和国和波兰人民共和国关于民事和刑事司法协助的协定》规定,司法协助范围来往的信件和递传的文件应用本国的文字书写,并附有对方的文字或英

文的译本。再如《中华人民共和国和白俄罗斯共和国关于民事和刑事司法协助的条约》第 7
条规定,缔约双方在进行司法协助时,所有的文件均应使用本国文字,并附有准确无误的对
方的文字或英文或俄文译文。这些条文既符合国际惯例,也维护了国家的主权。

14.3　刑事赔偿程序

14.3.1　刑事赔偿概述

1. 刑事赔偿的概念

刑事赔偿,即刑事司法损害赔偿,又称冤狱赔偿,是指公安司法机关在刑事诉讼中错羁、
错判,致使公民的合法权益受到损害,由国家给予其经济赔偿的一项法律制度。刑事赔偿是
司法赔偿的一种,而司法赔偿又是国家赔偿的一种,是国家赔偿制度的重要组成部分。广义
的国家赔偿包括行政赔偿、司法赔偿、立法赔偿、军事赔偿、公共设施的致害赔偿等。司法
赔偿则是指国家司法机关及其工作人员违法行使职权侵犯公民、法人和其他组织的合法权
益造成损害的,国家依法给予赔偿的制度。司法赔偿包括刑事司法赔偿、民事司法赔偿、行
政司法赔偿等。国家赔偿制度是现代文明国家走向民主化、法制化的产物和重要标志之一。
刑事赔偿作为一项法律制度,建立于 19 世纪末 20 世纪初,并伴随着经济的发展、社会的进
步、法制的健全和人权思想的发达而逐渐发展和完善起来。

2. 刑事赔偿的历史发展

世界各国的刑事赔偿制度发展并不平衡。德国早于 1898 年 5 月 20 日就率先颁布了
《再审无罪判决赔偿法》,又于 1932 年正式颁布了《冤狱赔偿法》。日本于 1930 年 4 月 2 日
颁布了《刑事补偿法》,次年 1 月 1 日起正式实施,此后于 1950 年、1952 年、1953 年和 1954
年分别进行了修改完善,该法以 26 条的篇幅对刑事赔偿作了比较详尽的规定。美国直到第
二次世界大战前才开始刑事赔偿立法活动,先由各州施行,然后及于联邦;1946 年美国国会
通过了《国会改组法案》,对联邦政府侵权行为损害赔偿作了详细规定,任何人对于公务员
执行职务时因过失或不法行为或不作为所加于公民身体或财产的损害,有向国家诉讼请求
赔偿的权利。意大利、法国、罗马尼亚、南斯拉夫等国则在刑事诉讼法中规定了刑事赔偿内
容。目前世界各国特别是发达国家和地区都设立了刑事赔偿制度。从各国所采取的立法方
式上看,通常是先在宪法或国家基本法中对刑事赔偿作出原则性规定,然后制定单行法规或
细则,或者将其纳入国家赔偿法或刑事诉讼法中。

我国于 1994 年 5 月 12 日,由第八届全国人大常委会第七次会议通过了《中华人民共和
国国家赔偿法》。其中第 3 章明确规定了刑事损害赔偿制度,使得中国《宪法》第 41 条第 3
款关于公民遭受国家机关工作人员侵犯公民合法权益造成损失的情形可以依法获得赔偿的
规定在刑事司法领域中得以贯彻和执行。此后,有关部门又围绕刑事赔偿制度颁发了一些
规范性法律文件,如 1994 年的最高人民检察院《关于人民检察院刑事赔偿工作办法(试行)》
(已失效)、1995 年的《司法行政机关行政赔偿、刑事赔偿办法》、1996 年最高人民法院《关于
人民法院执行〈中华人民共和国国家赔偿法〉的几个问题的解释》等,进一步细化了国家赔
偿法中的相关规定。全国人民代表大会常务委员会分别于 2010 年和 2012 年两次通过了关

于修改《中华人民共和国国家赔偿法》的决定,在归责原则、赔偿范围、赔偿义务机关、赔偿程序、赔偿方式和计算标准、赔偿支付、赔偿时效的计算等方面作了诸多改革,有利于强化公民权益保障和实现有效赔偿,适应了社会发展的要求。

3. 刑事赔偿的意义

刑事赔偿制度的确立,首先,可以使无辜蒙冤者因刑事侵权所遭受的侵害得到赔偿,错案得以彻底纠正;其次,有利于加强司法工作人员的责任感,克服官僚主义的作风,防止滥用司法权,从而促使公安司法工作人员依法办案,少犯或不犯错误,减少冤假错案的发生;最后,有利于维护和促进社会安定,使蒙冤的人心理得到平慰,社会关系得以恢复,不至于激化矛盾。因此,在加强社会主义民主与法制、建设社会主义法治国家的进程中,确立刑事损害赔偿制度,具有深远的历史意义和重大的现实意义。

14.3.2　刑事赔偿责任的构成要件

构成刑事赔偿责任必须具备三个要件,缺一不可。2012 年《国家赔偿法》第 2 条第 1 款规定:"国家机关和国家机关工作人员行使职权,有本法规定的侵犯公民、法人和其他组织合法权益的情形,造成损害的,受害人有依照本法取得国家赔偿的权利。"第 17 条、第 18 条分别对行使侦查、检察、审判职权的机关以及看守所监狱管理机关及其工作人员在行使职权时侵犯公民人身权利、财产权利的行为,受害人有权获得国家赔偿的情形做了具体规定。这些规定明确了刑事赔偿责任的三个构成要件:

1. 刑事赔偿只能由行使侦查、检察、审判职权的机关以及看守所监狱管理机关及其工作人员在行使职权时的行为引起

国家只对代表国家行使职权的国家机关及其工作人员的行为所引起的后果承担赔偿责任。就刑事赔偿而言,只有具有侦查、检察、审判、看守所管理、监狱管理职权的机关及其工作人员的行为才能引起,其他任何机关和个人在这一方面的行为造成后果的,只能自己承担。同时,即使是上述机关和人员,还必须是其履行职权行为引起的后果才能产生刑事赔偿,与行使职权无关的个人行为、民事行为所造成的损害,不在刑事赔偿之列。职权行为是指有从事侦查、检察、审判、监狱管理职权等司法工作人员行使职权的行为,也包括行使职权过程中的行为,如刑讯逼供并不是司法工作人员职责权限内的行为,但它是司法工作人员在行使职权过程中所为,是与其行使职权有联系的行为,这种行为造成了公民、法人和其他组织的损害,就应当依照法律规定给予赔偿。

2. 违法行使职权或出现法定结果才能引起刑事赔偿

1994 年《国家赔偿法》第 2 条第 1 款规定:"国家机关和国家机关工作人员违法行使职权侵犯公民、法人和其他组织的合法权益造成损害的,受害人有依照本法取得国家赔偿的权利。"针对现实中存在的国家机关的合法行为对公民造成损害而公民却得不到赔偿的现象,2010 年修订《国家赔偿法》时删除了"违法"的表述,归责原则由单一的违法归责转变为违法与结果并行的多元归责。在多元归责原则之下,职权违法行为是承担赔偿责任的重要前提,但即使行为不违法,只要产生了法定的结果,仍应承担赔偿责任。修订后的《国家赔偿法》在是否赔偿的判断依据上改变了原来仅以实体法为依据的现象,程序法也是重要的判断依据。如第 17 条第 2 项规定"对公民采取逮捕措施后,决定撤销案件、不起诉或者判决

宣告无罪终止追究刑事责任的",应承担赔偿责任。这里,即使采取逮捕措施当时符合法定条件,只要出现了终止追究刑事责任后果的,除法律明确免责外,有关机关也应承担赔偿责任。

3. 必须有损害事实

刑事赔偿以存在法定损害事实为前提,并且行使职权的行为与损害事实的发生之间具有明确的因果关系。没有法定的损害后果,刑事赔偿便无从谈起。刑事诉讼中行使职权造成的损害是多方面的,既包括人身自由被限制或剥夺、身体伤害、死亡、财产遭受损失,也包括名誉权、荣誉权的损害,如上学、参军、就业、提干等机遇的丧失。就损害程度来说,也有轻重之分。但这里需要特别指出的是,刑事赔偿中需要赔偿的损害后果必须是法律明确规定的,即特指侵犯公民、法人和其他组织人身权、财产权所造成的损害,对机遇损失则无法予以赔偿,其属于有关部门善后工作之列。在损害程度上,侵犯人身权中人身自由权的,限于违法拘留、超期拘留、错捕、错判;侵犯生命健康权的,限于造成公民身体伤害或者死亡。此外,损害后果的造成与行使职权的行为之间必须有因果关系。因此,因公民、法人和其他组织自己的行为致使损害发生的,国家不予赔偿。对公民、法人和其他组织误导公安司法机关实施拘留、逮捕措施和造成错判的,国家也不予赔偿。

14.3.3　刑事赔偿的范围

刑事诉讼是一个复杂而涉及面广的过程,在任何诉讼阶段,稍有不慎就可能发生错误,造成对公民合法权益的侵害。无论刑事司法程序如何完善,绝对不出错仍然只是一种理想状态。即使有的国家采取"宁可放纵罪犯也决不冤枉好人"的态度,仍然很难保证不发生侵害公民合法权益的错误。因此,确定哪些错误应当给予国家赔偿,哪些不予赔偿,就成为各国在立法中必须明确规定的问题。《国家赔偿法》第 17 条、第 18 条、第 19 条规定了国家应当承担赔偿责任的情形及例外情形。

1. 侵犯公民人身权的赔偿

《国家赔偿法》第 17 条规定了行使侦查、检察、审判职权的机关以及看守所、监狱管理机关及其工作人员在刑事诉讼中侵犯人身权应予赔偿的五种情形。它可以分为两类:一类是侵犯公民人身自由权的赔偿,又称冤狱赔偿;另一类是侵犯公民生命健康权的赔偿。

（1）侵犯公民人身自由权的赔偿。 侵犯公民人身自由权的赔偿包括违法拘留、超期拘留、错捕和错判四种情况。其中违法拘留、超期拘留和错捕是判决生效前的羁押;错判是在判决生效后的羁押。

第一,违法拘留和超期拘留。《国家赔偿法》第 17 条第 1 项规定,"违反刑事诉讼法的规定对公民采取拘留措施的,或者依照刑事诉讼法规定的条件和程序对公民采取拘留措施,但是拘留时间超过刑事诉讼法规定的时限,其后决定撤销案件、不起诉或者判决宣告无罪终止追究刑事责任的",应予国家赔偿。这一条款包括违法拘留和超期拘留两种情形。《刑事诉讼法》第 82 条对拘留的情形作了规定,包括:正在预备犯罪、实行犯罪或者犯罪后即时被发觉的;被害人或者在场亲眼看见的人指认他犯罪的;在身边或者住处发现有犯罪证据的;犯罪后企图自杀、逃跑或者在逃的;有毁灭、伪造证据或者串供可能的;不讲真实姓名、住址、身份不明的;有流窜作案、多次作案、结伙作案重大嫌疑等情形的。另外,《刑事诉讼法》第

170 条第 2 款规定,对于监察机关移送起诉的已采取留置措施的案件,人民检察院应当对犯罪嫌疑人先行拘留,留置措施自动解除。如果违反上述规定对公民实施拘留,就属于违法拘留。超期拘留是指实施拘留时的条件和程序符合刑事诉讼法的规定,但拘留的期限超过了刑事诉讼法的要求。并非所有超期拘留均属国家赔偿范围,只有案件后来被撤销、犯罪嫌疑人被不起诉或者被告人被判决宣告无罪而终止追究刑事责任的才属国家赔偿范围。对超期拘留赔偿条件的限制,存在一定的争议。

第二,错捕。1994 年《国家赔偿法》第 15 条第 2 项规定,"对没有犯罪事实的人错误逮捕的",属于国家赔偿范围。1996 年《刑事诉讼法》第 60 条第 1 款规定的逮捕条件是:"对有证据证明有犯罪事实,可能判处徒刑以上刑罚的犯罪嫌疑人、被告人,采取取保候审、监视居住等方法,尚不足以防止发生社会危险性,而有逮捕必要的,应即依法逮捕。"二者存在冲突,实践中如何界定"错捕"存在较大争议。2010 年修订的《国家赔偿法》第 17 条规定,对公民采取逮捕措施后,决定撤销案件、不起诉或者判决宣告无罪终止追究刑事责任的,属于国家赔偿范围。根据这一规定,对逮捕措施是否实施赔偿,取决于其后被追诉者是否被终止追究刑事责任。相对于旧法的规定,这一标准可操作性更强,也解决了与刑事诉讼法的冲突问题。2012 年《国家赔偿法》修订也保留了这一规定。2012 年《刑事诉讼法》对逮捕条件的修改不影响《国家赔偿法》上述条款的实施。但这一条款可能不利于及时中止程序,将犯罪嫌疑人从刑事诉讼中解脱出来。

第三,依照审判监督程序再审改判无罪,原判刑罚已经执行的。这里的"原判刑罚"是指原判剥夺人身自由或者生命的刑罚,不包括管制、有期徒刑缓刑及剥夺政治权利等刑罚。因为管制是在社会上监督改造的刑罚,没有剥夺犯罪人的人身自由;有期徒刑缓刑,是有条件地不执行原判刑罚,并没有被羁押。但判决之前的羁押期间需要赔偿。"已经执行"包括已经全部执行或者部分执行的情形。原判刑罚生效执行后,经审判监督程序再审改判无罪的,受害人理应申请国家赔偿。

上述因违法拘留、超期拘留、错捕、错判等侵犯公民人身自由权而引起赔偿的共同特点在于:必须是实际剥夺了受害人的人身自由,进行了羁押。办案过程中,对犯罪嫌疑人、被告人采取了取保候审、监视居住等强制措施,结案后被认定无罪的,由于没有羁押,不属于赔偿的范围。2012 年《刑事诉讼法》修改增加了指定居所监视居住的规定,并规定指定居所监视居住的期限应当折抵刑期,这意味着指定居所监视居住带有一定的羁押性。应考虑将违法或超期指定居所监视居住纳入国家赔偿范围。

(2) 侵犯公民生命健康权的赔偿。

第一,刑讯逼供或者以殴打、虐待等行为或者唆使、放纵他人以殴打、虐待等行为造成公民身体伤害或者死亡的。这是指行使侦查、检察、审判、看守所管理、监狱管理职权的机关的工作人员使用或唆使、放纵他人使用肉刑、变相肉刑或其他方法摧残犯罪嫌疑人、被告人或者罪犯,造成其身体伤害或者死亡的。

第二,违法使用武器、警械造成公民身体伤害或者死亡的。武器、警械是指枪支、警棍、手铐、警绳或其他警械。关于武器、警械的使用条件和强度,《人民警察使用警械和武器条例》和最高人民法院、最高人民检察院、公安部、国家安全部、司法部《关于人民警察执行职务中实行正当防卫的具体规定》等都作了明确而严格的规定。如果人民警察和国家审判机关、检察机关、公安机关、国家安全机关和司法行政机关及其他依法执行职务的人员违反有关法律规定使用武器、警械造成公民身体伤害或者死亡的,应当予以赔偿。

生命健康权是公民最基本的人权,即使是罪犯,其生命健康权也受法律保护。因此,对其刑讯逼供、殴打、虐待以及违法使用武器、警械造成公民身体伤害或死亡的,国家应予赔偿。

2. 侵犯公民财产权的赔偿范围

根据《国家赔偿法》第 18 条的规定,刑事诉讼中违法行使职权侵犯公民、法人或其他组织的财产权应予赔偿的情形有两种:一是违法对财产采取查封、扣押、冻结、追缴等措施,而查封、扣押、冻结的是与案件无关的财物或存款,超出法定范围查封、扣押财物或冻结存款,追缴的财物不是犯罪分子的违法所得,而是其合法的收入,没收的财物不是违禁品,不是犯罪分子用以作案的个人物品等。二是依照审判监督程序再审改判无罪,证明原判确属错误。如果原判罚金、没收财产已经执行了的,则除退还罚金、没收财产部分外,国家还应赔偿公民因此而受到的损害。

3. 不适用刑事赔偿的情形

《国家赔偿法》第 19 条对刑事诉讼中国家不承担赔偿责任的几种情形作了规定:

第一,因公民自己故意作虚假供述,或者伪造其他有罪证据被羁押或者被判处刑罚的。这是指公民在没有受到强制的情形下,以使侦查、起诉、审判发生错误为目的,或替他人承担罪责,使真正的犯罪分子逃脱法律制裁而故意作虚假的有罪供述,或者伪造其他有罪证据的情况。对这种情况不予赔偿是各国刑事赔偿的通例。但是,由于司法工作人员刑讯逼供、威胁等行为而使受害人迫不得已、屈打成招而承认自己有罪或者提供所谓"证据"而被羁押或者被处刑罚的,不能认定为故意作虚假供述或者伪造有罪证据,国家对该公民受到的损害仍应承担赔偿责任。

第二,依照《刑法》第 17 条、第 18 条的规定不负刑事责任的人被羁押的。这是指实施了刑法所禁止的危害社会的行为,但因其未达到刑事责任年龄或不具有刑事责任能力而不负刑事责任的,公安司法机关在未弄清行为人的年龄和实际责任能力前曾对其进行了羁押,行为人不能请求赔偿。精神病人不负刑事责任,但是在公安司法机关没有弄清被告人的精神状态的情况下,对其采取了强制措施,事后证明被告人由于精神病而不负刑事责任的,国家不承担赔偿责任。

第三,依照《刑事诉讼法》第 16 条、第 177 条第 2 款、第 284 条第 2 款、第 290 条规定不追究刑事责任的人被羁押的。存在《刑事诉讼法》第 16 条规定的"情节显著轻微、危害不大,不认为是犯罪的""犯罪已过追诉时效期限的""经特赦令免除刑罚的""依照刑法告诉才处理的犯罪,没有告诉或者撤回告诉的""犯罪嫌疑人、被告人死亡的""其他法律规定免予追究刑事责任的"等情形而曾被羁押的,国家不予赔偿。《刑事诉讼法》第 177 条第 2 款规定:"对于犯罪情节轻微,依照刑法规定不需要判处刑罚或者免除刑罚的,人民检察院可以作出不起诉决定。"《刑事诉讼法》第 284 条第 2 款规定:"被附条件不起诉的未成年犯罪嫌疑人,在考验期内没有上述情形,考验期满的,人民检察院应当作出不起诉的决定。"《刑事诉讼法》第 290 条规定:"对于达成和解协议的案件,公安机关可以向人民检察院提出从宽处理的建议。人民检察院可以向人民法院提出从宽处罚的建议;对于犯罪情节轻微,不需要判处刑罚的,可以作出不起诉的决定。人民法院可以依法对被告人从宽处罚。"根据以上规定,因酌定不起诉、附条件不起诉而被释放的犯罪嫌疑人不能因先前被羁押而要求赔偿。而因证据不足被不起诉的则可以要求国家赔偿。

第四,行使侦查、检察、审判职权的机关以及看守所、监狱管理机关的工作人员与行使职权无关的个人行为。

第五,因公民自伤、自残等故意行为致使损害发生的。

第六,法律规定的其他免除国家赔偿的情况。

14.3.4 刑事赔偿的程序

1. 刑事赔偿请求人和刑事赔偿义务机关

(1) 刑事赔偿请求人。刑事赔偿请求人是指具有请求获得国家刑事赔偿资格的人,即受害的公民、法人和其他组织是刑事赔偿请求人。受害的公民、法人和其他组织是指合法权益因行使侦查、检察、审判、看守所管理、监狱管理职权的机关及其工作人员行使职权的行为而遭受损害的公民、法人和其他组织。受害的公民死亡的,其继承人和其他有扶养关系的亲属有权要求赔偿;受害的法人和其他组织终止的,其权利承受人有权要求赔偿。可见,受害人本人或者其继承人、与受害人有利害关系的第三人都可能依照法律规定成为刑事赔偿请求人。

(2) 刑事赔偿义务机关。刑事赔偿义务机关是指代表国家接受刑事赔偿请求、支付赔偿费用的国家机关。《国家赔偿法》第 21 条对确定刑事赔偿义务机关作了规定:

第一,行使国家侦查、检察、审判职权的机关以及行使看守所、监狱管理职权的机关及其工作人员在行使职权时,侵犯公民、法人和其他组织的合法权益造成损害的,该机关为赔偿义务机关。这是确定刑事赔偿义务机关的一般原则,体现了谁侵权、谁承担赔偿义务的精神。根据这一原则,违法对财产采取查封、扣押、冻结、追缴等措施的,作出该决定的机关为赔偿义务机关;司法工作人员刑讯逼供或者以殴打、虐待等行为或者唆使、放纵他人以殴打等行为造成公民身体伤害或者死亡的和违法使用武器、警械造成公民身体伤害或者死亡的,该司法工作人员所在的公安司法机关为赔偿义务机关。

第二,对公民采取拘留措施后决定撤销案件、不起诉或者判决宣告无罪的,作出拘留决定的机关为赔偿义务机关。根据刑事诉讼法的规定,公安机关、国家安全机关、军队保卫部门和人民检察院有权决定拘留,因此,上述机关违法拘留或超期拘留的,就是赔偿义务机关。

第三,对公民采取逮捕措施后决定撤销案件、不起诉或者判决宣告无罪的,作出逮捕决定的机关为赔偿义务机关。按照这一规定,如果逮捕是由人民法院决定的,人民法院是赔偿义务机关;如果逮捕是由人民检察院批准或者决定的,人民检察院为赔偿义务机关。

第四,再审改判无罪的,作出原生效判决的人民法院为赔偿义务机关。如果原生效的是一审判决,那么该第一审法院为赔偿义务机关;如果原生效的是第二审判决,那么该第二审法院为赔偿义务机关。

第五,二审改判无罪以及二审发回重审后作无罪处理的,作出一审有罪判决的人民法院为赔偿义务机关。这改变了 1994 年《国家赔偿法》中关于第一审判决有罪,第二审改判无罪的,作出第一审判决的人民法院和作出逮捕决定的机关为共同赔偿义务机关的规定,减轻了检察院的赔偿责任。

2. 刑事赔偿具体程序

刑事赔偿具体程序是在违法行使侦查、检察、审判、看守所管理和监狱管理职权的侵权事实被确认之后,提起赔偿和审查解决赔偿问题的具体步骤和方法。1994 年颁布的《国家赔偿法》规定,赔偿请求人要求刑事赔偿的,应当先由赔偿义务机关进行确认。实践中,有的赔偿义务机关以各种理由不确认或对确认申请拖延不办,增加了赔偿请求人申请国家赔偿的难度。2010 年修订《国家赔偿法》时取消了“确认”的程序规定,简化了赔偿请求的环节。赔偿程序分为赔偿义务机关先行处理、赔偿义务机关上一级机关复议、复议机关所在地同级人民法院赔偿委员会作出生效决定等三个阶段。

(1) 赔偿义务机关先行处理程序。刑事赔偿由赔偿义务机关先行处理,既便于赔偿请求人提出请求,及时取得赔偿,减少不必要的周折,同时也能够在社会公众面前树立认真履行赔偿义务的良好形象。

第一,赔偿义务机关主动赔偿。根据《国家赔偿法》第 22 条第 1 款的规定,赔偿义务机关对依法确认有该法第 17 条、第 18 条规定情形之一的,应当本着有错必纠、对人民负责的精神,主动给予赔偿。

第二,赔偿请求人提出赔偿请求。《国家赔偿法》第 22 条规定,赔偿请求人要求赔偿的,应当先向赔偿义务机关提出。《国家赔偿法》第 11 条、第 12 条规定,要求赔偿应当递交申请书,申请书应当载明以下事项:其一,受害人的姓名、性别、年龄、工作单位和住址,法人或者其他组织的名称、住所和法定代表人或者主要负责人的姓名、职务。赔偿请求人不是受害人本人的,应当说明与受害人的关系,并提供相应证明。其二,具体的赔偿要求、事实根据和理由。“赔偿要求”包括赔偿方式和赔偿数额。赔偿请求人根据受到的不同损害,可以同时提出数项赔偿要求。例如,既被违法拘留又因刑讯逼供而致伤,且合法财产被追缴的,可以同时提出数项请求。“事实根据”是指提出所受损害状况的证明,如医院诊断证明、医疗费单据、病假证明等。“理由”是根据受损害状况对赔偿要求加以论证或说明。此外,赔偿请求人有确认行使侦查、检察、审判、监狱管理职权的机关及其工作人员违法行使职权造成损害的书面决定的,应当提供。其三,申请的年、月、日。赔偿请求人书写申请书确有困难的,可以委托他人代书,也可以口头申请,由赔偿义务机关记入笔录。

第三,赔偿义务机关受理、审查和作出决定。赔偿请求人当面递交申请书的,赔偿义务机关应当当场出具加盖本行政机关专用印章并注明收讫日期的书面凭证。在收到赔偿请求人的赔偿申请书或者口头申请后,赔偿义务机关应当进行审查。除查明申请是否符合法律规定的赔偿范围外,还需要查明请求人是否符合法定条件、本机关是否负有赔偿义务、是否属于《国家赔偿法》第 19 条规定的不承担赔偿责任的情形、赔偿请求是否已过时效、请求赔偿的有关材料是否齐备等要件。对赔偿请求已过法定时效或请求人不具有法定资格的,通知其不予受理,并说明理由;对不属于本机关赔偿的,应告知请求人向负有赔偿义务的机关提出申请;申请材料不齐全的,赔偿义务机关应当当场或者在 5 日内一次性告知赔偿请求人需要补正的全部内容;对本机关负有赔偿义务的,还需进一步查明侵权的起止时间和造成损害的程度。在审查中,必要时可以调取有关的案卷;认为证明材料不足或不能证明有关赔偿的事实时,可以要求赔偿请求人补充证明材料,也可以自行调查。赔偿义务机关应当自收到申请之日起 2 个月内,作出是否赔偿的决定。赔偿义务机关作出赔偿决定,应当充分听取赔偿请求人的意见,并可以与赔偿请求人就赔偿方式、赔偿项目和赔偿数额依照《国家赔偿法》第 4 章的规定进行协商。赔偿义务机关决定赔偿的,应当制作赔偿决定书,并自作出决定之日起 10 日内送达赔偿请求人。赔偿义务机关决定不予赔偿的,应当自作出决定之日起

10 日内书面通知赔偿请求人,并说明不予赔偿的理由。

(2) 赔偿复议程序。赔偿义务机关在规定期限内未作出是否赔偿的决定的,赔偿请求人可以自期限届满之日起 30 日内向赔偿义务机关的上一级机关申请复议。赔偿请求人对赔偿的方式、项目、数额有异议的,或者赔偿义务机关作出不予赔偿决定的,赔偿请求人可以自赔偿义务机关作出赔偿或者不予赔偿决定之日起 30 日内,向赔偿义务机关的上一级机关申请复议。

复议机关收到复议申请后,应及时调取案卷和有关材料进行审查,对事实不清的,可以要求赔偿义务机关补充调查,也可以自行调查。赔偿请求人尚未向赔偿义务机关提出赔偿要求的,告知其先向赔偿义务机关提出。对赔偿义务机关作出赔偿决定的期间尚未届满而请求人提出复议申请的,应告知赔偿请求人督促赔偿义务机关在期间届满前作出赔偿决定,待期间届满后再提出复议申请。

刑事赔偿申请的复议实行一次复议制。复议机关对复议申请进行复议后,应根据事实和法律分别作出复议决定:原决定事实清楚,适用法律正确的,予以维持;原决定认定事实不清,适用法律或赔偿方式、数额不当的,作出新的赔偿决定。

复议机关应自收到复议申请之日起 2 个月内作出决定。赔偿义务机关是人民法院的,不必经过复议程序。人民法院作为赔偿义务机关在规定期限内未作出是否赔偿的决定的,赔偿请求人可以自期限届满之日起 30 日内,直接向其上一级人民法院赔偿委员会申请作出赔偿决定;赔偿请求人对赔偿的方式、项目、数额有异议的,或者赔偿义务机关作出不予赔偿决定的,也可以自赔偿义务机关作出赔偿或者不予赔偿决定之日起 30 日内,直接向其上一级人民法院赔偿委员会申请作出赔偿决定。

(3) 赔偿委员会的决定程序。赔偿委员会的决定程序因赔偿请求人的申请而发生。赔偿请求人不服复议决定的,可以在收到复议决定之日起 30 日内向复议机关所在地的同级人民法院赔偿委员会申请作出赔偿决定;复议机关逾期不作决定的,赔偿请求人可以自期限届满之日起 30 日内向复议机关所在地的同级人民法院赔偿委员会申请作出赔偿决定。

赔偿委员会的设立。中级以上的人民法院设立赔偿委员会,由 3 名以上审判员组成,组成人员的人数应当为单数。

赔偿决定程序。赔偿决定程序是解决刑事赔偿争议的一种非诉讼的特殊程序,不适用民事诉讼法或者行政诉讼法规定的诉讼程序。其特点是:

第一,主体类型。在赔偿决定程序中,没有原告、被告,只有赔偿请求人和赔偿义务机关。

第二,审查方式。人民法院赔偿委员会处理赔偿请求,采取书面审查的办法。必要时,可以向有关单位和人员调查情况、收集证据。赔偿请求人与赔偿义务机关对损害事实及因果关系有争议的,赔偿委员会可以听取赔偿请求人和赔偿义务机关的陈述和申辩,并可以进行质证。

第三,审查组织。采取特别的审查组织——赔偿委员会,既不能独任审理,也不采取合议庭的形式,但其运作方式更接近合议庭。

第四,证明责任分配。人民法院赔偿委员会处理赔偿请求,赔偿请求人和赔偿义务机关对自己提出的主张,应当提供证据。被羁押人在羁押期间死亡或者丧失行为能力的,对于赔偿义务机关的行为与被羁押人的死亡或者丧失行为能力是否存在因果关系,赔偿义务机关应当提供证据。

第五，结案方式。赔偿委员会审理终结，不用判决和裁定结案，而是采用赔偿决定结案。

第六，一次终局。不实行两审终审，而是一次终局，赔偿委员会作出的赔偿决定，是发生法律效力的决定，必须执行。

第七，定案原则。赔偿委员会作赔偿决定，实行少数服从多数的原则。

第八，审查期限。人民法院赔偿委员会应当自收到赔偿申请之日起 3 个月内作出决定；属于疑难、复杂、重大案件的，经本院院长批准，可以延长 3 个月。

（4）对刑事赔偿委员会赔偿决定的监督程序。赔偿请求人或者赔偿义务机关对赔偿委员会作出的决定，认为确有错误的，可以向上一级人民法院赔偿委员会提出申诉。

赔偿委员会作出的赔偿决定生效后，如发现赔偿决定违反国家赔偿法规定的，经本院院长决定或者上级人民法院指令，赔偿委员会应当在 2 个月内重新审查并依法作出决定，上一级人民法院赔偿委员会也可以直接审查并作出决定。

最高人民检察院对各级人民法院赔偿委员会作出的决定，上级人民检察院对下级人民法院赔偿委员会作出的决定，发现违反国家赔偿法规定的，应当向同级人民法院赔偿委员会提出意见，同级人民法院赔偿委员会应当在 2 个月内重新审查并依法作出决定。

3. 刑事赔偿中的追偿制度

追偿制度又称求偿权制度，是指刑事赔偿义务机关在赔偿请求人损失后，对具有法定情形之一的工作人员的一种经济上的惩罚。《国家赔偿法》第 31 条规定，刑事赔偿中的追偿对象是：

第一，实施《国家赔偿法》第 17 条第 4 项、第 5 项规定以下行为的司法工作人员：刑讯逼供或者以殴打、虐待等行为或者唆使、放纵他人以殴打、虐待等行为造成公民身体伤害或者死亡的；违法使用武器、警械造成公民身体伤害或者死亡的。上述行为是法律明令禁止的，司法工作人员明知故犯，造成公民身体伤害或死亡的，应当由他们承担部分或全部赔偿费用。

第二，在处理案件时有贪污受贿、徇私舞弊、枉法裁判行为的司法工作人员。这些行为属于执法犯法、以权弄法，是司法活动中的一种腐败现象，它损害了法律的尊严，败坏了司法廉洁和公正，因此应当对其进行追偿，实行经济上的惩罚。此外，对有上述规定情形的责任人员，有关机关应当依法给予处分；构成犯罪的，应当依法追究刑事责任，以制裁违法、渎职行为，促进公安司法机关依法行使职权，严格执法。确立追偿制度有利于督促司法工作人员严格执法，恪尽职守，也可以适当减少国家因赔偿所遭受的损失。

4. 刑事赔偿方式、侵权形态与赔偿处理

（1）赔偿方式。刑事赔偿的基本方式如下（见表 14-4）：

表 14-4　中国法律规定的刑事赔偿方式　[秦宗文,2010]

赔偿方式		说明
物质赔偿	支付赔偿金	指向赔偿请求人支付一定数额的货币。这种方式适用范围广，侵犯公民人身自由，侵犯公民生命健康权，致人精神损害造成严重后果，以及侵犯公民、法人和其他组织的财产权造成损害的，均可适用。这种方式便于计算，在具体执行上简便易行，是国家赔偿的主要方式

续表

赔偿方式		说明
物质赔偿	返还财产	指赔偿义务机关将财产归还给对该财产享有所有权的受害人的赔偿形式。返还财产既可使损害得到直接赔偿,有时还可避免或减少精神损害,是一种比较简便易行的赔偿方式。返还的财产可以是金钱,也可以是原物。侵犯财产权,能够返还财产的,应当返还财产。尤其是特定物,只要存在,就应当返还。确实无法返还原物的,折抵成货币返还
	恢复原状	指赔偿义务机关对应当返还的财产造成损毁,能够进行修复的,通过修复使之恢复到受损害前的形状和性能
精神赔偿		精神赔偿是赔偿义务机关对公民因人身权受侵害而遭受的精神损害通过一定的方式予以精神安抚。其方式包括:在侵权行为影响的范围内,为受害人消除影响,恢复名誉,赔礼道歉;造成严重后果的,应当支付相应的精神损害抚慰金

(2) 侵犯人身权的形态与赔偿处理。关于侵犯公民人身自由赔偿的计算标准,《国家赔偿法》第 33 条规定,侵犯公民人身自由,每日的赔偿金按照国家上年度职工日平均工资计算。这一规定,既能使受害人所遭受的损失得到适当弥补,又能为国家的经济状况和财政所承受和负担,同时也便于计算和简便易行。

中国法律规定的侵犯公民生命健康权赔偿的计算标准如下(见表 14-5)。

表 14-5　中国法律规定的侵犯公民生命健康权赔偿的计算标准 ［秦宗文,2010］

侵权后果	处理方式	金额计算标准		
造成身体伤害	应当支付医疗费、护理费,并赔偿因误工减少的收入	减少的收入每日的赔偿金按照国家上年度职工日平均工资计算,最高额为国家上年度职工年平均工资的 5 倍		
造成部分或全部丧失劳动能力	应当支付医疗费、护理费、残疾生活辅助具费、康复费等因残疾而增加的必要支出和继续治疗所必需的费用以及残疾赔偿金。造成全部丧失劳动能力的,对其扶养的无劳动能力的人,还应当支付生活费	残疾赔偿金根据丧失劳动能力的程度,按照国家规定的伤残等级确定,最高不超过国家上年度职工年平均工资的 20 倍	生活费的发放标准,参照当地最低生活保障标准执行	未成年被抚养者生活费给付至 18 周岁止
造成死亡	应当支付死亡赔偿金、丧葬费。对死者生前扶养的无劳动能力的人,还应当支付生活费	死亡赔偿金、丧葬费,总额为国家上年度职工年平均工资的 20 倍		其他无劳动能力被扶养者生活费给付至死亡时止
造成精神损害	应当在侵权行为影响的范围内,为受害人消除影响,恢复名誉,赔礼道歉;造成严重后果的,应当支付相应的精神损害抚慰金	精神损害抚慰金的标准尚待司法解释予以明确		

(3) 侵犯财产权的形态与赔偿处理(见表 14-6)。

表 14-6　中国法律规定的侵犯财产赔偿的处理　[秦宗文,2010]

对财产权造成损害的情形	处理方式
处罚款、罚金、追缴、没收财产或者违法征收、征用财产的	返还财产
查封、扣押、冻结财产的	解除对财产的查封、扣押、冻结
	造成财产损坏的,能够恢复原状的恢复原状,不能恢复原状的,按照损害程度给付相应的赔偿金;造成财产灭失的,给付相应的赔偿金
应当返还的财产损坏的	能够恢复原状的恢复原状
	不能恢复原状的,按照损害程度给付相应的赔偿金
应当返还的财产灭失的	给付相应的赔偿金
财产已经拍卖或者变卖的	给付拍卖所得的价款。变卖的价款明显低于财产价值的,应当支付相应的赔偿金
吊销许可证和执照、责令停产停业的	赔偿停产停业期间必要的经常性费用开支
返还执行的罚款或者罚金、追缴或者没收的金钱,解除冻结的存款或者汇款的	应当支付银行同期存款利息
对财产权造成其他损害的	按照直接损失给予赔偿

5. 刑事赔偿的申请与支付

(1) 赔偿费用的来源。《国家赔偿法》第 37 条规定,赔偿费用,列入各级财政预算。赔偿费用预算与支付管理的具体办法由国务院规定。国务院 2011 年 1 月 17 日发布的《国家赔偿费用管理条例》第 3 条对此作出了具体规定:国家赔偿费用由各级人民政府按照财政管理体制分级负担。各级人民政府应当根据实际情况,安排一定数额的国家赔偿费用,列入本级年度财政预算。当年需要支付的国家赔偿费用超过本级年度财政预算安排的,应当按照规定及时安排资金。

(2) 赔偿的申请。赔偿请求人凭生效的判决书、复议决定书、赔偿决定书或者调解书,向赔偿义务机关申请支付赔偿金。

(3) 赔偿费用的申请与核拨。《国家赔偿法》第 37 条第 3 款规定:"赔偿义务机关应当自收到支付赔偿金申请之日起七日内,依照预算管理权限向有关的财政部门提出支付申请。财政部门应当自收到支付申请之日起十五日内支付赔偿金。"

赔偿义务机关申请核拨国家赔偿费用或者申请返还已经上缴财政的财产的,应当根据具体情况,提供下列有关文件的副本:赔偿请求人请求赔偿的申请书,赔偿义务机关作出的赔偿决定,复议机关的复议决定书,人民法院的判决书、裁定书或赔偿决定书,赔偿义务机关对有故意或者重大过失的责任者依法实施追偿的意见或者决定,财产已经上缴财政的有关凭据,财政机关要求提供的其他文件或者文件副本。财政机关对赔偿义务机关的申请进行审核后,应当及时核拨已经支付的国家赔偿费用;财产已经上缴财政,应当依法返还赔偿请求人的,应当及时返还,然后再由赔偿义务机关返还给赔偿请求人。

赔偿义务机关向赔偿请求人支付赔偿费用或者返还财产,赔偿请求人应当出具收据或者其他凭证,赔偿义务机关应当将收据或者其他凭证的副本报送同级财政机关备案。赔偿义务机关赔偿损失后,依据《国家赔偿法》第 31 条向责任者追偿的国家赔偿费用,应当上缴同级财政机关。

6. 刑事赔偿请求时效

国家赔偿请求时效是指赔偿请求人向赔偿义务机关请求国家赔偿的法定期间。在法律规定的期间内,赔偿请求人行使赔偿请求权,就能得到法律保护,反之,就丧失依法定程序获得赔偿的权利。规定赔偿请求时效,有利于督促权利人及时行使赔偿请求权,使赔偿义务机关和人民法院及时处理国家赔偿案件,稳定社会关系和社会秩序。

(1) 赔偿请求时效。确定赔偿请求时效既不能太长,否则将造成权利长期不行使,社会关系长期处于不稳定状态;也不能太短,否则会令赔偿请求人来不及行使自己的赔偿请求权。《国家赔偿法》第 39 条第 1 款根据我国的实际情况规定:"赔偿请求人请求国家赔偿的时效为两年,自其知道或者应当知道国家机关及其工作人员行使职权时的行为侵犯其人身权、财产权之日起计算,但被羁押等限制人身自由期间不计算在内……"

(2) 赔偿请求时效中止。赔偿请求时效中止是指在时效进行过程中,出现了特定的法定事由阻碍赔偿请求人行使权利,法律规定暂时停止时效的进行,待阻碍时效进行的原因消除后,时效期间继续进行。根据《国家赔偿法》第 39 条第 2 款的规定,赔偿请求人在赔偿请求时效的最后 6 个月内,因不可抗力或者其他障碍不能行使请求权的,时效中止。从中止时效的原因消除之日,赔偿请求时效期间继续计算。

此外,《国家赔偿法》第 41 条规定:"赔偿请求人要求国家赔偿的,赔偿义务机关、复议机关和人民法院不得向赔偿请求人收取任何费用。对赔偿请求人取得的赔偿金不予征税。"

14.4   当事人刑事和解案件诉讼程序

14.4.1   当事人刑事和解案件诉讼程序概述

1. 当事人刑事和解案件诉讼程序的概念

当事人刑事和解案件诉讼程序,是指在公诉案件处理过程中,犯罪嫌疑人、被告人自愿真诚悔罪,通过向被害人赔偿损失、赔礼道歉等方式获得被害人谅解,双方当事人达成和解协议,司法机关对案件从宽处理的程序。

公诉案件中的当事人和解,是犯罪嫌疑人、被告人就自己的犯罪行为向被害人自愿真诚悔罪,并通过向被害人赔偿损失、赔礼道歉等取得被害人的谅解。当事人和解只能针对犯罪行为引发的民事纠纷,无权对犯罪嫌疑人、被告人的刑事责任进行和解。和解协议虽是公安司法机关处理案件的重要参考,但是否追究、如何追究犯罪嫌疑人、被告人的刑事责任,决定权仍在公安司法机关。当事人和解协议在性质上属于民事合同,约束主体也仅限于犯罪嫌疑人、被告人和被害人,公安司法机关虽然要尊重当事人的意愿,但和解协议对公安司法机关无强制约束力。

2. 当事人和解与相关概念的区别

准确理解当事人和解,应正确区分其与辩诉交易、调解、私了等相关概念之间的差异。

(1) 当事人和解与辩诉交易。《布莱克法律大词典》对辩诉交易的定义为:"辩诉交易是指在刑事被告人就较轻的罪名或者数项指控中的一项或几项作出有罪答辩,以换取检察官的某种让步,通常是获得较轻的判决或者撤销其他指控的情况下,检察官和被告人之间经过协商达成的协议。"辩诉交易的主体是作为控方的检察官和被告人(通常通过辩护律师进行交易),被害人处于被边缘化状态,对交易缺乏影响力,交易结果可能违背被害人意愿。辩诉交易的主要现实功能是对案件进行程序分流,快速处理案件,缓解司法资源不足问题。当事人和解的主体是被害人与犯罪嫌疑人、被告人,和解的启动、和解协议的内容都体现双方当事人的意愿。当事人和解不仅有利于分流案件,而且能使被害人尽快获得赔偿和抚慰,修复被害人与犯罪嫌疑人、被告人之间因犯罪而受损害的社会关系,促进社会和谐。

(2) 当事人和解与调解。调解制度是我国一项传统的纠纷解决制度,在民事纠纷解决中发挥着重要作用,刑事诉讼中自诉案件和刑事附带民事诉讼也可适用调解。对于诉讼中的调解,公权力机关深度参与,是调解的主持者,积极促进当事人之间达成谅解,甚至提出基本方案供当事人参考。当事人和解中,公权力机关对和解进程不参与,仅对和解协议进行事后审查,并且审查内容仅集中于自愿性和合法性,对协议内容则不干预,充分尊重当事人意愿。

(3) 当事人和解与"私了"。"私了"是相对于"公了"而言的,是民间对纠纷双方不经过国家专门机关而自行协商解决纠纷行为的俗称。私了的对象既包括民事案件、行政案件,也包括刑事案件。在刑事案件中,私了的内容不仅包括赔偿损失、赔礼道歉等民事内容,还对犯罪嫌疑人的刑事责任进行实质上的处分。通过私了,被害人一方往往可以迅速得到高额赔偿,被告人一方则避免了因被害人控告而被追究刑事责任。由于刑事案件"私了"能给被害人和犯罪嫌疑人带来实惠,刑事案件的私了现象在我国社会生活中持续存在。但由于缺乏公权力的监督,当事人私了的自愿性和私了内容的合法性难以得到保证,而且这种私了协议在法律上也是无效的,不能阻止公权力机关依法处理案件。当事人和解的,和解的内容仅限于赔偿损失、赔礼道歉等民事部分,和解的自愿性和合法性还须经公权力机关审查,审查合格后和解协议取得法律上的效力,并成为公权力机关处理案件的依据。当事人刑事和解案件诉讼程序的确立,有利于引导部分刑事案件从诉讼外的"私了"转向诉讼中的当事人和解,规范案件处理。

3. 当事人刑事和解案件诉讼程序的意义

(1) 有利于强化被害人的程序主体地位。传统的刑事法理论将犯罪界定为"孤立的个人侵害整个社会秩序的违法行为",强调对犯罪人的国家追诉主义,并在此基础上确立了国家公诉制度的正当性。在国家公诉制度中,国家与被告人的关系被视为需要解决的核心问题,而作为犯罪行为直接受害者的刑事被害人被忽略了。被害人至多是重要的控方证人,无论是对侦查、起诉还是定罪量刑,被害人都难以提出有影响的意见。在当事人刑事和解案件诉讼程序中,被害人可以自主决定是否与加害人和解,如何和解。和解协议是公安司法机关处理案件的重要依据。这强化了被害人对程序进程与结果的影响力,使之成为名副其实的当事人。

(2) 有利于强化被害人的权利保障。在传统刑事诉讼中,被告人一旦被判有罪,往往会对民事赔偿持消极态度,被害人很难得到及时、充分的赔偿。而在当事人和解过程中,犯罪嫌疑人、被告人为获得非刑罚或较轻刑罚的处理结果,力图与被害人达成和解协议。为此,犯罪嫌疑人、被告人须向被害人真诚悔罪,并提出往往远高于一般标准的赔偿数额,且保证及时履行。被害人在协商进程中处于主导地位,其权益能得到较充分的保障。此外,当事人和解过程中,犯罪嫌疑人、被告人的自愿真诚悔罪及与被害人的交流沟通,一定程度上可以减轻被害人因犯罪而造成的精神痛苦。

(3) 有利于促进社会和谐。在传统司法程序中,由于司法过程需要较长的时间,如由于证据查找困难,一些案件久拖不决,加之被判决有罪的被告人对经济赔偿问题态度消极,以各种方式逃避或拖延赔偿,被害人难以得到及时、有效的赔偿。一些被害人对司法处理不满,不断到上级部门申诉、上访,不利于社会和谐。当事人和解协议体现了被害人的意愿,通常也能得到及时有效的履行,被害人对自己参与达到的结果一般不再提出异议,申诉、上访的可能性极小。对于由民间纠纷引起的刑事案件,当事人和解可最大限度地恢复因犯罪而受损的社会关系,促进社会和谐。

(4) 有利于促进案件分流,提高司法效率。司法资源相对于犯罪数量增长的相对不足,是各国司法都面临的问题,对案件进行合理分流是各国刑事司法改革的共同趋势。对于当事人和解的案件,检察机关可以作出不起诉的决定,从而在程序上终止案件流程,不再进入审判环节。这有助于提高司法效率,也有利于节约司法资源。

此外,当事人刑事和解案件诉讼程序也为对犯罪嫌疑人、被告人的个别化处理提供了新途径,有助于犯罪嫌疑人、被告人更好地回归社会。

14.4.2　当事人刑事和解案件诉讼程序的适用条件

《刑事诉讼法》第 288 条规定:“下列公诉案件,犯罪嫌疑人、被告人真诚悔罪,通过向被害人赔偿损失、赔礼道歉等方式获得被害人谅解,被害人自愿和解的,双方当事人可以和解:(一)因民间纠纷引起,涉嫌刑法分则第四章、第五章规定的犯罪案件,可能判处三年有期徒刑以下刑罚的;(二)除渎职犯罪以外的可能判处七年有期徒刑以下刑罚的过失犯罪案件。犯罪嫌疑人、被告人在五年以内曾经故意犯罪的,不适用本章规定的程序。”根据这一规则,适用当事人刑事和解案件诉讼程序应满足以下条件:

1. 犯罪嫌疑人、被告人真诚悔罪

犯罪嫌疑人、被告人真诚悔罪,是指犯罪嫌疑人、被告人对自己犯罪行为的性质和犯罪行为给被害人与社会造成的损害有清楚的认识和真诚忏悔,并自愿通过向被害人赔偿损失、赔礼道歉等方式弥补自己行为给被害人造成的损害。

犯罪嫌疑人、被告人真诚悔罪是取得被害人谅解的基本前提,只有真诚悔罪,才可能达成和解协议,从而启动公诉案件特别处理程序。同时,当事人和解后,犯罪嫌疑人、被告人往往能得到从宽处理。这种从宽处理并不仅仅是对于犯罪嫌疑人、被告人弥补和修复被害人所受损害的肯定,还要通过对犯罪行为的个别化处理达到特殊预防和一般预防的效果。如果没有犯罪嫌疑人、被告人的真诚悔罪,个别化处理所追求的预防效果就难以实现,就不应适用这一特别程序处理案件。

2. 被害人谅解且自愿和解

犯罪会给被害人造成轻重不同的伤害,被害人往往有强烈的追究犯罪的愿望。传统公诉程序的制度设计以实现国家对犯罪的追诉意志为主,没有充分考虑和尊重被害人的意愿。确立当事人刑事和解案件诉讼程序正是为了弥补传统公诉案件诉讼程序的不足。因而,在这一程序中,应高度关注被害人是否对犯罪嫌疑人、被告人予以谅解。被害人对犯罪嫌疑人、被告人谅解的,犯罪的社会危害性也随之降低,从宽处理才有合理的根据。对于因民间纠纷引起的不太严重的犯罪和过失犯罪,在犯罪嫌疑人、被告人充分赔偿被害人损失和真诚悔罪的情况下,大多能得到被害人的谅解,可以适用特别程序予以处理。在特定案件中,被害人不谅解的,不能适用这一程序处理案件。

同时,被害人谅解并不一定意味着其同意与犯罪嫌疑人、被告人和解。因此,这类案件还要审查被害人的真实意愿。必须做到被害人不仅谅解,还自愿和解。

3. 属于法定案件范围

传统的刑事法理论认为犯罪是孤立的个人侵犯社会整体利益的违法行为,为达到特殊预防与一般预防的目的,各国普遍实行国家追诉主义,由国家对犯罪人进行惩罚,而不受被害人、犯罪嫌疑人、被告人意愿的左右。从人类社会刑事诉讼发展历史进程看,国家追诉主义虽有忽略被害人的不足,但相对于个人追诉而言,整体上更为合理。对国家追诉主义只存在适度修正,合理容纳被害人意愿的问题,而不可能完全废弃。划定当事人刑事和解案件诉讼程序适用的案件范围,要综合考虑案件的性质、社会危害性大小、犯罪人主观恶性大小及和解的社会效果等多种因素。

基于此,刑事诉讼法规定,通过当事人刑事和解案件诉讼程序处理的案件包括两类:一是因民间纠纷引起,涉嫌刑法分则第 4 章规定的侵犯公民人身权利、民主权利罪,第 5 章规定的侵犯财产罪的犯罪案件,可能判处 3 年有期徒刑以下刑罚。根据公安部《规定》(2020),有下列情形之一的,不属于因民间纠纷引起的犯罪案件:(1)雇凶伤害他人的;(2)涉及黑社会性质组织犯罪的;(3)涉及寻衅滋事的;(4)涉及聚众斗殴的;(5)多次故意伤害他人身体的;(6)其他不宜和解的。二是除渎职犯罪以外的可能判处 7 年有期徒刑以下刑罚的过失犯罪案件。

除符合上述条件外,还应符合排除条件,即犯罪嫌疑人、被告人在过去 5 年以内没有故意犯罪,而不论该故意犯罪是否已经被追究。否则,不能适用这一特别程序。

14.4.3 当事人和解后案件的处理程序

当事人和解的公诉案件,除遵守公诉案件的一般程序规定外,还有以下特点:

1. 对和解协议自愿性、合法性的审查

《刑事诉讼法》第 289 条规定:"双方当事人和解的,公安机关、人民检察院、人民法院应当听取当事人和其他有关人员的意见,对和解的自愿性、合法性进行审查,并主持制作和解协议书。"这意味着和解协议只有经公安司法机关审查通过后才是有效的,方能作为公安司法机关从宽处理案件的基础。

根据当事人达成和解协议所处诉讼阶段的不同,分别由公安机关、人民检察院和人民法院审查。审查的内容包括两个方面:一是当事人达成和解协议的自愿性。办案人员根据案件情况,听取当事人和其他人员,如当事人的法定代理人、近亲属及其他参与和解协议达成过程人员的意见,查明当事人达成和解协议是否出于真实意愿,是否真正了解协议的含义及由此可能带来的法律后果,防止当事人由于威胁、欺骗或误解等违背个人意愿虚假和解。二是和解协议的合法性。办案人员应重点审查和解协议是否违背法律的强制性规范，只要没有违背法律的强制性规范并且当事人自愿，公安司法机关就应充分予以尊重。同时，办案人员应审查和解协议是否违背公序良俗原则，是否尊重社会公德，是否扰乱社会公共秩序、损害社会公共利益。对于违反公共秩序或善良风俗的和解协议，公安司法人员应拒绝批准。

在形式上，和解协议通过审查后，应在公安司法机关的主持下制作书面的和解协议书。

2. 公安机关提出从宽处理的建议

根据《刑事诉讼法》第 290 条、公安部《规定》(2020)第 338 条规定，对达成和解协议的案件，经县级以上公安机关负责人批准，公安机关将案件移送人民检察院审查起诉时，可以提出从宽处理的建议。对于符合移送审查起诉的条件，当事人在移送审查起诉前达成和解协议的，公安机关不能以撤案方式处理，而应向检察机关移送案卷材料和证据，由检察机关审查决定，但公安机关可以向检察机关提出从宽处理的建议。

关于公安机关能否对刑事和解的案件作撤案处理，理论上有争议。一种意见认为，基于提高效率，促进案件分流，节省司法资源的要求，公安机关对于当事人达成和解协议的轻微刑事案件可以作撤案处理。另一种意见认为，公安机关作为犯罪的侦查机关，如果对刑事案件有过大的实体处理权，可能会产生放纵犯罪的弊端，故公安机关无权处分，应移送检察机关审查决定。目前立法采取了后一种意见。

3. 检察机关作出不起诉决定或提出从宽处罚的建议

《刑事诉讼法》第 290 条规定，对于达成和解协议的案件，人民检察院可以向人民法院提出从宽处罚的建议；对于犯罪情节轻微，不需要判处刑罚的，可以作出不起诉的决定。而《刑事诉讼法》第 177 条第 2 款规定，对于犯罪情节轻微，依照刑法规定不需要判处刑罚或者免除刑罚的，人民检察院可以作出不起诉决定。相对于后者的规定，因当事人和解而不起诉的案件范围相对较窄，限于刑法规定不需要判处刑罚的情形。除此之外的案件，当事人达成和解协议的，检察机关应移送起诉，由法院作出最终处理。

国内首例刑事和解救助
协议昨在苏州签订

4. 法院从宽处理

《刑事诉讼法》第 290 条规定，对于达成和解协议的案件，人民法院可以依法对被告人从宽处理。这里的从宽处理，既包括从轻、减轻或者免除处罚，也包括暂缓执行所判刑罚。

14.5　缺席审判程序

14.5.1　缺席审判程序概述

1. 缺席审判程序的概念与特征

缺席审判为对席审判的对称，两者的本质区别在于是否存在当事人之间的对抗和辩论。在刑事诉讼中，对席审判是法院在双方当事人均到庭并辩论的基础上作出裁判结果，为审判中的常态；缺席审判是法院在被告人缺席的情形下作出裁判结果。不同于民事缺席审判，刑事缺席审判是为了避免诉讼过分迟延或者诉讼无结果而不得已采取的裁判方式。2018 年《刑事诉讼法》新增的缺席审判制度主要是从反腐败追赃追逃的角度提出的。

缺席审判是从狭义的角度针对被告人不到庭设立的一种审判制度,即当被告人不出席法庭时,法院在控诉方和被告人的辩护人参加的情况下所进行的一种审判活动。其具有以下特征:

(1) 缺席审判是针对被告人缺席而进行的一种审判活动。即只有被告人不到庭所进行的审判活动,才能称为缺席审判。首先,刑事审判是针对被告人罪行的有无而展开的一种诉讼活动,作为指控被告人犯罪的控诉方,其追诉犯罪的主动性和法院实行的不告不理原则决定了控诉方不能或不会缺席审判。其次,刑事审判的意义在于"定分止争",而司法实践中往往出现被告人缺席的现象,如被告人逃逸、死亡、丧失诉讼行为能力等。如果法院对这类案件全部中止审判,将使案件处于悬而未决的状态,既不利于社会稳定,且"迟来的正义非正义"。正是为了解决这一情况,各国才相继确立了缺席审判制度。

(2) 缺席审判是一种特殊的审判程序。即缺席审判是普通刑事审判之外的一种特殊审判方式,对被告人缺席的刑事案件应采用不同于普通程序的特殊程序进行审判。这里所说的特殊程序,不仅是指法庭审理过程中应当采用的特殊程序,也包括开庭审理之前及缺席审判之后所适用的特殊程序,例如,依《刑事诉讼法》第 291 条规定,对于贪污贿赂、严重危害国家安全、恐怖活动犯罪等案件被告人脱逃的,由犯罪地、被告人离境前居住地或者最高人民法院指定的中级人民法院组成合议庭进行审理;依《刑事诉讼法》第 293 条规定,刑事缺席审判必须要有辩护人参加;依《刑事诉讼法》第 295 条规定,缺席审判过程中"外逃"被告人到案或裁判生效后该被告到案但对缺席审判提出异议的,需要重新审理。

2. 缺席审判程序的意义

(1) 确立缺席审判程序有助于弥补违法所得没收程序的不足。为了充分打击当前腐败犯罪分子为逃避法律制裁而将赃款转移外逃的现象,有效惩治腐败犯罪,《刑事诉讼法》在2012 年修改时增设了犯罪嫌疑人、被告人逃匿、死亡案件违法所得的没收程序。这在一定程度上弥补了原有刑事司法制度的不足,弥补了刑事诉讼法打击腐败犯罪程序滞后的缺陷。但是,违法所得没收程序仅仅审查申请没收的财产是否属于违法所得及其他涉案财产,并不涉及被告人刑事责任的认定,因此关于违法所得的裁定在犯罪嫌疑人、被告人归案后有可能被推翻。所以,构建缺席审判程序以对犯罪嫌疑人、被告人进行判决具有操作上的可行性与必要性。

(2) 为海外追逃追赃工作奠定了法律基础,便于与国际反腐败规定接轨。近年来我国反腐败斗争工作不断深入推进,境外追讨力度加大。我国目前办理境外潜逃案件主要借助于国际追讨合作,而根据一些国家的法律,引渡请求和遣返行动须以生效的司法判决为前提。《联合国反腐败公约》第 57 条第 3 款第 2 项规定:"对于本公约所涵盖的其他任何犯罪的所得,被请求缔约国应当在依照本公约第五十五条实行没收后,基于请求缔约国的生效判决,在请求缔约国向被请求缔约国合理证明其原对没收的财产拥有所有权时,或者当被请求缔约国承认请求缔约国受到的损害是返还所没收财产的依据时,将没收的财产返还请求缔约国,被请求缔约国也可以放弃对生效判决的要求。"我国刑事诉讼中长期缺乏缺席审判程序,这就加大了办理案件的难度。2018 年《刑事诉讼法》将缺席审判确立为一项新的法律制度,为我国的海外追逃追赃工作奠定了法律基础,便于海外追逃追赃工作的展开,也实现了与国外反腐败规定接轨的目标,加强了境外追逃工作的力度,对贪污贿赂、危害国家安全、恐怖活动犯罪的犯罪嫌疑人和被告人形成了强力震慑。此外,对外逃的犯罪分子及时作出法律上的否定评价,可以彰显法治权威,维护国家和社会公众利益。

14.5.2　缺席审判程序的适用情形

1. 针对潜逃境外贪污贿赂案件被追诉人的缺席审判

《刑事诉讼法》第一种缺席审判适用情形是贪污贿赂犯罪、严重危害国家安全犯罪及恐怖活动犯罪案件。《刑事诉讼法》第 291 条第 1 款规定,对于贪污贿赂犯罪案件,以及需要及时进行审判,经最高人民检察院核准的严重危害国家安全犯罪、恐怖活动犯罪案件,犯罪嫌疑人、被告人在境外,监察机关、公安机关移送起诉,人民检察院认为犯罪事实已经查清,证据确实、充分,依法应当追究刑事责任的,可以向人民法院提起公诉。人民法院进行审查后,对于起诉书中有明确的指控犯罪事实,符合缺席审判程序适用条件的,应当决定开庭审判。

2. 针对因病无法出庭被告人的缺席审判

根据《刑事诉讼法》第 296 条的规定,在审判过程中,如果被告人因患严重疾病无法出庭,在中止审理超过 6 个月后,被告人及其法定代理人、近亲属申请或者同意恢复审理的,为及时解决纠纷,避免案件积压,可以在被告人缺席的情况下进行审判。此处的被告人应既包括公诉案件的被告人,也包括自诉案件的被告人。此处的"患有严重疾病"应作严格、狭义上的理解,主要包括因患严重疾病无法辨认、控制自己的行为,无法表达自己的真实意思,以及出庭可能影响其生命健康安全的情形。通常表现为:(1) 被告人在犯罪后突患精神疾病,丧失诉讼行为能力;(2) 被告人患有严重疾病,无法离开诊疗机构。

之所以规定 6 个月的中止期,是为了观望被告人能否在该"等待期限"内恢复诉讼行为能力,无法恢复的则接轨缺席审判制度。这既能避免诉讼被不定期拖延而导致效率低下、案件积压,也能阻止因纠纷难以解决而使被犯罪行为破坏的社会关系处于一种悬而未决状态的出现。患有精神疾病的被告人可以在 6 个月内依据《民法典》及相关法律规定确定法定代理人,其后由法定代理人来代替无行为能力的被告人申请恢复庭审。

3. 针对可能被判无罪的死亡被告人的缺席审判

被告人虽死亡但有证据证明其无罪而需要缺席审判的案件包括两种:一种是《刑事诉讼法》第 297 条第 1 款规定的在普通刑事案件的审理过程中,被告人死亡但有证据证明被告人无罪的,法院经缺席审理确认无罪;另一种是《刑事诉讼法》第 297 条第 2 款规定的在审判监督程序的重新审理过程中被告人死亡的,法院可以缺席审理,依法作出判决。根据最高院《解释》(2021)第 607 条的规定,第二种情形既包括被告人无罪的情形,也包括被告人的行为虽构成犯罪但原判量刑畸重的情形。

14.5.3　对在境外的被告人的缺席审判程序

1. 审理和管辖

《刑事诉讼法》第 291 条明确规定了起诉依据和管辖范围。司法实践中,犯罪嫌疑人、被告人不在案的,一般都是将案件停留在侦查阶段,这既不利于维护法治秩序,也没有充分实现公平正义。检察机关对此类案件的审查起诉权是启动缺席审判程序的前提。此外,此类案件除由犯罪地中级人民法院管辖外,还可由被告人离境前居住地或者最高人民法院指定的中级人民法院管辖。由中级人民法院审理主要是基于"涉外"因素,以便与外国司法机构对接,顺利完成送达、司法协助等司法活动。

2. 送达和审判

《刑事诉讼法》第 292 条规定了送达和审判程序。将开庭传票和起诉书副本以被告人所在地法律允许的方式送达被告人,是缺席审判制度构建的前提和正当性基础,也是后续依缺席审判书与被告人所在地交接涉案财物和引渡被告人的必要条件,且充分保障了被告人的知情权。最高院《解释》(2021)第 600 条还规定了人民法院立案后应当将起诉书副本送达被告人近亲属,告知其有权代为委托辩护人,并通知其敦促被告人归案。这一规定保障了被告人近亲属知悉案件情况的途径,也有利于通过被告人近亲属敦促被告人归案。传票和起诉书副本送达被告人后,被告人仍未按要求到案的,人民法院应当参照适用公诉案件第一审普通程序的有关规定开庭审理,依法作出判决,并对违法所得及其他涉案财产作出处理。根据最高院《解释》(2021)第 602 条、第 603 条,被告人的近亲属申请参加诉讼的,应当在收到起诉书副本后、第一审开庭前提出,并提供与被告人关系的证明材料。有多名近亲属的,应当推选 1~2 人参加诉讼。被告人的近亲属参加诉讼的,可以发表意见,出示证据,申请法庭通知证人、鉴定人等出庭,进行辩论。

3. 辩护

《刑事诉讼法》第 293 条和最高院《解释》(2021)第 601 条确定了辩护人必须出庭制度。为有效保护被告人的辩护权,在被告人缺席审判的情况下,有必要确立强制辩护制度。这不仅是保证控辩双方平等对抗机制在缺席审判程序中得以正常运行的需要,也是最大限度维护被告人合法权利的要求。此外,保障缺席被告人获得有效辩护还是判决获得被告人所在国承认的关键。《刑事诉讼法》规定,被告人及其近亲属可以委托具有中华人民共和国律师资格并依法取得执业证书的律师担任辩护人。在被告人及其近亲属没有委托辩护人的情形下,人民法院应当通知法律援助机构指派律师为其提供辩护,全方位地保障了被告人的辩护权。

4. 执行和救济

《刑事诉讼法》第 294 条、第 295 条对缺席审判的执行、救济等程序作了规定。首先,明确规定了上诉抗诉程序。被告人或者其近亲属不服判决的,有权向上一级人民法院上诉,人民检察院认为人民法院的判决确有错误的,应当向上一级人民法院提出抗诉。其次,为贯彻程序正义理念和充分保障被告人权利,在审理过程中,被告人自动投案或者被抓获的,人民法院应当重新审理。再次,赋予被告人提出异议权。罪犯在判决、裁定发生效力后归案的,应当将其交付执行刑罚;但是,若罪犯对判决、裁定提出异议的,人民法院应当重新审理。这也是基于人权保障与尊重被告人诉讼主体地位的考虑。最后,依照生效判决、裁定对罪犯财产的处理确有错误的,应当予以返还、赔偿。

14.6 违法所得特别没收程序

14.6.1 违法所得特别没收程序概述

1. 违法所得特别没收程序的概念

违法所得特别没收程序,是指对于贪污贿赂犯罪、恐怖活动犯罪等重大犯罪案件,犯罪嫌疑人、被告人逃匿,在通缉 1 年后不能到案,或者犯罪嫌疑人、被告人死亡,无法依照一般程序追究其刑事责任,但依照刑法规定应当追缴其违法所得及其他涉案财产时适用的特别程序。

这里的违法所得,是指犯罪嫌疑人、被告人实施违法犯罪行为所取得的财物及其孳息。其他涉案财产,是指犯罪嫌疑人非法持有的违禁品和供犯罪所用的本人财物。没收违法所得的对象包括违法所得和其他涉案财产。

2. 违法所得特别没收程序中的没收违法所得与相关概念的区别

(1) 没收违法所得与刑法中的没收财产。没收财产是将犯罪人所有财产的一部分或者全部强制无偿地收归国有的刑罚方法。性质上,没收财产事实上是没收犯罪人合法所有并且没有用于犯罪的财产。没收违法所得依据的是《刑法》第 64 条,即犯罪分子违法所得的一切财物,应当予以追缴或者责令退赔;对被害人的合法财产,应当及时返还;违禁品和供犯罪所用的本人财物,应当予以没收。没收的财物和罚金,一律上缴国库,不得挪用和自行处理。据此,没收违法所得的对象不是犯罪嫌疑人、被告人的合法财产。程序上,没收财产是普通程序进行完毕后所作的有罪判决的一部分,而没收违法所得是一般程序无法进行的,根据独立的特别程序作出的。适用范围上,没收财产适用于刑法分则明文规定可以判处没收财产的那些犯罪,没收违法所得仅适用于贪污贿赂犯罪、恐怖活动犯罪等重大犯罪案件。

(2) 没收违法所得与刑法中的追缴。追缴和没收违法所得的法律依据都是《刑法》第 64 条,二者虽对象范围相同,但程序上有重要差别。根据《刑事诉讼法》第 245 条的规定,公安机关、人民检察院和人民法院对查封、扣押、冻结的犯罪嫌疑人、被告人的财物及其孳息,应当妥善保管,以供核查,并制作清单,随案移送。任何单位和个人不得挪用或者自行处理。人民法院作出的判决,应当对查封、扣押、冻结的财物及其孳息作出处理。判决生效后,有关机关应当根据判决对查封、扣押、冻结的财物及其孳息进行处理。对查封、扣押、冻结的赃款赃物及其孳息,除依法返还被害人的以外,一律上缴国库。因而,追缴是在一般程序终结后进行的,但也可能通过行政程序进行。《刑事诉讼法》第 177 条第 3 款规定,人民检察院决定不起诉的案件,应当同时对侦查中查封、扣押、冻结的财物解除查封、扣押、冻结。对被不起诉人需要给予行政处罚、处分或者需要没收其违法所得的,人民检察院应当提出检察意见,移送有关主管机关处理。有关主管机关应当将处理结果及时通知人民检察院。没收违法所得则根据独立的特别没收程序进行。此外,没收违法所得仅适用于贪污贿赂犯罪、恐怖活动犯罪等重大犯罪案件,而追缴则没有罪名限制。

3. 违法所得特别没收程序的意义

(1) 有利于更有效地打击犯罪。违法所得特别没收程序的确立弥补了原有刑事司法制度的不足,可以在无法对犯罪嫌疑人进行刑事追责时,剥夺犯罪嫌疑人的违法所得,部分实现对犯罪者的惩罚,部分实现正义。同时,对于潜在犯罪人的心理也具有一定的抑制作用,减少犯罪的发生。

(2) 有利于刑事司法国际协作。随着国际交流的发展,非法获得资产的国际转移日益引起人们的关注,打击犯罪、追缴违法所得往往需要国际合作。国际组织也通过了不少涉及协调跨国追回犯罪所得的国际文件,如《联合国反腐败公约》、欧洲《反腐败民法公约》等。其中不少国家要求请求方提供由本国司法机关作出的有关没收财产的生效裁决,并以此作为提供司法协助的前提条件。违法所得特别没收程序的确立有利于追回被犯罪嫌疑人转移至国外的涉案财产,保护国家、集体财产、公民个人财产免受侵害。

14.6.2　适用违法所得特别没收程序的条件

根据《刑事诉讼法》第 298 条第 1 款的规定,适用违法所得特别没收程序要符合三个条件:

1. 犯罪类型属贪污贿赂犯罪、恐怖活动犯罪等重大犯罪

根据最高人民法院、最高人民检察院《关于适用犯罪嫌疑人、被告人逃匿、死亡案件违法所得没收程序若干问题的规定》第 1 条的规定,以下案件均适用违法所得没收程序:(1) 贪污、挪用公款、巨额财产来源不明、隐瞒境外存款、私分国有资产、私分罚没财物犯罪案件;(2) 受贿、单位受贿、利用影响力受贿、行贿、对有影响力的人行贿、对单位行贿、介绍贿赂、单位行贿犯罪;(3) 组织、领导、参加恐怖组织,帮助恐怖活动,准备实施恐怖活动,宣扬恐怖主义、极端主义、煽动实施恐怖活动,利用极端主义破坏法律实施,强制穿戴宣扬恐怖主义、极端主义服饰、标志,非法持有宣扬恐怖主义、极端主义物品犯罪案件;(4) 危害国家安全、走私、洗钱、金融诈骗、黑社会性质的组织、毒品犯罪案件。另外,电信诈骗、网络诈骗犯罪案件也依照该条规定的犯罪案件处理。

2. 犯罪嫌疑人、被告人逃匿或死亡,追究其刑事责任的一般程序无法进行

一般刑事程序无法进行的原因是犯罪嫌疑人、被告人逃匿,通缉 1 年后不能到案,或者犯罪嫌疑人、被告人死亡。如果是因为重大疾病、精神障碍等原因造成刑事程序无法进行的,不能适用违法所得特别没收程序。如果一般刑事程序能正常开展的,对违法所得的没收应在一般刑事程序中通过追缴等方式进行。

3. 必须存在依照刑法规定应当追缴的违法所得及其他涉案财产

如果没有符合刑法规定的违法所得及其他涉案财产,对其他财产不能适用违法所得予以没收。

14.6.3　没收违法所得的申请与管辖

1. 没收违法所得的申请

《刑事诉讼法》第 298 条第 1 款规定,人民检察院可以向人民法院提出没收违法所得的申请。根据这一规定以及最高检《规则》(2019),没收违法所得的申请,应当由与有管辖权的中级人民法院相对应的人民检察院提出。人民检察院是启动违法所得特别没收程序的唯

一主体,没有检察院的申请,法院不能自行启动没收违法程序。这符合不告不理原则的要求,有利于权力的分工制约,防止程序错误启动,损害公民合法权益。

根据《刑事诉讼法》第298条第2款的规定,公安机关在办案过程中遇到犯罪嫌疑人逃匿或死亡,符合没收违法所得情形的,应当写出没收违法所得意见书,移送人民检察院。根据最高检《规则》(2019),公安机关向人民检察院移送没收违法所得意见书,应当由有管辖权的人民检察院的同级公安机关移送。这就是说,公安机关或者检察院侦查部门在侦查过程中,发现犯罪嫌疑人逃匿或者死亡,无论是对于已经采取侦查措施被查封、扣押、冻结的财产,还是对于尚未采取侦查措施的违法所得,都无权作出实质性的处理决定,只能根据案件情况,写出没收违法所得意见书,移送人民检察院审查起诉部门处理。但侦查机关对于已经采取查封、扣押、冻结等侦查措施的财物,应当继续维持原状,等待法院作出最后处理裁决。

检察机关提出的没收违法所得的申请应当提供与犯罪事实、违法所得相关的证据材料,并列明财产的种类、数量、所在地及查封、扣押、冻结的情况。

2. 没收违法所得案件的管辖

根据《刑事诉讼法》第299条的规定,没收违法所得的申请,由犯罪地或者犯罪嫌疑人、被告人居住地的中级人民法院作为一审法院。人民法院收到检察院没收违法所得的申请后,应审查是否符合法定条件。对符合条件的,应予立案。人民法院立案后,在必要的时候,可以查封、扣押、冻结申请没收的财产。

14.6.4　没收违法所得的审理与裁定

1. 审判组织

没收违法所得案件应组成合议庭进行审理,根据《刑事诉讼法》第183条的规定,合议庭人员应为3人,不得以独任庭形式审理。

2. 公告

人民法院受理没收违法所得的申请后,应当发出公告。通过违法所得特别没收程序没收犯罪嫌疑人、被告人的财产,涉及对其行为性质的评价。虽然因犯罪嫌疑人、被告人逃匿或死亡无法追究其刑事责任,但通过违法所得特别没收程序没收其财产,实质上就认定其行为是犯罪,因而,这种程序设置既有必要又必须慎重。同时,没收违法所得还可能损害潜在利害关系人的利益,如对被申请没收的财产持合法债权的人的利益。因而,应通过一定的途径告知相关人员,使其有机会对没收违法所得的申请提出异议,在诉讼中维护犯罪嫌疑人、被告人或其他利害关系人的合法权益。公告期间为6个月。犯罪嫌疑人、被告人的近亲属和其他利害关系人有权申请参加诉讼,也可以委托诉讼代理人参加诉讼。

3. 审理

人民法院在公告期满后对没收违法所得的申请进行审理。人民法院审理没收违法所得案件可采取两种方式:公告期间有利害关系人申请参加诉讼的,人民法院应当开庭审理;没有利害关系人参加诉讼的,人民法院可以不开庭审理。

4. 终止审理

在审理过程中,一旦在逃的犯罪嫌疑人、被告人自动投案或者被抓获,人民法院应当终止审理,对犯罪嫌疑人、被告人违法所得及其他涉案财物的处理应在追究其刑事责任的同时通过一般程序加以解决。

5. 裁定

人民法院经审理,对经查证属于违法所得及其他涉案财产,除依法返还被害人的以外,应当裁定予以没收;对不属于应当追缴的财产的,应当裁定驳回申请,解除查封、扣押、冻结措施。

对于人民法院的裁定,犯罪嫌疑人、被告人的近亲属和其他利害关系人可以提出上诉,人民检察院可以抗诉。

14.6.5　没收财产的返还与赔偿

没收违法所得的裁定是在犯罪嫌疑人、被告人缺席的情况下作出的,虽然犯罪嫌疑人、被告人的近亲属和其他利害关系人可以参与诉讼,但裁定发生错误的可能性仍高于犯罪嫌疑人、被告人直接参与的一般刑事程序。同时,财产权是公民的一项基本人权,对公民的合法财产要予以保护。因而,没收违法所得的裁定作出后,发现确有错误的,应予以纠正。对没收的财产能返还的应予返还,不能返还的,应予赔偿。

14.7　刑事强制医疗程序

14.7.1　刑事强制医疗程序概述

1. 刑事强制医疗程序的概念与性质

刑事强制医疗程序,是指对实施暴力行为、危害公共安全或者严重危害公民人身安全,经法定程序鉴定依法不负刑事责任的精神病人,有继续危害社会可能的,依法进行强制医疗的一种特别程序。

刑事法领域中的精神病人强制医疗通常被认为是保安处分的一种。由于精神病人不具有刑事责任能力,其行为虽严重危害社会,却无法追究其刑事责任,但如果不采取任何措施,其可能继续危害公共安全或者公民人身安全。强制医疗的目的就在于将精神病人从社会中适度隔离,消除其人身危险性,达到社会防卫的目的。强制医疗虽具有人道主义关怀的一面,但本质上是对精神病人人身自由的剥夺。精神病人虽然有精神病患,但其人身自由仍是不可随意剥夺的,不能将刑事强制医疗视为社会救助、保障措施,或认为是为了精神病人乃至其家属的利益而设置。因而,设置刑事强制医疗程序应平衡保障社会安全与保护精神病人利益两方面的关系。

2. 刑事强制医疗程序的意义

刑事诉讼法增设刑事强制医疗程序具有两方面的意义:

(1) 有利于维护公共安全,保护公民人身安全。我国精神病人数量庞大,精神病人肇事肇祸是当前社会中的突出问题之一。据公安部门不完全统计,每年由精神病人实施的案件在万起以上。过去,由于强制医疗立法的不健全,许多有暴力倾向的精神病人游荡于社会,处于政府、社会、家庭三不管的状态,屡屡实施危害社会的行为,对公共安全和公民人身安全造成重大威胁。刑事强制医疗程序弥补了传统刑事司法机制的不足,通过强制医疗将肇祸精神病人从社会中适度隔离出来,有利于维护公共安全和保护公民人身安全。

(2) 有利于维护精神病人的合法权益。刑事强制医疗程序为精神病人强制医疗设置了正当程序,只有通过强制医疗程序检验,确有需要的精神病人才能被强制医疗,以避免不当剥夺公民的人身自由。同时,强制医疗也有一定的人道主义关怀性质,对确需治疗而家属无力负担的精神病人,通过政府出资治疗,精神病人的权益能得到更好的维护。

14.7.2　刑事强制医疗程序的适用条件

强制医疗程序涉及对精神病人人身自由权、健康权、隐私权等基本权益的限制,对精神病人应尽可能考虑非强制性治疗措施的适用,只有在理由正当且无其他替代措施时,才能进行强制医疗。1991 年《联合国保护精神病患者和改善精神保健的原则》规定,唯有在下述情况下才可适用强制治疗:因患有精神病,很有可能即时或即将对他本人或他人造成伤害;或一个人精神病严重,判断力受到损害,不接受入院或留医可能导致其病情的严重恶化,或无法给予根据限制性最少的治疗方法原则,只有住入精神病院才可给予的治疗。许多国家制定了精神卫生法,规定了精神病强制医疗的适用标准、适用程序及司法救济举措,使其符合现代法治国家公权力限制个人权利的基本要求,以避免精神病人遭受不适当、不必要的强制医疗。我国《精神卫生法》《刑事诉讼法》中的刑事强制医疗程序为对那些实施暴力行为、危害公共安全或者严重危害公民人身安全的精神病人实施强制医疗提供了基本法律依据。

《刑事诉讼法》第 302 条规定:"实施暴力行为,危害公共安全或者严重危害公民人身安全,经法定程序鉴定依法不负刑事责任的精神病人,有继续危害社会可能的,可以予以强制医疗。"根据这一规定,对精神病人进行强制医疗应符合下列条件:

1. 精神病人实施了暴力行为,危害公共安全或者严重危害公民人身安全,具备了犯罪的本质

精神病人强制医疗本质上是一种社会防卫措施,因而,其适用对象应是对社会构成严重危害的肇祸精神病人。精神病人同样享有人身自由权,精神病治疗本身不是强制医疗的理由,对于一个精神病人,如果没有危害公共安全或者严重危害公民人身安全,就不能对其进行强制治疗。这里需要注意以下几点:

(1) 精神病人的行为违反了刑法的规定,本质上是犯罪。"犯罪"一词具有不同的含义。一般来说,犯罪是指具备成立犯罪的全部条件的行为,即同时具备法益侵犯性(客观违法性)和非难可能性(主观有责性)。精神病人实施了有严重法益侵害性的行为,但因为不具有非难可能性,不认为是犯罪。所以,《刑法》第 18 条第 1 款规定,精神病人在不能辨认或者不能控制自己行为的时候造成危害结果,经法定程序鉴定确认的,不负刑事责任。但是,犯罪的本质是法益侵害,只要实施了侵犯法益的行为,就具备了犯罪的本质。而行为是否侵犯法益,只需要进行客观的判断。因而,精神病人实施的危害公共安全或者严重危害公民人身安全的行为具有客观违法性,本质上属于犯罪行为,为刑法所禁止。为防止精神病人继续危害社会,《刑法》第 18 条第 1 款规定,对不负刑事责任的精神病人,"应当责令他的家属或者监护人严加看管和医疗;在必要的时候,由政府强制医疗"。刑事强制医疗程序正是与这一

规定相配套的程序规定。如果精神病人虽实施了对社会的危害行为,但尚没有达到违反刑法的程度,则应优先保障精神病人的人身自由权,不能适用刑事强制医疗程序对其进行强制医疗。

(2) 危害行为不包括对精神病人本人的危害。联合国《保护精神病患者和改善精神保健的原则》及一些国家关于强制医疗的规定,都将即时或即将对精神病人本人的危害作为强制医疗的理由之一。但《刑事诉讼法》所规定的刑事强制医疗程序,针对的是行为达到需要刑法规范程度的精神病人,而对本人的危害行为,包括自杀,在刑法上都不是犯罪行为。因而,对自己实施危害行为的精神病人不是强制医疗的对象。

(3) 危害公共安全或者严重危害公民人身安全的暴力行为已经发生,而不是仅存在发生危害的危险。虽然联合国文件及很多国家立法中都将有发生危害的危险作为强制医疗的理由,但相对于已经发生的危害而言,对发生危害危险的评估更为困难,在我国当前相关配套制度不完善的情况下,如果被滥用,可能造成严重后果。因而,在刑事强制医疗制度确立的初期,将危害公共安全或者危害公民人身安全的行为限定为比较显性的暴力行为,并且是已经发生的,适当控制强制医疗的适用范围,是合理的。

2. 经法定程序鉴定为依法不负刑事责任

《刑法》第 18 条第 2 款、第 3 款规定,间歇性精神病人在精神正常的时候犯罪,应当负刑事责任。尚未完全丧失辨认或者控制自己行为能力的精神病人犯罪的,应当负刑事责任,但是可以从轻或者减轻处罚。精神病的种类很多,不能认为精神病人都没有刑事责任能力。虽然患有精神病,但如果尚未完全丧失辨认控制能力,就表明还具有一定的自由意志,在其行为成立犯罪的情况下,应当承担责任,可以通过刑事制裁方式达到社会防卫的目的。只有符合《刑法》第 18 条第 1 款的规定,行为人无刑事责任能力,无法通过刑罚达到社会防卫的目的时,才能强制医疗。因而,是否适用刑事强制医疗程序,首先要确定其是否无刑事责任能力的精神病人。对行为人是否为不负刑事责任的精神病人的判断应按法定程序进行。实践中通常由精神病鉴定专家给出鉴定意见。

在鉴定机构的选择上,我国实践中曾出现的"被精神病"案例说明,应谨防可能出于利益驱动而滥用鉴定权,精神病院对达不到强制治疗条件的人进行强制医疗。立法上应明确要求,鉴定意见不能由精神病人可能入住的医院的医生作出。

3. 有继续危害社会的可能

强制医疗的目的在于将精神病人从社会中适度隔离,消除其人身危险性,达到防卫社会的目的。因而,虽然精神病人造成了危害社会的严重后果,但如果其随后有一定程度康复,能够自由安全地生活,或者其亲友有意愿并有能力对其进行管护,确保其不再继续危害社会,则不应通过刑事强制医疗程序对其强制医疗。

14.7.3　刑事强制医疗程序的适用与监督

1. 强制医疗的申请

《刑事诉讼法》第 303 条第 2 款规定:"公安机关发现精神病人符合强制医疗条件的,应当写出强制医疗意见书,移送人民检察院。对于公安机关移送的或者在审查起诉过程中发现的精神病人符合强制医疗条件的,人民检察院应当向人民法院提出强制医疗的申请。人民法院在审理案件过程中发现被告人符合强制医疗条件的,可以作出强制医疗的决定。"

根据这一规定,只有人民检察院有权向人民法院提出强制医疗的申请。强制医疗涉及对公民人身自由的剥夺,为防止可能发生的滥用,严格限制申请的主体范围是必要的。公安机关负责大部分案件的侦查,往往最早了解精神病人是否符合强制医疗条件,但公安机关无权直接决定对精神病人进行强制医疗,而应写出强制医疗意见书,由检察院进一步审查是否符合强制医疗条件。符合条件的,则向人民法院提出申请。

被告人是否有精神病及其严重程度对定罪量刑有重要影响,因而,法院在审判中对被告人精神状态有疑问的,通常都会进行鉴定。鉴定结果显示被告人无刑事责任能力,不能被定罪处罚的,即使检察院没有提出强制医疗申请,人民法院认为符合强制医疗条件的,也可以直接作出强制医疗的决定。

从提出申请到人民法院作出强制医疗的决定,往往需要一段时间。为防止精神病人继续实施危害社会的行为或对自身造成危害,《刑事诉讼法》第303条第3款规定,对实施暴力行为的精神病人,在人民法院决定强制医疗前,公安机关可以采取临时的保护性约束措施。采取临时的保护性约束措施时,应当对精神病人严加看管,并注意约束的方式、方法和力度,以避免和防止危害他人和精神病人的自身安全为限度。精神病人已没有继续危害社会可能,解除约束后不致发生社会危险性的,公安机关应当及时解除保护性约束措施。

2. 强制医疗的审理与决定

刑事强制医疗涉及对公民人身自由较长时间的剥夺,从理论上讲,应由作为司法机关的法院作出决定。《刑事诉讼法》第303条第1款规定,对精神病人强制医疗的,由人民法院决定。这也符合权力的分工制约原则。

人民法院受理强制医疗的申请后,应当组成合议庭进行审理,不能使用独任庭。为保证强制医疗案件的审理质量,达到兼听则明的效果,刑事诉讼法设置了诉讼化的强制医疗审理程序。《刑事诉讼法》第304条第2款规定:"人民法院审理强制医疗案件,应当通知被申请人或者被告人的法定代理人到场。被申请人或者被告人没有委托诉讼代理人的,人民法院应当通知法律援助机构指派律师为其提供法律帮助。"

强制医疗的审理程序,根据程序是由检察院申请启动还是由法院在普通程序中自行启动,而有所不同。

检察院申请强制医疗的案件,开庭审理按照下列程序进行:(1) 审判长宣布法庭调查开始后,先由检察员宣读申请书,后由被申请人的法定代理人、诉讼代理人发表意见。(2) 法庭依次就被申请人是否实施了危害公共安全或者严重危害公民人身安全的暴力行为、是否属于依法不负刑事责任的精神病人、是否有继续危害社会的可能进行调查;调查时,先由检察员出示有关证据,后由被申请人的法定代理人、诉讼代理人发表意见、出示有关证据,并进行质证。(3) 法庭辩论阶段,先由检察员发言,后由被申请人的法定代理人、诉讼代理人发言,并进行辩论。

被申请人要求出庭,人民法院经审查其身体和精神状态,认为可以出庭的,应当准许。出庭的被申请人,在法庭调查、辩论阶段可以发表意见。

检察员宣读申请书后,被申请人的法定代理人、诉讼代理人无异议的,法庭调查可以简化。

对申请强制医疗的案件,人民法院审理后,应当按照下列情形分别处理:(1) 符合《刑事诉讼法》第302条规定的强制医疗条件的,应当作出对被申请人强制医疗的决定。(2) 被申请人属于依法不负刑事责任的精神病人,但不符合强制医疗条件的,应当作出驳回强制医疗申请的决定;被申请人已经造成危害结果的,应当同时责令其家属或者监护人严加看管和医疗。(3) 被申请人具有完全或者部分刑事责任能力,依法应当追究刑事责任的,应当作出驳回强制医疗申请的决定,并退回人民检察院依法处理。

第一审人民法院在审理案件过程中发现被告人可能符合强制医疗条件的,应当依照法定程序对被告人进行法医精神病鉴定。经鉴定,被告人属于依法不负刑事责任的精神病人的,应当适用强制医疗程序,对案件进行审理。开庭审理上述案件,应当先由合议庭组成人员宣读对被告人的法医精神病鉴定意见,说明被告人可能符合强制医疗的条件,后依次由公诉人和被告人的法定代理人、诉讼代理人发表意见。经审判长许可,公诉人和被告人的法定代理人、诉讼代理人可以进行辩论。

对上述案件,人民法院审理后,应当按照下列情形分别处理:(1) 被告人符合强制医疗条件的,应当判决宣告被告人不负刑事责任,同时作出对被告人强制医疗的决定。(2) 被告人属于依法不负刑事责任的精神病人,但不符合强制医疗条件的,应当判决宣告被告人无罪或者不负刑事责任;被告人已经造成危害结果的,应当同时责令其家属或者监护人严加看管和医疗。(3) 被告人具有完全或者部分刑事责任能力,依法应当追究刑事责任的,应当依照普通程序继续审理。

人民法院在审理第二审刑事案件过程中,发现被告人可能符合强制医疗条件的,可以依照强制医疗程序对案件作出处理,也可以裁定发回原审人民法院重新审判。

人民法院经审理,认为被申请人或者被告人符合强制医疗条件的,应当在 1 个月以内作出强制医疗的决定。

3. 强制医疗决定的复议或二审

《刑事诉讼法》第 305 条第 2 款规定:"被决定强制医疗的人、被害人及其法定代理人、近亲属对强制医疗决定不服的,可以向上一级人民法院申请复议。"对于被决定强制医疗的人而言,强制医疗往往意味着自由受到较长时间的剥夺,因而,应赋予其本人、法定代理人、近亲属异议权。上述人员对强制医疗决定不服的,可以向上级人民法院申请复议。而对被害人一方而言,加害人一旦被决定强制医疗,就意味着其不再会受到刑事处罚,刑罚对被害人的安抚功能就难以实现,因而,应允许被害人一方对强制医疗的决定提出异议。根据上述规定,检察机关对法院的决定不能提出异议。加害人和被害人双方仅可申请复议,而不能上诉,这意味着上级法院不必开庭审理,主要通过书面审查方式进行行政性的复核即可。

法院在普通程序中决定转换适用强制医疗程序,并判决宣告被告人不负刑事责任,同时作出对被告人强制医疗的决定的,人民检察院提出抗诉,同时被决定强制医疗的人、被害人及其法定代理人、近亲属申请复议的,上一级人民法院应当依照第二审程序一并处理。

4. 强制医疗的定期复查与解除

强制医疗的精神病患者需多长时间可以出院,法律没有也不可能作出明确的规定。每个人的病情不同,疗效也不尽相同,如急性短暂性精神障碍的患者可能恢复很快,而精神分裂症或器质性精神障碍的患者恢复较慢并常常病情复发。因而,患者何时能够结束强制医疗,应由医生诊断评估,标准为是否"已不具有人身危险性",即患者结束强制医疗后是否可能对社会再次造成严重危害。一旦患者达到了出院的要求,应及时结束强制医疗,恢复其人身自由。为充分保障被强制医疗人员的合法权益,《刑事诉讼法》第 306 条第 1 款规定,强制医疗机构应当定期对被强制医疗的人进行诊断评估。对于已不具有人身危险性,不需要继续强制医疗的,应当及时提出解除意见,报决定强制医疗的人民法院批准。法院根据强制医疗机构的意见决定是否结束强制医疗。

根据《刑事诉讼法》第 306 条第 2 款的规定,被强制医疗的人及其近亲属有权申请解除强制医疗。被强制医疗的人及其近亲属申请解除强制医疗的,应当向决定强制医疗的人民法院提出。被强制医疗的人及其近亲属提出的解除强制医疗申请被人民法院驳回,6 个月后再次提出申请的,人民法院应当受理。

5. 强制医疗的监督

为提高强制医疗的质量,防止强制医疗被错用或滥用,有必要确立相关的监督机制。根据《刑事诉讼法》第 307 条的规定,人民检察院对强制医疗的决定和执行实行监督。具体的监督方式主要有:对公安机关启动强制医疗程序和适用临时保护性约束措施的正当性和合法性进行监督;出庭法庭审判;审判程序违法的,提出纠正意见;认为强制医疗决定或者驳回申请的决定不当的,向人民法院提出书面纠正意见;法院将普通审判程序转为强制医疗程序,并拟作出强制医疗决定的,人民检察院应当在庭审中发表意见。

小结

2012 年《刑事诉讼法》修改增加了第五编"特别程序",未成年人刑事案件诉讼程序、当事人刑事和解案件诉讼程序、违法所得特别没收程序、刑事强制医疗程序等第一次出现在我国刑事诉讼法中,使我国刑事诉讼法体系更加完善。未成年人刑事案件诉讼程序贯彻教育、感化、挽救的方针,制度设计贴近未成年人的生理、心理特点,一些新的制度,如社会调查、合适成年人在场、附条件不起诉、犯罪记录封存等也第一次出现在我国刑事诉讼法中,为正确处理未成年人刑事案件奠定了良好基础。随着对外交流的增加,涉外刑事案件和刑事司法协助将会进一步增加,涉外刑事诉讼程序和刑事司法协助应在兼顾国际规则与国情的前提下进一步完善。刑事诉讼法对外国人犯罪案件管辖权的修改正是这方面的体现,相应而言,一些部门解释也有必要加以修改。新的国家赔偿法在归责原则、赔偿范围、赔偿义务机关、赔偿程序、赔偿方式和计算标准、赔偿支付、赔偿时效的计算方面有了较大的改革,有利于强化公民权益保障和实现有效赔偿。当事人刑事和解案件诉讼程序的建立吸收了理论和实务界近些年的相关探索成果,肯定了当事人特别是被害人对诉讼结果的影响力,是对我国传统刑事诉讼模式的修正。违法所得特别没收程序对解决当前突出的贪官外逃后追赃困难问题有重要意义。刑事强制医疗程序针对的是实践中高发的精神病人肇祸现象,对社会防卫有重要意义,但人道主义关怀因素尚有待加强。2018 年《刑事诉讼法》确立了缺席审判程序,专设一章,对缺席审判程序中的起诉、管辖、送达、审判、辩护及司法救济等内容作出了较为明确的规定。缺席审判程序的确立可以解决特定案件犯罪嫌疑人、被告人不在场时的刑事责任的认定问题,补强违法所得没收程序,也可为海外追逃追赃工作奠定法律基础,更为有效地惩治腐败犯罪。

思考题

1. 未成年人刑事诉讼程序的特有原则有哪些?
2. 未成年人刑事诉讼程序的特点在程序上如何体现?
3. 涉外刑事诉讼的特有原则有哪些?
4. 涉外刑事诉讼的特点在具体程序上如何体现?
5. 司法协助的范围以及程序是什么?
6. 刑事赔偿的范围是什么?
7. 刑事赔偿的程序是什么?
8. 刑事和解与辩诉交易有何不同? 当事人和解后的法律后果是什么?
9. 当事人刑事和解案件诉讼程序的适用条件是什么?
10. 犯罪嫌疑人、被告人逃匿、死亡案件违法所得没收程序适用范围是什么?
11. 犯罪嫌疑人、被告人逃匿、死亡后,如何通过程序没收其违法所得?
12. 刑事强制医疗要符合什么条件?
13. 刑事强制医疗的程序是什么?
14. 缺席审判程序的特征是什么?
15. 缺席审判程序的适用情形有哪些?

关键词索引

续表

关键词	所在页码
审判中心论	76
尸体检验	236
实体形成行为	70
事实行为	70
视听资料	120
收集证据	131,226,295
书记员	180
书证	112,238
水审	32
司法机关依法独立行使职权原则	87
司法拘留	264
私诉	274
死刑复核程序	334
送达	390
搜查	237
诉讼	4
诉讼参与人	8,23,178
诉讼代理人	169
诉讼的程序面	66
诉讼的实体面	66
诉讼地位	159,297
诉讼法律关系说	65
诉讼法律状态说	65
诉讼及时原则	98
诉讼阶段论	76
诉讼经济原则	96,188,324
诉讼行为	68,70
诉讼行为的构成要件	70
诉讼主体	61,62
诉因	74
T	
弹劾式诉讼	32
特别程序	347

关键词	所在页码
提审	343
庭前程序	307
庭前审查	307
庭审程序	310
通缉	243
W	
完全的证据	33
违法所得特别没收程序	412
委托辩护	162
委托代理	168
委托人	169
未成年人刑事案件诉讼程序	372
无罪推定	37,90
无罪推定原则	37
五刑	41
物证	111
物证检验	236
X	
系统	17
系统方法	21,18
系统工程	3,17
系统科学	17
现场勘验	235
线形结构	21,61
心证	38
新证据	99
刑事	7
刑事案件	7
刑事案件的单一性	77
刑事案件的同一性	78
刑事被告人	8
刑事程序法定原则	84

续表

图表索引

后记

本书第六版系在广泛听取我们的研究生及广大读者的建议，根据刑事诉讼立法与司法的变化，由西南政法大学、四川大学、中山大学、上海交通大学、复旦大学、浙江大学、南京大学、中国政法大学的教学科研人员在第五版的基础上共同修订而成，具体分工如下：

章序	标题	作者
第一编 导 论		
第1章	刑事诉讼法概述	杨建广
第2章	刑事诉讼法的历史发展	杨建广
第二编 基础理论		
第3章	刑事诉讼的基本范畴	孙长永
第4章	刑事诉讼的基本原则	孙长永
第5章	刑事诉讼证据	龙宗智 翁晓斌
第6章	辩护与刑事代理	熊秋红
第7章	回避	熊秋红
第8章	附带民事诉讼	翁晓斌
第三编 程 序 论		
第9章	管辖与立案	聂立泽
第10章	侦查与强制措施	周 伟 秦宗文
第11章	起诉	龙宗智
第12章	审判	马贵翔
第13章	执行	聂立泽
第14章	特别程序	周 伟 秦宗文

全书由龙宗智、杨建广负责总体设计和统稿（孙长永参与了统稿），由社会系统工程专家组（Experts Group of Social System Engineering）成员、北京实现者社会系统工程研究院（Realizer Beijing Academe of Social System Engineering）首席社会系统工程专家常远等进行系统化图表的设计与制作。由于本书对刑事诉讼法学知识系统的构造是一项新的探索，不完善的地方在所难免，恳请读者继续批评指正。

编者

2021年4月